신탁법

第 2 版

道垣内弘人 저

장명 역

정독
DEEP READING

역자 서문

우리나라는 대륙법계 국가이지만 1961년 신탁법의 제정을 통하여 영미의 신탁제도를 전격 도입하였고, 2011. 7. 26. 법률 제10924호로 신탁법이 전면 개정됨에 따라 2012. 7. 26.부터 개정 신탁법이 시행되고 있다. 우리나라 신탁법은 대륙법계와 영미법계의 특성을 모두 지니고 있는 매우 독특하고 매력적인 법률이다. 이러한 점에서 우리나라 신탁법을 보다 바람직한 방향으로 이해하고 분석하기 위해서는 대륙법적 시각과 영미법적 시각 중 어느 한쪽에 편중되지 않고, 양자를 조화롭게 유지하고자 하는 자세가 필요하다.

이는 우리나라와 같이 대륙법계 국가이면서 우리나라보다 앞서 영미의 신탁제도를 도입한 일본 신탁법을 해석함에 있어서도 다르지 않다. 본서는 일본 민법·신탁법의 대가인 저자가 일본 신탁법학에 있어 일본 신탁법의 규정과 논리구조에 입각한 상세한 해석론이 부족하다는 점에 대한 반성적 차원에서 일본 신탁법 그 자체에 대한 상세한 해석론을 제시하고 있는 문헌이다. 치열한 고민과 풍부한 배경지식을 바탕으로 한 저자의 섬세한 논의를 차분히 따라가다 보면, 일본 신탁법의 정수를 자연스럽게 음미할 수 있고, 그 과정에서 우리나라 신탁법에 대한 이해 역시 훨씬 선명해지리라 기대한다.

본서의 번역작업은 저자의 의도를 최대한 존중한다는 점에 입각하여 직역을 원칙으로 하였다. 우리나라 독자가 보기에 다소 번역투가 많게 느껴질 수 있으니 너그러운 양해를 부탁드린다. 다만 일부 우리나라에서 사용하지 않는 용어나, 자연스러운 이해에 지장을 초래할 수 있다고 판단되는 부분은 저자의 의도를 훼손하지 않는 범위 내에서 의역을 한 부분도 존재한다는 점을 미리 말씀드린다. 역자의 부족한 일본어 실력이 저자의 명성에 누가 되지 않기를 바라며, 오류가 있다면 전적으로 역자의 책임이다.

마지막으로 출간에 도움을 주신 분들께 감사의 인사를 드리고 싶다. 우선 번역작업을 허락하여 주신 道垣内弘人 교수님께 감사드린다. 나아가 녹록하지 않은 출판 환경에서도 흔쾌히 출간을 결정하여 주신 김중용 대표님, 꼼꼼하게 편집과 교정작업을 담당하여 주신 심성보 이사님과 김인숙 과장님께 이 기회를 빌려 감사의 인사를 드린다.

본서가 우리나라 신탁법 연구의 발전에 조그마한 밑거름이나마 될 수 있기를 소망한다.

2024년 6월

장 명

제2판 서문

본서 초판이 출판된 것이 2017년 5월이므로, 정확히 5년 전이다. 근무처에서 연구전념기간을 부여받아 집필에 집중한 결과이고, 주관적으로는 필자의 신탁법 연구에 일단락을 짓는 것이었다.

그런데 출판 직후부터 마음에 들지 않는 부분, 재고를 요한다고 생각되는 부분이 많이 발견되었다. 또한 필자를 좌장으로 하는 2개의 연구회(현대 신탁법리에 관한 연구회, 신탁법·신탁법리의 전개에 관한 연구회. 모두 공익재단법인 트러트스 미래 포럼의 신세를 졌다)의 참가자로부터, 또한 다양한 기회에 많은 실무가·연구자로부터 여러 유익한 지적을 받았다. 논문이나 서적도, 지난 5년간 많이 공간되었고, 이들로부터 귀중한 가르침을 받았다. 이상은 과거형으로 기술하였지만, 모두 현재완료형과 현재진행형으로 기술되어야 할 사항이다.

그렇다면, 일응 매듭을 지었다고 생각했던 일단락은 환상에 불과하였다는 점을 알 수 있다. 기껏해야 이정표에 지나지 않는 것이었고, 남겨진 여행은 길다. 그래서 다시 삼리혈에 뜸을 뜨고, 전면적으로 재검토하기로 하였다.

많은 분들로부터의 가르침이 본 개정의 기초가 되었다. 또한 유비각 법률편집국 서적 편집부의 佐藤文子 씨에게는 초판에 이어 신세를 졌다. 이 책을 전후하여 신탁법에 관한 필자의 논문집[『신탁법의 문제상황(信託法の問題状況)』]도 출판하기로 하였는데, 佐藤文子 씨는 동시에 병행하여 두 책에 관한 편집을 담당해주셨다. 아직 여행의 도중이지만, 한 걸음이라도 나아갈 수 있다면, 이분들의 덕분이다. 진심으로 감사드리고 싶다.

2022년 5월

道垣内弘人

초판 서문

「올해는 신탁법 책을 저술하겠다」라고 최초로 연하장에 기재한 것은 언제였을까? 구 신탁법 시대였던 점은 분명하고, 결국 십수 년이 경과하였다. 신 신탁법이 제정된 이후 체계서 집필준비도 겸하여 『신탁법입문(信託法入門)』(일본경제신문출판사)을 저술한 것은 2007년인데, 그로부터도 상당한 시간이 경과하였다.

양치기 소년이 되어가면서, 가까스로 신탁법 체계서를 출판한다.

신 신탁법이 제정된 이후 많은 해설서가 공간되었다. 각각 특징이 있는 서적이고, 실무에 대한 배려가 충실하게 이루어진 것도 많다. 이에 비해 본서는 신탁법에 관하여 알기 쉽고 간결하게 해설하는 것도 아니고, 실무에 있어 신탁법에 관하여 선명하게 서술하는 것도 아니다. 외국법을 언급하는 것도 거의 없다. 일본의 현행 신탁법에 관하여 조문의 문언·논리구조에 주의하면서 해석론을 제시하는 것이다. 우리나라의 신탁법학에서 불충분한 점은 바로 이 점이라는 인식에 기초한다. 그 때문에 실무적으로는 중요성이 인정되지 않는 논의를 파고드는 경우도 많고, 통상의 체계서에 비해 문헌도 상세하게 인용하였다.

논리적 구조를 중시하였기 때문에 서술의 순서는 반드시 조문에 의거하는 것은 아니다(다만, 상호참조는 상세하게 첨부하였다). 반대설에 유의하면서 해석론을 전개하였기 때문에 상당히 상세한 서술도 있다. 신탁법 전체를 간단하게 알고 싶은 경우는 상기의 『신탁법입문(信託法入門)』을 참조하기 바란다. 또한 조문마다의 주석에 관해서는 필자도 집필에 참가한 『조해 신탁법(條解 信託法)』(홍문당)이 조만간 출판될 예정이다. 더불어 참조를 요청드린다.

본서에 의하여 신탁법의 해석론이 정립되었다고 생각할 정도로 필자는 스스로를 과신하지 않는다. 그러나 몇 가지 부분에서 향후의 논의의 기초를 제공하였다고 생각하는 정도로는 자부하고 있다. 본서를 발판으로 하여 보다 정치하고 타당한 해석론이 전개되는 것을 바라고, 필자 스스로도 검토를 계속 이어가고 싶다.

현행 신탁법이 제정되기 이전부터 많은 연구회 등에서 다양한 분들의 가르침을 받았다. 특히 상기의 『조해 신탁법(條解 信託法)』의 준비를 위한 연구회(공익재단법인 트러스트 미래 포럼의 신세를 졌다), 유비각에서 공간되고 있는 『신탁법 세미나(信託法セミナー)』(제1권부터 제4권)의 좌담회, 일반사단법인 신탁협회의 신세를 지고 있는 상사신탁법 연구회에서의 논의의 영향은 크다. 이러한 연구회 등에 있어서 다른 분들의 발언에 관해서는 그 원형을 해하지 않기 위하여 노력하였지만, 다양한 가르침이 필자에게 내부화됨으로써 양해 없이 이용하고 있는 부분이 있을지도 모른다. 너그러운 이해를 부탁드림과 더불어 간과할 수 없을 정도로 부당한 점이 있으면, (공개적으로 규탄하기 전에) 부디 지적해주시기를 바란다.

본서와 같은 것이라도 많은 분들의 도움이 없었다면, 필자는 도저히 완성할 수 없었다. 여러 연구회 등을 지원해주신 많은 단체, 여러 장소나 문헌을 통하여 가르침을 주신 분들에게는 진심으로 감사드리고 싶다. 집필의 대부분은 2016년도 전반의 연구전념 기간에 이루어졌다. 이러한 기간을 제공하여 주신 도쿄대학교 대학원 법학정치학 연구과 및 동료 여러분에게도 감사의 말씀을 드린다. 또한 간행에 있어서는 高橋均(유비각 이사) 씨, 佐藤文子(유비각 법률편집국 서적편집부) 씨의 신세를 졌다. 佐藤[애칭·文ちゃん] 씨에게는, 「카구라자카(神楽坂)의 『焼鳥·文ちゃん』에서 대접하겠다」라고 약속하였는데, 이것도 오래전 이야기가 되어버렸다. 文ちゃん에 대한 감사와 본서의 마감도 축하할 겸 자,『焼鳥·文ちゃん』으로 나가 봅시다. 앗, 高橋 씨도 오는 거야?

2017년 3월
道垣内弘人

차 례

제1장 총 론

제1절 신탁법의 존재이유 1

1. 신탁법에서의 정의 1
2. 구 신탁법의 입법과정에 있어서의 설명 5
3. 「신탁법의 제정」이라는 선택 11
4. 우리나라에서 신탁법과 신탁의 발전 16
5. 공시적 분석 21

제2절 신탁의 기본구조와 해석지침 24

1. 신탁의 기본구조 24
2. 신탁법의 해석지침 26
3. 신탁의 분류와 해석지침 31

제3절 신탁의 형식적 분류 32

1. 총 론 32
2. 신탁의 설정방법에 따른 분류 33
3. 신탁목적이 사익인지 공익인지 여부에 따른 분류 33
4. 신탁이익의 귀속처에 따른 분류 33
5. 신탁인수행위가 영업으로서 한 것인지 아닌지에 따른 분류 34
6. 영업신탁에 관한 분류 34

제2장 신탁의 설정

제1절 서 설 35

1. 신탁법 제3조의 규정 35
2. 세 가지 방법 36

제2절 공통요건 ······ 36
1. 최초 신탁재산의 수탁자로의 귀속 36
2. 신탁목적의 설정 56
3. 신탁설정의사: 수탁자의 신탁재산관리 등 의무의 설정 65
4. 수탁자의 자격 69
제3절 신탁설정의 세 가지 방법 ······ 71
1. 신탁계약에 의한 신탁설정 71
2. 유언에 의한 신탁설정 76
3. 신탁선언에 의한 신탁설정 88

제3장 신탁재산과 수탁자에 의한 거래 메커니즘

제1절 수탁자에 의한 신탁사무처리 ······ 97
1. 수탁자의 행위 97
2. 권한 외 행위의 취급 104
3. 신탁을 위하여 하는 의사가 없는 행위의 취급 110
4. 수탁자가 복수인 경우 116
제2절 관리·처분 등에 의한 신탁재산의 변동 ······ 130
1. 신탁재산의 변동원인 130
2. 수탁자의 거래에 따른 변동 131
3. 신탁재산에 속하는 재산의 멸실·손상 등 132
4. 신탁재산에 속하는 재산과 첨부·혼동·식별 불능 133
5. 신탁재산에 대한 급부 144
6. 신탁행위에서 신탁재산에 속하여야 하는 것으로 정하여진 재산 145
제3절 신탁재산의 독립성 ······ 145
1. 서 설 145

2. 수탁자에 대한 채권자와의 관계 146
3. 위탁자에 대한 채권자와의 관계: 사해신탁의 취소 등 159

제4절 신탁재산에 속하는 재산이라는 점의 제3자에 대한 대항 · 178
1. 공시의 필요성 178
2. 등기·등록이 필요하지 않은 재산 186

제5절 특히 상계를 둘러싸고 ········· 188
1. 문제가 나타나는 방식 188
2. 제3자의 상계 189
3. 수탁자의 상계 196

제6절 한정책임신탁 ········· 200
1. 총 설 200
2. 한정책임신탁의 설정 203
3. 수탁자의 행위와 채권자의 보호 210

제4장 수탁자의 의무와 책임

제1절 수탁자의 신탁사무처리의무와 제3자에 대한 위탁 ········· 219
1. 신탁사무처리의무 219
2. 제3자에 대한 위탁 231
3. 제3자 위탁의 경우 수탁자·제3자의 책임 241

제2절 공평의무 ········· 246
1. 동일한 신탁의 수익자 간의 공평 246
2. 복수의 신탁 간의 공평 248

제3절 분별관리의무 ········· 248
1. 총 설 248
2. 문제가 되는 재산 253

제4절 보고의무·장부 등 작성의무와 검사역의 선임 254
1. 총 설 254
2. 보고의무 254
3. 장부 등 작성·보고의무 255
4. 다른 수익자의 성명 등의 개시 청구 263
5. 검사역의 선임 265
제5절 충실의무 268
1. 충실의무에 관한 규정의 구조 268
2. 이익상반행위의 제한 270
3. 경합행위의 금지 292
4. 일반적 충실의무 303
제6절 의무위반에 대한 수탁자의 책임 310
1. 총 설 310
2. 수탁자의 손실전보책임 등 310
3. 충실의무위반에 있어 손실액의 추정 325
4. 법인인 수탁자의 이사 등 연대책임 328
5. 손실전보책임 등의 면제·소멸시효 332
6. 수탁자 행위의 금지 337
7. 비용 또는 보수의 지급 등 341
제7절 수탁자의 비용상환청구 등 342
1. 신탁재산으로부터의 비용상환 342
2. 수익자로부터의 비용상환 353
3. 신탁보수 355
4. 신탁재산으로부터의 손해배상 356
제8절 수탁자의 변경 357
1. 수탁자의 임무종료 357
2. 임무종료 시의 절차 364

제5장 수익자와 수익권

제1절 총 설 380

1. 정 의 380
2. 수익자의 자리매김 381

제2절 수익자의 결정 384

1. 수익권의 취득 384
2. 수익자지정권·변경권 388
3. 유언대용신탁(위탁자의 사망 시에 수익권을 취득하는 취지의 정함이 있는 신탁 등) 395
4. 수익자 연속신탁(수익자의 사망에 의하여 다른 자가 새롭게 수익권을 취득한다는 취지의 정함이 있는 신탁) 399
5. 수익자의 권리·의무 403
6. 수익자의 정함이 없는 신탁(목적신탁) 411

제3절 수익권 등 420

1. 수익권의 이전 420
2. 수익권의 입질 427
3. 수익권의 포기 430
4. 수익증권발행신탁 432
5. 수익증권발행 한정책임신탁 445

제4절 수익채권 447

1. 총 설 447
2. 수탁자의 책임의 범위 등 449
3. 수익채권의 양도 등 452
4. 소멸시효 453

제5절 복수 수익자의 의사결정 458

1. 총 설 458
2. 수익자집회에서 다수결 이외의 정함 460
3. 다수결 규정: 수익자집회 462

4. 수익권취득청구권 468

제6절 신탁관리인 등 ········ 476

1. 총 설 476
2. 신탁관리인 477
3. 신탁감독인 486
4. 수익자대리인 489
5. 겸임과 경합 495
6. 신탁관리인 등의 책임 496

제6장 위탁자

1. 신탁설정 후의 위탁자 497
2. 위탁자가 원칙적으로 가지는 권리 498
3. 신탁행위의 정함에 의하여 인정되는 권리 501
4. 위탁자 지위의 이전 503
5. 위탁자 지위의 상속 505

제7장 신탁의 변경·병합·분할

제1절 신탁의 변경 ········ 507

제2절 신탁의 병합·분할 ········ 516

제8장 종료·청산·도산

제1절 신탁의 종료 ········ 525

1. 총 설 525
2. 공익확보를 위한 신탁종료명령 이외의 사유에 의한 종료 525
3. 공익확보를 위하여 신탁종료를 명하는 재판에 의한 종료 535

4. 신탁재산이 비용의 상환 등에 부족한 경우에 있어 수탁자의 신탁종료 권한 **537**

제2절 신탁의 청산 539

1. 신탁의 존속 **539**
2. 청산수탁자의 직무와 권한 **540**
3. 청산의 종료 **550**
4. 한정책임신탁의 경우 **551**

제9장 벌 칙

1. 총 설 **553**
2. 수익증권발행 한정책임신탁의 수탁자 등 **553**
3. 과태료 **553**

사항색인 555

문헌약어표

[판례집 등]

民録	大審院民事判決録
刑録	大審院刑事判決録
民集	大審院民事判例集·最高裁判所民事判例集
高民集	高等裁判所民事判例集
下民集	下級裁判所民事裁判例集
家月	家庭裁判月報
判時	判例時報
判タ	判例タイムズ

[잡지]

岡法	岡山大学法学会雑誌
関学	法と政治(関西学院大学)
金判	金融商事判例
金法	金融法務事情
銀法	銀行法務21
ジュリ	ジュリスト
商事	旬刊商事法務
信研	信託法研究
曹時	法曹時報
登研	登記研究
南山	南山法学
日法	日本法学
ひろば	法律のひろば
法協	法学協会雑誌
法教	法学教室
法研	法学研究(慶應義塾大学)

法時	法律時報
北法	北大法学論集
立教	立教法学
立命	立命館法学
論叢	法学論叢(京都大学)

[서적]

新井	新井誠『信託法(第4版)』(有斐閣, 2014)
新井監修	新井誠監修『コンメンタール信託法』(ぎょうせい, 2008)
井上	井上聡『信託の仕組み』(日本経済新聞出版社, 2007)
井上編	井上聡編『新しい信託30講』(弘文堂, 2007)
小野＝深山編	小野傑＝深山雅也編『新しい信託法解説』(三省堂, 2007)
神田＝折原	神田秀樹＝折原誠『信託法講義(第2版)』(弘文堂, 2019)
佐久間	佐久間毅『信託法をひもとく』(商事法務, 2019)
四宮	四宮和夫『信託法(新版)』(有斐閣, 1989)
条解	道垣内弘人編『条解信託法』(弘文堂, 2017)
セミナー(1)	能見善久＝道垣内弘人編『信託法セミナー1』(有斐閣, 2013)
セミナー(2)	能見善久＝道垣内弘人編『信託法セミナー2』(有斐閣, 2014)
セミナー(3)	能見善久＝道垣内弘人編『信託法セミナー3』(有斐閣, 2015)
セミナー(4)	能見善久＝道垣内弘人編『信託法セミナー4』(有斐閣, 2016)
田中	田中和明『詳解信託法務』(清文社, 2010)
寺本	寺本昌広『逐条解説新しい信託法(補訂版)』(商事法務, 2008)
道垣内	道垣内弘人『信託法入門』(日本経済新聞出版社, 2007)
道垣内·問題状況	道垣内弘人『信託法の問題状況』(有斐閣, 2022)
永石ほか編	永石一郎ほか編『信託の実務Q&A』(青林書院, 2010)
能見	能見善久『現代信託法』(有斐閣, 2004)
福田ほか	福田政之ほか『詳解新信託法』(清文社, 2007)
本書初版	道垣内弘人『信託法』(有斐閣, 2017)
村松ほか	村松秀樹ほか『概説新信託法』(金融財政事情研究会, 2008)

제1장 총 론

제1절 신탁법의 존재이유

1. 신탁법에서의 정의

(1) 신탁법 제2조 제1항

본서에서 다루는 것은 신탁법(헤이세이 18년 12월 15일 법률 제108호)에서 말하는 「신탁」이라는 법률관계이다.* 이 법률은, 1922(다이쇼 11)년에 제정된 신탁법(구 신탁법)을 공익신탁에 관한 조문을 제거하고 폐지함과 동시에 신법의 형태로 제정된 것이다.

거기에서 말하는 신탁에 관하여 신탁법 제2조 제1항은 다음과 같이 정의하고 있다.

> 「이 법률에서 신탁이라 함은 다음 조 각호에서 열거하는 방법 중 어느 하나에 의해 특정한 자가 일정한 목적(오직 그자의 이익을 도모하는 목적을 제외한다. 동조에서 같다.)에 따라 재산의 관리 또는 처분 및 그 밖에 해당 목적의 달성을 위하여 필요한 행위를 하여야 한다는 것을 의미한다.」

신탁의 설정 방법에 대해서는 나중에 검토하지만(→ 제2장), 신탁법 제3조에 정해져 있는 방법에 따라 신탁을 설정하는 자를 **위탁자**라고 칭하고(동법 제2조 제4항), 동법 제2조 제1항에 이른바 「특정한 자」, 즉 「일정한 목적(…)」에 따라 재산의 관리 또는 처분 및 그 밖에 해당 목적의 달성을 위하여 필요한 행위」를 할 의무를 부담하는 자를 **수탁자**라고 칭한다(동법 제2조 제5항). 자기신탁이라는 유형에서는 위탁자와 수탁자가 일치한다. 또한, 해당 재산이나 그 운용으로부터 발생한 이익의 급부를 받는 자가 있는 경우 그자를 **수익**

자라고 칭한다(동법 제2조 제6항, 7항).

> *** 신탁법에 관한 특별법** 신탁법 이외에도 신탁의 실체법적 규율을 정하고 있는 법률이 몇 가지 제정되었고, 그것들은 신탁법의 특별법으로 작동하고 있다.

(i) 우선, 신탁업법은 신탁업의 규제감독을 주된 목적으로 하는 법률이지만, 동법에는 1922(다이쇼 11)년의 제정 시부터 수탁자가 신탁회사인 신탁에 관하여 그 실체법적 규율을 정하는 조문도 몇 가지 존재하였다. 구체적으로는 최초 신탁재산의 제한 및 자기거래금지에 관한 한편에서의 강화와 다른 한편에서의 완화이다. 나아가 현행 신탁업법에서는 신탁업무의 제3자에 대한 위탁(신탁업법 제22조, 제23조), 신탁회사의 충실의무 등(동법 제28조, 제29조), 신탁의 변경(동법 제29조의2), 신탁재산인 등록국채에 대한 공시(동법 제30조), 신탁재산과 관련된 채무의 상계(동법 제31조) 등에 관한 규율이 있다.

무엇보다 신탁업법은 그 제정 후 직접적으로는 적용되지 않게 되었다. 신탁업법 제정 이래 우리나라의 금융제도에 있어서는 은행업, 저축은행업, 신탁업의 엄격한 구분이 이루어지고, 각각 별개의 주체에 의해 운용되고 있었다. 그리고 신탁업을 영위하는 신탁회사는 신탁업법에 근거하여 면허를 받아 신탁업을 행하는 것으로, 동법의 직접적인 적용을 받았다. 그런데 1943(쇼와 18)년에 이르러 전시경제의 운영상, 금융기관의 정리통합이 이루어짐과 동시에 국민저축의 증강을 도모하기 위하여 기존의 금융기관 중에서 가장 발전하였던 보통은행에 저축업무·신탁업무를 겸영시키는 것으로 하고, 「보통은행 등의 저축은행업무 또는 신탁업무의 겸영 등에 관한 법률」(쇼와 18년 3월 11일 법률 제43호)(이하, 「구 겸영법」이라 한다)이 제정되었다.[1] 이 법률에 근거하여 신탁업무를 영위하는 보통은행

1) 西内彬『普通銀行等ノ貯蓄銀行業務又ハ信託業務ノ兼営等ニ関スル法律』1면

은 신탁업법에 의해 면허를 취득하는 것이 아니기 때문에 이들에게는 신탁업법이 직접적으로 적용되지 않는다. 그리고 보통은행에 의한 신탁회사의 흡수합병이 진행됨으로 인해 신탁회사의 수는 감소하고, 더욱이 1948(쇼와 23)년에 이르러 잔존하고 있던 소수의 신탁회사도 은행법상의 은행으로 전환한 이후 신탁업무를 겸영하는 것으로 되었기 때문에[2] 신탁업법이 직접적으로 적용되는 경우는 존재하지 않게 된 것이다.

그런데 신탁업법에 대해서는 2004(헤이세이 16)년에 전면적인 개정이 있었고, 특히 업으로서 행하여지는 신탁에 대하여 신탁설정시에 수탁가능한 재산의 범위를 확대함과 동시에 신탁업의 담당자를 금융기관 이외로도 확대하였다.[3] 이에 따라 금융기관이 아닌 신탁회사가 신탁업법에 근거하여 면허를 받는 사례가 발생하게 되었고, 신탁업법이 고유하게 적용되는 경우가 부활하였다. 또한 구 겸영법도 수차례 개정되어 현재에는 「금융기관의 신탁업무의 겸영 등에 관한 법률」(이하, 「겸영법」이라 하는 경우는 이 법률을 가리킨다)이 되었다.

본서에서는 신탁업법 가운데 실체법적인 법률에 관해서는 신탁법과 비교하면서 다루기로 한다. 이에 대하여 겸영법은 신탁업법의 조문을 많이 인용하고 있고, 특히 신탁의 실체법적인 규율에 관해서는 신탁업법이 적용되는 경우와 마찬가지이므로, 신탁업법과는 법률이 다른 경우를 중심으로 일정한 설명을 하는 것으로 한정한다.

(ii) 다음으로, 1951(쇼와 26)년에 제정된 증권투자신탁법 및

이하(第一法規, 1972) 참조.

2) 이와 관련된 사정은 神田＝折原·22면 참조.

3) 예를 들어 神田秀樹ほか『新信託業法のすべて』(金融財政事情研究会, 2005), 小出卓哉『逐条解説信託業法』(清文社, 2008) 참조. 나아가, 그 이후의 개정을 포함하여 井上聡＝須田英明「信託法制」金法 2000호 112면 이하(2014).

1952(쇼와 27)년에 제정된 대부신탁법[4]이다. 전자는 1998(헤이세이 10)년에 큰 개정을 거쳐「증권투자신탁 및 증권투자법인에 관한 법률」이 되었고,[5] 후자는 1971(쇼와 46)년에 신탁재산의 운용방법 등에 관한 개정이 이루어졌다.

게다가, 신탁법에 앞서 제정된 담보부사채신탁법은, 1993(헤이세이 5)년에, 상법상 사채의 규정을 일반법으로 하고, 그 특별법으로서 자리매김하는 정비가 이루어졌다.[6] 나아가, 2005(헤이세이 17)년, 회사법의 제정에 맞추어, 현대어와 함께 약간의 개정이 행해졌고, 또한 법률명을 담보부사채신탁법[7]으로 하였다.

또한, 1998(헤이세이 10)년에 제정된「특정목적회사에 의한 특정자산의 유동화에 관한 법률」은, 2000(헤이세이 12)년에 일부가 개정되어, 그 제명이「자산의 유동화에 관한 법률」로 변경됨과 함께, 신탁을 이용하여 자산의 유동화를 행하는 특적목적신탁제도가 도입되었다.[8]

이상의 법률에 관하여, 신탁법과의 비교를 위하여 언급하는 것이 있을 수 있지만, 전체적으로는 다루지 않는다.

(2) 신탁이라고 판단되기 위한 요건

한편, 신탁법 제2조 제1항으로부터는, 어떤 법률관계가「신탁」

---

4) 양법의 입법경위에 관하여, 麻島昭一『日本信託業立法史の研究』341면 이하(金融財政事情研究会, 1980) 참조. 주석으로서, 佐々木功＝松本崇『証券投資信託法·貸付信託法』(第一法規, 1977).

5) 森·濱田松本法律事務所編『投資信託·投資法人の法務』(商事法務, 2016), 澤飯敦ほか『投資信託·投資法人法コンメンタール』(商事法務, 2019) 참조. 나아가 小島新吾編『逐条解説投資信託約款』(きんざい, 2019)도 참조.

6) 岡光民雄『逐条新担保附社債信託法』(商事法務研究会, 1994) 참조.

7) 江頭憲治郎編『会社法コンメンタール16』261면 이하(商事法務, 2010) 참조.

8) 山崎和哉『資産流動化法』(金融財政事情研究会, 2001) 참조. 그 후의 개정도 포함하여, 長崎幸太郎＝額田雄一郎『逐条解説資産·流動化法(改訂版)』(金融財政事情研究会, 2009), 本村彩『一問一答改正資産流動化法』(金融財政事情研究会, 2012) 참조.

이라고 판단되기 위해서는, 이하의 요건이 충족될 필요가 있다는 것을 알 수 있다. 즉,

① 일정한 재산이 존재하고, 그것이 수탁자에게 귀속될 것,

② 달성해야 할 목적(오직 수탁자 스스로의 이익을 도모하는 목적을 제외한다)이 정해져 있는 것,

③ 수탁자는, ②에서 정한 목적에 따라 해당 재산에 관한 관리·처분 등, 그 목적의 달성에 필요한 행위를 할 의무를 부담하는 것

이다.

물론 어떤 경우에 이 각 요건이 충족될 수 있는지, 나아가 어느 법률관계에 대하여 법문상에 명기된 각 요건이 충족되는 것만으로 그 모든 것을 「신탁」이라는 성질을 부여하고, 신탁법이 규정하고 있는 효과를 발생시켜야 하는지는 해석의 문제이다. 그렇지만 일정한 법률관계가 「신탁」이라고 불리는 것은 확실하고, 그렇다면, 어느 일정한 법률관계에 대해서, 어떠한 이유에서 그것을 「신탁」이라고 하고, 신탁법이란 법률에 의해 규율할 필요가 있는 것인지 문제가 된다. 그리고, 그 문제의 검토가 상기의 해석문제를 고찰하는 기초가 된다.

2. 구 신탁법의 입법과정에 있어서의 설명

(1) 사법성의 설명

현행 신탁법에 앞선 구 신탁법의 입법과정에 있어 사법성은 신탁법 제정의 필요성을 다음과 같이 설명하고 있었다.[9] 즉, 우리나라에서도 어떤 자가 자기에게 귀속되는 일정한 재산에 대하여

9) 司法省 「信託法案説明書」山田昭編 『日本立法資料全集2信託法·信託業法(大正11年)』 247~248면(信山社, 1991).

그 재산을 특별히 취급하고, 정해진 목적에 따라 관리·처분 등의 행위를 하는 예[법인이 아닌 클럽이나 학회의 재산을 대표자 명의로 소유하는 예, 일정한 목적에 갹출하기 위해 자금을 모집하는 경우 그 목적이 달성될 때까지는 발기인의 명의로 그 재산이 관리되는 예, 계(頼母子講)에서 회주의 명의로 회원에 대한 일체의 채권 등이 관리되는 예, 유아의 교육자금을 위하여 모인 자금을 고인의 친구가 관리·운용하고, 유아를 위하여 적당한 지출을 하는 한다는 예 등]가 적지 않은바, 민법·상법의 규정에서는 당사자의 관계를 규율하기에 충분하지 않기 때문에 그 사법상의 권리관계를 명확히 하고, 관계당사자의 이익을 확보하며, 목적달성을 위하여 법률상의 보호를 부여하는 것은 긴급한 사항이라는 것이다.

(2) 요구되는 규칙

그렇다면, 《어떤 자(A)가 일정한 재산(甲)에 관하여 정하여진 목적에 따른 행위를 하는 것이 의무로서 지워지다》라는 법률관계에 있어서, 당사자의 권리의무를 적절히 규율하기 위해서는 어떠한 규칙이 필요한 것일까?

① 우선, A가 부담하는 의무내용에 관한 규칙이다. 그리고 그 내용은, A가 일정한 재산(甲)에 관하여 정해진 목적에 따른 행위를 하여야 한다는 특징에 부응하는 것이 요구된다.

② 다음으로, 정해진 목적이 어느 일정한 자(B)로 하여금 이익을 얻게 하는 것인 경우에는 B의 권리의 구체적 내용도 문제가 되고, 이에 대한 규칙도 필요하게 된다.

③ 또한, 그 법률관계를 설정한 자(C)의 권리에 관한 규칙이다. C는 스스로 설정한 법률관계가 제대로 이행되는지 여부에 관하여 권리관계를 가진다고 말할 수 있지만, 일정한 목적이 정하여진 이상, 이제 A는 C에 대하여 의무를 부담하지 않는 것이 아니라, 목적

수행의 의무를, 일반적으로, 혹은 B가 존재하는 경우에는 B에 대해서만 부담한다는 제도설계도 고려할 수 있다.

④ 그리고 해당 재산, 즉 甲의 성격 부여에 관한 규칙이다.

甲은 정해진 목적에 따라 관리·운용·처분 등이 행하여지는 것이다. 그럼에도 어느 재산이 A의 책임재산이 되는 것은 A가 그 재산을 가지고 자기의 채무를 변제할 수 있기 때문이고, 그렇기 때문에 채권자는 그 재산으로부터 A에 대한 채권을 강제적으로 회수할 수 있는 것이다. 그렇다면, A가 甲으로부터 자신의 채무를 자유롭게 변제할 수 없는 상황이라면, 甲은 A의 책임재산으로부터 분리되어야 한다고 생각할 수 있다. 즉, 甲을 어떠한 성격의 재산으로서 취급할 것인가라는 문제가 발생하는 것이다. 마찬가지로, C의 책임재산으로부터의 분리도 문제가 된다. 甲이 A·C의 책임재산으로부터 별도로 취급되면 정해진 목적이 달성하기 쉬워지고(A나 C의 자산상황에 의존하지 않게 된다), 목적달성에 관하여 이익을 보유하는 자, 특히 B에게 유리해진다.

⑤ 나아가 정해진 목적이 달성되기 전에 A나 C가 사망한 경우 등에 관한 규칙이다. 목적의 안정적인 달성을 위해서는 A나 C의 사망 등과 관계없이 법률관계가 존속할 필요가 있다.

(3) 기존 제도에 의한 대응

그렇다면, 위에서 서술한 필요한 규칙에 비추어, 민법·상법의 기존 규칙은 사법성의 설명과 같이 불충분했던 것일까?

(가) 법인제도는, ④에 기술한 재산의 분리를 일정한 목적을 위하여 별도의 법인격을 창출하는 것으로 달성하는 것이다. 회사법상의 주식회사가 그 전형이다. 그리고, 주식회사에 대하여 말하자면, ①에 관하여 이사의 책임 등 거버넌스에 관한 여러 규율이 회사법에 존재한다. ②는 주주의 권리의 문제이고, 이에 관해서도 상

세한 규정이 있다. ③에 관하여 발기인은 회사설립 후 발기인이라는 지위에 기반하여 어떠한 권리행사를 할 수 있는 것이 아니라는 점이 규정상 명백하다. ⑤에 관하여는 발기인이나 개별 주주의 사망 등은 회사의 법률관계에 영향을 미치지 않는다.

그러나 법인에 대하여 우리나라에서는 자유설립주의는 취하지 않고 있고(민법 제33조 제1항), 구 신탁법 제정 시에는 영리를 목적으로 하지 않고, 또한 공익을 목적으로 하는 것도 아닌 단체가 법인격을 취득할 수 없었다. 게다가 헤이세이 연간에 들어갈 때까지 상법개정의 형식으로 행하여지고 있었던 영리회사 법제의 정비는 비교적 규제색이 강하고, 유연성이 부족한 것으로 평가받고 있었다. 한편, 공익법인에 대하여는 그 설립에 주무관청에 의한 허가가 필요하여 상당히 장벽이 높았다.

(나) 민법상 위임도 위임사무가 재산에 관한 것인 경우에는 《어떤 자(A)가 일정한 재산(甲)에 대하여 정해진 목적에 따라 행위를 하는 것이 의무 지워지다》라는 법률관계가 된다.

그런데, ①에 관해서는 민법 제644조가 선량한 관리자의 주의를 가지고 위임사무를 집행하는 의무를 규정하는 외에 몇 가지 규정이 존재하고 있지만(민법 제644조의2, 제645조), 주식회사의 이사 등에 대한 규율과 비교하면 불충분하다. 위임이 재산에 관한 사무를 행하는 경우에만 특화되어 있지 않기 때문에 일반적 규정이 될 수밖에 없는 것이다. ②에 관하여, B가 위임인이 아닌 경우에 대해서는 제3자를 위한 계약 일반의 규율밖에 존재하지 않는다. 위임은 그것이 위임인을 위하여 이루어지는 것을 전제로 하고 있기 때문이고, 그래서 ③에 대해서는 위임인은 계약 당사자로서 수임인의 의무이행을 강제할 수 있고, 손해배상을 받을 수 있음과 동시에 적절하게 수임인에게 지시할 권리를 갖는 것으로 되어 있다.[10] ④에

10) 幾代通＝広中俊雄編「新版注釈民法(16) 230면(中川高男)(有斐閣, 1989).

대해서는, 위임인이 위임사무의 대상 재산을 수임인에게 위탁하는 경우, 해당 재산의 소유권은(해당 재산이 금전인 경우를 제외한다) 위임인에게 머물러 있는 것이 원칙이고, 수임인이 위임인으로부터 수여받은 대리권을 행사하여 취득한 재산의 소유권은 당연히 위임인에게 귀속한다. 또한, 수임인이 위임사무의 처리에 있어 수취한 금전 그 밖의 물건 및 위임인을 위하여 자기의 이름으로 취득한 권리는 이를 위임인에게 이전하여야 한다고 되어 있고(민법 제646조), 수임인이 해당 재산을 취득한 시점에 그것을 위임인에게 이전한다는 취지를 위임인과 수임인 사이에 미리 합의하였다면(그 합의는 매입 위탁의 경우에는 추정된다[11])), 수임인이 해당 재산을 취득한 시점에 그것은 당연히 위임인에게 귀속된다.[12] 즉, 일정한 재산에 관하여 그것을 수임인이 점유하고 있어도, 위임인에게 소유권이 있다고 여겨짐에 따라 별도로 취급되고 있는 것이다. 무엇보다 위임인의 유한책임성은 확보되지 않는다(민법 제650조 제1항·제2항). 또한 ⑤에 대하여, 위임인 또는 수임자의 사망 등은 위임의 종료사유로 되어 있다(민법 제653조).

조합은, 재산이 조합원의 공유가 될 뿐이고, 많은 경우 위임에 관하여 서술한 부분이 타당하다. 조합에 대한 채권자는 조합원의 개인재산에도 권리를 행사할 수 있고(민법 제675조 제2항), 그 때 조합재산으로부터 우선 변제받을 필요가 없다. 즉, 조합원의 유한책임성은 확보되어 있지 않다. 다만, 조합원 개인에 대한 채권자는 조합재산에 대하여 그 조합원의 지분을 압류할 수 없다고 해석되고 있고, 그 한도에서는 조합재산의 독립성이 확보되어 있다. 또한 조합원의 사망은 조합으로부터의 탈퇴사유로 되어 있고(민법 제679조 제2호), 그 경우 지분의 환불이 행해진다(민법 제681조).

---

11) 大判大正 4·10·16 民録 21집 1705면.
12) 大判明治 38·5·16 刑錄 11집 497면, 大判大正 7·4·29 民録 24집 785면.

이처럼 위임에 있어서도 일정한 재산에 대해서는 수임자의 재산으로부터의 독립성을 가져오는 것이 가능하다. 그러나 그 경우 위임인의 재산으로부터의 독립성은 유지되지 않는다. 위임인에 대한 채권자는 해당 재산을 압류할 수 있다. 조합재산은, 위임에 관한 재산에 비하여 독립성이 강하지만, 조합원은 무한책임을 부담하고, 조합채무라 하더라도 조합재산으로부터 우선 변제되는 구조로는 되어 있지 않다. 더욱이 수임인·업무집행조합원의 의무에 관한 규정도 불충분하다. 상기한 예로 말하자면, 동창회 회원이나 학회의 회원은 동창회의 채무나 학회의 채무에 관하여 스스로가 변제해야 한다고 생각하지는 않지만, 그에 관한 적합한 법제도가 구비되어 있지 않다. 게다가 계약 당사자가 아닌 자로 하여금 이익을 얻게 하기 위한 구조, 관계자의 사망 등의 경우에 있어 계속성의 확보도 충분하지 않다.

(다) 위와 같은 사정에 입각하면, 구 신탁법 제정 시에 있어서는 사법성의 설명에 있는 바와 같이, 「법인이 아닌 클럽이나 학회의 재산을 대표자의 명의로 소유하는 예, 일정한 목적에 갹출하기 위하여 자금을 모집하는 경우 그 목적이 집행될 때까지는 발기인의 명의로 그 재산이 관리되는 예, 계에서도 회주의 명의로 회원에 대한 일체의 채권 등이 관리되는 예, 유아의 교육자금을 위하여 모아진 자금을 고인의 친구가 관리·운용하고, 유아를 위하여 적당한 지출을 하는 예 등」에 관하여 《일정한 목적을 위한 재산의 분리가 도모될 수 있고》, 또한, 《해당 목적에 따른 집행행위를 하는 자에 대하여 적절한 의무를 규정하고 있는》 법제도가 요구되었다고 할 수 있다.

3. 「신탁법의 제정」이라는 선택

(1) 다른 선택지의 존재

그렇지만, 상기의 법제도의 도입을 위해서는 신탁법의 제정이 유일한 방법이 아니다.

(가) 우선 생각해볼 수 있는 것은 법인제도의 유연화이다.[13]

이미 서술한 바와 같이 법인제도에 관해서는 그 설립에 관한 규율이 문제였다. 그렇다면, 영리 또는 공익에 관계없이 폭넓게 법인의 설립을 인정하고, 재산의 분리를 승인함과 동시에 권리의무규정을 정비하면 바람직한 것이 된다.

실제, 구 신탁법의 제정 이래, 법인제도가 개혁되어 회사법의 제정[2005(헤이세이 17)년]에 따라 회사조직의 유연화·다양화가 도모되었다. 또한 일반 사단법인 및 일반재단법인에 관한 법률[2006(헤이세이 18)년]이 그 사업의 공익성 유무에 관계없이, 법이 정한 요건을 충족하기만 하면, 인허가를 기다리지 않고 간편하게 법인을 설립하는 것이 가능하도록 하였다(준칙주의). 이후 기술하는 것과 같이 신 신탁법의 제정에 있어서는 사업목적에서의 이용가능성이 논하여졌지만, 같은 시기의 회사법 제정에 따라 주식회사의 설립이라는 방식에 있어 충분히 유연성이 확보되었기 때문에 신탁법에 따른 사업신탁의 필요성은 감소되었다고 설명되고 있다.[14] 이는 신탁법의 제정을 통하여 달성하고자 하였던 목적은 법인법제의 개

---

13) 본래 재단법인이라는 법제도도 그 본질은 법인격이 있는 것이 아니라 기부자의 재산이 그 의사에 따라 다른 사람에 의해 관리되고 있다는 점에 있고, 이러한 점은 신탁과 마찬가지라고 설명되고 있다[中里実「法人格を有する信託としての財団法人」中里実ほか編『信託課税研究の道標』39면(有斐閣, 2019)]. 법인격의 부여는 신탁과 동일한 목적을 달성하기 위한 방법 중 하나인 것이다.

14) 道垣内弘人ほか「新しい信託法と実務」ジュリ 1322호 36면(2006)[井上聡発言]. 藤瀬裕司「会社と信託」小林秀之編『資産流動化·証券化の再構築』139면(日本評論社, 2010)은 사업에 관해서는 회사가 보다 적절한 수단이라고 한다.

혁에 의해서도 달성가능하다는 점을 시사하고 있다.

(나) 다음으로 계약에 의한 제도의 정비이다.

가령 조합과 관련하여 조합원의 재산과 조합재산의 분리를 더욱 진척시키는 입법을 행하고, 나아가 조합원의 사망에 따라 해당 조합원의 지분이 상속인에게 환급된다는 규율을 변경한다면 바람직할 것이다.

실제로 투자사업유한책임조합 계약에 관한 법률[1998(헤이세이 10)년]에 따라 유한책임투자조합에서는 조합원의 유한책임이 규정되었고(투자유한조합 제9조 제2항), 유한책임사업조합 계약에 관한 법률[2005(헤이세이 17)년]에 따라 유한책임사업조합에서도 조합원의 유한책임이 규정된 점 이외에(유한조합 제15조), 조합재산의 분리관리의무가 조합원에게 부과되었다(유한조합 제20조). 이러한 예들은, 적어도 재산의 분리를 인정하는 것이 조합계약의 성질과 모순되는 것은 아니라는 점을 시사하고 있다.

(다) 나아가 해석론의 대응도 가능할 수 있다.

권리능력 없는 사단의 이론에 따라 법인격의 취득을 하지 않은 단체를 일정한 요건에 따라 마치 법인격이 있는 것처럼 취급하는 것은 그 전형적인 예이다. 또한 위임에 있어 재산의 소유권이 없는 위임인에게 귀속되는 국면을 확대하거나, 수임인, 나아가 조합의 업무집행조합원에 대하여 선량한 관리자의 주의에 따른 업무집행의무의 구체적 내용을 정치하게 하는 시도[15]가 여기에 속한다.

(2) 담보부사채신탁법의 제정

그럼 왜 우리나라는 대상이 되는 재산의 분리나 당사자의 권리의무의 정밀화를 달성하기 위하여 신탁법의 도입이라는 방법을 선택한 것일까? 여기에는 역사적으로 우연의 측면이 존재한다. 그

15) 그 하나의 예로서, 道垣内弘人『信託法理と私法体系』147면 이하(有斐閣, 1996).

러한 점에서 우리나라에 있어 신탁법 도입의 경위에 관하여 되짚어 보기로 한다.

위탁보다도 한층 신인관계가 무거운 법적 관계를 나타내기 위하여 「신탁」이라는 용어가 1886년에 고안되었다는 점을 지적하는 문헌도 있지만,[16] 실제로는 이미 1883년의 한 논문(土方寧「契約ノ定義」)에서 「신탁」이라는 용어가 Trust라는 법제도의 번역어로서 등장하였다.[17] 일본의 법률에 최초로 등장한 것은 1900(메이지 33)년의 일본흥업은행법 제9조 제4호이다. 「지방채증권, 사채권 및 주권에 관한 신탁업무」라는 방식으로 규정되었다. 다만 여기에서 언급하는 「신탁」이란 「맡기다」 또는 「대리하다」라는 일반적인 의미였다고 판단된다.

법률제도로서의 신탁이 등장한 것은 1905(메이지 38)년의 담보부사채신탁법이다.

동법이 제정된 사정에 관하여는 러일전쟁 이후 부흥을 위하여 외자를 도입할 필요가 있었고, 이를 위해 담보부사채를 런던시장에서 발행해야 했는데, 그 당시 런던시장에서의 담보부사채는, 사채관리회사가 총 사채권자를 위하여 담보권을 보유하는 Trust의 방법에 따라 발행되고 있었기에 그와 같은 것을 우리나라에서도 가능하게 할 필요가 있었다고 설명되고 있다. 즉, 사채를 발행하면, 많은 사채권자가 등장한다. 그러나, 그러한 사채권자가 각자 사채권의 담보를 위하여 저당권을 보유하면, 실행도 개별적으로 이루어지게 되고, 사채가 양도될 때마다 저당권도 이전할 수밖에 없어 번거롭게 된다. 따라서 사채관리 회사가 총 사채권자를 위하여 저당권을 보유하도록 하는 것이지만, 이를 위해서는 사채관리 회사가 저당권을 취득할 필요가 있고, 나아가 그 경우 사채관리 회사는 자신

16) 栗栖赳夫『信託法·財团抵当法の研究』5~6면(有斐閣, 1968).

17) 道垣内·問題状況 2~11면 참조.

을 위해서가 아니라 제3자인 사채권자를 위하여 그 저당권을 보유하여야 한다. 이 목적을 달성하기 위하여 Trust 제도를 「신탁」으로서 도입할 필요가 있었던 것이다. 또한 동시에, 당시의 법제도(지소입질저당규칙 제11조) 아래에서는 부동산 저당권을 외국인이 취득하는 것이 가능한지 여부에 관하여 의문이 있었기 때문에, 담보를 외국인인 채권자가 아니라 수탁자가 보유하는 제도가 요구되었다는 배경도 존재한다.[18]

이와 같이 담보부사채신탁법에 있어서 신탁의 기술은 저당권의 귀속자와 그 이익의 귀속자를 분리하기 위해서 이용되었다.

다만 담보부사채권자의 권리관계의 적절한 규율을 위하여 반드시 Trust 제도를 이용해야 하는 것은 아니었다. 실제 독일에서는, 담보부사채는 담보자산 풀에 대하여 일정한 경우, 관재인이 사채권자를 위하여 권리를 행사하고 분배를 하는 제도가 이전부터 존재하고 있다.[19]

영국의 Trust 도입은 당시 국제금융의 중심이 런던시장소이고, 우리나라가 런던시장을 통하여 외화를 조달하려고 했다는 사정에 기한 것이다.

(3) 신탁법의 일반화

그리하여 담보부사채신탁법의 제정 후, 동법에 따라 담보가 부가된 사채가 적극적으로 발행되었는데, 그뿐만 아니라, 「신탁」이라는 이름을 딴 회사가 다수 설립되게 되었다. 메이지 말기에는 약 500개 회사에 달하였던 것 같다.[20] 그런데 이들 「신탁회사」의 대부

---

18) 鈴木俊夫「関説：第一次世界大戦前のロンドン金融市場と日本企業」阿部武司＝中村尚史編『産業革命と企業経営1882~1914』282면(ミネルヴァ書房, 2010).

19) 가령, 최근의 것으로서, 中山知己「ドイツにおけるカバード·ボンドーファンドブリーフ(Pfandbrief)の基本的特質」 明治大学法科大学院論集 제14호 321면 이하(2014) 참조.

20) 麻島·전게 주4) 105면은 451개 회사라고 하고, 山田昭『信託立法過程の研究』

분은, 고리의 금융업자이고, 또한 신용력이 부족하여 파탄하는 회사도 상당히 존재하였기 때문에 그러한 회사의 규제가 필요하게 되었다. 즉, 신탁업법의 제정이다. 규제의 포인트는 단순한 금융업무를 수행하는 회사에 「신탁」이라는 명칭을 사용하지 못하도록 하고, 「신탁업」을 정의한 후에 그 영업주체를 주무대신으로부터 면허를 받은 자로 한정하고자 한 것이었다.

그 후 대장성과 사법성 사이의 주도권 분쟁 끝에 결국 1922(다이쇼 11)년에 규제법인 신탁업법과 당사자 간의 법률관계를 정하는 실체법인 신탁법(구 신탁법)을 분리한 뒤 양법이 동시에 제정되기에 이르렀다.

실체법인 신탁법의 기초는 사법정의 주도로 행하여졌다. 초기는 이케타 토라지로우(池田寅二郎)의 견해에 기반함과 동시에 인도 신탁법 및 캘리포니아 주 민법전(특히 전자)이 참고되었지만, 기안이 진행됨에 따라 이케타의 견해와 같은 내용으로 되지 않았고, 또한 참고되는 외국법도 최종적으로는 영국의 판례와 학설이 되었다고 여겨진다.[21]

담보부사채신탁만의 규율을 넘어 일반적인 신탁법이 필요한 이유로서 설명되는 것은 이미 기술한 바와 같이 우리나라에서도 법인이 아닌 클럽이나 학회의 재산을 대표자의 명의로 소유하는 예, 일정한 목적에 갹출하기 위하여 자금을 모집하는 경우에도 그 목적이 집행될 때까지는 발기인의 명의로 그 재산이 관리되는 예, 계에서 회주의 명의로 회원에 대한 일체의 채권 등이 관리되는 예, 유아의 교육자금을 위하여 모인 자금을 고인의 친구가 관리·운용

13면 주(1)(勁草書房, 1981)은 474개 회사라고 한다.

21) 山田·전게 주20) 94, 97면. 이케타의 견해에 큰 영향을 끼친 것은 테리(H. Terry)이다[加毛明「受託者破産時における信託財産の処遇(1)」法協 124권 2호 400~402면(2007) 참조]. 그 견해에 관해서는 能見善久「テリーの分析法学と信託理論」野村豊弘古稀『民法の未来』423면 이하(商事法務, 2014) 참조.

하고, 유아를 위하여 적당한 지출을 하는 예 등이 적지 않은데, 민법·상법의 규정으로는 당사자의 관계를 규율하기에 충분하지 않다는 점이다.

그러나 이것도 이미 기술한 바와 같이 상기의 예를 규율하기 위해서 신탁법의 제정이 필수적인 것은 아니다. 독일에서는 법인이론의 진전이 규율을 발생시켰다. 이를 영국에서는 Trust를 이용하여 행한 것일 뿐이다.[22)]

그리고 우리나라가 영국의 방법을 선택한 배경에는 이미 담보부사채신탁법이 도입되었고, 「신탁」이라는 개념이 실정법상의 것이었는바, 여기에서 「신탁」을 규율하려고 함에 있어 신탁회사의 난립을 규율할 필요만을 강조하면 입법이 대장성의 주도가 되버리기 때문에 사법성으로서는 담보부사채에 제한되지 않는 일반적인 신탁법의 필요성을 주장하지 않을 수 없었다는 사정이 존재한다. 일반적인 신탁법의 제정도 역시 역사의 우연인 것이다.

4. 우리나라에서 신탁법과 신탁의 발전[23)]

(1) 신 신탁법의 제정

신탁법의 제정 후 몇 가지 특별법이 제정되었고, 신탁업법은 몇 차례에 걸쳐 개정되었다[→2면*(ⅰ)]. 이에 반하여 신탁법 자체는 오랜 기간 커다란 개정이 없었는데, 2006(헤이세이 18)년에 새로운 신탁법으로서 신탁법(헤이세이 18년 법률 제108호)이 제정되었다. 이 법률은 실질적으로는 구 신탁법의 개정이지만, 형식적으로는 「신탁법의 시행에 수반하는 법률관계의 정비 등에 관한 법률」(헤이세이 18년 법률 제108호)에 따라, 구 신탁법과 관련하여, 공익신탁에

22) メイトランド(森泉章監訳)『団体法論序説』(日本評論社, 1995) 참조.
23) 道垣内·問題状況 33~41면 참조.

관한 부분 이외를 삭제하고, 「공익신탁에 관한 법률」로 명칭을 변경함과 동시에 별도로 새로운 「신탁법」으로서 제정된 것이다(한편, 본서에서는 「공익신탁에 관한 법률」의 내용은 다루지 않는다. 다만, 개정 상황에 관하여는, → 412면*).

그렇다면, 어떠한 이유로 신탁법이 제정된 것일까?

(2) 구 신탁법·신탁실무의 단일성

구 신탁법으로부터 신 신탁법으로의 변화는《단일화로부터 다양화로》라고 정리하는 것이 가능하다.

이 테제는 구 신탁법은 단일적이었다는 점을 전제로 하고 있다. 그러면 우선 어떠한 이유로 어떻게 단일화되었는지를 고찰한다.

첫째로, 구 신탁법의 제정 경위와의 관계이다. 이미 서술한 경위로부터 알 수 있는 바와 같이, 구 신탁법이나 신탁업법은 신탁이라는 법제도나 신탁을 수탁하는 회사를 육성하기보다는 투자가에게 피해를 발생시킬 회사나 거래를 규제하려는 목적을 가지고 있었다. 유연한 수단으로서 신탁을 적극적으로 자리매김하기보다는 수익자에게 손해가 발생하지 않도록 수탁자를 제한한다는 관점이 강하게 표출된 것이다.

둘째로 구 신탁법의 모법인 영국법의 준칙이 역사적으로는 가족법인 소규모 신탁을 중심으로 형성되어 왔다는 점을 들 수 있다. 1인의 위탁자가 1인 또는 소수의 수탁자에게 신탁재산을 이전하고, 1인 또는 소수의 수익자에게 수익을 귀속시키도록 하는 것이다. 그리고 우리나라의 구 신탁법은 이 영국의 법준칙을 도입하였기 때문에 상정하고 있는 신탁이 소규모의 것이라고 생각될 수 있다. 그러나, 영국의 법준칙은 매우 유연하게 해석되고, 그로 인해 이후 대규모의 상사적인 신탁을 여러 행태로 발전시켰는데, 우리나라에서는 위에서 서술한 제한적인 경향과 결부되어 신탁법의 조문은 비교적 엄격히 해석되어 왔다고 볼 수 있다.

세 번째로는 신탁실무 역시 단일적이었다는 것이다. 우리나라에서는 영업으로서의 신탁에 있어 담당자는 계속 신탁은행이었다. 그리고 이 신탁은행의 주력 영업신탁 상품은 1952(쇼와 27)년 6월 대부신탁법 제정 이래 오랜 기간 동안 「대부신탁」, 즉 투자가로부터 금전을 받아 한 묶음의 재산을 창출한 이후 그것을 제3자에게 대출하는 형태로 운용하여 수익을 올리고, 그것을 투자가에게 환원하는 구조였다. 1980년 경까지 그러한 방식으로도 충분한 상황이었고, 담당자는 하나의 유형, 상품은 하나의 종류로 되어 있던 것이다.[24)]

(3) 단일화 상황의 변화

그런데 이 단일화의 상황은 변화를 맞이한다.

첫째로, 영업으로서 행하여지는 신탁이 다양화되었다. 1980년 경부터 주로 증권투자로 운용되는 「펀드 트러스트」나 「특정금전신탁」이 등장하고, 「연금신탁」이라 불리는 상품도 순조롭게 발전되어 왔다. 게다가 자산 유동화의 도구로서 신탁을 활용하는 경우도 증가했다. 또한 개인의 자산관리를 수행하는 신탁에 대해서도 신탁은행은 관련 상품을 증가시키고, 적극적인 대응을 실시하게 되었다. 구체적으로는 생전증여신탁, 주식처분신탁, 유가증권 관리신탁 등이 그 예이다.[25)]

둘째로 특별법 내에서 신탁이 보다 적극적으로 자리매김하여

---

24) 특히 다음 논문의 제목을 주목하기 바란다. 木村恒式「貸付信託世代からの提言」新井誠ほか編『信託法制の展望』552면 이하(日本評論社, 2011).

25) 실무에서 신탁의 진전을 역사적으로 추적한 것으로서, 田中和明『信託法案内』220~285면(勁草書房, 2019). 한편, 본서에서는 실무에서 행해지고 있는 신탁을 이용하고 있는 다양한 거래형태에 관해서는 극히 일부만 언급한다. 이 점에 관해서는 많은 문헌이 있는데, 가령, 井上編·153면 이하, 三菱UFJ信託銀行編『信託の法務と実務[6訂版]』285면 이하(金融財政事情研究会, 2015), 第一東京弁護士会司法研究委員会編 『社会インフラとしての新しい信託』(弘文堂, 2010), 友松義信『信託入門』(金融財政事情研究会, 2014) 참조.

역할을 부여받게 되었다. 2000(헤이세이 12)년의 「자산 유동화에 관한 법률」 및 「투자신탁 및 투자법인에 관한 법률」이 그 전형이다 [→3면*(ⅱ)]. 전자에서는 자산 유동화의 도구로서 특정목적신탁 제도가 도입되었고, 후자에서는 위탁자 비지도형, 즉 수탁자가 운용재량을 보유하는 투자신탁이 주로 부동산투자신탁을 염두에 두고 인정되기에 이르렀다. 또한 같은 해 저작권 등 관리사업법[26]에서도 관리위탁계약의 하나로서 신탁계약이 자리매김하였다.

셋째로 최고재판소의 판결에서도 신탁이 언급되는 경우가 나타났다. 그중에서도 가장 중요한 것은 2002년(헤이세이 14년) 최고재판소 판결[27]이다. 이는 지방공공단체 甲으로부터 공공사업을 수급한 乙이 甲으로부터 선불금을 지급받아 은행에 예금하였던 사실관계를 바탕으로, 甲과 乙 사이에 甲을 위탁자, 乙을 수탁자, 선불금을 신탁재산으로 하여 이를 해당 공사의 필요경비의 지출에 충당하기로 하는 것을 목적으로 하는 신탁계약이 성립하였다고 한 것이다. 당사자가 「신탁을 설정한다」라는 명시의 의사를 가지고 있지 않았음에도 불구하고, 신탁의 성립을 인정한 점에 특징이 있다고 여겨진다. 그리고, 변호사의 예금, 손해보험회사 대리점이 수령한 보험료, 아파트 관리회사의 예금 등에 관해서도 신탁의 성립을 인정할 여지가 있는 것은 아닌지가 논의되기 시작하였다.

이상 세 가지 점에 의해 신탁은 여러 가지 목적으로 활용될 수 있는 것이라고 인식되었고, 구체적인 이용가능성에 관해서 논의가 활성화되었다.

그러자 신탁업법에 따라 영업신탁에 대하여 행하여지고 있는 규제에 관하여 불만이 고조되었다. 2004(헤이세이 16)년 개정 전 신탁업법은 당초 신탁재산(신탁이 설정된 시점에서의 신탁재산)의 종류

26) 著作権法令研究会編『逐条解説·著作権等管理事業法』(有斐閣, 2001) 참조.
27) 最判平成 14·1·17 민집 56권 1호 20면.

에 제약이 있었는바, 가령 지적재산권을 신탁재산으로 신탁을 설정하는 것이 불가능하였다. 이러한 규제가 폐지되었다. 게다가 신탁업으로의 참가도 상당히 어려웠는데, 이것이 완화되었다. 2004년에 신탁법이 개정되어 신탁업의 담당을 확대함과 동시에 신탁의 대상이 되는 재산에 관한 완화가 이루어졌다.

그러나 신탁법은 변경되지 않았고, 신탁법을 개정하지 않은 채로 유연화·다양화에는 한계가 존재하였다. 그리하여 신탁법을 개정하여 보다 유연한 구조로 함으로써 신탁의 다양화를 더욱더 추진해야 한다는 실무계의 주장이 강하게 제기되었다. 이러한 배경에는 이미 서술한 것 이외에 한 가지 더 중요한 것이 있다. 그것은, 영미에서는 Trust가 매우 유연한 것으로 다양한 거래의 수단으로서 활용되고 있다는 것이다. 수탁자의 업무나, 수익자의 권리에 관하여도 여러 형태의 특약이 인정되고 있다. 그리고 금융기법은 영미 스탠다드로 진전되고 있는바, 영미에서는 금융거래의 다양한 국면에서 Trust가 매우 유연한 제도로서 활용되고 있다. 그래서 우리나라의 「신탁」에 대해서도 같은 방식으로 기능할 수 있기를 바란다는 요청이 강해졌다. 영미와의 비교에 대해서는 주의하여야 하는 점이 존재하지만, 사실상 영미에 부합하고자 하는 노력이 작용한 것은 분명하다고 할 것이다.

(4) 유연화에 따른 다양화

그래서 신탁을 다양화하기 위하여 신탁법을 유연화하게 되었다. 구체적으로는 나중에 자세히 살펴보겠지만, ① 설정방법의 유연화(신탁선언에 의한 신탁설정의 인정), ② 신탁유형의 다양화(한정책임신탁의 창설, 수익자가 다수인 신탁의 규율), ③ 규율내용의 현대화와 임의규정화(충실의무의 명시화, 신탁사무의 제3자에 대한 위탁의 완화 등)이다.

신탁의 다양화를 염두에 두고, 다양한 목적을 위해서 신탁을 이용하는 것이 가능할 수 있도록 하기 위하여 개정이 된 것이다.

5. 공시적 분석

(1) 이익귀속권리자에게 물권적 구제를 인정하기 위한 법제도

이미 서술한 바와 같이 우리나라에서 신탁법이 제정된 것은 다분히 역사적 우연에 기반한 것이다. 그러나 현재 신탁법이 존재하는 이상 그것이 현행 일본법 내에서 어떠한 위상을 가지고 있는가는 별도의 문제가 된다.

이 점과 관련하여 필자는 위임 등과의 관계에서 다음과 같이 설시한 적이 있다. 즉, 위임사무의 대상이 되는 재산에 관하여 수임인의 부당한 처분이나 수임인의 도산의 국면에서 물권적인 구제를 인정하고자 한다면 위임인이 해당 재산의 소유자일 것이 요구된다. 그러나 어떠한 자가 타인을 위하여 재산의 관리·운용을 위탁받는 경우, 해당 재산의 소유권이 그 관리자에게 이전되는 경우도 존재한다. 그런데 어느 쪽이나 동일한 경제적인 목적을 가지고 행해지는 것이고, 해당 재산의 소유권이 형식적으로 관리자에게 이전되었는지 여부에 따라 이익귀속권리자의 구제수단이 크게 달라지는 것은 균형이 맞지 않는다. 그리하여 상기의 국면에서 이익귀속권리자에게 소유자와 동일한 물권적 구제수단을 인정하기로 한 것이 「신탁」이라는 법제도이고, 신탁법은 그것을 가능하도록 하기 위한 법률이다.[28)]

이와 같은 입장에서 본다면, 신탁의 포인트는 이익귀속권리자에게 그러한 물권적 구제수단을 인정하기 위하여 수탁자가 보유한 다른 재산과 분리된 재산(신탁재산)을 창출하는 것에 있다.

---

28) 道垣内·전게 15), 217~218면.

(2) 이익귀속권리자의 재산으로부터의 분리

「다른 재산으로부터의 분리」라고 하면, 수탁자가 보유한 타인의 재산으로부터의 분리뿐만 아니라 이익귀속권리자가 보유한 다른 재산으로부터의 분리도 문제가 될 것 같다. 그러나, 신탁의 본질을 소유권 등에 기반한 구제가 이익귀속권리자에게 인정되지 않는 경우에도, 여전히 유사한 물권적 구제를 인정한다는 점에서 구한다면, 「이익귀속권리자의 재산으로부터의 분리」는, 이익귀속권리자에게 소유권 등에 기초한 구제를 인정할 수 없다는 소극적 요건에 불과한 것이 된다.[29]

다만, 이와 관련하여 「위탁자로부터의 분리」의 필요성을 강조하는 견해도 존재한다.[30] 여기에는 특히 자익신탁(→ 25면)에 있어서는 이익귀속권리자인 수익자가 위탁자가 되는바, 위탁자로부터의 분리가 불충분하다면, 위탁자는 스스로 통제할 수 있는 재산을 이른바 안전지대에 두는 것이 가능하게 되어 타당하지 않다는 판단이 있다. 확실히 자익신탁에서 위탁자로부터 재산이 충분하게 분리되지 않는 경우에는 위탁자에 대한 채권자가, 해당 재산으로부터 채권회수를 할 수 없다는 것은 부당하지만, 그 경우에는 위탁자에게 실질적 소유자라고 평가할 수 있는 정도의 권리가 귀속되어 있을 것이므로, 그 권리의 대위행사나 압류를 인정해야 한다.[31] 그리고 그러한 권리, 예를 들어 신탁철회권의 대위행사를 위탁자에 대한 채권자에게 인정할 수 있다면, 신탁을 무효로 하여 수탁자(위탁자와의 관계에서는 관리 등에 관한 일정한 의무를 부담하는 것으로 동의하고 있다)의 의무를 면제시킬 필요도 없다고 할 것이다.[32]

---

29) 道垣内 · 問題状況 74~75면.
30) 新井 · 129~131면.
31) 能見 · 39면.
32) 道垣内 · 問題状況 75면, 能見 · 39면.

(3) 재산권리귀속자의 의무[33)]

신탁법의 적용을 인정해야 하는 경우, 즉 신탁의 성립을 인정해야 하는 경우라 함은 신탁재산에 귀속하는 재산에 관한 재산권이 수탁자에게 마치 귀속되어 있지 않은 것과 같은 상태에 있는 경우이다. 수탁자가 순수한 재산권 귀속자로서 행동할 수 없고, 그로부터 이익을 수취할 수 없다는 점에 신탁의 본질이 있고, 그렇기 때문에 해당 재산이 수탁자에게 귀속되는 재산 중에서 분리되어, 특별하게 취급되는 것이다.

그러나 수탁자는 어디까지나 신탁재산에 속하는 재산에 관한 재산권 귀속자이다. 따라서 가령 신탁재산이 처분되는 경우 그 주체는 수탁자가 된다. 그래서, 이와 같은 상황에 있어 수탁자의 의무가 신탁의 본질에 반하지 않도록 정하여야 하는 것이다.

신 신탁법은 수탁자의 의무에 관한 제 규정을 구 신탁법에 비하여 상세하게 정하였지만, 동시에 그것들을 원칙적으로 임의규정으로 하였다. 그러나 그 의무의 변경·배제에는 한계가 존재한다는 점을 언급하지 않을 수 없다. 예를 들어, 자기거래금지(피지)의무에 관해서 아무리 별도의 규정에 따라 허용된다(신탁 제31조 제2항 제1호)고 하더라도 아무런 제한 없이 자기거래가 가능한 구조로 되어 있는 경우에는 수탁자가 신탁재산에 속하는 재산에 관하여 자신의 완전한 소유물로서 그로부터 이익을 받을 수 있는 구조로 되어 있는 것이고, 그와 같은 법률관계는 더 이상 신탁이 아니라고 보아야 한다. 이에 비해 신탁재산에 속하는 재산이라도, 가령, 시장가격이 명확한 것에 관하여 수탁자가 시장가격으로 구입할 수 있다고 하는 것은 신탁의 본질에는 반하지 않는다. 수탁자가 이익을 받는 구조로 되어 있지 않기 때문이다.

---

33) 수탁자 의무의 측면을 강조한 것은, 樋口範雄의 일련의 업적이다. 가령, 同『フィデュシャリー[信認]の時代』(有斐閣, 1999), 同『入門·信託と信託法[第2版]』(弘文堂, 2014).

* **「신탁재산」과 「신탁재산에 속하는 재산」** 신탁법에서는 「신탁재산」이라는 용어는, 신탁에 의해 관리·처분 등을 해야 하는 재산의 전체를 가리키는 경우에 사용되고(신탁 제2조 제3항), 개개의 재산에 대해서는, 「신탁재산에 속하는 재산」이라는 용어가 사용되고 있다(동조 제5항 등. 신탁법의 조문에서 사용례는 약 100건에 달한다). 또한, 해당 재산이 채권인 경우에는 「신탁재산에 속하는 채권」이라고 하는 표현이 된다(동법 제20조 제3항, 제22조 등). 본서에서도 이러한 용어법에 따르지만, 어느 쪽을 사용하여야 할지가 미묘한 경우도 존재한다.

「고유재산」[「수탁자에게 속하는 재산으로서 신탁재산에 속하는 재산이 아닌 일체의 재산」(동법 제2조 제8항)]이라는 용어와 **「고유재산에 속하는 재산」**이라는 용어에 관해서도 마찬가지로 구분하여 사용되고 있다.

또한 법령상의 용어는 아니지만, 신탁 설정 시점에서의 신탁재산을 **당초 신탁재산**이라고 한다. 본서에서는 이 용어에 대해서도 당초의 신탁재산 전체를 가리키는 것으로 하고, 개개의 재산에 관해서는 「당초 신탁재산에 속하는 재산」이라고 한다(본서 초판에서는 상대적으로 구분이 철저하지 않았다).

제2절 신탁의 기본구조와 해석지침

1. 신탁의 기본구조

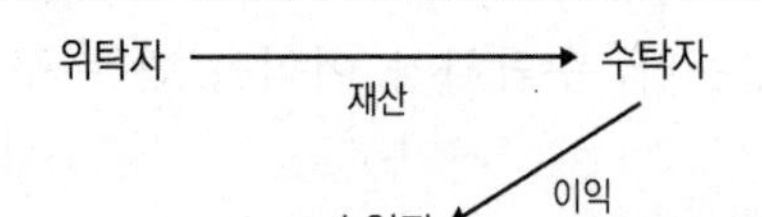

앞 절의 분석에 입각하면, 신탁의 특징은 재산의 분리와 관계자의 권리의무 유연화(디폴트 규정의 단순화)에 있다. 그리고 신탁법 제2조·제3조에 있는 바와 같이, 그 재산은 당초 위탁자로부터

출자되어 수탁자에게 귀속한다. 그렇다면 위에 제시한 그림을 통하여 신탁의 기본구조를 나타내는 것이 가능해진다.

그러나 포인트는 수탁자에게 귀속하는 재산 중에서, 신탁재산에 속하는 재산이 독립하여 취급되는 점에 있다. 그러면 위탁자와 수탁자가 별도의 법 주체일 필연성은 존재하지 않는다. 중요한 것은 재산의 구분이고, 위탁자가 일정한 재산에 관하여 「이후 이 재산을 신탁재산으로서 별도로 취급한다」라고 선언하는 것에 의하여 신탁재산의 독립성을 인정하는 것도 가능하다(자기신탁, 상세한 것은, →87~96면).

또한 위탁자와 수익자가 다른 법 주체일 필연성도 존재하지 않는다. 위탁자와 수익자가 동일한 사람인 신탁을 **자익신탁**이라고 하고, 위탁자와 수익자가 다른 사람인 신탁을 **타익신탁**이라 하지만, 수익자가 보유하는 지위를 양도가능한 것으로 하는 경우는 일방에서 타방으로 변화하는 것이 가능해진다.

게다가 수익자의 존재도 필연적이지 않다. 신탁재산, 나아가 그 관리·운용에 따라 얻을 수 있는 이익이, 일정한 목적에 사용되는 것으로 되어 있는 경우도 있다. 예를 들어 특정한 지역 주민의 자치모임 축제를 위하여 필요한 지출을 각자의 신청에 기반하여 급부하는 것으로 되어 있는 경우가 그러하다. 이러한 경우는 특정된 수급자가 미리 존재하는 것이 아니라 **수익자의 정함이 없는 신탁**, 즉 **목적신탁**이 된다(상세한 내용은, →411~420면). 목적신탁 가운데 해당 목적이 공익인 경우(특정 지역주민의 자치모임 축제를 위하여라는 것은 그 축제가 문화유산으로서 인지되고 있는 경우를 제외하고 공익이 아니다), 공익신탁이 되어 별도의 규율에 따른다(→412면*).

신탁재산이 독립하여 취급되어 수익자에게 물권적 구제가 인정되는 것이 확보되어 있으면, 그 이외의 위탁자·수탁자·수익자의 권리의무에 대해서는 획일적으로 정할 필요는 없다. 이것이 신탁의 유연성·단순성을 가져온다. 그러나, 이러한 자의 권리 의무는 신탁재산이 독립적으로 취급되는 것과 모순되지 않는 범위에서 정하여야 한다는 것은, 이미 서술한 바와 같다.

2. 신탁법의 해석지침

(1) 해석지침의 필요성

이와 같이 신탁의 구조는 가변적이기 때문에 다양한 목적을 위하여 다양한 제도에서 활용될 수 있다. 복합적인 제도 가운데 신탁이 편입되어 일정한 역할을 수행하는 경우도 있다. 그 결과 신탁의 기능은 다양하다.

다만, 그와 같이 다양한 이용형태에 따라 적절하게 조문이나 신탁행위를 해석하여 타당한 해결을 가져오기 위하여 학설상 몇가지 해석지침이 논의되고 있다.

(2) 신탁재산의 실질적 법주체성의 유무

이 점에서 우선 주목하여야 할 것은 실질적 법주체성설이다. 이 견해는 신탁재산에 실질적인 법주체성을 가정하여 수탁자에게는 그 관리자로서의 지위가 존재한다고 생각한다.[34] 그리고 이를 통해 신탁재산에 속하는 재산의 멸실 등에 대한 규율(신탁 제16조 제1호), 공익신탁에 관한 가급적 근사의 원칙(공익신탁 제9조), 첨부·혼동의 규율(신탁 제17조·18조, 나아가 제16조 제2호) 등의 설명이 논리적으로 가능하게 된다고 주장함과 동시에, 수익채권과 수탁자가 고유재산에 있어서 수익자에 대하여 가지는 채권과의 상계가 불가능하다고 하는 해석 등에 있어서 신탁재산에 실질적 법주체성이 있

34) 프랑스 르폴의 견해에 영향을 받고 있다. 르폴의 견해 그 자체에 관하여는 大村敦志「信託の理論」同『20世紀フランス民法学から』262~275면(東京大学出版会, 2009).

다는 점을 근거로 한다.[35)]

이에 대하여, 전통적인 통설은, 수탁자가 신탁재산에 속하는 재산에 관하여 완전한 소유권[소유권의 대상이 아닌 것(예를 들어 채권)이 신탁재산에 속하는 재산인 경우에는 그 권리]을 가지고, 수익자는 수탁자에 대해서 신탁의 목적에 따라 신탁재산의 관리·처분을 하는 것에 관한 채권적 청구권을 갖는다고 생각한다.[36)] 신탁재산에 속하는 재산은 어디까지나 수탁자가 보유하는 재산이 된다.

신 신탁법은 후자의 입장(채권설)을 취하고 있다고 설명되는 경우가 있지만,[37)] 해석론으로서는 여전히 실질적 법주체성설의 우월성을 주장하는 경우도 있어[38)] 논의가 매듭지어진 것은 아니다.

한편, 수탁자가 신탁재산을 취득하거나, 수탁자의 재산을 신탁재산으로 하는 행위, 수탁자의 신탁재산에 대한 권리 등 신탁재산에 법주체성을 승인하여 이당사간의 계약이나 채권채무관계를 관념하는 편이 이해하기 쉬운 경우가 존재하는 것은 분명하다. 그러나 재산 그 자체가 법주체가 된다는 사고방식은 우리나라의 실정법상 근거가 부족하고, 수익자에 대한 채무든, 제3자에 대한 채무든지 간에 신탁사무의 집행에 의해 발생한 채무에 관한 채무자는 수탁자이다. 실질적 법주체성설은 일정한 상황을 설명하기에는 적절한 사고방식이지만, 그것을 일반화하는 것은 타당하지 않다.

(3) 상사신탁의 특수성

수탁자가 수행하는 역할이 재산의 관리·보전 또는 처분인 경

35) 四宮·69~79면. 상계에 대하여는, 四宮·187면.

36) 池田寅二郎『担保附社債信託法論』144~153면(清水書店, 1909), 青木徹二『信託法論』299~301면(財政経済時報社, 1926), 入江眞太郎『全訂信託法原論』150~154면(厳松堂書店, 1933) 등.

37) 寺本·25면.

38) セミナー⑴·110면(能見善久). 또한, 永石ほか編·8면(永石一郎)은, 현행법이 실질적 법주체성설을 일부 수용하고 있다고 평가하는 것이 가능하다고 한다.

우를 「민사신탁」[39]이라 칭하고, 그것을 초과하는 경우 및 그것과는 다른 경우를 「상사신탁」이라 칭한다. 그리고 「상사신탁에 의할 때 본질적인 것은 어떠한 상사성을 보유하는 제도이고, 그 제도를 관리·실행하는 임무를 인수한 것이 수탁자이며, 그 제도에 실질적인 출연을 하고, 그 제도의 이익을 향수하는 것이 수익자이다」라고 한다.[40]

나아가 이 점으로부터 민사신탁과 달리 상사신탁에 있어서는 신탁재산의 존재는 본질적이지 않고, 그 점에서 완화된 해석·규제가 이루어져야 하는 점, 수익권의 성격은 신탁재산이 무엇인지와 독립하여 논의되어야 하는 점, 수익자가 다수 존재하는 경우에 관하여 다수결 등의 집단적 규율이 인정되어야 하는 점(다만, 공평성의 확보도 중요함), 수탁자의 권리·의무에 관해서도 제도의 취지·수익자의 권리에 부합하도록 유연하게 생각하여야 하는 점(이 경우, 위탁자의 의사보다 시장의 의사가 중시됨. 다만 이익상반거래에 관해서는 보다 상세한 규칙이 필요함), 수익자나 수탁자의 유한책임성이 긍정될 수 있는 해석을 해야 하는 점 등이 주장된다.

이에 대해서는, 그러한 지적의 대부분은 민사신탁에 대해서도 해당하는 것이고, 상사신탁과 민사신탁을 구별하여 생각하는 것이 아니라 쌍방에 적용되는 원리의 현대화를 생각해야 한다는 의견도 존재한다.[41] 실제로 상기의 주장은 입법에 의한 해결이 도모될

---

39) 여기에서는 신탁법의 해석지침으로서 「상사신탁」이라는 개념을 사용하는 경우에, 그것과 대비하여 「민사신탁」이 정의되어 있다. 이와는 달리 신탁의 이용방법의 확대나 그 특색을 나타내는 경우에 「민사신탁」이라는 용어가 활용되는 경우가 있는데, 가령 「가족이나 개인의 재산관리·승계 등을 주된 목적으로 하는 신탁」이나, 「비전문가인 개인이 수탁자인 신탁」 등으로 정의가 이루어진다.

40) 神田秀樹「日本の商事信託－序説」鴻常夫古稀『現代企業立法の軌跡と展望』581면 이하(商事法務研究会, 1995), 同「商事信託の法理について」信研 22호 49면 이하(1998). 구체적인 해석론의 전개는 神田＝折原·14~16면.

41) 太田達男「いわゆる商事信託法理への疑問」法時 72권 11호 68면 이하(2000).

수 있고, 그 경우 민사신탁에 대해서도 마찬가지의 규칙이 규정된 경우도 많다. 그러나 예를 들어 특약의 유효성이 인정될 수 있는 범위나 선량한 관리자의 주의의 구체적 내용에 관한 결정 등에 있어서, 그 지침으로서는 중요한 의미를 가지는 주장이라고 볼 수 있다.[42]

(4) 자익신탁과 타익신탁

자익신탁(위탁자와 수익자가 동일한 사람인 신탁)과 타익신탁(위탁자와 수익자가 다른 사람인 신탁)과의 구별을 중시하여 신탁법의 각 조문을 자익신탁 규정, 타익신탁 규정, 양자에 공통되는 규정이라는 3종류로 나누어 해석을 제언하는 경우도 있다.[43] 자익신탁에서는, 위탁자는 자신의 이익을 도모하기 위하여 신탁을 설정하고, 신탁설정 후에도 위탁자(겸 수익자)와 수탁자와의 인적 관계가 신탁관계의 핵심적 요소로서 기능하는 반면, 타익신탁에서는 위탁자는 기본적으로는 신탁관계로부터 이탈하게 된다는 점이 그 이유이다. 그리고 몇 가지 조문을 구체적인 예로서 들고 있다(자익신탁에만 적용되는 것으로서 신탁법 제164조, 타익신탁에만 적용되는 것으로서 신탁법 제15조 제88조, 제99조, 제165조. 동법 제48조 제5항에 관해서는 타익신탁에 대한 적용을 한정적으로 생각한다).

신탁이 설정된 시점에 해당 신탁의 성질이 고정되는 것으로 이해한다면, 이 견해는 자익신탁으로서 설정된 수익권이 매각된 경우는 어떻게 되는 것인지, 또한 타익신탁으로서 설정되었지만 위탁자가 수익권을 취득한 경우에는 어떻게 되는 것인지 의문을 발생시킨다. 역으로 어떠한 법조문의 적용이 문제가 되는 시점에 해당

能見善久「総論」信研 30호 3~6면(2005)도 참조.

42) 또한, 神田秀樹「商事信託法の展望」新井誠ほか編『信託法制の展望』504~506면(日本評論社, 2011) 참조.

43) 新井·66~75면.

신탁의 성질이 그때그때 결정되면, 수익권의 양도인이 가지는 권리와 양수인이 가지는 권리가 달라지게 되고, 특히 (3)에서 서술한 상사신탁의 경우에 그와 같이 보아도 무방한지 여부가 문제가 된다. 또한 복수의 수익자 중 1인이 위탁자인 경우의 적용관계에도 문제가 있다.

그러나 수익자가 1인이고, 나아가 수익권의 양도가 예정되어 있지 않은 신탁에 관한 권리의무 관계를 고찰하는 경우에는 일정한 의미가 있다고 생각된다.

(5) 「신탁으로 가능하다면」과 「신탁이라면 잘 될 수 있다」

현재 신탁법의 해석에 있어 실질적으로 동일한 문제의 처리내용이 신탁이라는 법적 구성을 활용한 경우와 민·상법상 법적 구성에 의한 경우에 크게 다른 것은 의문이고, 오히려, 쌍방의 법적 구성에 의한 처리가 정합적으로 설명이 가능하여야 한다는 견해와 신탁이어야 비로소 가능한 처리가 있는 것이 이상하지 않고, 동일한 결과를 민·상법상 법적 구성에 의해서도 가져올 수 있도록 고심할 필요가 없을 뿐만 아니라 민·상법에서는 곤란한 법적 처리를 신탁이라는 제도를 활용함으로써 실현하는 것을 적극적으로 평가하여야 한다는 견해 등이 존재하는 것으로 분석되고 있다(분석자는 전자의 견해를 「『신탁으로 가능하다면』설」, 후자의 견해를 「『신탁이라면 잘 될 수 있다』설」이라 부른다).[44)]

전자의 견해는, 민·상법에서 기존의 규율이 불충분하다는 것을 이유로 신탁법이 제정된 점을 감안하여 볼 때, 타당하지 않은 것으로 생각될지 모른다. 그러나 공시적으로 생각할 때, 신탁이 아니라도 실질적으로 재산의 분리를 인정해야 하는 경우에는 소유권 소재의 해석이나 예금자 인정의 방법에 따라 분리가 인정되어야

---

44) 早川眞一郎「『信託という名の相続』覚書」米倉明編『創立20周年記念·論文撰集』205~206면(トラスト60, 2007).

하고, 또한 관리자의 의무에 관해서도, 신탁법의 규정이 그 구체적인 내용으로서 타당한 경우는, 가령 수임인이 부담하는 선량한 관리자의 주의에 의한 위임사무 집행의무의 구체적인 내용으로서 도입되어야 한다고 생각된다. 역으로, 위임에 있어 수임인이나 민법상 조합에 있어 업무집행조합원, 나아가 회사법상 이사 등 재산관리자의 의무내용(의무의 존부도 포함한다)으로서 인정되고 있는 규율에서 신탁법에 규정이 부족한 것에 관해서는 수탁자의 의무로서 도입하여야 한다는 점을 고려하여야 한다.[45)]

물론, 신탁에 고유한 규율도 존재할 수 있지만, 그 경우에는 어떠한 이유에서 신탁에 관하여만 그와 같은 규율이 요구되는 것인가를 자각적으로 검토하여야 한다.

3. 신탁의 분류와 해석지침

(1) 이상은 신탁전반에 관한 해석지침이지만, 신탁에 관한 유형을 분류한 후에 해석지침을 구하고자 하는 시도도 존재한다.

(2) 앞에서 서술한 상사신탁과 민사신탁을 구분하는 견해는, 상사신탁을, 다시 「예금형」[전통적인 의미에서의 은행업무(예·대금 업무)과 동종의 목적을 달성하기 위하여 이용되는 것이고, 대부신탁이 전형적인 예], 「운용형」[자산(금전인 경우가 적지 않다)의 운용을 위하여 이용되는 것이고, 수익자가 다수인 경우가 많고, 신탁재산이 합동운용되는 경우가 많다], 「전환형」(거래의 대상 또는 객체의 성질을 변화시키기 위하여 이용되는 것이고, 자산의 유동화·증권화를 위한 신탁이 전형적인 예), 「사업형」(사업이 행해지는 것이고, 토지신탁이 전형적인 예)으로 구분하고, 그 기능에 따른 신탁법의 해석·운용의 중요성을 설시한다.[46)]

(3) 또한 이념적인 모델(중간형·융합형도 있다)로서, 「신탁＝재

45) 필자의 시도로서, 道垣内·전게 주15) 147면 이하 참조.
46) 神田·전게 주40)(「商事信託の法理について」) 61~67면.

산 처분 모델」[재산 처분의 프로세스나 최종적 배분 방법 등의 점에서, 재산 처분자의 세세한 희망에 따른 처분을 행하기 위하여 활용한다. 위탁자의 의사가 재산처분에 관한 설계도(에스테이트 플래닝)로서 중시되지만, 수익자의 이해와 조정을 도모할 필요가 있다. 한편, 수탁자의 이익과의 조정을 도모할 필요성은 크지 않다], 「신탁=계약모델」(위탁자와 수탁자가 교섭하여 신탁 목적이나 신탁재산의 관리·처분방법을 합의하는 신탁이고, 기본적으로는 계약과 동일하다고 생각하여도 무방하다), 「신탁=제도 모델」(법인의 설립과 유사한 방식으로 신탁을 설정하는 것이고, 일단 설정되면 위탁자·수탁자의 의사는 신탁 목적이나 신탁 조항 안에서 객관화·제도화되어 더 이상 신탁설립 관계자의 단순한 합의로는 이를 변경할 수 없게 되는 점에 특징이 있다)의 3가지를 제시하는 견해도 존재한다(→219면).[47]

(4) 일반적으로 법률행위에 관하여 당사자가 해당 계약에서 달성하려고 한 목적에 입각한 해석의 필요성이 주장된다. 신탁법·신탁행위의 해석에 관해서도 마찬가지이고, 그 목적을 파악하는 틀로서 상기 학설이 설시하는 바는 중요하다. 다만 무리하게 이 틀에 따라 파악하는 것도 자제하여야 한다.

제3절 신탁의 형식적 분류

1. 총 론

위에서 서술한 것과 달리, 형식적인 관점에서 신탁의 분류가 이루어지기도 한다.

아래에서의 논의의 편의를 위하여 정리하여 둔다.[48]

---

47) 能見·10~13면.
48) 신탁의 분류방법이 분류의 목적에 따라 상이한 것은 당연하다. 다른 시점에

2. 신탁의 설정방법에 따른 분류

신탁은 위탁자와 수탁자 사이의 계약, 위탁자의 유언, 위탁자의 신탁선언 중 하나에 의해 설정된다(신탁 제3조). 각각 **계약신탁, 유언신탁, 자기신탁**이라 불린다.

우리나라 신탁의 대부분은 계약에 의해서 설정되는 것이고, 다른 방법에 의하여 설정되는 신탁은 소수이다. 또한 신탁은행의 실무에서 유언서의 보관이나 유언의 집행 업무를 「유언신탁」이라고 부르는 경우가 있지만, 이는 실무상의 네이밍이고, 법적으로는 신탁이 아니다. 또한 신탁선언에 따라 설정되는 신탁에 관하여 신탁법 그 자체에서는 「자기신탁」이라는 용어를 사용하고 있지 않지만, 동법 부칙 제2항의 표제어, 신탁업법 제50조의2, 등록면허세법 별표 제1에서는 「자기신탁」이라는 용어를 사용한 예가 있다.

3. 신탁목적이 사익인지 공익인지 여부에 따른 분류

공익신탁이란 수익자의 정함이 없는 신탁이고, 학술, 기예, 자선, 제사, 종교 및 그 밖에 공익을 목적으로 하는 것으로 주무관청의 허가를 받은 것을 말한다(공익신탁 제2조). 그 밖의 신탁이 **사익신탁**이다.

4. 신탁이익의 귀속처에 따른 분류

자익신탁이란 위탁자와 수익자가 동일한 사람인 신탁이고,

의한 분류로서, 根田正樹ほか編『信託の法務·税務·会計』 7~10면[根田正樹](学陽書房, 2007). 또한, 현행 세제에 있어서의 과세 규칙의 관점에서 법인형 과세신탁, 집합적 신탁, 수익자 등 부존재신탁, 수익자 등 과세신탁이라는 구별을 제시한 것으로서, 佐藤英明『新版信託と課税』406면 이하(弘文堂, 2020).

타익신탁이란 위탁자와 수익자가 다른 사람인 신탁이다.

설정 시에는 자익신탁이라 할지라도, 수익권의 양도 등으로 인해 수익자가 위탁자 이외의 자가 되면 타익신탁이 된다. 이에 비하여 설정 시에는 타익신탁인 경우에 후발적으로 수익권의 전부를 위탁자가 취득했을 때 그것을 자익신탁이라고 칭할지 여부, 설정 시에 위탁자가 수익자 중 1인이고, 다른 수익자가 존재하는 경우 그것을 어떻게 호칭할 것인지 여부에 관하여는 명확하지 않다고 생각된다.

5. 신탁인수행위가 영업으로서 한 것인지 아닌지에 따른 분류

영업신탁이라 함은 수탁자가 그 영업으로서 인수하는 신탁이고, 신탁업법 또는 겸영법(금융기관의 신탁업무의 겸영 등에 관한 법률)의 적용을 받는다. 비영업신탁이라 함은 그 이외의 신탁이고, 그다지 예가 많지 않다고 생각한다.

6. 영업신탁에 관한 분류

설정 시의 신탁재산이 금전 또는 그와 동일시할 수 있는 수 있는 수표 등인 경우를 「금전의 신탁」이라 부르고, 그 밖의 재산을 신탁재산으로서 인수하는 경우를 「재산신탁」이라 부른다. 신탁재산의 운용 결과 재산의 성격이 변화하더라도 호칭은 변경되지 않고, 오직 신탁 설정시의 상황에 주목한 구분이다. 그런 의미에서 해석론적 유용성은 낮다.

「금전의 신탁」은 신탁 종료시에 신탁재산을 금전으로 환가하여 수익자에게 금전으로 교부하는 것과 신탁재산을 신탁 종료시의 상태 그대로 교부하는 것으로 구분되고, 전자를 「금전신탁」, 후자를 「금전신탁 이외의 금전신탁」(금외신탁)이라 부른다.

제 2 장 신탁의 설정

제 1 절 서 설

1. 신탁법 제3조의 규정

이미 서술하였지만, 신탁법 제2조 제1항은 신탁에 관하여 다음과 같은 정의를 하고 있다.

『이 법률에서 「신탁」이란 다음 조 각호에서 열거하는 방법 중 어느 하나에 의해, 특정한 자가 일정한 목적(오로지 그자의 이익을 도모하는 목적을 제외한다. 동조에 있어서 같다.)에 따라 재산의 관리 또는 처분 및 그 밖에 해당 목적의 달성을 위하여 필요한 행위를 하여야 하는 것을 말한다.』

그리고 이 조문에 있어서 「다음 각호에서 열거하는 방법」으로서 신탁법 제3조에 규정되어 있는 것은,

① 위탁자가 되는 S가 수탁자가 되는 T와의 사이에서 S로부터 T로 어떠한 재산을 처분하는 취지 및 T가 일정한 목적에 따라 재산의 관리나 처분 등 그 목적 달성에 필요한 행위를 할 의무를 부담한다는 취지를 정한 계약을 체결하는 방법,

② T에 대하여 어떠한 재산을 처분하는 취지 및 T가 일정한 목적에 따라 재산의 관리나 처분 등 그 목적 달성에 필요한 행위를 할 의무를 부담한다는 취지를 내용으로 하는 유언을 S가 하는 방법,

③ S가 자신이 보유하는 일정한 재산에 관하여 스스로를 수탁자 T(=S)로 하고, 일정한 목적에 따라 재산의 관리나 처분 등 그 목적 달성에 필요한 행위를 스스로 행한다는 취지의

의사표시를 하는 방법

이다.

2. 세 가지 방법

신탁법 제3조에서 정하고 있는 바는, 차례대로, ① 신탁계약에 의한 방법, ② 유언에 의한 방법, ③ 신탁선언에 의한 방법이다. 그리고 신탁법 제2조 제1항을 감안하여 볼 때, 신탁의 설정을 위해서는 가) 최초 신탁재산의 수탁자로의 귀속, 나) 신탁목적의 설정, 다) 수탁자의 신탁재산 관리 등 의무의 설정이라는 3요소가 어떠한 방법에 의한 신탁설정에 관해서도 요구되어진다는 점을 알 수 있다.

상기의 신탁계약, 유언, 신탁선언은 모두 신탁을 설정하는 법률행위이다. 이를 **신탁행위**라 부른다(신탁 제2조 제2항).

우선, 각각의 공통요건에 대하여 검토한다.

제 2 절 공통요건

1. 최초 신탁재산의 수탁자로의 귀속

(1) 신탁재산의 필요성

실정법으로서 신탁법이 수탁자가 수익자를 위하여 행위하는 경우 일반이 아니라 신탁재산이 존재하고, 그 「재산의 관리 또는 처분 및 그 밖에 해당 목적의 달성을 위하여 필요한 행위를 하여야 할」 의무를 수탁자가 부담하는 경우만을 「신탁」이라고 호칭하고 있는 것은 분명하다. 그리고 신탁의 본질을 신탁재산을 둘러싼 물권적 효력의 발생이라고 파악하는 경우에는(→ 21~22면), 신탁법의

그 태도는 적극적으로 평가되어야 한다.[1)]

신탁계약 또는 유언에 의한 신탁설정의 경우에는 신탁설정 시에 일정한 재산(**당초 신탁재산에 속하는 재산***)이 위탁자로부터 수탁자에게 처분된다. 이에 반하여 자기신탁의 경우에는 위탁자가 자신에게 귀속된 일정한 재산에 관하여 스스로 수탁자로서 관리하는 취지를 선언하고, 법주체 사이에서 재산처분은 존재하지 않는다.

> *** 당초 신탁재산에 속하는 재산의 제한** 2004(헤이세이 16)년의 신탁업법 개정까지 신탁은행 등이 영업으로서 행하는 신탁에 있어서는 당초 신탁재산에 속하는 재산이 금전, 유가증권, 금전채권, 동산, 토지 및 그 정착물, 지상권·토지 임차권에 한정되어 있었고, 동산에 관해서는 그 종류를 특정하여 허가를 받을 필요가 있었다. 신탁업법은, 이미 기술한 바와 같이, 경영기반이 약하고, 견실하지 않은 신탁회사가 많이 존재하고 있었다는 상황 아래에서 제정된 것으로, 지나치게 다양한 종류의 신탁을 할 수 없도록 예방한다는 취지가 있었던 것이다(→14~15면). 그러나 지적재산권 등의 신탁의 수요가 증가하게 되었기 때문에 2004(헤이세이 16)년의 개정에 따라 그러한 제한은 철폐되었다.

(2) 「점유의 하자」의 승계

(가) 자기신탁의 경우를 제외하고, 신탁의 설정에 따라 당초 신탁재산에 속하는 재산이 위탁자로부터 수탁자에게 이전된다. 그렇다면, 가령 위탁자에게 귀속되지 않았던 재산에 관해서도, 수탁

---

1) 能見·24면(「재산을 신탁목적에 따라 물권적으로 구속하는 점이 그 특징」이 있다고 한다), 道垣内弘人『信託法理と私法体系』217~218면(有斐閣, 1996)(「신탁」이란 수유자가 아닌 자에게 소유자와 마찬가지의 물권적 구제를 인정하는 법리이고, 신탁법은 그것을 가능하게 하기 위한 법률이다」라고 한다). 이에 반해, 수탁자가 수익자를 위하여 행위한다는 제도로서 신탁을 파악하고, 신탁재산의 존재를 중시해서는 안 된다는 견해도 유력하게 주장되고 있다 [神田秀樹「日本の商事信託－序説」鴻常夫古稀『現代企業立法の軌跡と展望』581면 이하(商事法務研究会, 1995), 同「商事信託の法理について」信研 22호 49면 이하(1998)](→27~28면).

자가 민법 제177조, 제178조, 제94조 제2항, 제192조에 의해 소유권을 취득하는 경우가 발생할 수도 있다고 생각한다. 나아가, 스스로에게 소유권이 없다는 점에 관하여 악의로 해당 부동산을 점유하고 있는 위탁자가, 본래는 시효취득을 하려면 20년의 점유가 필요하였지만, 선의의 수탁자에게 해당 부동산을 이전하고, 수탁자 아래에서 10년의 취득시효를 완성시키는 것도 고려할 수 있다(민 제162조).

그러나 수탁자는 신탁재산에 속하는 재산에 관하여 독자적인 이익을 보유하고 있는 것이 아니므로 수탁자의 보호를 도모할 필요는 없다(사해신탁에 관해서도 수탁자의 보호는 도모되지 않는다. 신탁 제11조 제1항. → 130~131면). 그래서 신탁법 제15조는 「수탁자는 신탁재산에 속하는 재산의 점유에 관하여, 위탁자의 점유의 하자를 승계한다」라고 하고 있다.

「점유의 하자」란 민법 제187조 제2항에 의한 개념이고, 「하자 있는 점유」란 권원 없는 점유자가 선의(스스로 권원이 없다는 것을 모름)·무과실(몰랐다는 점에 과실이 없음)이 아니거나, 또는 평온·공연하게 점유하고 있는 상태가 아닌 경우(어느 하나의 요건이 결여됨)이다. 취득시효·즉시취득과 관련하여 문제되는 것이 많은 개념이므로, 몇 가지 검토해야 할 점이 있다.

(나) 우선 점유의 하자에 관하여 수탁자의 보호를 도모할 필요는 없다 하더라도, 수익자(위탁자 이외의 경우)는 보호받을 만한 가치가 있지 않을까?[2] 그러나 수익자는 신탁재산에 속하는 재산에 관하여 점유를 취득하는 것은 아니므로 수익자를 토대로 하자 없는 점유로 전환한다는 법리에 따라 보호할 수는 없고, 수익자에 대하여 점유취득 시의 주관적 양태나 점유 취득권원을 고려하는 것

2) 그래서, 「점유의 하자」의 승계 규정은 자익신탁에만 적용된다는 견해가 구 신탁법하에서 유력하였다(四宮·196면). 현행법하에서도 新井·369~370면.

도 곤란할 것이다.[3)]

(다) 또한, 가령 위탁자가 자기소유의 부동산을 이미 제3자에게 매각하여 소유권을 이전하였지만, 이전등기가 마쳐지지 않고 있는 사이에 위탁자가 해당 부동산을 당초 신탁재산에 속하는 재산으로 하는 신탁을 설정하고 위탁자로부터 수탁자로의 이전등기가 된 경우는 어떠할까? 수탁자를 보호할 필요는 없고, 위탁자가 제3자에게 매각한 해당 부동산의 이익을 신탁의 설정에 따라 스스로 향유하거나, 제3자인 수익자로 하여금 향유할 수 있도록 하는 것은 타당하지 않다고 볼 수 있으므로, 민법 제177조의 적용을 배제하기 위하여 신탁법 제15조의 적용 또는 유추를 인정해야 한다고 생각한다.[4)]

그러나 민법 제177조의 취지는 거래의 안전을 도모하는 것에만 있지 않고, 또한 이 경우 위탁자는 해당 부동산을 수탁자에게 유효하게 양도할 권원을 가지고 있으므로(타주점유자라 하더라도 무권원 점유자는 아니다), 수탁자와 먼저 양도를 받은 제3자는 대항관계에 있어 먼저 등기를 마친 쪽이 우선한다고 해석하여야 한다. 위탁자가 제3자를 위하여 저당권이나 지상권을 설정하였지만 그것이 미등기인 경우도 마찬가지이다.

(라) 이에 비해, 형식적으로는 점유의 하자 문제는 아니지만, 전 소유자의 권리에 대한 신뢰의 보호에 관한 규율, 예를 들어, 민법 제94조 제2항, 제96조 제3항 등에 관하여는 신탁법 제15조의 유추에 의해 수탁자에게는 적용되지 않는다고 해석해야 한다.[5)] 전 소유자인 위탁자는 무권리자인바, 위탁자가 보유하고 있는 이상의

3) 또한 沖野眞已「信託法13条1項の適用範囲に関する2, 3の疑問」トラスト 60 編『実定信託法研究ノート』55면 이하(トラスト60, 1996)가 이 문제를 다루고 있다.

4) 本書初版·32면은 그와 같은 견해를 취하고 있었지만 표현을 정정한다.

5) 四宮·198면.

권리를 수탁자에게 얻게 할 필요는 없고, 또한 수익자가 제3자라도 수익자에 대하여 그 선의나 무과실을 고려하는 것도 곤란하기 때문이다.

(마) 나아가 신탁법 제15조는 일반적인 문언을 이용하고 있지만, 당초 신탁재산에 속하는 재산에만 관련된 규정이고, 신탁설정 후에 수탁자가 위탁자로부터 재산을 구입한 경우에는 수탁자에 대하여 민법 제94조 제2항, 제192조 등이 적용된다고 해석된다. 이미 통상적인 거래보호의 문제가 되었기 때문이다.

(3) 소극재산의 취급

신탁법에 있어서 「신탁재산에 속하는 재산」에는 소극재산인 채무는 포함되지 않는다.[6] 어떠한 재산이 「신탁재산에 속한다」라고 판단됨에 따라 발생하는 효과는 몇 가지가 존재하지만, 한 마디로 말하면, 수탁자 명의의 재산임에도 불구하고 마치 수탁자의 재산이 아닌 것처럼 취급된다는 것이다. 이를 통해 신탁재산의 독립성이 확보된다. 그러나 수탁자 명의의 채무, 즉 수탁자가 채무자로 되어 있는 채무에 관하여, 「마치 수탁자의 소극재산이 아닌 것처럼 취급된다」라는 효과는 발생하지 않는다. 채무에 관하여, 「수탁자 개인에 대한 채권자는 압류할 수 없다」라든지, 「수탁자가 파산한 경우에 파산재산에 편입되지 않는다」는 등의 효과를 생각할 수 없는 것이다. 따라서 어떤 채무에 관하여 그것이 신탁재산에 속하는 재산이라는 것에는 적극적인 의미는 없다.[7]*

* **채무도 신탁재산이 될 수 있다는 견해** 우선 문언상 구 신탁법 제17조는, 「신탁재산에 속하지 않는 채무」라는 문구를 사용하고 있어 「신탁재산에 속하는 채무」라는 관념을 인정하고 있다고 파악하는 것이 타당한데, 이를 변경하는 취지가 신법에는 없다라는 이유를 들 수 있다.

6) 寺本·34면 주(5).
7) 道垣内·問題状況 314~316면.

그러나 현행 신탁법은 이 점에서 「신탁재산 책임부담 채무」라는 개념을 이용하도록 되어 있고, 특히 신탁법 제36조에서는 「신탁재산에 속하는 재산 및 신탁재산 책임부담 채무의 상황」이라고 규정하여, 「신탁재산에 속하는 재산」에 「신탁재산 책임부담 채무」가 포함되지 않는 것을 전제로 하는 문구로 되어 있다.[8]

다음으로, 신탁재산에 속하는 적극재산에 부착된 공조공과인 채무에 관해서는 신탁재산인 채무로 생각하는 것이 솔직하지 않을까라는 견해가 있다.[9] 그러나, 예를 들어, 고정자산세는 어디까지나 부과기일 현재에 있어 고정자산의 소유자에게 부과되는 세금이고(지세 제343조 제1항·제359조), 그 체납처분은 해당 고정자산에 관해서만이 아니라 가령 소유자의 급료채권에 관해서도 이루어진다. 적극재산에 부착되어 있는 세금이 아니다.

나아가, 포괄재산을 신탁재산으로 하기 위해서 채무를 신탁재산으로 할 수 없다는 것은 실무의 니즈에 부합하지 않는다는 점을 지적하는 견해도 있다.[10] 다만 이 견해는 신탁이 설정되는 시점에 채무인수를 행하는 것을 금지하고, 설정 후에는 채무인수를 인정한다는 규제의 방식을 문제로 하고 있는 것이며, 채무가 신탁재산에 포함되어야 한다는 것을 이론적으로 주장하고 있는 것은 아니다. 그리고 수탁자에 의한 채무인수가 신탁설정 시에 행해지는 것은 신탁법으로부터 지장받는 것이 아니다.[11] 다만, 이 점에 관하여 채무인수를 한 대상 채무가 신탁재산에 속하는 것이 아니라고 한다면, 그 채무는 수탁자에 의해 일정한 목적에 따라 관리·처분되는 것이 아닌 것이 되므로, 채무인수로 설명하려는 것은 타당하지 않고, 해당 채무가 신탁재산에 속하는 재산으로서 수탁자에게 이전되었다고 생각해야 한다는 비판이 있다.[12] 그러나 예를 들어, 사업신탁의 설정에 있어 채무인수를 하는 것 자체는 해당 사업을 독립된 형태로 한다는 신탁목적과의 관

---

8) 村松ほか·4면 주(3).
9) 新井·163頁.
10) 神田·전게 주1)(「商事信託の法理について」) 56면.
11) 村松ほか·4면.
12) 新井·163면.

계에서 행해지는 것이고, 또한 신탁설정 후의 채무인수에 따른 채무부담은 신탁설정 후에 거래에 의하여 신탁재산 책임부담 채무를 부담한 경우와 다를 것이 없으며, 그 채무의 취급에 관하여 특히 신탁재산에 속하는 재산이라고 관념하지 않더라도 신탁목적에 따른 형태로 채무관리가 요구되는 것은 당연하다.

마찬가지로 임대 중인 부동산이 신탁재산에 속하게 된 경우 보증금이 있다면, 그 반환채무는 수탁자가 승계하는데(민 제605조의2 제4항),[13] 이 역시 임대인 지위에 부수하여 승계된다는 것일 뿐이고, 특히 신탁재산에 속하는 채무를 관념하지 않더라도 설명가능하다.

또한, 신탁재산 책임부담 채무를 신탁재산에 속하는 재산이라고 생각해 보면, 신탁법 제74조는, 수탁자의 사망시에 신탁재산은 법인으로 한다라고 하고 있으므로, 상속인은 그 채무를 승계하지 않는 것이 되어 버린다. 그러나 신탁재산 책임부담 채무의 채권자는 수탁자의 고유재산도 추급하는 것이 가능하므로 상속인에게 승계되지 않는다는 결론은 타당하지 않다.

(4) 문제되는 「재산」

(가) 재산의 양도성 금전으로 평가할 수 있는 적극재산이라면, 신탁법 제2조 제1항에서 말하는 「재산」에 해당하고, 금전, 부동산, 유가증권, 특허권 등의 지적재산권은 물론 특허를 받을 권리 등도 문제 없지만, 이전할 수 없는 권리*는 당초 신탁재산에 속할 수 없다고 판단된다. 또한, 인격권도 당초 신탁재산에 속하는 재산으로는 되지 않는다는 것이 통설이다[14](이전할 수 없는 권리나 인격권이 신탁설정 후 신탁사무집행에 따라 신탁에 귀속되는 것은 가능하다).

*** 양도금지·제한특약부채권, 상계의 기대보호**[15] 양도금지·제한특약이

---

13) 신탁에 있어서의 예로서, 最判平成 11·3·25 判時 1674호 61면.

14) 四宮·133면. 다만 인격권의 양도가 허용되지 않는 이유에 비추어 볼 때, 보다 정치한 검토의 필요성을 주장하는 견해가 나타나고 있다 [米村滋人「人格権の譲渡性と信託」水野紀子編『信託の理論と現代的展開』65면 이하(商事法務, 2014)].

15) 민법(채권관계) 개정 전의 논의에 관해서는, 道垣内·問題状況 112~127면 참

부과된 채권에 관해서도 민법 제466조 제2항은 그 양도의 유효성을 인정하고 있으므로, 그와 같은 채권을 당초 신탁재산에 속하는 재산으로 하는 것도 당연히 인정된다. 그러나 수탁자의 주관적 양태를 기준으로 하는 신뢰보호는 도모할 수 없는 것으로 되어 있으므로(신탁 제15조. → 38~40면), 해당 채권의 양수인인 수탁자는, 민법 제466조 제3항의 적용에 있어 양도금지·제한특약에 관하여 악의라고 간주된다. 따라서 해당 채권이 신탁설정을 위하여 수탁자에게 양도된 후에도 채무자는 위탁자(채권 양도인)에 대한 채권으로써 해당 채권과 상계할 수 있다. 민법 제469조에서 인정되는 범위보다도 넓은 범위에서 상계가 인정된다. 이에 비해 양도금지·제한특약이 부과되어 있지 않은 채권이 당초 신탁재산에 속하는 재산이 되기 위해 수탁자에게 양도된 경우, 채무자가 보유하는 상계권에 관해서는 민법 제469조에서 규율된다.

자기신탁의 경우에는 채권의 양도가 발생하지 않기 때문에 양도금지·제한특약이 부과되어 있어도 해당 채권을 당초 신탁재산에 속하는 재산으로 하는 것은 당연히 가능하다.[16] 그리고 채무자가 보유하는 상계권과의 관계는, 신탁법 제22조에서 규율된다(→ 188면).

또한 신탁 설정 후에 수탁자가 변경되어 신 수탁자에게 채권이 이전되는 경우에 관해서는 회사 분할 등 조직법상 포괄승계에 준하여 양도금지·제한특약의 대상이 되는 양도에는 해당하지 않는다고 주장되고 있는바,[17] 이에 찬성해야 할 것이다.

조. 또한 永石ほか編·57면(永島正春)은 상계금지를 신의칙상 주장할 수 없다는 구성을 주장한다. 이에 반해 의문이 있다고 하는 것은, 井上編·195~197면. 나아가, 수탁자의 교대가 발생하는 상황에서 상계의 기대를 보호하는 방책을 논하는 것으로서, 福田政之＝村治能宗 「自己信託を利用した譲渡禁止特約付債権等の証券化·流動化の実務と法的諸問題」 SFJ ジャーナル 8권 16~19면(2014).

16) 2017(헤이세이 29)년 민법개정 전의 단계에서, 필자는, 해당 특약이 「해당 계약의 이익을 제3자가 취득하는 것을 방해하는 것」을 목적으로 하여 부과된 경우에는, 자기신탁의 설정도 금지된다고 하였고, 민법개정 후에도 마찬가지라고 주장하였다[本書初版·35면, 條解·33면(道垣内弘人)]. 그러나 특약의 목적에 관계없이 신탁계약 또는 유언에 의한 신탁설정은 유효한 이상 자기신탁의 설정만을 무효로 하는 것은 타당하지 않다. 표현을 정정한다.

17) 井上聡 「自己信託の利用」 ジュリ 1520호 24면(2018).

(나) 장래채권 장래 일정 기간에 발생할 채권(장래채권)을 신탁재산으로서 신탁을 설정하는 것은 가능할까? 민법상 장래 채권의 양도는 널리 그 효력이 긍정되고 있고(민 제466조의6 제1항),[18] 양도가 가능한 이상 신탁 설정도 가능하다고 해야 할 것이다. 그러나 위탁자에 대한 장래 채권 또는 기한 미도래 채권만을 신탁재산으로서 신탁을 설정할 수는 없다고 해석해야 한다(→53면 참조).

(다) 주식(의결권) 주식이 신탁재산(당초 신탁재산에서도 마찬가지)에 속하는 재산이 될 수 있다는 것은 분명하지만, 그것이 해당 주식의 경제적 가치가 귀속되지 않은 자(수탁자)에게 의결권을 행사하게 하는 것을 목적으로 하는 것(**의결권 신탁**)(의결권만의 신탁이 아니라 주식의 신탁이다. 의결권은 주주의 지위와는 분리될 수 없으므로 의결권만의 신탁은 무효이다)인 경우에 관해서는 논의가 있다.[19] 실무에서는 사업승계 등의 국면에서 널리 이용되고 있고,[20] 원칙적으로 유효하다는 점에 그다지 논쟁이 없으나, 의결권 행사의 기준이 불명확하고, 기간도 장기인 등 주주의 의결권을 부당하게 제한하는 경우에는 무효가 된다.[21]

---

18) 민법에서 명문에 의한 규율은 판례법리(最判平成 11·1·29 民集 53권 1호 151면)를 승계한 것이다. 다만, 그 판례법리도 이를 기본으로 하는 민법의 규율도, 장래채권의 양도를 공서양속위반의 제약 이외에는 일체의 제약 없이 인정하는 것으로 이해해서는 안 된다[道垣内弘人「将来債権の包括的譲渡の有効性と対抗要件」同『非典型担保法の課題』170~172면(有斐閣, 2015)]. 나아가, セミナー(1)·23~29면 참조.

19) 森田果「議決権拘束契約·議決権信託の効力」浜田道代＝岩原紳作編『会社法の争点』102면(有斐閣, 2009). 그 효력에 관한 논의도 같은 논문을 참조. 나아가, みずほ信託プロダクツ法務研究会編『新たな信託ソリューションと法務』82면 이하(有吉尚哉)(金融財政事情研究会, 2022).

20) 문제점도 포함하여, 山田裕子「事業承継目的の株式信託について」信研 38호 89면 이하(2013) 참조.

21) 大阪高決昭和 58·10·27 高民集 36권 3호 250면. 大阪高決昭和 60·4·16 判タ 561호 159면. 나아가 加藤貴仁＝辰巳郁「信託を利用した株主権の分離」法教 462호 110면(2019) 참조.

또한 양도제한이 있는 주식을 당초 신탁재산에 속하는 재산으로 하는 신탁이 설정된 경우, 양도는 양도 당사자 사이에서는 유효하다고 해석되고 있으므로,[22] 신탁은 유효하게 성립한다. 그러나, 양도에 관하여 회사의 승인을 얻을 수 없는 경우에는 신탁목적의 달성불능이 되어 신탁이 종료한다고 해석된다(신탁 제163조 제1호. → 525면).[23]

(라) 정 보 정보는 신탁재산에 속하는 재산이 될 수 있을까? 신탁설정 후, 수탁자가 신탁사무집행의 과정에서 얻은 정보에 관해서는, 그것을 제3자에게 매각하여 이익을 얻었다면, 신탁법 제16조 제1호의 적용에 따라 얻은 이익은 신탁재산에 속하는 재산이 된다고 해야 하고, 그 이용이 충실의무위반(동 제30조)이 된다면 손실보전책임을 부담하게 된다(동 제40조). 그런 의미에서 신탁재산에 속하는 재산이라고 할 수 있다.

이와 비교하여 당초 신탁재산에 속하는 재산이 정보인 경우는 어떠할까? 매입·판매 루트에 관한 정보, 제조 노하우 등이 문제가 된다고 할 수 있는데, 배타적 관리가 가능하고, 일반적으로 금전적 가치가 인정되는 것이라면, 정보를 당초 신탁재산에 속하는 재산으로 하는 신탁설정도 가능할 것이다.[24] 해당 정보를 위탁자가 이용하는 것을 사실상 배제할 수 없는 때에는, 해당 정보의 위탁자로부터의 분리가 충분하지 않고, 신탁의 유효성에도 의문이 발생한다는 생각도 있을 수 있지만,[25] 수탁자가, 위탁자의 정보이용권과 병존

22) 最判昭和 486·15 民集 27권 6호 700면.

23) 東京高判平成 28·10·19 判時 2325호 41면.

24) 松田和之「信託における情報の位置付け」信研 37호 3면 이하(2012), 三枝健治「情報の信託『財産』性についての一考察」トラスト未来フォーラム編『信託の理念と活用』1면 이하(トラスト未来フォーラム, 2015) 참조. 나아가, 田中·48면. 畠山久志監修 『デジタル化社会における新しい財産的価値と信託』 330~379면[後藤出, 田中和明](商事法務, 2022).

25) 大嶋正道ほか「情報の保全等に関する信託の活用可能性(試論)」SFJジャーナ

하는 정보이용권을 보유한 경우에 지나지 않을 때에도, 해당 정보이용권을 신탁재산에 속하는 재산이라고 생각할 수 있으므로, 위탁자의 정보이용권의 존재는 신탁의 성립에 지장이 되지 않는다고 해야 한다.

(마) 담보권 민법 제369조는, 「저당권자는 … 자기의 채권의 변제를 받을 권리를 가진다」라고 하여, 저당권자가 피담보채권의 채권자와 동일한 것을 원칙으로 하고 있다. 그러나 저당권자가 저당권을 실행하여 회수한 금전이 피담보채권과 관련된 채무의 변제에 충당된다고 하는 체계가 완성되어 있으면, 저당권을 채권자 이외의 자에게 귀속시켜도 문제는 없고, 피담보채권이 존재하지 않는 저당권을 인정하는 것은 아니게 된다. 실제로, 가령 신디케이트론에서 다수의 채권자가 동일한 채무자에게 공동으로 융자를 하고 있는 경우, 각 채권자가 개별적으로 담보권을 보유하고 있는 것보다, 대표자 또는 제3자가 모든 채권자를 위해 담보권을 보유하고 있는 편이 실행할 때 편리하고, 또한 담보권 신탁에 의하여 수탁자가 담보권을 보유하고 있는 경우에는 피담보채권의 양도가 있어도 저당권의 이전은 발생하지 않으며, 채권양수인에게 수익권을 양도하면 저당권의 이익을 얻게 할 수 있다. 나아가, 수익권에 관한 정함에 따라 채권자의 권리를 다양화할 수 있어 유연한 형태의 융자가 가능하게 된다고도 한다.

그래서 신탁법 제3조 제1호·제2호는 신탁의 설정에 있어서, 「담보권의 설정 그 밖의 재산의 처분을 한다」는 것을 인정하고, 피담보채권과 분리해서 담보권을 당초 신탁재산에 속하는 재산으로 하는 것을 인정하고 있다. **담보권 신탁(시큐리티·트러스트)**이라고 불린다.

신탁은 수탁자의 이익을 도모하는 것만을 목적으로 할 수 없으므로(동 제2조 제1항. → 59면), 이 경우 피담보채권의 채권자로서

ル 20호 27면(2020) 참조.

수탁자 이외의 자가 존재하는 것이 필요하다. 따라서, 「담보권의 설정 그 밖의 재산의 처분」을 인정하는 것은, 채권자와 담보권자의 분리를 인정하는 것을 의미한다. 그리고 그러한 분리가 예외적으로 인정되는 것은, 수익자가 피담보채권의 채권자라면, 담보권이 피담보채권의 회수를 위한 것이라는 점에는 변화가 없기 때문이다. 따라서 신탁행위에서 수익자가 피담보채권의 채권자인 것이 확보되지 않는다면, 담보권 신탁은 유효하게 설정된 것이 아니다. 또한 후발적으로 피담보채권과는 별개로 수익권을 양도하여, 채권자와 수익자를 분리하는 것도 인정되지 않는다[26](동 제93조 제1항 단서에 해당하여 수익권의 양도가 무효가 된다).

이상의 요건이 충족되어 있다면, 수탁자를 담보권자로 하는 담보권을 위탁자가 설정하는 형태로 신탁을 설정하는 것이 가능하다.*

또한, 여기에서 말하는 「담보권」에는 저당권만이 아니라 질권이나 양도담보도 포함될 수 있다.[27]**

*** 직접 설정방식과 2단계 설정방식** 본문에 기술한 바와 같이 수탁자를 담보권자로 하는 담보권을 위탁자가 설정하는 형태로 신탁을 설정하는 방식을 직접 설정방식이라고 한다.[28] 신탁법 제3조 제1호가 직접적으로 그 유효성을 인정하고 있는 것은 이 방식에 의한 담보권 신탁의 설정이다. 그러나 담보권 신탁에 의한 채권자와 담보권자의 분리가 인정되는 것은 담보권의 실행에 따라 얻을 수 있는 금전이 피담보채권에 관계된 채무의 변제에 충당된다고 하는 체계로 되어 있기 때

---

26) 山田誠一「セキュリティ・トラストの実体法上の問題」 金融法務研究会編『担保法制をめぐる諸問題』 42면(金融法務研究会事務局, 2006), 藤原彰吾 「セキュリティ・トラスト活用に向けての法的課題(上)」 金法 1795호 37면(2007), 村松ほか・390면, 井上編・159~160면, 新井・153~154면, 田中・53면 등.

27) 양도담보의 담보권신탁도 포함하여 담보권신탁의 활용방법에 관하여, 谷笹孝史「セキュリティ・トラストに関する実務上の諸論点」 NBL 907호 48면 이하(2009).

28) 金融法委員会「『セキュリティ・トラスティの有効性に関する論点整理』の概要」 金法 1734호 37면(2005).

문이고, 따라서 직접 설정방식 이외에도 마찬가지의 체계가 된다면, 그와 같은 담보권 신탁을 인정해도 무방할 것이다. 그래서, 일반적으로 위탁자가 우선 담보권자가 된 이후에, 해당 담보권을 수탁자에게 이전하는 형태로 신탁을 설정함으로써 위탁자=채권자가 수익자가 되는 방식, 즉 2단계 설정방식에 의한 담보권 신탁도 인정된다고 해석되고 있다.

**** 담보권 신탁과 담보를 위한 신탁** (ⅰ) 담보를 위한 신탁은 담보권 신탁에 한정되지 않는다. 이론적으로는 아래의 3가지로 구분된다.[29)]

① 수탁자가 신탁재산에 속하는 재산의 완전한 소유권(해당 재산이 채권인 경우 등은 「소유권」이라는 것은 정확하지 않지만, 여기에서는 해당 재산의 완전한 권리라는 의미로 사용한다)을 가지고 있지만, 수익권의 내용이 신탁재산 전체에는 상응하지 않고 담보 목적이 되는 경우,

② 수익자는 신탁재산 전체에 상응하는 내용의 수익권을 가지고 있지만, 수탁자가 가지고 있는 권리가 담보권인 경우,

③ 당초 수익자인 수탁자로부터 현재의 수익자가 수익권의 양도를 받았지만, 그 양도가 담보목적인 경우, 또는 수익권을 목적으로 하는 질권이 설정된 경우

이다.

(ⅱ) 이 중 담보권 신탁은 ②이지만, 위탁자로부터 수탁자에게 이루어진 재산처분이, 진정한 소유권의 이전인지, 아니면 양도담보의 설정인지라는 성질결정의 문제가 발생하는 경우가 있다.[30)]

후자, 즉 양도담보의 설정이면, 상기의 ②에 해당한다. 수탁자는 채권담보의 목적을 달성하기에 필요한 범위 내에서만 권리를 취득하는 것이고, 신탁재산은 양도담보권이 된다.

전자(진정한 소유권이전)인 경우는, 수익권의 내용이 신탁재산 전

---

29) 道垣内·問題状況 101~102면.

30) 문헌은 많지만, 後藤出「資産流動化取引における『真正売買』(上)·(下)」NBL 739호 62면 이하, 740호 76면 이하(2002), 小林秀之「資産流動化と倒産隔離」同編『資産流動化の仕組みと実務』18면 이하(新日本法規, 2002) 등 참조.

체에 상응하고 있는지가 문제가 된다. 수익자의 권리가 채권담보 목적의 것으로 한정되어 있으면, ①에 해당한다. 즉, 수탁자에게 이전한 것이 완전한 소유권이라도, 수익권의 내용에 따라서 담보를 위한 신탁이라고 성질결정된다는 점에 주의하여야 한다.

(iii) ②의 담보권신탁에 관해 특히 논의되고 있는 것은, 가) 담보권신탁의 설정에 있어 채권자의 동의가 필요한지, 나) 담보권실행에 의해 피담보채권은 어느 시점에 소멸하는지이다. 나아가, 다) 수익자를 추상적으로 「피담보채권의 채권자」라고 규정하지 않고, 특정한 자를 수익자로 들고 있을 때, 피담보채권의 양도가 있는 경우에는 어떻게 되는지, 라) 복수의 수익자에 우열을 매겨 채권자 사이에 우선열후관계를 만드는 것에 지장은 없는지, 마) 자기신탁에 의한 담보권 신탁을 인정할 수 있는지도 문제가 된다.

(iv) 가)에 대하여, 신탁의 설정은 위탁자와 수탁자 사이의 신탁계약에 의해 가능하고, 채권자(=수익자)의 동의가 필요하지 않다는 것을 전제로, 나)에 대하여는, 피담보채권은 담보권 실행에 따라 금전을 얻은 수탁자가 수익자인 채권자에게 그것을 교부하여야 비로소 소멸한다는 견해가 있다.[31] 그렇지 않으면, 채권자가 알지 못하는 상황에서 담보권 신탁이 설정되어 있는 경우 채권자에게 불측의 침해를 야기할 수 있기 때문이다.

이에 비해 수탁자가 수령한 시점에 피담보채권이 소멸한다는 견해도 있다.[32] 신탁법 제55조에 따라 수탁자는 담보권 실행을 신청하고, 매각대금의 배당·변제금의 교부를 받을 수 있는데, 이는 수탁자에 의한 변제수령의 효과가 실체법상으로도 수익자에게 미친다는 점을 전제로 하고 있다고 한다.[33]

---

31) 山田·전게 주26) 44~45면, 寺本·192면 주(2).

32) 青山善充「セキュリティ·トラストの民事手続法上の問題」金融法務研究会編『担保法制をめぐる諸問題』51면(金融法務研究会事務局, 2006), 永石ほか編·39면(金澤浩志), 田中·52면.

33) 小野傑「訴訟手続における受託者·信託財産·受益者の関係」東京大学法科大学院ローレビュー 4호 154~155면(2009). 또한, 小野傑「新信託法と弁護士実務」ジュリ 1335호 23면(2007)은, 수탁자가 신탁재산의 법정소송담당자라는 점도 이유로 하지만, 그 이해 자체에 찬성할 수 없다[山本克己「新信託法に

후자의 입장을 취할 경우는, 가)에 관하여 채권자의 동의가 필요하다는 입장을 취해야 하겠지만,[34] 그러한 요건을 부과하기 위한 법문상 근거는 발견하기 어렵기 때문에 언제나 후자의 입장을 취하는 것은 타당하지 않다. 직접 설정방식과 2단계 설정방식에 따라 구별할 필요가 있다.

우선 직접 설정방식에 의하는 경우는, 가)에 관해서는, 일반적으로는 동의는 필요하지 않고, 나)에 관해서는, 수익자인 채권자에게 수탁자가 금전을 교부하여야 비로소 피담보채권이 소멸한다고 해석해야 하지만, 채권자가 동의를 하고 있는 경우에는 수탁자에게 변제수령권한이 부여된 것이라고 해석되는 경우가 있다고 해야 한다.[35] 이에 반해 2단계 설정방식에 의하는 경우는, 신탁설정 당시의 담보목적 재산 소유자는 신탁설정의 당사자가 아니므로, 그 이익의 보호를 고려할 필요가 있다. 담보권 실행에 따라 수탁자가 수령한 금전이 채권자인 수익자에게 교부되지 않는 리스크를 담보권설정자가 부담하는 것은 타당하지 않다. 한편, 위탁자는 필연적으로 채권자이고(신탁설정 전에는 담보권자와 채권자는 분리되지 않는다), 채권자는 신탁설정의 당사자이며, 신탁설정에 따라 채권자로부터 수탁자에게 변제수령권한이 부여되었다고 해석할 수 있다. 그래서 수탁자가 배당을 받은 시점에 피담보채권과 관련된 채무는 소멸한다고 보아야 한다.

다만, 채권자로부터 수탁자에게 변제수령권한이 부여되었다고 해석되는 경우에도, 그 후 피담보채권이 양도되면, 변제수령위임의 효력이 소멸하는 것은 아닐까라고도 생각된다. 이에 관해서는 변제수령위임의 특약이 양도된 채권에 내재적인지 것인지 여부가 문제가 되고, 내재적인 것이라고 평가된다면 양수인도 그것에 구속받게 된다.[36] 그리고 대개의 경우, 양수인은 담보권 신탁이 설정되어 있다는

おける当事者適格論」論叢 166권 5호 2~5면(2010) 참조].

34) 村松ほか·389면 주(3), 井上編·159면.

35) 長谷川貞之『担保権信託の法理』16면(勁草書房, 2011)은, 통상 수탁자에게는 대리수령권이 부여된다고 한다. 荒巻慶士「セキュリティ·トラスト」田中和明編『新類型の信託ハンドブック』37면(日本加除出版, 2017)도 참조.

36) 道垣内弘人 「債権法改正とシンジケート·ローン取引」 森下哲朗＝道垣内弘

점을 알고 있고, 그러한 채권에 관해서는 변제수령위임 특약이 내재하고 있다고 생각해도 문제되지 않는다고 생각한다.

(ⅴ) 다)에 관해서는, 수익권이 피담보채권에 수반해서 이전한다고 해석해야 한다.[37] 다만, 수익권의 양도가 금지 또는 제한되어 있는 경우에는, 신탁은 목적달성불능으로 인해 종료한다고 해석된다(신탁 제163조 제1호).

(ⅵ) 라)에 관하여, 복수의 수익자의 권리내용을 다르게 하여, 수익자 간에 우열관계를 만드는 것의 유효성에는 이론이 없고, 이로 인해 대체사채·주식이나 전자기록채권과 같이 후순위 담보권의 설정이 예정되어 있지 않은 재산에 관해서도, 담보권 신탁을 이용하면, 사실상 후순위 담보권을 설정할 수 있다고 지적되고 있다.[38]

문제는 배당금의 충당은 민법 제489조·제490조의 규정에 따라 행해진다는 판례 법리[39]와의 관계이다. (ⅳ)에서 기술한 내용에 입각하면, 직접 설정방식에 의하는 경우에는, 담보권 신탁은 채무자 또는 물상보증인인 위탁자가 수탁자에게 채권자에 대한 변제를 위탁하고 있는 관계이고, 그 변제 방법이 신탁행위로 정해진다고 생각하여야 한다. 따라서 신탁행위의 정함에 따라 채무자와의 관계에서도 채무가 소멸한다. 이에 비해, 2단계 설정방식에 의하는 경우에는 담보권자 주도에 의한 담보권 관리에 지나지 않고, 채무자와의 관계에서는 법정 충당의 규정에 따라 채무가 소멸한다고 해석해야 한다.

(ⅶ) 마)에 관해서는, 자기신탁의 설정에 관하여 정하고 있는 신탁법 제3조 제3호는 「자기가 보유하는 일정한 재산」이라는 문구를 이용하고 있어 새롭게 담보권을 설정하는 방식으로 신탁을 설정하는

人編『シンジケート·ローンの法的課題』262~264면(商事法務, 2019).

37) 담보물권의 수반성에 준한다는 설명도 가능하지만, 개개의 피담보채권 양도에 수반하지 않는 근저당권의 경우에는 설명이 어렵게 된다. 단적으로 수익자에 관한 정함(피담보채권이 된 채권의 채무자가 수익자가 된다)으로 이해하여야 한다. 이 문제에 관해서는, 阿部裕介 「根抵当権と被担保債権の譲渡ーセキュリティ·トラスト議論を機縁として」 東京大学法科大学院ローレビュー 3호 2면 이하(2008) 참조.

38) 長谷川·전게 주35) 11면.

39) 最判平成 9·1·20 民集 51권 1호 1면.

것(직접 설정방식)은 가능하지 않은 것처럼 생각되기도 한다.[40] 그러나 이미 설정되어 있는 담보권은 담보권자에게 있어서 「자기가 보유하는 일정한 재산」이므로 2단계 설정방식은 당연히 가능하고, 또한 신탁설정 후에는 자기거래로서 일정한 요건에 따라 수탁자의 고유재산을 목적으로 하는 담보권을 「고유재산 … 에 관계된 권리」로서 신탁재산에 귀속시킬 수 있다(동 제31조 제1항 제1호 · 제2호). 그렇다면 신탁설정 시의 직접 설정방식에 관해서만 자기신탁에 의한 담보권 신탁의 설정을 금지할 이유는 없으므로, 설정은 가능하다고 해야 한다.[41] 자기신탁의 경우 설정에 있어 처분행위는 없으므로, 신탁계약 또는 유언에 의한 신탁과 문언상의 차이가 발생하는 것은 당연하고, 문언은 결정적 근거가 되지 않는다.

나아가 직접 설정방식에 의해 자기신탁으로 담보권 신탁을 설정한 경우에 관해서는 저당권자와 소유자가 일치하는 것이 허용되는가라는 문제도 발생한다. 甲저당권의 저당권자가 목적부동산의 소유권을 취득한 경우 후순위저당권이 존재하면, 甲저당권은 소멸하지 않고 소유자저당의 상황이 발생하는 것이고(민 제179조 제1항 단서), 자기신탁의 경우도 소유자로서의 지위와 저당권자로서의 지위와는 별개로 생각하는 것이 가능하다.

(바) 물권의 설정적 처분 등 신탁법 제3조 제1호 · 제2호는

40) 등기선례는 A신탁의 수탁자가 신탁재산에 속하는 재산으로서 소유하는 토지에 관하여, 마찬가지로 자기가 수탁자인 별도의 신탁(B신탁)을 위하여 지상권을 설정하고, 해당 지상권을 B신탁의 신탁재산에 귀속시킨다는 취지의 등기를 하는 것은 인정되지 않는다고 한다. 이러한 신탁재산의 거래는 자기신탁이고, 나아가 신탁법 제3조 제3호에는 동조 제1호 · 제2호와 달리 「담보권의 설정 그 밖의 재산의 처분」이라는 문구가 없다는 것이 그 이유이다[登研 767호 133면(2012)]. 이 논리에서는 자기신탁 설정 시에 지상권이나 담보물권을 설정하는 방식으로 처분함으로써 당초 신탁재산에 속하는 재산으로 하는 것도 인정되지 않게 된다. 신탁재산 간의 거래를 자기신탁이라고 보는 것은 타당하지 않고, 본 선례의 결론 및 그 이유에는 찬성할 수 없지만[セミナー(1) · 105~116면 참조], 자기신탁에 관해서 다른 유형과 문언상 구별이 존재하는 것은 분명하다.

41) 井上聡 「自己信託による事業信託と倒産手続」 トラスト60編 『事業信託の展望』 65면 주(1)(トラスト60, 2011).

「담보권의 설정 그 밖의 재산의 처분」이라는 문구를 이용하여 신탁계약·유언에 따라 수탁자를 담보권자로 하는 담보권을 설정하는 것에 의한 신탁설정을 인정하고 있다(→46면). 이것과의 균형상 어떠한 부동산에 관하여 위탁자를 설정자, 수탁자를 지상권자로 하는 지상권을 설정하는 방법으로 신탁을 설정하는 것도 유효하다[42)][신탁선언에 의해 위탁자=수탁자를 권리자로 하는 지상권을 설정하는 방식으로 신탁을 설정하는 것도 인정된다. 단독 소유에 관련된 재산에 관하여 공유 지분을 설정하는 것과 더불어 신탁 선언을 행하는 것도 가능할 것이다. →51면**(vii)].

어떤 부동산에 관하여 위탁자를 임대인, 수탁자를 임차인으로 하는 임차권을 설정하는 방식으로 신탁을 설정하는 것도 유효하다.[43)] 마찬가지로 지적재산권의 라이선스 등도 신탁재산에 속하는 재산으로서 인정하여도 문제가 없다.

(사) 위탁자에 대한 장래채권 등 위탁자에 대한 장래채권 또는 기한미도래 채권만을 당초 신탁재산에 속하는 재산으로서 신탁을 설정할 수 있을까?

신탁계약에 의한 신탁설정에 관해서는 위탁자가 의무를 부담하는 것만으로는 「재산의 처분」에 해당하지 않으므로, 적어도 별도의 적극재산의 양도가 없는 경우에는 그 유효성을 부정해야 한다.*[44)] 다만 신탁계약에서 위탁자가 수탁자에 대하여 1억 엔의 지급을 약속함에 따라 당초 신탁재산에 속하는 재산으로서 1억 엔의 출연이

---

42) 四宮·138면. 七戸克彦監修『条解不動産登記法』614면[七戸克彦=石谷毅](弘文堂, 2013)은, 용익권은 계약에 의해 설정되기 때문이라는 이유로 이에 반대한다. 그러나 그 논리에 비추어 보면, 담보권의 설정도 불가능할 것이고, 명문에 반하므로 타당하지 않다.

43) 四宮·138면.

44) 福田ほか·79~80면. 井上編·6면. 예외적이지만 긍정하는 것으로서, 中田英幸「信託法3条における『その他の財産処分』の意義」水野紀子編『信託の理論と現代的展開』152~156면(商事法務, 2014).

예정되어 있는 신탁이 합의로써 설정되었다고 보아야 하는 경우도 있을 것이다. 다만 그 경우에는 출연의 유예 기간은 단기간일 필요가 있고, 장기의 기한의 이익이 주어지 경우에는, 합의로써 성립하는 신탁설정이라고는 해석할 수 없다고 생각된다. 나아가, 이 경우 수탁자가 위탁자에 대해 보유하게 되는 채권은 이론적으로는 신탁재산에 속하는 채권이 아니고, 위탁자에 의한 그 채권에 관계된 채무의 변제는 신탁설정의 이행행위이다(→75면). 유언에 의해 장래 채권만을 신탁재산에 속하는 재산으로서 신탁을 설정하려고 하는 경우에는 유언에서 수탁자에 대한 유증에 관하여 변제기가 장래로 정해져 있는 것이 된다. 위탁자 이외의 자가 유증의무자가 되는데, 이 경우도 신탁계약에 의한 신탁설정의 경우와 마찬가지로 생각해야 한다. 또한 자기신탁의 경우에는 「재산의 처분」은 필요하지 않지만, 위탁자가 자기에 대한 채권을 창설하고 그것을 신탁재산에 속하는 재산으로 하는 것은 「자기가 보유하는 일정한 재산」에 관한 신탁설정이라고는 할 수 없으므로 신탁법 제3조 제3호와의 관계에서 유효하다고는 하기 어렵다.

위탁자가 수탁자에 대하여 1억 엔의 채권을 보유하고 있는 경우 위탁자가 수탁자에 대해서 1억 엔의 출연을 약속하는 것과 더불어 그 채무를 1억 엔의 채권과 상계함으로써 신탁을 성립시키는 것이 가능할까? 이는 수탁자가 고유재산으로 부담하고 있는 채무와 신탁재산에 일정액을 귀속시킨다는 내용의 위탁자가 부담하는 채무를 상계하는 것이지만, 이미 서술한 바와 같이 상계 전에는 신탁은 성립하지 않았다고 해석된다. 그리고 상계에 의하여 발생하는 것은 수탁자가 되는 자가 자기 고유재산으로부터 1억 엔을 출연하여 신탁재산에 속하는 재산으로 할 의무를 부담한다는 법률관계이지만, 상계 후에도 그 단계에서는 아직 「재산의 처분」은 없어 신탁이 성립되어 있다고는 할 수 없다. 수탁자의 현실 출연에 의해서 신탁은 성립하지만, 그 경우는 자기 재산에 의한 신탁 설정이 되므로, 자기신탁의 설정이 된다고 해석된다. 그렇다면, 수탁자와 위탁자가 동일하게 된다. 그러나 당사자의 의사에 반한다. 결론적으로 신탁의 성립은 인정되지 않는다고 하여야 한다.

이상은 단순한 금전채권을 당초 신탁재산에 속하는 재산으로 하는 경우인데, 위탁자가 발행하는 증권이나 그 밖의 권리는 어떠할까?

우선, 해당 권리가 위탁자에 대한 단순한 금전채권과 본질적인 차이가 존재하지 않는 경우, 즉 예를 들어 위탁자가 발행한 약속어음만을 당초 신탁재산에 속하는 재산으로 하는 경우 등은 이미 서술한 바와 동일하게 해석하여야 한다. 전자기록채권에 관해서도 마찬가지이다. 이에 비해, 가령 회사법상의 신주예약권은, 그 행사에 따라 예약권자는 주식을 취득하는 것이고, 발행 회사에 의한 이행행위를 생각할 수 없다(회사 제281조 제1항). 이와 같은 권리의 설정은 위탁자에 대한 장래의 청구권을 창설하는 것이 아니라, 「재산」의 설정적 이전 행위가 되고, 위탁자가 발행하는 신주예약권을 수탁자가 직접 인수하는 형태로 신탁 설정은 가능하다고 해석하여야 한다.**

* **종잣돈(種錢)신탁 · 신탁사채 등** 실제로는 위탁자가 형식적으로 소액을 출연하여 신탁을 설정하고(이를 종잣돈신탁이라고 하는 경우가 있다), 그 후 신탁사무집행으로서 제3자로부터 차입하거나, 사채를 발행하여 그것을 위탁자에게 대출하는 방식으로 운용하여 위탁자의 자금조달을 도모하는 경우가 있다. 제3자가 위탁자에게 자금을 대출하고 있는 것에 불과하여 신탁의 특성을 활용한 제도라고는 할 수 없지만, 형식적으로는 그 유효성을 부정할 수 없다. 신탁사무집행으로서 신탁재산에 상환자금이 한정되는 사채를 수탁자가 발행하는 것은 실정법상으로도 예정되어 있다(회사칙 제2조 제3항 제17호 참조).[45)]

** **신탁형 권리계획**[46)] 신탁형 권리계획이란 적대적 매수에 대한 방어

책으로서 회사가 신탁은행에 대하여 신주예약권을 발행하고, 신탁은행이 신탁선언에 의해 해당 신주예약권을 신탁재산에 속하는 재산으로 하는 신탁을 설정하여 신탁재산에 속하는 재산으로서 관리한 후에 적대적 매수가 있는 경우 매수자 이외의 주주(=수익자)에게 신주예약권을 교부하여 행사하게 하는 것이다. 회사가 명목적인 금전을 신탁재산으로서 신탁은행을 수탁자로 하는 신탁을 미리 설정하고, 해당 신탁의 수탁자에 대하여 신탁재산에 귀속하는 권리로서 신주예약권을 할당하는 경우도 있다.

본문에 기술한 바와 같이 신주예약권의 발행은 회사법상 명시적으로 인정되고 있는「재산」의 설정적 이전 행위이고, 자기신탁의 방식이라든지 일단 신탁을 성립시킨 후에 수탁자에 대하여 신주예약권을 발행한다는 방식을 취하지 않아도 신탁은 유효하게 성립할 수 있다고 해석해도 무방하다.47)

2. 신탁목적의 설정

(1)「일정한 목적」의 필요성

신탁에 있어서는「일정한 목적」, 즉 신탁목적이 정하여지지 않으면 안 된다. 수탁자가 해야 하는 행위는 이 목적의 달성을 위해 필요한 행위이므로(신탁 제2조 제5항, 제26조), 수탁자의 행위 기준으로서의 의미를 가진다.「돈을 불려서 집을 사고 싶다」라는 목적으

45) 藤瀬裕司「信託社債」小林秀之編『資産流動化·証券化の再構築』219면(日本評論社, 2010), 三菱UFJ信託銀行編『信託の法務と実務(6訂版)』556면 이하(金融財政事情研究会, 2015), 後藤出「信託社債」田中和明編『新類型の信託ハンドブ゛ック』134면 이하(日本加除出版, 2017) 참조.

46) 예를 들어, 石綿学「敵対的買収防衛策の法的枠組みの検討 (上)~(下)」商事 1716호 4면 이하, 1717호 38면 이하, 1721호 24면 이하(2004~2005), 石綿学ほか「日本型ライツ·プランの新展開(上)·(下)」商事 1738호 30면 이하, 1739호 91면 이하(2005), 堀裕=高木いづみ「信託型ライツプランの実例分析と総括的検討」金法 1754호 60면 이하(2005) 참조.

47) セミナー(1)·34면.

로 주식투자신탁을 시작하여도 그것은 여기에 말하는 신탁목적이 아니다. 주식투자신탁 계약서에는 수탁자가 어떠한 방법을 통해 투자처를 결정하고 어떤 방법을 통해 수익자에게 그것을 교부할 것인지가 정해져 있고, 수탁자의 행동기준은 그 조항에 따라 정해진다. 이 투자방법이나 수익자에 대한 교부방법의 정함이 여기에서 말하는 신탁목적이 된다. 다만 「A가 90세가 될 때까지 안정된 생활자금을 교부한다」라는 「목적」이 신탁계약에 정해져 있는 반면, 신탁재산의 관리·투자방법에 관해서는 불명확한 정함밖에 없는 경우에는 수탁자가 어떠한 투자를 할 것인지는 「A가 90세가 될 때까지 안정된 생활자금을 교부한다」라는 「목적」에 따라 정해진다. 따라서 이것이 신탁목적이 된다. A가 80세로 2억 엔의 금전이라는 신탁재산에 속하는 재산이 있다면 무리한 투자에 의해 감소시키지 않고, 정기예금 등으로 보존하여 두는 것이 수탁자의 행동기준이 되는 것에 비해, 현시점에서 신탁재산에 속하는 재산으로 부족이 발생한다면, 경우에 따라서는 고위험이라도 고수익의 투자를 행하는 것이 필요해진다. 또한 여기에서 말하는 「수탁자가 어떠한 행동을 취하여야 하는가」라는 질문 중에는 신탁재산을 어떻게 관리·운용할 것인지뿐만 아니라 수익자에게 어떻게 이익을 수여할 것인지가 포함된다. 예를 들어, 「원본은 유지하지만, 그 해에 올린 수익은 연말에 수익자에게 금전으로서 급부한다」라든지, 「매월 20만 엔씩 수익자에게 지급한다」는 등의 정함도 마땅히 수탁자의 행동을 결정하는 기준이자, 신탁목적이다.

(2) 「신탁목적」의 기능

동시에 주의하여야 하는 것은 「신탁목적」이라는 표현은 신탁법상 다양한 곳에서 사용되고 있고, 이것들이 동일한 의미인지가 문제된다는 것이다.

이 점에서 「신탁의 목적」이라는 개념의 기능으로서, ① 「수탁자가 신탁사무를 행함에 있어 지침이 되고, 그 권한의 외연을 결정하는 기능」과 ② 신탁의 존속가능성을 판단하는 시점의 기준」으로서의 기능을 드는 견해가 있다.[48] 또한 회사와 그 이외의 법인에 관해서도 법인의 존재목적으로서의 「목적(Zweck)」과 그 목적을 실현하는 구체적인 수단으로서의 「사업목적(Gegenstand)」의 구별에 유의하여야 한다는 취지의 견해가 주장된다.[49]

분명히 ①의 기능을 가진 「신탁의 목적」으로서 신탁법 제2조 제5항, 제3조 제1호부터 제3호, 제19조 제1항 제3호, 동조 제3항 제3호, 제26조, 제28조 제2호·제3호, 제31조 제2항 제4호, 제35조 제1항, 동조 제2항, 제49조 제2항, 제103조 제1항 제1호, 제216조 제2항 제1호, 제232조 제1호, 제261조가 있고, 또한 ②의 기능을 가지는 「신탁의 목적」으로서, 신탁법 제149조 제2항 제1호, 동항 제2호, 동조 제3항 제2호, 제150조 제1항, 제163조 제1호, 제165조 제1항이 있다[덧붙여, 「목적」이란 표현이 명백히 「신탁의 목적」과는 다른 의미로 사용되고 있는 경우, 예를 들어, 제201조 제1항 제2호(질권의 목적인 수익권)는 제외한다]. 다만 신탁법 제151조 제2항 제1호·제2호, 제159조 제2항 제1호·제2호는 어느 기능과도 결합하여 해석될 수 있으므로 완전히 양분할 수 있는 것이 아니다.

나아가, 신탁법 제2조 제1항 괄호 부분, 제10조, 제166조 제1항 제1호에 이른바 「목적」은 「실현하고, 도달하고자 목표로 하는 사항」이라는 일상용어에 가까운 의미로 사용되고 있다. ②의 기능을 가진 것으로서 언급된 대부분도 마찬가지이다. 이것에는 해석론적으로 중요한 의미가 있다(→59, 63, 525, 535면).

여하간 중요한 것은 「신탁의 목적」은 신탁행위 전체의 해석에

---

48) 能見·68면.

49) 神作裕之 「会社法総則·擬似外国会社」 ジュリ 1295호 140면(2005).

의해 결정되는 것이고, 가령 신탁행위로서의 문서의 제2항에 「본 신탁의 목적」으로서 기재되어 있는 것을 가리키는 것은 아니라는 점이다(→ 180면,** 203면).

(3) 「오직 그자의 이익을 도모할 목적」

신탁목적은 다종다양하지만, 오직 수탁자의 이익을 도모할 목적으로 설정된 신탁은 유효하게 성립하지 않는다(동 제2조 제1항). 신탁이란 신탁재산의 독립성을 그 핵심으로 하는 것이고, 그 정당화 근거는 어떤 재산의 권리귀속자인 수탁자가 자신의 이익 이외의 것을 위하여 그것을 보유하고 있다는 점에서 구해진다(→ 23면). 그래서 오직 권리귀속자인 수탁자의 이익을 도모할 목적이라면 신탁재산의 독립성은 정당화되지 않고, 신탁의 핵심이 구현되지 않는 것이다.

그런데, 여기에서 말하는 「목적」의 의미가 문제가 된다.

신탁법 제2조 제1항은, 「일정한 목적」(오직 그자의 이익을 도모하는 목적을 제외한다. 동조에서 같다.)이라고 하고 있으므로, 괄호 부분 내에서의 「목적」은, 「일정한 목적」이라는 것과 동일한 개념인 것처럼 생각되기도 한다. 그러나 「일정한 목적」이란 상기와 같이 신탁의 존속가능성을 판단하는 기준이 되기도 하지만, 주로 수탁자의 행동을 결정하는 기준이 되는 것이다. 이에 비해 어떤 신탁이 오직 수탁자의 이익을 도모할 목적으로 설정되었는지 여부는, 형식적으로 수탁자의 행동을 결정하는 기준으로서의 「목적」이 자기 자신의 이익을 도모하도록 되어 있는지 여부에 의해서가 아니라, 그 신탁에 의하여 당사자가 달성하고자 하는 실질적인 경제적 효과에 비추어 판단되어야 한다.

수탁자가 단독수익자라도 그것만으로는 「오직 그자의 이익을 도모할 목적」의 것으로는 평가되지 않는다. 동법 제163조 제2호는 신탁의 종료원인으로서 「수탁자가 수익권의 전부를 고유재산으로 보유하는 상태가 1년간 계속된 경우」라고 규정하고 있는데, 이를 바꾸어 말하면, 1년간은 수탁자가 유일한 수익자라도 무방하고, 1년 이내라면 「오직」이 아니라는 것이 되기 때문이다.[50] 그러나 어디까지나 1년 이내의 해소가 예정되어 있는 것이 필요하다.[51] 또한 수익권의 양도는 예정되지 않고, 신탁의 존속기간이 1년으로 한정되지만, 그 전 기간에 걸쳐 수탁자 자신의 이익을 도모하기 위한 신탁이라면, 그것은 「오직 그자의 이익을 도모할 목적」인 것으로 평가된다. 수탁자를 단독 수익자로 하는 신탁의 기간을 1년마다 갱신하는 구조로 되어 있어도 마찬가지이다.

나아가 아무리 제3자가 수익자로 지정되어 있더라도 그것이 형식적인 존재에 불과하고, 실제로는 수탁자 자신이 이익을 얻는 구조로 되어 있는 경우, 또는 99%의 수익권이 수탁자에 의해 보유되고, 1%만이 제3자에게 귀속되어 있다고 하는 경우도, 동일하다고 생각할 수 있다.

결국 「오직 그자의 이익을 도모할 목적」인 것인지 여부는 그 신탁에 의하여 당사자가 달성하려고 한 실질적인 경제적 효과에 비추어 판단되어야 하고, 여기에서의 「목적」은 「실현하고, 도달하고자 목표로 하는 사항」이라는 의미인 것이다.[52]

「오직 그자의 이익을 도모할 목적」의 신탁은 신탁법 제2조 제1항에 따라 신탁법에서 말하는 「신탁」에 해당하지 않는 것이 되어 애초부터 성립하지 않는다.[53] 이에 비해 설정 후에 해당 신탁이 오

---

50) 新井監修·24면 주(56)(岸本雄次郎)은, 신탁을 설정하는 처음에는 수탁자가 단독수익자가 되는 것은 인정되지 않는다고 한다.

51) 村松ほか·5면 주(4)는, 「그와 같은 상태의 해소가 예정되어 있는 한」, 수탁자와 수익자가 처음부터 일치하더라도 오직 수탁자의 이익을 도모하는 것이라고 평가할 필요는 없다고 한다.

52) 道垣内·55~57면.

53) 沖野眞已 「受託者の『忠実義務の任意規定化』の意味」 野村豊弘古稀 『民法の

직 수탁자의 이익을 도모할 목적의 것이 되는 경우는, 그 목적은 달성해야 하는 목적이라고는 생각되지 않고, 동법 제163조 제1호의 신탁목적(유효한 것임을 전제로 한다)의 달성 불능에 해당하여 해당 신탁은 즉시 종료한다(동법 제8조와의 관계에 관하여, → 269면*).

(4) 공서양속에 의한 제한, 탈법신탁, 소송신탁

(가) 공서양속에 의한 제한 신탁의 목적은 다종다양하지만, 민법 제90조의 제한이 있는 것은 당연하다.[54)]

나아가, 위탁자가 수익자에 대하여 도박으로 인한 채무를 부담하고 있어, 그것을 변제하는 수단으로서 금전을 위탁자로부터 수탁자에게 이전하여 신탁을 설정하고, 그 금전을 주식에 투자하여 해마다 이익을 수익자에게 현금으로 교부하는 경우에는 신탁목적에는 문제가 없지만 이른바 동기의 불법이 된다. 동기의 불법성은 상대방이 그것을 알지 못하는 한 법률행위의 무효를 초래하지 않는다고 해석되지만, 신탁의 경우 상대방이란 수탁자가 아닌 수익자라고 해석하여야 한다.[55)]

(나) 탈법신탁 더욱이 신탁법 제9조는 법령에 의해 어떤 재산을 향유할 수 없는 자가 그 권리를 보유하는 것과 동일한 이익을 수익자로서 향유할 수는 없다고 하고 있다.

예를 들어, 광업법 제17조 본문은 「일본 국민 또는 일본국 법인이 아니면, 광업권자가 될 수 없다」라고 하고 있는데, 외국인·외국법인을 수익자로 하고, 광업권을 신탁재산으로 하는 신탁을 설정함으로써 그 수익권의 내용을 사실상 광업권 그 자체를 보유하는

未来」 462~463면 주(20)(商事法務, 2014)은, 신탁법 제163조 제2호의 탈법행위로서 무효라고 한다.

54) 공서양속에 반하는 것을 이유로 신탁설정을 무효로 하는 것으로서, 東京地判 平成 30·9·12 金法 2104호 78면이 있다. 이 판결에 관해서는, 후게 주 103)(→ 83면) 참조.

55) 道垣内·587면.

것과 마찬가지인 것(「동일한 이익」)으로 하더라도 그 경우 광업권자는 어디까지나 수탁자이므로, 형식적으로는 광업법 제17조 위반이 되지 않는다. 그러나 그러한 것이 인정되면 광업법의 취지에 반하기 때문에 신탁법 제9조가 이를 금지하고 있는 것이다.[56)]

「동일한 이익」에 해당하는지 여부는 해당 법령의 취지나 수익권의 내용을 고려하여 결정된다. 수탁자가 수익자로부터의 지시에 기반하지 않고, 자신의 재량으로 광업권을 이용하여 사업을 행하고, 그 이익을 금전으로 수익자에게 교부하는 구조에서 수익자가 외국인·외국법인이라는 점은 동조에 반하지 않는다.[57)] 에너지 정책·안전 정책에도 관계되는 곳의 광업권 운용을 외국인·외국법인에게 맡겨서는 안 된다는 게 입법 취지이기 때문이다. 따라서 신탁재산인 광업권의 운용에 관하여 수익자가 수탁자에게 광범위한 지시권을 가지는 경우에는 수익자에 대한 교부가 금전으로 행하여지도록 되어 있어도 신탁법 제9조 위반이 된다.*

신탁법 제9조는 권리능력의 제한에 관한 강행규정을 잠탈하는 것을 금지하는 것으로서 설명되는 경우가 많다.[58)] 그러나 회사법상 자기주식 취득에 엄격한 제한이 있는 경우, 그 주식을 신탁재산에 속하는 재산으로 하고, 해당 회사가 수익자가 되는 것은 본 조 위반이 된다고 설명되고 있는데,[59)] 그렇다면 권리능력의 문제에 국한되지 않게 된다.

위반의 효과에 관하여 신탁이 무효가 된다고 해석하는 견해도 있지만,[60)] 강행규정에 반하는 법률행위의 사법상 효력 일반의 논의[61)]

---

56) 마찬가지의 예로서 특허법 제25조 등을 들 수 있다.

57) 井上·42면도 참조.

58) 寺本·53면, 新井·179면 등.

59) 青木徹二『信託法論』59면(財政経済時報社, 1926).

60) 新井·179면.

61) 예를 들어, 大村敦志「『脱法行為』と強行規定の適用」同『契約法から消費者法へ』129면 이하(東京大学出版会, 1999) 参조.

에 준하여, 법규의 목적과의 관계에서 생각하여야 할 것이다. 또한 무효가 되는 경우도, 문제가 되는 수익자에 한하여 그 수익권의 향수가 부정되는 것에 그치고, 신탁 전체가 무효가 되는 것은 아니며, 해당 수익자에 대해서도, 가령 지시권이 부정되는 등, 일부 무효라고 하면 족하다. 다만 상기 수익권 향수의 부정이나 일부 무효에 따라 신탁을 한 목적을 달성할 수 없게 된다면, 신탁은 종료한다(동 제163조 제1호).

*** 각료신탁** 「국무대신, 부대신 및 대신 정무관 규범」(헤이세이 13년 각의결정)에는, 「취임 시에 보유하는 주식, 전환사채 등의 유가증권(사모펀드를 포함한다.)에 관해서는, 신탁은행 등에 신탁하는 것으로 하고, 재임기간 중에 계약의 해지 및 변경을 하여서는 안 된다」라는 규정이 있다. 이것은 그 지위를 이용하여 기업의 내부자 정보를 얻어서 교묘하게 주식 등을 매매하였다는 의혹을 받지 않도록 하기 위한 조치이며, 국무대신 등이 그 주식 등의 운용이익을 취득할 수는 있지만, 운용방법은 지시할 수 없도록 하고 있는 것이다. 본문에 있어서의 광업권의 예와는 반대로, 신탁을 이용함으로써 「그 권리를 보유하는 것과 동일한 이익」을 얻을 수 없는 상태를 초래하는 것이다.

(다) 소송신탁[62] 신탁은 소송행위를 하게 하는 것을 주된 목적으로 할 수 없다(신탁 제10조). 어떤 자가 자신이 소유하는 부동산의 소유권을 제3자인 수탁자에게 이전하고, 자신을 수익자로 하는 신탁을 설정하면, 해당 수탁자는 해당 부동산의 소유자가 되므로, 소유자로서 해당 부동산에 관한 소송을 수행하는 것이 가능해진다. 그러나, 예를 들어, 인접한 토지와 분쟁 상태에 있는 부동산에 관하여 그 수탁자에게 인접한 토지 소유자에 대한 소송을 수행하도록 하는 것을 주된 목적으로 신탁을 설정하는 것을 인정하면, 변호사대리의 원칙은 잠탈된다.

---

62) 제도취지를 재검토하는 최근의 논문으로서, 岡伸浩『信託法理の展開と法主体』118면 이하(有斐閣, 2019).

그래서 상기와 같은 신탁은 금지된다. 그러나 일정한 범위에서는 임의적 소송 담당도 인정되고 있으므로, 이 금지 규정을 지나치게 광범위하게 적용하는 것은 타당하지 않다. 실로 「주된 목적」인지 아닌지의 판단이 중요하고, 수익자와 수탁자의 관계, 신탁 설정부터 제소까지의 시간적 간격 등 종합적인 판단[63] 후 타인의 분쟁에 대한 부당한 개입(변호사 대리 원칙의 취지에 반하는 경우를 포함하지만, 그에 국한되지 않고, 비변호사의 활동 일반도 포함될 수 있다)이 되는 경우에 한하여 금지되는 소송신탁에 해당한다고 해석하여야 한다.

「소송행위」의 의의에 관하여 소송의 제기·수행에 한정하는 견해[64]도 있지만, 판례는 소송의 제기·수행뿐만 아니라, 파산절차 개시신청·강제집행도 포함하는 반면, 회사갱생절차에서의 갱생채권 신고는 포함하지 않는다고 한다.[65] 판례에서의 구별에 합리성이 있다고는 생각되지 않는바, 「주된 목적」의 판단을 엄격하게 실시하는 한 「소송행위」의 의의는 넓게 파악하는 것이 타당하다고 생각되므로, 갱생채권 신고를 목적으로 하는 경우를 포함해도 무방하다.

그리고 이상과 같이 해석하면, 금지되어야 할 소송신탁은 민법 제90조의 적용에 의해서도 무효가 되는 경우가 많으며, 결국 신탁법 제10조는 공서양속 법칙의 구체화라고 해석된다.

소송신탁의 금지는 수탁자에 의한 소송의 제기 등에 대한 상대방으로부터의 이의사유로서 문제가 된다. 금지되어 있는 소송신탁에 해당하면 그 이의가 인정되고, 수탁자에 의한 소송수행 등이 인정되지 않게 되지만, 신탁 자체가 당연히 무효로 되는 것은 아

---

63) 最判昭和 36·3·14 民集 15권 3호 444면, 最判昭和 44·3·27 民集 23권 3호 601면은, 각각 추심을 위한 채권양도·숨겨진 추심위임배서를 소송신탁으로 하는 것인데, 모두 해당사안에서 「주된 목적」에 관하여 논하고 있다.

64) 井上編·9면, 井上·43면.

65) 전자가, 最判昭和 36·3·14·전게 주63), 후자가, 最判昭和 42·5·23 民集 21권 4호 928면.

니다.[66] 신탁목적의 달성불능으로서 신탁이 종료하거나(신탁 제163조 제1호), 신탁 전체가 민법 제90조 위반으로서 무효로 되는 경우도 있겠지만, 특정 재산에 대해서만 그것에 관한 신탁설정이 민법 제90조 위반으로서 무효가 되는 경우도 있다(일부 무효).[67]

3. 신탁설정의사: 수탁자의 신탁재산관리 등 의무의 설정

(1) 신탁설정의사의 필요성

신탁법 제2조 제1항은 신탁의 정의에서 수탁자가 「재산의 관리 또는 처분 및 그 밖에 해당 목적의 달성을 위하여 필요한 행위를 하여야 하는 것」이라고 하고 있고, 이 요소가 존재하지 않으면 신탁법상 신탁이 아니다.

그런데 어떠한 법률행위가 조문 문언상의 정의에 합치하면, 당연히 일정한 효과가 발생하는 경우가 있다. 그리고 구 신탁법 제1조는, 「본법에서 신탁이라 함은 재산권의 이전 그 밖의 처분을 하고 타인으로 하여금 일정한 목적에 따라 재산의 관리 또는 처분을 하도록 하는 것을 말한다」라고만 규정하고 있었기 때문에, 어떠한 법률관계가 상기의 정의에 합치하면, 그것은 「신탁」으로 성질이 결정되어, 신탁법의 규율이 적용된다라고 해석할 여지가 있었다.[68] 현행 신탁법도, 그 제2조 제1항은 「신탁」을 정의하는 형태를 취하고 있다. 그러나 동법 제3조는 신탁의 설정 방법을 한정하고, 거기

66) 条解·63면(大村敦志).

67) 일부무효에 관하여, 秋山朋治「訴訟信託と判定された信託の帰趨」みずほ信託銀行＝堀総合法律事務所編『詳解信託判例』98~99면(金融財政事情研究会, 2014).

68) 大村敦志「遺言の解釈と信託」米倉明編『創立20周年記念·論文撰集』119면(トラスト60, 2007). 다만, 구 신탁법하에서의 판례법리도 위탁자의 의사에 의해, 재산권귀속자로 하여금 그곳으로부터 이익을 얻을 수 없도록 하는 구조가 설정되어 있는 것을 중요시하고 있었다고 해석된다. 道垣内·問題状況 69~72면 참조.

에서 신탁의 정의에 따른 의사표시를 요구하고 있다. 그렇다면, 어떠한 법률관계가 「신탁」이라고 여겨지기 위해서는 위탁자가 신탁을 설정한다라는 의사를 가지고 있는 것이 필요하다.

(2) 신탁설정의사의 내용

그럼 신탁을 설정한다는 의사(**신탁설정의사**)란 구체적으로 어떠한 것일까?[69)]

이미 기술한 바와 같이(→21면), 신탁법은 신탁재산에 관하여 재산권 그 자체는 귀속되어 있지 않지만, 이익이 귀속되어 있는 자, 즉 수익자에 대하여 물권적인 구제를 인정하기 위한 법률이다. 그 때문에, 신탁재산은 수탁자에게 귀속되어 있는 재산 중에서 별도로 취급받게 되는데, 이와 같은 효과를 정당화하는 것은 수탁자에게 있어 신탁재산이 마치 자신에게 귀속되어 있지 않은 상태에 있다는 것이다. 물론, 수탁자는 신탁재산에 관하여 재산권귀속자이다. 따라서 가령 신탁재산이 처분된 경우 그 법률상의 주체는 수탁자가 된다. 그러나 수탁자는 순수한 재산권 귀속자로서는 행동할 수 없고, 그것으로부터 이익을 얻을 수 없다.

이와 같은 상황을 만드는 의사가, 신탁의 핵심적 효과를 가지는 법률관계를 창설할 의사, 즉 신탁설정의사이고, 그와 같은 의사가 신탁을 설정함에 있어서 위탁자에게 존재할 것이 필요하다.*

* **수동신탁** 신탁설정의사의 문제에만 관련된 것은 아니지만, 이른바 수동신탁의 유효성에 관하여 서술하여 둔다. 수동신탁이란 수탁자가 신탁재산을 적극적으로 관리·처분하지 않는 것을 말한다.

과거에는 수동신탁 일반을 무효로 파악하는 학설도 존재하였지만,

---

69) 이하, 道垣内·問題状況 68~78면. 또한, 道垣内·問題状況 335~336면. 条解·21~23면(道垣内弘人)도 참조. 같은 취지로 파악되는 것은, 岡·전게 주62) 376면 이하. 나아가, 藤澤治奈 「信託という性質決定に向けての覚書」 立教77호 349면 이하(2009), 竹中悟人 「信託契約の成立要件についての覚書」 信託研究奨励金論集 35호 63면 이하(2014).

현재에는 위탁자나 수익자의 지시에 따라 수탁자가 관리·처분하는 것으로 되어 있는 신탁(협의의 수동신탁)과 지시권자가 신탁재산에 관하여 각종 행위를 하는 것을 수탁자가 단순히 용인할 의무를 부담하는 것에 그치는 것(명의신탁)으로 구분한 다음, 전자는 수탁자에게 관리·처분권이 있으므로 신탁으로서 유효하다고 파악한다(신탁업법상으로도 그 존재가 예정되어 있다. 신탁업 제2조 제3항 제1호). 이에 비해 후자에 관해서는 신탁으로서 무효라고 하는 견해나, 그대로는 효력을 인정할 수 없고, 지시권자와 수탁자를 공동수탁자라고 보아야 한다(그리고, 그렇게 파악하면 유효하다)는 견해[70]가 유력하다.

그러나 명의신탁에 관해서도, 신탁재산에 속하는 재산이 수탁자에게 귀속되어 있는 한 지시권자에게는 본래적 처분·관리권한은 없고, 그자의 명의로 권한을 행사하기 위해서는 수탁자로부터의 위탁이 필요하다. 그리고 위탁의 상대방이 제3자이고, 수탁자가 그자에 대한 감독권한 등을 가지고 있는 경우에는, 신탁재산에 관하여 수탁자의 통제가 이루어지고 있으므로, 유효한 신탁이라고 생각하여야 한다.[71] 다만, 수탁자로부터의 위탁의 상대방이 신탁의 위탁자 또는 수익자인 경우에는 신탁재산이 수탁자에게 귀속되지 않고, 위탁자에 머무르거나 또는 수익자에게 직접 이전하고 있다고 평가할 수 있으므로 신탁을 가장한 통모허위표시라고 해석하여야 하는 경우가 많다고 생각된다.[72]

(3) 수탁자의 의무설정

수탁자가 순수한 재산권 귀속자로서는 행동할 수 없고, 그곳으로부터 이익을 얻을 수 없는 상황은 수탁자의 의무설정에 의하여

---

70) 四宮·9면(명의신탁은 무효), 能見·42~44면(명의신탁도 지시권자와 수탁자를 공동수탁자로 보아 유효).

71) 福田ほか·81~82면. 다만, 수탁자로부터의 위탁의 상대방이 신탁위탁자나 수익자인 경우에도 마찬가지로 해석하는 것 같은데, 그 점에는 찬성할 수 없다. 한편, 大判昭和 13·9·21 民集 17권 1854면은, 수익자에게 실질적인 처분권이 있어도 신탁은 유효하다고 한다.

72) 寺本·34~35면 주 (8)은, 통모허위표시라고 평가되지 않는 경우에는 신탁을 유효하다고 하여도 무방하다고 한다.

이루어진다. 그와 같은 상황이 적절한 의무설정에 따라 실효화되어 있지 않은 경우에는 신탁설정의사의 존재를 인정할 수 없다.[73] 이하에서는, 몇 가지 기본적인 규율과 신탁설정의사와 해당 규율과의 관계에 관하여 서술한다.

(가) 선량한 관리자의 주의 신탁법 제29조 제2항 본문은 수탁자에게 선량한 관리자의 주의로써 신탁사무처리를 하여야 한다고 규정하고 있는데, 그 단서는 주의기준에 관하여 신탁행위에 별도의 규정을 두는 것을 인정하고 있다(→224면). 주의 수준을 낮춘다고 해서 그것만으로는 수탁자가 신탁재산으로부터 이득을 얻는 것으로 되지 않기 때문이다. 다만 경감된 주의 수준에 따른 행동이 이루어지지 않았을 경우 손실보전의무가 완전히 배제되어 있다면, 위탁자에게 신탁설정의사가 없어 처음부터 신탁이 아니라고 해야 한다. 수탁자는 신탁재산으로부터 이익을 얻어도 책임을 추궁당하지 않고, 결국 수탁자가 신탁재산에 속하는 재산을 자유롭게 취급할 수 있게 되기 때문이다.

(나) 이익상반행위의 제한 신탁법 제31조는 수탁자의 이익상반행위를 제한하고 있는데, 동조 제2항 제1호는, 「신탁행위에 해당 행위를 하는 것을 허용하는 취지의 정함이 있는 경우」에는 금지되어 있는 이익상반행위를 하는 것을 허용하고 있다(→270면). 이익상반행위 제한의 취지는 수탁자가 신탁재산과의 거래로부터 부당한 이익을 얻지 않도록 하는 것에 있고, 가령 신탁재산에 속하는

73) 佐久間는, 最判平成 14·1·17 民集 56권 1호 20면의 사안에서 수탁자가 신탁재산에 속하는 금전을 금융기관에 맡겨야 하고, 또한 그 예금의 환불에 관하여 목적에 부합하는 용도로밖에 인정되지 않는다는 조치가 강구되어 있었던 것을 「실효화조치」라고 하고, 이 사안에서는 실효화조치가 존재하고 있었으므로 신탁의 성립을 인정한 것은 정당하지만, 東京地判 平成 24·6·15 判時 2166호 73면의 사안에 관해서는, 목적은 설정되어 있지만, 신탁재산에 속하는 재산의 목적 외 사용 등에 관한 방지조치 등이 일체 강구되지 않았기 때문에 신탁의 성립을 인정할 수는 없다고 하고 있다(佐久間·13, 21~22면). 정당한 분석이다.

재산 중 시장가격이 명확한 것에 관하여 수탁자가 그것을 시장가격으로 구입하는 것이 인정되어도 신탁의 본질에는 반하지 않기 때문이다. 따라서 신탁행위에 의한 허용에도 이 취지와의 관계에서 내재적 제약이 있다. 즉, 아무런 제한 없이 이익상반행위가 가능한 구조로 되어 있는 경우에는 수탁자가 자신의 완전한 소유물로서 그것으로부터 이익을 받을 수 있는 구조로 되어 있다고 하여야 하고, 위탁자에게 신탁설정의사가 없어 그러한 법률관계는 신탁이 아니다(나아가, → 306면).

(다) 분별관리의무 신탁법 제34조가 정하는 분별관리의무(→ 248면)에 관해서는 아래와 같이 생각하여야 한다. 물권적 구제를 인정하는 것을 신탁의 중심적인 의미라고 생각하는 경우는, 물권적 구제가 인정되기 위하여 해당 재산의 특정성이 확보되어 있는 것이 필요하다. 동조 제1항 단서는 「분리하여 관리하는 방법」에 관하여 신탁행위에서의 별도의 정함을 인정하고 있지만, 물권적 구제가 인정되지 않는 상황이 되는 것을 용인하는 것은 신탁의 본질에 반하는 것이 된다. 따라서 신탁재산에 속하는 재산의 특정성이 확보되지 않는 방법에 의한 관리가 용인되는 경우에는 위탁자에게 신탁설정의사가 없어 그 법률관계는 신탁이 아니라고 하여야 한다.[74]

4. 수탁자의 자격

미성년자는 수탁자가 될 수 없다고 되어 있다(신탁 제7조). 수탁자는 신탁사무집행을 행하는 주체이고, 그 행위가 법정대리인에

---

74) 大阪高判 平成 20·9·24 判タ 1290호 284면도, 분별관리를 시키는 의사를 중시하고 있다. 藤池智則＝関口諒「預金の帰属と信託(1)」 みずほ信託銀行＝堀総合法律事務所編 『詳解信託判例』 11~12면(金融財政事情研究会, 2014)은, 분별관리의 사실을 중시한다. 나아가, 田岡絵理子「『財産の管理·処分を託す』ということ」信託フォーラム 6권 58면 이하(2016)도 참조.

의해 취소될 가능성이 있는 것은 신탁사무처리에 부합하지 않는다는 사고에 기반한다.

한편, 그러하다면, 성년피후견인 및 피보좌인도 수탁자가 될 수 없다고 해야 하지 않을까 생각되고, 실제로 2019(레이와 원년)년의 개정 전에는, 그들의 수탁자 자격이 부정되었다. 그러나 성년피후견인 등의 자격제한을 최소한도로 하여야 한다는 생각에 기반하여 제한은 미성년자에 그치게 되었다.

다만 어떤 자가 성년피후견인 또는 피보좌인인 것을 알지 못하고 위탁자가 그자를 수탁자로 한 경우 위탁자의 착오를 이유로 신탁행위에 있어 수탁자의 지정이 취소될 수는 있다.

구 신탁법에서는 파산자도 수탁자가 될 수 없다고 되어 있었다. 그러나 파산절차가 개시되는 것은 반드시 파산자의 재산관리능력의 불충분함을 나타내는 것은 아니고, 파산자는 파산재단에 속하는 재산의 관리처분권을 잃는 것에 불과하기 때문에 신탁사무집행에 지장은 없다. 그래서 현행 신탁법에서는 파산자는 수탁자가 될 수 있는 것으로 하고 있다. 회사 이사의 결격사유에서 파산자가 제외된 것에도 상응한다[2005(헤이세이 17)년 개정전 상법 제254조의2 제2호, 회사법 제331조 제1항].

*** 성년피후견인 등의 취소권과의 관계** 성년피후견인 또는 피보좌인이 위탁자로 한 신탁계약이나 그러한 자에 의한 신탁선언은 본인·성년후견인·피보좌인에 의해 취소될 수 있는 것이다. 또한 그러한 자가 위탁자의 유언에 의해 수탁자가 되는 자로 지정된 경우 그러한 자가 신탁의 인수 의사표시를 하더라도 본인·성년후견인·보좌인은 그 의사표시를 취소할 수 있다. 성년피후견인 또는 보좌인이 수탁자로서 행한 법률행위도 민법 제9조·제13조에 따라 취소의 대상이 된다. 신탁사무집행으로 인해 부담하는 채무에 관하여 수탁자는 고유재산에 의해서도 책임을 부담하고(→ 146면), 취소가 인정되는 것은 당연하다. 수탁자로서의 행위라고 하더라도 다르게 취급되는 것은 아니다.

** 유언에 의한 신탁을 설정함에 있어서 어떤 자를 수탁자로서 지정하였는데, 위탁자의 사망에 의한 신탁의 효력 발생(신탁 제4조 제2항) 전에 그자에 관하여 후견 또는 보좌가 개시된 경우는 어떠할까? 신탁법 제56조 제1항 제2호는 「수탁자인 개인이 후견개시 또는 보좌개시의 심판을 받은 것」을 수탁자의 임무 종료사유로 하고 있다. 이는 당사자의 의사(신탁계약의 경우는 위탁자와 수탁자의 의사, 유언신탁·자기신탁의 경우는 위탁자의 의사)의 추측에 기반하지만(따라서 신탁행위에 있어 별도의 정함이 허용된다. 동항 단서), 신탁의 발효 후 후견개시 등에 관하여 수탁자의 임무를 종료시킨다는 의사가 추측된다면, 신탁의 발효 전에 마찬가지의 사유가 발생한 경우도 동일한 의사가 추측되어야 한다. 따라서 동호가 유추적용되어 「수탁자가 될 자로서 지정된 자가 신탁의 인수 … 를 할 수 없게 된 경우」에 해당하는 결과, 법원이 이해관계인의 신청에 의해 수탁자를 선임하게 된다고 해야 한다(동 제6조 제1항).

제 3 절 신탁설정의 세 가지 방법

이미 기술한 바와 같이, 신탁법 제3조는, 신탁의 설정방법으로서, ① 신탁계약에 의한 방법, ② 유언에 의한 방법, ③ 신탁선언에 의한 방법의 3종류의 것을 규정하고 있다. 이하 차례로 검토한다.

1. 신탁계약에 의한 신탁설정

(1) 신탁계약과 신탁의 계약성

신탁법 제3조 제1호는, **신탁계약**에 의한 신탁설정에 관하여 규정한다. 우리나라에서 신탁의 대부분은 여기에서 말하는 신탁계약에 의한 것이다.

다만 신탁이 신탁계약에 의하여 설정된다는 것과 신탁이 계약이라는 것은 별도의 문제이다. 저당권은 계약으로 설정되지만, 계약은 아니다. 문제는 그로부터 발생한 법률관계의 구속력을 어디에서 구할 것인지이고, 신탁은 신탁계약으로 설정되지만, 그러므로 당연히 계약이 되는 것은 아니다(반대로 계약이 아닌 것도 되지 않는다).[75]

신탁계약에 있어서는, 반드시 「신탁을 설정한다」라는 표현을 사용할 필요는 없다. 매매계약이 「매매」라는 표현을 사용할 필요가 없는 것과 마찬가지이다. 학설상 이론은 없고, 구법하에서 신탁의 성립을 인정한 최고재판소 판결의 사안에 있어서도 당사자는 「신탁」이라는 문구를 사용하고 있지 않다.[76] 다만 위탁자가 신탁을 설정한다는 의사를 가지고(→65면), 그에 관하여 합의가 이루어져야 한다.

불요식 계약이지만 신탁업법 제25조·제26조는 신탁계약의 체결에 있어서 신탁회사는 위탁자에 대하여 내용을 설명하고, 서면을 교부할 의무를 부담한다고 하고 있다. 또한 신탁회사가 행하는 신탁계약으로서 금리, 통화의 가격, 금융상품시장에서의 시세 그 밖의 지표에 관계된 변동에 따라 신탁의 원본에 관하여 손실이 발생할 우려가 있는 계약(특정신탁계약)에 대해서는 권유규제 등에 관하여 금융상품거래법 조문이 널리 준용되고 있다(신탁업 제24조의2).

(2) 낙성계약성

(가) 구 신탁법 제1조는 「본법에서 신탁이라 함은 재산권의 이전 그 밖의 처분을 하고 타인으로 하여금 일정한 목적에 따라 재산

---

75) 道垣内·問題状況 350~355면.

76) 最判昭和 29·11·16 判時 41호 11면, 最判平成 14·1·17·전게 주73). 나아가, 東京地判平成 24·6·15·전게 주73)도 참조. 또한, 七戸克彦「信託法上の信託か, 信託類似の他の法律関係か」法研 82권 1호 716면 이하(2009)는, 헤이세이 14년 최고재판소 판결의 사안에 관하여 굳이 신탁의 성립을 인정할 필요는 없고, 신탁법의 유추적용 등에 의하면 충분하다고 한다. 덧붙여 같은 논문은 신탁의 성립을 인정함에 있어 통상의 법률행위 해석 방식에 예외를 인정하여서는 안 된다고 하는데, 이는 당연한 것이다.

의 관리 또는 처분을 하도록 하는 것을 말한다」라고 하고 있었고, 그 문언에서 「처분을 하고」라는 부분을 근거로 재산의 처분이 있어야 비로소 신탁이 성립한다는 견해도 유력하였다.[77] 또한 수탁자에 대한 보수를 동반하는 경우에는 낙성계약으로서 신탁은 성립하지만, 수익자의 수익의 의사표시가 있기까지는 양당사자는 언제든지 철회할 수 있고, 보수를 동반하지 않는 경우에는 증여의 규율에 준한다(민 제550조)라는 견해도 있었다.[78]

그러나 일단 자익신탁으로서 설정하지만, 직후에 그 수익권을 매각하는 것이 예정되어 있는 것과 같은 경우(가령 자금 조달 목적의 신탁), 수익권 매수자는 당초의 단계부터 정해져 있는 것이 보통이다. 그리고 그러한 자가 안심하고 수익권의 매수를 약속할 수 있도록 하기 위해서는, 당초 신탁재산에 속하는 재산의 인도 이전부터 신탁이 유효하게 성립하고 있다고 하는 것이 필요하다. 또한 신탁계약을 요물계약으로 하면, 수탁자가 된다는 것을 약속하고 있는 경우에도 당초 신탁재산에 속하는 재산의 인도 이전에는 해당 (예정된) 수탁자는 수익자에 대하여 충실의무 등을 부담하지 않고, 따라서 신탁이 설정된다는 정보를 이용하여 이익을 올리는 것이 방해받지 않게 되지만, 그것도 타당하지 않다. 나아가 신탁 사무의 집행을 위하여 여러 가지 준비를 하고 있던 수탁자의 이익도 문제가 된다.[79]

그래서 현행 신탁법에서는, 신탁계약의 체결만으로 신탁은 유효하게 성립하는 것으로 되었다. 신탁법 제3조 제1호의 「처분을 한다는 취지」라는 문언은 이를 나타낸다. 그리고 동법 제4조 제1항은 신탁계약의 체결에 의하여 신탁의 효력이 발생하는 것을 보다 명

77) 青木·전게 주59) 93면, 田中實「信託行為の一考察」法研 37권 2호 6~7면 (1964) 등.

78) 四宮·96면.

79) 寺本·42면 주(1), 村松ほか·8면. 나아가, セミナー(1)·6~10면 참조.

확하게 규정하고 있다.*

> *** 신탁계약의 무효·취소** 신탁계약이 무효로 되거나 취소된 경우, 해당 계약이 소급적으로 무효라고 한다면, 그때까지 수탁자와 거래를 한 채권자는 신탁재산에 속하는 재산으로 충당을 할 수 없고, 또한 수탁자는 계속하여 채권자에 대해서 고유재산으로 책임을 부담하게 된다. 그래서 위임계약의 해제에 관하여 소급효를 부정하는 민법 제652조의 취지에 따라 신탁계약의 무효·취소에 관해서도 소급효를 부정하여야 한다는 견해가 있다.[80)]
>
> 분명 수탁자가 사기·강박에 있어서 피기망자·피강박자인 경우에는 수탁자를 보호할 필요가 있지만, 착오에 있어서는 위탁자와 수탁자의 귀책성을 비교형량할 필요가 있고, 공서양속 위반을 이유로 하는 무효의 경우에는 역시 소급효를 인정하여야 한다. 수탁자의 보호에 관해서는 채권자에 대한 변제에 필요한 비용(수탁자가 받는 이익을 공제할 필요는 있다) 등에 관하여 불법행위를 이유로 하는 손해배상청구권을 수탁자가 위탁자에 대하여 가지는 한, 해당 청구권을 피담보채권으로 하여 신탁재산에 속하는 재산에 관하여 유치권(민 제295조)을 행사할 수 있다고 해석함으로써 대처하는 것이 적당할 것이다.

(나) 신탁계약의 성립 그 자체에 정지조건 등을 정하는 것은 가능하다(민 제127조 제1항). 신탁법 제4조 제4항은 신탁의 효력발생에 정지조건 또는 시기를 부과하는 것을 명시적으로 인정하고 있지만, 굳이 명문의 규정을 둔 것은 신탁계약 등의 효력발생을 전제로 하여 신탁의 효력발생에 관하여만 정지조건 또는 시기를 부과하는 것, 가령 위탁자로부터 수탁자로의 재산이전을 정지조건으로 하거나 이전 시점을 시기로 하는 것이 가능하다는 점을 분명하게 하기 위함이다.[81)]

---

80) 山田希「信託行為の無効·取消しに関する一考察」トラスト 60編『基礎法理からの信託分析』1면 이하(トラスト60, 2013).

81) セミナー(1)·10~16면.

(3) 위탁자의 출연의무

신탁계약을 낙성계약으로 하면 신탁은 성립하지만, 당초 신탁재산에 속하는 재산이 아직 위탁자로부터 수탁자에게 이전되지 않은 시기를 생각해 볼 수 있게 된다. 그리고 만약 위탁자가 이전을 지체하는 경우에는 수탁자는 위탁자에 대해서 재산의 인도를 청구하여야 한다고 해석하는 것이 일반적이다.[82] 그러나, 이에 반해 신탁은 위탁자 내지 수익자를 위한 제도이고, 위탁자는 일반적으로는 이전의무까지는 부담하지 않기에 수탁자에게 인도 청구권은 존재하지 않는다고 생각하여야 한다는 견해도 있다.[83]

분명히 신탁계약을 체결하더라도 여전히 실제로 재산을 이전할지 여부에 관한 재량권이 위탁자에게 잔존하고 있는 경우도 있을 것이다. 결국 계약 해석의 문제로 귀착되지만, 수익자는 신탁행위에 별도의 정함이 있는 경우를 제외하고 당연히 수익권을 취득하고(신탁 제88조 제1항), 설정 시에 타익신탁이 되는 경우에는 이 단계에서 수탁자는 수익자에 대해 신탁법상의 의무를 부담하게 되므로, 수탁자는 수익자를 위하여 위탁자에게 재산의 이전을 요구할 의무를 부담하거나,[84] 위탁자에게도 이전의무가 존재하는 것이 원칙이라고 생각하여야 한다. 자익신탁의 경우에도 이론적으로는 수탁자는 미리 정해진 신탁의 본지에 따라 행동하여야 하고, 신탁계

82) 新井·125~126면, 渡辺宏之「研究·信託法(2)」信託 271호 83면(2017).

83) 能見善久「新しい信託法の理論的課題」ジュリ 1335호 9~10면(2007), セミナー(1)·5~6면(能見善久). 이 문제가 재산의 물적 관리관계를 어디까지 신탁의 핵심적 요소로 파악할 수 있을까라는 점과 관계되어 있다는 취지로 지적하는 것으로서, 山下純司「受託者の信託設定時の権利義務」トラスト未来フォーラム編「信託の理論的深化を求めて」15~16면(トラスト未来フォーラム, 2017).

84) 수탁자의 수익자에 대한 의무의 문제로 분석하는 것으로서, 山下純司「信託財産の引渡請求権」野村豊弘古稀「民法の未来」489면 이하(商事法務, 2014). 이에 비해 인도청구권이 신탁재산이 되어 있다고 하는 견해로서, セミナー(1)·29면(藤田友敬).

약 체결 후 위탁자의 의사에 좌우될 이유는 없으며, 그것이 원칙이지만,[85] 신탁목적과의 관계에서 수탁자의 수익자에 대한 의무가 아직 발생하지 않았다고 해석되어야 할 경우도 많을 것이다.[86]

또한 위탁자가 부동산 등의 특정물의 출연을 약정한 경우에는 민법 제176조에 의하여 계약의 성립과 동시에 소유권은 수탁자에게 이전한다고 해야 한다(물론, 소유권의 이전시기에 관한 특약은 가능하다).[87] 그리고 이때까지 위탁자의 출연의무를 부정한다면, 위탁자는 언제라도 신탁계약을 해제할 수 있는 것이 되는데, 그것은 해석론으로서 곤란하다고 생각된다.

2. 유언에 의한 신탁설정

(1) 유언신탁

유언에 의하여 재산의 처분이 가능한 것은 당연하고, 신탁법 제3조 제2호가 정하는 방식은, 그에 더하여 수탁자를 지정하여 그 자에게 「일정한 목적에 따라 재산의 관리 또는 처분 그 밖에 해당 목적의 달성을 위하여 필요한 행위를 해야 한다는 취지」를 명하는 것인데, 유언에 의하여 가능하다는 점에 의의가 있다. 이 경우도 유언에서 「신탁」이란 문언이 사용될 필요는 없다. 유언에 신탁설정의사가 나타나 있으면 족하다.[88]

또한 이 경우 위탁자의 상속인은 해당 유언에 별도의 정함이 없는 한 위탁자의 지위를 승계하지 않는다(신탁 제147조). 즉, 신탁이 설정된 재산에 관해서는 상속인은 권리를 가지지 않는 것이다

85) 山下·전게 주84) 493, 513면.

86) 神田=折原·33~34면도 같은 취지이다.

87) 반대의 생각을 포함하여, セミナー(1)·18~23면 참조.

88) 村松ほか·9면은, 「유언에 의해 하여야 할 의사표시의 요소는, 신탁계약과 다른 점이 없다」라고 한다.

(→ 505면).

이와 같이 유언으로 설정된 신탁을 **유언신탁**이라 한다(신탁 제5조, 제6조, 제147조의 표제에서 이 용어가 사용되고 있다). 은행실무에서는, 「유언에 관하여 사전 상담부터 유언서의 작성, 유언서의 보관, 재산에 관한 유언의 집행」이라는 업무를 유언신탁이라고 칭하고 있지만, 그와 같은 업무는 신탁법에서 말하는 신탁과는 관계가 없다.

(2) 특정물

예를 들어 유언에 의해 위탁자 S소유의 甲부동산을 신탁재산에 속하는 재산으로 하고, T를 수탁자로 하는 신탁을 설정하는 것은 가능하지만, 이 경우 T로의 귀속이 어떠한 메커니즘에 의한 것인지가 문제된다.

유증에 관해서는 甲부동산의 소유권은 유언의 효력 발생과 함께 수유자에게 이전하는 것이고, 수유자가 유증을 포기하였을 때 소급적으로 해당 수유자에 대한 권리 귀속이 부정되게 된다(민 제986조).[89] 이에 비하여 유언신탁에서는 수탁자로 지정된 자가 신탁을 인수하거나, 법원에 의한 선임이 있어야 비로소 수탁자가 확정된다(→ 69면).

수탁자가 확정되면, 그 시점에서 甲부동산의 소유권은 T에게 이전한다. 이전의 대항요건에 관해서는 다음과 같이 생각할 수 있다.

우선 T가 공동상속인 중 1인이 아닌 경우에는 유증에 관한 판례 법리가 적용되어 T가 제3자에 대하여 甲부동산의 소유권이 자신에게 귀속되었다는 것을 대항하기 위해서는 대항요건을 구비하는 것이 필요하다.[90] T에게 대항요건을 구비시켜줄 의무를 부담하는 것은 유언집행자가 없는 경우에는 유증의 경우와 마찬가지로

---

89) 大判大正 5·11·8 民録 22집 2078면.

90) 最判昭和 39·3·6 民集 18권 3호 437면.

위탁자의 상속인이 된다. 확실히 유증자로서의 지위가 그 상속인에게 승계되는 것에 비하여, 유언신탁에서는 위탁자의 지위는 상속인에게 승계되지 않는 것이 원칙이다(신탁 제147조). 그러나 그것은 신탁설정 후 위탁자의 상속인과 수익자의 이익이 유형적으로 대립하기 때문이고(→505면), 수탁자에게 대항요건을 구비시켜야 하는 위탁자의 의무를 그 상속인에게 부담하도록 하더라도 지위승계를 부정하는 규율의 취지에는 반하지 않는다. 위탁자의 상속인은 T에게 대항요건을 구비하도록 할 의무를 부담한다고 해석하여야 한다.

다음으로 T가 위탁자의 공동상속인 중 1인인 경우에는, 민법 제899조의2가 적용된다. 이 경우도 T에게 대항요건을 구비시켜줄 의무를 부담하는 것은 유언집행자가 없는 경우에는 유증의 경우와 마찬가지로 위탁자의 상속인이 된다.

앞의 논의는 당초 신탁재산에 속하는 재산으로 여겨지는 것이 동산이나 채권(다만, 민법 제899조의2 제2항도 적용된다)인 경우도 마찬가지이다.

수탁자가 확정될 때까지는 甲부동산의 소유권은 위탁자의 상속인에게 귀속되지만, 수탁자의 확정에 의하여 당연히 T로의 권리이전이 발생한다고 해석하여야 한다.[91)]

해당 특정물이 위탁자의 재산으로서 존재하지 않는 경우에는 신탁은 적어도 해당 재산에 관하여서는 효력이 발생하지 않는다. 그 이외의 재산을 당초 신탁재산으로 하여서는 신탁목적을 달성할 수 없는 경우에는 해당 신탁은 즉시 종료하게 된다(동 제163조 제1호 →525면).

---

91) 이에 관하여, 能見善久「財産承継的信託処分と遺留分減殺請求」トラスト未来フォーラム編『信託の理論的深化を求めて』128~129면(トラスト未来フォーラム, 2017) 참조.

(3) 불특정물 · 금전

유언에 의해, 「1억 엔을 당초 신탁재산으로 하여 T를 수탁자로 하는 신탁을 설정한다」라는 방식으로 신탁을 설정하는 것은 가능할까? 통상 유증이라면 이 경우 상속인이 수증자에 대하여 1억 엔의 금전채무를 부담하게 된다. 위탁자 사망 시의 재산으로서 1억 엔 이상의 현금 또는 예금이 존재하는 경우에는 그 안에 신탁재산에 속하는 재산(1억 엔)이 혼입되어 있는 상태라고 생각할 수 있으므로, 수탁자가 그 인도를 점유자에게 청구할 수 있다고 해석해야 할 것이다. 불특정물의 경우도 마찬가지이다.

이에 비교하여 1억 엔을 출연하기 위하여 부동산 등을 처분해야 하는 경우는 어떠할까? 분명, 유언신탁에 있어서는 상속인은 위탁자의 지위를 승계하지 않는 것이 원칙이다(신탁 제147조). 그러나 그것은 신탁설정 후 위탁자의 상속인과 수익자의 이해가 유형적으로 대립하기 때문이고(→505면), 상속인에게 신탁설정 시에 출연의무를 부담하게 하는 것은 모순이 아니다. 상속인은 부동산 등을 처분한 다음에 1억 엔을 수탁자에게 교부할 의무를 부담한다고 해석하여야 할 것이다.

그러면 위탁자가 보유하고 있던 재산 이상의 액수가 당초 신탁재산에 속하는 재산으로서 지정된 경우에는 어떠할까? 생전에 체결된 신탁계약에 있어서의 출연의무 미이행의 경우와 균형을 생각하면, 상속인은 일단 출연의무를 부담한다고 생각할 수 있다. 그러나 유산액을 초과하는 유증이 된 경우에 그 이행을 위하여 유언집행자가 선임된 경우를 생각하면, 유언집행자는 유산 중에서 유증을 이행하면 족하고, 상속인이 그것을 초과하는 출연을 요구받는 것은 아니라고 해야 한다. 이 경우와의 균형을 고려하면 상속인에게 출연의무를 부담시킨다고 하더라도 위탁자가 보유하고 있던 재산의 가액을 한도로 한다고 생각해야 한다[92][(5)에서 서술하는 유류분 침해액 청구의 문제는 별도로 발생한다].

(4) 유언에 의한 권리의 창설

유언에 의한 신탁의 설정에 관하여서도, 「특정한 자에 대하여 재산의 양도, 담보권의 설정 그 밖의 재산의 처분을 하는 취지」라는 문언이 이용되고 있다. 따라서 유언에 의하여 저당권이나 지상권을 설정하고, 그것을 신탁재산에 속하는 재산으로 하는 것은 가능하게 된다(→52면). 한편, 신탁설정 이외의 국면에서는 유언에 의하여 지상권 등의 용익물권을 설정하는 것은 긍정하는 학설이 다수인 것에 비하여,[93] 저당권의 설정은 허용되지 않는다고 단언하는 학설[94]도 있는데, 그렇다면, 유언에 의하여서는 통상은 허용되지 않는 처분이 유언에 의한 신탁의 설정에 있어서는 인정됨에 따라 불균형한 상황이 초래된다.[95]

유언신탁에 있어서 저당권의 설정적 처분이 허용된다는 것을 명문상 부정할 수 없는 이상 유언에 의한 처분에 관한 학설은 재검토를 요구받고, 결론적으로는 유언에 의하여 저당권을 설정하는 것이 신탁설정의 국면 이외에서도 인정된다고 해야 할 것이다.[96]

---

92) 유증에 관해서는 유증의무자의 의무는 상속재산의 가액을 한도로 한다는 설이 유력하다(中川善之助＝加藤永一編 『新版注釈民法(28)[補訂版]』 247면[阿部徹](有斐閣, 2002) 참조.

93) 我妻栄(有泉亨補訂) 『新訂物権法(民法講義11)」 347면(岩波書店, 1983)(地上権), 川島武宜＝川井健編『新版注釈民法(7)』 871면(鈴木禄弥)(地上権), 917면(高橋寿一)(永小作権), 948면(中尾英俊)(地役権)(有斐閣, 2007), 小粥太郎編『新注釈民法(5)」 710, 750, 768면(松尾弘) 등.

94) 中川善之助＝泉久雄 『相続法(第4版)』 492면(有斐閣, 2000). 다만 긍정설도 유력하다[高橋眞 『担保物権法(第2版)』 91면 주(1)(成文堂, 2010) 등].

95) 道垣内·問題状況 357~358면.

96) 沖野眞己 「信託法と相続法」 水野紀子編 『相続法の立法的課題』 37~44면(有斐閣, 2016). 최근 매우 흥미로운 검토로서, 直井義典 「遺言による質権の設定について」 筑波ロー·ジャーナル 20호 149면 이하(2016).

(5) 유류분과의 관계

(가) 유언신탁에서만 문제가 되는 사항은 아니지만(상속개시 이전의 신탁의 설정을 어떻게 파악할 것인지의 문제도 존재한다), 신탁설정과 유류분과의 관계도 문제가 된다. 신탁의 설정에 의해 유류분 침해청구를 일률적으로 면하는 효과가 발생하는 것은 아니라는 점에는 거의 일치하고 있다.[97] 문제는, ① 신탁이 설정되어 당초 신탁재산이 수탁자에 대하여 처분되는 것을 유류분 침해행위라고 파악할 것인가,[98] ② 신탁설정 그 자체는 문제삼지 않고, 수익자의 수익권취득을 유류분 침해행위로 볼 것인가,[99] 또는 ③ 그 쌍방이 일체가 되어 유류분 침해행위가 된다고 생각할 것인가[100]에 있고, 2018(헤이세이 30)년의 민법(상속관계) 개정 전의 유류분 감쇄청구권이라는 제도 아래에서 활발하게 논의되었다.

(나) 위탁자가 생전에 주식투자신탁에 투자를 하는 방식으로

97) 다만 생전신탁에 관해서는 생명보험계약이 유류분 감쇄청구의 대상이 되지 않는다고 한 最判平成 14·11·5 民集 56권 8호 2069면과 마찬가지로 유류분 침해의 문제는 발생하지 않는다고 해석할 여지가 있다는 것을 주장한 견해도 있다[西希代子「遺留分制度の再検討(1)」法協 123권 9호 1706면(2006). 다만, 同「信託と遺留分制度」新報 127권3=4호 434면(2021)은, 결론으로서 유류분제도의 규율이 미친다고 한다.

98) 川淳一「受益者死亡を理由とする受益者連続型遺贈」野村豊弘=床谷文雄編『遺言自由の原則と遺言の解釈』28면(商事法務, 2008), 横山美夏「信託から, 所有について考える」信研 36호 74면(2011), 能見·전게 주91) 133면, 角紀代恵「信託と遺留分」法時 89권 11호 72면(2017). 四宮·160면도, 감쇄청구의 상대방을 수탁자·수익자 쌍방으로 하는 것이기는 하지만, 수탁자에 대한 처분을 감쇄하는 것으로, ①의 견해라고 하여도 무방하다.

99) 飯田富雄「遺言信託に関する考察」信託 20호 16면(1954), 道垣内·問題状況 406~410면. 같은 취지의 것으로서, 佐久間·174면 이하, 沖野眞已「信託契約と遺留分」岡孝古稀『比較民法学の将来像』542~543면(勁草書房, 2020), 西·전게 주97)(信託と遺留分制度) 434면.

100) 三枝健治「遺言信託における遺留分減殺請求」早法 87권 1호 51~55면(2011). 加藤祐司 「後継ぎ遺贈型の受益者連続信託と遺産分割及び遺留分減殺請求」松原正明=道垣内弘人編『家事事件の理論と実務2』11면 이하(勁草書房, 2016) 도 이 견해이다.

자익신탁을 설정한 경우에는, 해당 신탁의 수익권이 상속재산이 된다. 그리고 상속재산의 가액의 결정에 있어 수익권의 가액을 기준으로 하여 산정한 다음 다른 사람의 유류분을 침해하는 방식으로 수익권을 상속하거나, 그 유증·증여를 받은 사람은 유류분 침해청구의 상대방이 되는 것이다. 여기에서는, 수익권의 취득이 유류분 침해를 발생시키고 있다고 파악되는 것이고, 신탁설정 자체가 문제가 되는 것은 아니다. 그리고 이는 신탁이 유언에 의해 설정된 경우에도 다르지 않을 것이다. 보다 이론적으로 말하자면, 신탁의 설정은 당초 신탁재산을 수익권으로 변환한다는 면과 그 수익권을 특정한 자에게 부여한다는 면이 있지만, 유류분 침해행위가 되는 무상행위는 후자만이고, 재산의 성질을 변환한다는 행위는 유류분 제도에 의해서는 제한되지 않는다는 것이다.[101)]

또한, ①이라고 보면, 개정법 하에서는 유류분 침해액에 관하여 수탁자가 금전적인 지급의무를 부담한다(민 제1046조 제1항). 이에 관하여 수탁자가 고유재산으로 부담할 이유는 없고(신탁법 제21조 제1항 제9호에 해당한다고 생각할 수밖에 없다), 따라서 수탁자는 그 지급을 신탁재산에 속하는 재산으로 하거나, 고유재산에 속하는 재산으로써 한 다음 신탁재산으로부터 상환을 받을 수 있다(신탁 제48조 제1항). 그러나, 그렇다면 다른 사람의 유류분을 침해하지 않는 방식으로 수익권을 취득한 사람이 존재하는 경우에도, 신탁설정 전체가 영향을 받게 되고, 이는 신탁법이 사해신탁의 규율에 있어서, 선의의 수익자를 해하지 않도록 악의의 수익자에 대한 수익권의 이전 청구를 기본으로 하고 있는 것(→ 177면)과 일관되지 않는다. 그러므로 ①은 채용할 수 없고, 마찬가지로 ③도 타당하지 않다.

이상으로부터, ②의 사고방식을 택하여야 하고, 상속재산의 가액은 신탁재산에 속하는 재산이 아니라 수익권의 가액을 기준으로

---

101) 沖野·전게 주 99) 550~551면.

산정되어 수익권 취득에 의하여 다른 사람의 유류분을 침해한 수익자는 금전적인 지급의무를 유류분 권리자에 대하여 부담하게 된다고 생각해야 한다.102)*

다만 목적신탁에 있어서는 수익권 취득의 방식으로 유류분을 침해하는 사람이 구체적으로 정하여져 있지 않다. 따라서 수탁자에 대하여 유류분 침해액 청구를 하고, 그 지급을 신탁재산에 속하는 재산으로써 하는 것, 또는 고유재산에 속하는 재산으로써 한 후에 신탁재산으로부터 상환을 받는 것이 가능하다. 이 경우도 해당 목적신탁의 존속기간에 있어 현시점에는 특정되지 않은 자에게 급부되는 이익을 현재화하고, 그 가액을 기준으로 유류분 침해의 유무가 결정되어야 한다. 이론적으로는 다음과 같이 설명할 수 있다. 즉, 목적신탁에 있어서는 급부수령권이 구체적인 급부권자가 정하여질 때까지 신탁재산 중에 존재하고 있고, 그것이 분배된다고 생각할 수 있고, 따라서 그 단계에서는 신탁재산에 급부수령권이 혼동의 예외로서 귀속하고, 그 귀속자는 수탁자이므로 수탁자가 유류분을 침해하는 상태에 있다고 평가할 수 있는 것이다.

> * 수령권을 취득한 자가 타인의 유류분을 침해하지 않은 경우라도 수탁자로서 이익을 얻는 사람(예를 들어 신탁보수가 고액인 경우나, 신탁재산에 속하는 부동산을 관리를 위한다는 명목으로 실질적으로 이용할 수 있는 경우 등)이나, 귀속권리자(→545면)로서 이익을 얻고 있는 사람이 존재하는 경우에는, 그러한 사람은 수익권 취득 이외의 방식으로 이익을 얻음으로써 다른 사람의 유류분을 침해하고 있다고 평가할 수 있다.103)

---

102) 또한 유류분 감쇄청구에 관한 것이지만, 그 권리행사의 전제로서 상속인이 수탁자에게 정보개시를 요구하는 것의 필요성을 주장하는 것으로는, 岩藤美智子 「委託者の相続人に対する受託者の情報開示義務」 岡法 61권 2호 177면 이하(2011).

103) 東京地判平成 30·9·12·전게 주54)는, 공동상속인 중 1인이 수탁자로서 신탁재산에 속하는 부동산의 무상이용권 등을 가짐과 동시에 각 공동상속인

(다) 수익권을 수익자에게 취득하도록 하는 것이 증여인지 유증인지도 문제가 된다(침해액부담의 순서에 관계된다. 민 제1047조). 사전에 신탁이 설정되어 피상속인의 사망을 원인으로 하여 어떤 사람이 수익권을 취득하는 경우(유언대용신탁. →395면)에는 사인증여이고, 유언에 의한 신탁이 설정된 경우에는 유증이 된다고 해석해야 할 것이다.[104]

(6) 유언신탁의 효력발생

유언신탁은 해당 유언이 효력을 발생함에 따라 그 효력이 발생한다(신탁 제4조 제2항, 민 제985조). 즉, 지정된 사람이 인수의 의사표시를 하지 않거나, 거절하거나, 나아가 당초 유언 중에는 수탁자가 지정되어 있지 않기 때문에 수탁자가 정해지지 않은 단계에서도 신탁은 성립한다. 그렇게 생각하지 않으면, 당초 신탁재산에 속하는 것으로 정해진 재산이 통상의 상속법칙에 따라 상속인에게 귀속되어 버리고 마는바, 그와 같은 결과는 피해야 하기 때문이다.

이 유류분 비율에 따른 수익권을 취득하였지만, 그러한 수익권이 경제적이익의 분배를 상정하고 있지 않았던 사안에 관하여, 「유류분 제도를 잠탈할 의도로 신탁제도를 이용한 것으로, 공서양속에 반하여 무효이다」라고 한다. 확실히 2018(헤이세이 30)년의 민법(상속관계) 개정 전의 유류분 감쇄청구권의 제도 아래에서는 수탁자인 공동상속인의 무상이용권 취득을 부정하기 위해서는 신탁설정 자체를 감쇄하거나, 신탁설정을 무효로 하는 방법밖에는 없었을지 모르지만, 개정 후의 유류분 침해액 청구제도 아래에서는 수탁자가 이익을 얻고 있으므로, 수탁자에 대하여 침해액 지급을 청구할 수 있다고 해야 할 것이다.

104) 星田寛「いわゆる福祉型信託のすすめ」 新井誠編『新信託法の基礎と運用』 187~188면(日本評論社, 2007). 나아가, 철회가능성을 고려할 필요성을 언급한 것으로서, 岩藤美智子「遺言代用信託についての遺留分に関する規律のあり方」信研 41호 37~39면(2016), 수익자 변경권의 유무를 중시한 것으로서, 信託を活用した中小企業の事業承継円滑化に関する研究会「中間整理」(2008년).

(7) 유언신탁에서의 신탁 인수 최고

유언신탁이 설정될 때 유언에서 수탁자가 될 사람이 지정되어 있어도 그 사람이 수탁자가 되기 위해서는 그 사람의 승낙이 필요하다. 따라서 위탁자의 사망에 의해 유언이 효력을 발생하고, 신탁의 효력이 발생하더라도 지정받은 사람의 승낙 여부가 불명확하게 되어 수익자 등의 권리가 불안정하게 될 우려가 있다. 그래서 유언에 의하여 신탁이 설정된 경우에는 이해관계인은 수탁자로서 지정되어 있는 사람에 대하여 인수의 승낙 여부를 확답하여야 한다는 취지를 최고할 수 있는 것으로 되어 있다(신탁 제5조 제1항).

최고를 할 수 있는 「이해관계인」은 유언자의 상속인, 유언집행자, 수익자 등이 된다.[105] 또한 수익자의 이익을 도모하는 사람으로서 신탁관리인·신탁감독인·수익자대리인도 당연히 최고권을 가진다. 이에 비해 수익자에 대한 채권자는 특정 유증의 포기가 소급효를 갖는 점에 비추어 볼 때(민 제986조 제2항), 신탁의 집행을 촉구할지 여부에 관한 채무자(수익자)의 판단에는 간섭할 수 없으므로, 「이해관계인」에는 포함되지 않는다고 해야 한다.[106] 또한, 수익자가 보유하는 최고권은 수익자의 이익을 도모하기 위하여 중요한 권리이므로 신탁행위의 정함에 의하여 제한할 수 없다(신탁 제92조 제2호).

최고에 대한 확답은 위탁자의 상속인에 대해서 하는 것이 원칙이다*(신탁 제5조 제2항. 민 제1008조도 참조). 복수의 상속인이 실제로 존재하는 경우에는, 그 1인에 대하여 확답을 하면 족하다.[107]

105) 寺本·49면.

106) 유언집행자에 대한 취임의 최고권을 가지는 「이해관계인」(민 제1008조)에는, 상속인의 채권자도 포함된다는 견해가 유력하지만[中川＝加藤編·전게주92) 319면(泉久雄)], 상속포기가 사해행위 취소의 대상이 되지 않는다는 판례법리(最判昭和 49·9·20 民集 28권 6호 1202면)와의 관계에서도 찬성할 수 없다.

107) 寺本·49면 주(2).

다만 위탁자의 상속인이 실제로 존재하지 않는 경우에 관해서는 「수익자(2인 이상의 수익자가 실제로 존재하는 경우에는 그 1인, 신탁관리인이 실제로 존재하는 경우에는 신탁관리인)」에 대하여 한다(신탁 제5조 제3항). 가장 명확한 이해관계를 가지는 사람에 대해서 한다는 취지이다.

수탁자가 되어야 할 사람으로서 지정되어 있는 사람이 이해관계인으로부터의 최고에 관하여 최고에서 정해진 상당한 기간 내에 확답을 하지 않는 경우에는, 인수를 하지 않은 것으로 여겨진다(동조 제2항). 「확답을 하지 않을 경우에는 취임을 승낙한 것으로 간주한다」라고 되어 있는 유언집행자에 관한 규율(민 제1008조)과는 반대로 되어 있다. 이 차이는 유언집행자의 취임은 일종의 공적 의미를 포함한 의무적인 것인데 비해, 유언신탁의 수탁자의 취임은 그렇다고는 할 수 없다는 점에서 설명되지만,[108] 당초 유언집행자에 관한 민법 제1008조의 규율이 입법론적으로 타당한지는 의문이다.

*** 사전 승낙의 의의** 수탁자가 되어야 할 사람으로 지정되어 있는 사람이 인수를 하는 것은 의무가 아니다. 많은 경우 수탁자로서 지정되는 사람에게 유언 전 단계에서 수탁자가 될 것을 의뢰하고, 그 사람이 그것을 승낙하고 있다고 생각할 수 있지만, 유언신탁의 수탁자가 되어야 할 사람은 유언에서 지정되어야 하는 것이고, 수탁자가 되어야 할 사람과 유언자 사이에 계약이 유언과는 별개로 존재하더라도, 수탁자로의 취임의 효력이 직접적으로 발생하는 것은 아니다. 이론적으로는 상기의 승낙에는 효력이 없다고 생각하는 것도 가능하지만, 현실상의 편의를 생각하면, 해당 계약의 채권자(위탁자)의 지위는 상속에 의해 위탁자의 상속인에게 승계되고, 수탁자가 될 사람으로 지정된 사람(채무자)은 인수의 의무를 부담한다고 해석해야 할 것이다.

다만 상기와 같은 계약이 있어도, 그 후 유언에 있어서 수탁자가 될 사람으로 별도의 사람이 지정되어 있는 경우에는 미리 인수한 계

---

108) 田中·34면. 또한 中川=加藤編·전게 주92) 320면(泉久雄) 참조.

약은 (채권자의 책임으로 귀결되어야 하고) 이행 불능이 된다.

(8) 유언신탁에 있어서 법원에 의한 수탁자의 선임

유언에 수탁자의 지정에 관한 정함이 없는 경우 및 수탁자가 될 사람으로 지정된 사람이 신탁을 인수하지 않거나, 할 수 없는 경우에는 이해관계인의 신청에 의해 법원이 수탁자를 선임한다(신탁 제6조 제1항·제2항). 여기에서 「신탁의 인수… 를 할 수 없는 경우」라 함은 수탁자가 될 사람으로 지정된 사람에 대해 유언의 효력이 발생하기 전에 임무 종료 사유가 발생한 경우(동 제56조 제1항. →71면**)나, 수탁자의 자격 요건(동 제7조)을 결여한 경우를 생각할 수 있을 것이다.[109)]

「이해관계인」의 범위는 인수의 최고를 할 수 있는 사람과 동일하다. 다만 즉시항고의 주체는 「수익자 또는 이미 존재하는 수탁자」로 한정된다(동 제6조 제3항). 신청인의 범위와 즉시항고를 할 수 있는 사람의 범위를 달리하는 것은 다른 곳에서도 목격되지만(동 제62조 제6항, 제123조 제7항, 제131조 제7항, 제166조 제4항), 이해관계가 특별히 큰 사람이라는 취지일 것이다. 여기에서 「이미 존재하는 수탁자」라 함은 복수인이 수탁자가 될 사람으로 지정된 경우에 이미 인수를 한 수탁자이다.

또한 수익자가 가지는 선임 신청권은 수익자의 이익을 도모하기 위하여 중요한 권리이므로, 신탁행위의 정함에 의해서 제한할 수 없다(동 제92조 제1호).

나아가 구 신탁법 제49조 제3항은 법원에 대한 선임 청구권을 유언에 의해 배제하는 것을 인정하고 있었지만, 이 배제의 의사 표시는 수탁자가 될 사람으로 지정되어 있는 사람이 인수하지 않는

---

109) 新井·211면은, 수탁자의 자격요건이 결여된 경우에는 신탁법 제6조 제1항이 유추적용된다고 하지만, 유추가 아니라 단적으로 적용된다고 생각해도 무방하다고 파악하고 있다.

경우에는, 유언자는 다른 사람을 수탁자로 하는 신탁의 성립을 이제 원하지 않는다는 의사를 나타내는 것으로 이해되어 왔다. 동항은 삭제되었지만, 그것은 유언 해석의 일반 법리로 대응 가능하기 때문이고, 구체적인 규율을 변경하는 것은 아니다.

3. 신탁선언에 의한 신탁설정

(1) 이론적 근거

신탁법 제3조 제3호는 신탁선언의 방법에 의한 자기신탁의 설정을 인정하고 있다. 위탁자 자신이 스스로 보유하고 있는 일정한 재산에 관하여 「이후 이 재산을 신탁재산으로서 취급한다」라고 선언하는 것에 의해 신탁을 설정한다는 방법이다. 이 선언을 **신탁선언**이라 칭하고, 그것에 의해 이루어지는 신탁을 스스로 자신에게 신탁을 설정한다는 의미에서 **자기신탁**이라 칭한다(또한 자기신탁이란 명칭은 신탁법 자체에서는 볼 수 없다. 신탁법 부칙 제2항의 조문 제목, 신탁업 제50조의2, 등록면허세법 별표 제1에 있다).

자기신탁이 인정되는 이론적 근거는 다음과 같이 생각해 볼 수 있다.[110)]

위탁자와 수탁자가 다른 사람인 경우에 위탁자로부터 수탁자로 재산이전이 행하여지고, 신탁이 설정된 때, 그 후 수탁자는 신탁의 정함에 따라 해당 재산을 관리·처분하고, 수익자에 대하여 정해진 급부를 행하게 된다. 여기에서 알 수 있는 것은 신탁이 설정된 후에는 수탁자와 수익자가 있으면 충분하다는 것이다. 다만 수탁자가 의무를 부담하는 경우 그 의무의 이행을 수탁자에게 요구하는 자가 필요하게 되므로, 그 점에 관하여 위탁자의 역할도 중요하다고 생각될지 모른다. 그러나 구 신탁법하에서도 위탁자의 이행청구

110) 道垣内·38면.

권은 명시적으로는 인정되지 않았고, 나아가 현행 신탁법은 구 신탁법에 의하여 위탁자에게 부여되었던 권리를 축소하였다(→497면). 그렇다면 역시 위탁자는 필수적인 등장인물이라고는 말할 수 없다. 신탁의 포인트는 수탁자에게 귀속되어 있는 재산 가운에 일정한 것이 신탁재산으로서 특별하게 취급된다는 점에 있는 것이고(→21면), 그 재산이 수탁자의 외부에서 이전되어 온 것이라거나, 수탁자가 위탁자와 다른 사람이라는 것은 필수가 아닌 것이다.*

*** 자기신탁인지 여부가 문제되는 경우** (i) 이중신탁 연금신탁 등에 있어서 1인의 수탁자가 수탁하고 있는 복수의 신탁의 신탁재산(자펀드)에 속하는 재산에 관하여, 그것을 통합하여 하나의 신탁재산(모펀드)로서 운용하는 경우가 있다. 이 경우, 해당 수탁자가 각 신탁의 신탁재산에 속하는 재산을 기초로 하여 다시 신탁을 설정한다고 보면, 각 자펀드의 신탁재산에 속하는 재산은 해당 수탁자의 소유재산이므로, 수탁자 소유재산에 의한 신탁의 설정이고, 자기신탁에 해당하는 것이 아닌가 하는 문제가 있다.

이 점에서 상기 방법을 (신탁법상 규정이 결여되어 있지만) 신탁의 수직적 분할이고, 자펀드의 신탁재산을 분할하여 모펀드에 투자대상 채권 등을, 자펀드에 모펀드인 신탁의 수익권을 각각 귀착하도록 하는 것이지 신탁의 설정은 아니라는 견해가 있다.[111] 또한 실질적으로는 합동운용을 행하고 있는 것에 불과한 점, 모펀드가 기존 신탁인 경우에 자펀드의 신탁재산으로 모펀드의 신탁수익권에 투자하는 것은 자기거래 규칙에 따르면 가능하고, 그것은 신탁의 설정이 아닌 점, 모펀드를 설정함과 동시에 그 수익권을 취득하는 것도 마찬가지로 고려할 수 있는 점 등 몇 가지 관점에서 살펴보면, 신탁법이 정하는 자기신탁과는 상이한 것이라는 견해도 있다.[112] 후자를 따라야 할 것

---

111) 神田秀樹「平成18年信託法と商事信託－理論的観点から」信研 35호 21면(2010). 또한, 田中·41~45면. 나아가, 田中和明「合同運用に関する実務上の問題点」トラスト未来フォーラム編『商事信託法の現代的課題』33면 이하(トラスト未来フォーラム, 2021)도 참조.

112) セミナー(1)·92~100면 참조.

이다.

(ii) 복수 당사자의 경우 ① A·B가 위탁자가 되고, A·B가 수탁자가 되는 경우, ② A·B가 위탁자가 되고, A·B·C가 수탁자가 되는 경우, ③ A·B가 위탁자가 되고, A만 수탁자가 되는 경우, 이러한 것들이 자기신탁에 해당하는지가 논의되고 있다. 이 문제에 관하여 ①, ②는 자기신탁이 되지만, ③은 신탁계약에 따라 신탁이 설정된다는 견해가 있다.[113] 이 견해는, 재산출연자 전원이 수탁자가 되는지 여부에 따라 판단하려고 하는 것이다. 그러나 오히려 집행면탈을 방지하기 위하여 압류 후에 그 이전부터 자기신탁이 이루어져 있었다고 위장하는 것을 방지할 필요가 있는가, 사해신탁의 취급에 관하여 특별한 규율을 적용해야 하는가라는 관점에서 판단되어야 할 것이다. 그러면, ③에 관해서도, A에 의해서 재산이 출연되는 부분에 대해서는, 자기신탁이라고 보는 것도 가능하다고 생각된다.

(2) 실무상의 필요성

그러나, 이 방법이 인정된 이유는, 그와 같은 이론적인 점이 아니라, 오히려 자기신탁에 관한 실무상의 필요성이 존재한다고 파악되는 측면이 있다.[114]

자산 유동화에 있어서는 인수가 이루어지는 특별목적회사(SPC)가 케이만제도 등에 설립되고, 이 특별목적회사의 주식 전부가 우선 신탁회사에 양도된다. 그리고 그 신탁회사는 그 주식을 당초 신탁재산에 속하는 재산으로서 신탁선언에 의해서 스스로를 수탁자로 하는 신탁(자기신탁)을 설정하고, 해당 신탁의 목적(주주권도 아무것도 행사하지 않고, 단지 주식을 보유한다는 목적)에 따라서 그 주식을 보유한다. 이것과 동일한 구조를, 일본 국내에서 가능하도록 하기 위해서는, 신탁선언에 의한 신탁 설정, 즉 자기신탁의 제도가 필요

---

113) 村松ほか·10면 주(2). 등기선례로서, 平成 30·12·18 付民二第 759호 회답, 平成 30·12·18 付民二第 760호 通知·登記情報 692호 57면.

114) 寺本·44~45면 주(11), 村松ほか·10~12면, 井上·163~164면.

하다고 주장된 것이다.[115)]

또한 어떤 회사가, 특정 사업 부문에 관한 자금 조달을 도모하기 위하여 트래킹 스톡(특정사업 부문이나 자회사의 실적에 주가를 연동시켜 이익 배당을 실시하는 주식)을 발행하고자 하면, 그 부문을 자사 내부에 잔존시킨 다음, 그 부문에 관련되는 자산을 별도로 취급하는 것이 필요하다. 이와 같은 경우에 자기신탁을 이용할 수 있으면 편리하다는 점도 지적되었다.

나아가 장애가 있는 자녀의 부모 등이 자신의 재산을 자녀에게 증여하고자 하는 경우 자녀에게 재산관리 능력이 없으므로, 자기신탁에 의해 재산을 확보하면서 관리는 부모 등이 그대로 행하는 수요가 존재하고, 회사가 특정 프로젝트로부터 얻을 수 있는 수익을 목적으로 자금조달을 하고자 하는 경우, 그 프로젝트에 필요한 자산을 당초 신탁재산에 속하는 재산으로 자기신탁을 할 수 있다면, 분사화에 따른 종업원의 전적·파견이라는 문제나 노하우의 외부유출 위험 등을 피하면서 자금조달을 할 수 있으며, 회사가 자사의 채권 등을 유동화하여 자금조달을 하는 경우, 그러한 채권 등을 당초 신탁재산에 속하는 재산으로서 자기신탁을 설정하면, 비용을 절약할 수 있음과 동시에 채권자가 변경되지 않으므로 채무자에게도 부담을 주지 않거나, 채권회수대리인(서비서 회사)이 회수한 채권의 변제금에 관하여 자기신탁을 실시함에 따라 채권자에 대한 회수금 인도채무를 채권회수대리인의 신용위험(서비서·리스크)으로부터 분리할 수 있다는 이유 내지 이용례도 주장되고 있다.[116)]

---

115) 田中和明「受益者の定めのない信託を利用した日本版チャリタブル·トラスト」新井誠ほか編『信託法制の展望』370면 이하(日本評論社, 2011) 참조.

116) 金融法委員会「サービサー·リスクの回避策としての自己信託活用の可能性」金法 1843호 24면 이하(2008), 宮澤秀臣「コミングリングリスクを回避する手段としての自己信託」小林秀之編『資産流動化·証券化の再構築』174면 이하(日本評論社, 2010) 참조.

(3) 집행면탈에 대한 고려

신탁선언에 있어서는 공정증서 기타 서면 또는 전자적 기록에 의하여 일정한 사항을 기재·기록한 것으로 하는 것이 요구되고 있다(신탁 제3조 제3호). 여기에서 전자적 기록이란「자기 디스크 그 밖에 이에 준하는 방법에 의해 일정한 정보를 확실하게 기록할 수 있는 물건으로 작성하는 파일에 정보를 기록한 것」이다(신탁칙 제25조).

신탁선언의 방법에 의한 자기신탁의 설정이 인정되는 것에 실무상 필요가 있다고 하더라도, 그것을 인정하는 것에 관해서는 신중론도 있었다. 특히 문제가 된 것은 압류 회피(집행면탈)에 이용되는 것은 아닌가라는 점이다.[117)]

그래서 우선 압류 후에 이전부터 자기신탁이 되어 있었다고 위장하는 것을 방지하기 위하여 선언 자체를「공정증서, 기타 서면 또는 전자적 기록」에 의하여 하는 것이 요구되었다.* 다만 공정증서(전자적 공정증서를 포함한다)에 의한 경우 날짜를 소급시키는 위조는 할 수 없기 때문에 해당 공정증서 작성 시에 신탁의 효력을 발생시켜도 무방하지만(신탁 제4조 제3항 제1호),「기타 서면 또는 전자적 기록」에 의하는 경우에는 여전히 날짜 등의 위조의 우려가 있다. 그래서 신탁법 제4조 제3항 제2호는 공정증서 이외의 서면 또는 전자적 기록에 의하여 자기신탁이 설정되는 경우에는「수익자가 될 자로 지정된 제3자(해당 제3자가 2인 이상 있는 경우에는 그 1인)에 대한 확정일자 있는 증서에 의하여 해당 신탁이 된 취지 및 그 내용의 통지」가 있었을 때 비로소 신탁의 효력이 발생한다고 하였다[118)](이 경우의 효력 발생시기는 통지의 도착시이고, 확정일자의 날짜

117) 우려를 표명한 견해로서,「シンポジウム·信託法改正の基本問題」私法 47호 58~59면(青山善充発言)(1985)이 포괄적으로 문제점을 밝히고 있다. 나아가, 道垣内·問題状況 362~369면 참조.

118) 또한 이 점에서「기타 서면 또는 전자적 기록」에 의한 경우의 규율에 관하

가 아니다. 채권양도의 대항요건의 관한 해석과 구별할 필요가 없다). 또한 그러한 서면은 「해당 목적, 해당 재산의 특정에 필요한 사항 그 밖에 법무성령으로 정하는 사항을 기재하거나 기록한 것」이어야 한다(동 제3조 제3호). 내용이나 신탁재산에 관한 위장을 방지하기 위해서이다.** 구체적인 내용으로는 「신탁을 하는 재산을 특정하기 위하여 필요한 사항」 외에 위탁자=수탁자의 성명(명칭)·주소, 수익자의 정함, 그 밖의 신탁조항 등이 요구된다(신탁칙 제3조).

다음으로 위탁자=수탁자의 자산 상황이 악화된 후에 신탁이 설정되는 경우에 관한 대처가 이루어졌다. 다만, 이 대처가 필요한 것은 신탁선언에 의한 신탁설정의 경우에 한정되지 않고, 신탁법 제11조 제1항은 채권자 사해적인 신탁설정이 이루어진 경우, 위탁자에 대한 채권자가 그 취소를 법원에 청구하는 것을 인정하고 있다. 그러나 신탁선언의 방법에 의해 설정된 신탁의 수탁자가 위탁자인 채로 존재하는 경우에는, 그 신탁이 설정되기 전에 발생한 채권의 채권자는 취소를 거치지 않고도 신탁재산을 압류할 수 있는 것으로 하여 채권자의 편리성을 증진시켰다(신탁 제23조 제2항)(→172면). 또한 수익자의 정함이 없는 신탁(목적신탁)(→411면)에 관해서는 신탁선언에 의한 설정은 인정되지 않는다(동 제258조 제1항). 목적신탁에 있어서는 통상의 신탁이라면 수익자가 가지는 수탁자에 대한 감독권한을 위탁자에게 부여함으로써 수탁자에 의한 신탁사무의 처리가 적정하게 되는 것을 확보하려고 하고 있는바(동 제260조 제1항), 자기신탁에 있어서는 위탁자와 수탁자가 동일인이므로 이와

여, 「수익자가 될 자로 지정된 제3자가 수익권을 취득한 것을 인식하고, 수익자가 수탁자(겸 위탁자)를 감독하는 것이 현실적으로 기대할 수 있는 상황에 이르렀다고 평가할 수 있는 시점에 해당 자기신탁의 발생을 인정하면 족하다는 생각」이 배경에 있다는 설명도 있다[寺本·46면 주(16)]. 그러나 위와 같은 내용은 공정증서 등으로 신탁선언이 된 경우에도 언급될 수 있는 이상 이유가 되지 않는다고 생각한다.

같은 조치에 의할 수 없기 때문[119]이라는 이유가 주된 것이지만, 추가적으로 압류불능 재산의 창출을 방지하기 위한 목적도 있다. 즉, 목적신탁 이외의 경우에는 수익자에 대한 채권자는 수익권을 압류하는 것이 가능하므로 신탁재산에 속하는 재산이 수탁자의 고유재산 책임부담 채무의 채권자나 수익자에 대한 채권자의 압류를 면하게 되더라도 여전히 압류 가능한 재산은 존재한다. 그러나 목적신탁이 설정되면 수익권의 압류는 생각할 수 없기 때문에 일반적으로 압류 가능한 재산은 존재하지 않게 된다. 이러한 효과가 위탁자가 자기의 재산에 관하여 신탁설정을 선언하는 것만으로 발생하는 것은 타당하지 않다고 생각되는 것이다.[120]

나아가 자기신탁이 「공정증서 등 이외의 서면 또는 전자적 기록에 의해서 이루어지는 경우」에 관해서는, 설정 시에는 수탁자가 전부의 수익권을 가지는 것은 인정되지 않는다.[121] 현행 신탁법은 수탁자가 수익권의 전부를 고유재산으로 가지는 상태가 되는 것도 1년의 한도에서 허용하고 있다(동 제163조 제2호). 자기신탁에 관해서도 이는 마찬가지이지만,[122] 「기타 서면 또는 전자적 기록」에 의하는 경우에는 설정된 시점을 위장할 위험이 있는바, 이를 방지하기 위하여 「수익자가 될 자로 지정된 제3자」에 대한 확정일자가 있는 증서에 의한 통지가 있을 때 비로소 신탁이 효력을 발생한다고 되어 있다(동 제4조 제3항 제2호). 그러나 수탁자만이 수익자라면 이 통지를 생각할 수 없으므로, 신탁이 효력을 발생하지 않은 상태로 있게 된다. 그 결과 설정 시에 수탁자만이 수익자인 것은 인정되지 않게 되는 것이다.

---

119) 寺本 · 451면.

120) 道垣内 · 200면.

121) 寺本 · 46면 주(16).

122) 입법론적 비판으로서, 新井 · 148~150면.

*** 묵시적 신탁선언의 가능성** 어떤 사람이 타인의 이익을 위해서 재산을 보유하고 있지만, 신탁계약의 체결은 이루어지지 않았다. 이 경우에도 권리자의 구제를 위하여 신탁의 성립을 의제하는 것이 영미법에서는 일정한 요건 하에서 인정되고 있다. 그리고 일본법에 있어서도 자기신탁이 명문에 의하여 인정됨에 따라 구제법리로서의 신탁이 인정될 여지가 확대되었다고 평가하는 견해[123]가 있다. 그러나, 자기신탁의 설정은, 공정증서 기타 서면 또는 전자적 기록에 의해서, 일정한 사항을 기재·기록한 것으로 하는 것이 요구되고 있다. 구제를 위한 자기신탁의 인정은 실질적 판단에 기초한 구제이므로 요식의 불구비를 문제로 하는 것은 타당하지 않다고 하여 공정증서 등에 의하지 않더라도 자기신탁의 성립을 인정하고자 하는 견해도 존재하지만,[124] 해석론으로서는 상당히 곤란하다.[125] 묵시의 자기신탁은 인정되지 않는다고 해야 한다.

**** 그 후의 변동** 실은, 설정 시에 있어서 신탁재산을 분명히 하여도, 그 내용은 그 후 신탁사무의 집행에 따라 변동한다. 따라서 당초 신탁재산에 속하는 재산을 공정증서 등에 기재·기록하도록 하는 것에 공시의 의미는 없다. 그러나 기재·기록이 없는 재산에 관해서는 수탁자는 공정증서의 작성 등 후에 신탁사무 집행 과정에서 취득한 것을 증명하여야 하고(→186면. 대항요건의 구비가 필요한 것에 관하여는 공정증서의 작성 등 후에 대항요건이 구비되는 것이 필요하다), 위장을 피하는 효과는 일정 정도 있다고 생각된다.

또한 자기신탁에 대해서 신탁의 변경(→507면)이 되는 경우에 관하여 요식성은 필요하지 않다는 견해[126]가 있는 반면, 추가신탁 등 위탁자의 고유재산이 감소하는 행위가 되는 경우에는 요식성이 필요하다는 견해[127]도 있다.

---

123) 根田正樹ほか編『信託の法務·税務·会計』23~24면(天野佳洋)(学陽書房, 2007).

124) 小野＝深山編·18면 주(5)(小野傑).

125) 道垣内弘人ほか「パネルディスカッション·新しい信託法と実務」ジュリ 1322호 33면(沖野眞已発言)(2006) 참조.

126) 村松ほか·14면.

127) 田中·39면.

그러나 추가신탁은 신탁의 변경이 아니라 새로운 자기신탁의 설정이므로, 위탁자의 고유재산이 감소하지 않더라도 당연히 요식성이 필요하다(→ 518면*). 신탁재산에 변동을 발생시키지 않는 신탁의 변경에 관해서만 요식성이 필요하지 않다고 해석해야 한다.

(4) 신탁선언의 법적 성격

신탁선언의 법적 성격으로서 「상대방 없는 단독행위」인지, 「상대방 있는 단독행위」(여기서 상대방이란 수익자)와 유사한 것인지가 논의된다.[128] 설정 시에 있어 위탁자 겸 수탁자와 수익자가 일치하는 것을 허용하는 이상, 「상대방 없는 단독행위」라고 생각해야 할 것이다.[129]

---

128) 寺本 · 43면 주(6).
129) 村松ほか · 10면 주(1).

제3장 신탁재산과 수탁자에 의한 거래 메커니즘

제1절 수탁자에 의한 신탁사무처리

1. 수탁자의 행위

(1) 수탁자의 행위 구별

신탁계약이나 유언(수탁자가 인수를 한 경우)에 의해 신탁이 설정된 경우에, 지정된 수탁자는 「일정한 목적에 따라 재산의 관리 또는 처분 및 그 밖에 해당 목적의 달성을 위하여 필요한 행위」를 하는 것을 합의하거나 인수한 것이고, 또한 자기신탁의 경우에는 위탁자 자신이 수탁자로서 「일정한 목적에 따라 … 일정한 재산의 관리 또는 처분 및 그 밖에 해당 목적의 달성을 위하여 필요한 행위」를 하는 것을 선언한다.

따라서 해당 합의·인수·선언을 근거로 「수탁자는 신탁의 본지에 따라 신탁사무를 처리하여야 한다」(신탁 제29조 제1항)는 것이 된다.

상기 조문의 문언 중 「신탁의 본지에 따라」에 관해서는 수탁자의 의무 문제로서 나중에 논하는 것으로 하고(→ 220면), 우선 「신탁사무를 처리한다」라는 것은 어떤 것인가를 생각해 본다. 여기에는 **수탁자 지위의 양면성**[1]이 관계되어 있다.

주식회사의 대표자는 회사를 위하여 거래를 하지만, 주식회사에는 법인격이 있고, 대표자는 주식회사의 대리인으로서 행동하는 것이며, 대표자 A가 「X사 대표이사 A」로서 은행으로부터 차입을 하면 채무자는 X사가 된다. A가 되는 것이 아니다.

---

1) 道垣内·問題状況 437~439, 456~464면 참조.

이에 비해 신탁재산에는 법인격이 없다. 따라서 甲신탁의 수탁자 T가 은행으로부터 차입을 하면 甲신탁의 수탁자로서 甲신탁을 위하여 행동하더라도 채무자는 T가 된다. 대주인 은행은 채무자가 T이므로, T에 대한 집행권원을 취득하고 T의 고유재산에 속하는 재산을 압류할 수 있다. 甲신탁에는 법인격이 없기 때문에 채무자가 될 수 없는 것이다. 甲신탁이 채권자가 될 수 없는 것도 마찬가지이다.*

그러나 그 차입이 신탁사무처리로 되어 있는 경우에는 후술하는 바와 같이 차입한 금전은 신탁재산에 속하는 재산이 되고, 대주인 은행은 T의 고유재산에 속하는 재산과 함께 신탁재산에 속하는 재산도 압류할 수 있게 된다. 또한 T는 그 차입금의 변제을 신탁재산에 속하는 재산으로 할 수 있고, 고유재산에 속하는 재산으로 변제한 경우에는 신탁재산으로부터 그 상환을 받을 수 있다. 즉, 그 플러스·마이너스가 신탁재산에 귀속하게 되는 것이다.

그런데 T는 자신의 필요 때문에 자신을 위하여 차입을 하기도 한다. 이 때는 차입한 금전은 T의 고유재산에 속하고, 충당이 되는 것은 T의 고유재산뿐이다.

그래서 어떻게 그 두 가지를 구별할 수 있는지가 문제가 된다. T가 행위를 한 경우에 그 플러스·마이너스, 즉, 그 효과가 신탁재산에 귀속되는 것은 어떠한 경우인가 하는 점이다.

*** 과다 지급금이 발생한 대출 채권이 신탁재산인 경우** 최근 위탁자가 가지는 대출 채권을 수탁자에게 이전하고, 신탁재산에 속하는 채권으로 한 후에 차주로부터 반환된 금전을 교부받는 내용의 수익권을 제3자에게 판매한다는 채권 유동화 구조에 있어서, 이전된 채권에 관하여 이자제한법에 반하는 이자가 약정되어 있었기 때문에 과다 지급금이 발생한 경우, 채무자에 대하여 수탁자가 과다 지급금 반환채무를 부담할 것인가라는 문제가 종종 다투어진다. 물론 신탁이 설정되기 전

에 이미 발생한 과다 지급금 반환채무는 위탁자가 계속 부담하는 것이고, 수탁자에게 반환 의무는 없지만, 신탁설정 후에 발생한 과다 지급금 반환채무는 수탁자가 부담한다. 신탁재산에 법인격은 없고, 수익자는 채권자가 아니다. 수익자가 수탁자에 대하여 부당이득반환채무를 지는 것은 별론으로 하고, 채무자에 대하여 과다 지급금 반환채무를 부담하는 것은 채권자인 수탁자이다.[2)]

(2) 신탁을 위하여 한다는 의사

우선, T의 행위의 효과가 신탁재산에 귀속되기 위하여는, T가 그러한 의사를 가지고 있었던 것이 필요하다. **신탁을 위하여 한다는 의사**이다. 여기에서 말하는 「위하여」라는 것은 「효과를 귀속시킬 의사로써」라는 의미이고, 「이익을 도모할 목적으로」라는 것은 아니다. 손실을 가할 목적이더라도 신탁재산에 효과를 귀속시킬 의사가 있으면 여기에 포함된다. 수탁자로서의 권한 범위 내의 T의 행위라도, T가 그것을 자신을 위하여 하는 경우에는, 그 행위의 효과는 T의 고유재산에 귀속된다. 신탁법 제32조 제4항은 그것을 전제로 하고 있다(→ 111면).

이 의사의 존부는 T의 법률행위에 관한 해석 문제이다. 그러나 신탁재산에 속하는 부동산을 제3자에게 매각한 경우 등은, 신탁재산에 속하는 재산 자체를 대상으로 하는 법률행위를 한 것이므로, 수탁자는 신탁재산에 효과를 귀속시킬 의사를 가지고 있었다고 생각된다. 확실히, 그 행위의 효과를 T의 고유재산에 귀속시키는 것도 이론적으로 생각할 수 없는 것은 아니지만(T가 신탁재산으로부터 그 부동산을 취득하고, 매수인에게 이전하는 채무를 부담하는 계약을 생각한다), 일반적으로는 그것은 솔직한 해석이 아니다. 동법 제21조 제1항 제6호의 이중괄호 부분이 「신탁재산에 속하는 재산에 관하

2) 道垣内·問題状況 158~165면. 또한, 道垣内弘人「集合債権譲渡担保と過払い金返還義務の帰属」 同『非典型担保法の課題』 212면 이하(有斐閣, 2015)도 참조.

여 권리를 설정하거나 이전하는 행위」로부터 발생한 권리와 관계된 채무는 취소가 되지 않는 한 신탁재산 책임부담 채무라고 하고 있는 것도 그와 같은 행위가 신탁재산에 효과가 귀속되는 것이라는 점을 전제로 하고 있다. 즉, 「신탁을 위하여 한다는 의사」가 실제로 문제가 되는 것은 행위의 성질상 신탁재산에도 귀속시킬 수 있고 고유재산에도 귀속시킬 수 있는 (또는 T가 복수 신탁의 수탁자인 경우에는 어느 신탁의 신탁재산에도 귀속시킬 수 있다) 경우, 이른바 「중성의 사무」의 경우뿐이다.

(3) 수탁자의 권한 범위

(가) T의 의사의 존재만으로는 T의 행위의 효과를 신탁재산에 귀속시키는 것의 정당성이 확보되지 않는다. 예를 들어 신탁행위에서 신탁재산에 속하는 금전은 국채에 투자하라고 되어 있는데, 수탁자가 「신탁을 위하여 한다는 의사」를 가지고 고위험 사채를 구입한 경우 그 효과가 당연히 신탁재산에 귀속된다고 하는 것은 타당하지 않다. T의 행위의 효과를 신탁재산에 정당하게 귀속시키기 위해서는 그 행위가 T의 수탁자로서의 권한 내의 것이라는 점이 요구된다.

그리고 수탁자의 권한에 관하여 신탁법 제26조는 우선 본문에서 그 범위를 「신탁재산에 속하는 재산의 관리 또는 처분 및 그 밖에 신탁목적의 달성을 위하여 필요한 행위를 하는 권한」으로 한다고 하고 있고, 다만 단서에서 신탁행위에 의해 권한을 제한할 수 있다고 하고 있다.

동조 본문의 해석에 관하여 수탁자에게는 「신탁재산의 관리·처분권한」이 인정됨과 동시에 그에 더하여 「그 밖에 신탁목적의 달성을 위하여 필요한 행위를 할 권한」이 인정된다고 해석하는 견해도 있다.[3] 그러나 「신탁재산의 관리·처분권한」에 관하여도 신탁행

3) 寺本·103면, 村松ほか·74면. 이러한 견해가, 신탁법 제27조가 권한 외 행위에 관하여 무효로 하지 않고, 취소할 수 있는 것으로 하고 있는 것과 결합하

위에 의해 제한할 수 있다는 것은 단서의 문언에 비추어 보면 명백한바, 신탁행위에 의한 제한은 신탁목적의 달성을 위해서 이루어지는 것이므로 명시적 제한이 없는 경우에도 신탁목적의 달성을 위해서 필요하지 않은 행위를 할 권한이 인정된다고 신탁행위를 해석하는 것은 자연스럽지 않다. 나아가 후술하는 바와 같이 수탁자의 권한 외 행위인 경우에도 상대방이 그 행위를 수탁자의 권한 내에 있다고 믿었고, 또한 믿었던 것에 중과실이 없는 한 수익자는 그 행위를 취소할 수 없고, 상대방이 보호받도록 되어 있다(동 제27조 제1항·2항). 그러나 수탁자가 신탁재산의 관리·처분이지만, 신탁목적의 달성을 위하여 불필요한 행위를 한 경우, 이를 수탁자의 권한 범위 내의 행위라고 하여 불필요한 행위에 대해 악의 또는 중과실의 상대방을 보호할 필요는 없다. 따라서 수탁자에게는 「신탁재산의 관리·처분」에 관해서도 「신탁목적의 달성을 위하여 필요한 행위를 할 권한」만이 있다고 생각해야 하는 것이다.[4)]

(나) 다만 「신탁목적의 달성을 위하여 필요」한지 여부는 행위의 성질로부터 추상적으로 판단되는 것이고, 사실상 필요하였는지 여부로 판단되는 것은 아니다.[5)] 예를 들어 신탁재산에 속하는 재

여 동법 제26조가 「수탁자의 권한의 범위」라는 제목을 붙이고 있더라도 수탁자는 완전권을 가지고, 그 제약에 대한 위반은 무효행위가 되는 것이 아니라 의무위반밖에 초래하지 않는다는 견해와 결부지어지는 것에 관하여, 佐久間毅「受託者の『権限』の意味と権限違反行為の効果」 信研 34호 41면 이하(2009), 条解·142~143면(佐久間毅) 참조.

4) 道垣内·問題状況 464~473면, 条解·143면(佐久間毅).

5) 예를 들어 신용금고 지점장의 권한에 관하여, 最判昭和 54·5·1 判時 931호 112면은, 「해당 행위에 관하여 그 행위의 성질·종류 등을 감안하여 객관적·추상적으로 관찰하여 결정해야 하는 것이다」라고 하고 있다(나아가, 最判昭和 32·3·5 民集 11권 3호 395면도 참조). 이 중 「객관적」이라고 하는 부분은 권한남용과 구별하기 위하여 행위자의 주관을 묻지 않는다는 취지이지만 본문에 기술한 것과 같이 수탁자에 대해서는 권한남용에 해당하는 경우도 권한 외 행위라고 생각해야 하므로, 「추상적으로 관찰」한다는 부분만이 타당하게 된다.

산에 달러 표시 채권이 존재한다고 오신하여 수탁자가 달러 시세 변동에 대처하기 위한 헤지 거래로서 신탁을 위하여 한다는 의사를 가지고 일정한 채권을 구입하였다고 하자. 이는 객관적으로는 「신탁목적의 달성을 위하여 필요」하지 않은 행위일지도 모른다. 그러나, 채권의 구입이 수탁자의 권한에 포함되어 있는 한, 권한 내의 행위이다. 마찬가지로 신탁재산에 속하는 부동산에 관하여 시세보다 낮은 가격으로 제3자에게 매각하더라도 그것만으로는 그 행위가 권한 외 행위가 되지는 않는다. 수탁자가 선량한 관리자의 주의를 게을리하여 행한 거래가 수탁자의 권한 밖의 것이 되지는 않는 것이다.

그러나 수탁자가 신탁목적의 달성을 위하여 필요하지 않은 행위를 신탁재산에 효과를 귀속시킬 의사를 가지고 굳이 행한 경우에는(예를 들어 신탁재산에 손해를 가할 목적을 가지고 또는 자기나 제3자의 이익을 도모하여 한 행위) 행위의 추상적인 성질에서는 그 행위가 수탁자의 권한 내의 것일지라도 수탁자의 권한 외의 행위라고 생각해야 한다. 대리에 있어서도, 그러한 경우 민법 107조에 의해서, 상대방이 대리인이 도모하는 바에 관하여 악의 또는 과실이 있다면, 대리행위의 효과는 본인에게는 미치지 않는다고 되어 있다.[6] 이러한 점과 균형을 고려하여도, 수탁자가 도모하는 바에 관하여 악의 또는 중과실의 상대방을 보호할 필요는 없고(→ 105면* 참조), 신탁법 제27조 제1항·제2항에 따라 취소할 수 있다고 해석

6) 민법 제107조는 「대리인이 자기 또는 제3자의 이익을 도모할 목적으로」라고 하고 있고, 본인에게 손해를 가할 목적만을 가지고, 이익을 도모할 목적은 없는 경우에 관하여는 적용되지 않는 것으로도 생각된다. 그러나 동조의 바탕이 되는 판례법리는 대리인의 배임적 행위에 상대방이 가담한 것과 같은 경우에 관하여 민법 제93조 제1항 단서의 유추에 의하여 본인에 대한 효과귀속을 부정하기 위한 것이고[道垣内弘人 「代理に関わる類推適用など(1)」 法教 298호 30면(2005)], 그와 마찬가지로 본인에 대하여 손해를 가할 목적만을 가지고 이익을 도모할 목적이 없는 경우에 관하여도 민법 제107조가 적용된다고 해석하여야 한다.

하여야 한다.[7][8]

(4) 3가지 경우

신탁을 위하여 한다는 의사의 존부와 권한 내외를 기준으로 생각하면 우측의 그림과 같은 구분이 이루어진다. 그리고 b에 관해서는 수탁자의 행위는 당연히 신탁재산에 귀속한다. 문제는 신탁을 위하여 한다는 의사를 가지고 권한 외 행위를 한 경우의 취급(그림 a), 신탁을 위하여 한다는 의사를 가지지 않고 권한 내의 행위를 한 경우의 취급(그림 c)이다.

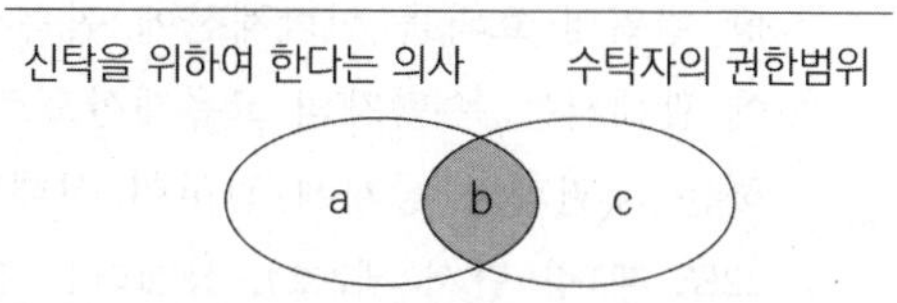

*** 신탁을 위하여 한다는 의사가 없는 행위** 신탁을 위하여 한다는 의사가 없는 권한 외 행위는 수탁자 개인에게 귀속하는 것이다. 그것을 신탁을 위하여 행하여진 행위라고 믿었던 상대방의 보호는 도모되지 않는다. 또한 신탁을 위하여 한다는 의사가 없는 행위가 권한 내의 것이라도 그 효과를 신탁재산에 귀속시킬 것인지 여부는 후술하는 바와 같이(→ 111면), 수익자의 판단에 맡겨져 있는 것이고, 상대방을 보호하지는 않는다.[9] 그러나 가령 이전에 T가 신탁을 위해서 한 거래의 상대방이었던 자가 다시 동일한 거래를 T와 실시하고, 그때 신탁을 위하여 행하여진다고 믿었고, 신탁재산에 속하는 재산도 자신의 채권의 충당된다고 생각한 경우에 상대방이 보호받을 만한 가치가 있는지는 일응 문제가 될 것 같다.[10] 그러나 T도 자기를 위하여 일정

---

7) 또한 대리에 관하여 민법 제107조의 유추도 생각해 볼 수 있지만, 그렇게 생각해보면 상대방은 선의·무중과실일 것이 요구되어, 일반적인 권한 외 행위(상대방이 악의 또는 중과실이 아니면 취소되지 않는다)와 균형을 상실한다. 신탁법 제27조 제1항·제2항의 적용만을 생각하여야 할 것이다.

8) 이러한 내용에 관하여, 道垣内·問題状況 464~475면, 佐久間·61~83면 참조.

9) 岩藤美智子 「受託者の権限と取消」 金判 1261호 47면(2007), 道垣内·115면, 新井監修 700면(行澤一人).

10) 佐久間·57면 및 条解·141~142면(佐久間毅)은 상대방 보호의 방향을 제시하고 있지만, 「신탁을 위하여 한다는 의사」의 존부의 해석문제이기도 할 것이다.

한 행위를 하는 것은 당연하므로 지금까지의 거래가 신탁을 위하여 이루어진 것이었다는 사실은 상대방의 신뢰의 기초로서 불충분하다. 수탁자의 의사에 반하여, 또한 수익자에 대한 불이익을 기반으로 해당 행위의 효과를 신탁재산에 귀속시키는 것은 타당하지 않다. 상계에 관해서는, 수탁자의 고유재산으로 충당되는 채권과 신탁재산에 속하는 채권과의 상계에 관하여 상대방의 신뢰를 보호하지만(신탁 제22조 제1항 단서 제2호), 상계라는 간이한 결제방법에 대한 상대방의 기대는 특히 보호받을 만한 가치가 있다고 생각되기 때문에 예외에 해당한다).

2. 권한 외 행위의 취급

(1) 상대방 보호의 필요성

수탁자가 권한 외의 행위를 신탁을 위하여 한다는 의사를 행한 경우에 관하여(그림 a), 신탁재산에는 그 행위의 효과가 귀속되지 않는다고 하는 단순한 규율을 취하는 것도 생각할 수 있다. 가능한 한 신탁재산에 속하는 특정 재산을 처분한다는 행위에 관해서만 처분 상대방의 보호를 생각하면 족한 것이고, 원칙적으로 채무는 모두 수탁자의 고유재산에 귀속되는 것이다. 실제로, 구 신탁법은 그와 같은 규율이라고 이해되었다.[11)]

그러나 그러한 경우 상대방 보호에 불충분하다고 생각할 수 있다. 예를 들어 신탁을 위하여 한다는 의사를 가지고 수탁자가 차입을 한 경우, 상대방이 수탁자의 행위를 권한 내의 행위라고 오인하여 신탁재산에 속하는 재산으로부터 변제를 받을 수 있다고 생각하였다면, 그 신뢰는 보호받을 만하다는 것이다.

그래서 신탁법 제27조는 「**수탁자의 권한위반 행위의 취소**」라는 제목으로 상대방의 주관적 양태에 따라 수익자에게 수탁자의

---

11) 四宮·251~252면. 나아가, 道垣内·問題状況 147~157면 참조.

행위에 관하여 취소권을 부여하는 것으로 하였다. 두 가지로 구분하여 생각할 수 있다.

(2) 수탁자의 고유재산에 효과를 귀속시킬 수 있는 유형의 행위가 이루어진 경우의 규율

이른바 중성의 사무이다(가령, 금전의 차입). 이 때는 신탁법 제27조 제1항이 적용되어 수탁자가 신탁을 위하여 한다는 의사를 가지고 있었던 것을 상대방이 알고 있었는지 아닌지로 구분하여 규율되고 있다.

상대방이 수탁자의 의사를 몰랐던 경우에는 수탁자의 행위는 신탁재산에 그 효과가 귀속되지 않고, 수탁자의 고유재산에 귀속하게 된다. 상대방도 개인으로서의 수탁자와 계약을 한다는 의사이고, 신탁재산을 기대하지는 않았으므로 그것으로 문제는 없다. 신탁법 제21조 제1항 제6호 가목에서도 「해당 행위의 상대방이 해당 행위 당시 해당 행위가 신탁재산을 위하여 이루어진 것임을 알지 못하였던 것」으로부터 발생한 권리는 신탁재산 책임부담 채무(→ 151면)가 되지 않는다고 하고 있다. 즉, 신탁재산의 책임을 기대할 수 없는 것이다.

이에 비해, 상대방이 수탁자의 의사를 알고 있었던 경우(신탁 제27조 제1항 제1호)에는, 상대방은 수탁자의 권한 위반을 모르면, 신탁재산이 자신의 채권에 충당된다고 신뢰하게 된다. 따라서 상대방의 보호가 도모되어야 하고, 수탁자의 행위는 신탁재산에 그 효과가 귀속되는 것으로서 일응 유효하다고 취급되지만, 수탁자의 행위가 권한 외의 것이었던 점에 관하여 상대방이 악의 또는 중과실* 이라면(동항 제2호), 수익자는 수탁자의 행위를 취소할 수 있다고 되어 있다(동조 제1항 본문).

* **선의·무중과실이라는 요건의 타당성** 상대방에게 선의·무과실을 요구

하지 않는 것은 신탁재산에 속하는 재산은 수탁자에게 귀속되어 있고, 그에 근거한 권한의 행사이기 때문에, 표현대리보다도 상대방의 보호요건을 완화하여야 한다는 판단에 기반한다고 파악된다.[12] 그러나 권한 위반 행위는, 신탁재산에 속하는 재산을 직접 목적으로 하는 거래 이외에도 있을 수 있으므로, 반드시 설득력 있는 것은 아니다. 오히려 수탁자의 권한 범위가 「신탁목적 달성을 위하여 필요한 행위」로 한정된다고 전제한 후 그에 해당하는지 여부에 관한 해석이 상대방에게는 용이하지 않기 때문에, 특별히 보호범위를 확대하였다고 보아야 할 것이다.[13]

(3) 신탁재산에 속하는 재산을 직접 목적으로 하는 거래가 이루어진 경우의 규율

가령, 신탁재산에 속하는 특정 부동산을 제3자에게 매각한 경우와 같이 신탁재산에 속하는 재산을 직접 목적으로 하는 거래가 이루어진 경우이다. 이 경우 수탁자는 그 행위의 효과가 필연적으로 신탁재산에 귀속되는 법률행위를 한 것이고, 상대방도 해당 부동산에 관한 권리를 취득할 의사를 가지고 있으므로, 자신의 권리 실현을 위하여 수탁자의 고유재산만이 책임의 대상이라고 생각할 가능성은 없다. 신탁법 제27조 제1항 제1호의 요건은 당연히 충족된다. 신탁재산에 속하는 재산을 목적물로 하는 임대차계약의 체결도 마찬가지이다. 그래서 그 행위가 수탁자의 권한 외의 것이라는 점에 관하여 상대방이 악의 또는 중과실이라면(동항 제2호), 수익자는 수탁자의 행위를 취소할 수 있다. 형식적으로는 제1호의 요건의 충족도 필요하지만, 당연히 충족되는 것이다.[14]

그런데 후술하는 바와 같이 신탁재산에 속하는 재산이라는 점

---

12) 村松ほか · 78면 주(5).

13) 佐久間 · 66~67면.

14) 道垣内 · 113면, 条解 · 148면(佐久間毅), 반대, 村松ほか · 79~80면. 그러나 신탁법 제21조 제1항 제6호가 전제로 하고 있는 부분에 반한다고 생각된다(→99, 152면).

을 제3자에게 대항하기 위해서는 대항요건의 구비가 필요한 종류의 재산도 있다(→178면). 그리고 그와 같은 재산에 관하여 신탁재산에 속하는 재산이라는 대항요건이 구비되어 있지 않으면, 상대방은 해당 재산이 신탁재산에 속하는 재산이라는 것과 무관한 입장에 있을 수 있으므로 수탁자의 권한위반에 관하여 상대방이 악의 또는 중과실이라도 수익자가 해당 재산의 매매계약 등을 취소할 수 없는 것은 당연하다. 그래서 「제14조의 신탁의 등기 또는 등록을 할 수 있는 것」에 관해서는 신탁법 제27조 제2항이 적용되어 「해당 행위 당시 해당 신탁재산에 속하는 재산에 관하여 제14조의 신탁의 등기 또는 등록이 되어 있을 것」이 취소의 요건으로 되어 있다(동 제27조 제2항 제1호). 나아가 이와 같이 이해하면, 신탁재산에 속하는 재산이라는 대항요건이 별도의 법률로 규정되어 있는 재산(→185면)에 관하여도 그 취지가 부합하므로, 동법 제27조 제2항이 적용된다고 하여야 한다.

다만 신탁의 등기·등록이 있어도, 해당 재산의 처분 행위를 수익자가 취소하기 위하여는 추가로 동항 제2호의 요건, 즉 상대방의 악의 또는 중과실이 요구된다. 어떠한 부동산이 신탁재산에 속하는 재산이라고 해서 그 처분이 수탁자의 권한 범위를 넘는 것이라고는 할 수 없고, 등기·등록 등이 있는 것만으로는 상대방이 그 처분이 수탁자의 권한 내의 것이라고 믿을 가능성이 충분히 있기 때문이다.

(4) 취소권의 행사와 그 효과

(가) 신탁법 제27조 제1항·제2항에 의한 취소권은 수익자[신탁관리인이 있는 경우에는 신탁관리인(동 제125조 제1항). →476면]가 행사한다.* 복수의 수익자가 있는 경우에는 각 수익자는 단독으로 취소권을 행사할 수 있다(동 제27조 제3항, 제92조 제5호, 제105조 제1항). 수익자의 취소권은 수익자의 이익을 지키기 위하여 중요한 권

리이므로 신탁행위의 정함에 따라 제한할 수 없다(동 제92조 본문·제5호. 또한 수익증권발행신탁에 관하여 동 제213조 제1항 제1호. →441면). 또한 신탁행위에 그 취지의 정함이 있으면 위탁자도 취소권을 행사할 수 있다(동 제145조 제2항 제2호).

*** 취소하지 않거나, 추인한다는 선택** 취소할 수 있는 경우라도 굳이 취소하지 않는 것이 수익자에게 유리한 경우도 있다. 해당 권한 외 행위에 의하여 신탁에 이익이 발생하는 경우는 물론이지만, 손실이 발생하고 있는 경우라도 가령 신탁재산에서 일탈한 재산의 환수가 곤란한 경우에는 취소하지 않으면 그 대가로서 취득된 재산은 신탁재산에 속하는 재산이 되므로(신탁 제16조 제1호), 수탁자(또는, 나아가 상대방)에 대하여 금전에 의한 손실보전을 청구하는 것보다 효과적인 구제를 받을 수 있다.[15] 이 경우 취소를 하지 않는다는 선택(또는 추인한다는 선택)은, 이러한 의미에서 수익자가 구제를 받기 위한 하나의 선택이고, 수탁자 행위의 정당성을 추인하는 것을 의미하지 않는다.[16] 따라서 대가가 신탁재산에 귀속되는 것만으로는 손실을 전보할 수 없는 경우에 수탁자가 권한 외 행위를 한 것이 선관주의 집행의무 위반이라면 추가로 수탁자에게 손실전보를 요구할 수 있고(동 제40조 제1항. →310면), 경우에 따라서는 상대방에게 불법행위에 의한 손해배상을 청구할 수 있다.

(나) 취소의 의사표시를 누구에 대하여 하여야 하는지에 관하여는 규정이 없고, 구 신탁법에 관해서는 수탁자 및 상대방으로 하는 견해가 유력하였다.[17] 취소되어야 하는 법률행위의 당사자가 쌍방이라는 이유에 의한 것이지만, 권한 외의 행위를 한 수탁자에 대한 의사표시를 굳이 요구할 필요는 없다. 상대방에 대하여 하면

15) 道垣内弘人 『信託法理と私法体系』 183면(有斐閣, 1996), 道垣内·問題状況 417~419면. 또한 村松 ほか·45면 주(2), 条解·87~88면(角紀代恵).

16) 佐伯仁志＝道垣内弘人 『刑法と民法の対話』 269~271면(道垣内弘人発言)(有斐閣, 2001).

17) 四宮·255면 등.

족하다고 해석하여야 한다.[18)]

(다) 취소 요건의 입증책임은 신탁법 제27조 제1항 제1호의 요건을 제외하고(동항의 요건 충족이 부정되는 경우에는 처음부터 취소의 필요가 없다. →104면), 취소권자에게 있다.[19)] 권한 외 행위도 일응은 유효로 하는 것의 귀결이다.

(라) 취소권은 수익자(신탁관리인이 있는 경우는 신탁관리인. 동 제125조)가 취소원인의 존재를 안 때부터 3개월간 행사하지 않는 경우, 또는 행위 시부터 1년을 경과한 경우에 소멸한다(동 제27조 제4항). 법률관계를 조기에 확정하려는 취지지만, 권한위반의 수탁자 및 악의·중과실의 상대방을 위하여 조기확정의 필요성이 있다고는 생각되지 않는다(전득자가 존재하는 경우는 별도). 적어도 그 기간 내에 취소권을 행사하면 되고(즉, 반환청구를 해야 하는 경우 그 청구까지 기간 내에 할 필요는 없다), 또는 경우에 따라서는 상기의 기간이 경과한 후라도 수익자는 상대방에게 불법행위의 책임을 추궁할 수 있다고 해석해야 한다.

수익자가 복수인 경우 취소권은 각 수익자가 단독으로 행사할 수 있는 권리이므로, 상기의 기한제한도 수익자마다 적용된다.

(마) 취소의 효과는 민법 일반원칙에 의한다(민 제121조). 취소를 한 자만이 아니라 다른 수익자를 위하여도 취소의 효력이 발생한다(신탁 제27조 제3항).

취소의 결과, 해당 행위의 효과는 신탁재산에는 물론 수탁자의 고유재산에도 귀속하지 않게 된다. 수탁자의 고유재산에 귀속한다는 견해도 생각할 수 없는 것은 아니지만, 상대방은 수탁자의 권한위반에 관하여 악의 또는 중과실이므로 행위의 성격을 변화시키면서까지 보호할 필요는 없기 때문이다.[20)]

---

18) 佐久間·전게 주3) 49면, 条解·151면(佐久間毅).

19) 寺本·108면 주(5). 佐久間·전게 주3) 42면의 분석도 참조.

또한 상대방으로부터의 전득자의 보호도 일반원칙에 맡겨진다(민 제192조, 제177조, 제94조 제2항 유추). 취소 전에 등장한 선의의 전득자에게는 취소를 대항할 수 없다는 견해[21]도 있지만, 일반적인 취소의 경우와 비교할 때, 전득자를 특별히 보호하여야 할 이유는 없다.

취소되어야 할 행위의 추인은 가능하지만, 오히려 각 수익자에 의한 취소권의 포기라고 생각하여야 할 것이다. 다만, 추인 내지 취소권 포기는 그로 인하여 수탁자의 행위가 정당하다고 인정되고, 의무위반이 치유되는 것은 아니다(→108면*). 수탁자의 해임사유가 될 수 있고(→362면), 신탁재산에 손실이 있는 경우는 수탁자에 대하여 그 전보를 청구할 수 있다(→310면).

3. 신탁을 위하여 하는 의사가 없는 행위의 취급

(1) 경합행위의 금지

수탁자가 권한 내의 행위를 신탁을 위하여 하는 의사를 가지지 않고 한 경우는(103면 그림에서 c), 수탁자의 고유재산에 그 효과가 귀속된다. 상대방이 그 행위는 수탁자가 신탁을 위하여 하는 의사로 한 것이라고 신뢰하였다고 하더라도 원칙적으로 보호되지 않는다(→99, 103면*). 예외적으로 보호되는 것은 상계의 기대를 가지고 있었던 경우이고, 그에 관해서는 나중에 설명한다(→191면).

그러나 여기에서는 수익자 보호의 문제가 발생한다. 예를 들어 신탁의 사무처리로서 토지를 구입하여야 하는 상황에서 수탁자 T가 적당한 토지를 찾고 있었는데, 매매로 나온 적당한 토지가 발견되었다고 하자. 이때, 바로 전매하더라도 이익을 거둘수 있다고 생각한 수탁자가 자신을 위한 의사로 토지를 구입하였다. 이를 그대

---

20) 寺本·107~108면 주(4).

21) 佐久間·전게 주3) 50면, 佐久間·76면.

로 인정하면, 수탁자가 제대로 신탁사무처리를 하고, 신탁을 위하여 하는 의사로 해당 토지를 구입하였다면 신탁재산의 가치증가라는 형식으로 얻을 수 있었을 이익을 수익자는 수탁자의 고유재산에 빼앗겨 버린다.

그래서 신탁법 제32조는 제1항에서 「수탁자는 수탁자로서 가지는 권한에 기초하여 신탁사무의 처리로 할 수 있는 행위로서 이를 하지 않는 것이 수익자의 이익에 반하는 것에 관하여는 이를 고유재산 또는 수탁자의 이해관계인의 계산으로 하면 안 된다.」라고 일반적인 금지(**경합행위의 금지**)를 정하고 있다. 여기에서 「수탁자의 이해관계인의 계산으로」라 함은 수탁자의 명의를 가지고 수탁자의 자녀나 배우자에게 이익을 귀속시키는 행위를 하는 것을 가리킨다. 후술하는 바와 같이 개입권의 행사로는 계약당사자가 변하지 않는 것이 전제이므로, 제1항의 해석에 있어서도 수탁자 이외의 명의로 한 행위는 개입권의 대상으로부터 배제되어야 하기 때문이다(경합행위 금지의 범위, 수탁자의 책임 등에 관하여, 상세한 것은, → 292면).

(2) 개입권

(가) 금지된 경합행위를 하는 것은 수탁자의 의무위반이 된다. 그러나 그 구제 수단이 수탁자에 대한 손실보전 청구·원상회복 청구(신탁 제40조)에 한정된다면, 수익자는 수탁자에 대한 다른 채권자와 경합하게 된다. 또한 「수탁자로서 가지는 권한에 기초하여 신탁사무의 처리로서 할 수 있는 행위로서 이를 하지 않는 것이 수익자의 이익에 반하는 것」에 관하여는, 본래 수탁자가 신탁을 위하여 하여야 하는 것이므로, 바람직한 상태에 관한 권리를 수익자에게 부여하여도 어색하지 않다.

그래서 신탁법 제32조 제4항 본문은 경합행위가 이루어진 경우, 수익자는 해당 행위는 신탁재산을 위하여 이루어진 것으로 간주할 수 있다고 하고 있다. 수익자가 보유한 이 권리를 **개입권**이라고 한다. 수익자는 (1)에서 기술한 사례에 있어 T개인에 의한 토지 구입에 관하여 신탁을 위하여 이루어진 것으로 그 성격을 변경할 수 있는 것이다.

그리고 수익자에게 개입권 행사의 기회를 보장하기 위하여 금지된 경합행위를 한 수탁자는 해당 행위에 관한 중요한 사실을 수익자에게 통지하여야 한다(동 제32조 제3항)[신탁행위에 별도의 규정이 있으면 그에 따른다(동항 단서)]. 다만 통지가 되지 않더라도 개입권을 행사할 수 있는 것은 당연하다.

(나) 다만 개입권의 행사에 의하여 제3자의 권리를 해할 수 없다고 여겨진다(동조 제4항 단서). 이에 관한 의미를 파악하기 쉽지 않지만, 다음과 같이 이해하여야 한다.

예를 들어 수탁자가 고유재산 또는 이해관계인의 계산으로 제3자를 매도인으로 하는 토지의 매매계약을 체결하고, 이것이 금지되는 경합행위에 해당하는 것이었다고 하자. 개입권이 행사되어도 상대방인 매도인에게 있어서는 계약의 타방 당사자가 변화하는 것은 아니다. 자신이 하는 급부(토지)가 신탁재산에 귀속됨과 동시에 T개인과의 계약의 경우에는 자신의 채권(매매대금채권)으로 기대할 수 있는 것은 T의 고유재산뿐이었는데, 그것이 신탁재산에도 확대된다는 이익을 얻을 수 있다는 것뿐이다[또한 한정책임신탁에서 개입권이 행사된 경우에는 신탁법 제219조의 요건을 충족하지 않으므로 책임한정의 효과가 발생하지 않고(→ 210면) 역시 책임재산의 확대가 발생한다]. 즉, 상대방으로서는 이익을 얻을 뿐이고, 하여야 하는 행위에 변화가 발생한 것은 수탁자인 것이다. 또한 쌍방이행 후라면 상대방에게는 아무런 영향도 발생하지 않는다.

이와 같이, 상대방의 지위에 기대할 수 있는 재산의 확대라고 하는 것 이외의 변화가 생기지 않기 때문에, 개입권의 행사가 허용된다. 따라서 반대로, 개입권의 행사의 효과는 그러한 점에 머무르고, 상대방에 대한 의사표시의 내용을 변경하는 효과는 가질 수 없다. 이를 신탁법 제32조 제4항 단서가 정하고 있다고 이해하여야 한다.

나아가, 여기에서 말하는 「제3자」에는 경합행위가 되는 계약의 상대방뿐만 아니라, 해당 상대방으로부터 급부된 목적물의 전득자를 포함한다고 해석되는바, 그와 같은 전득자의 지위는 개입권의 행사에 의하여 아무런 영향을 받지 않는다. 이 역시 신탁법 제32조 제4항 단서가 정하고 있는 것으로 이해되어야 한다. 해당 전득자는 경합행위에 관하여 개입권이 행사되는지 여부를 알 수 없고, 그 주관적 양태와는 관계없이 보호되지 않으면 타당하지 않은 것이다(민법 제545조 제1항 단서의 「제3자」와 마찬가지로 해석된다).[22)]

*** 회사법에 있어서 개입권 폐지와의 관계** 2005(헤이세이 17)년의 회사법 제정까지 상법 제264조에는, 이사의 경합행위에 관하여 개입권 제도가 정해져 있었는데, 회사법 제정과 함께 폐지되었다. 판례·통설은 이 개입권 행사의 효과를 채권적인 것으로 한정시키고, 이사는 그 행위의 경제적인 효과를 회사에 귀속시킬 의무를 부담하는 것에 그친다고 이해하고 있었으므로, 손해배상 청구와 실질적으로는 다르지 않은 것으로 되어 있었기 때문이다. 이러한 이해는 개입권의 행사에 의하여 거래 당사자를 이사 개인에서 회사로 변경하는 것은 상대방의 의사에 반하여 그 이익을 해할 수도 있었기 때문에 타당하지 않다는 판단에 기반하고 있었다.

이에 비해, 신탁에 있어서 개입권이 행사되어도, 본문에 기술한 바와 같이 상대방에게 불이익은 발생하지 않는다. 이것이, 회사법에 있어 개입권의 폐지에도 불구하고, 신탁법상 개입권이 인정된 이유이다.[23)]

---

22) 道垣内·問題状況 481~483면. 경합행위의 상대방에서부터 전득자에 관한 이해는, 本書初版·87면에는 존재하지 않고, 이번 개정에 이르러 추가하였다.
23) 道垣内·問題状況 480~481면.

(다) 이 의사표시는 수익자로부터 수탁자에 대하여 이루어진다. 상기와 같이 상대방의 지위에 부정적인 변화는 발생하지 않기 때문이다.

개입권은 단독 수익자권이 아니라 복수의 수익자가 있는 경우, 그 행사에 있어서는 모든 수익자의 일치가 필요한 것이 원칙(예외로서 다수결로의 결정 등 신탁행위에 별도의 정함을 둘 수는 있다. → 460면)이다(신탁 제105조 제1항, 92조). 금지된 경합행위라 하더라도 그것을 신탁재산에 귀속시켜야 하는지 여부에 관한 판단은 다를 수 있고, 각 수익권의 내용에 따라 이해관계도 대립할 수 있기 때문이다.

수익자의 개입권 자체를 신탁행위의 정함에 따라 배제할 수 있을까? 한편 신탁법 제32조 제4항은 신탁행위에 별도의 정함을 둘 수 있다는 취지의 규정을 두고 있지 않아 배제할 수 없는 것으로 읽을 수 있지만, 한편 동법 제92조는 신탁행위의 정함에 의하여 제한할 수 없는 수익자의 권리로서 개입권을 들지 않고 있다. 경합행위의 금지 범위와 마찬가지로 신탁사무 집행의 기동성을 고려하여 결정하여야 하는 사항이고, 가령 수탁자의 손해배상책임으로 한정된다는 정함도 가능하다고 해석하여야 한다.[24)]

(라) 개입권은 해당 행위 시부터 1년이 경과한 때에는 소멸한다(동 제32조 제5항). 개입권이 행사될 때까지는 해당 행위의 효과가 수탁자의 고유재산에 귀속되는 것을 전제로, 고유재산에 관하여도, 신탁재산에 관하여도, 별도의 행위가 누적되는바, 그 전제를 뒤집게 되는 것은 타당하지 않기 때문이다.

(마) 개입권 행사의 효과는 수탁자가 경합행위를 고유재산의 계산으로 한 경우와 수탁자의 이해관계인의 계산으로 한 경우를 나누어 생각할 필요가 있다.

고유재산의 계산으로 한 경우는, 상대방의 채무가 미이행이면

24) 田中·222면. 반대설로서, 村松ほか·104면 주(6).

그 청구권이 신탁재산에 귀속하는 것이 되고, 또한 급부되는 물건은 신탁재산에 속한다. 이미 급부가 이루어지고 있는 경우에는 급부 시에 수탁자의 고유재산에 속했던 해당 급부목적이 개입권 행사의 결과, 신탁재산에 속하게 된다. 한편 수탁자 측의 채무는 신탁재산 책임부담 채무(→151면)가 된다. 또한 수탁자가 고유재산으로 이미 채무를 이행하였으면, 신탁재산으로부터 그 비용 등의 상환을 받을 수 있다(동 제48조 제1항. →342면).

한편, 수탁자의 이해관계인의 계산으로 한 경우도 상대방의 채무가 미이행이면 위에 기술한 것과 마찬가지이다(이해관계인의 계산으로 되어도, 계약당사자는 수탁자이다). 수탁자 측의 채무에 관하여도 마찬가지이다. 그러나 상대방의 채무가 이행되었고, 급부목적물이 이미 수탁자로부터 이해관계인으로 이전된 경우에는(민 제646조), 개입권의 행사에 의하여 해당 급부목적물이 이해관계인에서 수탁자로 재차 이전하고, 신탁재산에 귀속하게 된다. 해당 이해관계인의 보호가 문제가 될 것 같은데, 여기서 말하는 「수탁자의 이해관계인」은 수탁자와 이해관계를 같이하는 자로 해석되고(→277면), 따라서 보호는 필요하지 않다고 생각하여야 할 것이다.

상대방으로부터 급부 목적물이, 거듭 전득자에게 이전된 경우는 어떠할까? 전득자가 영향을 받지 않는다는 점은 이미 기술한 바와 같으나(→113면), 수탁자의 전득자에 대한, 가령 매매대금 채권이 아직 소멸하지 않은 경우는 개입권의 행사에 따라 신탁재산에 속하는 재산이 된다. 또한 수탁자가 이미 대금을 수령한 경우에도, 해당 대금액은 신탁재산에 속하는 재산에 귀속하는 금전이 된다. 그러나 수탁자의 이해관계인에게 이전된 급부 목적물이 다시 전득자에게 이전된 경우에는, 그것은 어디까지나 해당 이해관계인과 전득자 사이의 계약에 따라 행해진 것이므로 개입권이 행사되어도 거기에는 아무런 영향을 미치지 않는다고 하여야 한다.

(바) 권한 위반 행위의 취소권의 경우와 마찬가지로(→108면*) 개입권이 행사되었다 하더라도 수탁자의 행위가 정당하다고 인정되고, 그 의무위반(동 제32조 제1항)이 치유되는 것은 아니다. 수탁자의 해임 사유가 될 수 있고(→362면), 개입권 행사로는 회복할 수 없는 손해가 있는 경우에는 수탁자에 대하여 그 손해의 배상을 청구할 수 있다[→310면. 다만, 그때에는 수탁자가 고유재산 또는 수탁자의 이해관계인의 이익을 도모할 의사를 가질 필요가 있다고 해석해야 하는 점에 관하여, →297면*(iii)].

4. 수탁자가 복수인 경우

(1) 복수수탁자의 경우 재산의 귀속

(가) 여기까지 수탁자가 1명인 것을 전제로 하였지만, 복수의 수탁자가 **공동수탁자***, ** 가 되는 경우도 있다. 이 경우, 신탁재산은 공동수탁자의 합유로 여겨진다(신탁 제79조). 마찬가지의 규정이 구 신탁법에도 존재하고 있었는데, 거기에서는 합유라는 점에 따라 신탁재산의 관리에 관하여, 복수의 수탁자에게 합수적 행동이 요구된다는 면이 강조되어 왔다.[25] 그런데, 나중에 보는 바와 같이 신 신탁법은 수익자 과반수에 의하여 사무처리가 결정됨과 동시에 결정된 사항에 관하여 각 수탁자가 단독으로 집행할 수 있는 것을 원칙으로 하였다(동 제80조 제1항·제3항). 그렇다면, 굳이 합유라고 규정하는 이유를 묻지 않을 수 없다.

* **공동수탁과 유사한 유형과의 구별** (i) 일찍이 **복수수탁**이라고 불려온 유형이 있다. 예를 들어 연금신탁과 같이 위탁자가 출연하는 자금에 관하여 복수의 사람이 이를 분할하여 수령하고, 각각 수탁자가 되어 독립하여 운용하고, 수익채권에 관련된 채무를 이행하는 것이다. 이

25) 四宮·241~242면. 田中實=山田昭(雨宮孝子補訂)『信託法[改訂版]』87~88면(学陽書房, 1998).

경우는 하나의 신탁에 복수의 수탁자가 존재하는 것이 아니라 복수의 신탁이 존재하는 것으로 이해된다. 이에 비해, 직무 분장이 되어 있는 경우라도, 하나의 신탁에 관하여 복수의 수탁자가 존재하는 경우에는 공동수탁이다(신탁 제80조 제4항). 그래서 한계적인 사례에서는, 복수의 수탁자가 존재하는 경우 신탁이 하나이고 직무가 분장되어 있는지, 신탁 자체가 복수인지가 문제가 되고, 섬세한 판단이 필요하다.

나아가 신탁재산의 운용 등에 관하여 수탁자에게 지시할 권한을 가진 자(**지시권자**. → 228면*)가 존재하는 경우가 있다. 지시권자는 수탁자가 아니므로, 공동수탁에 해당하지 않는 것이 원칙이지만, 지시권자도 (수탁자로서 신탁행위에 명기된) 수탁자도 신탁과 관련하여 위탁자로부터 일정한 직무를 위임받고 있는 것이므로, 복수의 수탁자가 존재한다고 생각해야 하는 경우가 있다는 지적도 있다.

(ⅱ) 우선 하나의 신탁인지 복수의 신탁인지의 판단에 관하여 구 신탁법에 대한 학설로서 직무분장에 의해 합수적 행동의무가 배제되어 있는 경우를 공동수탁의 개념으로부터 제외하는 견해도 주장되고 있다.[26] 그러나 이미 서술한 바와 같이 현행 신탁법은 직무분장의 정함이 있는 경우를 공동수탁의 하나로 정한 다음 굳이 「각 수탁자는 다른 수탁자를 대리할 권한을 가진다」(신탁 제80조 제5항)라고 하고 있으므로, 그러한 견해는 이제 취할 수 없다.

또한 복수의 수탁자가 존재하는 경우에, 그러한 수탁자 사이에 상호 감시의무(그 구체적 내용·의의에 관하여, → 223면**)가 존재하는지 여부를 생각하여, 그 존재를, 공동 수탁인지 여부의 기준으로 하는 견해도 유력하다.[27] 상호 감시 의무는 공동수탁자 사이이기 때문에 발생한다고 생각하면, 이 견해는 동어반복이라는 느낌이 있지만, 상호 감시의무가 신탁행위의 정함에 의하여 완전히 부정되는 경우에는 각 수탁자가 취급하는 신탁재산의 독립성이 강하고, 그것이 신탁의 복수성을 인정하는 사정으로서 작동하는 것은 분명할 것이다.

---

26) 原靖「共同受託者の合手的行動義務と責任」信研 17호 3면 이하(1993), 道垣内·問題状況 215~216면.

27) 寺本·232~233면 주, 新井監修·269~270면(鈴木正具＝伊東正朗).

이와 같은 고려는, 가령 지시권자를 공동수탁자로 보아야 하는지에 관한 문제에도 해당된다. 즉, 지시권자가 수탁자의 지시를 전혀 받지 않고, 또한 수탁자도 지시권자를 감독할 의무를 부담하지 않는 것과 같은 경우에는 지시권자의 독립성이 강하기 때문에 수탁자와 공동관계가 아니고, 또한 신탁재산의 귀속이 없으므로 수탁자도 아니라고 생각하게 될 것이다.

(iii) 신탁행위의 정함 또는 신탁의 변경에 의하여 후발적으로 수탁자가 추가되는 경우도 있을 수 있다(후발적 공동수탁). 다음 2가지 유형이 있다고 여겨진다.[28] 첫째는 추가된 수탁자가 기존의 모든 수탁자와의 사이에서 공동수탁자의 관계에 선다는 것이고, 신탁설정 당시에는 단독수탁이었는데, 그 후에 수탁자를 추가하여 공동수탁으로 하거나, 신탁설정 당시부터 공동 수탁이었던 경우 그 후에 수탁자를 추가하여 공동수탁자의 수를 증가시키는 것을 생각할 수 있다.

둘째는 이미 복수의 수탁자가 존재하는 경우, 그중 특정 수탁자에게 할당된 직분에 관하여만 수탁자를 추가하여 공동수탁으로 하는 것이다.

모두 유효하다.

**** 신탁재산의 합동운용** 관련하여 복수신탁의 신탁재산, 또는 신탁재산과 수탁자의 고유재산이 일체로서 운용되는 경우에 관하여 서술하여 둔다. 이러한 합동운용이 인정되는지 여부는 오직 해당 운용 방법의 합리성에 의존한다. 규모의 이익에 따라 효율적인 운용에 도움이 된다고 수탁자가 선량한 관리자의 주의로써 판단하여 행한다면 유효하다(신탁업법 시행규칙 제33조 제2항 제2호도 이것이 유효하다는 점을 전제로 한다). 합동운용되고 있는 재산은 적어도 종류별로는 일체이고, 식별이 불가능하므로(→ 134면), 개개의 재산에 관하여 그 지분이 각 신탁의 신탁재산(및 고유재산)에 속하게 된다(신탁 제18조).

문제는 나중에 기술하는 분별관리의무(→ 248면), 대항요건(→ 178면), 보고의무·장부작성의무(→ 254면), 수탁자의 손실전보책임 등

28) 道垣内·問題状況 207~208면.

(→ 310면), 신탁의 변경(→ 507면) 등에 관하여 발생한다.[29)]

우선, 분별관리의무에 관하여는 합동운용재산이, 다른 재산과 구별할 수 있고, 그 공유 지분이 분명하게 밝혀져 있다면, 충분하다고 말할 수 있다. 대항요건에 관하여는 신탁재산이라는 점에 관한 대항요건이 구비되어 있으면, 다른 신탁의 신탁재산에 속하는 재산과의 구별은 장부상의 구별로 제3자에게 대항할 수 있다[→ 185면*(i)]. 다만 신탁재산에 속하는 재산이라는 점에 관하여 등기·등록이 대항요건으로서 요구되고 있는 재산이 고유재산과 합동운용되어 신탁재산에 속한다는 점에 관한 등기·등록이 결여되어 있는 경우는 반대로 고유재산으로서 공시되어 있는 것이므로, 공유지분이 신탁재산에 속하는 점을 제3자에게 대항할 수 없다고 해야 한다. 보고의무·장부작성의무에 관하여는 합동운용재산의 전체에 미친다(또한 동 제38조 제2항 각호의 유추적용이 주장[30)]되는데, 바로 적용일 것이다). 전체에 관한 지분이 해당 수익자 신탁의 신탁재산으로 되어 있기 때문이다. 수탁자의 손실전보책임 등에 관하여는 각 신탁의 수익자는 전체에 대한 손실전보·원상회복을 청구할 수 있다고 하여야 한다. 수탁자가 전보 또는 원상회복한 재산은 다시 합동운용재산이 되고, 그 지분만 각 신탁에 귀속하는 것이 아니기 때문이다. 나아가 신탁의 변경에 관하여는 나중에 기술한다(→ 514면**).

(나) 합유가 된다는 의미는, 일반적으로 각 합유자의 권리에 공동 목적을 위하여 일정한 제약이 가해지는 것이라고 한다. 확실히 조합재산이나 유산에 관하여는 민법에 정하여진 규율 내용이 불충분하므로, 그것을 합유라고 성질결정을 하고, 합유라는 점으로부터 일정한 효과를 이끌어 내는 것에 의미가 인정된다. 그러나 신탁법에 있어서는 그 구체적인 제약은 신탁법 제80조 이하에 정해져 있어 합유의 귀결로서 어떠한 효과를 이끌어 내야 하는 필요성

---

29) 전체적으로, 神田秀樹「平成18年信託法と商事信託－理論的観点から」信研 35호 16~20면(2010).

30) 田中和明「平成18年信託法と商事信託—実務的観点から」信研 35호 9면(2010), 神田·전게 주29) 19면.

이 부족하다.

확실히 합유라고 함에 따라 그 내용을 설명하기 쉬워지는 규율은 존재한다. 예를 들어, 공동수탁자 중 1인의 신탁사무처리에 따라 제3자에게 부담한 채무에 관하여는 다른 수탁자도 적어도 신탁재산에 한하여는 연대채무를 부담한다(동 제83조 제1항). 이는 신탁재산에 속하는 재산의 제3자에 대한 교부가 채무내용이 되는 경우, 그것이 합유라면 다른 수탁자가 연대채무를 부담하지 않으면 그 이행이 불가능해지기 때문에 그 재산이 합유라는 점이 연대채무를 부과하는 규율의 전제가 되고 있다고 설명할 수 있다. 그러나, 1인의 수탁자가 행위를 하는 경우, 해당 행위자는 다른 수탁자를 대리하는 권한을 가지므로(동 제80조 제5항), 어떤 수탁자의 채무부담 행위는 다른 수탁자의 행위이기도 하다고 성질결정이 된다. 따라서 특별히 신탁재산의 합유를 언급하지 않아도 다른 수탁자가 연대채무를 부담하는 것은 설명이 가능하다. 합유로 하는 것은 법기술적으로 필수는 아니라고 생각된다.

(다) 그럼 공동수탁의 경우에, 신탁재산을 그중 1인의 단독 소유로 한다든지, 복수의 수탁자가 신탁재산의 일부를 각각 단독 소유로 한다든지 하는 형태를 취하는 등 합유 이외의 소유 형태로 할 수 있을까?

이 점에서는 신탁재산에 속하는 재산에 대한 강제집행이나 신탁재산파산의 상황에서 복잡한 법률문제를 발생시킬 수 있기 때문에 합유로 하고 있는 것이고, 별도의 정함을 허용하지 않는다고 주장되는 경우가 많다.[31] 그러나 제3자에 대하여는 공동수탁자 전원이 연대채무를 부담하고, 또한 나중에 기술하는 바와 같이(→126면) 신탁법 제81조가 법정소송담당의 규정이라고 해석되기 때문에 직무분장의 정함이 있는 경우에는 제3자인 채권자는 해당 직무를 분장

31) 寺本·233면 주(1), 村松ほか·167면 주(3), 新井·221면.

하고 있는 수탁자에 대하여 집행권원을 취득하면, 적어도 신탁재산에 속하는 재산에 관하여는(동 제83조 제2항 본문), 다른 수탁자를 집행채무자로 하는 강제집행이 가능하다. 해당 재산이 다른 수탁자의 단독소유라고 하더라도 그것이 신탁재산에 속하는 재산인 점에는 변함이 없으므로 마찬가지이다.

해석론으로서는 별도의 정함을 허용하지 않는다는 견해가 솔직하다고 생각되지만, 그다지 중시할 수는 없다고 생각된다.

(2) 신탁사무의 처리

(가) 구 신탁법 제24조 제2항 전단은 신탁행위의 별도의 정함을 허용하지만, 신탁사무처리에 관한 의사결정과 그 집행도 전원일치로 하도록 요구하였다(합수적 행동의무). 상호감시 하에 신중한 행위가 이루어지는 것이 공동수탁자를 선임한 취지에 적합하다는 이유이겠지만, 전원일치를 요구하는 것은 효율적인 사무처리를 저해할 우려가 있는 점, 또한 대내적인 결정(대내적인 직무집행)과 결정된 직무의 집행(누가 어떻게 행하는가)(대외적인 직무집행)을 동일한 규율로 할 필연성은 없다고 지적되었다.

그래서 현행 신탁법은, 직무분장에 관한 정함의 유무에 따라 다음과 같은 규율을 두고 있다.*

*** 다른 수탁자에 대한 위탁** 직무분장에 관한 정함에 관계없이 각 수탁자는 신탁사무처리에 관한 결정을 다른 수탁자에게 위탁할 수 없는 것이 원칙이다(신탁 제82조). 신탁행위에서 복수의 수탁자를 둔 경우에는 그러한 사람들이 협력, 분장, 상호감시 등에 따라 적정 또는 효율적으로 신탁사무가 결정·처리되는 것에 관하여 위탁자의 기대가 존재하는 것이 통상적인바, 각 수탁자가 다른 수탁자에게 신탁사무의 결정을 위탁해 버리는 것은 그 취지에 반하고 위탁자의 의사에 반한다. 따라서 원칙적으로 허용되지 않지만, 신탁행위에 별도의 정함이 있는 경우는 다른 수탁자에 대한 위탁이 허용된다고 되어 있다. 또한

부득이한 사유가 있는 경우에도 인정되고, 「상무에 속하는」 신탁사무의 처리에 관한 결정에 대해서는 위탁이 가능하다.

주의해야 할 것은 신탁사무 처리에 대한 제3자 위탁에 관한 신탁법 제28조와 달리 동법 제82조는 「신탁사무 … 의 처리에 관한 결정」의 위탁이라고 되어 있다는 점이다. 이는 결정이 되면 다른 수탁자는 위탁을 받지 않아도 단독으로 집행 권한을 가지기 때문이다(동 제80조 제3항).

「부득이한 사유」인지 여부는 신탁목적에 비추어 판단된다(동 제28조 제3호 참조). 예를 들어 어떤 수탁자가 입원한 경우라도 당연히 여기에 해당한다고 해석해서는 안 된다. 신탁목적에 비추어 볼 때, 상호감시를 위하여 수탁자의 수를 확보해 두는 것이 중요하다면 입원한 수탁자가 다른 수탁자에게 결정을 위탁하는 것은 인정되지 않는다. 대리인을 선임하거나, 제3자에게 위탁하거나, 사임하고 다른 자를 수탁자로 하는 등 다른 방법을 생각하지 않으면 안 된다. 이에 비하여, 위탁자가 신뢰하는 3명의 친구를 수탁자로 한 경우를 생각하면, 제3자가 거기에 참가하는 것을 피해야 하는 경우도 있으므로 입원은 「부득이한 사유」에 해당할 것이다.

「상무에 속하는」 신탁사무의 처리에 대한 결정에 관하여 위탁이 가능한 것은 사무처리의 원활한 결정을 곤란하게 하지 않기 위해서이다(조합에 관한 민법 제670조 제5항이나, 지분회사에 관한 회사법 제590조 제3항에도 같은 취지의 규정이 있다). 기계적으로 행하는 사무상의 결정에 한정되는 것은 아니지만, 너무 확대해서 생각하면 신탁법 제82조의 취지에 반한다. 일상적인 반복성·판단의 재량 정도·신탁재산에 미치는 영향을 고려하여 범위를 생각할 수밖에 없을 것이다.

(나) 우선 직무분장에 관한 규정이 없는 경우에는, 수탁자 인원수의 과반수에 의해 결정하는 것이 원칙이다(신탁 제80조 제1항)(신탁재산은 합유이고, 각 수탁자의 지분은 없으므로 지분의 과반수라는

규율은 있을 수 없다). 그러나 결정을 신중하게 하기 위하여 전원 일치의 정함을 두는 것, 반대로 어느 특정 수탁자의 판단에 맡기는 등의 신탁행위의 정함은 유효하다(동조 제6항). 내부적인 문제에 불과하기 때문이다.

이에 비해, 보존행위에 관하여는 각 수탁자가 단독으로 결정할 수 있다(동조 제2항). 공유에 관한 민법 제252조 제5항[2021(레이와 3)년 개정 전 동조 단서]과 같은 취지이다. 따라서 신탁재산에 속하는 재산의 수리, 신탁재산에 속하는 채권의 소멸시효 완성유예를 위한 최고 등은 당연히 보존행위에 해당한다. 또한 민법 제252조 제5항에서 말하는 보존행위에 관하여는 현재는 공유자 전원의 이익이 되는 행위가 널리 포함된다고 해석되고 있고,[32] 그러한 해석과 마찬가지로 신탁재산에 속하는 재산에 관한 방해배제청구나 제3자의 등기 말소청구 등도 여기에 포함된다고 해석하여야 한다. 다만 보존행위라도 반드시 과반수의 결정을 요한다고 하는 등 신탁행위에 별도의 정함을 둘 수는 있다(신탁 제80조 제6항).

(다) 공동수탁자의 과반수 또는 신탁행위의 정함에 따라 결정된 신탁사무처리나 보존행위에 관하여는 각 수탁자가 단독으로 집행할 수 있다(신탁 제80조 제3항). 여기에서 말하는 신탁사무처리가, 가령 수익자로부터의 장부열람청구에 따라 장부를 개시하는 것인 경우에는 집행권한만 주어지면 충분하다. 그러나 신탁재산에 효과를 귀속시키는 유형의 법률행위를 하기 위하여는 신탁재산이 공동수탁자의 합유로 되어 있으므로, 단독집행이 다른 수탁자의 행위로도 되어야 한다. 그래서 신탁법 제80조 제5항은, 대내적으로 유효하게 결정된 신탁사무처리의 집행이, 신탁재산을 위하여 하는 행위인 경우에 관하여 각 수탁자에게 다른 수탁자를 대리하는 권한*을 부여하고 있다.

---

32) 佐久間毅『民法の基礎2物権(第2版)』200면(有斐閣, 2019) 참조.

다만 신중을 기하기 위해 실제로 공동수탁자가 연명으로 행위를 하여야 한다는 취지를 정할 수 있다(동조 제6항).

(라) 직무분장에 관한 정함이 있는 경우에는 그 정함에 따라 분장하고 있는 사무에 관하여 단독으로 결정하고 집행한다(신탁 제80조 제4항). 신탁사무처리에 관하여 결정의 기회가 있는 직무를 일정한 자에게 분장하도록 하고 있는 경우에는 결정도 포함하여 분장하도록 하고 있다고 생각되기 때문이다.

신탁재산에 효과를 귀속시키기 위하여 단독집행을 하는 수탁자에게는 다른 수탁자를 대리하는 권한이 부여된 점, 실제로 공동수탁자가 연명으로 행위를 하여야 한다는 취지를 정할 수 있는 점은 직무분장에 관한 정함이 없는 경우와 마찬가지이다(동조 제5항·제6항).

*** 대리에 관한 문제** (ⅰ) 각 수탁자의 권리행사는 대리권행사의 의미를 가지므로, 우선 민법 제99조·제100조의 원칙대로 현명이 필요한 것은 아닌지가 문제가 된다. 직무분장의 정함에 기초하여 단독으로 집행하는 경우에는 현명이 불필요하지만, 그 정함이 없는 경우에는 현명이 필요하고, 현명이 없는 경우에는 신탁재산은 책임재산이 되지 않는다는 견해도 있다.[33] 그러나 단독수탁자의 경우에는 해당 수탁자가 신탁재산을 위하여 하는 의사만 가지고 있으면, 그 행위의 효과는 상대방의 인식여하에 관계없이 신탁재산에 귀속하는 점(→99면), 나아가, 대리에 있어 현명은 대리인의 재산은 책임재산이 되지 않고, 본인의 재산이 책임재산이 되는 점을 나타내는 의미(즉 상대방보호)를 가지는 점, 다른 수탁자를 본인으로 하는 대리권에 기반하여 수탁자가 신탁사무를 집행하는 경우에는 현명의 유무에 관계없이 적어도 해당 수탁자의 고유재산 및 신탁재산은 책임재산이 되는 것이고(신탁 제83조. → 127면), 현명에 의해 지켜지는 이익이 존재하지 않는 점[34]에 비추어 보면, 현명은 필요하지 않다고 해석하여야 한다.[35]

33) 寺本·237~238면 주(2), 238면 주(5).

(ii) 또한, 예를 들어 과반수에 의한 결정이 없는데도, 직무분장의 정함이 있다고 오신하여 공동수탁자 중 1인과 거래를 한 상대방을 표현대리규정의 적용에 의하여 보호한다는 생각도 있을 수 있다.[36] 과반수에 의한 결정이 이루어졌다고 오신한 경우도 생각할 수 있다.

그러나 어느 경우도 해당 행위를 한 수탁자가 무권한의 행위를 한 점에는 변함이 없다. 그리고 권한위반행위에 관하여는 신탁법 제27조가 적용된다고 하는 것이 신탁법의 구조이므로, 표현대리규정의 적용은 없다고 생각해야 할 것이다.[37]

다만 주식회사 대표이사의 행위에 관하여는 내부적인 의사결정과정의 하자가 있는 경우에 대하여 원칙적으로 유효한 행위라고 하는 것이 판례[38]이다(상대방이 그 하자의 존재에 관하여 악의 또는 중과실인 경우에 한하여 무효가 된다). 그러나 대표이사는 회사를 대표하여 「주식회사의 업무에 관한 일체의 재판상 또는 재판외의 행위를 할 권한을 가진다」(회사 제349조 제4항)는 점으로부터 의사결정과정은 내부적인 것이고, 대표이사의 행위는 권한 남용이라고 생각되는 것에 비하여, 각 수탁자는 「전2항의 규정에 의한 신탁사무처리에 관한 결정에 기초하여 신탁재산을 위하여 하는 행위에 관하여는, … 다른 수탁자를 대리할 권한을 가진다」는 것에 불과하므로, 「전2항의 규정에 의한 신탁사무처리에 관한 결정」에 기초하지 않은 경우에는 권한 그 자체가 존재하지 않는다고 하여야 한다.

(마) 직무분장의 정함이 없는 형태로 공동수탁이 된 경우, 신탁재산에 관한 소송은 고유필수적 공동소송이고, 전체 수탁자의 명의로 하지 않는 소송을 제기하거나, 제기당할 수 없다.[39] 신탁재산은 합유이기 때문이다. 이에 비하여 신탁사무처리에 있어서 제3자

---

34) セミナー(2)·391~394면 참조.
35) 道垣内·問題状況 231면.
36) 新井監修·273면 주(15)(鈴木正具=伊東正朗) 참조.
37) セミナー(2)·394~396면.
38) 最判昭和 40·9·22 民集 19권 6호 1656면, 最判平成 21·4·17 民集 63권 4호 535면.
39) 新堂幸司『新民事訴訟法(第6版)』782면(弘文堂, 2019).

에 대하여 채무를 부담하는 경우는 각 공동수탁자가 연대채무자가 되므로(신탁 제83조 제1항. → 127면), 연대채무자의 1인으로서 1인의 수탁자를 단독으로 피고로 할 수 있다.

직무분장이 되어 있는 경우 자기가 분장하는 직무에 관하여는, 해당 수탁자가 단독으로 원고가 될 수 있다고 하는 것이 자연스럽다. 또한 상대방은 자신의 거래상대방인 수탁자 이외에 공동수탁자가 있는 점을 당연히 알 수는 없으므로, 자신의 거래상대방인 수탁자만을 피고로 하여 소송을 제기하였는데, 거기에서 얻은 집행권원을 기초로 신탁재산에 속하는 재산에 대하여 집행할 수 없다고 하면 불측의 손해를 입을 수 있다. 그래서 신탁법 제81조는 직무분장의 정함이 있는 경우 신탁재산에 관한 소에 관하여 각 수탁자는 자기가 분장하는 직무에 관하여 다른 수탁자의 소송담당자(법정소송담당)가 된다고 정하고 있다.[40)]

따라서 직무분장을 하고 있는 수탁자에 대한 집행권원을 취득하면, 다른 수탁자에게도 그 효력은 미치고, 해당 수탁자를 집행채무자로서 신탁재산에 속하는 재산에 대하여 강제집행을 할 수 있다. 다만, 신탁재산에 속하는 부동산에 관하여 합유의 등기가 이루어진 경우에는, 합유등기에 수탁자로서 기재된 다른 수탁자에 대해서 승계집행문을 부여받을 필요가 있다.

(바) 제3자의 의사표시는 공동수탁자 1인에 대하여 하면 충분하다(신탁 제80조 제7항). 공동수탁자 사이에 상호 연락이 존재하는 것이 통상적인 점에 비추어 볼 때, 제3자의 편의가 우선되는 것이다. 이 경우 의사표시를 받은 수탁자는 필요에 따라 다른 수탁자에게 해당 의사표시를 전달할 의무를 부담한다.

이 효과에 관하여는 신탁행위에 별도의 정함을 두는 것이 허

---

40) 이 점에서 대리구성이라는 실체법적인 규율과 괴리가 있다고 여겨진다[山本克己「新信託法における当事者適格論」論叢 166권 5호 7면(2010)].

용되지 않는다.

제3자에게는 신탁행위의 정함을 확인할 의무는 없기 때문이다. 다만 신탁사무집행으로서의 계약체결 상대방과 사이에서 가령 「해제의 의사표시를 함에 있어서는, 지정된 수탁자에게 하여야 한다」라고 합의를 하는 것은 당연히 가능하다.

또한 수익자는 신탁행위의 정함을 확인할 수 있는 지위에 있으므로, 수익자의 의사표시에 관하여는 신탁행위에 별도의 정함이 있는 경우에는 그 정함에 의한다(동조 제7항 단서).

(3) 채무의 부담

(가) 구 신탁법 제25조는, 「신탁행위로 인하여 수익자에 대하여 부담하는 의무」 및 「신탁사무의 처리에 관하여 부담할 채무」에 대하여 공동수탁자의 연대책임을 정하고 있었는데, 그 구체적 범위에 관하여는 논의가 나뉘어, ① 수익채권에 관계된 채무, ② 수익자에 대한 손해배상채무, ③ 신탁사무처리에 의하여 제3자에 대하여 부담하는 채무가 문제가 되었다.[41] 그러나 이러한 채무는 상당히 성격이 다른 것이고, 동일한 규율을 따르도록 하는 것은 곤란하였다.

그래서, 현행 신탁법은 다음과 같은 규율을 두고 있다.

우선 손실전보 등의 책임(신탁 제40조)에 관하여는 별도의 정함으로 하는 것으로 하고(동 제85조), 또한 수익채권에 관계된 채무에 관하여는 신탁법 제100조(나아가 동 21조 제2항 제1호)가 물적 유한책임으로 정하고 있고, 공동수탁자가 고유재산으로써 책임을 부담하지 않는 것이므로 규율에서 제외한다.

나아가 직무분장의 정함이 없는 경우 신탁사무를 처리함에 있어서 각 수탁자가 제3자에 대하여 부담한 채무에 관하여, 다른 수탁자가 연대채무를 부담하는 것으로 정하였다(동 제83조 제1항). 각

41) 四宮·204~205면 참조.

공동수탁자는 신탁사무의 처리를 공동으로 결정하고, 상호 대리권을 통하여 공동으로 행하고 있기 때문이다.[42)]

이에 비해 직무분장의 정함이 있는 경우에는 다른 수탁자는 신탁재산에 속하는 재산만을 가지고 이를 이행할 책임을 부담하는 것을 원칙으로 하였다(동조 제2항 본문). 다만 채권을 보유하는 제3자가 그 채무부담의 원인인 행위 당시, ① 해당 행위가 신탁사무처리로서 이루어진 것임을 알고 있었던 것, ② 수탁자가 2인 이상 있는 신탁임을 알고 있었던 것, ③ 직무의 분장에 관한 정함의 존재에 대하여 선의·무과실이었음을 입증할 수 있는 경우에는 제1항으로 돌아가고, 다른 수탁자는 전액에 관하여 연대채무를 부담한다(동조 제2항 단서). ① 또는 ②에 해당하지 않으면, 다른 수탁자의 고유재산도 자신의 채권에 충당된다는 신뢰를 제3자가 가질 수 없고, ③에 해당하지 않으면, 직무분장에 관한 정함의 효과(즉, 제2항 본문의 효과)에 구속되지 않는다는 해당 제3자의 신뢰는 보호할 가치가 없다. 이에 비해, ①부터 ③의 모든 요건이 충족된 경우에는 직무분장이 없는 공동수탁에 있어서의 신탁사무집행이라고 신뢰한 제3자를 보호할 필요가 인정되는 것이다.

(나) 신탁법 제83조 제1항·제2항에서 말하는 「신탁사무를 처리함에 있어」 각 수탁자가 제3자에 대하여 부담한 채무의 전형적인 예는, 적법한 신탁사무 집행에 의하여 제3자와 계약하고, 그 계약으로부터 발생한 신탁재산 책임부담 채무이다. 「신탁사무의 처리에 관하여 발생한 권리」(신탁 제21조 제1항 제9호)에 관계된 채무도 이에 해당할 것이다. 그러나, 그 이외에, 예를 들면, ① 「수탁자가 신탁사무 처리에 관하여 행한 불법행위에 의하여 발생한 권리」(동항 제8호)에 관계된 채무, ② 수탁자의 권한위반 행위로부터 발생한 권리로, 그 권한위반 행위가 취소될 수 없거나, 이를 취소하지

42) 寺本·243면.

않을 경우의 권리(동항 제6호. 나아가 제7호)에 관계된 채무가 여기에 포함되는지가 문제가 된다.

신탁사무를 집행한 수탁자 이외의 수탁자가 신탁법 제83조 제1항·제2항에 따라 연대채무를 부담하는 근거를 신탁사무를 집행한 수탁자는 다른 수탁자를 대리할 권한을 가지고 있고(동 제80조 제5항), 단독으로 집행된 경우에도 다른 수탁자 역시 계약당사자가 되는 점에서 구하면, ①, 즉 불법행위에 의한 채무에 관한 상기와 같은 관계가 없으므로 원칙적으로 신탁사무를 처리함에 있어 각 수탁자가 부담한 채무에는 포함되지 않을 것 같다.[43] 그러나 어느 특정한 수탁자만이 채무자라고 하면, 채무자인 제3자는 해당 특정 수탁자에 대한 집행권원만을 취득할 수 없고, 합유재산인 신탁재산에 대한 집행을 할 수 없게 되므로, 해당 채무자 신탁재산 책임부담채무인 점에 반한다. 이는 ②에 관하여도 적용된다. 그렇다면, ①, ②의 채무 쌍방에 관하여 다른 수탁자도 연대채무를 부담한다고 해석하지 않을 수 없다. 그 근거는, 형식적으로는 그것이 신탁재산 책임부담 채무인 점에서 구해진다.

다만, 직무분장의 정함이 없는 경우라 하더라도 다른 수탁자가 그 고유재산에 이르는 책임을 부담하는 것은 필연적이지 않다. 1인의 수탁자에 의한 행위에 관하여는 공동수탁자의 고유재산도 책임을 부담한다는 신뢰를 제3자가 필연적으로 가지는 것이 아니고, 따라서 직무분장의 정함이 있는 경우에 준하여 신탁법 제83조 제2항 본문을 유추해야 하는 경우가 있다[특히, 직무분장의 정함이 없는 경우에 1인의 수탁자의 행위에 있어서도 다른 수탁자에 관하여 현명할 필요는 없다는 해석론을 취하는 경우에는[→124면*(ⅰ)], 상기의 신뢰는 발생하지 않는 경우가 많고, 동항을 유추해야 한다는 해석론의 필요성은 증가한다].

---

43) 新井監修·278면(鈴木正具=伊東正朗).

그래서 이 관점에서 검토하여 보면, 우선, ②에 관하여 신탁법 제85조 제1항은 동법 제40조의 책임에 관하여, 해당 행위를 한 각 수탁자만을 연대채무자로서 하고 있는 것이고, 다른 수탁자의 행위를 감시할 의무의 위반도 없는 수탁자에게는 동법 제83조 제2항 본문을 유추하여 고유재산에 이르는 책임을 부담하지 않도록 하는 것이 신탁법 전체의 정합적인 해석에 도움이 된다. ①도 마찬가지이지만, 채무불이행책임과 경합하는 것 같은 거래적 불법행위로부터 발생하는 손해배상채무에 관하여 신탁법 제83조 제2항 본문의 유추가 부정되어야 한다.

제2절 관리·처분 등에 의한 신탁재산의 변동

1. 신탁재산의 변동원인

수탁자는 신탁목적에 의해 제시된 행위기준에 따라 신탁재산에 속하는 재산에 관하여 관리·처분 등을 하게 된다. 그렇다면 신탁재산에 속하는 재산은, 그 모습이 변한다. 부동산이 금전으로 변하는 것이 있다면, 금전이 동산으로 변하는 것도 있다.

그리고 수탁자가 신탁을 위하여 하는 의사를 가지고, 그 권한 내에서 행위를 하여 어떤 재산을 취득하였다면, 그것이 신탁재산에 속하게 되는 것은 당연하다. 그러나 그 이외에도 변동이 발생하는 경우가 있다. 이는 어떻게 변동하고, 어떠한 이유에 근거하는가라는 시점에서, 다음의 8개로 분류하는 것이 타당하다. 즉,

① 수탁자가 신탁을 위하여 한다는 의사를 가지고, 그 권한 내에서 행위를 하여 취득한 재산,

② 수탁자가 신탁을 위하여 한다는 의사를 가지고 그 권한에

반하는 행위를 하여 취득한 재산,

③ 수탁자가 신탁을 위하여 한다는 의사를 가지지 않고 그 권한 내에 속하는 행위를 하여 취득한 재산,

④ 신탁재산에 속하는 재산의 멸실·손상 등의 사유에 의하여 수탁자가 취득한 재산,

⑤ 신탁재산에 속하는 재산과의 첨부가 발생한 재산,

⑥ 한정책임신탁에서 급부가능액을 초과한 급부를 받은 수익자 또는 급부의 결과로서 결손액이 발생한 경우의 수익자가 수탁자에게 지급한 금전 및 수익증권발행 한정책임신탁에서 회계감사인이 손실전보책임의 이행으로서 수탁자에게 지급한 금전,

⑦ 수탁자가 손실전보책임 또는 원상회복책임의 이행으로서 한 급부,

⑧ 신탁행위에서 신탁재산에 속하여야 하는 것으로 정하여진 재산

이다.

이 중 ①부터 ③은 수탁자의 거래 행위에 의한 것이고, 통합하여 2에서 다룬다. 다음으로, ④, ⑤에 관하여 각각 3, 4에서 검토하고, ⑥, ⑦은 모두 신탁재산에 대한 급부이고, 통합하여 5에서 설명한다. 마지막으로 6에서 ⑧에 관하여 설명한다.

2. 수탁자의 거래에 따른 변동(①~③)

(1) ①로서 기술하였는바, 즉 수탁자가 신탁을 위하여 한다는 의사를 가지고 그 권한 내에서 행위를 하여 취득한 재산에 관하여는 당연히 신탁재산에 속하는 재산이 된다. 이는 권한과 의사의 작용이지만, 증여를 받은 경우를 제외하고, 새로운 재산의 취득을 위

하여는 대가로서 신탁재산에 속하는 재산의 처분이 필요하기 때문에, 많은 경우 나중에 기술하는 신탁법 제16조 제1호에 의한다고도 할 수 있다.

②의 권한위반 행위에 의하여 취득한 재산에 관하여도 신탁법은 수탁자와 상대방과의 거래 행위를 수익자가 취소한 경우(신탁 제27조 제1항·제2항)를 제외하고, 해당 행위를 유효하다고 하고 있으므로(→ 104면), ①과 마찬가지이다.

이에 비하여 신탁을 위하여 한다는 의사가 없이 이루어진 행위에 의하여 취득된 재산, 즉 ③은 개입권(동 제32조 제4항)이 행사되지 않는 한 수탁자 행위의 효과는 수탁자의 고유재산에 귀속되는 것이고(→ 103면,* 111면), 취득된 재산이 신탁재산에 속하는 재산이 되지는 않는다. 개입권이 행사된 경우는 ①과 마찬가지이다.

(2) 또한 예를 들어 신탁재산에 속하는 재산을 매각하고, 상대방에 대한 매매대금채권이 아직 존재하는 경우에는 해당 채권이 신탁재산에 속하게 된다. 수탁자가 지급을 받으면 그 금전이 신탁재산에 속하게 된다.

3. 신탁재산에 속하는 재산의 멸실·손상 등(④)

(1) 수탁자는 수익자의 1인으로서 이익을 받는 것을 제외하고, 신탁재산으로부터의 이익을 얻을 수 없다(신탁 제8조. → 268면). 신탁재산에 속하는 재산은 분명히 수탁자에게 귀속되지만, 수탁자의 재산 중에서 별도로 취급되는 것이다. 그런데 신탁재산에 속하는 재산이 멸실·손상되어 제3자에 대해 배상청구권 등을 가지게 된 경우, 그 청구권 또는 급부가 수탁자의 고유재산에 귀속하게 되면 수탁자는 부당한 이익을 받게 된다.

그래서 신탁법 제16조 제1호는 신탁재산에 속하는 재산의 멸실, 손상, 그 밖의 사유에 의하여 수탁자가 얻은 재산은 신탁재산에 속한다고 하고 있다. 「그 밖의 사유」라 함은 가령 수용에 의한 보상금을 생각할 수 있다. 또한 4에 기술하는 첨부 등의 규정에 의하여 발생한 보상금 청구권도 마찬가지이다.

(2) 제3자에 대한 채권의 단계에서 해당 채권이 신탁재산에 속하게 되는 것은 2(2)와 동일하다.

4. 신탁재산에 속하는 재산과 첨부·혼동·식별 불능(⑤)

(1) 총 설

신탁재산에 속하는 재산에 관하여 첨부(부합, 혼화, 가공)나 혼동이 생긴 경우에는 해당 재산도, 수탁자를 공통으로 하는 다른 신탁의 신탁재산도, 수탁자의 고유재산에 속하는 재산도 모두가 수탁자에게 귀속하는 재산이지만, 각각 별도의 소유자에게 속하는 것처럼 취급된다. 신탁재산에 속하는 재산에 관하여는 수탁자는 순수한 이익 귀속권자가 아니므로, 이익이 귀속하는 자(수익자)와의 이해관계를 규율하기 위하여 각각 별도의 소유자에게 속하는 경우와 동일하게 취급할 필요가 있기 때문이다.*

*** 동일 소유자에게 속하는 것 사이의 첨부·혼동 등** 다만 동일한 소유자에게 속하는 재산인데, 각각 별도의 소유자에게 속하는 것처럼 취급되는 것은 신탁의 경우에 한정되지 않는다. 예를 들어, 한쪽 물건에 저당권 등, 타인의 권리가 존재하는 경우에는, 첨부 후 지분에 관한 저당권의 존속을 생각할 필요가 있고(민 제247조 참조), 이는 동일한 소유자에게 속하는 물건끼리 첨부가 발생한 경우도 마찬가지이다.[44] 그렇게 되면, 신탁재산에 속하는 재산이기 때문이라기보다는 수익자가 해당 재산에 관하여 물권적인 권리를 가지고 있기 때문이라고 설명하는 편이 타당할 것이다.

---

44) 安永正昭『講義物権·担保物権法(第4版)』170면(有斐閣, 2021).

(2) 부합·가공

신탁재산에 속하는 재산과 고유재산·다른 신탁의 신탁재산에 속하는 재산과의 사이에서, 부합·가공이 있는 경우에는 각각의 재산이 별도의 소유자에게 속하는 것으로 간주하고, 민법 제242조에서 제248조까지[제245조에 관하여는, (3)에서 설명한다]의 규정이 적용된다(신탁 제17조). 첨부의 결과, 전체가 신탁재산에 속한다고 되어 있는 재산에 관하여는 물론, 공유지분이 발생한 경우도, 해당 공유지분이 신탁재산에 속하게 된다(동 제16조 제2호). 전체가 고유재산·다른 신탁의 신탁재산에 속하는 결과에 이른 경우에는 보상금 청구권이 신탁재산에 속한다(동조 제1호).

또한 첨부에 관한 민법의 규정은 당사자 간에 소유권 귀속에 관한 합의가 없는 경우에 적용되는 것으로 해석하고 있고, 이 합의의 존부 및 내용은, 첨부의 원인이 된 계약의 취지에 따라 결정된다. 신탁재산에 속하는 재산과 고유재산에 속하는 재산 사이의 첨부에 관하여도 마찬가지로 해석되는 것이고, 가령, 수탁자가 신탁사무의 집행으로서 고유재산에 속하는 재산을 신탁재산에 속하는 재산으로 첨부시킨 경우 등에는 신탁행위의 취지에 따라 첨부에 관한 규정은 배제되고, 전체가 신탁재산에 속하는 재산이 된다고 해석하여야 하는 경우가 많을 것이다. 반대로 모두가 수탁자의 고유재산이 되고, 신탁재산에 보상금 청구권이 귀속된다는 신탁행위도 허용될 것이다.

(3) 혼화와 식별불능

(가) 민법 제245조는, 「소유자를 달리하는 물건이 혼화하여 식별할 수 없게 된 경우에 관하여」, 부합의 규정이 준용된다고 하고 있다. 이 규정은 부합·가공의 규정과 마찬가지로, 신탁재산에 속하는 재산과 고유재산·다른 신탁의 신탁재산에 속하는 재산과의 사

이에 있어서도 각각의 재산이 별도의 소유자에게 속하는 것으로 간주하고 적용된다(신탁 제17조). 그러나, 신탁법 제18조는 급부·혼화·가공의 경우를 제외한 다음(동조 제1항 괄호 부분), 식별불능에 이른 경우에 관하여 규율을 두고, 각 재산의 공유지분이 신탁재산과 고유재산·다른 신탁의 신탁재산에 귀속한다고 하고 있다. 그러면, 신탁법 제18조에서 말하는 식별불능은 혼화와는 구별되는 개념이 된다.

혼화에 관하여 주종을 구별할 수 있는 경우 혼화물 전체의 소유권을 주된 동산의 소유자에게 귀속시키는 것은 본래라면 혼화물을 구성하는 하나의 물건마다 소유권의 귀속을 생각하고, 각 소유자에게 분할하여야 하는데, 식별불능으로 인해 이를 할 수 없기 때문이다. 이에 비하여, 혼화물이 동질의 물건으로 구성된 경우에는 각 소유자에 대한 분할을 비율적으로 하면 족하고, 혼화물을 구성하는 하나의 물건마다 어느 소유인지를 결정할 필요는 없다. 그렇다면, 별도의 소유자에 속하는 동종의 물건이 혼장되어 있는 상황 아래에서 식별불능의 상태가 된 경우에는 전체에 대한 공유지분을 상정하면 충분하다. 민법상 혼화의 입법취지가 해당되지 않는 상황인 것이다.

그래서 신탁법에는 「혼화」와 구별되는 개념으로서 「식별불능」을 동종의 재산이 혼재하고, 개개의 물건의 귀속이 불명인 경우로서 상정하고, 그 때에는 개개의 물건(전체가 하나의 물건으로 되지 않는 경우) 또는 전체(하나의 물건이 된 경우)에 대한 공유지분이 신탁재산과 고유재산(또는 다른 신탁재산)에 속하는 것으로 되어 있다고 이해할 수 있다(신탁 제18조 제1항 전단·제3항). 그 결과 다른 한편으로 「혼화」라 함은 소유자를 달리하는 이종의 재산이 혼재하여 식별불능이 된 경우가 된다.[45]

---

45) 이상과 같은 취지라고 생각되는 것으로서, 新井·364~366면. 또한 「혼화」는 사회경제상 하나의 물건이 된 경우이고, 신탁법상 「식별불능」은 하나의 물

마찬가지의 사고방식은, 민법상으로도, 특히 금전에 관하여는 주장되어 온 것이지만,[46] 민법상 혼화일반에 관하여 타당할 것이다(또한 혼합임치에 관한 민법 제665조의2 참조).

(나) 혼합물의 공유지분 비율은 식별불능이 된 시점의 각 재산의 가격 비율에 따르지만, 분명하지 않은 경우에는 동등한 것으로 추정된다(신탁 제18조 제1항 후단·제2항). 식별불능이 된 후에 변동이 생기면, 그 변동은 당연히 고려된다(공유재산의 운용의 결과에 지나지 않는다). 비율의 일부가 분명하지 않은 경우에는(예를 들어, 30% 이상이 고유재산이라는 점이 명확하다), 분명하지 않은 부분만 평등이 추정된다.[47] 신탁재산과 고유재산 또는 다른 신탁재산에 속하는 동종의 재산을 물리적으로는 구분하지 않지만, 비율을 밝혀 관리하는 경우에는 당연히 그 비율에 따른 공유가 되는 것이고, 신탁법 제18조 제1항 후단·제2항의 규율은 현재의 비율이 분명하지 않은 경우에 적용된다.

건이 되어 있지 않은 경우라는 이해도 있지만[寺本·79면 주(1)], 하나의 물건이 되는 것은 민법 제245조의 문언상 혼화의 요건이 되지 않는다. 하나의 물건이 되지 않는 경우의 소유권 귀속에 관하여 민법상 규정이 결여되어 있다고 이해할 수도 있지만[山田誠一「民法からみた新しい信託法」ひろば 60권 5호 13면(2007)], 본문과 같이 해석하여 규정의 결함을 발생시키지 않는 편이 타당하다고 생각된다(동종·동등한 물건이 혼합된 경우에 관하여 민법상의「혼화」가 아니라 식별불능의 처리를 하는 것을 주장하는 견해로서, 그 밖에 岸本雄次郎『信託制度と預り資産の倒産隔離』167~172면(日本評論社, 2007), 林康司「事業信託と動産取引」「信託と倒産」実務研究会編『信託と倒産』112면(商事法務, 2008), 永石ほか編·272~274면(下田顕寛). 또한 최근의 연구로서, 岸本雄次郎「混和と添付以外の識別不能との異同及び動産の共有持分」立命 348호 175면 이하(2013).

46) 四宮和夫「物権的価値返還請求権について」同『四宮和夫民法論集』118면 주(11)(弘文堂, 1990).

47) 永石ほか編·275면 이하(森倫洋=豊永晋輔)가 이 문제를 상세하게 검토한다. 덧붙여, 寺本振透編『解説新信託法』41면 주(23)(弘文堂, 2007)이 들고 있는 예는 타당하지 않다.

(4) 공유재산의 분할

(가) 우선 어떤 재산에 관하여 그 공유지분이 신탁재산과 수탁자의 고유재산에 속하는 상태가 된 경우이다.

이러한 상태가 되는 것은 신탁법 제17조·제18조가 적용되는 경우에 한정되지 않는다. 예를 들어 수탁자가 어떤 부동산에 관하여 그 공유지분을 고유재산에 속하는 재산으로서 보유하는 경우, 동일 부동산의 다른 공유지분을 신탁재산에 속하는 재산으로서 취득하는 경우도 있을 수 있다. 그러한 공유지분은 모두 수탁자에게 귀속되지만, 공유물 분할에 준하여 해당 재산을 분할할 수 있다(신탁 제19조 제1항·제2항).

(a) 분할에 관하여 주도권을 취한 주체로서 상정되는 것은 수탁자 및 수익자(신탁관리인이 현재 존재하는 경우에는 신탁관리인)이지만(신탁 제19조 제2항 참조), 분할권한의 제약은 가능한지, 또한 수탁자에 의한 분할에 수탁자로서의 선량한 관리자의 주의에 따른 판단 등이 요구되는지가 문제된다.

수탁자가 주도권을 취한 분할은 수탁자가 고유재산에 관하여 가지는 권리의 실현이고, 신탁사무 집행과는 다르다. 따라서 예를 들어 수익자와 수탁자 사이에 별도의 합의에 의해 분할을 제약하는 것은 민법 제256조의 요건을 충족하는 한 가능할 것이지만, 채권적 효과밖에 가지지 않으며, 또한 신탁행위의 정함에 따라 그 권한을 제약할 수는 없다고 해석하여야 한다. 신탁법 제19조 제2항에 의한 법원에 대한 분할청구에 관하여도 수탁자로서의 의무에 기초한 제약은 예정되어 있지 않다.

이에 비하여, 수익자의 분할권한은 신탁행위에 의하여 제약될 수 있다. 신탁재산의 관리방법에 관한 문제이기 때문이다. 예를 들어 어느 일정한 신탁재산에 관하여 수탁자의 고유재산과 공유의 형태로 관리하고, 분할은 허용되지 않는다는 정함도 가능하다(동조 제1항 제1호의 문제는 아니다).

(b) 분할 방법에 관하여는,

① 우선 신탁행위의 정함이 적용된다(신탁 제19조 제1항 제1호). 전형적으로는 적절한 제3자에게 매각을 한 후에 금전에 의한 분할 등을 생각할 수 있을 것이다. 또한 식별불능의 경우에는 수량에 의한 분할을 하는 것이 기본이 된다(민법 제665조의2 제2항의 법리에 의한다).

② 수탁자 및 수익자(신탁관리인이 현재 존재하는 경우에는 신탁관리인)의 협의에 의할 수도 있다(신탁 제19조 제1항 제2호).

③ 또한 「분할을 하는 것이 신탁목적의 달성을 위하여 합리적으로 필요하다고 인정되는 경우로서 수익자의 이익을 해하지 않는 것이 분명한 경우 또는 해당 분할이 신탁재산에 미치는 영향, 해당 분할의 목적 및 양태, 수탁자의 수익자와의 실질적인 이해관계 상황 및 그 밖의 사정에 비추어 정당한 이유가 있는 경우에는 수탁자가 정하는 방법」으로 분할을 할 수도 있다(신탁 제19조 제1항 제3호).

④ 협의가 이루어지지 않는 경우나, ①이나 ③에 의한 분할을 할 수 없는 경우에는 수탁자 및 수익자(신탁관리인)는 법원에 대하여 분할을 청구할 수 있다(신탁 제19조 제2항). 민법 제258조 제1항과 마찬가지이다. 또한 신탁법에는 명문의 규정이 없지만, 민법 제258조 제2항에 준하여 법원은 분할을 위하여 경매를 명할 수도 있다고 해석된다.

(c) 신탁법 제19조 제2항은 법원에 대한 분할청구에 관하여 동조 제1항 「제2호의 협의가 이루어지지 않는 경우 그 밖에 동항 각 호에 열거하는 방법에 의한 분할을 할 수 없는 경우」라고 하고, ④를 열위에 두는 한편, ①부터 ③의 방법에 관하여는 우선열후관계를 분명히 하고 있지 않다. ①부터 ④의 방법의 상호관계에 관하여

는 다음과 같이 생각하여야 한다.

이미 서술한 바와 같이 수탁자가 주도권을 취하는 분할은 수탁자가 고유재산에 관하여 보유하는 권리의 실현이고, 신탁사무집행이 아니기 때문에 신탁행위의 정함에 따라 그 권리를 제약할 수 없다. 따라서 ①에서 말하는 신탁행위의 정함이 있어도 수탁자는 그 정함에 따라 분할할 의무를 부담하지 않는다.

수익자(신탁재산의 이익을 실현하는 지위에 있다)와 수탁자가 협의에 의한 분할을 할 때, 즉, ②의 방법에 의하는 경우, 그 협의에 있어서 수탁자는 자신의 이익을 주장하고 수익자와의 사이에서 교섭하면 족하며, 수익자를 위하여 자기의 이익을 희생할 필요는 없고, 협의가 성립하도록 노력할 의무도 없다. 수탁자에 대하여 일반적 충실의무(→303면)는 추상적으로는 부과되지만, 여기에서는 수익자가 협의의 주체이므로, 일반적인 사기·강박·폭리행위 등의 규율에 따라야 하고, 원칙적으로 일반적 충실의무위반은 문제되지 않는다고 해석된다. 또한, ①에서 말하는 신탁행위의 정함이 있어도 수탁자는 그 정함에 따라 분할할 의무를 부담하지 않는다고 해석하는 이상, 신탁행위의 정함의 유무에 관계없이, ②의 방법에 의한 분할은 가능하다고 해석된다.

이에 비하여, ③의 방법은 수탁자의 고유재산에 관한 권리 실현을 용이하게 하기 위해서가 아니라 신탁사무의 원활한 집행을 위한 것이다. 그리고 「합리적으로 필요하다고 인정된다」라는 것의 긍정 내지 부정이나 「정당한 이유」의 존부는, 그 관점에서 판단된다. 본래 수탁자가 분할하는 것은 이익상반행위이므로 원칙적으로 인정되지 않지만(동 제31조 제1항 제1호), 이익상반행위 일반과 동일한 기준으로 예외가 인정되는 것이다(동조 제2항 제4호 참조). 다만 수탁자에게 분할권한이 인정되는 것이 전제이고, 수탁자의 권한에는 신탁행위에 의해 제한을 가할 수 있으므로(동 제26조 단서), ③의 방법에 의한 수탁자의 분할에 관하여는 신탁행위에 의하여 금지 또는 제한을 할 수 있다. 신탁행위에서 분할방법이 정하여진 경우, 그것이 다른 방법에 의한 분할을 수탁자에게 금지하는 취지라면 권한이 부정될 것이다. 또한 수탁자는 고유재산의 이익을 희생하여 신탁재산의 이익을 도모할 필요가 있는 것은 아니므로 신탁재산의 이익의 관점에서 볼 때 「정당한 이유」가 있다고 하더라도 분할을 할 의무를 부담하는 것은 아니다.

이상 정리하면, 수탁자는 ①부터 ③의 방법에 의하여 분할을 하는 것도 가능하지만, 그러한 방법을 시도할 필요는 없고, 직접적으로 ④의 방법에 의할 수도 있다고 하여야 한다.

(d) 그럼 수익자가 주도권을 취한 경우는 어떠할까? ① 및 ③의 방법을 취하는 것에 관하여 수탁자에게 그 의무가 없는 이상 수익자가 그러한 방법을 취할 것을 수탁자에게 청구할 수는 없다. 그렇다면, ②의 협의에 의할 수는 있지만, 그것을 성립시키도록 노력할 의무는 수익자에게도 수탁자에게도 없고, 따라서 직접적으로 ④의 방법에 의할 수도 있다고 하여야 한다.

다만, 이미 서술한 바와 같이, 수익자의 분할 권한은 신탁행위에 의하여 제한될 수 있다.

(나) 다음으로 어떤 재산에 관하여 그 공유지분이 하나의 신탁재산과 다른 신탁재산에 속하는 상태가 된 경우이다.

이 경우도 우선 각 신탁의 신탁행위에서 정한 방법에 따른다(신탁 제19조 제3항 제1호). 신탁행위의 정함의 유무에 관계없이 협의에 의한 분할도 가능하지만, 그 주체는 각 신탁의 수익자(신탁관리인)가 된다(동항 제2호). 법원에 대한 분할 신청도 마찬가지이다(동조 제4항). 수탁자는 2개의 신탁 사이에서 이익상반관계에 있기 때문이다(동 제31조 제1항 제2호 참조). 다만 각 신탁에 관하여, (가)(b)③과 동일한 기준으로 합리성이나 정당한 이유가 있는 경우에는 수탁자가 결정하는 방법으로 분할할 수 있다[동 제19조 제3항 제3호. 여기에서「각 신탁의 수탁자」라는 것은 동일인을 가리킨다. 수탁자가 복수인 경우에 관하여는 (라) 참조].

또한 각 신탁의 신탁행위에서 정한 방법에 의할 수 있는 것은 신탁행위 사이에서 저촉이 없는 경우로 한정된다. 또한 수익자의 분할 권한은 신탁행위에 의하여 제약될 수 있지만, 일방의 신탁에서 권한의 제약이 있어도, 다른 신탁의 수익자는, 그것에는 구속되지 않는다.

분할에 관한 각 방법의 관계는 (가)(c)에 서술한 바에 준한다. 다만 수탁자는 각 신탁에 관하여 그 이익을 도모할 의무를 부담하고 있기 때문에 일정한 방법으로 분할하는 것이 각 신탁에 있어서 이익이 되고, 합리성이나 정당한 이유라는 요건을 충족하는 경우에는 수탁자에게는 그 방법에 따라 분할할 의무가 있다고 해석하여야 한다.

(다) (가), (나)에 공통적으로, 수탁자가 결정하는 방법으로 분할을 하는 경우에는 이익상반상황에 해당하므로, 신탁법 제31조 제3항에 준하여 수익자에게 중요한 사실을 통지하여야 한다는 견해[48]가 있다. 그러나 분할은 신탁사무집행의 과정에서 통상 발생할 수 있는 것이고, 또한, 예를 들어 자기거래는 제3자와 거래를 하는 것을 선택하면 회피할 수 있는 것에 비하여, 수탁자가 지분권자인 한 분할 당사자가 수탁자가 되는 것은 불가피하므로 통지는 필요하지 않다고 하여야 한다(부합, 혼화, 식별불능이 발생한 경우 수탁자가 신탁재산을 보관할 의무를 위반하고 있다고 평가되는 경우가 있다는 것은 별도의 문제이다).

(라) 또한 복수의 수탁자가 있는 경우 신탁법 제84조는「그 공유지분이 신탁재산과 고유재산에 속하는 경우」의 분할협의·법원

48) 井上編·18면.

에 대한 분할청구에 관하여(동 제19조 제1항 제2호·제2항), 그 공유지분이 고유재산에 속하지 않는 수탁자의 관여를 배제하고 있다. 이는 분할협의·법원에 대한 분할 청구가 수탁자의 고유재산에 관한 권리행사임을 나타내고 있다. 이에 비하여, 신탁법 제19조 제1항 제3호에 의한 「수탁자가 결정하는 방법」에 의한 분할은 신탁사무의 집행이므로, 신탁법 제80조가 적용되고, 다른 수탁자가 관여하게 된다(다만 「실질적인 이해관계의 상황」은 「고유재산에 공유지분이 속하는 수탁자」와 수익자 사이에 관하여 판단된다. 또한 후술하는 「그 공유지분이 신탁재산과 다른 신탁의 신탁재산에 속하는 경우」에서는 「각 신탁재산의 공유지분이 속하는 수탁자」와 수익자 사이의 판단이 된다. 동 제84조).

「그 공유지분이 신탁재산과 다른 신탁의 신탁재산에 속하는 경우」로, 일방 또는 쌍방의 신탁에 관하여 복수의 수탁자가 존재하는 경우에 관하여 신탁법 제19조 제3항 제3호의 「각 신탁의 수탁자가 결정하는 방법」은 동법 제84조에 따라 「각 신탁의 수탁자의 협의에 의한 방법」으로 되어 있다. 예를 들어 甲신탁에 관하여 T_1과 T_2가 수탁자이고, 乙신탁에 관하여 T_1이 수탁자인 경우에는 수탁자에 의한 분할 방법의 결정은 생각할 수 없고, 필연적으로 수탁자 사이의 협의에 의하게 되기 때문이다. 다만 쌍방 모두 T_1과 T_2가 수탁자인 경우에는, 결국, 공동수탁자 $T_1 \cdot T_2$에 의한 결정이 된다(그 결정방법은 동 제80조에 의한다. → 122면).

(마) 이상의 요건을 충족하지 않는 경우에는 분할의 효과가 발생하지 않는다.[49]

(5) 혼 동

혼동에 관하여도, 신탁재산·수탁자를 공통으로 하는 다른 신

49) 井上編·18면.

탁의 신탁재산·수탁자의 고유재산에 속하는 재산의 각각이 다른 소유자에게 속하는 것으로 취급된다.

우선 동일물에 관한 소유권과 다른 물권이 신탁재산과 고유재산 또는 다른 신탁재산에 각각 귀속되더라도 혼동에 의한 소멸은 발생하지 않는다(신탁 제20조 제1항. 즉 민법 제179조 제1항 본문이 적용되지 않는다). 소유권 이외의 물권과 이를 목적으로 하는 다른 권리가 신탁재산과 고유재산 또는 다른 신탁의 신탁재산에 각각 귀속된 경우도 마찬가지이다(신탁 제20조 제2항. 즉 민법 제179조 제2항 전단이 적용되지 않는다).

다음으로, 채권의 혼동에 관하여도 마찬가지로 생각할 수 있다.

수탁자가 신탁재산에 속하는 채권의 채무자가 되더라도(예를 들어, 채무자의 사망에 의하여 수탁자가 해당 채무를 상속한 경우) 수탁자가 고유재산으로부터 신탁재산에 대하여 이행의무를 부담할 뿐 혼동에 의한 소멸은 발생하지 않는다. 다만 신탁재산에 속하는 채권이 신탁재산 책임부담 채무가 된 경우에는 해당 채무는 신탁재산으로부터 지급되고, 변제의 결과는 신탁재산에 귀속하게 되므로, 채무를 상정해도 의미는 없고, 혼동에 의하여 소멸한다(신탁 제20조 제3항 제1호). 고유재산 또는 다른 신탁재산에 속하는 채권의 채무자가 수탁자가 된 경우에도, 그것이 신탁재산 책임부담 채무가 되었다면, 수탁자는 해당 채무를 신탁재산에 속하는 재산에 의하여 변제하고, 그 결과가 고유재산 또는 다른 신탁의 신탁재산에 귀속하는 것이므로, 혼동에 의한 소멸은 발생하지 않는다(동항 제3호).

수탁자가 신탁재산 책임부담 채무와 관련된 채권의 채권자가 되어도(예를 들어, 수탁자가 채권양도를 받은 경우) 해당 채권이 수탁자의 고유재산에 귀속된 경우에는 수탁자는 신탁재산으로부터 고유재산에 대한 급부를 받을 수 있으므로 혼동에 의한 소멸은 발생하지 않는다. 이에 비하여, 해당 채권이 신탁재산에 귀속되면, 급부는 신탁재산에 귀속하게 되므로 존속시키는 의미가 없고, 혼동에 의하여 소멸한다(동항 제2호).

수탁자를 채무자로 하는 채권이 수탁자에게 귀속된 경우에, 그 채권이 신탁재산에 귀속되면 수탁자로부터의 급부는 신탁재산에 귀속하게 되므로, 해당 채권에 관하여 혼동에 의한 소멸은 발생하지 않는다. 그러나 그 채권과 관련된 채무가 신탁재산 책임부담 채무라면 해당 채무는 신탁재산으로부터 이행되므로 채권을 상정하여도 의미는 없고(신탁재산으로부터의 급부를 신탁재산에 귀속시키게 된다), 혼동에 의하여 소멸한다(동항 제4호).

5. 신탁재산에 대한 급부(⑥, ⑦)

(1) 한정책임신탁에서 급부가능액을 초과한 급부를 받은 수익자 또는 급부의 결과로서 결손액이 발생한 경우의 수익자가 수탁자에게 지급한 금전(신탁 제226조 제3항, 제228조 제3항. →213면) 및 수익증권발행 한정책임신탁에서 회계감사인이 손실전보책임의 이행으로서 수탁자에게 지급한 금전(동 제254조 제2항. →447면)도 신탁재산에 귀속한다(동 제16조 제2호). 이러한 급부는 신탁재산에 대해 이루어지는 것이므로 당연하다. 형태상으로는 수탁자에 대해 이루어지는 것이지만, 수령한 금전을 고유재산에서 신탁재산으로 이전한다는 수탁자의 행위를 생각할 필요는 없고, 당연히 신탁재산이 된다. 이를 분명하게 하기 위하여 명문의 규정을 두었다.

미지급 단계에서는 급부를 요구하는 채권이 신탁재산에 귀속하는 것은 3(2)와 마찬가지이다.

(2) 신탁법 제40조 제1항에 의한 수탁자의 책임 이행은 수탁자의 고유재산에 속하는 재산을 신탁재산에 속하는 재산으로 하는 행위이고(→324면), 급부된 물건이 신탁재산이 되는 것은 당연하다.

마찬가지로 한정책임신탁에서 급부가능액을 초과한 급부를 수익자에 대하여 한 경우 또는 수익자에 대한 급부의 결과로서 결손액이 발생한 경우에 수탁자가 부담하는 전보의무의 이행으로서 급부된 금전(동 제226조 제3항, 제228조 제3항. → 213면)도 신탁재산에 귀속한다(동 제16조 제2호).

6. 신탁행위에서 신탁재산에 속하여야 하는 것으로 정하여진 재산(⑧)

신탁법 제16조 본문은, 「신탁행위에서 신탁재산에 속하여야 하는 것으로 정하여진 재산」은 신탁재산에 속한다고 하고 있다.

일견 신탁행위에서 정하여져 있으면, 그것만으로 여러 가지 재산이 신탁재산이 될 것 같지만, 그것은 타당하지 않고, 기본적으로는 당초 신탁재산을 의미하고 있다고 생각하여야 할 것이다(추가신탁에 관하여는, → 518면*).

나아가 첨부에 관하여 신탁행위로 별도의 정함을 할 수 있는 것도, 이 문언에 의하여 정당화된다.

제 3 절 신탁재산의 독립성

1. 서 설

신탁재산은 수탁자에게 귀속되어 있지만, 수탁자의 고유재산과는 별도로 취급된다. 이를 **신탁재산의 독립성**이라 한다. 신탁재산의 독립성은 이미 서술한 첨부 등의 규율(→ 133면)에 있어서도 볼 수 있었지만, 가장 특징적으로 나타나는 것은 수탁자에 대한 채권자와의 관계에 있어서이다.

또한 자기신탁을 제외하고, 수탁자는 신탁설정 시에 당초 신탁재산에 속하여야 하는 재산을 수탁자에 대하여 처분한다. 그렇다면, 위탁자에 대한 채권자가 신탁재산에 속하는 재산을 압류할 수 없는 것은 당연하고, 이는 신탁재산의 독립성의 문제가 아니다. 해당 재산이 채무자(=위탁자)에게 귀속하지 않는다는 것뿐이다. 그러나 위탁자로부터의 재산의 이탈이 위탁자에 대한 채권자에게 부당한 손해를 입히는 경우도 있어 그러한 결과가 초래되지 않도록 하기 위한 규율도 필요하다. 이 역시 본절에서 취급하기로 한다.

그리고 자기신탁에 있어서는 위탁자로부터 수탁자로의 처분은 없기 때문에 위탁자에 대한 채권자가 기대할 수 있는 재산으로서의 성격을 상실하도록 하기 위하여는 위탁자의 고유재산으로부터 분리가 명확하게 이루어질 필요가 있다. 이 점은 이미 서술하였지만(→90면), 위탁자에 대한 채권자에게 부당한 손해를 입히지 않기 위하여 더욱 특별한 취급이 이루어진다. 후술하기로 한다.

2. 수탁자에 대한 채권자와의 관계

(1) 수탁자에 대한 두 종류의 채권자

이미 서술한 바와 같이(→26면), 신탁재산에는 법인격이 없으므로, 신탁사무집행에 따라 채무를 부담하게 된 경우에도 그 채무자는 수탁자이다. 채권자는 수탁자의 고유재산으로 충당할 수 있다[그 예외가 한정책임신탁(→200면)이다. 또한, 수익채권에 관하여는→447면].

그러나 여기에서 착목하는 신탁을 甲신탁이라고 부르면, 甲신탁의 신탁사무집행 등으로 부담하는 채무에 관하여는, 최종적으로 수탁자가 자신의 고유재산으로 부담하지 않아도 된다. 수탁자는 甲신탁의 신탁재산에 속하는 재산을 이용하여 이를 변제할 수도 있고, 고유재산으로부터 변제한 경우에는 甲신탁의 신탁재산으로부터 상환을 받을 수 있다(신탁 제48조. → 342면). 역으로 그와 같은 채무에 관련된 채권자는 甲신탁의 신탁재산으로 충당할 수 있다.

이에 비하여, 수탁자가 甲신탁과는 무관하게 부담한 채무는, 당연히 고유재산으로부터 변제가 이루어지고 그 부담은 고유재산에 귀착한다. 그와 같은 채무의 채권자는 甲신탁의 신탁재산을 기대할 수 없다. 수탁자는 자신의 이익에는 이용할 수 없는 재산으로서 甲신탁의 신탁재산을 보유하고 있는 것이고, 그 재산에 관한 이익은 수익자에게 귀속하고 있는 것이다. 또한 수탁자가 甲신탁의 수탁자임과 동시에, 乙신탁에 관하여도 수탁자가 된 경우, 乙신탁의 신탁사무 집행 등으로 인하여 부담한 채무는 甲신탁의 수익자 입장에서 보면, 관계가 없는 채무이다. 그러한 채무에 관하여 수탁자의 고유재산 및 乙신탁의 신탁재산으로 충당할 수는 있지만, 그 변제를 위하여 甲신탁의 신탁재산에 속하는 재산이 이용되는 것은 부당하다.

이와 같이 보면, 수탁자에 대한 채권자에는 두 가지 종류의 채권자가 존재하는 것을 알 수 있다. 甲신탁의 신탁재산으로 충당되는 채권의 채권자와 충당되지 않는 채권의 채권자이다. 여기에서는 후자의 종류의 채권자와의 관계에서 살펴보기로 한다.

(2) 수탁자에 대한 채권자: 그중 1(甲신탁의 신탁재산으로 충당되지 않는 채권의 채권자)

(가) 신탁법 제23조 제1항은 「신탁재산 책임부담 채무와 관련된 채권(신탁재산에 속하는 재산에 관하여 발생한 권리를 포함한다. 다음 항에서도 동일하다.)에 기초하는 경우를 제외하고」, 신탁재산에 속하는 재산에 대하여는 강제집행, 가압류, 가처분이나 담보권의 실행 또는 경매 혹은 국세체납처분을 할 수 없다고 규정하고 있다.

신탁재산 책임부담 채무의 구체적 내용에 관하여는 후술하겠지만(→151면), 그 이외의 채무라 함은 수탁자가 자신의 고유재산 또는 다른 신탁(乙신탁)의 신탁재산(엄밀히는 그 일방 또는 쌍방)으로 부담하는 채무이다. 이와 같은 채무의 채권자는 (甲신탁의) 신탁재산에 속하는 재산을 기대할 수 없다.

또한 동항 괄호 부분의「신탁재산에 속하는 재산에 관하여 발생한 권리」라 함은 신탁재산에 속하는 재산에 관하여 설정된 저당권 등 제3자에게 대항할 수 있는 권리이다. 이는 수탁자에게도 대항할 수 있으므로 실행이 가능하다.

(나) 신탁법 제23조 제1항에 위반하여 이루어진 강제집행 등에 대하여는, 수탁자 또는 수익자가 이의를 주장할 수 있다[50](동 제23조 제5항. 제3자 이의의 소에 관한 민사집행법 제38조·민사보전법 제45조가 준용된다)[국세체납처분에 대하여는 불복신청(국세통칙법 제75조). 신탁 제23조 제6항].

이의사유가 있는 경우 수탁자가 이의를 주장하는 것은 신탁목적 달성을 위한 행위이고, 신탁사무집행이다. 수탁자는 이의를 주장할 의무를 부담한다(신탁 제29조 제1항). 수탁자가 이의와 관련된 소를 제기한 경우에는 신탁사무집행이므로, 그 비용을 신탁재산에서 지출할 수 있고, 고유재산에서 지출한 경우에는 신탁재산으로부터 비용을 상환받을 수 있다(동 제48조).

이에 비하여, 수익자는 스스로의 이익을 위해서 이의를 주장하는 것에 불과하므로, 이의를 주장할 의무를 부담하지 않는다. 또한 수익자가 복수로 존재하는 경우, 각각의 수익자에게 스스로의 이익을 지키는 것이 인정되어야 하므로, 이 이의권은 단독으로 행사할 수 있고, 신탁행위의 정함에 의해서 제한할 수 없다(동 제92조

---

50) 신탁재산에 속하는 재산으로서 등기된 부동산의 압류를 둘러싼 문제에 관하여, 鷹野旭「信託財産に属する不動産を目的とする競売事件」竹田光広編『民事執行実務の論点』398면 이하(商事法務, 2017).

제3호).

(다) 이의를 신청한 수익자는 그로 인해 직접적으로 자신의 수익권을 확보하는 것은 아니다. 신탁재산의 보전에 따라 간접적으로 이익을 수령하는 것에 그친다. 또한 그 밖에 수익자가 있거나 귀속권리자가 있으면, 그자에게도 이익을 주고 있는 것이 되고, 신탁재산 책임부담 채무의 채권자를 위하여서도 책임재산을 보전하고 있는 것이 된다. 그래서 회사법 제852조(주주대표소송)의 경우에 준하여 다음과 같은 규율을 두고 있다.

우선 이의와 관련된 소를 제기한 수익자가 승소(일부 승소를 포함한다)한 경우에는, 실제로 필요하였던 액수를 상한으로 지출한 비용(사실관계의 조사비용, 통신비 등)과 변호사 등에게 지불하는 보수액 중 상당하다고 인정되는 범위를 수탁자에게 청구하고, 신탁재산으로부터 지급하도록 할 수 있다(신탁 제24조 제1항).

다음으로, 수익자가 패소한 경우에도 수익자가 악의(수탁자에게는 이의를 주장할 의무가 있으므로, 적절한 소송수행을 하는 것을 수익자의 책임으로 할 수는 없다. 따라서 「악의」라 함은 이의에 이유가 없음을 알고 있는 경우라고 해석하여야 한다[51])인 경우를 제외하고, 그로 인하여 발생한 손해를 배상할 의무를 부담하지 않는다(동 제24조 제2항). 다만, 수익자패소의 이유가 압류 등을 행한 채권자가 신탁재산 책임부담 채무의 채권자인 경우에 한정된다. 즉, 이의와 관련된 소의 제기에 의하여 신탁재산 책임부담 채무의 변제가 지체되고, 신탁재산에 손실(지연손해금의 지급 등)이 발생하더라도 그 손실은 수익자가 신탁재산을 적절하게 보존하려고 한 결과로서 발생한 것이므로, 해당 수익자는 과실이 있더라도 악의가 아닌 한 배상의무를 부담하지 않는다는 것이다. 이에 비하여 압류 등의 대상이 된 재산

51) 회사법 제852조 제2항에서 말하는 「악의」의 해석에 관하여는, 岩原紳作編『会社法コンメンタール19』621면(伊藤靖史)(商事法務, 2021) 참조.

이 신탁재산에 속하는 재산이 아닌 경우라는 이유로 수익자가 패소한 경우에는 신탁재산에는 손실이 발생하지 않지만, 수탁자는 스스로 고유재산[다른 신탁(乙신탁)의 신탁재산을 포함한다]으로 부담하는 채무의 변제가 지체됨에 따라 손해를 입을 수 있다. 이러한 손해에 관하여 수익자의 배상의무가 면제되어야 할 이유는 없고, 수탁자는 민법 제709조에 기초하여 소를 제기한 수익자에게 손해배상을 청구할 수 있다. 즉 신탁법 제24조 제2항에서 말하는 「그로 인하여 발생한 손해」라고 해석하여야 한다(→263면).*

패소한 수익자가 상환을 받는 비용에는 소송비용을 포함하지 않는다(신탁 제24조 제1항 괄호 부분). 소송비용은 민사소송법 제61조 이하의 규율에 따르기 때문이다.

* 이 규율은 회사법 제852조 제2항에 따르는 것이지만, 위 규정에는 「해당 주식회사 등에 대하여, 이로 인하여 발생한 손해를 배상할 의무를 부담하지 않는다」라고 되어 있고, 여기에서 문제가 되는 손해가 「해당 주식회사 등」에 발생한 것임은 분명하다. 이에 비하여 신탁법 제24조 제2항이 「수탁자에 대하여」라고 규정하고 있는 것에 의하여는, 「이로 인하여 발생한 손해」로부터 고유재산이나 다른 신탁재산에 발생한 손해를 당연히 배제할 수는 없다. 해석론으로 대응하는 것이 되는데, 본래는 「신탁재산에 발생한 손해」라고 명기하였어야 한다고 생각된다.

(라) 수탁자가 파산절차 개시결정·재생절차 개시결정·갱생절차 개시결정을 받은 경우 신탁재산에 속하는 재산은 파산재단·재생채무자 재산·갱생회사 재산에 포함되지 않는다(신탁 제25조 제1항·제4항·제7항)(수탁자에 관한 도산절차가 개시된 경우의 규율에 관하여, →358면). 또한 수탁자가 사망한 경우에는 신탁재산은 법인이 되어(동 제74조 제1항), 신탁재산에 속하는 재산은 수탁자의 상속재산에는 포함되지 않는다(수탁자의 사망에 관하여는 나중에 다룬다. →365면).

모두 신탁재산의 독립성의 발현이다.

(3) 수탁자에 대한 채권자: 그중 2(甲신탁의 신탁재산으로 충당되는 채권의 채권자)

(가) 신탁사무집행 등에서 부담한 채무에 관하여는, 수탁자는 신탁재산을 이용하여 이를 변제하는 것도 가능하고, 고유재산으로부터 변제한 경우에는 신탁재산으로부터 상환받을 수 있다(신탁 제48조. → 342면). 그리고 그 채권자는 신탁재산에 대하여 압류 등을 할 수 있다. 이와 같이 수탁자가 신탁재산에 속하는 재산으로 이행할 책임을 부담하는 채무를 **신탁재산 책임부담 채무**라고 한다(동 제2조 제9항).

이를 채권자 측에서 보면, 甲신탁의 신탁재산 책임부담 채무의 채권자는 甲신탁의 신탁재산에 속하는 재산에 대하여 압류 등을 할 수 있게 된다(동 제23조 제1항).

신탁재산 책임부담 채무는 신탁법 제21조 제1항에 제1호부터 제9호로서 열거되어 있다. ① 수탁자의 신탁사무 집행에 따라 발생한 채무, ② 수익권과 관련된 채무, ③ 어떤 재산이 신탁재산에 속하는 재산이 되기 전에 해당 재산에 관하여 발생한 권리 등 3가지 유형으로 구분할 수 있다.

(나) 수탁자의 신탁사무집행에 따라 발생한 채무 우선, 제1의 유형은, 수탁자의 신탁사무집행에 따라 발생한 채무이다.

(a) 신탁재산을 위하여 한 행위로서 수탁자의 권한에 속하는 것에 의하여 발생한 권리에 관련된 채무(신탁 제21조 제1항 제5호)에 대하여는 당연하다. 또한 신탁재산을 위하여 한 행위로서 수탁자의 권한 외 행위라도 이미 서술한 바와 같이 신탁법 제27조 제1항·제2항에 근거하여 취소가 되지 않는 한, 유효한 신탁사무집행으로서 취급된다(→ 104면). 그래서 위 각 조항에 기초하여 취소할 수 없는 권한 외 행위(동 제21조 제1항 제6호 가목) 및 취소는 가능하지만 취

소되지 않은 행위(동호 나목)에 의하여 발생한 권리에 관련된 채무는, 신탁재산 책임부담 채무가 된다[전 수탁자의 임무종료 후, 새로운 수탁자의 취임까지 전 수탁자에 의해 이루어진 권한 외 행위에 관하여도 마찬가지. 동 제75조 제4항, 제21조 제1항 제6호 가목 괄호 부분(제1)].

신탁법 제21조 제1항 제6호 가목 괄호 부분(제2)에 있어서, 「해당 행위의 상대방이 해당 행위 당시 해당 행위가 신탁재산을 위하여 이루어진 것이라는 점을 몰랐던 것」이 제외되는 것은, 그 경우에는 권한 외 행위의 효과가 신탁재산에 귀속되지 않기 때문이다(→104면). 나아가 그중에서, 「신탁재산에 속하는 재산에 관하여 권리를 설정하거나 이전하는 행위」가 제외되어 원칙으로 돌아가는 것은, 그와 같은 행위에 관하여는 수탁자가 그 행위의 효과를 신탁재산에 속하는 해당 재산에 귀속시키는 법률행위를 한 이상 상대방도 해당 재산에 관한 권리를 취득하는 의사를 가지고 있으므로, 자신의 권리실현을 위하여 기대되는 재산에서 신탁재산에 속하는 재산이 제외된다고 생각할 가능성은 없어 보호의 필요성이 인정되기 때문이다(→105면).

마찬가지로, 이해상반행위의 제한에 위반한 행위로 제3자와의 사이에서 행한 행위에 관하여는 신탁법 제31조 제7항에 근거하여 취소되지 않는 한 유효한 신탁사무집행으로서 취급된다(→289면). 그래서 동항에 근거하여 취소할 수 없는 권한 외 행위 및 취소는 가능하지만 취소되지 않은 행위에 의하여 발생한 권리에 관련된 채무는 신탁재산 책임부담 채무가 된다(동 제21조 제1항 제7호).

다만 권한 외 행위·이익상반행위 제한 모두 어떤 재산에 권리를 설정하거나 이전하는 행위에 관하여 취소할 수 없는 이유가, 해당 재산에 관하여 대항요건이 구비되어 있지 않으므로 그것이 신탁재산에 속하는 점을 상대방에게 대항할 수 없기 때문인 경우에는(동 제27조 제2항 제1호 참조), 상대방은 해당 재산이 신탁재산에 속하는 재산이 아닌 것으로 행위할 수 있고, 그로부터 발생하는 채권에 관련된 채무를 굳이 신탁재산 책임부담 채무로 할 필요는 없다고 생각할 수도 있다. 그러나, 대항요건의 결여가 있어도 제3자 측에서는 그 결여를 주장하지 않고, 실체적 권리관계를 승인할 수 있으므로 해당 채권에 관련된 채무가 신탁재산 책임부담 채무라는 점도 주장할 수 있다고 하여야 한다(다음에 서술할 채무불이행 책임 등에 관하여 의미를 지닌다).

신탁재산 책임부담 채무를 발생시키는 계약에 관한 채무불이행 책임 등과 관련된 채무도 신탁법 제21조 제1항 제5호·제6호에서 말하는 「발생한 권리」와 관련된 채무에 포함된다. 임대된 부동산을 신탁사무집행으로서 취득한 경우 또는 신탁재산에 속하는 부동산을 임대한 경우의 보증금반환채무도 이에 해당한다.[52]

(b) 이익상반행위의 제한에 반하기 때문에 무효가 되는 행위에 기초하여 수탁자가 취득한 재산에 관하여, 수탁자가 다시 제3자에 대한 처분 등을 한 경우, 해당 제3자가 이익상반행위 제한위반에 관하여 악의 또는 중과실인 경우에 한하여 수익자가 그것을 취소할 수 있도록 되어 있지만(신탁 제31조 제6항. → 287면), 취소할 수 없는 행위 및 취소는 가능하지만 취소되지 않은 행위에 의하여 발생한 권리는 신탁재산 책임부담 채무가 된다(동 제21조 제1항 제7호).*

* 다만, 여기에는 섬세한 해석문제가 있다. 이익상반행위 제한에 반하기 때문에 무효가 되는 행위에는 다음의 3가지가 있다. 즉, ① 甲신탁의 신탁재산에 속하는 재산을 수탁자의 고유재산에 귀속시키는 행위, ② 수탁자의 고유재산에 속하는 재산을 甲신탁의 신탁재산에 귀

52) 中田英幸「賃貸不動産の信託と敷金契約の承継」トラスト60編『新信託法の理論分析』58면(トラスト60, 2010)은, 신탁사무 집행으로서 임대부동산을 취득한 경우에 관하여 보증금반환채무는 신탁법 제21조 제1항 제5호에서 말하는 권리에 관련된 채무가 아니라, 동항 제2호 또는 제9호에 해당한다고 하고 있다. 그러나 타당하다고는 생각되지 않는다.

속시키는 행위, ③ 甲신탁의 신탁재산에 속하는 재산을 다른 乙신탁의 신탁재산에 귀속시키는 행위이다. 그런데 그와 같은 행위는 일정한 요건을 충족하지 않는 한 무효이므로(신탁 제31조 제4항), 수탁자가 그 재산을 다시 제3자에 대한 처분 등을 하는 행위는, ①에서는 甲신탁의 신탁재산에 속하는 재산의 무권한 처분(고유재산에 속하는 재산으로서 처분하고 있다)이 되고, 그것이 취소되지 않는 경우에는 해당 처분 등의 계약에서 발생한 해당 제3자의 채권과 관련된 채무는 甲신탁의 신탁재산 책임부담 채무가 된다. ③에 있어서도 마찬가지이다(수탁자가 甲신탁의 신탁재산에 속하는 재산을 乙신탁의 신탁재산에 속하는 재산으로서 처분하고 있는 것이 된다). 이에 비하여, ②에서는, 해당재산을 신탁재산에 귀속시키기 위한 행위는 무효이므로, 수탁자의 처분 등의 행위는 고유재산의 처분행위에 지나지 않는 것이고, 그 행위로부터 발생하는 채무가 신탁재산 책임부담 채무가 될 이유는 없다. 신탁법 제21조 제1항 제7호에 해당하지 않는다고 해석하여야 한다.

(c) 「수탁자가 신탁사무 처리에 관하여 행한 불법행위에 의하여 발생한 권리」(신탁 제21조 제1항 제8호)와 관련된 채무도 신탁재산 책임부담 채무가 된다.

수탁자가 불법행위에 근거하여 채무를 부담한 경우, 그 행위는 수탁자로서 권한 내의 행위가 아닌 것이고, 또한 신탁재산에 그 효과를 귀속시킬 의사로써 불법행위를 하는 것은 상정하기 어려운 것으로 생각된다. 그렇다면, 불법행위에 의한 채무는 모두 수탁자의 고유재산에 의하여 부담하여야 하는 채무이고, 신탁재산 책임부담 채무는 되지 않는다는 규율도 생각할 수 있다.[53)]

그러나 이른바 거래적 불법행위에 의한 손해배상채무와 같이 채무불이행책임인지 불법행위책임인지가 미묘한 경우가 있고, 불법행위라고 해서 수탁자의 거래행위가 아니라고 단정할 수 없는

53) 이러한 가능성도 포함하여, 能見善久「信託と不法行為」瀬川信久ほか編『民事責任法のフロンティア』189면 이하(有斐閣, 2019) 참조.

경우도 있는 점, 나아가 수탁자의 고유재산의 자력이 충분하지 않은 경우 그 리스크는 해당 불법행위가 「신탁사무 처리에 관하여 행한」 것인 한 신탁사무처리로부터 발생하는 이익을 취득할 수 있는 수익자에게 신탁재산의 감소라는 형태로 부담시키는 것이 공평하기 때문에 신탁재산 책임부담 채무가 된다.

「신탁사무 처리에 관하여 행한」이란 문언의 해석에 관하여는 상기와 같이 신탁재산 책임부담 채무가 되는 이유에 보상책임적인 요소가 있다는 점에 비추어 볼 때, 사용자책임(민 제715조)에 관한 해석이 참고되어야 한다. 다만, 수탁자가 불법행위를 하지 않도록 감독할 의무는 수익자에게는 없다. 따라서 오직 직무관련성을 기준으로 하여 판단되어야 한다.*, **

*** 한정책임신탁과의 관계** 다만, 그와 같은 불법행위에 의해 발생하는 권리는, 「신탁사무의 처리에 관하여 발생한 권리」(신탁 제21조 제1항 제9호)라고도 할 수 있다. 그런데 한정책임신탁(→ 200면)에 있어서는, 신탁재산 책임부담 채무에 충당되는 재산이 신탁재산으로 한정되는바, 「수탁자가 신탁사무 처리에 관하여 행한 불법행위에 의하여 발생한 권리」(동항 제8호)에 관하여는, 그와 같은 책임재산 한정의 효과는 발생하지 않도록 되어 있다(동 제217조 제1항 괄호 부분). 그래서 불법행위에 의한 손해배상청구권이 제8호와 제9호 중 어느 것에 해당하는지는 중요한 문제가 된다.

우선, 한정책임신탁에 있어 책임재산 한정의 효과는 상대방에 대한 명시 등으로 인하여 발생하는 것이므로, 불법행위책임을 한정하는 효과도 발생한다고 하는 것은 당연하지 않다.[54] 피해자에게 있어 수탁자의 고의 또는 과실이 입증된다면, 수탁자는 민법 제709조에 근거한 책임을 부담하는 것이고, 그 경우 수탁자의 고유재산에 기한 책임을 부정할 이유는 없다. 따라서 제8호에 해당한다고 생각하여야 한다.

문제는, 고의·과실을 요건으로 하지 않는 불법행위책임인데, 토지공작물의 소유자 책임(민 제717조 제1항 단서)에 관하여는, 「수탁자

54) 樋口範雄『アメリカ信託法ノートII』285~286면(弘文堂, 2003).

가 신탁사무 처리에 관하여 행한 불법행위에 의하여 발생한 권리」와 관련된 채무에 해당하지 않는다고 하는 견해도 있다.[55] 그러나 무과실책임은 위험성이 높고, 피해자를 보호할 필요성이 큰 경우에 관하여 인정되는 것이고, 한정책임신탁에 있어서도 그 필요성은 변하지 않는다. 따라서 「수탁자가 신탁사무 처리에 관하여 행한 불법행위에 의하여 발생한 권리」와 관련된 채무에 해당한다고 하여야 한다.[56] 나아가 다음(**)에 서술하는 구상관계에 기초한 내부적인 처리가 이루어지면 충분하다.[57]

또한 토지공작물에 관하여 소유자의 책임이 인정되는 경우, 소유자는 무과실이라고는 할 수 없다. 해당성을 부정하는 견해에는 수탁자의 고의·과실을 피해자가 입증한 경우를 예외로서 평가하는 경우도 있지만, 피해자로서는 소유자가 한정책임신탁의 수탁자이고, 나아가 가해행위가 그 직무에 관련성이 있는 것이라는 점을 알 수 있는 구조가 아니므로(신탁재산에 속하는 재산을 압류하였을 때 비로소 문제가 표면화된다), 예외적인 처리가 유효하게 기능할 것이라고는 생각하기 어렵다.

**** 구상관계** 불법행위에 의한 손해배상채무 등이 신탁재산 책임부담

---

55) 토지공작물책임의 소유자책임에 관하여, 寺本·87면, 村松ほか·355~356면, 神田＝折原·239면. 또한 제조물책임도 포함하여 해당성을 부정하는 것으로서, 中田直茂「限定責任信託の受託者の負う不法行為責任」金法 1828호 38면 이하(2008), 新井監修·532~534면(中田直茂)이 있으나, 수탁자가 면책사유가 없는 「제조자 등」에 해당하는 경우, 책임을 한정할 이유는 없다. 보다 폭넓게 해당성을 긍정하는 것으로서, 藤岡祐治「限定責任信託における受託者の第三者に対する責任」東京大学法科大学院ローレビュー 7권 61~64면(2012). 또한 渡辺宏之「研究·信託法(3)」信託 274호 56면(2018)은, 토지공작물책임과의 관계에서 「소유자」라고 보아야 하는 것은, 자익신탁이나 위탁자의 지배가 강한 신탁에 있어서는 위탁자라고 한다.

56) 橋本佳幸「信託における不法行為責任」信研 41호 41면 이하(2016)는, 공작물책임, 사용자책임, 자동차손해배상보장법상의 책임(자배 제3조), 제조물책임(제조물 제3조), 토양오염대책법상의 책임(토양오염 제7조)에 관하여, 사실적 지배를 근거로 하는 책임이라고 해석한 다음 모두 신탁법 제21조 제1항 제8호에 해당한다고 한다. 条解·873~884면(加毛明)도 참조.

57) 秋山靖浩「受託者が土地工作物の所有者として責任を負う場合に関する一考察」トラスト 60編『基礎法理からの信託分析』72면 이하(トラスト60, 2013) 참조.

채무가 되어도, 그 최종적인 부담이 신탁재산으로 귀착한다고는 할 수 없다. 신탁재산으로부터 지출되었을 때, 수탁자에게 구상할 수 있는 경우도 있다. 그 긍정 여부 및 범위는 사용자책임에 준하여 생각하여야 하고,[58] 수탁자에게 고의·과실이 있다고 하여도 항상 전액의 구상이 인정되어서는 안 된다. 반대로 수탁자의 고유재산으로부터 지출되었을 때에도 신탁재산으로부터 상환을 받을 수 있는 경우도 있다. 사용자책임에 있어서의 이른바 역구상과 마찬가지로 생각하여야 한다. 다만, 그 성질은 사용자책임의 경우와는 달리, 연대채무자 사이의 구상은 아니다. 수탁자의 신탁사무집행에 관하여 해태가 있다면, 수탁자는 손실전보책임을 부담하고(신탁 제40조 제1항 제1호), 반대로 수탁자의 임무해태가 없다면, 수탁자의 고유재산으로부터 지출된 경우 수탁자는 신탁재산으로부터 비용의 상환을 받을 수 있게 된다(동 제48조 제1항).

(d) 나아가, 신탁법 제21조 제1항 제9호는「제5호부터 전호까지에서 열거하는 것 이외에 신탁사무의 처리에 관하여 발생한 권리」와 관련된 채무도 신탁재산 책임부담 채무라고 하고 있다. 어떤 의미에서 포괄조항으로 되어 있고, 제5호부터 제8호까지에서 열거된 것은 제9호의 구체화라고도 할 수 있는데, 신탁재산을 보유함으로 인하여 발생하는 고정자산세 등은 이에 해당한다[또한 거래에 의하여 발생하는 소비세·법인세(법세 제2조29의 제2호, 제4조의6~제4조의8) 등은 제5호에 해당한다고 하여야 할 것이다].

(다) 수익권과 관련된 채무 신탁재산 책임부담 채무의 제2유형은 수익권과 관련된 채무이다.

(a) 우선 신탁법 제21조 제1항 제1호의 수익채권은 신탁재산으로부터 급부를 받는 채권(동 제2조 제7항)이고, 신탁재산 책임부담 채무인 것은 당연하다. 그 채무자는 수탁자이지만, 수탁자는 신탁재산에 속하는 재산으로만 이행책임을 부담한다(→449면. 동 제21조

58) 가령, 窪田充見『不法行為法(第2版)』 222~225면(有斐閣, 2018).

제2항 제1호, 제100조).

(b) 다음으로, 신탁변경에 있어서 손해를 볼 우려가 있는 수익자가 가진 수익권취득청구권(신탁 제103조. →468면)과 관련된 채무이다(동 제21조 제1항 제4호). 수익권취득청구권은 신탁의 변경에 반대한 수익자에게 투자의 회수 수단을 확보하기 위한 수단이고, 신탁재산과 관련된 권리의 현재화에 따른 실현이기 때문이다. 수탁자는 신탁재산에 속하는 재산으로만 이행책임을 부담한다(동 제104조 제12항).

(라) 어떤 재산이 신탁재산에 속하는 재산이 되기 전에 해당 재산에 관하여 발생한 권리 제3의 유형은 어떤 재산이 신탁재산에 속하는 재산이 되기 전에 해당 재산에 관하여 발생한 권리이다.

(a) 우선 「신탁재산에 속하는 재산에 관하여 신탁 전의 원인에 의하여 발생한 권리」도 신탁재산 책임부담 채무이 된다(신탁 제21조 제1항 제2호). 이러한 예로서, 신탁재산이 된 부동산에 신탁설정 시보다 이전에 설정된 저당권을 들 수 있는데,[59] 이는 타당하지 않다.[60] 신탁설정 때문에 해당 재산이 위탁자로부터 수탁자에게 이전되더라도 저당권이 존속하는 것은, 저당권자가 등기된 저당권의 존재를 수탁자에게 대항할 수 있기 때문이고(반대로, 등기가 없다면 대항할 수 없다), 또한 저당권이 존재하고 있다고 하여 수탁자가 채무를 부담하는 것은 아니다. 저당권의 부담이 있는 부동산이 신탁재산에 속하는 재산이 되는 것이다(→39면). 예로서는, 오히려 어떤 부동산이 신탁재산에 속하는 재산이 되기 전에 해당 부동산에 관하여 제3자 대항요건을 갖춘 임대차가 존재하는 경우를 들어야 한다. 이 경우에는, 수탁자는 임대인으로서 채무를 부담하게 되고(민 제605조의2 제1항), 그 채무는 신탁재산 책임부담 채무이다.

---

59) 寺本·84면, 村松ほか·56면, 福田ほか·151면. 구법하의 견해로서, 四宮·183면.
60) 条解·117면(加毛明).

(b) 다음으로,「신탁 전에 발생한 위탁자에 대한 채권으로, 해당 채권과 관련된 채무를 신탁재산 책임부담 채무로 한다는 취지의 신탁행위의 정함이 있는 것」(신탁 제21조 제1항 제3호)이다. 다만 신탁행위에 정함이 있으면, 그것만으로 신탁재산 책임부담 채무가 되지 않고, 신탁행위에 의한 채무인수 의무가 수탁자에게 부과되는 경우 그 의무를 수탁자가 이행하면 신탁재산 책임부담 채무가 된다고 할 뿐이다. 채권자의 동의 또는 승낙도 필요하다(민 제470조 제2항·제3항 후단, 제472조 제2항·제3항).

3. 위탁자에 대한 채권자와의 관계: 사해신탁의 취소 등

(1) 원 칙

(가) 신탁계약에 의한 신탁을 설정하는 때*에는, 위탁자는 당초 신탁재산이 되어야 하는 재산을 수탁자에 대하여 처분하는 것이므로, 해당 재산은 위탁자의 책임재산으로부터 일탈하고, 위탁자에 대한 채권자는 그에 대해 강제집행 등을 할 수 없게 된다. 신탁선언에 의한 자기신탁을 설정하는 때에도 당초 신탁재산이 되어야 하는 재산을 가진 자가 해당 재산에 관하여 이후 자신의 이익을 위하여 보유하는 것이 아니라 수탁자로서 수익자의 이익을 위하여 별도로 취급한다는 취지를 선언하기 때문에 기본적으로는 마찬가지이다. 그리고 신탁설정 후에는, 신탁재산은 위탁자와는 분리된 형태로 운용되는 것이고, 신탁재산에 속하는 재산은 위탁자의 책임재산이 되지 않는다.**

위탁자에 대한 도산절차가 개시된 경우도 마찬가지이다. 확실히 신탁법 제163조 제8호는 위탁자가 파산절차·재생절차·갱생절차의 개시결정을 받은 경우에 쌍방미이행 쌍무계약으로서 신탁계약이 해제되는 경우가 있을 수 있다는 점을 인정하고 있다. 그러나 위탁자와 수탁자 사이에서 신탁계약이 쌍무계약으로 상정되는 것 자체를 생각하기 어렵고(상세한 내용은, → 532면), 원칙적으로 위탁자에 대한 도산절차 개시는 신탁에 영향을 미치지 않는다.

*** 유언신탁** 유언신탁에 관하여는, 전제로서 유언에 의한 처분일반이 사해행위 취소권의 대상이 되는지에 관한 문제가 있다. 유언 시, 유언의 효력 발생 시, 수증자의 수익 시가 각각 달라 사해행위 취소권에 관하여 마련된 조문으로는 적절한 규율이 이루어지지 않고, 또한 피상속인에 대한 채권자의 보호는 민법의 구조상, 재산분리(민 제941조)에 맡겨져 있다고도 해석할 수 있기 때문이다. 결론으로서는, 유언에 의한 처분은 사해행위 취소권의 대상이 되지 않고, 그에 따라 유언신탁에 관하여는 사해신탁 취소의 문제도 발생하지 않는다고 해석하여야 한다고 생각된다.[61] 그리고 특정물이 당초 신탁재산으로 된 경우 역시, 적어도 재산분리와의 관계에서는 일단은 상속재산이 된 다음에 수탁자에게 이전한다고 생각하고, 상속채권자는 재산분리를 이용함에 따라 해당 당초 신탁재산에 대한 수탁자(나아가 이를 통한 수익자)의 권리에 우선한다고 해석하여야 할 것이다. 수탁자=수익자의 사망 시에 신탁이 종료하고, 특정한 자가 귀속권리자가 된다는 정함이 있는 경우도 마찬가지로 해석될 것이다.[62]

** 다만, 자익신탁에서 위탁자로부터 재산이 충분히 분리되지 않은 경우에 위탁자에 대한 채권자가 해당 재산으로부터 채권회수를 할 수 없는 것은 타당하지 않다. 위탁자에게는 실질적인 소유자라고 평

---

61) 本書初版·121면에서는, 유언에 의한 처분은 사해신탁의 대상이 되지 않는다고만 기술하였지만, 학설상으로는 단순히 긍정설이 주장되는 경우가 많다. 岩藤美智子「遺言による処分を対象とする詐害行為取消しについて」岡法68권3=4호 582면 이하(2019)가, 부정설에 관하여 생각할 수 있는 이유를 예리하게 분석하고, 검토한 다음 결론으로서 긍정설을 제시하고 있다. 그러나 같은 논문은 긍정설을 취하기 위하여 가령 유증에 의한 책임재산으로부터의 일탈이 유언자의 사망 시인 점을 근거로 하여 피보전채권이나 사해의사 존부의 판단시기를 유언자의 사망 시로 하지만, 그렇다면 유언의 철회를 하지 않은 것을 사해행위라고 생각하게 되어 적절하다고는 할 수 없다고 생각된다. 여전히 부정설을 유지하고 싶다.

62) 田中和明編『詳解民事信託』207면(日本加除出版, 2018)도 참조.

가할 수 있을 정도의 권리가 귀속되어 있으므로(그래서 분리가 불충분하다고 평가된다), 그 권리의 대위행사나 압류를 인정해야 한다.[63] 구체적으로는 위탁자에 대한 채권자는 위탁자가 가진 수익권을 압류할 수 있는 동시에 위탁자가 신탁의 종료권한을 가지고, 신탁종료 시 잔여재산의 교부청구권을 가지는 경우에는 해당 잔여재산교부청구권을 압류하고, 그 추심권의 행사로서 신탁의 종료권한을 행사할 수 있다(→ 22면).[64]

(나) 이와 같이 신탁이 설정되면, 당초 신탁재산에 속하는 재산은 위탁자의 책임재산으로부터 이탈한다. 그러나, 그렇게 되면 위탁자에 대한 채권자의 이익을 해할 우려가 있다. 그래서 민법상 사해행위 취소권(민 제424조 이하)과 마찬가지로, 신탁법에 있어서도 **사해신탁**에 관한 취소권이 규정되어 있다.

그런데 민법상 사해행위의 취소에 관하여는, 사해행위에 의하여 이익을 받은 자 또는 전득자의 보호를 위하여 그자가 사해사실에 관하여 악의인 경우에만 취소가 인정되는 것으로 되어 있다. 이와 마찬가지로 생각하면, 신탁을 설정함에 있어 위탁자가 그 채권자를 해하는 방식으로 당초 신탁재산이 되는 재산의 처분을 한 경우, 그 처분의 상대방은 수탁자이므로(자기신탁의 경우에는 스스로가 수익자가 되어 관념상 스스로가 처분의 상대방이 된다), 수탁자의 보호를 생각할 필요가 있다고도 생각된다. 그러나 수탁자는 수익자의 이익을 위하여 신탁재산을 보유하는 것이고, 수탁자로서는 신탁의 이익을 향수할 수 없으므로(신탁 제8조), 그 이익을 배려할 필요는 없다(다만, 일정한 보호는 필요하다. → 170~171면). 그래서 사해신탁의 취소에 있어서는 「수탁자가 채권자를 해하는 것을 알고 있었는지 여부」는 문제가 되지 않도록 되어 있다(신탁 제11조 제1항 본문).

63) 能見·39면.
64) 보험계약의 해약환급금 청구권을 압류한 채권자가 그 추심권 행사로서 보험계약을 해약할 수 있다는 것으로서, 最判平成 11·9·9 民集 53권 7호 1173면.

이에 비하여, 신탁에 있어서 이익의 귀속주체인 수익자 및 수익권의 전득자의 보호는 필요하다. 나아가, 당초 신탁재산에 속하는 재산을 수탁자로부터 양수한 자나, 수익자로부터 수익채권의 이행으로서 수익자에게 급부된 재산을 전득한 자의 보호의 문제도 발생한다.

이러한 점들에 유의하면서 적절한 규율을 정하기 위하여 사해신탁에 관하여는 신탁의 취소 외에, 각 수익자와의 관계에서 이미 수령한 급부나 장래적인 지위의 박탈이라는 제도가 마련되어 있다. 이하, 사해신탁의 취소[(2)], 자기신탁에 관한 특례[(3)], 악의의 수익자와의 관계에서의 취소 등[(4)]의 순서로 검토해 나간다. 나아가, (5)에서 사해신탁의 부인 등에 관하여 언급한다.

(2) 수탁자를 피고로 하는 사해신탁의 취소

우선, 수탁자를 피고로 한 신탁의 설정을 취소(그 의미에 관하여, → 165면)하는 것이 인정되는 경우이다.[65] 신탁법 제11조 제1항이 규정한다.

(가) 취소의 요건

(a) 채권자 측의 요건 피보전채권이 사해행위 전에 발생하고 있을 필요가 있는 점, 금전채권이 아니라도 궁극적으로는 손해배상채권으로 바뀌는 것이므로, 피보전채권이 될 수 있는 점(다만, 특정물채권자는 목적물 자체를 자기의 채권의 변제에 충당할 수는 없는 점) 등은 민법상 사해행위 취소권과 마찬가지이다.[66]

(b) 채무자 측의 요건 (ⅰ) 객관적 요건으로서 채권자를 해

---

65) 本書初版·122, 132면에서는, 신탁법 제11조 제1항이 규정하는 취소만을 신탁설정의 취소로 하는 이해를 나타내고 있었다. 그러나 그 이해는 타당하지 않고, 동조 제4항에 기초한 취소도 신탁설정의 취소라고 해석하여야 한다[(4). → 176면*]. 정정한다.

66) 潮見佳男『債権総論(プラクティス民法)(第5版補訂)』223~230면(信山社, 2020), 中田裕康『債権総論(第4版)』285~289면(岩波書店, 2020) 등 참조.

하는 것이 필요하다. 그 판단도 민법상 사해행위 취소권과 마찬가지이지만,[67] 위탁자가 수익자가 되는 경우에는 무자력의 판단에 있어서 위탁자가 취득하는 수익권의 가치를 신탁설정을 위하여 처분된 재산의 가치에서 공제하여야 한다.[68] 그렇게 해석하지 않으면, 위탁자가 단순히 예금유사의 투자신탁을 한 것만으로 사해신탁이 될 수 있으므로 타당하지 않다. 신탁에 의한 자산유동화 구조에서 위탁자가 수익권을 취득하여 그것을 즉시 매각한 경우도 마찬가지이다[69] (이러한 내용에 관하여는 민법 제424조의2의 취지도 고려할 필요가 있다).

또한 위탁자가 채무초과에 있는 경우, 그 자산을 변호사에게 양도하고, 변호사를 수탁자로 하여 총채권자를 수익자로 하는 신탁을 설정하고, 그 변호사에게 채권자에 대한 배당을 맡기는 구조와 같이 수익자가 총채권자가 되는 신탁의 설정은 「그 채권자를 해하는 것」은 되지 않는다. 다만 일부 채권자가 배제되는 경우에는 배제된 채권자를 해하는 것이 된다[70](단 특정 채권자에 대한 담보공여의 의미를 갖는 신탁설정에 관하여는 민법 제424조의3의 취지가 타당하다).

(ii) 주관적 요건으로서 「위탁자가 그 채권자를 해하는 것을 알고」 신탁을 설정한 것이 요구된다. 민법상 사해행위 취소권에 관하여도, 가령 자녀의 교육비 지출에 대해서는 이 요건의 충족이 부정되고 있고,[71] 신탁에 있어서도 장애인인 자녀를 위한 신탁 등에서는 주관적 요건의 충족이 부정되어야 한다.

민법상 사해행위 취소권에 관하여는, 2017(헤이세이 29)년 개정에 따라, 이러한 문제는 민법 제424조의2 및 제424조의3의 해석에

---

67) 潮見·전게 주66) 230~250면, 中田·전게 주66) 289~297면 참조.

68) 道垣内·62~63면, 福田ほか·120면.

69) 井上聡「金融取引実務が信託に期待するもの」信研 30호 69면(2005).

70) 道垣内·62~63면.

71) 早川眞一郎「詐害行為取消権からみた債務者の行為規範」野村豊弘ほか『倒産手続と民事実体法(別冊NBL 60号)』233면 이하(2000) 참조.

따라 처리되지만(특히 은닉 등의 의사 및 통모의 유무), 신탁법에 관하여도 마찬가지의 해석이 요구된다.

(c) 수익자의 요건 이미 기술한 바와 같이(→131면), 사해신탁의 설정에 있어서 수탁자는 그 입장에서는 이익을 얻는 것이 아니고, 취소권의 성부의 판단에 있어서 「수탁자가 채권자를 해하는 것을 알았는지 여부」는 고려되지 않는다(신탁 제11조 제1항 본문). 이익귀속권자인 수익자의 주관적 양태가 고려되어야 한다.

그러나 신탁은 다수의 수익자를 위하여 설정되기도 하고, 그때 어떤 수익자가 「채권자를 해하는 것을 알고 있었다」고 하여 취소에 의하여 신탁의 틀이 전체적으로 깨지게 되면 선의의 수익자에게 부당한 손해를 가하게 된다. 그래서 수익자가 현실로 존재하는 경우에 있어서는(수익자가 현실로 존재하지 않는 경우에는 수익자가 되어야 할 자는 확정적인 이익을 얻지 않았기 때문에 취소에 있어서 수익자의 주관적 요건은 고려되지 않는다), 취소는 수익자 및 이미 수익권을 양도한 구 수익자(전전양도가 있었던 경우에는 모든 양도인)의 전부가 수익자로서의 지정을 받은 것을 알았을 때 또는 수익권을 양도받은 때에 채권자를 해한다는 것을 안 경우에 한한다고 되어 있다(동항 단서). 이미 수익권을 다른 자에게 양도한 모든 구 수익자의 악의가 요구되는 것은 만일 양수인이 악의인 경우 취소가 가능하다면 선의의 수익자도 악의인 자에게는 수익권을 사실상 양도할 수 없게 되어 양도의 상대방이 한정되어 버리는데(신탁의 설정이 취소되어 버린다면 양수인은 수익권의 양도를 받지 않는다), 그것은 선의의 수익자에게는 손해를 가하지 않도록 한다는 취지에 반하기 때문이다. 그리고 취소채권자가 모든 자가 악의적이라는 점에 관한 입증책임을 부담한다.*

다만, 그렇다면 선의의 수익자를 1인이라도 관여시키면 충분하기 때문에 취소권을 무력화하기 쉽게 된다. 그래서 취소를 「부당히 면할 목적으로 채권자를 해하는 것을 모르는 자(…)를 무상(무상과 동일시하여야 하는 유상을 포함한다. …)으로 수익자로서 지정하거나, 선의인 자에 대해 무상으로 수익권을 양도」한 경우에는 그자에 관하여는 상기의 규율에 있어서 선의의 수익자로는 되지 않는다고 하고 있다(동조 제7항·제8항). 무상의 수익자는 부당한 목적의 존재를 모르는 경우에도 요보호성이 없다는 것이다.

*** 민법개정에 따른 개정** 2017(헤이세이 29)년의 민법(채권관계)의 개정에 수반하는 정비법에 따라, 우선 민법 제424조 제1항의 개정에 부합하도록 「수탁자가 채권자를 해하는 사실을 알고 있었는지 여부」라는 문구가 「수탁자가 채권자를 해한다는 것을 알고 있었는지 여부」로 개정되었다.

다음으로 신탁설정 후에 수익권을 양수한 자가 있는 경우에 관하여 개정 전 민법에서는 양도인의 주관적 양태는 고려하지 않고, 양수인의 선의·악의만을 문제로 하고 있었는데, 민법개정에 있어서 전득자에 대한 사해행위 취소 시에는 직접적으로 재산의 처분을 받은 자 이외에 해당 재산이 양도된 경우 모든 양수인이 악의라는 점을 요구하도록 되었기 때문에(민 제424조의5), 그에 맞추어 「해당 수익자 중에 수익권을 양수한 자가 있는 경우에 있어서는 해당 수익자 및 그 전에 해당 수익권을 양도한 모든 자」의 악의를 요구하도록 신탁법도 개정되었다.

나아가 개정 전 신탁법 제11조 제1항 단서는 수익자가 선의인 경우에는 「이에 해당하지 않는다」라고 규정하여 선의의 입증책임이 피고인 수탁자에게 있다고 되어 있었지만, 민법 개정에 수반하는 정비법에 따라, 취소가 인정되는 경우를 악의인 때에 「한한다」라고 하여 악의의 입증책임이 취소채권자에게 있다는 문언이 되었다. 수익자는 신탁행위의 당사자가 아니므로 민법상 사해행위 취소에 관한 전득자에 대한 규율의 개정에 부합시키는 것이다(민 제424조의5).

(나) 취소의 대상과 피고

취소의 대상에 관하여는 신탁계약 전체인지, 당초 신탁재산의 이전행위인지에 관하여 다툼이 있다. 예를 들어 매매계약이 목적물인 재산권의 이전(과 대가의 지급)을 거의 모든 내용으로 하고 있는데 비하여, 신탁계약은 당초 신탁재산이 되는 재산의 이전(신탁선언에 의한 성질의 변경을 포함한다)에 더하여(「재산권 변동」 부분), 수탁자가 「일정한 목적(…)에 따라 재산의 관리 또는 처분 및 그 밖에 해당 목적의 달성을 위하여 필요한 행위」(신탁 제2조 제1항)를 하는 것(「위임」적 부분)이 계약내용으로 되어 있다.[72] 그러나 당초 신탁재산에 속하는 재산을 위탁자의 책임재산으로 복귀시키기 위하여 필요한 것은 처분행위의 취소뿐이다. 채권의 보전에 필요한 범위 내에서의 권리행사만을 인정하기 위하여는, 「위임」적 부분의 취소는 인정하지 않고, 「재산권 변동」 부분만이 취소의 대상이 된다고 해석하여야 한다.[73]

피고가 되는 것은 수탁자이다. 당초 신탁재산에 속하는 재산의 반환을 요구하는 것이기 때문이다. 민법상 사해행위 취소에 관하여는, 채무자(=사해행위 주체)에 대하여 소송고지가 이루어지도록 되어 있고(민 제424조의7 제2항), 이것이 취소의 효과가 채무자에게도 미치는 것의 정당화 근거가 되고 있다(동 제425조). 그러나 사해신탁의 취소에 관하여는 위탁자에 대한 소송고지는 정해져 있지 않다(취소의 효과를 어떻게 생각하여야 하는지와 관계가 있다).

또한 사해신탁 취소권의 행사는 채권자가 사해신탁의 설정을 안 때로부터 2년이 경과하면 시효에 의해 소멸한다. 설정 시로부터 10년을 경과한 경우도 마찬가지이다[사해신탁 취소권은 민법 제424조 제3항에서 규정하는 사해행위 취소청구를 하는 것이므로(신탁 제11조 제1항), 민법 제426조가 당연히 적용된다].

---

72) 신탁계약을 「재산권 변동」 부분과 「위임」 부분을 구분하여 고찰한 것은, 四宮·94면.
73) 道垣内·問題状況 393~396면. 이 점에 관한 논의로서, セミナー(1)·119~123면.

(다) 취소의 효과

민법상 사해행위 취소권에 있어서는 취소채권자의 채권액이 사해행위의 목적인 재산의 가격에 미치지 못하고, 또한 그 재산이 가분인 경우에는 피보전채권액의 범위에서만 취소할 수 있지만(일부 취소), 그 재산이 불가분인 경우에는(부동산 등), 사해행위의 전부를 취소할 수 있다(민 제424조의8).[74] 사해신탁 취소권에 관하여도 마찬가지이다.

해당 재산의 처분이 취소되면, 해당 재산은 취소권자와의 관계에서는 신탁재산에 속하는 재산이 아니게 된다. 그 효과는 소송 당사자인 취소채권자와 수탁자의 사이에서만 발생하고, 채무자(=위탁자)에는 미치지 않는다[민법상의 사해행위 취소권과 달리 소송 당사자가 아닌 채무자에게 효력을 확대하는 규정(제425조)은 존재하지 않는다].

취소의 목적물이 부동산인 경우에는 그 등기명의가 수탁자로부터 위탁자로 돌아가고, 그 후 채권자가 해당 부동산에 대하여 강제집행을 하게 된다. 금전이나 동산의 경우에는 취소채권자는 자신에 대한 인도를 청구할 수 있고, 금전의 경우에는 취소채권자가 사실상 우선변제를 받을 수 있다. 이러한 내용도 민법상 사해행위 취소권과 마찬가지이다.

취소의 목적물이 이미 수탁자의 수중에 없는 경우에는, 수탁자는 가액상환의 책임을 부담한다(민 제424조의6 제1항 후단).* 그러나 민법상 사해행위 취소의 경우와 달리, 사해신탁의 취소에 있어서는 수탁자는 자신의 주관적 양태와 관계없이 취소의 상대방이 된다. 가액상환책임을 부담하더라도 신탁재산에 속하는 재산으로써만 그 이행의 책임을 부담한다고 해석하여야 한다(해석상 신탁법 제21조 제2항 제3호에 해당한다). 예를 들어 수탁자가 수익자에 대하여 수익채

74) 저당권이 부착된 부동산이 목적물인 경우에 관하여도 민법상 사해행위 취소와 마찬가지의 판례법리[中田·전게 주66) 318면 참조]가 타당하다.

권에 관한 채무의 이행으로서 급부를 함에 따라 신탁재산이 감소한 경우를 생각하면, 해당 수익자가 악의인 한, 채권자는 해당 수익자에 대하여 급부의 반환을 요구할 수 있으므로(동 제11조 제4항. → 175면), 이 역시 가액상환책임이 신탁재산의 범위에 한정되는 이유가 된다.

위탁자에 의한 처분행위가 취소되어도, 신탁은 당연히 종료하지 않는다. 잔여재산으로 신탁목적의 달성이 가능하다면, 신탁은 계속된다. 이에 비하여 잔여재산이 없거나, 잔여재산으로는 신탁목적의 달성이 불가능하게 된 경우에는 신탁법 제163조 제1호에 따라 신탁은 종료한다(→ 525면).[75] 신탁의 변경에 의하여 목적달성이 가능한 경우에는 신탁법 제149조 또는 제150조에 따라 신탁의 변경이 이루어진다(→ 507면).[76]

또한 민법상 사해행위 취소권에 관하여는 2017(헤이세이 29)년 민법(채권관계) 개정에 의하여, 취소의 효과가 채무자에게 미치도록 되었다는 것을 전제로 사해행위 수익자의 반대급부 반환청구권 등이 명문으로 정하여졌지만(민 제425조의2, 제425조의3), 사해신탁 취소의 효과는 이미 기술한 바와 같이 채무자(=위탁자)에게는 미치지 않으므로(→ 167면), 이러한 명문규정에 관하여 유추 등을 하는 것은 타당하지 않다. 그러나 민법상 사해행위 취소권의 효과가 채무자에게는 미치지 않는다고 해석되고 있던 시점에서도 재산의 반환의무를 부담하는 피고는 복귀한 재산에 의하여 채무자의 채무가 변제되면 채무자에 대하여 부당이득반환청구권을 갖는다고 하는 견해가 유력했다.[77] 특히 유상으로 수익권을 취득한 (신탁) 수익자

75) 小野＝深山編·24면 주(2)(小野傑). 그 결과 수익자도 영향을 받게 되지만 이를 가지고 취소의 효과가 수익자에게 미친다[八田卓也「詐害信託の取消における『相対効』原則修正の可能性」新信託法研究会編『信託と民事手続法の交錯』7면(トラスト未来フォーラム, 2016)]고 평가할 필요는 없다고 생각한다.

76) 道垣内·問題状況 399~400면.

77) 中田裕康『債権総論(第3版)』270~271면(岩波書店, 2013) 참조.

의 보호를 생각하면, 이러한 개정 전 민법상의 견해에 따라 채무자(=위탁자)에 대한 부당이득반환청구권이 신탁재산에 귀속된다고 생각하여야 한다.

*** 당초 신탁재산에 속하는 재산의 전득자와의 관계** 당초 신탁재산에 속하는 재산에 관하여 수탁자로부터의 전득자(수익채권의 급부로서 취득한 자를 제외한다)가 존재하는 경우, 취소채권자가 전득자에 대하여 해당 재산의 반환을 요구하여 소를 제기하고, 그것이 인정되더라도 설정된 신탁 자체는 영향을 받지 않는다. 따라서 수익자에게 선의인 자가 존재하더라도 취소를 인정하는 것에 지장은 없고, 이 경우는 민법 제424조의5에 의한 사해행위 취소의 문제로서 처리하여야 할 것이다(신탁법상 독자적인 규정은 없다). 그리고 사해신탁의 취소에 관하여 수탁자의 선의·악의를 묻지 않는다는 규율(신탁 제11조 제1항)의 취지는 여기에도 해당하므로, 적어도 수탁자가 선의인 것은 취소권 행사의 지장이 되지 않고, 이는 민법 제424조의5 하에서도 다르지 않다고 생각하여야 한다.

당초 신탁재산에 속하는 재산이 특정 수익자에게 급부된 후에 수익자로부터 해당 재산을 전득한 자가 등장한 경우에도, 해당 전득자에 대하여 민법상 사해행위 취소권을 행사할 수 있지만, 신탁법 제11조 제4항에 근거하여 해당 수익자를 피고로 하여 사해신탁의 취소청구를 할 수 있는 때에 한한다(민 제424조의5).[78]

취소권이 행사된 전득자는 복귀한 재산에 의하여 채무자의 채무가 변제되면, 채무자에 대하여 부당이득반환청구권을 가진다.

(라) 신탁재산 책임부담 채무와 관련된 채권의 채권자 보호

(a) 사해신탁의 취소가 이루어지더라도 그때까지 수탁자가 부담한 신탁재산 책임부담 채무는 어디까지나 수탁자가 채무자로서

---

78) 수탁자로부터의 전득자에 관하여, 寺本·62면 주(8), 道垣内·問題状況 396~399면. 수익자로부터의 전득자에 관하여, 松尾弘「信託法理における債権者取消権制度の展開」米倉明編『信託法の新展開』98면(商事法務, 2008), 条解·68면(大村敦志). 쌍방에 관하여, 小野=深山編·22頁(小野傑).

부담한 것이므로, 수탁자가 그 채무를 계속 부담한다. 그러나 수탁자가 신탁행위의 정함에 따라 신탁사무를 집행하던 중 그 과정에서 부담한 채무에 충당되어야 하는 신탁재산은 사해신탁의 취소에 따라 위탁자에게 복귀하므로, 단지 채무부담만이 잔존하는 것은 가혹하다. 또한 한정책임신탁의 경우에는, 수탁자는 신탁재산 책임부담 채무의 대부분에 관하여 고유재산으로는 책임을 부담하지 않지만(신탁 제217조 제1항. → 201~202면), 다른 한편으로는 신탁재산 책임부담 채무와 관련된 채권을 취득한 채권자는 신탁재산이 자신의 채권에 충당된다고 기대하고 있었고, 그것이 자신과 관계없는 사유로 인하여 감소하는 것은 부당하다.

그래서 사해신탁이 취소된 경우에는, 신탁재산 책임부담 채무와 관련된 채권의 채권자는 채권 취득 시에 사해행위에 관하여 선의라면,* 수탁자로부터 위탁자에게 이전한 재산의 가액을 한도로 하여 위탁자에 대해 그 이행을 청구할 수 있다고 되어 있다(동 제11조 제2항). 수탁자로부터 위탁자에게 이전하는 재산이 금전이고, 취소채권자가 자기에게 지급을 요구함으로 인하여 사실상 우선변제를 받게 된 경우도 마찬가지이다. 신탁재산 책임부담 채무가 충당할 수 있었던 재산으로, 위탁자의 채무가 변제된 것이 되기 때문이다.

다만 한정책임신탁이 아닌 한 신탁재산 책임부담 채무와 관련된 채권의 채권자는 사해행위에 관하여 악의이더라도, 채무자인 수탁자에 대하여 변제를 청구할 수 있다. 그래서 수탁자가 고유재산으로 신탁재산 책임부담 채무를 변제하는 사태가 발생한다. 그러나 사해신탁의 취소가 없었다면, 수탁자는 신탁재산으로부터 비용상환을 받을 수 있었던 것인데(동 제48조 제1항. → 342면), 사해신탁의 취소가 있더라도 취소로 인해 수탁자로부터 위탁자에게 이전한 재산의 가액분에 관하여는 위탁자에 대하여 상환을 청구할 수 없다면 바람직하지 않다. 그래서 신탁법 제11조 제3항은 그 비용상환청구권(나아가, 신탁사무처리로 인하여 입은 손해의 배상청구권 및 신탁재산으로부터의 신탁보수청구권)을 금전채권으로 간주하도록 하고 있다. 그리고 그 금전채권이 신탁법 제21조 제1항 제9호(「신탁사무의 처리에 관하여 발생한 권리」)에 해당한다고 생각하여, 신탁재산 책임부담 채무의 채권자로서 수탁자에 대하여 동 제11조 제2항에 의한 보호를 해주고 있다. 또한, 이 경우 같은 항의 문언에도 불구하고 사해행위에 관한 수탁자의 선의·악의를 묻지 않는다고 해석하여야 한다. 수탁자는 악의이더라도 신탁사무 집행의무를 부담하기 때문이다.

이러한 채권자·수탁자의 권리는 위탁자에 대한 다른 채권자에게 우선할 권리가 아니다. 따라서 위탁자가 채무초과인 경우에는 전액의 지급은 받을 수 없게 된다. 그러나 수탁자가 위탁자와 공모하여 사해신탁을 설정한 것과 같은 경우에는, 위탁자의 채권자는 수탁자에게 불법행위 책임을 추궁할 수 있는 경우가 있을 것이다.[79)]

*** 선의의 의의** 선의라 함은, 해당 신탁이 사해신탁이라는 점을 모르는 것이다. 채권자가 자신이 취득한 채권이 신탁재산 책임부담 채무와 관련된 채권이라는 점을 알지 못한 경우에는 신탁재산에 속하는 재산이 자기의 채권에 충당이 되는 재산으로서 기대하고 있지 않으므로, 신탁법 제11조 제2항에 의한 보호를 부여할 필요가 없는 것처럼 생각되지만, 신탁재산 책임부담 채무와 관련된 채권을 가지는 채권자는 실제 기대의 유무에 관계없이 객관적으로 신탁재산 책임부담 채무와 관련된 채권의 채권자라면 신탁재산에 속하는 재산에 대하여 강제집행 등을 할 수 있다(동 제23조 제1항). 따라서 자신의 채권이 신탁재산 책임부담 채무와 관련된 채권이라는 점을 알지 못하더라도, 신탁법 제11조 제2항에 의한 보호를 받는다고 하여야 한다.[80)]

---

79) 寺本·62면 주(2).

80) 本書初版·129면에서는, 해당 신탁이 사해신탁이라는 점을 알고 있어도, 자신의 채권이 신탁재산 책임부담 채무와 관련된 채권이라는 점을 몰랐던 경우에는 선의에 해당한다고 하였지만, 정정한다. 이 경우 신탁재산 책임부담

(b) 또한 이상의 채권자·수탁자의 권리는 위탁자에게 복귀한 재산에 관한 것으로, 사해신탁의 취소 후에도 신탁재산으로서 남아 있는 재산으로부터 변제를 받거나, 상환을 받을 수 있는 것은 당연하다.

(3) 자기신탁에 관한 특례

이와 같이 사해신탁에 관하여는 취소권에 의하여 위탁자에 대한 채권자의 보호가 도모되고 있지만, 자기신탁에 관하여는 한층 강한 특칙을 두고 있다. 즉, 자기신탁이 이루어진 경우, 위탁자 겸 수탁자에 대하여 신탁설정 전에 발생한 채권을 가진 자는 사해신탁의 취소를 거치지 않고, 신탁재산에 속하는 재산에 관하여 강제집행, 가압류, 가처분이나 담보권의 실행 혹은 경매 또는 국세체납처분을 할 수 있다(신탁 제23조 제2항 본문). 이는 자기신탁에 관하여 채권자 사해의 가능성이 우려됨에 따라(→93면), 그 대책으로서 도입된 규율이지만, 자기신탁에 있어서는 신탁재산에 속하는 재산이 신탁설정 후에도 위탁자에게 귀속되어 있으므로, 위탁자에 대한 채권자가 그대로 해당 재산에 대하여 강제집행 등을 할 수 있도록 하는 것에 절차상 지장이 없다는 점이 이 특칙의 규율을 뒷받침하고 있다.

다만 자기신탁이 객관적으로 위탁자의 채권자를 해하는 점 및 위탁자가 사해의사를 가지고 자기신탁을 한 점에 관하여는 위탁자에 대한 채권자가 입증하여야 한다. 또한 사해신탁의 취소의 경우(→164면)와 마찬가지로, 압류를 유지할 수 있는 것은 수익자가 실제로 존재하지 않는 경우 및 수익자가 실제로 존재하지만, 수익자

채무와 관련된 채권이라는 점을 알고 있었다고 하더라도 사해신탁의 신탁재산에 속하는 재산으로부터 변제를 받는다는 기대는 발생하지 않는 것이고 (사해신탁의 취소에 의하여, 해당 재산이 위탁자에게 복귀하는 것을 각오하여야 한다), 본문에 언급한 경우와는 다르다.

및 이미 수익권을 양도한 구 수익자(전전양도가 있었던 경우에는 모든 양도인)의 전부가 수익자로서의 지정을 받은 것을 알았던 경우 또는 수익권을 양수하였을 때에 채권자를 해한다는 것을 알았던 경우에 한한다(동 제23조 제2항 제3항). 이 요건을 충족하고 있다는 점도 채권자가 입증하여야 한다. 즉, 위탁자에 대한 채권자의 압류에 대하여 수탁자 또는 수익자가 압류의 대상인 재산이 신탁재산에 속하는 재산이라는 취지를 주장하고, 압류에 대하여 이의를 진술하면(동조 제5항), 그에 대하여 압류채권자는 채권자 사해의 객관적 요건 및 위탁자의 사해의사의 존재, 수익자가 실제로 존재하지 않는다는 점이나 이미 수익권을 양도한 자도 포함하여 모든 수익자가 채권자 사해의 객관적 요건에 관하여 악의라는 점을 입증하지 않으면 압류를 유지할 수 없는 것이다.*

나아가, 압류를 「부당하게 면할 목적으로 채권자를 해한다는 사실을 모르는 자(…)를 무상(무상과 동일시하여야 하는 유상을 포함한다. …)으로 수익자로서 지정하거나, 선의자에 대하여 무상으로 수익권을 양도」한 경우 그자는 선의자로 간주되지 않는다(동조 제3항. 제11조 제7항·제8항. → 164~165면).

이상과 같이 파악하면, 위탁자에 대한 채권자에 의한 압류가 인정되는 경우는 적다.[81] 그러나 일정한 경우에는 사해신탁의 취소라는 경로를 거치지 않더라도, 압류 등이 인정되는 것으로 하여 위탁자에 대한 채권자의 사해에 대한 우려에 관하여 배려하고 있는 것이다.

또한 자기신탁에 관하여 신탁재산에 속하는 재산의 압류에 관하여 위와 같이 특별한 규율이 적용되는 것은 신탁의 설정으로부터 2년이 경과하기 전까지이다(동 제23조 제4항). 그 후에는 통상의

81) 민법 개정에 따른 신탁법 개정 전의 규율에 관하여도 위탁자에 대한 채권자에 의한 압류가 인정되는 경우는 적다고 평가하는 것으로서, 米倉明「自己信託」米倉明編『信託法の新展開』1면 이하(商事法務, 2008).

규율이 적용되고 신탁재산에 속하는 재산을 압류하기 위하여는 사해신탁의 취소(동 제11조 제1항)를 경유할 필요가 있다. 설정으로부터 시간이 경과하면 자기신탁 고유의 채권자 사해에 대한 우려에 대처할 만한 정당화 근거가 부족하여지기 때문이다.

＊ 악의의 입증책임 등에 관한 개정(그중 1) 자기신탁의 신탁재산에 속하는 재산의 압류가 인정되는 경우에 관하여도 사해행위가 되는 급부의 전득자에 대한 규율에 관한 민법개정에 맞추어 악의의 입증책임이 취소채권자에게 있다는 개정 및 수익자 중에 수익권을 양수한 자가 있는 경우에 있어서는 해당 수익자 및 그 전에 수익권을 양도한 모든 자의 악의를 요구하는 개정이 된 점 및 그 이유에 관하여는 사해신탁의 취소와 마찬가지이다(→165면*). 그러나 그와 같은 개정이 자기신탁에 관하여는 위탁자에 대한 채권자에게 편의를 제공하려고 한 취지에 적합한지는 상당히 의문이다.[82)]

(4) 악의의 수익자와의 관계에서 사해신탁의 취소 등

(가) 위에서 본 바와 같이, 이미 수익권을 양도한 자를 포함하여 복수의 수익자 가운데 선의인 자가 1인이라도 있으면, 위탁자에 대한 채권자는 수탁자를 상대방으로 하여 사해신탁의 취소를 할 수 없고, 나아가 자기신탁의 경우에 신탁재산에 속하는 재산에 관하여 압류 등을 할 수 없다. 그러나 악의의 수익자는 보호할 가치가 없다. 그래서 수익자가 수탁자로부터 신탁재산에 속하는 재산의 급부를 받는 경우, 즉 수익자로서 수익채권의 이행을 받고 이익을 취득한 수익자가 있는 경우에 관하여 신탁법 제11조 제4항은 위탁자에 대한 채권자는 해당 수익자를 상대로 하여 사해신탁을 취소하는 소를 제기할 수 있도록 하고 있다. 다만 해당 수익자가 수익자로서 지정을 받은 경우 또는 수익권을 양수한 경우에 있어서 사

---

82) 条解·120면(加毛明)은, 해석론으로서도 수탁자(＝위탁자) 측에 입증책임을 부과하는 방향을 제시한다.

해행위에 관하여 악의인 점이 필요해진다. 또한 악의의 수익자라도 그자가 수익권을 양수한 자인 경우에는 수익권을 양도한 구 수익자(전전양도가 있던 경우에는 모든 양도인)가 모두 악의라는 점이 필요하다(그 취지는 사해신탁의 취소의 경우와 마찬가지이다. → 164면). 이러한 악의의 입증책임은 취소채권자에게 있다(이상, 동항 단서). 나아가 일정한 경우 수익자의 악의가 의제되는 점도 사해신탁 취소의 경우와 동일하다(동조 제7항·제8항).

취소의 대상은 신탁법 제11조 제1항과 마찬가지로 위탁자로부터 수탁자에 대한 당초 신탁재산의 속하는 재산의 이전행위이다. 그리고 취소의 효과로서 취소채권자와 취소의 상대방인 수익자와의 사이에서 당초 신탁재산은 위탁자에게 복귀하고, 그 결과로서, 수익자에 대하여 급부된 재산의 위탁자로의 반환(이전)을 요구할 수 있게 된다. 당초 신탁재산에 속하는 재산이 수익자에게 직접적으로 급부된 경우는 당연하지만, 그 운용결과가 급부된 경우에도 그것은 당초 신탁재산에서 유래한 재산이므로 상기의 요건을 충족하는 수익자에게 그로부터 발생한 이익을 취득하게 하는 것은 타당하지 않으므로, 이러한 효과가 인정된다고 해석된다.*

취소권의 행사에 있어서는 상기의 요건을 충족한 수익자만을 상대방으로 할 수 있고, 그 이외의 수익자가 존재하더라도 그 권리는 방해받지 않는다. 취소에 따라 구체적으로 발생하는 것은 수익자가 취득한 이익의 반환이고, 다른 수익자에게 영향을 미치지는 않기 때문이다. 수익자를 상대방으로 하는 취소권은 수탁자를 상대방으로 하는 취소권을 행사한 경우에도 행사가능하고, 자기신탁에 있어서도 행사가능하다(→ 169면*과 비교하라).

또한 위탁자에게 반환된 재산에 의하여 위탁자의 채무가 변제되면, 취소를 받은 수익자는 위탁자에 대하여 부당이득반환청구권을 가지게 된다(→ 169면). 따라서 수탁자를 상대방으로 하는 취소권은 수익자를 상대방으로 하는 취소권과는 별도로 행사할 수 있고, 또한 급부를 받은 재산이 이미 해당 수익자의 수중에 없는 경우에는 해당 수익자는 가액상환의 책임을 부담한다(수탁자의 가액상환책임과 같이 신탁재산의 한도로 책임이 제한되는 것은 아니다. → 167~168면).

나아가 그 취소는 「민법 제424조 제3항에 규정하는 사해행위 취소청구」이므로(신탁 제11조 제4항 본문), 민법 제426조가 당연히 적용되고, 채권자가 사해신탁의 설정을 안 경우로부터 2년이 경과하면 시효에 의하여 소멸한다. 설정 시로부터 10년이 경과한 경우도 마찬가지이다.

또한 재산의 급부를 받은 악의의 수익자로부터 전득한 자에 대하여 위탁자에 대한 채권자는 민법상 사해행위 취소권을 행사할 수 있다고 하여야 한다[83](→ 169면*).

* 본서 초판에서는, 신탁법 제11조 제4항에 근거한 취소권에 관하여, 수익채권과 관련된 채무의 이행으로서의 급부를 취소하는 것이라고 설명하였다.[84] 그러나 그렇다면, 급부를 받은 재산이나 가액상환금이 수탁자에 복귀할 뿐이고, 위탁자에 대한 채권자가 그 재산을 자신의 채권에 충당할 수 있게 되는 효과는 발생하지 않게 된다. 이는 취소권의 목적에 반한다. 또한 동항은 「민법 제424조 제3항에서 규정하는 사해행위 취소청구를 할 수 있다」라고 하고 있는데, 민법 제424조 제3항은 채무자 행위의 취소를 청구하는 것이므로 이와 같은 문언에도 반하는 것이 된다.[85] 다만 신탁법 제11조 제4항의 취소권을 민법 제424조의5가 정하는 전득자에 대한 사해행위 취소권(이 경우, 취소의 대상은 전득자에 대한 처분행위가 아니라 채무자로부터 수익자에 대한 처분행위이다)과 동일한 것으로 이해하면, 전득자에 대한 사해행위 취소권의 해석에 맞추어 신탁법 제11조 제4항에 있어서도 수익자

---

83) 寺本·62면 주(8).

84) 本書初版·132면.

85) 沖野眞已「詐害信託の取消し等における信託受益者の地位」能見善久ほか編『信託法制の新時代』78면(弘文堂, 2017).

가 당초 신탁재산에 속하는 재산에 관하여 직접 급부를 받은 경우로 취소가 한정될 것 같지만, 신탁재산에 속하는 재산이 수탁자에 의하여 운용된다는 신탁의 특성을 생각하면, 그와 같은 한정은 타당하지 않다(동항의 문언상으로도 「신탁재산에 속하는 재산의 급부」라고 되어 있고, 당초 신탁재산에 속하는 재산이라는 한정은 없다).

이상으로부터, 당초 신탁재산에 속하는 재산이 수익자에게 직접 급부된 경우는 물론 그 운용결과가 급부된 경우에도 그 급부재산은 당초 신탁재산에서 유래하는 것이므로,[86] 일정한 요건을 충족한 수익자에게는 그 재산에 의한 이익을 토출하도록 할 수 있고, 당초 신탁재산과는 다른 재산이 급부대상인 경우에도 수익자를 상대방으로 하여 위탁자로부터 수탁자에 대한 당초 신탁재산에 속하는 재산의 이전행위를 취소하고 급부된 재산의 위탁자로의 반환을 요구할 수 있다고 하여야 한다. 정정한다.

(나) 그러나 이미 급부된 것의 반환을 구하는 것만으로는 불충분하다. 악의의 수익자는 위탁자에 대한 채권자와의 관계에서 그 후의 급부를 받은 것의 정당성도 보유하고 있지 않을 것이다. 그래서 신탁법 제11조 제5항은, 채권자는 악의의 수익자에 대하여 해당 수익자를 피고로 하여 그 수익권을 위탁자에게 양도할 것을 소로써 청구할 수 있다고 하고 있다. 위탁자가 수익자가 됨으로 인해 신탁의 이익은 위탁자에게 귀속하고, 위탁자에 대한 채권자는 수익채권의 이행으로서 급부된 것 또는 수익채권 그 자체를 압류할 수 있게 된다.

수익자의 악의 판단 시기가 수익자로서의 지정을 받은 때 또는 수익권을 양수한 때인 점, 악의의 입증책임은 채권자에게 있는 점, 일정한 경우 수익자의 악의가 의제되는 점은 사해신탁의 취소

86) 山田誠一「詐害信託の取消しについて」トラスト未来フォーラム編『信託及び財産管理運用制度における受託者及び管理者の責務及び権限』55면(トラスト未来フォーラム, 2016), 八田卓也「詐害信託の取消効の主観的範囲についての一考察」信託研究奨励金論集 42호 190면(2021).

의 경우나 급부취소의 경우와 마찬가지이다(이상, 동조 제5항·제4항 단서, 제7항·제8항).

수익권의 양도에 있어서 수익자는 그 대가를 청구할 수는 없다. 그러나 수익권에 근거한 급부로부터 채권자가 변제를 받은 경우에는 양도인(=원수익자)은 위탁자에 대하여 부당이득반환청구를 할 수 있다(→169면).

이와 같은 각 수익자에 대한 권리의 행사는 민법상 사해행위취소청구는 아니지만, 민법 제426조가 준용되어 기간의 제한을 받는다(신탁 제11조 제6항).

(5) 사해신탁의 부인 등

위탁자에 대해 파산절차 등이 개시된 경우, 사해신탁 취소와 동일한 요건으로 당초 신탁재산의 이전을 부인할 수 있다(신탁 제12조 제1항·제3항·제5항). 또한 관재인 등은 악의의 수익자에 대하여는 수익권을 파산재단·재생채무자 재산·갱생회사 재산에 수익권을 반환하여야 한다는 것을 소로써 청구할 수 있다(동조 제2항·제4항·제5항).

제4절 신탁재산에 속하는 재산이라는 점의 제3자에 대한 대항

1. 공시의 필요성

(1) 「등기 또는 등록을 하지 않으면 권리의 득상 및 변경을 제3자에게 대항할 수 없는 재산」

이미 수차례 서술한 바와 같이 신탁재산에 속하는 재산은 그것이 수탁자에게 귀속되어 있는 재산임에도 불구하고 수탁자 개인에 대한 채권자는 그것을 압류할 수 없고, 수탁자가 파산절차 개시결정을 받아도 파산재단에 편입되지 않는다(→359면*). 그러나 일반적으로 어떤 재산이 어떤 특정한 자를 위하여 특별하게 취급되는 경우에는 그것이 공시되어 있을 필요가 있다. 그래서 신탁법 제14조도 「등기 또는 등록을 하지 않으면 권리의 득상 및 변경을 제3자에게 대항할 수 없는 재산에 관하여는 신탁의 등기 또는 등록을 하지 않으면 해당 재산이 신탁재산에 속하는 것을 제3자에게 대항할 수 없다.」라고 하고 있다.

그러나 동조에서 등기 또는 등록에 의한 공시가 요구되는 것은 「등기 또는 등록을 하지 않으면 권리의 득상 및 변경을 제3자에게 대항할 수 없는 재산」뿐이다. 구체적으로는 부동산 외에 선박, 항공기, 자동차(경자동차를 제외한다), 특허권[87] 등이다.

부동산 소유권이 신탁재산인 경우에 입각해서 말하면, 「위탁자, 수탁자 및 수익자의 성명 또는 명칭 및 주소」, 「신탁의 목적」, 「신탁재산의 관리방법」, 「신탁의 종료사유」, 「그 밖에 신탁의 조항」 등이 등기된다(부등 제97조 제1항).*, ** 실제로는 신청인이 이러한 내용이 기재되어 있는 서면을 등기관에게 제출하고, 그것이 등기관 작성의 신탁목록으로서 정리되어 공시의 기능을 달성하게 된다(동조 제3항). 선박등기령 제35조 제1항은 부동산등기법을 준용한다. 또한 항공기등록령 제49조, 자동차등록령 제61조 등도 동일한 취지의 규정을 두고 있다.

* **부동산 권리의 이전과 신탁의 대항요건**　신탁의 설정에 있어서 위탁자로부터 수탁자에게 권리가 이전하거나, 수탁자를 위하여 권리가 설정

87) 엄밀히 말하면, 특허권 등에서는 이전의 등록이 없는 한 이전의 효력이 발생하지 않는 것이고(특허 제98조 제1항 제1호), 등록을 대항요건으로 하는 것은 아니다. 그러나 등록이 없는 한 신탁재산이라고 주장할 수 없는 점에서는 마찬가지이다[寺本編·전게 주47) 32면]. 다만, 단순한 대항요건의 결여와 달리 제3자도 해당 재산이 신탁재산이라는 점을 주장할 수 없다는 차이가 있다.

되거나 하는 경우에는 신탁의 등기신청은 이전등기 등과 동시에 신청하여야 한다(부등 제98조 제1항). 다만, 이전등기 등과 신탁등기는 관념적으로는 구별되고, 후자는 수탁자가 단독으로 신청한다(동조 제2항). 자기신탁의 경우에 위탁자가 이미 가지는 권리를 당초 신탁재산에 속하는 재산으로 하는 경우에는, 전자의 등기가 없는 것이므로 후자의 등기(권리의 변경등기)만을 위탁자 겸 수탁자가 단독으로 신청하게 된다(동조 제3항). 자기를 지상권자나 저당권자로 하는 권리를 설정함과 동시에 그것을 당초 신탁재산에 속하는 재산으로서 신탁선언에 의한 신탁을 설정하는 것은 인정되어야 하지만(→53면), 부동산등기법 제98조 제3항은, 권리의 변경등기만을 규정하고 있고, 직접적인 조문은 없다. 동항의 유추에 의할 수밖에 없을 것이다.

**** 신탁등기의 의의** 등기실무에 있어서는, 부동산등기법 제97조 제1항 각호의 내용은 신탁등기의 등기사항이고, 법에 의한 공시가 요구되는 정보이기 때문에 정확성이 요구됨과 동시에 후속하는 등기신청을 접수할지 여부를 정하는 기준이 되므로, 그러한 목적에 적합한 내용으로 할 것이 요구된다고 해석되는 것 같다. 구체적으로는, ① 신탁재산에 속하는 부동산이 신탁행위에 반하여 처분된 경우에는 해당 부동산에 관하여 처분의 상대방에 대한 이전등기의 신청은 각하된다.[88] ② 그 전제로서 신탁재산에 속하는 부동산에 관한 처분권한이 수탁자에게 인정되는 경우에는 그 취지가 신탁행위에 명시적으로 정해짐과 동시에 그 내용이 신탁등기의 등기사항으로서 등기되어야 하고, 그러한 등기가 없는 경우에는 이전등기신청이 각하된다.[89] ③ 등기된 신탁목적에 위반하는 처분에 관하여는, 등기신청이 각하된다.[90]

그러나 신탁재산에 속하는 부동산이 수탁자의 권한위반에 따라 처

---

88) 昭和 43·4·12 民事甲第664号民事局長回答·登記関係先例集追加編Ⅳ 1342면, 質疑応答[7097]·登研508호 173면(신탁조항에 「수탁자는 수익자의 승낙을 얻어 관리처분을 한다」라는 취지가 기재되어 있는 경우에는, 소유권이전등기의 신청에는 수익자의 승낙서 첨부를 요한다).

89) 横山亘 「照会事例から見る信託の登記実務(8)」 登記情報 711호 14~15면(2021).

90) 横山亘『信託に関する登記(最新第2版)』619면(テイハン, 2016).

분된 경우도 그것을 취소할지 여부는 수익자에 판단에 의하는 것이고(취소하지 않거나, 추인하는 선택도 있을 수 있다. → 108면*), 취소될 때까지 처분은 유효하다(신탁 제27조 제2항).[91] 또한 신탁등기를 할 수 있는 재산에 관하여도, 처분의 상대방이 악의 내지 중과실인 점을 수익자가 증명할 수 없다면 취소할 수 없는바, 이전등기의 신청이 각하된다고 하면, 처분의 상대방이 자신의 선의와 무중과실을 입증하여 처분이 유효하다는 점의 확인을 요구하여야만 하는 것이 되어 신탁법의 규율에 반하게 된다. 이러한 점에서 ① 및 ②는 분명히 타당하지 않다. 또한 ③은, 신탁의 목적은 기능마다 다의적으로 파악되고, 신탁행위 전체의 해석에 따라 정하여지는 것임에도 불구하고(→ 59면), 등기된 문언만을 기준으로 이전등기 신청 등의 수락 여부를 판단하는 것은 부적절하다(→ 203면).

(2) 문제되는 재산

(가) 지상권에 관하여는, 민법 제177조가 적용되어 부동산등기법의 규정에 따라 등기를 하지 않으면 그 권리의 득상 및 변경을 제3자에게 대항할 수 없다. 그러나 건물의 소유를 목적으로 하는 지상권에 관하여는 차지차가법이 적용되어(차지차가 제2조 제1호), 지상권자가 그 토지상에 등기되어 있는 건물을 소유하는 경우에는 지상권 그 자체에 관하여 등기가 없더라도 지상권을 제3자에게 대항할 수 있다(동 제10조 제1항). 이러한 점에 입각하여 상기의 방법으로 지상권이 제3자에게 대항력을 가지는 경우에는 해당 지상권에 관하여 신탁의 등기가 없더라도 해당 지상권이 신탁재산에 속하는 것임을 제3자에게 대항할 수 있다고 하는 견해도 있다.[92]

그러나 차지차가법에 의한 대항력 구비의 경우 차지상에 지상권자가 등기되어 있는 건물을 소유하지 않으면 안 되고, 그것이 신

91) 能見 · 29면.

92) 村松ほか · 33면 주(3).

탁재산에 속하는 재산임을 제3자에게 대항하기 위하여는 해당 건물에 관하여 신탁의 등기가 필요하다. 이를 결여한 경우 지상권에 관하여만 신탁재산에 속하는 것임을 제3자에게 대항할 수 있다는 것은 타당하지 않다. 지상건물에 관하여 신탁의 등기가 있는 경우에 한하여, 그 효력이 지상권에 미치게 됨에 따라 지상권이 신탁재산에 속하는 것임을 제3자에게 대항할 수 있다고 해석하여야 할 것이다.

이에 비하여 지상권 등기가 구비되어 있지 않은 경우에는 그 등기에 관하여 신탁의 등기가 이루어지지 않으면, 제3자에게 대항할 수 없다.

(나) 차지권에 관하여도 마찬가지로 차지차가법에 의한 대항력 구비의 경우에는, 해당 차지권 그 자체에 신탁의 등기가 없더라도 해당 차지권이 신탁재산에 속하는 것을 제3자에게 대항할 수 있지만, 건물소유를 목적으로 하는 차지차가권은 건물에 관하여 신탁의 등기가 필요하다. 또한 임차권의 대항력의 구비가 등기에 의하는 경우에는(민 제605조), 그 등기에 관하여 신탁의 등기가 이루어지지 않으면 제3자에게 대항할 수 없다고 하여야 한다.

(다) 동산이나 금전채권에 관하여도, 「동산 및 채권양도의 대항요건에 관한 민법의 특례 등에 관한 법률」에 의한 등기제도가 있다. 그러나 이는 민법상의 대항요건제도 대신에 등기를 가능하게 하는 것에 지나지 않고, 따라서 동산·금전채권은 「등기 또는 등록을 하지 않으면 권리의 득상 및 변경을 제3자에게 대항할 수 없는 재산」에는 해당하지 않는다. 등기가 행하여진 경우에도, 동법상 등기원인을 「신탁설정에 의한 양도」로 하는 것은 해당 동산이나 금전채권이 신탁재산에 속하는 재산이라는 점의 공시가 아니므로,[93] 해당 동산·채권이 신탁재산에 속하는 재산이라는 점은 신탁의 등

93) セミナー(1)·220~221면.

기 없이 제3자에게 대항할 수 있다.

(라) 저작권에 관하여는, 그 이전(신탁설정을 위한 위탁자로부터 수탁자로의 이전도 포함한다)에 관해서는 등록하지 않으면 제3자에게 대항할 수 없다고 되어 있다(저작 제77조 제1호, 저작령 제36조). 그러나 저작자는 저작에 의하여 당연히 저작권을 취득하는 것이므로(저작 제17조 제2항), 해당 저작권은 등록 없이 제3자에게 대항할 수 있다. 따라서 저작권은「등기 또는 등록을 하지 않으면 권리의 득상 및 변경을 제3자에게 대항할 수 없는 재산」인 것이 아니고, 수탁자가 신탁사무집행의 과정에서 저작권을 취득한 경우에는 해당 저작권이 신탁재산에 속하는 것은 등록 없이 제3자에게 대항할 수 있다.[94)]

(마) 저당권은, 민법 제177조가 적용되어「등기 또는 등록을 하지 않으면 권리의 득상 및 변경을 제3자에게 대항할 수 없는 재산」이다. 그러나 저당권의 수반성으로부터 피담보채권에 관하여 그것이 신탁재산에 속하는 재산이라는 점을 제3자에게 대항할 수 있다면, 저당권에 관하여도 신탁의 등기 없이 그것이 신탁재산에 속하는 재산이라는 점을 제3자에게 대항할 수 있다고 하여야 한다. 저당권에 관하여 그것이 신탁재산에 속하는 재산이 아니라는 것을 신뢰한 제3자가 피담보채권과 분리된 형태로 보호를 받는 구조로는 되어 있지 않은 것이다.*[95)]

다만 저당권이 그 설정등기 등의 부기등기로서 신탁의 등기를 할 수 있는 재산이라는 점은 분명하다. 따라서 신탁의 등기가 되어 있지 않은 때에 수탁자가 그 권한을 유월하여 저당권의 처분을 행한 경우에는 신탁법 제27조 제2항 제1호의 요건을 충족하지 않아 처분 상대방의 주관적 양태에 불구하고 수익자는 그 처분을 취소

94) セミナー(1)·224~226면.

95) 道垣内弘人「抵当権の設定と登記」同『典型担保法の諸相』159면 이하(有斐閣, 2013). 田中·245면도 참조.

할 수 없다.[96]

또한 피담보채권과 분리하여 저당권만을 신탁재산에 귀속시킨 경우에는(담보권신탁. → 46면), 피담보채권 자체는 신탁재산에 속하는 재산이 아니므로 저당권에 관하여 신탁의 등기가 필요하다.

*** 근저당권의 경우** 담보권이 근저당권인 경우 피담보채권이 신탁의 설정을 위하여 위탁자로부터 수탁자에게 양도되면, 해당 근저당권의 피담보채권으로부터 이탈하는 것이 원칙이다(민 제398조의7 제1항). 그러나 동시에 근저당권의 양도(동 제398조의12)를 행하여, 피담보채권 범위기준의 변경(동 제398조의4)이 이루어진 경우에는 결국 신탁재산에 속하는 채권을 담보하는 근저당권이 되고, 근저당권 자체에 관하여는 신탁의 등기가 없더라도 그것이 신탁재산에 속하는 재산이라는 점을 제3자에게 대항할 수 있다고 하여야 한다.[97]

또한 피담보채권의 범위에 수탁자의 고유재산에 속하는 채권과 신탁재산에 속하는 채권이 포함되어 있는 경우에도 근저당권 자체에 관하여는 신탁의 등기가 필요하지 않다.[98]

다만 근저당권에 관하여는 피담보채권과 분리된 양도가 인정되고 있으므로(동 제398조의12·제398조의13), 해당 근저당권이 신탁재산에 속하는 점을 양수인에게 대항하기 위해서는(정확히는 근저당권에 관한 해당 처분이 수탁자의 권한위반행위에 해당하는 경우에 그것을 취소하기 위하여. 신탁 제27조 제2항 제1호 참조. → 107면), 신탁의 등기가 필요할 것이다. 그런데 피담보채권에 수탁자의 고유재산에 속하는 채권과 신탁재산에 속하는 채권이 포함되어 있는 점, 또는 복수의 신탁의 신탁재산에 속하는 채권이 동시에 피담보채권이 된 경우가 있고, 이 경우 그 비율은 변동할 수 있으므로 근저당권에 관하여 실태를 반영한 신탁의 등기는 불가능하다. 그렇다면 근저당권 일반에

96) 江頭憲治郎編『会社法コンメンタール16』424면(道垣内弘人)(商事法務, 2010).
97) 자기신탁을 이용하여 수반성의 문제를 해결하고자 한 것으로서, 福田政之＝村治能宗「自己信託を利用した譲渡禁止特約付債権等の証券化·流動化の実務と法的諸問題」SFJ ジャーナル 8권 20면 이하(2014).
98) セミナー⑵·178면(道垣内弘人).

관하여 피담보채권이 신탁재산인 점이 입증될 수 있는 한 신탁법 제27조 제2항 제1호의 요건은 충족된 것으로 취급되고(다만, 동항 제2호의 요건의 충족은 어려울 것이다), 분별관리의무 또한 이행되고 있다고 하여야 한다.

(3) 다른 법률에 의한 대항요건

제3자에게 대항할 수 있는지 여부가 별도의 법률에 규정되어 있는 경우*도 있다. 구체적으로는 주권미발행주식(회사 제154조의2), 증권미발행 신주예약권(동 제272조의2), 증권미발행 사채(동 제695조의2), 대체사채(사채주식대체 75조), 대체국채(동 제100조), 수익증권발행신탁의 대체수익권(동 제127조의18), 대체주식(동 제142조), 대체신주예약권부 사채(동 제207조), 온실가스의 배출산정할당량(지구온난화대책의 추진에 관한 법률 제52조), 나아가 신탁법에도 수익증권발행신탁의 미발행수익권(신탁 제206조)이라는 예가 있다.

*** 다른 신탁의 신탁재산에 속하는 재산과의 구별, 고유재산에 속하는 재산과의 구별, 공동수탁, 질권설정** (i) 별도의 법률에 의한 대항요건제도에 있어서는 신탁재산에 속하는 재산이라는 취지의 등록은 되지만, 신탁목록은 존재하지 않으므로 수탁자가 복수의 신탁에 관한 수탁자인 경우에는 어느 신탁의 신탁재산에 속하는 재산인가는 공시되지 않는다(예를 들어 사채, 주식 등의 대체에 관한 법률 시행령 제8조). 이 경우 우선 고유재산에 속하지 않는 재산이라는 점은 등록에 의하여 제3자에게 대항할 수 있다고 해석하여야 한다. 그리고 복수의 신탁이 존재하는 경우 그 신탁재산 사이에 있어서 수탁자는 그 계산을 분명히 하는 것이 분별관리의무(→ 248면)의 이행으로서 요구되지만(신탁 제34조 제1항 제3호, 신탁칙 제4조), 특정한 신탁의 신탁재산이라는 점은 특별한 대항요건 없이 제3자에게 대항할 수 있다고 하여야 한다.[99] 실제로는 어떤 신탁의 신탁재산 책임부담 채무와 관련된 채권

99) 村松ほか · 34면 본문 및 주(5), 111면. 나아가 대체주식 등에 관하여 고유재산에 속하는 것과 신탁재산에 속하는 것을 혼장하여 본인 보유구좌에 기재

의 채권자가 그것을 압류하거나, 어떤 신탁에 관하여 신탁재산파산이 발생하거나 한 경우에 문제가 된다.

(ii) 또한 공동수탁자가 존재하는 경우 신탁재산은 합유가 되지만(신탁 제79조), 그중 1인의 수탁자 명의에 의하여 신탁의 대항요건이 구비되어 있더라도, 수탁자의 고유재산에 관해서만 채권자인 자에 대해서는 그것이 신탁재산에 속하는 것을 대항할 수 있다. 고유재산에 속하는 재산이라는 신뢰는 발생하지 않기 때문이다.[100]

(iii) 대체주식 등이 신탁재산에 속하는 재산으로서 보유되고 있는 경우 보유자의 구좌에는 그 취지의 기재·기록이 될 수 있다. 그런데 대체주식 등에 질권이 설정되면, 질권자의 구좌의 질권란에 해당 대체주식 등이 기재·기록되고, 그 구좌에는 질권설정자가 해당 대체주식 등을 신탁재산에 속하는 재산으로서 보유하고 있다는 취지의 기재·기록이 소실된다. 이 경우는, 대항요건을 구비하는 방법이 없으므로, 질권이 설정된 대체주식 등은「신탁재산에 속하는 취지의 기재 또는 기록을 하지 않으면 해당 재산이 신탁재산에 속하는 점을 제3자에게 대항할 수 없는」(신탁칙 제4조 제1항) 재산이 아니므로, 기재·기록이 없더라도 해당 대체주식 등이 신탁재산에 속하는 점을 제3자에게 대항할 수 있다고 생각하여야 한다.[101]

2. 등기·등록이 필요하지 않은 재산

이상의 재산을 제외하고, 신탁재산에 속하는 재산이라는 점은 특별한 대항요건을 구비하지 않아도 제3자에게 대항할 수 있다. 동산, 금전채권, 현물의 유가증권, 나아가 금전에 관하여도, 신탁재산에 속하는 재산이라는 점의 공시는 요구되지 않는다. 그 재산이 신탁재산에 속하는 재산이라는 점을 증명할 수 있다면, 그 점을 제3

하여도 후자의 몫에 관하여 신탁재산에 속하는 것을 제3자에게 대항할 수 있는 가능성을 탐색하는 것으로서, 小出篤「有価証券のペーパーレス化と分別管理·対抗要件」ジュリ 1450호 37면 이하(2013).

100) 道垣内·問題状況 231면.

101) セミナー(2)·198~200면.

자에게도 주장할 수 있게 된다.[102)]

그러나 동종의 동산이 복수로 있고, 그것이 식별불능이기 때문에 개개의 물건 혹은 전체에 대한 공유지분이 신탁재산에 귀속되어 있는 경우(→134면), 개개의 동산의 압류를 배제할 수 있는지, 나아가 수탁자의 수중에 있는 금전 중 가령, 100만 엔이 신탁재산에 속하는 점이 분명한 경우 금전에 대한 압류는 어떻게 취급되는지는 별도의 문제가 된다.

결론으로서는 특별한 대항요건은 필요하지 않더라도, 수탁자에 대한 채권자(신탁재산 책임부담 채무와 관련된 채권자 이외의 채권자)의 압류를 배제할 수 있는 등의 효과를 발생시키기 위하여는 수탁자의 고유재산과 물리적으로 구별가능한 상태로 보관되지 않으면 안 된다고 해석하여야 한다(→251면). 다만 물리적으로 구별가능한 일단의 재산이 모두 신탁재산일 필요는 없다. 해당 일단의 재산에 관하여 수탁자의 고유재산과 공유비율이 분명하게 밝혀지면 그것으로 족하다. 예를 들어 현금이 여러 장소에 산재하여 단지 전체 중 100만 엔 상당이 신탁재산이라는 것을 알고 있을 뿐이라면 부족하지만, 물리적인 일단을 형성하는 금전이 있는 경우, 그 일단에 있어서 신탁재산의 비율이 분명하다면, 해당 비율이 신탁재산에 속하는 것을 제3자에게 대항할 수 있다.[103)] 신탁법 제34조 제1항 제2호 나목은 금전 등에 관하여 수탁자는「그 계산을 분명히 하는 방법」으로 신탁재산에 속하는 재산을 분별관리하면 충분하다고 되어 있지만, 이는 신탁재산의 독립성을 확보하는 요건의 수준을 장부상 특정의 문제까지 낮추는 것이 아니라, 어디까지나 분별관리의무의 내용에 관한 규정이라고 해석하여야 한다[104)](분별관리의무와 신탁재

102) 그러한 법률의 정당화 근거에 관하여 검토한 것으로서, 道垣内·問題状況 370~386면.

103) 道垣内·問題状況 426~434면.

104) 井上聡「金銭の分別管理による責任財産からの分離」伊藤眞ほか編『担保·

산에 속하는 재산이라는 점의 대항문제와의 관계에 관하여는, → 250면).

수탁자의 고유재산인 금전과 신탁재산인 금전이 하나의 예금 채권으로 되어 있더라도 그 비율이 분명하면 족하다.*[105] 하나의 채권이지만 물리적인 일단을 형성하고 있기 때문이다.

*** 신탁구 구좌의 개설**[106] 특히, 신탁은행·신탁회사 이외의 자가 수탁자가 되는 신탁(가령 고령자를 위한 재산관리나 재산승계를 목적으로 하는 신탁에 있어 많은 예가 존재한다)에서는 수탁자가 신탁재산을 고유재산과 분리하여 관리하기 위하여 금융기관에 대하여, 「위탁자○○ 수탁자△△신탁구」란 명칭의 예금구좌를 개설하는 것을 요청하는 경우가 있고, 몇 곳의 금융기관은 이에 응하고 있다. 그러나 수탁자에 대한 채권자가 해당 예금채권을 압류한 경우, 청구채권이 신탁재산 책임부담 채무와 관련된 채권인지 여부가 분명하게 밝혀지지 않았기 때문에 집행법원이 압류 자체를 인정하지 않는다고 할 수는 없다(수익자에 의한 제3자이의의 소제기를 기다리게 된다). 또한 그러한 명칭의 구좌라면, 그 예금채권이 신탁재산에 속하는 재산이라는 점이 확정되는 것도 아니다. 수탁자에게 있어 관리의 편의 이상의 효과는 인정되지 않는다.

제5절 특히 상계를 둘러싸고

1. 문제가 나타나는 방식

신탁재산의 독립성이 현출되는 중요한 규율로서, 일정한 사안에서 상계가 금지되는 경우가 있다. 예를 들어, 수탁자 T에 대하여 T의 고유재산으로만 충당을 기대하는 채권 f_1을 보유하고 있는 사

執行·倒産の現在』 261면(有斐閣, 2014).

105) 道垣内·問題状況 434~435면.

106) 지금까지의 논의를 이해하기 쉽게 정리한 것으로서, 渋谷陽一郎 「『信託口』口座の危機!?」 金法 2156호 22면 이하(2021) 참조.

람인 G에 대하여 T 역시 채권 f_2를 보유하고 있지만, 그 채권은 신탁재산에 속하고 있다는 예를 생각해보자(그림 1). 이 경우 G가 f_1과 f_2의 채권을 상계할 수 있다면, G는 f_2라는 신탁재산에 속하는 채권을 소멸시키게 됨에 따라 T의 고유재산으로만 충당을 기대하는 채권 f_1을 회수하게 된다. 이는 G가 신탁재산에 속하는 재산을 압류 등을 할 수 없는 지위에 있던 것(신탁 제23조 제1항. → 147면)과 모순된다. 그래서 이러한 상계는 금지되어야 한다. 그런데, G가 f_1을 취득할 때에 f_2와의 사이에서 상계를 합리적으로 기대하였다고 한다면, 그 기대를 보호하지 않아도 무방한지라는 문제가 발생한다.

또한 이 예에서, T가 상계하였다고 한다면, T는 신탁재산에 속하는 채권 f_2를 소멸시킴에 따라 스스로의 채무를 지급한 것이 된다. 신탁재산에 속하는 재산을 스스로의 이익을 위하여 이용한 것이 됨에 따라 이것이 허용되는지라는 문제가 발생한다.

이하 제3자의 상계, 수탁자의 상계의 순으로 검토한다.

2. 제3자의 상계

(1) 원 칙

우선 G의 상계에 관하여는 신탁법 제22조 제1항 본문이 세 가지의 경우를 규정하고 있다.

① G의 채권이 T의 고유재산으로만 충당을 기대하는 경우(「수탁자가 고유재산 … 에 속하는 재산만을 가지고 이행하는 책임을 부담하는 채무」)(그림 1),

② G의 채권이 T의 고유재산과 甲신탁의 신탁재산으로 충당을 기대하는 경우(「수탁자가 고유재산 또는 다른 신탁의 신탁재산 … 에 속하는 재산만을 가지고 이행하는 책임을 부담하는 채무」)(그림 2),

③ G의 채권이 甲신탁의 신탁재산으로만 충당을 기대하는 경우(「수탁자가 … 다른 신탁의 신탁재산 … 에 속하는 재산만을 가지고 이행하는 책임을 부담하는 채무」)(그림 3),

이다.

①에 있어서 G의 상계가 원칙적으로 금지되어야 한다는 점은 이미 설명하였다.

②에 있어서는 G의 채권에 대한 충당이 기대되는 것은 T의 고유재산과 甲신탁의 신탁재산에 속하는 재산일텐데, G의 상계를 인정하면, 乙신탁의 신탁재산에 속하는 재산으로부터 채권을 회수할 수 있는 것이 되어, 乙신탁의 수익자의 이익을 훼손한다. 따라서 상계는 금지된다.

③의 상황은, 甲신탁이 한정책임신탁(→ 200면)인 경우나, T가 G와 거래를 할 때에 그 채권에 충당될 수 있는 재산을 甲신탁의 신탁재산에 한정한다는 특약(책임재산 한정특약)을 체결한 경우에 발생한다. 그렇다면, G는 甲신탁의 신탁재산에 속하는 재산으로만 f_1을 회수할 수 있는 권리를 가진 것이고, 乙신탁의 신탁재산에 G에 대한 채권 f_2가 속하고 있다고 하더라도 G는 f_1과 f_2를 상계할 수 없다. 그러한 상계를 인정하면, G는 乙신탁의 신탁재산에 속하는 재산으로부터 채권을 회수할 수 있게 되어 乙신탁 수익자의 이익을 훼손하게 된다.

그래서 「상계할 수 없다」라는 것은 상계의 의사표시를 하더라도 효력이 발생하지 않는다는 의미이고, 따라서 상계의 의사표시가 이루

그림 1

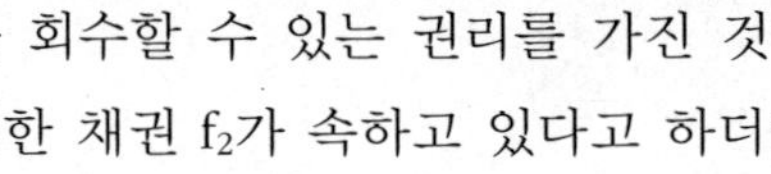

그림 2

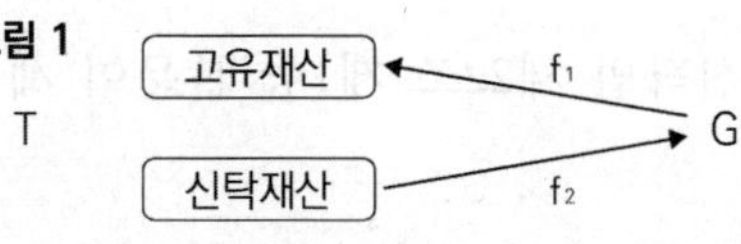

그림 3

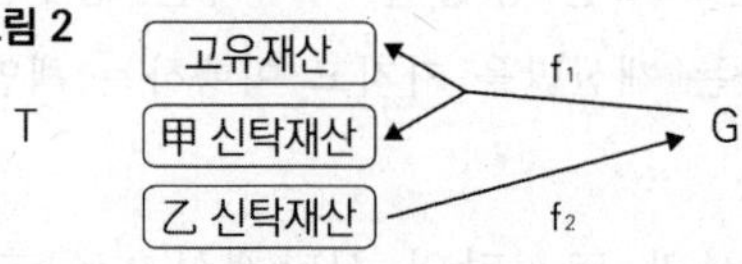

어져도 2개의 채권은 그대로 존재하게 된다.

(2) 제3자의 보호

그러나 상계에 대한 제3자의 기대를 보호하여야 하는 경우도 있다. 따라서 신탁법 제22조 제1항 단서는 G가 「해당 채권을 취득한 때 또는 해당 신탁재산에 속하는 채권과 관련된 채무를 부담한 때 중 더 늦은 때에」, 「해당 신탁재산에 속하는 채권이 고유재산 등에 속하는 것이 아니라는 점을 모르고, 또한 몰랐던 점에 관하여 과실이 없는 경우」(동 단서 제1호) 및 「해당 고유재산 등 책임부담 채무가 신탁재산 책임부담 채무가 아니라는 점을 모르고, 또한 몰랐던 점에 관하여 과실이 없는 경우」(동 단서 제2호)에는 G의 상계를 인정하는 것으로 하고 있다. 여기에서 말하는 「고유재산 등」이라 함은 「고유재산 또는 다른 신탁의 신탁재산」을 의미하고, 「고유재산 등 책임부담 채무」라 함은 수탁자가 고유재산 또는 다른 신탁의 신탁재산만을 가지고 이행할 책임을 부담하는 채무를 말한다(동 제22조 제1항 본문). 결국 T와 G 사이에서 f_1과 f_2가 서로 대립하는 상태가 된 시점에 G가 f_1이 충당을 기대하고 있는 재산과 f_2가 속하는 재산이 다르다는 점을 모르고, 또한 몰랐던 점에 관하여 과실이 없는 경우(선의·무과실)에는 G에게는 상계의 기대가 있고, 그것은 보호할 가치가 있으므로 상계가 가능하도록 하는 것이다*(그림 4).

그림 4

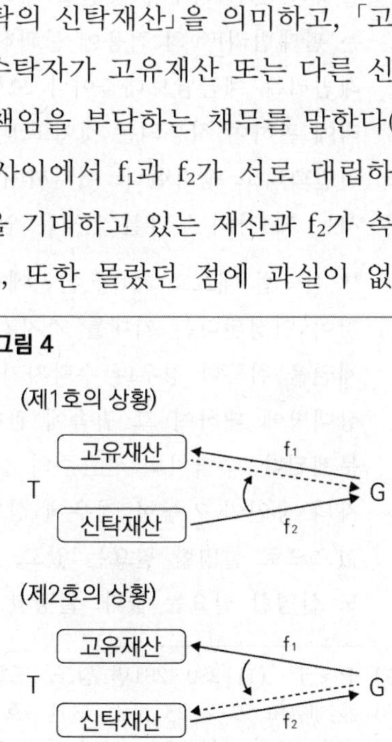

조문의 문언상으로는 무과실이라고 되어 있지만, 제3자에게 자신이 거래한 상대방의 행위가 신탁사무집행인

지 여부를 확인할 의무는 없으므로,** 의무위반으로서의 과실이라기보다는 상계의 기대를 가지는 정당한 사유가 있는가라는 문제이다.[107)]

* 일반적으로 신탁법에 있어서는, 상대방은 자신이 수탁자와 거래를 하여 취득한 채권이 신탁재산 책임부담 채무와 관련된 채권이라고 오신하여도, 이는 보호받을 만한 가치가 없다는 규율이 이루어지고 있다(→ 103면,* 110면). 그러나 상계의 기대에 관하여는 자신의 채권이 신탁재산 책임부담 채무와 관련된 채권이라고 오신하고 상계의 기대를 형성한 경우에는 보호되는 구조로 이루어지고 있다(신탁 제22조 제1항 단서 제2호). 이 점은 금융기관이 대부채권과 예금채권을 상계할 예정으로 예금자가 아닌 제3자를 예금자 본인으로 오신하여 대출을 한 경우 그 오신이 대출 시점에 상당한 주의를 기울였음에도 발생한 것인 경우에는 민법 제478조에 따라 그 후의 상계를 인정한다는 판례법리[108)]의 적용에 불과하다고도 설명된다.[109)] 그러나 해당 판례법리는 예금담보대출이나 보험계약자대출 등 일정한 정형적인 거래에 관하여 적용되는 것이고,[110)] 이 설명은 해당 판례법리의 과도한 일반화라고 생각한다. 어디까지나 예외로서의 보호이고, 해석론으로서는 제3자의 무과실 인정은 엄격하여야 할 것이다.

** 신탁법 제22조 제1항 본문에서는 금지되어 있는 상계에 관하여 그것이 인정된다는 기대를 가지지 않도록 하기 위하여 채권자가 자동채권을 취득한 경우나 수탁자가 수동채권을 취득한 경우에 수탁자는 상대방에 대하여 그 귀속에 관하여 설명을 할 의무를 부담하는지가 문제된다. 수탁자의 선관주의 집행의무의 문제이지만, 후술하는 수탁자의 승인이 가능한 경우에 상계의 기대를 가지게 하더라도 지장은 없으므로 설명할 필요는 없고, 상계가 문제될 가능성이 낮은 경우에도 설명할 필요는 없다. 설명할 의무가 있다고 하더라도 상당히 제한

107) セミナー(1)·280~281면 참조. 또한, 井上編·110면도 참조.
108) 最判昭和 59·2·23 民集 38권 3호 445면 등.
109) 寺本·95면, 村松ほか·61면 주(2).
110) 中田·전게 주66) 403면 참조.

적인 사례로 한정될 것이다.

(3) 수탁자에 의한 승인

(가) 예외의 두 번째는, T가 G의 상계를 승인한 경우와 승인의 요건이 충족된 경우이다(신탁 제22조 제2항). 승인이 되면, 마치 신탁재산에 속하는 재산(G에 대한 채권)을 수탁자의 고유재산 또는 다른 신탁의 신탁재산에 귀속시킨 것과 같은 상태가 되므로, 승인의 요건은 이익상반행위에 관한 신탁법 제31조 제2항에서 규정한 바에 따른다(해석론은, → 282면). 다만 동항 제3호가 적용될 여지는 있다.

(나) G의 채권 f_1이 T의 고유재산으로만 충당을 기대하는 것인 경우 이것이 신탁재산에 속하는 채권 f_2와 상계되면, T는 신탁재산에 대하여 고유재산으로부터 상환할 의무가 발생한다. 이는, T에게 상환능력이 충분한 경우에는 상계를 인정하여도 신탁재산은 해를 입지 않는다는 것을 의미한다. 그래서 고유재산에 관한 T의 신용능력이 충분한 경우에는 상계를 인정하는 것이 신탁법 제31조 제2항 제4호의 요건을 충족한다고 평가될 것이고, 수익자가 동의를 하는 것도 고려해 볼 수 있다(동항 제2호). 신탁재산에 실질적인 불이익은 발생하지 않는다는 것이다.

또한 T로부터의 상환은 T가 가지는 일정한 재산의 성질을 고유재산에 속하는 것으로부터 신탁재산에 속하는 것으로 변경할 뿐이고, G로부터 채권을 현실로 회수하는 것보다 상계를 승인하는 편이 비용을 저감시킬 수 있어 신탁재산에 유리하게 되는 경우도 있다.

(다) 제31조 제2항 제1호에 관하여는 약간 문제가 있다. 동호는, 「신탁행위에 해당 행위를 하는 것을 용인하는 취지의 정함이 있는 경우」라고 하지만, 제22조 제2항은, 「제31조 제2항 각호에 열거하는 경우에 있어서 수탁자가 전항의 상계를 승인한 경우」라고

하고 있으므로, 신탁행위에 상계를 인정하는 정함이 있더라도, 추가로 수탁자의 승인이라는 행위가 필요한 것은 분명하다. 그리고 수탁자는 그 승인을 선관주의 집행의무에 기반하여 행하여야 하는데, 그 의무에 합치하는지 여부에 관한 판단은 제31조 제2항 제4호의 요건을 충족하는지 여부에 관한 판단과 다른 것이라고는 생각하지 않는다. 그래서 동호가 규정하는 요건이 충족되면, 신탁행위의 정함이 없더라도 승인은 적법하다. 그렇다면 신탁행위의 정함의 유무는 승인의 적법성 판단에 영향이 없을 것 같지만, 이는 해석론으로서 타당하지 않다.

결론으로서는 수탁자의 승인의 적법성을 판단하는 때, 일정한 상황에 있어 승인에 관한 신탁행위에 그것을 인정하는 정함이 있는 경우에는 승인의 적법성을 다투는 측이 수탁자의 선관주의 집행의무위반을 입증하여야 하는데 비하여, 승인이 제31조 제2항 제4호에 의하는 경우에는, 수탁자 측에서 동호의 요건이 충족된 점을 입증하여야 한다고 해석하여야 할 것이다.

(라) 요건이 충족되지 않았는데, 수탁자가 제3자의 상계를 승인한 경우에는 유효한 승인이 되지 않아 상계는 효력을 발생하지 않게 될 것이다. 그러나 상계의 승인은 이익상반행위 중 제3자와 이해관계가 있는 유형의 행위이므로, 단순히 무효로 하는 것은 타당하지 않다. 승인은 일응 유효하다고 한 다음, 신탁법 제31조 제7항을 유추함으로써, 그 승인이 요건을 충족하지 않은 점에 관하여 상대방이 악의 또는 중과실인 경우에 수탁자에 의한 승인행위를 수익자가 취소할 수 있다고 해석하여야 할 것이다.

그리고 그 취소권을 보장하기 위하여 동조 제3항을 유추하여 수탁자는 승인을 한 점에 관한 중요한 사실을 수익자에게 통지하여야 한다고 해석하여야 한다.

(마) 승인이 이루어진 경우 상계의 효력은 상계적상 시에 소급

하여 발생한다(민 506조 제2항). 다만 그 전에 수동채권에 압류가 있거나, 양도가 있고 대항요건이 구비되었거나 한 경우에는 민법 제116조 단서의 법리에 비추어 볼 때 압류나 양도가 우선한다.[111)]

(4) 수탁자 보호를 위한 상계금지

상계에 관하여는, 나아가

④ G의 채권이 신탁재산만을 충당에 기대하고, T가 고유재산에 속하는 채권을 가지는 경우(그림 5)가 고려될 수 있다.

G의 채권 f_1이 신탁재산으로만 충당을 기대한다는 것은 G의 채권이 T에 의한 신탁사무처리에 따라 발생하고, 또한 그 신탁이 후술하는 한정책임신탁(→200면)인 경우나, G와 T 사이에서 f_1에 충당되는 재산을 신탁재산으로 한정한다는 책임재산 한정특약을 체결한 경우이다. 이러한 경우에는, T는 f_1에 관하여 고유재산에 의한 책임은 부담하지 않는다. 그럼에도 불구하고, T의 고유재산에 속하는 G에 대한 채권 f_2와 f_1이 G에 의해 상계되어 버리면, T는 결국 고유재산에 속하는 재산에 의한 f_1의 변제를 강요받게 되는 것이 되어 T의 고유재산이 지켜진다는 취지에 반한다. 그래서 신탁법 제22조 제3항 본문은 신탁재산에 속하는 재산만을 가지고 수탁자가 이행책임을 부담하는 채무와 관련된 채권을 보유하는 자는 해당 채권으로써 수탁자의 고유재산에 속하는 채권과 관련된 채무와 상계할 수 없다고 하고 있다.

이 경우도 G가 상계를 기대한다면, 그 보호가 문제된다. 그 경우 우선 f_1이 신탁재산으로만 충당된다는 점에 관하여 G가 정당하게 오신하지 않았다거나, 가령 사실로서 오신하였

그림 5

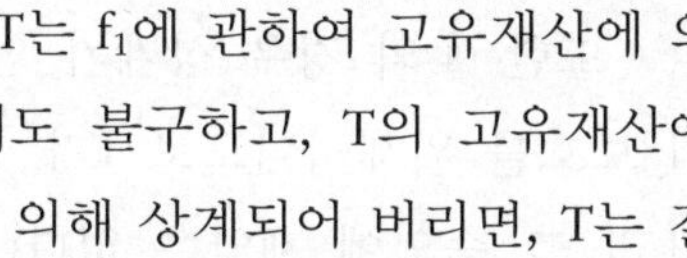

111) 最判平成 9·6·5 民集 51권 5호 2053면(양도금지특약이 있는 채권양도의 채무자에 의한 추인의 예). 寺本·94면 주(1), 村松ほか·62~63면.

다고 하더라도 그것은 보호할 가치가 없다. 책임재산 한정특약이 체결된 경우에는 당연히 G는 알고 있는 것이고, 한정책임신탁의 경우에도 거래의 상대방에게 그 취지를 명시하여야 하기 때문이다(동 제219조). 이에 비하여, f_2에 관하여는 그것이 신탁재산에 속하는 채권이라고 G가 오신하는 경우를 생각할 수 있다. 그래서 신탁법 제22조 제3항 단서는 「해당 신탁재산 책임부담 채무와 관련된 채권을 가지는 자가 해당 채권을 취득한 때 또는 해당 고유재산에 속하는 채권과 관련된 채무를 부담한 때 중 더 늦은 때에 해당 고유재산에 속하는 채권이 신탁재산에 속하는 것이 아니라는 점을 모르고, 또한 몰랐던 점에 관하여 과실이 없었던 경우」에는 상계가 인정된다고 하고 있다. 선의·무과실은 (2)와 마찬가지로(→ 191면), 상계의 기대를 가지는 것에 정당한 이유가 있다고 판단된다.

또한 ④의 경우 상계가 인정되지 않는 것은 책임제한이 된 T의 보호를 위해서이므로 T가 상계를 승인하면 당연히 상계는 인정되고, 그 승인에 제약은 없다(동 제22조 제4항).

3. 수탁자의 상계

(1) 이익상반행위로서의 규율

여기에서 4가지의 경우로 나누어 상계금지에 관하여 설명하였지만, 그중 ①과 ②에 있어서 상계가 금지되는 것은 신탁재산(甲과 乙이 있는 경우에는, 乙신탁의 신탁재산)을 감소시킴에 따라 고유재산(및 甲신탁의 신탁재산)이 부담하는 채무를 감소시켜, 수익자에게 손해를 입힐 우려가 있기 때문이었다. 물론, ②의 경우를 포함하여 수탁자는 자기의 채무에 관하여 신탁재산(②에서는 乙신탁의 신탁재산)에 속하는 재산으로써 변제한 것이 되므로, 신탁재산에 대하여 고유재산으로부터 상환할 의무를 부담한다(성질적으로는 부당이득반환채무)[②에서는 甲신탁의 신탁재산에 속하는 재산으로 그것을 상환하더라도 무방하고, 또한 고유재산으로 상환한 경우에는 甲신탁의 신탁재산에 대하여 비용상환청구(신탁 제48조 제1항. → 342면)를 할 수 있다]. 그러나 고유재산(나아가 ②에서는 甲신탁재산)의 자력이 충분하지 않은 경우에는 수익자(②에서는 乙신탁의 수익자)가 손해를 입는다. 그렇다면, 이러한 상계는 수탁자가 하는 것도 금지되어야 한다. 그런데 신탁법에는 수탁자의 상계를 직접적으로 금지하는 조문은 없다.

이는 수탁자의 의무의 문제로서 처리되기 때문이다.

후에 상세히 서술하겠지만(→ 268면), 신탁법 제30조는 수탁자에게 일반적인 충실의무를 부과하고 계속되는 제31조는 그 구체화의 하나로서 수탁자에 의한 이익상반행위의 금지를 정하고 있다. 그리고 동조 제1항 제4호는 「제3자와의 사이에서 신탁재산을 위한 행위를 함에 있어 수탁자 또는 그 이해관계인과 수익자의 이익이 상반되는 것」을 수탁자는 할 수 없다고 하고 있다. ①과 ②의 상황에서 수탁자가 상계를 하는 것은 이에 해당하는 것이 된다.

다만 수탁자가 상계의 의사표시를 한 경우 상계의 효력이 발생하지 않는 것은 아니다. 이 점이 제3자의 상계와 크게 차이가 있는 부분이다. 상계 자체는 일응 유효하되, 단지 수탁자의 상계가 이익상반행위로서 금지되는 것에 관하여 상대방인 G가 악의 또는 중과실인 경우에 한하여 수익자가 그 상계를 취소할 수 있도록 되어 있다(신탁 제31조 제7항).

G가 악의·중과실이 아닌 경우에는 G가 그 상계는 인정되는 것이라고 큰 과실 없이 오신한 경우이고, 그 경우에 취소를 할 수 없는 결과 상계가 인정되는 것은 G의 상계에 관하여도 유사한 정함이 있었던 것에 대응한다. 다만 T의 의무위반을 이유로 하여 T가 한 행위의 효력이 부정되는 것이므로 G의 보호필요성은 G의 상계의 경우보다 크다. 그래서 취소가 될 때까지는 효력이 인정되는 것

이다.[112)]

나아가 G의 입장을 안정시키기 위해서 그 취소는 수익자가 취소원인의 존재를 안 때부터 3월 이내, 상계의 의사표시가 이루어진 때부터 1년 이내에 이루어지지 않으면 더 이상 할 수 없는 것으로 되어 있다(신탁 제31조 제7항 후단에 의한 제27조의 준용).

(2) 이해상반행위금지의 예외

구체적으로는 「신탁행위에 해당 행위를 하는 것을 허용하는 취지의 정함이 있는 경우」, 명시적 금지규정이 없는 경우로 「수탁자가 해당 행위에 관하여 중요한 사실을 개시하여 수익자의 승인을 얻은 경우」 외에 「수탁자가 해당 행위를 하는 것이 신탁목적 달성을 위하여 합리적으로 필요하다고 인정되는 경우로서 수익자의 이익을 해하지 않는 것이 분명한 경우 또는 해당 행위가 신탁재산에 미치는 영향, 해당 행위의 목적 및 양태, 수탁자와 수익자의 실질적인 이해관계 상황 그 밖의 사정에 비추어 정당한 이유가 있는 경우」는, 상기의 예외로서 수탁자의 상계가 인정된다(신탁 제31조 제2항 제1호 · 제2호 · 제4호). 수익자의 승인은 승인 없이 상계가 된 이후에도 가능하다(동조 제5항).

실은, 수탁자 T의 상계에 관하여는 그것을 적극적으로 인정하여야 하는 경우가 많다. 상계가 이루어지는 상황의 대부분은 상대방 G의 자산상황이 악화하여 임의의 이행을 바랄 수 없게 된 경우인데, 신탁재산에 속하는 부실채권 f_2와 G가 T의 고유재산에 대해

112) 다만 이 점에서는, 금지되는 이익상반행위에 해당하는 거래가 이루어진 경우에는 통상 상대방도 계약체결행위라는 적극적인 행위를 하는 것이므로, 그 신뢰를 보호할 필요가 있지만, 수탁자의 상계의 국면에서는 수탁자의 의사표시를 받아들일 뿐이므로, 그것만으로는 적극적인 신뢰가 발생하였다고는 할 수 없고, 그것을 전제로 담보를 소멸시키는 등의 행위를 하여야 비로소 상대방이 보호된다고 해야 하는 것은 아닌가라는 지적도 있다[藤田友敬「信託債権の相殺：コメント」 能見善久編『信託の実務と理論』 202~203면(有斐閣, 2009)]. 정당한 지적이지만, 해석론으로서는 조금 곤란하다고 생각한다.

서만 가지고 있는 채권 f_1이 상계가 되면, T는 자신의 채무가 소멸한 액수 상당을 신탁재산에 상환하여야 하는데,

그림 6

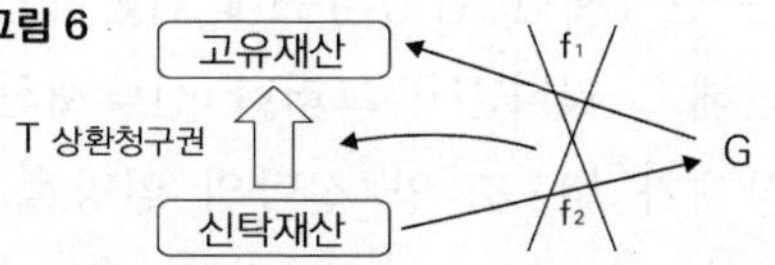

이는 신탁재산 측에서 보면, 부실채권 f_2가 T에 대한 상환청구권으로 대체되는 것을 의미하고, T의 자산상황이 건전하다면, 수익자의 이익이 되는 것이다(그림 6). 그래서 T의 도산과 같은 리스크가 적은 경우에는(가령, 신탁은행이 수탁자인 경우), 신탁행위 중에 미리 T의 상계를 인정하는 취지를 명기하는 것을 고려할 수 있다. 또한 명기되지 않더라도 실제로 상계가 이루어지는 경우에는 수익자는 적극적으로 승인할 것이고, 「수탁자가 해당 행위를 하는 것이 신탁목적의 달성을 해하지 않는 것이 분명한 경우 또는 해당 행위가 신탁재산에 미치는 영향, 해당 행위의 목적 및 양태, 수탁자와 수익자의 실질적인 이해관계 상황 그 밖의 사정에 비추어 정당한 이유가 있는 경우」에 해당한다고도 생각할 수 있다. 이에 비하여 수탁자의 자력이 충분하지 않는 경우에는 정당한 이유가 있다고 할 수는 없고, 금지된 이익상반행위로서 규율되게 된다.113)

(3) 복수의 신탁재산에 걸친 상계

위와 같은 논의와 비교하여, 그림 3(→ 190면)의 경우에, 수탁자가 상계를 하여도 「수탁자 또는 그 이해관계인과 수익자와의 이익이 상반하게 된다」는 것은 아니다. 乙신탁의 신탁재산에 속하는 채권에 의하여 甲신탁재산에 속하는 채무를 변제하는 것이다. 그래서 이것에 관하여는 수탁자가 부담하는 선량한 관리자의 주의로써 하

113) 또한 결과적으로 상환이 이루어지지 않은 경우에는 충실의무위반이 된다는 견해[다소 불명확하지만, 福井修「信託債権の相殺」能見善久編『信託の実務と理論』194면(有斐閣, 2009)]도 있지만, 상계 후에 수탁자의 자력이 악화된 것과 같은 후발적인 사정으로 충실의무위반인지 여부가 변화하는 것은 아닐 것이다.

는 신탁재산 집행의무에 위반하는 것인지 여부만이 문제가 된다는 견해도 있다.[114] 그러나 신탁재산 간의 이익충돌이므로, 수탁자의 상계가 甲·乙 양 신탁의 일방을 합리적인 이유(신탁 제31조 제2항 제4호의 취지에 비추어 판단된다. → 305면) 없이 유리하게 취급하는 것인 경우에는 일반적 충실의무위반이 된다고 해석하여야 한다[115](→ 308면).

(4) 기 타

수탁자의 상계에 관하여는 경합행위가 문제되고, 또한 수탁자가 수익자에 대하여 가지는 채권과 수익채권의 상계에 관하여도 논의가 있다. 그러나 이것들은 신탁재산의 독립성 문제와는 다르므로, 후술한다(→ 301, 309면).

제6절 한정책임신탁

1. 총 설

(1) 한정책임신탁의 필요성

이미 기술한 바와 같이 수탁자가 신탁사무처리에 있어 채무를 부담한 경우 수탁자는 신탁재산에 속하는 재산을 이용하여 그 채무를 변제할 수 있고, 고유재산에 속하는 재산을 이용하여 변제한 경우에는 그에 상응하는 액수에 관하여 신탁재산으로부터 보상받을 수 있다(신탁 제48조. → 342면). 그러나 신탁재산이 충분하지 않고, 그것을 이용하는 것도, 보상을 받는 것도 할 수 없는 경우에는

---

114) 村松ほか·65면.

115) 本書初版·150면에서는 신탁법 제31조 제1항 제2호에 해당하여 원칙적으로 무효라고 해석하였지만, 정정한다.

결국 수탁자가 부담하게 된다.

이러한 결과를 피하기 위하여 지금까지의 실무에서도 신탁사무처리에 있어 제3자에 대하여 채무를 부담한 경우에 채권자와의 사이에서 책임재산 한정특약[116]을 체결하는 경우가 있었다(동 제21조 제2항 제4호 참조). 그러나 채권자와의 사이에서 이 합의가 항상 조화롭게 달성할 수 있는 것은 아니고, 매번 특약을 체결하는 것도 번거롭다.

그러나 주식회사에 있어 거래처에 대하여 채무를 부담한 경우 그 채무에 충당되는 것은 회사재산뿐이고, 이사는 개인재산를 통하여 채무를 변제할 책임을 부담하는 것은 아니다. 그리고 실무에 존재하는 다양한 신탁 중에는 회사와 유사하게 하나의 조직과 같은 형태로 운용되는 경우도 존재하는데, 그렇다면 특정한 종류의 한정에 있어서는 개별적으로 책임재산 한정특약을 체결하지 않더라도 책임재산 한정이 발생하도록 하여도 무방하지 않은지, 마치 법인과 같은 효과가 인정되는 신탁이 있어도 무방하지 않은지라는 고민이 생긴다.

그래서 현행 신탁법에서는 **한정책임신탁**이란 새로운 유형의 신탁을 인정하기로 하였다. 「수탁자가 해당 신탁의 모든 신탁재산 책임부담 채무에 관하여 신탁재산에 속하는 채무로써만 그 이행의 책임을 부담하는 신탁」(동 제2조 제12항)이다. 또한 투자신탁 및 대부신탁에 관하여는, 한정책임신탁에 관한 규정의 적용이 제외되어 있다(투신 제8조 제3항·제52조 제2항, 대부신탁법 제3조 제4항).[117]

(2) 효과의 핵심

어떤 신탁이 한정책임신탁이 되는 경우 핵심이 되는 효과는 신탁법 제217조에 규정되어 있다. 즉 「한정책임신탁에 있어서는 신

116) 佐藤勤『信託法概論』125~128면(経済法令研究会, 2009) 참조.

117) 입법취지 및 비판을 포함하여, 条解·865면(加毛明) 참조.

탁재산 책임부담 채무(제21조 제1항 제8호에 열거한 권리와 관련된 채무를 제외한다.)와 관련된 채권에 기초하여 고유재산에 속하는 재산에 대해서 강제집행, 가압류, 가처분 혹은 담보권의 실행이나 경매 또는 국세체납처분을 할 수 없는」 것이고, 그에 반하는 강제집행 등에 관하여는 수탁자는 이의를 주장할 수 있다(제3자이의, 국세체납처분에 관한 불복신청. → 148면)는 것이다(나아가, 동 제21조 제2항 제2호).

「제21조 제1항 제8호에 열거하는 권리」라 함은 「수탁자가 신탁사무의 처리에 관하여 행한 불법행위에 의하여 발생한 권리」이고, 수탁자가 행한 불법행위책임에 관하여는 고유재산을 충당되는 재산으로 하여 수탁자는 책임을 부담한다(어떠한 불법행위에 의해 발생한 채권이 이에 해당하는지에 관하여는, → 155면*).

(3) 규율의 특색

권리자의 권리를 제한하는 것인 이상, 채권자가 그 충당이 이루어지는 것은 신탁재산뿐이라는 점을 알 수 있도록 해줄 필요가 있다. 또한 신탁재산에 속하는 재산을 함부로 수익자에게 분배하여 채권자에 대해서 지급불능이 되는 것은 곤란하다. 채권자는 신탁재산의 상황에 관하여 통상의 신탁(즉, 수탁자의 고유재산으로도 충당할 수 있는 경우)에 비하여 보다 큰 이해관계를 가지게 된다.

그래서 신탁법은 이것에 관하여 세세한 규정을 두고 있다.

그 규율은 사실상 회사법이 주식회사에 관하여 두고 있는 규율과 동일한 것이다. 채권자가 일정한 재산밖에 기대할 수 없다는 점에서는 한정책임신탁과 주식회사가 마찬가지이기 때문이다.

또한, 수익증권발행신탁이 한정책임신탁인 경우에 관하여는 특칙이 있어 별도로 서술한다(→ 445면).

2. 한정책임신탁의 설정

(1) 설 정

신탁계약에 의하여 설정할 수 있다는 점은 분명하지만, 유언이나 신탁선언으로 설정하는 것도 방해받을 이유는 없다(신탁법 제258조 제1항과 제216조 제1항을 비교하라).

(2) 신탁행위에서 정하여야 하는 사항

(가) 한정책임신탁이 되기 위해서는 우선 신탁행위에서 그 취지의 정함이 필요하다. 그리고 나아가 등기가 필요하고, 그 등기가 없으면 한정책임신탁으로서의 효과는 발생하지 않는다(신탁 제216조, 제232조).

그리고 상기의 신탁행위에서 필수적으로 정하여야 하는 사항이 몇 가지 존재한다.

(나) 우선, 한정책임신탁의 목적을 정하는 것이 요구된다(신탁 제216조 제2항 제1호). 여기에서 말하는 신탁의 목적이 신탁법 제2조 제1항에서 말하는 「일정한 목적」과 같은 의미라면 신탁의 설정에서 그것을 정하는 것이 필요하다는 점은 당연하다. 그러나 그 목적은 수탁자가 신탁사무를 행함에 있어 지침이 되고, 그 권한의 외연을 긋는 것이며, 신탁행위 전체의 해석에 의하여 정해지는 것이다(→59면). 그러나 신탁법 제232조 제1호는 정해진 목적을 등기사항으로 하고 있고, 일련의 문언에서 명확한 방식으로 규정된 「목적」을 요구하고 있다고 생각된다. 입법론으로서 의문임*과 동시에 그렇다면 그곳에서 말하는 「목적」은 신탁법 제2조 제1항과 달리 형식적으로 「자산의 증식」 등으로 규정하여 두면 충분한 것이 된다. 수탁자의 행동지침도 되지 않고, 아무런 내용이 없는 것이 된다.

* **회사의 「목적」과의 관계** 신탁법의 규정은 회사법 제27조 제1호가 정관기재사항으로서 「목적」을 요구하고, 동법 제911조 제3항 제1호

가 「목적」을 등기사항으로 하고 있는 점에 대응하고 있다. 그러나 주식회사에 있어 「목적」의 정함·등기가 요구되는 것은, 법인의 능력이 목적의 범위 내로 한정되는 점과 관계가 있다(민 제34조). 단체는 당연히 법인격을 갖지 않고, 「목적」의 범위 내에서만 법인격을 가지므로 정관에 「목적」이 기재되고, 등기되는 것이 필요한 것이다. 이에 비하여 한정책임신탁은 법인격을 가지지 않고 법인격자인 수탁자가 행위주체가 된다. 따라서 능력의 범위를 구획하는 「목적」은 필요하지 않으므로, 회사법의 규정에 준할 필요는 없다고 할 수 있다.

(다) 다음으로, 한정책임신탁의 명칭을 정할 필요가 있다(신탁 제216조 제2항 제2호). 한정책임신탁은 법인격을 가지지 않으므로, 여기에서 말하는 명칭은 거래주체로서의 명칭이 아니다. 그러나 수탁자는 책임이 신탁재산에 한정된다는 점을 상대방에게 제시하기 위하여 한정책임신탁의 수탁자로서 거래를 하는 경우에는 그 취지를 상대방에게 제시하지 않으면 안 되고, 이를 게을리하면 책임한정의 효과를 누릴 수 없다(동 제219조). 그리고 이 경우 상대방에게 제시하기 위해서는 한정책임신탁에 명칭이 있는 것이 편리하다. 그 등기가 요구되는 것도(동 제232조 제2호), 상대방에 대한 공시의 기능을 강화하기 위함이다(다만, 등기가 있는 것만으로는 책임한정의 효과가 발생하지 않는다. 어디까지나 상대방에게 한정책임신탁의 수탁자로서의 거래인 점을 제시할 필요가 있다).

이와 같은 공시기능의 강화를 위하여 명칭 중에는 「한정책임신탁」이란 문자를 이용하여야 한다(동 제218조 제1항). 그리고, ① 누구라도 한정책임신탁이 아닌 것에 관하여 한정책임신탁이라고 오인될 우려가 있는 문자를 이용하는 것은 금지되고(동조 제2항), ② 부정한 목적으로 다른 한정책임신탁으로 오인될 우려가 있는 명칭·상호를 사용하여서도 안 된다(동조 제3항). 또한 ③ ②에 위반하는 행위로 신탁과 관련된 사업의 이익에 대한 침해가 있거나, 그 우려가 있는 경우에는 수탁자는 침해자에 대하여 침해의 정지·예방을 청구할 수 있다(동조 제4항).

②, ③은 위에서 말하는 「다른 한정책임신탁」이 높은 신용력을 가지고 있는 경우, 거래의 상대방이 해당 다른 한정책임신탁의 신탁재산이 책임재산이 된다고 오인함에 따라 불측의 손해를 입는 것을 방지함과 동시에 해당 다른 한정책임신탁의 신용이 훼손되는 것을 방지하고자 하는 것이다. 이에 비하여, ①에 관하여, 책임한정의 효과가 없음에도 한정책임신탁이라고 표시하는 것은 책임재산의 한정이 있는 것과 같은 표시를 하는 것과 다름이 없고, 거래의 상대방의 경계심을 야기할 뿐 일반적으로는 수탁자에게 있어 유리한 행위는 아니다. 「한정책임신탁」이란 명칭이 가지는 공신력, 즉 「한정책임신탁」이란 명칭이 붙은 신탁의 수탁자로서의 행위라고 제시하는 것만으로 책임한정의 구체적 내용을 표시하는 것이 된다는 상황을 확보하기 위한 규율이라고 생각하여야 할 것이다.

또한 「부정한 목적」은, 고의로 행위주체를 오해하게 하여 자기에게 유리한 결과를 얻고자 하는 것을 의미한다. 사용자와 오인객체인 한정책임신탁 사이에 경쟁관계가 있는 것은 필요하지 않다.

(라) 신탁행위에는, 「위탁자 및 수탁자의 성명 또는 명칭 및 주소」를 정하여야 한다(신탁 제216조 제2항 제3호).

신탁계약에 의한 신탁이 설정된 경우에는 당연히 충족되고(굳이 말하면, 주소의 기재가 필수가 된다), 자기신탁의 경우에는 설정에 있어 요구되는 서면의 요건으로서 일반적으로 부과되는 부분이다(신탁칙 제3조. →93면).

유언에 의하여 설정된 경우에는 수탁자가 되어야 할 자의 지정이 있어도 그자가 인수하지 않는 경우도 있고, 처음부터 지정에 관한 정함이 없는 경우도 있다. 그러나 그와 같은 경우에도 법원에 의하여 수탁자가 선임되었다면(신탁 제6조), 후발적으로 요건을 충족한다고 생각해도 좋을 것이다.

등기에 관하여는 수탁자의 성명 또는 명칭 및 주소만이 요구된다(동 제232조 제3호). 채권자로서는 위탁자에게 어떤 청구를 할 수 있는 것이 아니므로 위탁자의 정보는 공시의 필요성이 부족하다.

(마) 한정책임신탁의 주된 신탁사무 처리를 행하는 장소(사무처리지)의 정함도 요구된다(신탁 제216조 제2항 제4호). 이는 관할등기소를 정하기 위하여 필요하다(동 제238조 제1항).

(바) 나아가, 「신탁재산에 속하는 재산의 관리 또는 처분의 방법」에 관하여 정하는 것이 요구된다(신탁 제216조 제2항 제5호). 이는 등기사항으로 되어 있지 않다.

관리·처분의 방법은 신탁목적에 의하여 정해지는 것이고(→57면), 한정책임신탁이라고 하더라도 명시적으로 정하여야 한다는 취지인지는 분명하지 않다. 개괄적인 정함으로 족하고, 정함이 없더라도 관리·처분의 기준이 되는 「목적」이 신탁행위 전체로부터 판단가능하다면 그것으로 충분하다고 하여야 한다.

(사) 그 밖에 법무성령으로 정하는 사항(신탁 제216조 제2항 제6호)은, 구체적으로 신탁사무연도이다(신탁칙 제24조). 후술하는 바와 같이 한정책임신탁에 있어서는 계산서류 작성 등의 의무가 통상의 경우보다 강화되어 있어 그 점에 있어 기준이 되는 것이다(회사에 있어서 사업연도에 해당한다). 등기사항으로 되어 있지는 않지만, 계산서류 등의 열람을 통하여 채권자 등에게도 분명하게 된다.

(3) 등 기

(가) 한정책임신탁에 있어서는 등기가 효력발생요건으로 되어 있고(신탁 제216조 제1항), 신탁행위로부터 2주 이내에 등기가 되어야 한다고 되어 있다*(동 제232조 본문). 2주라는 기간은 회사법 제911조에 따른 것이지만, 회사법상으로도 기간을 정할 필요성의 유

무에 관하여 논의가 많다.[118] 신탁법상으로는, 등기의 신청권자가 수탁자로 되어 있으므로, 위탁자의 의사를 실현하기 위하여 신속한 등기의무를 수탁자에게 부과하는 것이 타당하기 때문이라고 해석하여야 할 것이다.

등기의 신청은 이미 서술한 바와 같이 수탁자에 의하여 이루어진다(신탁 제239조 제1항). 등기사항은 이미 서술한 한정책임신탁의 목적, 한정책임신탁의 명칭, 수탁자의 성명·명칭 및 주소, 한정책임신탁의 사무처리지(동 제232조 제1호~제4호) 외에 신탁의 종료에 관한 신탁행위의 정함(정함이 있는 경우에 한한다. 동 제163조 제9호 참조)(동 제232조 제6호)이다.

> *** 등기기간과 신탁의 효력** 신탁법 제216조 제1항은 「등기를 함으로써 한정책임신탁으로서의 효력이 발생한다」라고 하고 있고, 이 문언으로 보아 등기가 되기 전이라도 통상의 신탁으로서의 효력은 발생한다고 해석된다[119](동 제4조. →72, 84, 92면). 따라서 수탁자는 등기 전이라도 선관주의 집행의무를 부담하는 것이고, 등기의 신청도 그 구체적 의무내용의 하나가 된다고 해석된다. 또한 등기기간을 도과한 후라도 그 후의 등기에 따라 한정책임신탁으로서 효력이 발생한다고 해석된다. 회사법상으로도 마찬가지로 해석되고 있지만, 동법은 등기의 해태에 관하여 과태료에 처해지는 것으로 규정하고 있다(회사 제976조 제1호). 신탁법에는 그러한 규정은 없다.

(나) 등기사항의 변경이 있는 경우(신탁 제233조), 신탁이 종료하거나, 한정책임신탁이라는 정함이 변경된 경우(신탁 제235조), 수탁자가 청산수탁자가 되거나, 새롭게 청산수탁자가 선임된 경우(동 제236조), 청산이 종결된 경우(동 제237조)도 각각 2주 이내에 등기를 하여야 한다[또한 동 제235조(신탁종료의 경우)·제236조·제237조의

---

118) 森本滋＝山本克己編『会社法コンメンタール20』225~239면(松井秀征)(商事法務, 2016) 참조.

119) 村松ほか·354면 주(4).

등기는 청산수탁자에 의해 이루어진다(동 제239조 제1항)]. 또한 수탁자의 임무가 종료한 때에 신탁재산관리인·신탁재산법인관리인이 선임된 경우도 그 성명·명칭·주소가 등기된다(동 제232조 제5호. 나아가 동 제239조 제2항).

(다) 실제의 등기절차에 대해서는, 첨부서면 등에 관하여 신탁법 제240조부터 제246조에 규정이 있는 외에, 상업등기법이 적절하게 준용된다(신탁 제247조. 나아가 한정책임신탁등기규칙).

(라) 등기는 이미 기술한 바와 같이 한정책임신탁의 효력발생요건이지만, 이 등기는 등기 후가 아니면 등기사항을 선의의 제3자에게 대항할 수 없다는 효력(소극적 공시력. 신탁 제220조 제1항 전단)과 등기 후라면 단순한 선의자에게는 대항할 수 있다(다만, 정당한 사유에 의해 등기내용을 알지 못하였던 제3자에게 대항할 수 없다)는 효력(적극적 공시력. 동항 후단)을 가진다. 나아가, 고의·과실에 의해 부실의 등기를 한 자는 부실인 점을 선의의 제3자에게 대항할 수 없다고 되어 있다(동조 제2항). 회사법 제908조에 따른 것이지만, 신탁에 있어서 그 적용사례가 있다고는 생각하지 않는다.*

* **회사법과의 관계** 회사에 관하여는 대표권한을 가지는 자의 퇴임에 관한 등기가 없는 동안에 전 대표자가 회사의 대표자로서 제3자와 거래행위를 한 경우 등이 문제가 되는데, 그것은 전 대표자 A가, 「B사의 대표자로서 B사를 당사자(=채무자)로 하는 계약을 체결한다」는 의사표시를 하기 때문이다. 이에 비하여 한정책임신탁에 있어서 수탁자 C는, 「C를 당사자(=채무자)로 하는 계약을 체결하지만, 그 채무에 충당되는 것은, C를 수탁자로 하는 한정책임신탁의 신탁재산에 속하는 재산에 한정된다」는 의사표시를 하는 것이다. 그러나 해당 한정책임신탁의 신탁재산에 속하는 재산이 이미 신 수탁자 D에게 이전되었다면, C의 의사표시는, 「C를 당사자(=채무자)로 하는 계약을 체결하지만, 그 채무의 충당은, (실제로는 D에게 속해 있는) 한정책임신탁의 신탁재산에 속하는 재산이 된다」는 것이 되고, 그래서 상대방의

보호가 문제될 수 있는 것은 C가 아직 수탁자인 점에 관한 신뢰가 아니라, 개개의 재산의 귀속에 관한 신뢰가 된다. 그러나 개개의 재산의 귀속에 관하여 신 수탁자 D와 상대방 중 어느 쪽이 보호받는 가는 대항요건에 의하여 결정된다. 예를 들어, 해당 한정책임신탁의 신탁재산에 속하는 토지에 관하여 그 소유권의 등기가 이미 D에게 이전되었다면, C를 채무자로 하는 채권의 채권자 E는, 이를 압류할 수 없다. 반대로 C에게 등기 명의가 있는 도중에 E가 이를 압류한다면, 민법 제177조에 의하여 E의 압류는 유효할 여지가 있다(다만, E는 한정책임신탁 채무의 채권자가 될 수는 없는 반면, 해당 부동산은 신탁재산에 속하는 재산이라는 점을 E에게 대항할 수 있으므로 압류는 인정되지 않는다고 생각할 수 있다).

대표권한을 행사하여 회사에 효과를 귀속시키는 회사의 경우와 대표권한의 행사가 아닌 신탁의 경우는 근본적으로 다르다.

(4) 신탁의 변경에 의한 정함의 폐지

한정책임신탁의 정함이 있는 신탁이라도 그 후 신탁의 변경(신탁 제149조. → 507면)에 의하여 그 정함을 폐지할 수 있다. 이 경우 한정책임신탁인 점을 종료하는 취지의 등기가 된 후에는 통상의 신탁이 된다(동 제221조). 다만 신탁의 변경 자체는, 예를 들어 위탁자·수탁자·수익자의 합의에 의하여 효력이 발생하기 때문에 변경의 등기 전이라도 변경 후에 발생한 신탁재산 책임부담 채무와 관련된 채권의 채권자는 수탁자의 고유재산에 대한 권리행사의 제한(동 제217조 제1항)을 받지 않는다고 해석된다. 그런 의미에서 등기는 변경의 효력발생요건이 아니다.[120]

신탁의 변경 전에 발생한 신탁재산 책임부담 채무와 관련된 채권의 채권자는, 한정책임신탁에 관한 정함의 폐지 후라도, 수탁자의 고유재산에 대한 권리행사를 할 수 있게 되는 것은 아니다.[121] 신탁

120) 本書初版·158면에서는 등기를 효력발생요건이라고 하였는데, 정정한다.
121) 条解·896면(加毛明).

재산에 속하는 재산만을 자신의 채권에 충당할 것을 기대하던 채권자에게 이익을 줄 이유는 없기 때문이다.

이에 비하여, 통상의 신탁을 한정책임신탁으로 하는 것에 관하여는 신탁법상 특별한 조문은 없다. 책임한정의 효력은 신탁의 변경에 의하여 신탁행위를 변경한 후의 채권자에 관하여만 발생하고, 기존 채권자에게 불이익이 되는 것은 아니므로 부정할 필요까지는 없다고 생각한다.[122)]

3. 수탁자의 행위와 채권자의 보호

(1) 총 설

한정책임신탁에서는 신탁재산 책임부담 채무의 채권자는 원칙적으로 신탁재산에 속하는 재산으로만 자신의 채권을 충당할 수 있고, 수탁자의 고유재산에 속하는 재산으로부터 채권을 회수할 수는 없다. 채권자의 권리를 이와 같이 제한하기 위하여는 채권자에게 이를 알림과 동시에 충당되는 신탁재산의 건전성을 확보할 필요가 있다.

(2) 상대방에 대한 명시

수탁자는 한정책임신탁의 수탁자로서 거래를 하는 경우, 그 취지를 상대방에게 제시하지 않으면, 상대방에 대하여 그 책임이 신탁재산에 속하는 재산으로 한정된다는 점을 주장할 수 없다(신탁 제219조). 즉, 고유재산에 속하는 재산을 압류당해도 이의를 진술할 수 없는 것이다. 채권자의 권리를 한정하기 위하여는 채권자가 그 점을 채권취득 당시에 알고 있는 것이 필요하기 때문이다.

일반적으로는 「甲한정책임신탁의 수탁자로서의 거래」라고 명

---

122) 新井監修·525면(中田直茂).

시하면, 그것이 가져오는 효과까지 설명할 필요는 없다. 다만 상대방의 속성에 따라 다를 수 있다.

또한 신탁재산 책임부담 채무가 되는 조세채권(→157면)의 채권자 및 신탁사무처리에 관하여 발생하였다(동 제21조 제1항 제9호)고 평가되는 불법행위채권으로, 그 채권이 신탁법 제21조 제1항 제8호에 해당하지 않는 것에 관한 채권자(그러한 자의 존재를 인정하는 견해를 취한 경우에 한한다. →155면*)와의 관계에서는 상기의 명시가 없더라도, 한정책임의 효과가 발생한다. 그러한 채권자는 「거래의 상대방」이 아니므로, 신탁법 제219조는 적용되지 않는다.

(3) 회계장부 등의 작성과 열람 등

통상의 신탁에 있어서도 수탁자에게는 회계서류를 작성하고, 수익자의 열람 등 청구에 응할 의무가 규정되어 있지만(신탁 제37조, 제38조. →254면), 한정책임신탁에 있어 서류작성의무는 보다 엄격한 내용으로 되어 있다.

우선, 수탁자는 한정책임신탁의 효력이 발생한 이후 신속하게 해당 한정책임신탁에 관한 대차대조표를 작성하여야 한다(동 제222조 제3항). 출발점을 명확히 하는 취지이고, 그 서류는 신탁청산의 종결까지(혹은 작성부터 10년이 경과한 후에 수익자에게 해당 서류 등 또는 그 사본을 제공할 때까지) 보관하여야 한다(동 제222조 제8항).

다음으로, 통상의 신탁에서 수탁자에게는 「신탁재산과 관련된 장부」의 작성의무가 있고(동 제37조 제1항), 분개정, 총계정 원장 등으로 이루어진 엄격한 의미에서의 회계장부 작성의무는 부과되어 있지 않다(→255면). 이에 비해, 한정책임신탁의 수탁자에게는 회계장부의 작성의무가 부과된다(동 제222조 제2항. 그 구체적 내용은, 신탁계산규칙 제6조~제11조).

또한 통상의 신탁에서 수탁자에게는 「재산상황 개시자료」의 작성의무가 있고(신탁 제37조 제2항, 신탁계산규칙 제4조 제3항), 그 내용은 「신탁재산에 속하는 재산 및 신탁재산 책임부담 채무의 개황을 밝히는 것」으로 되어 있지만(→ 257면), 한정책임신탁에서는, 「신탁개황보고」(그 내용은, 동 제23조) 및 「그것들의 부속명세서」(동 제12조 제2항)로 되어 있어, 보다 상세한 자료의 작성이 요구되고 있다. 그리고 작성시기도 통상의 신탁에서는 「매년 1회, 일정한 시기」로 되어 있지만(신탁 제37조 제2항), 한정책임신탁에서는 「신탁사무연도의 경과 후, 3월 이내」(신탁계산규칙 제12조 제3항)로 명확하게 되어 있다.

(4) 수익자에 대한 급부의 제한

(가) 이미 서술한 바와 같이 채권자의 보호를 위해서는, 수익자에게 함부로 급부를 하여 신탁재산을 부당하게 감소시키는 것을 수탁자에게 금지시키지 않으면 안 된다. 그래서 우선 신탁법 제225조는 수익자에 대한 신탁재산과 관련된 급부는 그 급부가능액을 초과하여 할 수는 없다고 하고 있다. 여기에서 말하는 급부가능액에 관하여는, 신탁계산규칙 제24조 제1항이 정하고 있고, 수익자에 대한 급부가 이루어지는 날의 전 신탁사무연도의 말일에 있어 순자산액(자산－부채)에서, 수익자에 대한 급부가 이루어진 연도에 있어 이미 수익자나 채권자에게 한 급부의 장부가액의 총액을 공제하고, 나아가 100만 엔(신탁행위에 있어 이보다 큰 금액을 정한 경우 또는 신탁유보금의 산정에 관해 정해진 방법에 의하면 100만 엔보다 커지는 경우에는 그 금액)을 공제한 금액이다.

감법(뺄셈)의 피감수는, 본래 수익자에 대한 급부 시점의 순자산액이어야 하지만, 산정에는 비용이 필요하므로 대차대조표 등의 작성이 행해진 전 신탁연도 말의 금액으로 되어 있다.[123] 100만 엔

123) 村松ほか·366면. 또한 대차대조표 등은 신탁사무연도의 경과 후 3월 이내에 작성하면 되지만(신탁계산규칙 제12조 제3항), 그 이전에 수익자에게 급

을 공제하는 것은 그 한도로 여유를 두는 것이지만, 신탁의 규모 등에 따라 증액의 필요가 존재하는 경우도 있으므로, 보다 큰 금액으로 하는 방향으로 별도의 정함을 두는 것을 인정하고 있다(신탁계산규칙 제24조 제1항 1호 괄호 부분).

(나) 이에 위반하여 급부가 이루어진 경우로, 수탁자가 그 직무를 행하는 것에 관하여 주의를 게을리하지 않았다는 점을 증명할 수 없는 경우에는, 수탁자는 그 급부의 장부가액에 상당한 금전을 신탁재산에 전보할 책임을 부담한다(신탁 제226조 제1항 제1호). 장부가액은 현물로 급부가 이루어진 경우에만 문제가 되지만, 금전으로 급부를 받은 수익자와 현물로 급부를 받은 수익자가 있는 경우의 공평을 고려하면, 급부 시점을 기준으로 평가액을 환산한 장부가라고 생각하여야 한다.[124] 또한 급부를 받은 수익자도 자신이 수령한 급부액에 관하여 수탁자에게 지급의무를 부담한다(동항 제2호)[지급한 금전은 신탁재산에 귀속한다(동조 제3항)].*

수탁자나 해당 급부를 수령한 수익자가 부담하는 의무는 급부가능액을 초과한 부분의 전보·지급이 아니라, 현실 급부액의 전보·지급이다(그렇게 해석하지 않으면, 동조 제4항 단서의 의미가 불명확해진다). 그런 의미에서 채권자에 대하여 최소한으로 요구되는 보호를 초과하여 시정이 이루어지지만,[125] 급부가능액을 초과한 급부의 결정이 급부가능액 한도까지는 급부한다는 결정을 의미한다고 볼 수는 없으므로, 재도의 결정이 필요하다는 취지일 것이다.

수탁자와 해당 급부를 수령한 수익자는 연대하여 의무를 부담

부를 하고자 하는 경우에는 급부 시까지 작성할 것이 요구된다[同·367면 주(28) 참조].

124) 회사법 제462조에 관하여도 마찬가지로 해석되지만, 여기에서는 금전분배청구권(동 제455조)에 있어서의 기준과의 관계도 있다. 신탁에서는 그 문제는 없다.

125) 神田秀樹『会社法(第24版)』340면(弘文堂, 2022)(주주에 대한 위법배당에 관하여).

한다(수익자에 대하여는, 각 수익자가 실제로 수령한 급부의 한도에서 연대)(동 제226조 제1항). 일방이 전부 또는 일부의 이행을 하면, 그에 따라 타방은 의무를 면한다(동조 제2항. 상당히 복잡한 서술이 된 것은 복수의 수익자가 존재하는 경우를 포함하기 때문이다). 다만, 연대채무자 사이의 내부분담은 별도의 문제이다. 부당하게 이득을 얻은 것은 해당 급부를 수령한 수익자이므로, 수익자가 전부의 부담을 부담하는 것이 원칙이고, 수탁자는 원칙적으로 해당 수익자에 대하여 구상권을 가진다. 다만 자신이 수령한 급부가 급부가능액을 초과하는 점에 관하여 선의의 수익자는 수탁자의 구상에 응할 의무를 부담하지 않는다(동 제227조 제1항). 수익자에게 급부한도액을 파악하라는 것은 가혹한 반면, 수탁자가 의무를 부담하는 것은 그 직무를 행함에 있어 주의를 게을리한 경우이므로 공평상 구상을 인정하지 않는 것이 타당하기 때문이다.

수익자에 대한 청구는 수탁자도 가능하지만, 해당 급부를 수령한 수익자 이외의 수익자는 수탁자·해당 급부를 수령한 수익자에게 의무의 이행을 청구할 수 있다. 신탁법 제226조에 청구권자는 규정되어 있지 않지만, 동조 제6항에서 수익자가 소를 위하여 지급한 비용 등에 관한 동법 제45조(그 취지는, → 263면)가 준용되므로, 위와 같이 해석된다. 또한 신탁채권자(신탁재산 책임부담 채무와 관련된 채권으로서 수익채권 이외의 것을 가진 채권자. 동 제21조 제2항 제2호·제4호)는 해당 급부를 수령한 수익자에 대하여 자신의 채권액의 범위에서 급부액의 지급을 청구할 수 있다(동 제227조 제2항). 이는 법적 성질로서는 채권자대위권의 행사이므로, 채권자는 자기에게 지급을 청구할 수 있다(또한 민법 제423조의2, 제423조의3 참조). 이론상으로, 신탁채권자는 수탁자가 해당 수익자에 대하여 가지는 지급청구권도 대위행사할 수 있지만,[126] 만약을 위하여 규정을 두고 있

126) 村松ほか·369면.

는 것이다. 따라서 민법 제423조의 채권자대위권의 행사와 동일한 요건구비가 필요하다.[127)]

* 수탁자에게 임무해태가 없는 경우 수탁자가 전보책임을 부담하지 않는 것은 당연하다고 하더라도, 해당 급부를 수령한 수익자의 지급의무도 부정되는 것일까? 주식회사에 있어서 위법배당에 관한 책임을 규정하는 회사법 제462조는 업무집행자 등에게 직무해태가 없는 경우 그러한 자의 의무에 관하여는 부정하지만(동조 제2항), 「해당 행위에 의해 금전 등의 교부를 받은 자」의 책임은 면제되지 않는 것으로 되어 있다(동조 제1항 본문). 반면, 신탁법 제226조 제1항 단서는 이 두 가지 의무주체를 구별하지 않고, 해당 수익자의 지급의무도 부정되는 것 같지만, 그렇게 해석하는 것은 결론적으로 타당하지 않을 것이다. 그러나 단순히 긍정하면, 해당 수익자가 스스로 받은 급부액이 급부가능액을 초과하는 것에 관하여 선의일지라도, 그 반환의무가 현존이익에 한정되지 않게 되어 민법 제703조의 규율과 불균형하게 된다. 수탁자에게 임무해태가 없는 경우, 해당 수익자는 신탁법 제226조 제1항의 책임은 부담하지 않지만, 민법 제703조·제704조에 의해 부당이득반환의무를 부담한다고 해석하여야 한다(해당 급부는 무효라는 생각을 전제로 한다).[128)]

(다) 급부 시점에는 제한위반이 아니었던 경우라도, 급부를 한 신탁사무연도의 종료 후 대차대조표를 작성하였는데, 부채액이 신탁재산액을 상회하는 경우도 있다. 이는 결론적으로는 어쩔 수 없는 경우도 있지만, 수탁자가 적절한 주의를 기울였다면 급부 시점

127) 회사법상의 동등한 제도에 관하여는, 특칙에 의한 간이한 방법을 정한 취지를 고려하여, 대위채권자의 채권의 변제기가 도래하는 것은 필요하지 않다는 점에 다툼이 없다고 한다(森本滋＝弥永真生編『会社法コンメンタール11』222면(黒沼悦郎)(商事法務, 2010). 아마도 회사에 대한 반환을 요구할 수 있다고 했던 2005(헤이세이 17)년 개정 전 상법 제290조 제2항에 관한 해석론을 승계한 것이겠지만, 채권자가 자신에 대한 지급을 요구할 수 있는 경우에 변제기 미도래라도 무방하다는 해석은 할 수 없다.

128) 회사법상 위법배당 등이 무효인지 여부는 다툼이 있다. 가령, 森本＝弥永編·전게 주127) 196~200면(黒沼悦郎) 참조.

에는 알 수 있었던 경우에는(재산평가가 하락상황에 있었으므로, 급부를 자제했어야 했다), 수탁자에게 책임을 부과시켜야 한다고 생각한다. 그래서 신탁법 제228조 제1항 제1호는 수탁자가 그 직무를 행함에 있어 주의를 게을리하지 않았다는 점을 증명할 수 없는 경우에는 결손액(부채액－자산액)과 급부액 가운에 적은 쪽의 금액에 관하여 신탁재산에 대한 전보책임을 수탁자에게 부과하고 있다. 수익자도 마찬가지의 책임을 부담한다(동항 제2호). 구체적인 규율내용은 급부가능액을 초과한 급부가 있던 경우와 마찬가지이다(동항 제2항·제3항·제5항·제6항).

(라) 수익자는 일반적으로 수탁자의 손실전보책임을 면제할 수 있지만(신탁 제42조 제1호), 급부가능액을 초과한 급부가 있던 경우의 수탁자 및 수익자의 의무는 면제할 수 없는 것이 원칙이다. 채권자 보호를 위한 책임에 관하여 수익자가 면제하는 것은 부당하기 때문이다. 그러나 급부가능액의 범위 내에서는 수탁자의 책임·급부를 받은 수익자의 책임을 총수익자의 동의에 의하여 면제할 수 있다(동 제226조 제4항). 채권자는 급부가능액까지는 수익자에게 급부될 것을 각오하여야 하는 지위에 있었기 때문이다.

결손액에 관한 책임은 총수익자의 동의가 있으면 면제할 수 있다(동 제228조 제4항). 급부가능액을 초과한 급부가 이루어진 것은 아니므로 채권자 보호가 조금 약해지는 것이다.

(마) 수탁자는 일반적으로 임무해태로 신탁재산의 손실이 발생한 경우에 그 전보책임을 부담한다(신탁 제40조). 여기까지 설명한 책임은 그에 관한 특칙으로 되어 있어 신탁법 제226조 등의 책임이 발생하는 경우 굳이 동법 제40조의 책임을 논할 필요는 없다. 그러나 법인인 수탁자의 임원의 책임은 발생할 수 있다(동 제41조).

또한, 수탁자의 책임의 기간제한에 관하여는 신탁법 제43조가 준용된다. 이에 비하여 급부를 수령한 수익자의 책임에 관하여는 부당이득반환의무에 관한 소멸시효에 의해 소멸한다(민 제166조 제1항).

(5) 수탁자의 제3자에 대한 책임

(가) 나아가 한정책임신탁에 있어 채권자 보호의 방책으로서 수탁자가 신탁사무를 행하는 것에 관하여 악의 또는 중과실이 있는 경우에는 제3자에게 발생한 손해를 배상할 책임을 부담하는 내용이 정해져 있다(신탁 제224조 제1항). 또한 대차대조표, 손익계산서, 신탁개황보고 및 그에 관한 부속명세서(동조 제2항 제1호에서 말하는 「대차대조표 등」에 관하여, 동 제222조 제8항 참조)의 중요한 사항에 관한 허위기재·기록, 허위의 등기, 허위의 공고에 관하여는 수탁자가 주의를 게을리 하지 않았다는 점을 증명하지 않는 한 그로 인하여 제3자에게 발생한 손해에 관하여 수탁자가 손해배상책임을 부담한다(동 제224조 제2항). 이와 같은 서류에 의한 정보개시의 중요성에 비추어 볼 때, 경과실이라도 책임을 부담하고, 나아가 과실의 입증책임이 전환되는 것이다.

이 책임은 수탁자가 고유재산에 관하여 부담하는 책임이다.[129]

(나) 회사법 제429조에도 주식회사의 이사의 책임에 관하여 마찬가지의 조문이 있고(그 밖에 회사 제597조, 일반법인 제117조·제198조), 입법취지, 책임의 성질, 손해의 범위, 제3자의 범위 등에 관한 논의가 많다.[130]

신탁법 제224조 제1항에 대응하는 회사법 제429조 제1항의 책임에 관하여 판례[131]는, 악의·중과실은 이사로서의 임무해태에 관

---

129) 条解·916면(加毛明)의 분석 참조.

130) 岩原紳作編「会社法コンメンタール9」339~419면(吉原和志)(商事法務, 2014) 참조. 또한 동조의 존재의의에 대한 의문에 관하여는, 특히 田中亘『会社法(第3版)』369~371면(東京大学出版会, 2021) 참조.

131) 最判昭和 44·11·26 民集 23권 11호 2150면.

하여 존재하면 족하고, 제3자에 대한 가해에 관하여 고의·과실을 요하지 않는 점에서 일반 불법행위책임과 차이를 구하고 있다. 마찬가지로 해석해야 할 것이다.

구체적인 손해에 관하여는, 방만한 신탁사무집행 등에 따라 신탁재산파산에 이른 경우에 신탁채권자가 입은 손해(간접손해), 변제가능성이 없는 금전의 차입·대금지급의 가능성이 없는 구입에 의해 계약상대방이 입은 손해(직접손해) 등이 고려될 수 있다. 전자의 간접손해에 관하여는 수탁자의 손실전보 등의 책임(신탁 제40조)도 성립하지만, 손해항목이 달라 수탁자는 이중 지급의 가능성이 있다. 악의·중과실의 수탁자에 대한 제재기능을 수행하고 있다[다만, 신탁채권자에 대한 손해배상에 의해 해당 채권자의 채권 가액 전부가 지급된 경우에는 수탁자는 해당 채권자의 권리를 대위할 수 있다(민 제422조)].

또한 허위 등기 등에 관한 책임은 이를 통해 수탁자와 거래관계에 들어간 제3자를 보호하는 것이다.

(다) 회사법에 관하여는 주주가 동법 제429조 제1항에서 말하는 「제3자」에 해당하는지 여부가 문제되고 있는데, 신탁에서의 수익자에 관하여는 신탁법 제40조에 근거하여 수탁자의 책임을 추급하는 것만을 인정해야 할 것이다.[132] 회사법상으로도 주주는 포함되지 않는다고 하는 것이 다수설이다.

(6) 한정책임신탁의 청산

청산 상황에서 채권자의 지위에 관하여도 통상의 신탁의 경우와 다른 규율을 두고 있다. 이에 관하여는 후술한다(→551면).

---

132) 条解·919면(加毛明)은, 회사법의 유력설에 따라 수익자의 일부가 수탁자를 겸하고 있는 경우나, 일부의 수익자와 수탁자 사이에 강한 결속이 있는 경우 등, 신탁법 제40조에 의한 구제가 실효적이지 않은 경우에는 신탁법 제224조 제1항의 「제3자」에 수익자를 포함시켜야 한다고 하고 있다.

제 4 장 수탁자의 의무와 책임

제 1 절 수탁자의 신탁사무처리의무와 제3자에 대한 위탁

1. 신탁사무처리의무

(1) 수탁자 의무의 원천

수탁자는 「신탁의 본지에 따라 신탁사무를 처리하여야 한다」라는 의무를 부담한다(신탁 제29조 제1항).* 그 의무의 원천은 신탁의 설정방법에 따라 다르다(→29면). 신탁계약에 의하는 경우에는 합의(동 제3조 제1호)에, 유언에 의한 경우에는 수탁자가 될 자의 인수(동 제5조)에, 신탁선언에 의한 경우에는 단독행위로서의 의무부담행위(동 제3조 제3호)에, 각각 존재하게 된다.

구체적인 의무내용은, 신탁행위의 해석에 따라 결정된다. 따라서 위탁자의 의사에 의하게 될 것 같지만, 수탁자의 의무를 생각함에 있어서는 신탁선언에 의한 경우를 제외하고, 수탁자가 되는 것을 인수한 자의 의사가 중요하다. 의무의 원천이 수탁자를 일방 당사자로 하는 합의·수탁자에 의한 인수에 존재하기 때문이다. 다만, 실제의 해석에서 위탁자 의사 및 수탁자 의사의 위치설정이나 의의의 경중은 신탁의 유형에 따라 달라질 수 있다. 이 점에서 신탁유형으로서, ① 재산처분 모델, ② 계약 모델, ③ 제도 모델을 규명한 다음(→31면), ②는 통상의 계약과 마찬가지로 위탁자와 수탁자의 합의내용의 해석이 요구되는 것에 비하여, ①에서는 위탁자의 의사가 중요하고, 또한 ③에서는 제3자인 수익자의 권리가 중요하므로, 신탁조항의 객관적 해석이 요구된다는 지적이 있다. 찬성해

야 할 것이다.[1]

*** 수탁 시의 의무** 수탁자가 될 자는 위탁자와 신탁계약을 체결하는 경우 또는 위탁자가 유언을 작성함에 있어 수탁자로의 취임에 동의하는 경우에(→86면*), 신탁행위의 내용의 타당성이나 당초 신탁재산의 적격성 등에 관하여 위탁자에게 조언할 의무를 부담할까? 수탁자로 될 자가 전문가인 경우에는 그와 같은 조언의무가 발생할 수 있다. 그러나 신탁법상의 의무는 아니다[2] (또한, 신탁업법상 신탁계약 체결 시에 수탁자에 대하여 부과되는 의무에 관하여, →72면).

(2) 신탁의 본지

「신탁의 본지에 따라」란, 개개의 구체적인 신탁행위의 내용과는 별도로 추상적인 「신탁이념」(「대략 신탁이라는 것」)을 규명하는 것처럼 읽을 수 있지만, 「해당 신탁에 의하여 달성하고자 한 목적」이고, 개개의 신탁마다 해당 신탁의 신탁행위의 해석에 따라 구체적인 내용이 결정된다. 「신탁의 본지」라는 용어가 이용되는 것은 신탁행위의 문언의 형식적인 해석에 의하는 것이 아니라, 해당 신탁이 설정된 목적을 달성하기 위하여 신탁사무를 처리할 의무를 부담한다는 점을 강조하기 위한 것에 지나지 않는다고 이해된다.[3] 민법 제644조에서 「위임의 본지」에 관하여도 개개의 위임계약과 분리된 기준으로서는 이해되지 않는다.[4]

(3) 선량한 관리자의 주의

(가) 수탁자는 신탁사무를 처리함에 있어 선량한 관리자의 주의로써 하여야 한다(신탁 제29조 제2항). 종종 「선관주의의무」라고

---

1) 条解 · 167~170면(沖野眞已).
2) 江頭憲治郎編『会社法コンメンタール16』421면(道垣内弘人)(商事法務, 2010).
3) 能見 · 68면, 寺本 · 112면.
4) 기초과정도 포함하여, 大塚智見「委任者の指図と受任者の権限」法協 134권 10호 1871~1914면, 12호 2427~2429면(2017) 참조.

하지만, 「주의를 기울인다」는 행위의무가 존재하는 것은 아니다. 「선량한 관리자의 주의」라는 개념이 신탁사무집행에 있어 행하여져야 할 구체적인 행위내용을 결정하는 기준으로서 작용하는 것이다.[5] 신탁법 제29조 제1항에 의하여 신탁의 본지에 따라 행위의무 내용이 정해지고, 해당 행위의무의 이행에 있어 주의수준이 동조 제2항에 따라 정해진다고도 할 수 있을 것 같지만, 행위의무의 구체적 내용은 거기에서 요구되는 주의수준에 의해 정해지는 것이고, 결국 「선량한 관리자의 주의」라는 개념은, 구체적인 행위내용을 결정하는 기준이라고 해야 할 것이다. 그래서 본서에서는 선량한 관리자의 주의로써 하는 신탁사무 집행의무를 **선관주의 집행의무**라고 부른다(지금까지도 이미 수회 사용하였다).

(나) 선량한 관리자의 주의라고 하는 주의수준은 개별 채무자의 구체적인 능력과 분리하여 객관적 의무내용을 정하는 것으로, 민법상 채무불이행·불법행위를 통한 원칙적인 주의수준이다[예를 들어, 채권자의 주의수준에 관하여는 특칙에 의해 경감되고 있다(민 제827조)]. 따라서 다른 종류의 의무자와 비교하여, 수탁자의 의무내용 수준이 당연히 높은 것은 아니다.[6] 핵심은 객관적 기준이고 주관적 기준이 아니라는 점이고, 객관적인 기준을 정하기 위하여 어떠한 「선량한 관리자」를 상정할지는 전문가에게 자산운용을 맡기고 있는지, 사망에 있어 친구에게 유아를 위한 자산관리를 맡기고 있는지에 따라 달라진다. 해당 신탁의 목적에 비추어 결정된다.

따라서 선량한 관리자의 주의라고 하는 기준에 의하여 결정된 구체적인 행위의무는 신탁마다 다르다.[7] 신탁재산의 관리의무를 부담하는 것은 분명하지만, 그때도 어떠한 양태로 관리하여야 하는지는 신탁목적과의 관계에서 정해진다.*, **

5) 道垣内弘人「善管注意義務をめぐって」法教 305호 39면(2006).

6) 道垣内·전게 주5) 42면.

7) 재판례에 관하여, 条解·174~177면(沖野眞已) 참조.

또한 이론적으로는 선량한 관리자의 주의로써 하는 신탁사무 집행의무에 포함되는 것이라도, 공평의무(신탁 제33조. → 246면), 분별관리의무(동 제34조. → 248면), 신탁사무의 위탁에 있어 제3자에 대한 선임·감독의무(동 제35조. → 제241면), 보고의무(동 제36조. → 254면), 장부 등의 작성·보고 등의 의무(동 제37조. → 254면)와 같이 특별한 규정을 두고 있는 경우도 있다.

*** 선관주의 집행의무와 ESG 투자**[8] 신탁사무 집행으로서 수탁자가 주식 등에 투자를 하는 경우도 당연히 선관주의 집행의무를 부담한다. 그 구체적 내용은, 신탁행위의 정함이나 신탁목적에 따라 다르지만(가령, 일본 국적의 회사의 주식에만 투자를 하는 것이 정해지는 경우가 있을 수 있고, 법인인 위탁자의 경합회사 주식에 투자를 하지 않는 것이 정해지는 경우도 있을 수 있다), 원칙적으로는 최대의 이익을 올릴 수 있도록 선량한 관리자의 주의를 다하는 것이 요구된다. 그런데, 최근 기관투자가는 투자라는 행동을 통하여 사회의 지속가능성을 제고하는데 공헌할 수 있도록 사회적 책임 투자(Socially Responsible Investment; SRI)를 할 책임을 부담하고, 그 구체화로서 ESG[환경(environmental), 사회(social), 거버넌스(governance)]라는 평가기준을 판단에 고려한 투자(ESG 투자)가 이루어져야 한다는 점이 주장되기에 이르렀다.

그러나 그 평가기준을 고려하는 것이 최대의 이익을 올리려고 하는 투자행동과 모순되는 경우에 문제가 된다. 즉, 환경을 배려하지 않은 회사의 주식에 투자하는 것이 이익을 올리는 것으로 연결되는 경우에 수탁자가 ESG 투자를 하여, 해당 회사에 투자를 회피하고, 얻을 수 있었던 이득을 얻지 못한 경우 선관주의 집행의무위반이라고 평가되는 것인가라는 점이다. 반대로 ESG 요인을 고려하지 않는 것이

---

8) 伊藤正晴「受託者責任を満たすにはESG要因の考慮が必須か」大和総研調査季報 2017년 추계호(28호) 14면 이하(2017), 石寄政信「ESG投資と運用機関の受託者責任」信託フォーラム 13호 89면 이하(2020), 山本俊之ほか「ESG投資の視点·手法と日本法における受託者責任」NBL 1189호 21면 이하(2021), 後藤元「ESGと信託」信託 286호 6면 이하(2021) 등.

수탁자의 의무위반이 된다는 관점도 있을 수 있다.

위탁자의 묵시적 의사로서 투자 성과가 다소 저하되더라도 ESG 투자를 희망한다고 신탁행위가 해석되는 경우도 있을 수 있고, 사회적으로 ESG 투자가 요구되는 성격을 지닌 수탁자를 굳이 선임한 경우에는 ESG 투자에 의한 투자 성과의 저하가 용인되고 있다고 해석되는 경우도 있을 것이다. 또한 투자 성과에 대한 위탁자의 이익이 존재하지 않는 경우 ESG 투자가 수익자의 의사에 합치한다고 해석되는 경우도 있다. 나아가 ESG를 고려함에 따라 투자 성과가 약간 저하되는 것은 일반적으로 용인되고 있다고 생각해야 하는 경우도 있다.

그러나 ESG를 평가기준에 고려하여야 한다고 아무리 수탁자가 생각하더라도 그로 인해 투자 성과를 희생시켜도 무방하다고 당연히 평가되는 것은 아니라고 하여야 한다.

**** 공동수탁자 사이의 상호 감시의무**9) 수탁자가 복수인 경우(→116면), 각 수탁자가 상호 감시의무를 부담하는지에 관하여 문제가 되지만, 논의에 있어서는 구체적 의무 내용부터 분명히 밝혀둘 필요가 있다. 복수의 수탁자가 전원일치 또는 다수결에 근거하여 신탁사무를 집행하여야 하는 경우에는 해당 신탁사무 집행에 관하여 다른 수탁자의 행위를 감시하는 것은 생각할 수 없다. 이 경우에는, 다른 수탁자가 상기의 의사결정 규칙에 반하여 행위를 하거나 하고자 하는 경우에 손실전보책임 등을 추궁하거나(신탁 제85조 제2항. → 310면), 혹은 수탁자의 행위를 금지(동조 제4항. → 337면)하는 권한을 적절하게 행사하는 것이 상호 감시의무의 내용이 된다. 이에 비하여, 공동 수탁자 사이의 직무분장의 정함이 있는 경우에는 어떤 수탁자가 분장하고 있는 해당 직무의 범위를 넘어 행위를 하거나 하고자 하는 경우 및 해당 직무 범위 내에서 의무위반행위를 하거나 하고자 하는 경우 손실전보책임 등을 추궁하거나 혹은 수탁자의 행위를 금지하는 권한을 적절하게 행사하는 것이 상호 감시의무의 내용이 된다. 이러한 권한

9) 학설 및 상호 감시의무의 구체적 내용에 관한 미국법도 포함하여, 松元暢子「信託に関する権限を有する者(受託者·指図権者)が複数存在する場合の責任の検討」 神田秀樹＝資本市場研究会編 『企業法制の将来展望·2019年度版』 295면 이하(公益財団法人資本市場研究会, 2018) 참조.

행사는 선관주의 집행의무의 내용을 구성하고, 해당 권한행사를 위하여 구체적으로 어디까지 조사 등을 수행할지는 신탁의 목적과의 관계에서 결정된다. 예를 들어 비용 저감을 위하여 다른 수탁자가 분장하고 있는 직무 범위에 관하여는 적극적인 조사 등을 하지 않고, 단지 실제 손실 등이 발생한 것을 인정한 경우에 한하여 손실전보책임 등의 추궁을 하면 족하다는 경우도 있다. 또한 가령 신탁행위의 정함에 따라 그 권한행사에 있어 기울여야 하는 주의의 수준을 낮출 수 있다[다만, 이하 (다) 및 (라)에서 서술하는 것과 같은 제한은 있다].

(다) 신탁법 제29조 제2항은 단서에서 「신탁행위에 별도의 정함이 있는 경우에는 그 정하는 바에 따른 주의」로써 신탁사무 집행을 할 것을 요구하고 있다(그 허용되는 근거에 관하여, →68면)(또한, 수익증권발행신탁에 관하여는 주의의무수준의 경감은 할 수 없다. →440면). 구체적으로는, 「자기의 물건과 동일한 주의로 충분하다」라고 하는 신탁행위의 정함을 고려할 수 있다. 다만, 그 정함에는 합리성이 요구된다. 사인이 친구를 위하여 수탁자가 된 예에서는, 「자기의 물건과 동일한 주의로 충분하다」라고 하는 것도 허용되지만, 신탁이란 제도가 타인의 이익을 위하여 수탁자가 재산의 관리 등을 하는 것인 이상, 그 실체를 소멸시켜 버리는 것과 같은 특약, 가령, 「어떠한 주의도 필요하지 않다」라고 하는 것은 허용되지 않는다.[10]

또한 수탁자에 관하여 선량한 관리자의 주의를 정하는 신탁업법 제28조 제2항에는 단서가 없어 신탁행위의 정함에 따른 경감은 인정되지 않는 것으로 되어 있다.[11] 신탁업법은 특약의 사법상 효력을 정하는 것은 아니지만, 신탁업법이 적용되는 신탁에 있어 신탁행위는 수탁자 측에 의해 작성되는 경우가 많고, 위탁자로서는 수탁자가 신탁업법을 준수하고 있는 것을 전제로 하여 신탁계약을

10) 寺本·113면 주(3), 村松ほか·91면 주(4), 道垣内·135면, 樋口範雄『アメリカ信託法ノートⅠ』73면(弘文堂, 2003), 条解·181면(沖野眞已), 岡伸浩『信託法理の展開と法主体』65면(有斐閣, 2019).

11) 小出卓哉『逐条解説·信託業法』143면(清文社, 2008).

체결한다고 생각되므로, 주의수준의 경감 특약이 있는 경우에는 위탁자가 착오에 빠졌다고 하여 일부취소가 인정되는 경우도 있을 것이다.

(라) 주의수준의 경감과 다른 것은 수탁자 권한의 축소, 수탁자 행위의무의 구체화, 경과실면책이다. 이하 순서대로 검토한다.

(a) 수탁자 권한의 축소 선량한 관리자의 주의에 의한 신탁사무집행은 신탁행위에 의하여 수탁자에게 부여된 권한을 행사함에 있어 요구되는 것이므로, 수탁자의 권한 범위에서만 문제가 된다. 나아가 신탁의 본지에 따라 신탁사무를 집행함에 있어서는 수탁자는 신탁행위에 정하여진 지시에 따라야 한다.

따라서 가령 수탁자가 투자를 함에 있어 특정 투자고문업자의 투자판단에 따라 투자를 하도록 지시되어 있다면, 수탁자에게는 스스로 투자판단을 할 권한이 없고,[12] 투자판단에 있어서 선량한 관리자의 주의는 문제되지 않는다. 반대로 특정 투자고문업자의 투자판단에 따를 의무를 부담하게 된다.

신탁법상 수탁자가 그 신탁사무를 신탁행위로 지명된 제3자에게 맡긴 경우에도 해당 제3자가 부적절하다는 점 등을 안 경우에는 수익자에 대한 통지, 제3자에 대한 위탁 해제 등의 조치를 취하여야 한다고 되어 있다(신탁 제35조 제3항). 이러한 점에 비추어 보면, 수탁자 스스로 행하지 않는 사무에 관하여도, 수탁자는 여전히 일정한 의무를 부담하는 것은 아닌가라고 생각할 수도 있다. 그러나 제3자에 대한 위탁에 관한 신탁법의 규율은 어디까지나 신탁행위에 의하여 수탁자의 신탁사무로 된 내용의 제3자에 대한 위탁과 관

12) 이에 대해, 能見善久「『企業年金の受託者責任』についてのコメント」能見善久編『信託の実務と理論』13~14면(有斐閣, 2009)은, 지시권자의 지시에 따른다는 의무가 수탁자에게 부과되어 있을 뿐이고, 지시와는 다른 방식으로 신탁재산에 속하는 재산을 처분하더라도 권한 외 행위는 되지 않는다고 한다. 같은 취지로 渡辺宏之「研究·信託法(5)」信託 280호 42면(2019).

련된 것이다. 자신의 신탁사무에 관하여 제3자가 집행을 하는 것이기 때문에 수탁자가 일정한 의무를 부담하는 것이다. 이에 비하여 상기의 예에서 투자자문업자와 같은 **지시권자***의 정함은, 그 정함에 따라 운용판단권한이 수탁자에게 귀속되지 않게 되는 것이고, 처음부터 스스로 하여야 하는 의무는 아니다. 따라서 당연히 동일한 규율은 타당하지 않다.[13)]

다만, 민법상 위임계약과 관련하여 수임인에 대한 위임인의 지시가 부적당한 경우에는 지시의 변경 또는 지시에 따르지 않는 것의 허락을 요구하여야 한다고 보고 있다.[14)] 이러한 점에서 살펴보면, 신탁보수(→355면)를 정하는 방식이나 지시권자를 정한 경위 등을 고려할 필요는 있지만, 일반적으로는 지시권자에게 명백한 의무위반이 있다는 점을 현실적으로 알고 있는 경우에는 위탁자(지시권자와의 위임계약에 있어서 위임인)에 대하여 그 취지를 통지할 의무 등이 수탁자에게 인정될 것이다.[15)16)]

---

13) 中田直茂「指図権と信託」新井誠ほか編『信託法制の展望』455면(日本評論社, 2011)도 참조.

14) 我妻栄『債権各論中巻2(民法講義V3)』671면(岩波書店, 1962).

15) 中田直茂「指図者を利用した場合の受託者責任(下)」金法 1860호 45면(2009), 道垣内·問題状況 239~241면. 木村仁「信託法の規定の半強行法性」椿寿夫編『民法における強行法·任意法』323면(日本評論社, 2015)은,「알거나, 알았어야 했던」경우에는 책임을 부담한다고 한다. 또한 佐藤勤「指図権者等が関与する信託における受託者等の権限および義務」南山 38권 2호 55면(2014)은, 수탁자는 지시권자를 감시할 의무를 부담한다고 하고, 田中·209면은, 조치를 위할 의무가 있다고 한다. 나아가, 有吉尚哉「年金特定信託における信託銀行の責任とAIJ事件を踏まえた信託業規制の見直しの動向」NBL 990호 59면 주(17)(2012)은, 지시내용이 수익자에게 있어 현저하게 불이익하다는 점이 분명한 경우에는 수탁자가 지시를 거절할 의무를 부담하는 경우도 있다고 한다. 또한 松元·전게 주9) 참조.

16) 후생연기금의 자산운용에 관하여 후생연금기금 X와 투자고문업자의 투자일임계약이 체결되어 수탁자인 신탁은행 Y는 단지 운용재산의 관리만을 수행하는 구조로 되어 있었는데, 투자고문업자 A의 지시가 부적절하였던 경우에 관하여, Y가 X에게 조언을 하지 않은 것이 수탁자로서의 의무에 위반한 것이라고 하여 다투어진 사안이 있다. 東京地判 平成 27·7·3(LEX/DB/25530845,

또한 복수의 수탁자가 선임되어 직무분장의 정함이 있는 경우에는(→124면), 각 수탁자의 권한은 감축되어 있지만, 신탁행위의 해석에 따라 각 수탁자는 선량한 관리자의 주의를 가지고 신탁사무 집행의무의 내용으로서 다른 수탁자에 대한 감시의무를 부담하는 경우도 있을 수 있다(→223면**).

(b) 수탁자 행위의무의 구체화 구체적인 의무내용이 신탁행위에 정해지는 경우가 있다. 예를 들어 「차입권한의 행사에 있어서는 2개의 도시은행과 교섭한 후에 보다 저금리로 차입을 하라」라는 신탁행위의 정함이다. 이는 비용 대비 효과를 생각하여 의무내용을 한정하고 있는 것이고, 이 경우 수탁자는 보다 많은 은행과 교섭할 필요는 없다. 다만, 3개의 은행과 교섭을 한 경우 권한위반행위가 되어 3번째 은행과의 교섭에 필요한 비용에 관하여 수탁자가 비용상환을 할 수 없는 것인가는 별도의 문제이다. 원칙적으로 그 비용의 상환은 청구할 수 없지만, 3번째 은행과 교섭하는 것이 선량한 관리자의 주의에 의한 합리적 판단에 근거하는 것이라고 할 수 있는 경우에는 상환청구가 가능한 경우도 있을 것이다.[17]

2015WLJPCA07038004)은, 「기금은 스스로의 책임과 권한에 있어서, 그 자산의 운용방법과 운용수탁기관을 결정하여야 하는 입장에 있고, 기금이 그 자산의 운용방법으로서 투자일임업자와의 연금투자일임계약을 선택하고, 신탁은행과의 사이에서, 신탁은행이 투자일임업자의 지시만을 근거로 신탁재산을 운용하는 것을 내용으로 하는 연금특정신탁계약을 체결한 경우에는, 신탁은행은 투자일임업자의 운용지시에 따라야 하는 입장에 있는 것으로, 투자일임업자의 운용방법의 적부에 관하여 감시나 기금에 조언할 책무를 부담할 입장은 아니고, Y에게 「임무해태가 있다고 할 수 있는 것은, Y 등이 그 신탁사무를 처리함에 있어 A의 운용이 분명하게 부당하고, 원고에게 중대한 손실이 발생할 위험성이 크다는 점을 인식하고 있었거나 용이하게 인식할 수 있었던 한편, 위탁자인 X의 입장에서는 이를 인식할 수 없었음에도 Y 등이 X에게 이를 알리지 않았다고 하는 예외적인 사정이 인정되는 경우에 한정된다고 해야 할 것이다」라고 하여 Y의 모든 책임을 부정하였다[항소심인 東京高判 平成 28·1·2(LEX/DB25542150, 2016WLJPCA01216003)도 같은 취지]. 타당하다고 할 것이다.

17) セミナー(2)·14~17면 참조.

(c) **경과실면책의 정함** 회사법에 있어서는 이사에 관하여 법령 및 정관의 정함에 따라 의무가 명시되므로(회사 제355조), 그 위반자체는 객관적으로 판단되지만, 그 책임을 추궁하기 위해서는 위반에 관하여 고의 또는 과실을 필요로 한다는 것이 판례[18]이다. 그와 같은 구조 하에서는 경과실면책 특약에도 존재의의는 있다.

그러나 선량한 관리자의 주의를 기준으로 하여 행위의무내용을 정하는 경우, 가령 법령준수에 관하여는, 법령위반이 없다는 점에 대해서 선량한 관리자의 주의를 표준으로 하여 요구되는 확인을 수탁자로서 행하면 처음부터 의무위반이 존재하지 않는다고 하여야 한다. 회사법에서는 특히 법령준수의무라는 객관적으로 위반유무가 정해지는 사항에 관하여 규정하였으므로, 과실을 별개의 요건으로서 생각할 필요가 발생하지만, 신탁법 하에서는 법령준수의무는 선량한 관리자로서 법령에 반하지 않도록 확인을 하는 행위의무로 해소되기 때문에 의무위반과 과실을 구분하여 생각할 필요는 없다.

그렇다면, 경과실면책 특약이란 결국 저하된 수준의 확인의무만을 부과한다는 특약과 다르지 않아 (b)에 흡수된다.

* **지시권자** (ⅰ) 신탁행위에 의해 일정한 사항에 관하여 수탁자가 재량권한을 가지지 않고, 특정한 자의 지시에 따라야 한다는 취지가 정해지는 경우가 있다. 이러한 지시를 하는 자를 **지시권자**라고 한다. 경우에 따라서는 주식투자 등의 운용을 지시권자가 직접 행하는 유형도 있는데, 이 경우에 관하여 수탁자와 공동수탁관계에 있다는 견해,[19] 지시권자에 대하여 수탁자로부터 대리권이 수여된 것으로 보아야 한다는 견해[20]가 있다. 특히 논의되는 것은 지시에 근거하여 어디까지나 수탁자가 신탁사무를 집행하는 유형이고, 이하 이에 관하여

18) 最判昭和 51·3·23 金判 503호 14면.
19) 能見·42면.
20) 福井修「職務分担型の信託における責任」富大経済論集 58권 1호 35면(2012).

설명한다. 또한 지시권자가 위탁자나 수익자[21]인 경우도 있고, 제3자인 경우도 있다. 앞의 두 사람의 경우에는 수동신탁과의 관계가 문제된다(→66면*).

(ii) 지시권자와의 관계에서 수탁자가 부담하는 의무에 관하여는 본문에서 서술하였지만, 지시권자가 어떠한 의무를 누구에 대하여 부담할지가 문제이다. 이 점에 있어서는 우선 지시권자가 누구인가에 따라 달라진다는 점이 지적되고 있다.

지시권자가 단독수익자인 경우에는 자신의 이익을 위하여 지시권을 행사하는 것이고, 지시권자로서의 의무를 생각할 필요는 없다.[22] 위탁자인 경우에는 신탁을 자유롭게 설계할 뿐이고, 지시의 방식도 자유롭다고도 생각되지만, 위탁자가 단독수익자인 경우를 제외하고, 수익자와의 관계에서는 적절한 지시를 하는 것도 담당하고 있다고 해석되므로, 제3자가 지시권자인 경우와 동일하게 해석하여도 무방하다.[23] 그리고 제3자(복수수익자 중 1인인 경우를 포함한다)가 위탁자로부터 위임을 받아 지시권자가 된 경우에는 위탁자에 대하여 위임계약상 채무를 부담하는 것은 물론, 수익자에 대하여도 수탁자와 마찬가지의 선관주의 집행의무·충실의무를 부담한다고 하는 견해가 유력하다[24](또한, 신탁업법 제65조는 지시권자에게 수익자를 위하여 충실하게 지시를 할 의무를 부과하고, 동법 제66조는 약간의 구체적인 행위준칙을 정하고 있다). 그리고 그 위반에 관하여는 신탁법 제40조(복수의 지시권자가 있는 경우나 수탁자에게도 의무위반이 있는 경우에는 동법 제85조)의 유추가 주장된다.[25] 이와 같이 해석하는 근거로서는, 지시권자가 제3자인 경우에는 위탁자와 지시권자 사이의

21) 能見·전게 주12) 14면은, 수익자에게 부여할 수는 없다고 한다.

22) 木村仁「指図権者等が関与する信託の法的諸問題」関学 64권 3호 112면(2013).

23) 木村·전게 주22) 113면. 다만 기울여여야 하는 주의의 수준은 경감된다고 한다.

24) 中田·전게 주15) 42면, 佐藤勤「現代型信託にかかる信託関係者の責任」新井誠ほか編『信託法制の展望』249면 이하(日本評論社, 2011), 佐藤·전게 주15) 52면.

25) 須田力哉「指図を伴う信託事務処理に関する法的考察」信研 34호 23면(2009), 木村·전게 주22) 111면. 松元·전게 주9) 327면도 참조.

계약을 제3자를 위한 계약이라고 생각하고, 지시권자가 위탁자인 경우에는 일방적 채무부담행위라고 파악할 수 있다는 점을 들 수 있다(또한, 지시권자가 비용상환의무를 부담할 가능성에 관하여, → 354면*).

(마) 수탁자가 어떤 행위를 할 때 수익자와 협의하여 그 동의를 얻은 경우에는 어떠할까?* 신탁법 제42조는 수익자는 수탁자의 손실전보책임 등을 면제할 수 있다는 점을 규정하고 있지만, 이는 사후적인 면제이다(→ 332면).

특히, 수익자가 전문적인 식견을 결여한 채 수탁자에 대하여 동의를 하였다고 해서 수탁자의 책임이 사라지는 것은 아니다. 수탁자는 신탁행위에 의해 적절한 사무집행을 위탁받은 것이므로, 수익자의 동의가 있어도 선량한 관리자의 주의로써 하고 있는지 여부를 판단함에 있어 그러한 점이 고려되는 경우가 있다는 것에 그친다고 해야 한다.

* **동의권자** 수탁자가 일정한 행위를 할 때 특정한 자의 동의를 얻어야 하는 점이 신탁행위에 정해지는 경우가 있다. 동의권자이다. 공동수탁자와 유사하지만, 동의권자는 수탁자의 행위에 대하여 거부권을 가질 뿐이고, 일정한 행위를 한다는 판단은 수탁자가 하므로, 공동수탁자라고는 할 수 없다. 그리고 특정의 사무집행에 있어 동의권자의 동의가 있다고 하여 수탁자가 책임을 면하는 것은 아니다.[26] 또한 동의권자가 동의하지 않는 것이 부적절한 경우 수탁자는 동의 없이 행위할 수 있다는 견해도 있지만, 행위할 수 있다는 점을 넘어 행위하여야 한다고 한다면 수탁자에게 부당한 판단리스크를 부과하게 되어 타당하지 않다. 동의권자에게 명백한 의무위반이 있다는 점을 수탁자가 현실적으로 알고 있는 경우에 한하여 선관주의 집행의무의 일환으로서 위탁자에 대한 통지의무가 있다는 점에 그친다고 해석해야 할 것이다.

---

26) 中田 · 전게 주15) 46면. 木村 · 전게 주22) 118~119, 138~139면.

2. 제3자에 대한 위탁

(1) 제3자 위탁 가능범위의 확대

수탁자는 위탁자로부터 자신이 신뢰받아 신탁사무를 위탁받았으므로, 그 신뢰에 부응하기 위하여 스스로가 그 사무를 처리하여야 한다고도 생각할 수 있다. 민법 제104조는 그러한 사고를 취하고 있었고, 구 신탁법 제26조 제1항도 마찬가지였다. 즉, 자기집행의무가 부과되었던 것이다.

그러나 현재에는, 전문 분야가 여러 가지로 나뉘어 각각에 전문가가 존재하는 상황이 되었다. 수탁자로 된 자가 외국주식 시장에서의 투자부터 부동산투자, 나아가 토지신탁에 있어서의 빌딩건설까지 스스로 할 수 있는 것이 아니고, 적절한 전문가에게 의뢰하는 것이야 말로 오히려 수익자의 이익을 도모하는 것이 된다. 또한 대리에 있어서는, 대리인이 해당 대리인을 선임한 본인의 이익을 도모하는 구조임에 비하여, 신탁에 있어 제도의 구조상 원칙은, 수탁자를 선임한 위탁자는 수익자와는 별개이고, 수탁자는 수익자의 이익을 도모하기 때문에 임의대리에 관한 민법 제104조와 마찬가지의 규율로 할 필연성은 없다.[27)]

그래서 신탁법 제28조는 신탁행위에 제3자 위탁이 가능하다는 취지의 정함이 있는 경우나, 부득이한 경우는 물론, 정함이 없는 경우에도 「신탁사무의 처리를 제3자에게 위탁하는 것이 신탁의 목적에 비추어 상당하다고 인정되는 때」에는, 수탁자가 신탁사무를 제3자에게 위탁할 수 있는 것으로 하여 제3자 위탁이 가능한 범위를 확대하였다.

그러나 그와 같이 인정되는 범위, 위탁의 경우의 법률관계 등 문제는 남아있다.

27) 佐久間·97면.

(2) 제3자 위탁의 범위

우선, 어떠한 경우에 신탁사무처리가 제3자에게 위탁되어 있다고 파악할 수 있을까? 즉, 구 신탁법하에서도 학설상으로는 수탁자의 수족으로서 사용되는 자(강학상「진정한 의미의 이행보조자」)를 이용하는 것이 허용되는 것은 물론, 독립적인 재량적 판단에 기반하여 사무를 집행하는 자 이외의 자,[28] 나아가 변호사, 변리사, 회계사, 택지건물업자 등의 전문가를 이용하는 것도 당연히 허용되는 것으로 해석되었다.[29] 그리고 이와 같은 해석은 신 신탁법 하에서도 타당하고, 가령 토지신탁에 관하여 빌딩을 건축한다는 사항은 처음부터「신탁사무」의 범위에 들어가지 않고, 적절한 건축업자에게 의뢰하는 것이 수탁자가 해야 할 신탁사무의 내용이며, 건축업자에 대한 의뢰는 신탁법 제28조에서 말하는「제3자에게 위탁하는 것」에는 해당하지 않고, 또한 법률문제에 관한 변호사에 대한 의뢰도 마찬가지라고 주장되고 있다.[30]

한편, 신탁법 제28조 제2호는, 널리「신탁사무의 처리를 제3자에게 위탁하는 것이 신탁의 목적에 비추어 상당하다고 인정되는 경우」에는 신탁사무를 제3자에게 위탁할 수 있다고 하고 있으므로, 구법에서와 달리 굳이「신탁사무의 처리를 제3자에게 위탁하는 것」의 의미를 좁게 해석할 필요는 없고, 수탁자인 회사의 종업원과 같은 협의의 이행보조자는 몰라도, 전문적인 사무를 위탁하는 경우(변호사·회계사 등)도, 기계적인 사무를 위탁하는 경우(신탁재산에 속하는 재산의 운송에 관한 운송업자)도, 위탁을 받은 자는 원칙적으로 모두「제3자」에 해당한다고 하는 견해도 있다.[31]

---

28) 四宮·237면, 新井·293면, 川北清道「自己執行義務と代人使用について」信研 13호 18면(1989) 등.

29) 四宮·236~237면 등.

30) セミナー(2)·33면 이하.

31) 寺本·110면 주(4), 村松ほか·82면 주(1).

건설업자에 대한 위탁이나 변호사에 대한 위탁의 경우에는, 그러한 자에게 위탁하는 것이 「신탁의 목적에 비추어 상당하다」고 생각되므로, 신탁법상으로는 결론에 차이가 발생하는 것은 아니다.* 그러나 명시적인 정함이 없더라도 신탁행위의 해석으로서 「제3자에게 위탁하는 것」이 수탁자가 하여야 하는 신탁사무 내용이 되고, 위탁을 받은 자가 하는 행위는 신탁사무가 아니라고 생각하여야 하는 경우도 있다고 생각한다.[32)]

또한 예를 들어 해외의 유가증권 운용을 하는 경우, 애당초 수탁자 자신이 해당 유가증권의 보관을 하는 것은 상정되지 않고, 「해외의 보관업자가 보호예수를 하는 증권에 대한 투자」가 되어 있는 것으로 해석하여야 한다고 지적되고 있다.[33)] 찬성하여야 한다.

*** 신탁업법에서의 규율** (ⅰ) 신탁업법 제22조는 신탁업법이 위탁자에게 적용되는 경우에 관하여, 「신탁업무」의 일부를 제3자에게 위탁할 수 있기 위한 요건을 신탁법보다 엄격하게 하고 있다. 구체적으로는 「신탁업무의 일부를 위탁하는 것 및 신탁업무의 위탁처(위탁처가 확정되지 않은 경우에는 위탁처의 선정과 관련된 기준 및 절차)가 신탁행위에 분명하게 되어 있을 것」, 「위탁처가 위탁된 신탁업무를 확실하게 수행할 수 있는 자일 것」이 필요하다고 하고 있고(동조 제1항 제1호·제2호), 위탁을 받은 자에 대하여 충실의무·선관주의 집행의무·분별관리의무·이익상반행위 피지의무를 부과하고 있다(동조 제2항에 의한 동법 제28조·제29조의 준용).

다만 이러한 규제에 관하여는 「신탁재산의 보존행위와 관련된 의무」, 「신탁재산의 성질을 변경하지 않는 범위 내에서 그 이용 또는

---

32) 山下純司「信託事務の第三者委託について」能見善久ほか編『信託法制の新時代』120~121면(弘文堂, 2017)은, 수탁자가 하여야 하는 신탁사무 내용의 제3자에 대한 위탁과 그 이외를 구별하는 의의를 부정한다. 확실히, 신탁법상으로는 구별의 필요성이 부족하지만, 신탁업법의 적용과의 관계에서 더욱 의의가 인정된다.

33) 福井修「信託におけるカストディアン」道垣内弘人ほか編『信託取引と民法法理』211면(有斐閣, 2003).

개량을 목적으로 하는 업무」, 「전2호 어디에도 해당하지 않는 업무로 수익자의 보호에 지장을 일으키지 않는다고 인정된 것으로서 내각부령으로 정하는 것」이란 예외가 인정되고 있다(동 제22조 제3항).

그리고 여기에서 말하는 「내각부령으로 정하는 것」으로서, 신탁업법 시행규칙 제29조는 「신탁행위에 신탁회사가 위탁자 또는 수익자(이러한 자로부터 지시의 권한을 위탁받은 자를 포함한다.)만의 지시에 따라 신탁재산의 처분, 그 밖에 신탁목적의 달성을 위하여 필요한 행위와 관련된 업무를 하는 취지의 정함이 있는 경우에 있어 해당 업무」(제1호), 「신탁행위에 신탁업무의 위탁처가 신탁회사(신탁회사로부터 지시의 권한을 위탁받은 자를 포함한다.)만의 지시에 따라 위탁된 신탁재산의 처분, 그 밖에 신탁목적의 달성을 위하여 필요한 행위와 관련된 업무를 하는 취지의 정함이 있는 경우에 있어 해당 업무」(제2호), 「신탁회사가 하는 업무수행에 있어 보조적인 기능을 가지는 행위」(제3호)를 규정하고 있다.

(ii) 나아가, 금융청의 「신탁회사 등에 관한 종합적인 감독지침」(이하는, 레이와 3년 7월 개정된 것에 의한다) 3－4－5는 신탁업법 제22조 제3항 제1호·제2호의 「신탁재산의 보존행위와 관련된 업무」, 「신탁재산의 성질을 변경하지 않는 범위 내에서 그 이용 또는 개량을 목적으로 하는 업무」 및 신탁업법 시행규칙 제29조에 관하여 그 구체적인 운용지침을 밝히고 있다.

그것에 의하면, 우선 「신탁행위의 보존행위와 관련된 업무」라 함은, 「신탁재산의 현상을 유지하기 위하여 필요한 일체의 행위」이고, 예를 들어, 「미등기부동산 등에 관하여 등기 등을 하는 행위」, 「배당, 이자의 수취 등 재산권으로부터 예정된 수익을 수수하는 행위」등이 이에 해당한다.

다음으로, 「신탁재산의 성질을 변경하지 않는 범위 내에서, 그 이용 또는 개량을 목적으로 하는 업무」라 함은, 「물건이나 권리의 성질을 변경하지 않는 범위에서 수익을 도모하는 행위(이용행위) 또는 이용가치 혹은 교환가치를 증가시키는 행위(개량행위)」이고, 가령, 「신탁재산의 관리 또는 처분에 따라 발생한 금전을 보통예·적금에 의해

관리하는 행위」나「재산권에서 담보권이라는 부담을 제거하는 행위」가 이에 해당한다고 여겨진다.

나아가, 신탁업법 시행규칙 제29조 제1호·제2호에서 말하는「지시」의 내용은,「신탁재산의 관리 또는 처분의 방법을 수탁자나 위탁처의 재량이 생기기 않도록 특정할 필요가 있다」라고 하고 있고, 동조 제3호의「보조적인 기능을 가지는 행위」라 함은,「『정형적인 서비스 제공자가 그 서비스를 제공하는 행위』,『단순한 사무를 처리하는 행위』,『변호사·회계사 등이 전문가로서 제공하는 행위』와 같이, 신탁회사로부터 위탁을 받은 업무가, 신탁의 목적, 신탁회사가 수행하는 업무의 내용 등에 비추어 볼 때, 신탁사무처리의 수단인 행위를 보조하는 데 그치는 것」으로, 가령「운송회사가 신탁재산을 운반하는 행위」,「증권회사가 유가증권을 보조적으로 매매하는 행위」,「부동산회사가 부동산을 보조적으로 처분하는 행위」,「변호사가 소송의 위탁을 받는 행위」를 그 예로 들 수 있다.

(iii) 통상 예외로 되는 것은 상당히 좁은 범위이다.[34] 그렇다면, 신탁회사는 넓은 범위에서 신탁업법 제22조의 요건의 준수가 요구된다. 그러나, 그러면 신탁업무의 기동성이 훼손되어, 실태에 적합하지 않는다고 하여, 일정한 범위의 행위를 처음부터 제3자에 대한 위탁이라는 개념에서 배제하려고 하는 주장이 제기되는 것이다.

(3) 제3자 위탁의 법률관계[35]

위탁을 받은 제3자가 하는 행위는, 직접적으로 신탁사무 집행이 되는 것은 아니다. 해당 제3자는 어디까지나 수탁자와의 사이에서 계약에 기반하여 일정한 사무를 인수한 것이므로, 해당 제3자의

---

34) 그 배후에는, 널리 제3자 위탁을 인정하는 것이 신탁업무에 대한 면허제의 잠탈로 연결되는 것에 대한 우려가 존재한다는 점을 지적한 것으로서, 福井修「他人を使用した場合の責任」新井誠ほか編『信託法制の展望』241면(日本評論社, 2011).

35) 정치한 분석으로서, 佐久間毅「受託者の第三者委託『権限』」関西信託研究会編『信託及び資産の管理運用制度における受託者及び管理者の法的地位』39면 이하(トラスト60, 2014) 참조.

행위는 수탁자와의 계약에 기반한 행위에 지나지 않는다. 예를 들어, 해당 제3자가 수탁자로부터의 위탁에 기반하여 어떤 물건을 조달한 경우, 해당 제3자가 해당 물건의 소유권을 취득한다고 하여 해당 물건이 그 시점에 신탁재산에 속하는 것은 아니다. 해당 제3자가 수탁자와의 계약에 기반하여 해당 물건의 소유권을 수탁자에게 이전한 시점에 해당 물건은 신탁재산에 속하는 것이다. 또한, 해당 제3자가 수탁자의 위탁에 기반하여 신탁재산에 속하는 특정한 재산을 매각하여 매매대금 채권을 취득하였다고 해보자. 물론 해당 제3자가 수탁자로부터 대리권을 수여받아 그 대리행위로서 매매계약을 한 것이라면, 매매대금 채권은 수탁자에게 귀속하여 신탁재산에 속하는 재산이 된다. 그러나 해당 제3자가 위탁판매 계약에 따라 매도인이 되어 매매대금 채권을 취득하고, 회수금을 수탁자에게 인도할 의무를 부담하고 있는 것이라면, 수탁자에게 귀속하여 신탁재산에 속하게 되는 것은 수탁자가 해당 제3자에 대하여 가지는 회수금 인도청구권이지 매매대금채권은 아니다.

(4) 「제3자」의 범위

위탁가능한 「제3자」에는 위탁자나 수익자, 나아가 공동수탁자 중 1인을 포함할까?

공동수탁자에 대한 위탁에 관하여는 신탁법 제82조에 규율이 있으므로 「신탁행위에 별도의 정함이 있는 경우 또는 부득이한 사유가 있는 경우」로 한정된다. 복수의 수탁자를 선임한 취지에 반할 우려가 존재하기 때문이다.

위탁자나 수익자에 대한 위탁에 관하여는, 그러한 자가 해당 신탁사무에 우연히 적합한 능력을 가지고 있는 경우가 있을 수 있고, 수익자가 다수 존재하는 신탁에 있어서는 수익자 중 1인에 대하여 위탁이 이루어져도 위탁을 받은 자가 수익자라는 점을 수탁자가 모르는 경우도 있을 것이다. 또한 가령 채권의 유동화를 목적으로 하는 신탁에 있어서 위탁자가 채권회수회사로서 채권의 회수를 하는 사례는 종종 발견된다. 나아가, 위탁자에 대한 위탁에 있어서는 실질적으로 위탁대상사무의 권한이 위탁자에게 유보되어 있다고 보아야 할 경우도 있다. 일률적으로 금지하는 것이 아니라 신탁의 유효요건과의 관계에서 평가하여야 한다(→22면).

신탁행위의 정함에 따라 위탁하는 경우라도 신탁사무 내용의 전부를 제3자에게 위탁하는 것은 인정되지 않는다는 견해가 있는데,[36] 결론적으로 타당하다. 그러나 제3자 위탁이나 신탁행위의 정함의 유효성의 문제로서가 아니라, 신탁의 유효요건과의 관계에서 평가하여야 할 것이다. 즉, 수탁자가 일정한 목적에 따라 재산의 관리 또는 처분 그 밖에 해당 신탁의 목적에 필요한 행위를 하도록 되어 있지 않다고 평가되면, 신탁의 유효성은 부정된다(신탁법 제2조 제1항의 신탁의 정의에 합치하지 않는다). 다만, 수탁자가 각각의 신탁사무를 여러 제3자에게 위탁하고, 그 위탁계약을 통한 관리를 하고 있는 경우에는 신탁의 유효성은 부정되지 않는다.

(5) 적법한 제3자 위탁을 위한 요건

(가) 신탁행위에 있어서의 정함 (a) 신탁행위에 있어서,「제3자에게 위탁하는 취지 또는 위탁할 수 있다는 취지의 정함이 있는 경우」에는, 위탁이 인정된다(신탁 제28조 제1호). 어떤 의미에서 당연하지만,「제3자에게 위탁하는 취지」의 정함이 있는 경우에는,「제3자에게 위탁하는 것」이 신탁행위에 의해 수탁자에게 맡겨진 신탁사무이고, 수탁자가 수행의무를 부담하고 있는 신탁사무를 제3자에게 위탁하였다고 평가하여서는 안 되는 경우도 있다(→231면).

(b) 신탁행위에 정함이 없거나 신탁행위에 신탁사무의 처리를

36) 新井·292면.

제3자에게 위탁하여서는 안 된다는 취지의 정함이 있는 경우에 위탁자나 수익자의 개별적인 승낙이 있다면 제3자 위탁이 인정되는 것일까?

신탁법 제28조 제2호의 문제로서, 위탁자나 수익자의 승낙이 「신탁의 목적에 비추어 상당」한지 여부의 판단에 일정한 영향을 미치는 경우가 있을 수 있다. 그러나 제3자에 대한 위탁은 수탁자의 신탁사무 집행으로 선량한 관리자의 주의를 가지고 하여야 하는 것이므로(동 제29조 제2항), 위탁자나 수익자의 승낙만으로 상당성이 긍정되지는 않는다. 또한 신탁행위로 위탁이 금지되어 있는 경우에 관하여는, 신탁의 변경(동 제149조. → 507면)의 문제로서 파악하여야 한다.

(나) 「신탁의 목적에 비추어 상당하다고 인정되는 경우」 신탁행위에 제3자 위탁에 관한 정함이 없는 경우에 있어서도 「신탁사무의 처리를 제3자에게 위탁하는 것이 신탁의 목적에 비추어 상당하다고 인정되는 경우」에는, 신탁사무를 제3자에게 위탁할 수 있다(신탁 제28조 제2호). 상당한지 여부는 해당 신탁의 목적에 비추어 판단되는 것이므로, 수탁자 스스로가 신탁사무를 집행하는 것을 해당 신탁이 중시하고 있다면, 상당성은 부정된다. 그러나 일반적으로는 능력·비용·시간 등을 종합적으로 고려하여 제3자에게 위탁하는 편이 보다 적확하게 또는 보다 효율적으로 사무집행을 할 수 있는 경우에는 상당성이 긍정된다.[37]

반대로 신탁목적에 비추어 제3자에게 위탁하는 것이 상담함에도 불구하고, 능력이 낮은 수탁자·보다 비용이 많이 드는 수탁자가 제3자 위탁을 하지 않고 스스로 신탁사무를 집행한 경우에는 선량

37) 寺本·109~110면 주(3). 또한, 新井·295면은, 수탁자보다 낮은 능력밖에 없는 타인에게 위탁하는 것은 신탁법 제35조 제1항에 반한다고 하지만, 그곳에서 말하는 능력은 비용·시간 등을 가미한 효율성이라고 생각하여야 한다.

한 관리자의 주의에 반하는 신탁사무집행이 될 수 있다(동 제29조 제2항).

(다)「신탁의 목적에 비추어 부득이한 사유가 있다고 인정되는 경우」 「부득이한 사유」의 유무도「신탁의 목적에 비추어」판단된다(신탁 제28조 제3호).[38] 즉, 수탁자가 병에 걸린 경우나, 수탁자가 가지지 않은 특수한 능력이 필요한 경우에 신탁사무집행을 일시적으로 정지하거나 신탁을 종료하는 것이 신탁목적에 합치하는 것인지, 아니면 신탁목적과의 관계에서 제3자 위탁을 하더라도 계속하는 것이 요구되는 것인지에 대한 판단이 필요해진다(→525면). 나아가, 수탁자가 집행할 수 없는 사태가 계속된다고 생각되는 경우에는 제3자 위탁이 아니라 사임에 의해 대처해야 하는 경우도 있다(동 제57조. →361면). 정당성이 인정되는 예로서는, 가령,「수탁자가 일정한 면허를 가지고 있었기 때문에 신탁사무로서 어떤 종류의 거래를 할 수 있었는데, 일시적으로 면허를 상실하였다. 그러나 그 거래를 계속하는 것이 타당하다」와 같은 경우를 생각할 수 있다.

나아가, 구법하에서는,「부득이한 사유가 있는 경우」일지라도 제3자 위탁을 할 수 없다라고 하는 특약의 유효성에 관하여 논의가 있었지만,[39] 「부득이한 사유」의 유무도「신탁의 목적에 비추어」판단되는 것을 전제로 한다면, 해당 특약은 그러한 사태가 되면 신탁이 종료한다는 것을 예정하고 있다고 생각하여야 한다.

(라)「제3자에게 위탁하는 것」이 수탁자가 해야 할 신탁사무로 되어 있는 경우는 물론 수탁자가 이행의무를 부담하고 있는「신탁사무」를「제3자에게 위탁하는」경우라도,「제3자에게 위탁한다」라는 행위는 신탁사무집행이다.[40] 그리고 그 위탁을 하는 권한이 일

---

38) 道垣内 · 138면.

39) 川北 · 전게 주28) 23면, 上山泰「『代人』使用の法的問題点」信託 178호 54면 (1994) 참조.

40) 山下 · 전게 주32) 113면.

정한 요건 아래 수탁자에게 인정되고 있다고 이해된다.

그러나 신탁법 제28조의 요건이 충족되지 않는 경우에는, 제3자 위탁은 수탁자의 권한위반행위가 되어 동법 제27조에 따라 수익자는 위탁을 취소할 수 있을 것이다(→104면). 그러나 동법 제28조 제2호 및 제3호의 요건은 모두 평가적인 판단을 요하므로, 그 요건을 충족하는지 여부는 형식적인 판단으로는 결정되지 않는다. 그러나 어떤 행위가 수탁자의 권한의 범위 내인지 여부는 해당 행위의 성질로부터 추상적으로 판단되는 것이다(→101면). 그렇다면, 제3자에 대한 위탁은 행위의 성질로부터 추상적으로 판단되는 한 동조의 요건이 충족되지 않는 경우에도 수탁자의 권한 외 행위가 되지 않는다고 하여야 한다.[41] 따라서 수익자가 그것을 취소하는 것은 인정되지 않는다. 단지 수탁자의 선관주의 집행의무위반이 된다. 따라서 해당 제3자가 가지는 보수권한은 신탁재산 책임부담 채무가 된다(신탁 제21조 제1항 제5호).[42]

또한 요건충족에 관한 판단도 신탁사무집행이므로, 수탁자는 선량한 관리자의 주의로써 그 판단을 하여야 하지만(동 제29조 제2항), 그 주의를 다하는 한, 결과적으로 판단에 잘못이 있었다고 해서 수탁자가 책임을 추궁당하는 것은 아니다.

적법요건이 충족되지 않는다는 점을 알면서 혹은 선량한 관리자의 주의가 결여되었기 때문에 요건충족에 관한 판단을 잘못한 경우에는 제3자에게 위탁하는 것이 선관주의 집행의무위반이 되어 그 결과 신탁재산에 손실 등이 발생한 경우에는 수탁자는 손실전보책임 등을 부담한다. 위탁과 손실 등의 사이의 인과관계의 입증에 관하여 특칙이 있지만(동 제40조 제2항), 나중에 설명한다(→318면).

---

41) 本書初版·178면에서는 권한 외 행위라고 하였지만, 정정한다.

42) 佐久間·107면.

3. 제3자 위탁의 경우 수탁자·제3자의 책임

(1) 수탁자에 의한 선임의 경우: 책임한정의 근거

(가) 제3자에게 신탁사무집행이 위탁되는 경우, 해당 제3자를 수탁자 스스로가 선임하는 경우와 신탁행위에 의해 제3자가 지명되었거나 위탁자나 수익자에게 지명권이 부여되었거나 하는 경우가 있다.

우선 전자인 해당 제3자를 수탁자 스스로가 선임하는 경우를 살펴본다.

이 경우 제3자 위탁을 넓게 인정하지만, 해당 제3자의 채무불이행에 관하여는 수탁자가 전면적으로 책임을 부담한다는 제도도 있을 수 있다. 그러나 신탁법 제35조 제1항·제2항은, 적법한 제3자 위탁에 관하여는 수탁자는 해당 제3자의 선임·감독에 관하여만 책임을 부담하는 것으로 하고 있다.[43] 분업화가 진행된 현대사회에서 수탁자가 부담하는 것은 적절한 판단 하에 제3자를 적당하게 이용하면서 선량한 관리자의 주의로 신탁사무의 집행을 한다는 의무이기 때문이다(→231면).[44] 물론 신탁행위의 정함에 따라 해당 제3자 행위의 모든 것에 관하여 수탁자가 책임을 부담하는 등 보다 무거운 책임을 정하는 것은 가능하다.

(나) 선임·감독의무의 내용

(a) 수탁자는 신탁의 목적에 비추어 적절한 자에게 위탁하여야

---

43) 위탁을 받은 제3자의 채무불이행에 의해 신탁재산에 손실 등이 발생한 경우로 그 손실 등의 액수가 해당 제3자가 부담하는 손해배상책임액을 상회하는 경우에는 수탁자는 그 차액에 관하여 책임을 부담한다는 견해도 있지만[岸本雄次郎「自己執行義務と第三者への委託」金判 1261호 53~54면(2007), 新井·297면], 타당하지 않다. 수탁자가 신탁법 제40조에 따라 책임을 부담하는 것은 임무해태가 있는 경우뿐이고, 적법한 제3자 위탁이 되어 선임·감독의무를 다하고 있는 한, 수탁자가 책임을 부담하는 것은 아니다.

44) 이 점에 대해, 山本敬三「受託者の自己執行義務と責任の範囲」道垣内弘人ほか編『信託取引と民法法理』135~136면(有斐閣, 2003) 참조.

한다(신탁 제35조 제1항). 그 의무내용은 두 가지로 나뉜다.

첫째로 위탁처의 선임이다. 선량한 관리자의 주의로써 하면 족하고, 반대로 필요 이상의 시간과 비용을 들이면, 선량한 관리자의 주의에 반하게 된다.

둘째로 위탁계약 내용의 적절성의 확보이다. 예를 들어, 부당하게 고액인 보수가 필요한 것과 같은 위탁을 하면 안 되고, 또한 위탁처의 책임을 부당하게 경감하는 것과 같은 조항이 있는 계약을 해서는 안 된다. 물론 책임제한이 있어서는 안 된다는 것은 아니고, 대가와 중요성을 감안할 때 적절한 내용으로 하여야 한다는 것이다.

수탁자가 선임에 관하여 부담하는 의무의 내용을 결정하는 주의수준은 신탁법 제29조 제2항에서 정한다. 동항 단서에 의한 별도의 정함의 효력이 인정되기 위해서는 합리성이 필요하다는 점은 이미 설명하였다(→224면).

(b) 수탁자는 위탁 후에도 해당 제3자에 대하여 신탁목적의 달성을 위하여 필요하고 적절한 감독을 하여야 한다(신탁 제35조 제2항). 구체적인 행위의무는 선임의무에 관하여 서술한 부분에 준한다. 상당하지 않은 시간과 비용을 들여 감독을 하는 것은 요구되지 않는다. 선량한 관리자의 주의로써 하면 충분하다.

(2) 신탁행위에서 지명된 경우 또는 위탁자나 수익자의 지명에 따른다는 취지의 정함이 있는 경우

(가) 「신탁행위에서 지명된 제3자」(신탁 제35조 제3항 제1호) 또는 「신탁행위에서 수탁자가 위탁자 또는 수익자의 지명에 따라 신탁사무의 처리를 제3자에게 위탁하는 취지의 정함이 있는 경우에 있어 해당 정함에 따라 지명된 제3자」(동항 제2호)에게 신탁사무의 처리를 위탁한 경우에는 수탁자는 해당 제3자에 관한 선임·감독의

의무를 부담하지 않는다(동항 본문). 해당 제3자는 수탁자에 의하여 선임된 것이 아니기 때문이다(따라서 일정한 조건에 해당하는 자 중에서 수탁자가 선택한다와 같이 지명에 관한 조건을 정함에 그치는 경우에는 신탁법 제35조 제3항에 해당하지 않는다[45]).

(나) 그러나 수탁자가 선임한 자가 아니라는 이유는 선임에 있어 의무를 면하게 하기에 충분하지만, 선임 후에는 신탁사무가 원활히 수행되는 것을 확보할 의무가 수탁자에게 부과되어 있다고 생각할 수 있다. 그래서 신탁법 제35조 제3항 단서는 신탁행위에서 지명된 제3자에게 위탁한 경우 등에 있어서도 해당 제3자가 부적임 혹은 불성실하다는 점 또는 해당 제3자에 의한 사무의 처리가 부적절하다는 점을 안 경우에는, 수탁자는 그 취지를 수익자에 대하여 통지하거나, 해당 제3자에 대한 위탁의 해제 그 밖에 필요한 조치를 취하여야 한다고 규정하고 있다. 여기에서 「안 경우」라 함은 문언에 비추어 현실로 안 경우로 한정되는 것 같다.[46] 이에 비하여, 수탁자의 선관주의 집행의무를 감안하여 볼 때, 적절한 감독을 하였다면 부적임·불성실·부적절을 발견할 수 있었던 경우에는 동 단서의 의무위반이고, 신탁법 제29조 제2항에 근거하여 책임을 부담한다는 견해도 강하다.[47]

결론적으로는 일률적으로 결정할 수 있는 문제는 아니라고 생각한다. 즉, 위탁처인 제3자를 지명하는 신탁행위의 취지가 일정한 사무에 관하여는 해당 제3자에게 맡기고, 수탁자는 관여하지 않도록 하는 것인 경우도 있다. 그러한 경우에는 수탁자는 감독의무를 부

45) 村松ほか·85면 주(6).

46) 2017(헤이세이 29)년 개정 전 민법 제105조 제2항에 관하여는 그러한 해석이 통상적이었다[於保不二雄編 『注釈民法(4)』 64면(太田武男)(有斐閣, 1967) 참조.

47) 大山和寿 「信託事務処理の委託先が指名されている場合における受託者の責任」 米倉明編 『信託法の新展開』 197~200면(商事法務, 2008), 新井監修·154면(木村仁), 渡辺·전게 주12) 39면.

담하지 않고, 부적임·불성실·부적절을 현실로 안 경우에만 수익자에 대한 통지 등의 의무를 부담한다고 해석하여야 할 것이다. 이에 비하여 감독이 당연히 기대되는 경우도 있는 것은 분명하다. 신탁법 제35조 제4항에서 말하는 특약의 존재인정을 유연하게 함으로써 대처하는 것이 타당하다고 생각한다. 또한 수익증권발행신탁에 있어서는 동조 제3항 단서에서 정하는 수탁자의 의무를 경감할 수 없다(동 제212조 제2항. → 440면).

(다) 상술한 바와 같이 수탁자에게 신탁법의 제 규정에 의하는 것보다 무거운 의무를 부과하는 취지를 신탁행위에 정할 수 있다(동 제35조 제4항).

반대로 위탁처인 제3자의 감독은 가령 위탁자가 하는 것으로 하고, 수탁자에게는 통지의무 등도 부과하지 않는다는 신탁행위의 정함도 가능하다.

(3) 위탁된 제3자의 책임

위탁처인 제3자의 책임은 수탁자와의 계약에 기반한다. 해당 제3자는 수익자에 대하여 직접적으로는 의무를 부담하지 않는다. 이는 다음과 같은 이유에서 타당하다.

수탁자로부터 위탁을 받은 제3자는 자신의 직무가 수탁자의 신탁사무의 일부를 집행하는 것임을 모르는 경우도 있고, 알고 있더라도 그 직무의 성질상 해당 제3자의 직무가 독립적이라고 평가하여야 하는 경우도 있다. 나아가, 해당 제3자는 수탁자와의 계약에 기초하여 수탁자에 대하여 책임을 부담하고 있는 것이고, 수탁자로부터 수취한 대가와의 관계에서 책임제한이 되어 있는 경우도 있다. 이 경우 해당 제3자가 그 제한 이상의 책임을 부담하는 것은 부당하다. 그리고 해당 제3자가 수익자에 대하여 직접적으로 책임을 부담하지 않더라도 수탁자가 해당 제3자에 대하여 가지는 손해배상청구권 등이 신

탁재산에 귀속되므로 수익자의 보호를 도모할 수 있다.[48)]*

*** 신탁업법에 의한 규율** 신탁업법 제23조 제1항은, 「신탁회사는 신탁업무의 위탁처가 위탁을 받아 행하는 업무에 관하여 수익자에게 가한 손해를 배상할 책임을 부담한다. 다만 신탁회사가 위탁처의 선임에 관하여 상당한 주의를 하고, 위탁처가 위탁을 받아 행하는 업무에 관하여 수익자에게 가한 손해의 발생을 방지하기 위하여 노력한 경우에는 그러하지 아니하다.」라고 규정하고 있다. 이는 신탁법과는 입증책임을 반대로 한 것이다.

동조 제2항은 「신탁행위에서 지명된 제3자」(제1호), 「신탁행위에서 신탁회사가 위탁자의 지명에 따라 신탁업무를 제3자에게 위탁하는 취지의 정함이 있는 경우에 있어서 해당 정함에 따라 지명된 제3자」(제2호), 「신탁행위에서 신탁회사가 수익자의 지명에 따라 신탁업무를 제3자에게 위탁하는 취지의 정함이 있는 경우에 있어서 해당 정함에 따라 지명된 제3자」(제3호)에게 위탁을 한 경우에는 상기의 책임은 부과되지 않는다고 하고 있다. 다만 제1호·제2호에 관하여는 「주식의 소유관계 또는 인적관계에 있어서 위탁자와 밀접한 관계를 가지는 자로서 정령으로 정하는 자에 해당하고, 또한 수탁자와 밀접한 관계를 가지는 자로서 정령으로 정하는 자에 해당하지 않는 자」에게 위탁한 경우에 한한다. 제3호와 함께 생각하면, 위탁자 측에 속하는 제3자나 수익자가 지명한 제3자의 행위에 관하여는, 수탁자는 원칙적으로 책임을 부담하지 않지만, 해당 제3자가 수탁자 측에 속하는 경우에는 여전히 책임을 부담하게 된다.

다만, 수탁자가 상기의 책임을 부담하지 않는 경우라도 위탁처가 부적임 혹은 불성실하다는 점 또는 해당 위탁처가 위탁된 신탁업무를 적확하게 수행하지 않는다는 점을 알면서 수익자에 대한 통지·위탁계약의 해제 등의 적절한 조치를 취하지 않은 경우에는 동조 제1항의 책임을 부담한다(동조 제2항 단서).

나아가 위탁처에도 충실의무·선관주의 집행의무·분별관리의무·이익상반행위 피지의무를 부과하고 있다(동법 제22조 제2항에 의한

48) 寺本·142~143면.

동법 제28조·제29조의 준용)(→233면*참조). 다만 위탁처가 자신이 위탁을 받은 업무가 신탁법상 제3자 위탁에 해당한다는 점을 모르는 경우도 있어 이러한 의무규정에 관하여 사법상의 효력을 그대로 인정할 수는 없다.

제2절 공평의무

1. 동일한 신탁의 수익자 간의 공평

(1) 원 칙

(가) 수익자가 2인 이상인 신탁에 있어서는 수탁자는 수익자를 위하여 공평하게 그 직무를 하여야 한다(신탁 제33조). **공평의무**라고 한다.

이는 동등한 것은 동등하게 취급하여야 한다는 것뿐이고, 가령 신탁행위에서 수익자 B1에게는 매월 10만 엔을 교부하고, 수익자 B2에게는 매월 5만 엔을 교부한다고 되어 있는 경우에 그에 따라야 하는 것은 당연하다.

문제는 이종의 수익자 간의 이익이 대립하는 경우에 어떻게 하여야 하는가이다.

예를 들어, 수익자 중에 우선수익권을 가지는 자와 후순위수익권을 가지는 자가 존재하고, 신탁행위에서 전자에게 1,000만 엔을 교부하고 나머지가 있으면 후자에게 지급한다고 되어 있는데, 현재 1,100만 엔 상당의 신탁재산이 있다고 하자. 이대로는 후순위수익자에게는 100만 엔밖에 지급되지 않지만, 우선수익자에게는 1,000만 엔 전부가 확보되어 있다. 그래서 우선수익자의 이익을 생각하면 위험한 투자를 하지 않고 1,100만 엔을 유지하는 것이 바람직하지만, 후순위수익자의 이익을 생각하면 하이리스크·하이리턴 투자를 시도하여야 한다고 생각될 수도 있다.

어려운 문제이지만, 수탁자로서는 여하튼 신탁재산을 최대로 하기 위하여 행동하고, 그 시점에는 각 수익자에게 어떻게 배분될지는 원칙적으로 고려하지 않아도 무방하다고 생각된다.[49] 예외가 되는 것은 해당 신탁목적에 비추어 볼 때, 가령 상기의 사례라면 후순위수익자에게도 최소한 200만 엔의 지급을 유지하는 것이 요구되는 경우, 반대로 우선수익자에게 반드시 1,000만 엔을 지급하는 것이 요구되는 경우이다. 이 경우에는 그 취지에 따른 운용이 요구된다.

(나) 신탁행위에 정함이 있으면 그에 따른다. 신탁법 제33조가 특히 신탁행위에 별도의 정함이 있는 경우에 관하여 언급하고 있지 않은 것은 수익자의 권리내용이 신탁행위에 의하여 정해지는 것은 당연하기 때문이다.

또한 마찬가지로 신탁행위에서, 가령 복수의 수익자 중에서 생활자금이 부족한 자에게 지급한다는 정함이 있고, 그 판단권한이 수탁자에게 맡겨진 경우(**재량신탁**. → 390면*)에 있어서는, 수탁자가 신탁목적에 따라 선량한 관리자의 주의로써 그 판단을 하여야 한다. 신탁행위에 의해서 제3자를 지정하고, 그자에게 수익자에 대한 급부내용을 결정하도록 하는 구조도 유효하다.

(2) 성 질

공평의무의 이행은 복수의 수익자 중 일부에게 부당한 이익을 제공한다는 문제에 그치지 않고, 해당 신탁목적을 고려하면서 선량한 관리자의 주의를 가지고 하는 판단의 성격을 가진다. 따라서 후술하는 복수의 신탁 간의 공평을 도모하는 의무와 달리 선관주의 집행의무의 하나라고 생각하여야 한다.[50]

---

49) 道垣内 · 143면, 新井監修 · 140면(木村仁). 미국 신탁법에 있어서 총수익 접근방식에 대응한다[樋口 · 전게 주10) 172~173면 참조].

50) 이유는 다르지만, 寺本 · 135면 주(1), 村松ほか · 106면 주(2). 또한 구법하의

2. 복수의 신탁 간의 공평

신탁법 제33조가 정하는 공평의무는 동일한 신탁에 있어서 수익자 간의 공평을 규정한다. 이에 비하여 동일한 자가 복수의 신탁의 수탁자가 된 경우 그 사이에 관하여도 수탁자는 공평하게 신탁사무를 처리할 필요가 있다. 일방의 손실 아래 타방에 이익을 제공하는 행위를 하여서는 안 된다.

이와 같이 부당한 차별적 취급의 금지는 후술하는 이익상반행위의 제한에 관해서도 발견되는데(신탁 제31조 제1항 제2호), 충실의무의 문제로서 정리된다. 따라서 후술하기로 한다(→ 308면).

제 3 절 분별관리의무

1. 총 설

(1) 신탁법의 규율

수탁자는 신탁재산에 속하는 재산에 관하여 자신이 이익귀속권자로서 행동할 수 없고, 수익자의 이익을 위하여 그것에 관한 관리·처분 등을 하게 된다. 그 때문에 신탁법 제34조는, 수탁자는 신탁재산에 속하는 재산에 관하여 고유재산에 속하는 재산이나 다른 신탁의 신탁재산에 속하는 재산과 분별하여 관리하여야 한다고 하고 있다. **분별관리의무**라고 한다(또한 합동운용의 경우에 관하여, → 118면**).

구체적인 분별관리의 방법은 후술하는 바와 같이 일정한 범위에서 신탁행위에 따라 별도의 정함을 둘 수 있지만, 4가지로 나누

학설이지만, 四宮·248면. 반대설로서 가령, 中野正俊「信託受託者の公平義務」遠藤浩傘寿『現代民法学の理論と課題』652~653면(第一法規, 2002).

어 규정되어 있다.

① ④에서 정하는 재산을 제외하고,[51] 신탁법 제14조의 등기 또는 등록을 할 수 있는 재산, 즉, 「등기 또는 등록을 하지 않으면 권리의 득상 및 변경을 제3자에게 대항할 수 없는 재산」에 관하여는, 해당 신탁의 등기 또는 등록을 하는 방법(신탁 제34조 제1항 제1호),

② ① 및 ④에서 정하는 재산을 제외하고, 금전 이외의 동산에 관하여는, 신탁재산에 속하는 재산과 고유재산 및 다른 신탁의 신탁재산에 속하는 재산을 외형상 구별할 수 있는 상태로 보관하는 방법(동항 제2호 가목),

③ ①, ②, ④에서 정하는 재산 이외의 재산에 관하여는, 그 계산을 분명하게 하는 방법(동호 나목),

④ 법무성령으로 정하는 재산에 관하여는, 법무성령으로 정하는 방법(동항 제3호),

이다.

①은 부동산 이외에 선박, 항공기, 자동차 등이다(→ 178면). 신탁법 제206조 제1항 및 다른 법률[예를 들어, 대체사채(사채주식대체 제75조)]로 인해, 신탁재산에 속하는 것의 제3자 대항요건으로서 「기재 또는 기록」의 제도를 정하고 있는 것이 있는데(→ 185면), 이것들은 ①이 아니라 ④에 해당한다고 되어 있다(신탁칙 제4조 제1항). 그리고 이것들에 관한 분별관리의무의 이행은, 「신탁재산에 속하는 취지의 기재 또는 기록을 함과 더불어 그 계산을 분명하게 하는 방법」에 의한다(동조 제2항).

②는 일반적인 동산이고, ③은 채권, 현물의 유가증권, 금전이다.

---

51) 다만, ④에 관하여, 여기에서 말하는 법무성령인 신탁법 시행규칙 제4조는, 「신탁법 제14조의 신탁의 등기 또는 등록을 할 수 있는 재산」을 「법무성령으로 정하는 재산」에서 전체로서 제외하고 있으므로, 현시점에서는 예외는 존재하지 않는다.

(2) 취 지

(가) 분별관리의무가 부과되는 것에는 2가지 이유가 있다.

첫째, 해당 재산이 신탁재산에 속하는 재산이라는 점을 제3자에게 대항하기 위해서이다.

신탁법 제14조는, 「등기 또는 등록을 하지 않으면 권리의 득상 및 변경을 제3자에게 대항할 수 없는 재산」에 관하여, 신탁의 등기 또는 등록이 없으면, 그 재산이 신탁재산에 속하는 재산이라는 점을 제3자에게 대항할 수 없다고 하고 있다. 그렇다면, ①의 재산에 관하여는, 그곳에서 정하여진 분별관리의 방법에 따르는 것이 대항력을 구비하는 방법이 되고 있다. 또한 ④의 재산에 관하여도, 「신탁재산에 속하는 취지의 기재 또는 기록」이 요구되는 것에는 대항력을 구비한다는 의의가 있다.

그러나 ②의 재산에 관해서는 고유재산이나 다른 신탁의 신탁재산에 속하는 재산과 외형상 구별할 수 있는 상태로 보관되어 있지 않으면, 분별관리의무를 이행하고 있는 것이 아니지만, 해당 재산이 신탁재산에 속하는 재산이라는 점을 어떠한 형태로든 증명할 수 있다면, 그것을 제3자에게 대항할 수 있다(→ 186면). 즉, 분별관리의무의 이행과 신탁재산에 속하는 재산이라는 점의 제3자에 대한 대항은 직결되지 않는 것이다. 다만, 분별관리는 이 증명을 용이하게 하는 기능을 가지고 있다.

반대로 ③의 재산은 신탁재산에 어느 정도의 수량·액수의 재산이 존재하는지가 계산상 분명하게 되어 분별관리의무가 이행되고 있어도 신탁재산에 속하는 재산이 포함되어 있는 일단의 재산이 물리적으로 독립되어 있지 않다면 그 수량·액수가 신탁재산에 속하는 재산이라는 점을 제3자에게 대항할 수 없다고 해석하여야 한다[→ 186면(또한, 수탁자의 고유재산인 금전과 신탁재산인 금전이 하나의 예금채권으로 되어 있어도 그 비율이 분명하면 된다)]. 그러나 신탁재산에 속하는 재산이라는 점의 대항요건이 결여되면, (나)(a)에서 서술하는 바와 같이 신탁의 본질에 반하는 사태가 된다. 따라서 분별관리의무의 내용으로서 수량·액수만이 아니라, 신탁재산에 속하는 재산이 포함된 일단의 재산이 물리적인 독립성을 확보할 의무가 있다고 해석하여야 한다.[52)]

둘째, 분별관리가 되어 있는 상태를 통해 수탁자의 의무위반에 대한 심리적인 제약을 함과 동시에 수익자 등이 수탁자를 감시하는 것을 용이하게 하기 위함이다.[53)]

(나) 신탁법 제34조 제1항 단서는 분별관리의 방법에 관하여, 신탁행위의 별도의 정함을 인정하고 있다.

(a) 그러나 동조 제2항은 ①의 재산에 관하여 등기·등록의무의 면제는 할 수 없다고 하고 있다. 신탁재산에 속하는 재산이라는 점에 관한 제3자 대항요건이 결여되면 수탁자에 의한 권한 외 처분의 경우(동 제31조 제2항 제1호 참조), 나아가 수탁자에 대한 파산절차가 개시된 경우나 해당 재산이 압류된 경우에 수익자는 구제를 받을 수 없게 되는데, 이는 신탁재산의 독립성이라는 신탁의 본질(→21, 145면)에 반한다. 따라서 면제를 할 수 없는 것이다.

그렇다면, ④의 재산에 관하여도, 「신탁재산에 속하는 취지의 기재 또는 기록」은 면제할 수 없다고 해석하여야 한다.[54)]

또한, ②의 재산에 관해서도, 해당 재산이 신탁재산에 속하는 재산이라는 점을 증명하는 것이 곤란한 방식으로의 관리는 인정되지 않고, ③의 재산에 관하여 신탁재산에 속하는 재산이 포함된 일

---

52) 필자는 일찍이 수량·액수를 계산상 분명하게 하면 분별관리의무는 다하고 있는 것이고, 신탁재산에 속하는 재산이 포함된 일단의 재산의 물리적인 독립성을 확보하는 것은 선관주의 집행의무의 문제라고 하였는데(道垣内·問題状況 434면 참조), 정정한다.

53) 四宮·220면은 「충실의무 위반에 대한 방어의 기능」이라고 한다.

54) 道垣内·147면, 沖野眞已 「受託者の『忠実義務の任意規定化』の意味」 野村豊弘古稀 『民法の未来』 458면 주(14)(商事法務, 2014).

단의 재산의 물리적 독립성을 확보하지 않고, 단지 수량·액수만으로 관리하는 것은 허용되지 않는다. 그러한 관리를 인정하는 신탁행위의 정함의 유효성은 부정되어야 한다.

신탁행위에서 별도의 정함이 허용되는 것은 어디까지나 「분별하여 관리하는 방법」(신탁 제34조 제1항 단서)에 관한 것이고, 해당 재산이 신탁재산에 속하는 재산이라는 점의 제3자 대항력을 잃게 하는 것은 더 이상 「분별」이 아니기 때문에 별도의 정함으로는 인정되지 않는다.

(b) 또한 ①의 재산에 대한 분별관리의무에 관하여 「면제할 수 없다」라고 되어 있고, 별도의 정함이 허용되지 않는다고 되어 있지 않은 것은 바로 면제만이 부정되고 일시적인 유예를 허용하는 취지라고 파악된다.[55]* 확실히 신탁재산에 속하게 된 재산에 관하여 분별관리를 하기 위하여 일정한 시간이 필요한 경우가 있으므로 그 기간의 유예가 인정되는 것은 당연하지만, 그 기간이 경과하여도 여전히 분별관리를 유예하는 것은 신탁재산의 독립성이라는 신탁의 본질에 반하여 인정되지 않는다고 하여야 한다.

> * **부동산등기법 제98조 제1항에 따른 한계** 입법과정에서는, 신탁사무 집행으로서 구입한 부동산이라도 그것을 곧바로 제3자에게 전매하는 것이 예정되어 있는 경우에는 신탁의 등기를 할 필요가 없고, 효율적인 운용을 위해서는 오히려 신탁의 등기를 유예하여야 한다고 주장되었다. 그러나 이러한 유예가 이루어진 경우라도 수탁자가 경제적으로 곤궁상태에 빠져 파산절차 개시나 압류의 위험성이 있는 경우에는 신탁등기가 되어야 한다고 해석되는데,[56] 부동산등기법 제98조 제1항은, 신탁등기는 해당 부동산의 소유권이전등기와 동시에 신청하여야 한다고 하고 있으므로, 사후적인 신탁등기는 할 수 없게 되어 있다. 항공기등록령 제50조 제1항, 자동차등록령 제62조 제1항, 특허

55) 寺本·138면, 村松ほか·112~113면.

56) 寺本·138면.

등록령 제60조도 동일한 취지의 규정을 두고 있고, 또한 선박등기령 제35조 제1항은 부동산등기법을 준용하고 있다.

2. 문제가 되는 재산

(1) ①에 속하는 재산으로서 저당권·근저당권이 신탁재산에 속하는 경우 및 신탁재산에 속하는 대체주식 등에 관한 문제점은 이미 서술하였다(→ 184면,* 185면*).

(2) ②에 속하는 재산에 관하여, 복수의 동산이나 현물 유가증권 등에 관하여 고유재산과 신탁재산에 지분이 귀속되어 있거나, 복수의 신탁재산에 지분이 귀속되어 있는 경우가 논의된다.[57] 동산·현물 유가증권에 관해서는 신탁재산에 속하는 재산과 고유재산 및 다른 신탁의 신탁재산에 속하는 재산을 외형상 구별할 수 있는 상태로 보관하는 것이 요구되는 것이 원칙인바, 하나의 물건에 관하여 지분이 두 종류의 재산에 귀속되어 있는 경우에는 외형상 구별은 불가능하고, 장부상 공유지분 비율을 분명히 하는 방법밖에 없지만, 그것으로 분별관리의무를 다하고 있는지가 문제되는 것이다.

고유재산과 신탁재산 혹은 복수의 신탁재산에 하나의 재산의 지분이 귀속되는 것은 합동운용의 결과 및 과정으로서 필연적으로 발생하는 것이고(구입할 때마다 분할하면 그것을 매각하는 경우에 지장이 발생한다), 그 경우에는 처음부터 해당 재산이 ③의 재산에 해당하고, 신탁재산에 속하는 재산이 포함되는 일단의 재산의 물리적인 독립성을 확보하고 있다면, 장부상의 관리로 충분하다고 하여야 한다. 이에 비하여, 합리성이 부족함에도 불구하고, 함부로 공유 취급을 하는 것은 허용되지 않고, 그때에는 그 취급의 유효성이 문제가 된다고 해야 할 것이다.[58]

---

57) セミナー(2)·184~189면.
58) セミナー(2)·187면(藤田友敬).

제 4 절 보고의무·장부 등 작성의무와 검사역의 선임

1. 총 설

수탁자가 신탁재산의 상황이나 신탁사무집행의 상황에 관하여 장부 등을 작성·보존하는 것과 더불어 수익자·위탁자는 보고를 받고 장부를 열람할 권리를 가진다(신탁 제36조~제39조). 수탁자는 위탁자의 의뢰를 받아 수익자를 위하여 신탁사무집행을 하고 신탁재산을 관리하고 있으므로, 수탁자가 이러한 의무를 부담하는 것은 당연하고, 한편 수익자는 자신의 이익 확보를 위하여, 또한 위탁자는 자신이 설정한 신탁목적의 달성을 위하여 수탁자를 감독할 수 있어야 한다. 그래서 이와 같은 수탁자의 의무 및 수익자·위탁자의 권리가 규정된 것이다(또한, 합동운용의 경우에 관하여, → 118면**).

다만 보고나 장부 등의 열람에 의하여 수탁자의 부정행위를 수익자가 발견하는 것은 곤란하다. 그래서 수익자는 검사역의 선임을 법원에 신청할 수 있다(동 제46조).

2. 보고의무

(1) 위탁자·수익자는 수탁자에 대하여 신탁사무의 처리 상황, 신탁재산에 속하는 재산의 상황, 신탁재산 책임부담 채무의 상황에 관하여 보고를 요구할 수 있다(동 제36조). 수익자에게 중요한 권리이고, 단독으로 행사할 수 있다(동 제105조 제1항, 제92조 제7호).

(2) 일반적인 보고의무이기 때문에 나중에 살펴볼 신탁법 제38조 제2항·제39조 제2항과 같은 제한(→ 258, 264면)은 규정되어 있지 않지만, 수탁자의 영업시간 외 등 부적당한 시기에 청구를 하거나, 반복적으로 청구를 하여 수탁자의 신탁사무집행을 방해하는 것은 권리의 남용으로서 허용되지 않는다.

3. 장부 등 작성·보고의무

(1) 취 지

수탁자는, 신탁재산과 관련된 장부 그 밖의 서류 또는 전자적 기록을 작성하여야 한다(신탁 제37조 제1항), 또한 매년 1회 일정한 시기에 대차대조표, 손익계산서 그 밖에 법무성령으로 정하는 서류 또는 전자적 기록을 작성하여야 한다(동조 제2항).

위탁자·수익자의 수탁자에 대한 감독권능을 실효화하기 위해서이지만, 그 외에도 신탁재산의 범위를 분명하게 하고, 수탁자의 고유재산에 대한 채권자에 의한 압류 등으로부터 신탁재산의 보호를 용이하게 하기 위하여(→ 145면), 또는 수탁자의 신탁사무 집행에 있어서 투자 등에 관한 적절한 판단을 하기 위하여 중요한 의미를 가지는 것이다.

(2) 신탁장부

(가) 신탁법 제37조 제1항이 「장부 그 밖의 서류 또는 전자적 기록」(이것들을 합하여 신탁계산규칙 제4조 제1항에서 신탁장부라고 호칭된다. 또한 「전자적 기록」의 상세에 관하여는, 신탁칙 제25조 이하 참조)이라고 하고 있는 것은, 「장부」의 의의를 회계실무에 비추어 보면 분개장, 총계정원장 등이 상정되는데, 단순한 관리형 신탁에 있어서는 그 정도까지 서류가 필요하지 않은 경우도 있으므로 「장부」에 한정되지 않는다는 취지이다.[59] 다만 그 작성은 「법무성령으로 정하는 바에 의」할 필요가 있고(신탁 제37조 제1항), 해당 법무성령인 신탁계산규칙 제4조 제6항은 신탁장부의 작성에 있어 신탁행위의 취지를 참작하여야 함을 정하고 있다. 나아가, 신탁법 제13조는 신탁회계에 관하여 「일반적으로 공정타당하다고 인정되는 회계의

59) 寺本·146면.

관행」[60]에 따를 것을 요구하고 있다(추가로 신탁회계규칙 제3조). 따라서 신탁의 취지에 상응하는 회계관행에 따를 것이 필요하고, 어떤 서류라도 무방한 것은 아니다.

이에 관한 구체화로서, 한정책임신탁이나, 수익권을 제한 없이 양도할 수 있고 신탁재산에 속하는 재산에 관하여 수탁자가 폭넓은 매각 등의 권한을 보유하고 있는 신탁에 있어서는 회사계산규칙에 준하는 엄밀한 서류작성이 요구되고 있다(신탁계산규칙 제5조 이하).

(나) 수탁자는 신탁장부를 작성일로부터 10년간(그 기간 내에 신탁의 청산 종료가 있는 경우에는 그날까지) 보존하여야 한다(신탁 제37조 제4항). 실효적인 감독을 위해서는 과거의 상황도 분명히 할 수 있어야 하지만, 지나치게 장기로 하면 수탁자에게 부담이 되므로 10년이라는 기간으로 한 것이다. 다만 수익자 전원(신탁관리인이 있는 경우에는 신탁관리인)에게 해당 서류 또는 그 사본(전자적기록의 경우에 관하여는 신탁칙 제27조)을 교부하면 수익자에 의한 감독에 지장은 발생하지 않게 되므로 보존의무는 사라진다(신탁 제37조 제4항 단서).

나아가 수탁자가,「신탁재산에 속하는 재산의 처분과 관련된 계약서 및 그 밖에 신탁사무의 처리에 관한 서류 또는 전자적 기록을 작성하거나 취득한 경우」에는, 작성·취득일로부터 수탁자는 신탁장부와 마찬가지로 그 서류 등을 10년간(그 기간 내에 신탁의 청산 종료가 있는 경우에는 그날까지) 보존하여야 한다(신탁 제37조 제5항). 해당 서류나 사본 등을 수익자 전원에게 교부함에 따라 보존의무가 사라지는 것도 신탁장부와 동일하다(동조 제6항. 제4항 단서 괄호 부분). 신탁장부의 정확성·수탁자의 신탁사무집행의 적절성을 확인하는 의미가 있는 서류 등으로, 수익자 감독권한의 실효화를 위한

60) 条解·74~77면(弥永真生) 참조.

것이다. 따라서 그 확인에 도움이 되는 자료라면 상기의 서류 등에 포함된다. 그러나 수탁자의 부담을 고려하면 수탁자 또는 그 종업원에 의한 메모나 자료라도 사회통념상 통상적으로 보존의 대상이 되지 않는 서류 등은 제외될 필요가 있다.

또한 이와 관련하여서는 신탁행위에 의해 수탁자의 의무를 경감할 수 없다(동조 제1항에는 「별도의 정함」을 인정하는 문구는 없다). 수익자에 의한 신탁장부 등의 열람청구권(동 제38조)은 신탁행위의 정함에 따라 제한할 수 없다고 되어 있고(동 제92조 제8호), 그 전제가 되는 작성의무의 면제·경감도 인정되지 않는 것이 당연하기 때문이다.61)

(3) 재산상황 개시자료

신탁법 제37조 제2항에서 말하는 「대차대조표, 손익계산서 그 밖에 법무성령으로 정하는 서류 또는 전자적 기록」(신탁계산규칙 제4조 제2항에서 **재산상황 개시자료**라고 호칭된다)이라 함은 「신탁재산에 속하는 재산 및 신탁재산 책임부담 채무의 개황을 밝히는 것」(동조 제4항)이다(또한, 신탁법 제27조, 신탁업법 시행규칙 제37조도 참조).

신탁장부가 신탁사무집행의 과정을 밝히는 것임에 비해 재산상황 개시자료는 그 시점에서의 신탁재산 상황을 나타내는 자료이다.

이는 신탁사무집행의 결과로서의 자료이기 때문에 수익자가 신탁사무집행의 과정을 감독하기 위해서라기보다는 수익자가 자신의 권리내용을 확인하기 위한 것이라고 할 수 있다. 따라서 매년 1회, 일정한 시기의 작성이 수탁자의 의무가 됨과 동시에 작성한 경우에는 수익자(신탁관리인이 있는 경우에는 신탁관리인)에게 보고하여야 한다(신탁 제37조 제3항). 작성의무는 신탁장부와 동일한 이유로 면제·경감될 수 없지만(동조 제2항의 문언), 작성된 재산상황 개시

61) 新井監修·165면(木村仁).

자료에 관하여 수익자는 열람이 가능하므로, 수탁자가 적극적으로 보고할 의무에 관하여는 신탁행위에 별도의 정함을 두어 경감·면제할 수 있다고 되어 있다(동조 제3항 단서).[62]

(4) 수익자의 신탁장부 열람 등의 청구

(가) 수익자는 신탁장부 및 신탁사무의 처리에 관한 서류 등(신탁 제37조 제5항)에 관하여 그 열람·등사를 청구할 수 있다(제38조 제1항). 청구를 함에 있어 그 이유를 밝힐 것이 요구되지만, 실제로 부정 등이 존재하는지 여부를 확인하기 위하여 청구하는 것이므로, 청구이유의 기초를 이루는 사실이 객관적으로 존재한다는 점에 관한 입증은 필요하지 않다.[63] 수탁자는 제시된 이유와의 관계에서 필요한 신탁장부·서류 등을 열람·등사하도록 하면 충분하지만, 어떠한 장부의 상황이나 어떠한 서류 등이 있는지는 수익자가 알 수 없으므로, 수익자 측에서 대상을 특정할 필요는 없다.[64]

그러나 수익자의 권리는 어디까지나 수탁자의 신탁사무집행을 감독하고, 자신의 이익을 지키기 위하여 행해지는 것이므로, 그러한 목적 이외의 목적에 의한 청구는 수탁자가 거절할 수 있다(동 제38조 제2항 제1호).

동항 제5호는, 그 구체화로서 수익자가 알게 된 사실로 이익을 얻어 제3자에게 통보할 목적의 경우를 들고 있고, 그러한 목적이 추인되는 경우로서 제6호는 과거 2년 이내에 그와 같은 제3자에 대한 통보를 한 적이 있는 자의 청구를 들고 있다. 또한 동항 제3호의 「신탁사무의 처리를 방해하거나, 수익자의 공동의 이익을 해할 목적」에 의한 청구도 제1호의 구체화이고, 제2호(부적당한 시기의 청

---

62) 寺本·147면.

63) 最判平成 16·7·1 民集 58권 5호 1214면(주주·모회사사원의 회계장부 등의 열람 등 청구에 관한 사례). 다만 비밀준수의무와의 관계에서 문제가 발생할 수 있다(→260면).

64) 江頭憲治郎『株式会社法(第8版)』735면(有斐閣, 2021) 참조.

구. 가령 영업시간 이외의 청구)는, 그러한 목적이 추인되는 경우이다. 나아가, 제4호는 「청구자가 해당 신탁과 관련된 업무와 실질적으로 경쟁관계에 있는 업무를 영위하거나, 이에 종사하는 경우」를 들고 있다. 이는 경쟁업체가 신탁장부 등을 열람·등사하면, 수탁자가 하는 거래의 상대방·가격 등의 정보가 밝혀져, 신탁사무집행에 지장을 초래하여 신탁재산이 손실을 입을 가능성이 높기 때문이지만, 제3호를 한층 더 구체화한 것이라고 평가할 수 있다(제4호에서는 청구자에게 해당 정보를 자기의 사업에 이용하는 등의 주관적 의도가 존재할 것을 요하지 않는다).[65]

다만 수익자의 정당한 권리행사를 방해하지 않도록 열거된 사유에 의한 경우 이외에는 청구를 거절할 수 없다(동항 본문).

또한 동항 제3호부터 제6호의 사유에 관하여는, 다른 수익자의 이익을 지키기 위한 것이므로 청구자 이외에 그 이익을 보호할 수익자가 없는 경우, 즉 단독수익자 또는 복수수익자 전원의 청구가 있는 경우에는 해당 사유에 의한 청구거부는 인정되지 않는다고 되어 있다(동조 제3항). 그러나 제3호부터 제6호의 사유가 제1호의 사유의 구체화라고 생각한다면 필연적인 제약이라고는 할 수 없다. 제3호부터 제6호의 사유에 해당하는 경우에는 제1호의 사유에 의한 거부가 인정되는 경우도 많을 것이다. 실제로 복수의 신탁에 관한 신탁장부의 열람 등이 청구되면, 합동운용재산의 전체에 관한 개시가 이루어지게 된다(→118면**). 그래서 그중 하나의 신탁에 관해서는 수익자 전원의 일치로 청구하더라도 다른 신탁의 수익자의 이익을 해할 우려가 있다. 그 경우에는 다른 신탁의 수익자의 이익도 고려하여, 제1호 사유의 존부를 인정하여야 한다.[66]

65) 最決平成 21·1·15 民集 63권 1호 1면(주주·모회사사원의 회계장부 등의 열람 등 청구에 관한 사례). 이에 비해, 열람 등을 인정하는 장부 등의 범위를 법원이 한정하는 것으로 족하다는 견해도 있다[江頭·전게 주64] 736~737면.
66) 条解·303면(佐久間毅) 참조.

(나) 또한, 신탁행위에 그 취지의 정함을 두어 위탁자에게도 열람·등사청구권을 인정할 수 있다(신탁 제145조 제2항 제5호). 이 경우 그 인정되는 범위도 신탁행위의 정함에 따라 결정되므로, 예를 들어 1년에 1회에 한한다라든지, 수탁자에게 중대한 임무위반이 있다는 점의 개연성을 제시할 수 있는 경우에 한한다라는 정함도 가능하다(동항 본문이, 「전부 또는 일부를 가진다는 취지를 정할 수 있다」고 하고 있는 점에 주의).

(다) 수익자가 가지는 장부 등의 열람·등사청구권은 수익자의 감독권능의 실효화를 위하여 중요한 권리이므로 신탁행위에 의해 제한할 수 없다(신탁 제92조 제8호). 그러나 가령 신탁사무집행으로서 지적재산권의 라이선스를 받는 경우를 생각해보면, 수탁자가 해당 지적재산권의 권리자에 대하여 비밀을 준수할 의무를 부담하고 있는 경우도 많아 라이선스 계약의 내용[신탁사무의 처리에 관한 서류 등(동 제37조 제5항)에 해당한다] 등을 수익자에게 열람·등사하도록 하는 것은 수탁자의 해당 권리자에 대한 의무위반이 되는 경우가 있다. 채무자에 대한 신용정보 등도 마찬가지이다. 또한 수탁자의 영업비밀에 관련된 사항도 있다. 이러한 경우에 관해서는 정보비닉에 대한 수탁자의 이익과 정보개시에 대한 수익자의 이익을 조정할 필요가 있다. 또한 수익자의 열람·등사청구권에 제한이 없으면, 수탁자로서는 신탁사무집행으로서, 가령 지적재산권의 라이선스 계약을 체결하는 것을 주저하지 않을 수 없게 된다. 즉, 효율적인 신탁사무집행을 할 수 없다는 우려도 발생한다. 이로 인하여 희생되는 이익도 고려하여야 한다.

그래서 신탁법 제38조 제4항은 재산상황 개시자료의 작성에 없어서는 안 될 정보, 그 밖에 신탁에 관한 중요한 정보 및 청구자 이외의 수익자의 이익을 해할 우려가 없는 정보 이외에 관하여는 수익자가 동의를 한 경우에는 열람·등사의 청구를 할 수 없다는 취지로 신탁행위의 정함을 두는 것을 인정하고, 동조 제5항은 그러한 동의를 한 수익자에 대해서는 수탁자가 열람 등의 청구를 거절할 수 있다고 하였다. 신탁행위의 정함을 요구함으로써 위탁자의 의사를 존중하고(수익자에게 열람·등사시킬 수 없는 관계 자료를 발생시키는 거래를 수탁자로 하여금 주저하지 않도록 하는 위탁자의 의사), 수익자와 수탁자의 이익의 균형을 도모한 규정이다.[67)]

이와 같은 동의가 있어야 수탁자는 수익자에게 열람·등사시킬 수 없는 관계 자료를 발생시키는 거래를 안심하고 할 수 있으므로, 수익자에 의한 동의의 철회는 인정되지 않고, 수익권의 승계인도 이 동의에 구속된다(동조 제4항 괄호 부분. 나아가 95조).

그러나 신탁행위에 정함이 없는 경우나, 정함이 있더라도 수익자가 동의하지 않는 경우에는 비밀준수의무와 대립관계가 발생하는 경우가 있다.[68)] 이러한 점에서 그와 같은 경우에는, 수익자는 열람·등사의 청구에 있어서 단지 청구이유를 진술하는 것만으로 부족하고, 수탁자의 의무위반행위가 존재한다는 개연성을 입증할 필요가 있다고 하는 재판례[69)]가 있어 주목된다.

(5) 이해관계인의 재산상황 개시자료 열람 등 청구권

(가) 이해관계인은 재산상황 개시자료에 관하여 열람·등사 청구를 할 수 있다(신탁 제38조 제6항).

재산상황 개시자료는 신탁재산의 현상을 나타내는 것으로 이해관계인의 범위도 그 의의에 비추어 결정된다. 수익자가 이해관계인에 해당하는 것은 분명하다. 또한 위탁자에 대하여 신탁법 제145조 제2항 제5호는 신탁행위의 정함에 따라 신탁장부 등의 열람·등

67) 新井監修·173~174면(木村仁).

68) 구 신탁법하에서, 能見·125~127면 참조. 星野豊 『信託法』 130면(信山社, 2011)은, 비밀준수의무의 존재로 인해 개시 수준은 저하되지 않고, 수탁자의 면책도 발생하지 않는다고 한다.

69) 東京地判平成 13·2·1 判タ 1074호 249면.

사청구권도 가질 수 있다는 점을 명시하고 있지만, 동항에서 신탁행위의 정함에 따라 재산상황 개시자료 열람·등사청구권을 위탁자에게 부여할 수 있다고는 규정되어 있지 않다. 그러나 신탁행위의 정함에 의해서도 부여할 수 없다고 해석하는 것은 신탁장부 등의 열람·등사청구권에 관한 규율과 균형이 맞지 않고, 법의 입장은 위탁자가 여기에서 말하는 이해관계인에 포함된다는 점을 전제로 하고 있다고 이해하여야 한다. 이와 비교하여 수탁자와 거래를 하고자 하는 자에게는 거래를 하지 않는다는 선택지가 존재하므로 이해관계인에 해당하지 않는다.[70]

문제는 신탁재산으로 충당을 기대하는 채권의 채권자이다. 회사법 제442조 제3항은 채권자도 계산서류 등을 열람·등사할 수 있다는 점을 규정하고 있지만, 이는 원래 대차대조표 등에 관하여 일반에게 공고가 요구되는 회사법 제도(회사 제440조 제1항) 하에서의 규율이다. 채권자가 채무자에 대하여 재산 개시를 청구할 권리는 일반적으로는 존재하지 않는다는 점을 고려하면(민집 제196조 이하 참조), 신탁법 제38조 제6항에 관하여는, 채권자는 이해관계인에 해당하지 않는다고 생각하여야 한다.[71]

또한 신탁재산으로 충당을 기대하는 채권의 채권자는 수탁자의 감독권능을 가지는 것은 아니므로, 상기와 다른 견해를 취한 경우라도 재산상황 개시자료 열람 등만이 인정되고, 신탁장부 등의 열람 등은 인정되지 않는다.

(나) 재산상황 개시자료 열람 등의 청구권에 관하여는 거부사유가 인정되지 않는다. 이해관계인인 한 자기의 권리의 기초가 되는 신탁재산의 현황을 아는 것은 당연하게 인정되어야 하기 때문이다.

---

70) 결론에 있어 같은 취지, 井上編·81면.

71) 井上編·81면은 채권자가 이해관계인에 해당하는 점은 분명하다고 하는데, 타당하지 않다.

(6) 서류 열람·등사를 위한 비용

수익자나 그 이외의 이해관계인이 서류를 열람하거나 그 등사를 받은 경우 그 비용은 청구자의 부담이라고 해석된다. 다만 수익자가 수탁자나 법인인 수탁자의 임원에 대하여 손실전보책임 등의 추궁·금지청구 소송을 제기하여 승소한 경우에는 그 비용은 해당 소송의 필요비로서 신탁재산으로부터 지급된다(신탁 제45조 제1항).[72] 공익비용으로서의 성격을 가지기 때문이다. 수탁자 등이 수익자의 추궁에 응하여 임의로 손실전보책임 등을 이행한 경우에도 동항이 유추적용되어 책임추궁의 전제가 되는 서류의 열람·등사에 필요한 비용은 신탁재산으로부터 지급되는 것으로 해석하여야 한다.

수익자가 상기의 소송에서 패소한 경우에도 악의인 경우를 제외하고 수탁자에게 그로 인하여 발생한 손해를 배상할 의무를 부담하지 않는다(동조 제2항). 수익자가 소송의 제기를 주저하지 않도록 하기 위함이다. 여기에서 「악의」라 함은 청구에 이유가 없는 것을 알고 있었던 것을 의미하고, 또한 「그로 인하여 발생한 손해」라 함은 「그로 인하여 신탁재산에 발생한 손해」라고 해석하여야 한다(→ 150면).[73]

4. 다른 수익자의 성명 등의 개시 청구

(1) 취 지

수익자가 복수인 신탁에서 수익자의 의사결정은 수익자 전원의 일치에 의하는 것이 원칙이다(신탁 제105조 제1항). 또한 신탁법은 신탁행위에 별도의 정함으로 다수결에 따른다는 취지의 정함을

72) 村松ほか·127면 주(2).

73) 또한 수탁자가 응소비용을 신탁재산에서 지급할 수 있는가라는 문제에 관하여, 条解·334면(道垣内弘人) 참조.

예정하고 그 경우에 관하여 상세한 규정을 두고 있다(동조 제2항 이하). 그렇다면, 수익자가 어떤 권리를 행사하기 위하여 다른 수익자와 연락을 취하는 등의 필요성이 발생하고, 이를 위한 전제로서 다른 수익자를 아는 것이 필요하다.

그래서 신탁법 제39조 제1항은 수익자가 복수인 신탁에 있어서 수익자는 수탁자에 대하여 다른 수익자의 성명·명칭 및 주소, 다른 수익자가 가지는 수익권의 내용을 개시할 것을 청구할 수 있다고 하고 있다.

다만 수익자 중에는 자신의 성명·명칭이나 주소, 수익권의 내용을 알리고 싶지 않다고 희망하는 자가 존재하는 경우도 있다. 나아가, 수탁자가 수익자에 대한 정보를 파악할 수 없는 유형의 신탁도 존재한다(무기명식의 수익증권이 발행된 경우, 투자신탁과 같이 판매회사가 개별적으로 고객명부를 관리하는 경우). 또한 다음에 서술하는 거부사유에 관하여 그것을 구체화하는 정함을 두는 경우도 생각해 볼 수 있다(예를 들어, 동조 제2항 제2호의 「부적당한 시기」를 구체적으로 정하는 경우). 따라서 그 권리의 행사 여부 및 그 요건에 관하여는 신탁행위에 별도의 정함을 둘 수 있는 것으로 되어 있다(동조 제2항)(또한, 제한이 되어 있는 경우에 관하여 신탁 제213조 제3항 참조. → 359면).

(2) 거부사유

또한 이와 같이 다른 수익자에 대한 정보를 얻는 것은 전원일치나 다수결에 의한 수익자의 의사결정을 위하여 필요하기 때문에 인정되는 것이고, 그러한 목적이 없는 경우에 개시청구를 인정할 필요는 없다. 따라서 신탁법 제39조 제2항은 신탁장부 등의 열람청구의 경우에 준하는 거부사유(신탁 제38조 제2항. → 258면)를 규정하고 있다.

나아가 2014(헤이세이 26)년까지 신탁장부 등의 열람청구와 마찬가지로 청구자가 신탁과 경합관계에 있는 경우도 거부사유로 되어 있었다. 회사법에도 주주명부의 열람청구권에 관하여 마찬가지의 규정이 있었는데, 회계장부 열람 등 청구의 경우와 달리, 경업관계에 있는 주주에 의한 주주명부의 열람으로 인해 회사가 불이익을 받는 사태는 통상 상정하기 어려우므로, 삭제되었다. 동일한 이유가 신탁법상 다른 수익자의 성명 등의 개시 청구에 관하여도 타당하기 때문에 신탁법상의 거부사유도 삭제되게 되었다.

5. 검사역의 선임

(1) 총 설

이상과 같이 수익자에게는 수탁자로부터 보고를 받거나 신탁장부 등을 열람·등사할 권리가 인정되고 있지만, 실제로 수탁자의 불공정행위를 발견하는 것은 상당히 곤란하다. 그래서 적절한 사람이 검사를 담당할 수 있도록 하기 위하여 수익자에게는 검사역의 선임을 법원에 신청할 권리가 인정되고, 또한 검사역의 권한은 수익자의 권한보다도 확대되어 있다. 회사법 제358조에 대응한다.

검사역 선임의 신청권은 신탁행위의 정함에 따라 위탁자에게도 인정될 수 있다(신탁 제145조 제2항 제10호).

그러나 검사역의 검사를 받는 것은 수탁자에게 있어 부담이므로 검사역의 선임을 자유롭게 인정할 수는 없다. 적절한 요건설정이 요구된다.

(2) 선임을 위한 요건

「수탁자의 신탁사무 처리에 관하여 부정한 행위나 법령 또는 신탁행위의 정함에 위반한 중대한 사실이 있음을 의심하기에 충분한 사유가 있는」 경우이다(신탁 제46조 제1항).

「부정한 행위」라 함은 회사법 제358조에 관한 통설[74]에 따르면, 신탁재산의 무단사용 등 신탁재산에 대한 고의의 가해행위를 말한다.

「중대한 사실」에 관하여 회사법상으로는 그 사실이 회사재산의 상태에 영향을 미칠 필요가 있는지 여부에 관하여 논의가 있다.[75] 신탁재산에 손해가 없더라도, 가령 신탁목적과의 관계에서 신탁행위가 특정 기업의 주식에 대한 투자를 금지하고 있는 경우에 해당 기업의 주식을 구입하였다면 위반의 중대성은 긍정되어야 한다. 즉, 신탁재산에 대한 중대한 훼손을 포함하여 해당 신탁목적의 근간에 영향을 미치는 것이 「중대한 사실」이다.

「의심하기에 충분한 사유」에 관하여, 손쉽게 검사역이 선임되면 수탁자에게 부담이 되지만, 부정행위 등의 존재에 관하여 엄격한 입증을 요구한다면 이미 검사의 필요는 없다. 적절하게 검사항목을 한정하여 대처할 수 있으므로 지나치게 엄격하게 해석할 것은 아니라는 견해[76]를 따르고 싶다.

(3) 선 임

법원은 선임청구를 부적법하다고 각하하는 경우를 제외하고, 검사역을 선임하여야 한다(신탁 제46조 제2항). 또한 각하의 재판에는 이유를 붙여야 한다(동조 제3항). 선임이든 각하든, 이 재판에 관하여는 불복을 제기할 수 없다(동조 제4항). 선임이 된 경우에는 조사를 하도록 하여 사실을 밝히면 족하고, 각하결정이 있더라도 기판력이 없으므로 수익자는 다시 청구할 수 있기 때문이다. 이 제도의 청구를 적확하게 행하도록 하기 위해서라도 각하의 재판에는 이유가 필요하게 된다.

---

74) 江頭·전게 주64) 620면 주(1).
75) 江頭·전게 주64) 620면 주(1) 참조.
76) 회사법상 검사역 선임에 관하여, 江頭·전게 주64) 620면 주(1).

또한 검사역의 사임에 관하여는 신탁법에 규정은 없고, 위임에 관한 민법 제651조가 적용된다고 해석된다.[77]

(4) 보 수

검사역의 보수는 법원이 수탁자 및 검사역 본인의 진술을 청취하여 정한다(신탁 제46조 제5항·제6항). 검사역의 보수를 정하는 재판에 대해서는 수탁자 및 검사역이 즉시항고를 할 수 있다(동조 제7항).

(5) 검사의 실시

(가) 검사에 있어 검사역은 수탁자에 대하여 신탁사무처리 상황 및 신탁재산 상황에 관하여 보고를 요구할 수 있음과 동시에 해당 신탁과 관련된 장부, 서류 기타 물건을 조사할 수 있다(신탁 제47조 제1항). 수익자의 열람 등이 인정되는 자료를 넘어 「기타 물건」으로 조사대상이 확대되고 있다. 분별관리의 상황을 실제로 검사하는 것 등이 가능해진다.

(나) 검사역은 필요한 조사 후 결과를 서면 또는 전자적 기록(신탁칙 제29조 제1항)으로서 법원에 제공하여 보고하여야 하고(신탁 제47조 제2항), 법원은 필요에 따라 보충설명을 요구할 수 있다(동조 제3항).

또한 검사역은 그 서류의 사본·전자적 기록을 수탁자 및 검사역 선임 신청을 한 수익자에게 제공하여야 한다(동조 제4항, 신탁칙 제29조 제2항).

그리고 그 서류의 사본·전자적 기록의 제공을 받은 수탁자는 검사역 선임 신청을 한 수익자 이외의 수익자에게 그 취지를 통지하여야 한다(신탁 제47조 제5항 본문). 이 서류의 사본·전자적 기록

77) 条解·338~339면(弥永真生).

은 신탁법 제37조 제5항에서 말하는 「신탁사무의 처리에 관한 서류 또는 전자적 기록」에 해당하므로, 수익자는 수탁자에게 열람·등사청구를 할 수 있다(동 제38조 제1항).

검사역 선임의 신청을 한 수익자 이외의 수익자에 대한 통지에 관하여는 신탁행위에 별도의 정함을 둘 수 있다(동 제47조 제5항 단서). 수익자가 다수인 경우 등은 통지에 상당한 시간과 노력이 들어가므로, 가령 전국적인 일간지에 게재하거나, 홈페이지에 게재하는 방법도 생각해 볼 수 있다. 다만 법원은 필요하다고 인정하는 경우, 수탁자로 하여금 검사결과를 수익자에게 통지를 하도록 하는 등 결과의 주지를 위한 조치를 명할 수 있다(동조 제6항). 이러한 법원의 권한의 존재가 신탁행위에 별도의 정함을 허용하는 것의 정당화이유가 되기도 한다.

제 5 절 충실의무

1. 충실의무에 관한 규정의 구조

(1) 수탁자는 오직 수익자의 이익을 도모하여야 하고, 신탁사무의 집행에 있어 자기의 이익을 도모하여서는 아니 된다. 이는 어떤 법률관계가 「신탁」이라고 호칭되어 일정한 법적 효과를 부여받는 근거가 되고(→ 23면), 여기에 제시된 충실의무는 수탁자의 의무로서 신탁의 기본에 놓여야 하는 것이다. 구 신탁법에는 이를 정면에서 규정하는 조문은 없었지만, 「수탁자는 공동수익자의 1인인 경우를 제외하고, 누구의 명의로도 신탁의 이익을 향수할 수 없다」라는 구 신탁법 제9조의 해석으로서 수탁자는 충실의무를 부담한다고 해석되어 왔다.[78]

78) 四宮·231~232면.

이에 비하여 신 신탁법은 우선 제8조로서 구 신탁법 제9조와 마찬가지의 규정을 둔 다음, 「수탁자는 수익자를 위하여 충실하게 신탁사무의 처리 그 밖의 행위를 하여야 한다」라는 원칙을 제30조에서 선언하였다. 일반적 충실의무를 분명하게 기술한 것이다.* 그리고 그 구체적인 예로서, 이익상반행위의 제한(신탁 제31조), 경합행위의 제한(동 제32조)에 관한 규정을 두고 있다.

* 다만, 신탁법 제8조가 직접적으로 작용하는 경우도 있다. 동법 제30조는 수탁자의 행동을 통제하는 것인데, 설정된 신탁의 구조가 수탁자를 수익자 중 1인으로 하는 것 이외의 방법에 따라 수탁자의 이익을 도모하는 형태로 되어 있는 경우지만, 「오직」 수탁자의 이익을 도모할 목적의 것(동 제2조 제1항)(그러한 목적의 존재가 인정되면, 해당 신탁은 성립하지 않거나 종료된다. →60면)이라고까지는 말할 수 없는 때에는 동법 제8조에 반하는 신탁으로서 무효가 된다고 해석하여야 한다.79)

(2) 그러나 이익상반행위제한이나 경합행위제한에 저촉되지 않는 행위라도 일반적 충실의무위반은 될 수 있다. 그리고 그것들이 별도의 조문 형태로 명기된 것은 특수한 취급이 필요하기 때문이고 그 중요성 때문에 개별 조문을 둔 것은 아니다.

일반적 충실의무에 관하여는 후술하기로 하고, 이익상반행위제한부터 살펴본다.

79) 東京地判平成 30·9·12 金法 2104호 78면의 사안에 관하여, 수탁자에게 이익을 얻게 하는 구조로 신탁법 제8조에 반하여 무효라고 분석하는 것으로서, 佐久間毅＝新井誠 「信託の広がりと信託法研究のこれから」 信託フォーラム 12호 7~8면(佐久間毅発言)(2019). 福井修 「受託者と受益者の兼任について」 新井誠古稀『成年後見·民事信託の実践と利用促進』 140면(日本加除出版, 2021)도 같은 취지.

2. 이익상반행위의 제한

(1) 이익상반행위의 원칙적 금지: 총설

(가) 「이익상반행위」라는 것은 일방이 부당하게 이득을 얻고, 타방이 부당하게 손해를 본다는 평가를 의미하는 표현은 아니다. 매도인과 매수인 같이 대금이 상승하면, 매수인의 지출이 증가하고 매도인의 수입이 증가하는 경우와 같이 일방의 플러스가 타방의 마이너스가 되는 관계에 있는 것을 의미하므로, 행위의 부당성은 정의에 포함되지 않는다. 매도인이 적정한 이윤을 올리고, 매수인도 원하는 것을 비교적 저렴하게 구입한 상황이더라도 매도인과 매수인은 「이익상반관계」에 있다.

한편, 신탁법 제31조 제1항은 수탁자에게 원칙적으로 금지된 이익상반행위로서 다음의 4가지 유형을 규정하고 있다.

① 신탁재산에 속하는 재산(해당 재산과 관련된 권리를 포함한다)을 고유재산으로 귀속시키거나, 고유재산에 속하는 재산(해당 재산과 관련된 권리를 포함한다)을 신탁재산에 귀속시키는 것(제1호),

② 신탁재산에 속하는 재산(해당 재산과 관련된 권리를 포함한다)을 다른 신탁의 신탁재산에 귀속시키는 것(제2호),

③ 제3자와의 사이에서 신탁재산을 위하여 하는 행위로 자신이 해당 제3자의 대리인이 되어 행하는 것(제3호),

④ 신탁재산에 속하는 재산에 관하여 고유재산에 속하는 재산만을 가지고 이행할 책임을 부담하는 의무와 관련된 채권을 피담보채권으로 하는 담보권을 설정하는 것, 그 밖에 제3자와의 사이에서 신탁재산을 위하여 하는 행위로 수탁자 또는 그 이해관계인과 수익자의 이익이 상반되게 되는 것(제4호)

이다.

(나) ①은, 가령 신탁재산에 속하는 부동산을 수탁자가 자신이 구입하거나 고유재산에 속하는 재산으로 하는 것 및 고유재산에 속하는 부동산을 수탁자가 신탁에 매각하고, 신탁재산에 속하는 재산으로 하는 것이다. 대가의 설정 등에 있어 수탁자가 자신의 이익을 도모할 위험성이 존재하므로 원칙적으로 금지된다.

②는, 상기와 같은 거래를 자신이 수탁자로 되어 있는 복수의 신탁 사이에서 행하는 것을 금지한다. 이는 일방의 신탁의 불이익하에 타방의 신탁의 이익을 도모한다는 위험성(편파의 위험성)이 존재하기 때문이다.

③, ④는 제3자와의 사이의 거래이지만, 수탁자가 자기 또는 그 제3자의 이익을 도모하여 신탁재산에 불이익을 초래하고, 수익자에게 손해를 끼칠 가능성이 높은 거래에 관해서는 원칙적으로 금지가 되도록 하는 것이다.

그러한 거래로서 우선 ③은 수탁자가 그 제3자의 대리인이 되는 거래를 들 수 있다. 대리인이 된다는 것은 그 제3자와 수탁자 사이에 일정한 관계가 존재한다는 것을 의미하고, 성공보수 등이 약정된 경우에는, 해당 제3자의 이익을 도모할 위험성이 보다 높다.

또한 수탁자와 제3자 사이에 일정한 관계가 존재하는 경우 등은 수탁자가 해당 제3자의 대리인이 되지 않더라도 신탁재산을 해당 제3자에게 부당하게 염가로 매각하는 등의 위험성이 존재한다. 나아가 형식적으로는 제3자와의 사이의 거래라 하더라도 수탁자 자신의 이익이 크게 관계되는 경우도 있다(수탁자가 다수의 주식을 보유한 회사와의 거래 등). 그래서, ④로서, 수탁자가 그 고유재산에 속하는 재산만을 가지고 이행할 책임을 부담하는 채무의 담보를 위하여 신탁재산에 담보권을 설정한다는 전형적인 예를 든 다음(이 경우 담보권설정계약은 제3자와 수탁자 사이의 계약이므로 ①, ②에 해당하지는 않고, 수탁자가 그 제3자의 대리인이 아니라면 ③에도 해당하지 않는다), 「제3자 사이에서 신탁재산을 위하여 하는 행위로 수탁자 또는 그 이해관계인과 수익자의 이익이 상반되게 되는 것」 일반을 금지하고 있다.

추가로 수탁자가 하는 상계와 이익상반행위의 관계에 관해서는 이미 서술하였다(→196면).

(다) 구체적인 행위가 각각의 유형에 합치하는지는 해석 문제이지만, 신탁법 제31조 제2항은 상기의 유형에 합치하는 행위라도, 실질적으로 허용되어야 하는 경우를 예외로 하고 있고, 그렇다면 ①부터 ④에 대한 해당성은 비교적 넓게 인정한 다음, 허용성 검토에 있어 실질적인 고려를 해나가야 할 것이다.

(2) 각 유형에 대한 해당성

(가) 우선, ①에 관하여는, 수탁자의 고유재산에 속하는 재산을 무상으로 신탁재산에 귀속시키는 경우도 포함된다.* 부모와 자녀 사이의 이익상반행위의 해석에 있어서는 부모의 자녀에 대한 증여는 원칙적으로 부모가 하는 이익상반행위에는 해당하지 않는다고 파악되지만,[80] 「고유재산에 귀속시키거나, 고유재산에 속하는 재산(해당 재산과 관련된 권리를 포함한다.)을 신탁재산에 귀속시키는 것」(신탁 제31조 제1항 제1호)이라는 문언에는 해당한다고 하지 않을 수 없다. 다만 대부분의 경우 예외로서 허용되는 경우에 해당할 것이다(동조 제2항 제4호).[81]**

*** 정보의 이용** 수탁자가 통상의 영업과정에서 취득한 정보에 관하여

80) 大判昭和 6·11·24 民集 10권 1103면.

81) 村松ほか·94면 주(7)은, 동일한 결론을 도출함에 있어, 산업폐기물이나 오염토지 등의 소유로 인하여 신탁재산의 감소가 초래되는 경우도 있을 수 있기 때문이라고 한다. 이는 그 자체로 타당하지만, 신탁법 제31조 제2항 제4호에 해당하는지 여부의 판단은, 행위 시를 기준으로 하여야 하고(→284면), 나중에 오염토지라는 점을 알았다고 해서, 소급하여 예외에 대한 해당성이 부정되는 것은 아니다.

는, 그 영업이 신탁사무 집행인지와 관계없이 그 정보를 자기 또는 그 이해관계인의 이익을 위하여 이용하더라도 충실의무위반이 되지는 않는다. 문제는 신탁재산으로부터 비용을 지출하여 특별하게 수집한 정보, 신탁의 수탁자라는 이유로 취득할 수 있었던 정보이다. 그리고 그러한 정보를 자기 또는 그 이해관계인의 이익을 위하여 이용한 경우의 문제점은 종종 일반적 충실의무와의 관계에서 논의된다.

그러나 그 정보를 제3자에게 매각할 수도 있었다고 생각하면[그것이 권한 내 거래인 경우, 그 이익은 당연히 신탁재산에 귀속된다(→45면)], 수탁자가 고유재산의 이익을 위하여 그것을 이용하는 것은 바로 신탁재산에 속하는 재산인 정보를 수탁자의 고유재산에 귀속시키는 것과 다르지 않고, 신탁법 제31조 제1항 제1호에 해당하는 행위라고 하여야 한다. 따라서 동조 제2항의 예외에 해당하면, 그러한 정보의 이용도 인정받게 된다(또한, 신탁업법 제29조 제1항 제3호는 신탁재산에 관한 정보를 이용하여 자기 또는 제3자의 이익을 도모하는 거래를 하는 것을 수탁자에 대하여 금지하고 있지만, 신탁업법 시행규칙 제41조 제1항 제3호·제4호는 예외로 인정되는 거래로서, 「해당 신탁재산과 관련된 수익자에 대하여 해당 거래에 관한 중요한 사실을 개시하고, 서면 또는 전자적 방법에 의한 동의를 얻어 하는 거래」 및 「그 밖에 신탁재산에 손해를 줄 우려가 없다고 인정되는 거래」를 들고 있다. 신탁법 제31조 제2항 제2호·제4호에 대응하는 규율이고, 이것으로부터도 일정한 정보의 이용이 동조 제1항 제1호에 해당하는 행위라고 해석하여야 한다는 점이 뒷받침된다).

또한 후술하는 바와 같이 이 경우 해당 정보에 의하여 수탁자 또는 그 이해관계인이 얻은 이익의 액수가 신탁재산이 입은 손실액이라고 추정되지만(동 제40조 제3항. →325면), 해당 정보를 이용하여 이익을 올릴 기회가 신탁재산에는 존재하지 않는 경우나, 고유재산 등으로부터도 투자가 이루어짐에 따라 신탁재산의 이익이 감소하였다는 사정이 없는 경우에는, 신탁재산에 손실이 발생하지 않은 것으로 해석된다[다만, 임무위반이 「중요한 사실」에 해당하는 경우에는 수탁자의 해임사유가 된다(동 제58조 제4항. →362면)].

**** 공동수탁자의 존재** 공동수탁자의 존재가 문제되는 경우도 있다.[82] 예를 들어 甲신탁에 관하여 T_1과 T_2가 공동수탁자로 되어 있고, 甲신탁의 신탁재산에 속하는 재산을 T_1의 고유재산에 귀속시키는 경우, 혹은, 그 반대의 경우를 생각할 수 있다. 나아가 T_1이, 乙신탁의 수탁자이고, 甲신탁의 신탁재산에 속하는 재산을 乙신탁의 신탁재산에 귀속시키는 경우, 혹은 그 반대의 경우도 있다.

공동수탁자가 존재하면 T_1이 자기의 이익을 도모하고자 하는 것을 제약할 수 있는 것은 아닐까, 또한 대상이 되는 재산 혹은 행위에 관하여 T_2가 단독으로 분장하고 있는 경우에는 실질적으로는 T_1과 T_2 사이의 거래이고, 자기거래로서 규율하지 않아도 충분한 것은 아닐까라고도 생각된다.

그러나 T_2의 판단에 T_1이 영향을 미치는 점도 부정할 수 없고, T_2는 甲신탁의 수탁자이므로, 문언상으로도 신탁법 제31조 제1항 제1호·제2호에 해당한다고 하여야 한다.

(나) ①, ②의 유형에 관해서는, 신탁재산에 속하는 재산·고유재산에 속하는 재산 쌍방에 관하여「해당 재산과 관련된 권리를 포함한다」라고 되어 있다. 신탁재산에 속하는 재산에 관하여 수탁자의 고유재산에 속하는 채권이나 다른 신탁의 신탁재산에 속하는 채권을 피담보채권으로 하는 저당권을 설정한 것이 이에 관한 예가 된다. 수탁자가 자기 혹은 다른 신탁에 부당하게 유리한 행위를 해버릴 가능성이 존재하기 때문이다. 마찬가지로 신탁재산에 속하는 부동산을 수탁자가 자기 또는 다른 신탁을 위하여 이용하는 것, 고유재산 또는 다른 신탁재산에 속하는 부동산을 별도의 신탁을 위하여 이용하는 것도 이 유형에 포함된다고 해석된다. 이용권의 이전행위이기 때문이다.

또한, 예를 들어 신탁재산에 속하는 부동산에 관하여 제3자가 가지는 지상권을 수탁자가 고유재산에 귀속시키기 위하여 양도받

82) セミナー(2)·125~129면 참조.

는 것도 신탁재산과 관련된 권리를 고유재산에 귀속시키는 것이므로, 문언상으로는 ①에 해당할 것 같다. 그러나 신탁법 제31조 제4항이 ①과 ②의 행위에 관하여 허용되는 예외에 해당하지 않는 경우 무효로 하는 것은, ①과 ②의 행위가 수탁자의 내부적인 행위에 불과하다는 것을 전제로 하는 것이므로, 제3자가 가지고 있는 신탁재산과 관련된 권리를 수탁자가 해당 제3자로부터 취득하여 고유재산 또는 다른 신탁재산에 귀속시키는 것 및 제3자가 가지는 고유재산과 관련된 권리를 신탁재산에 귀속시키는 것은 금지된 이익상반행위에 해당하지 않는다고 해석하여야 한다.*

또한 수익자가 가지는 수익권을 수탁자가 구입한 것과 같은 거래에 있어서도 수익자와 수탁자의 이익은 대립한다. 그러나 이는 수탁자가 신탁사무집행으로서 하는 것이 아니고, 수익자도 자유롭게 대라를 정하는 지위에 있기 때문에 금지된 이익상반행위는 되지 않는다.[83] 다만, 수탁자가 신탁사무집행을 하고 있었기 때문에 신탁재산의 상황에 관하여 정확한 지식을 보유한 것을 이용하여 수익자로부터 객관적 가치보다 저렴하게 수익권을 양도받은 경우에는 일종의 내부자 거래로서 설명의무위반 등의 문제가 발생한다.

* (i) 신탁재산과 관련된 권리로서 제3자가 가지고 있는 권리를 수탁자가 해당 제3자로부터 취득하여 고유재산 또는 다른 신탁재산에 귀속시키는 예로서 다음의 것을 들 수 있다[또한 하기의 가)부터 다)에 있어서 지상권 등이 혼동에 의해 소멸하지 않는 점에 관하여, 신탁법 제20조 참조. → 142면]. 즉, 가) 신탁재산에 속하는 부동산에 관하여 제3자가 가지는 지상권이나 임차권을 수탁자가 고유재산에 귀속시키기 위하여 양수한 경우, 나) 신탁재산에 속하는 재산을 목적으로 제3자가 가지는 담보권의 피담보채권을 수탁자가 고유재산에 귀속시키기 위하여 양수한 경우, 다) 제3자가 가지는 신탁재산 책임부

83) 寺本·125면 주(6), 田中·213면, 姜雪蓮『信託における忠実義務の展開と機能』401, 413면(信山社, 2014). 또한, セミナー(2)·117면 이하 참조.

담 채무와 관련된 채권을 수탁자가 고유재산에 귀속시키기 위하여 양수한 경우, 나아가 각각에 관하여 다른 신탁의 신탁재산에 귀속시키기 위하여 양수한 경우이다.

확실히 어느 경우에 있어서도 신탁재산과 관련된 권리를 수탁자가 고유재산 또는 다른 신탁의 신탁재산에 귀속시키고 있으므로 문언상으로는 ① 또는 ②에 해당하게 되지만, 해당 양수에 의하여 신탁재산이 불이익을 입을 우려는 없다. 신탁재산의 부담은 해당 양수에 따라 변화하지 않고, 이전의 대가가 상당하지 않은 경우 손해를 입는 것은 수탁자와의 거래 상대방인 제3자이지 신탁재산이 아니다. 또한 제3자와 수탁자 사이에서 수탁자의 고유재산과 관련된 거래는 신탁의 목적달성을 위하여 필요한 행위라고는 할 수 없으므로 신탁법 제31조 제2항 제4호의 예외에도 해당하지 않는다. 결국 금지되는 이익상반행위로부터 해석론에 의해 유형적으로 배제할 필요가 있다.

다만 수탁자가 제3자로부터 신탁재산에 속하는 부동산의 임차권을 양수한 경우를 생각하면, 가령 지대 등 증감청구권(차지차가 제11조)을 행사함에 있어 수탁자가 자신의 이익을 도모할 우려가 있다(이에 비하여, 채권 양수인의 경우 수탁자의 이익도모행위는 생각하기 어렵다). 그러나 이에 관해서는, 일반적 충실의무의 문제로서 생각하여야 할 것이다. 실제로 고유재산에 속하는 재산을 신탁재산에 귀속시킨 경우라도 계약부적합 책임(민 제562조 이하) 등의 행사에 있어서 수탁자가 자신의 이익을 도모할 수 있으므로, 이전행위 자체가 신탁법 제31조 제2항 제4호의 예외에 해당한다고 하더라도, 그 후의 규율은 필요하다.

(ⅱ) 마찬가지로, 수탁자의 고유재산과 관련된 권리를 수탁자가 신탁재산에 귀속시키기 위하여 제3자로부터 취득하는 것도 금지된 이익상반행위에 해당하지 않는다. 이 경우에는 해당 취득 행위가 신탁사무집행이므로, 신탁법 제31조 제2항 제4호의 예외에 해당하는지 여부로 판단하면 족하다고 생각된다. 그러나 제3자의 입장에서 고려해 보면, 그 주관적 양태에 관계없이 동호의 「정당한 이유」가 없다고 하여 해당 취득행위가 무효로 되는 것은 부당하다. 결국 금지되는 이익

상반행위에 해당하지 않는다고 할 수밖에 없다.

(다) ④에 관하여는, 특히 이해관계인의 범위가 문제된다. 우선 회사법 제356조 제1항 제1호·제2호는「자기 또는 제3자를 위하여」라고 하고 있는데, 굳이「이해관계인」이라고 하고 있으므로,「제3자」보다는 좁고, 수탁자와 이해관계를 같이하는 자라고 해석하여야 할 것이다(제3자의 이익을 도모할 의도가 있는 경우에 관하여, →308면). 수탁자의 배우자, 자녀, 혹은 법인인 수탁자의 자회사가 이에 해당한다.[84)]

다만, 가령 거래의 상대방인 제3자와 수탁자의 일체성이 강한 경우에는 수탁자를 실질적으로 거래의 상대방으로 보아 ①에 해당한다고 하여야 하는 경우도 있다(예를 들어, 상대방인 제3자의 법인격이 부인되어 수탁자와 동일하다고 볼 수 있는 경우). ①과 ④의 차이는, ①은 당연무효임에 반해(신탁 제31조 제4항), ④는 수익자에 의한 취소가 가능함에 그치고, 또한 취소권에 기간제한이 부과된다는 점에 있는데(동조 제7항. →290면), 실질적으로 제3자와 수탁자가 일체인 경우에는 취소권의 기간제한의 필요성이 없기 때문이다(또한 선의·무중과실의 상대방이 보호되는지 여부에도 차이가 있지만, 일체성이 긍정되는 경우에는 선의·무중과실은 아닐 것이다).

(3) 이해상반행위가 허용되는 경우

(가) 이미 기술한 바와 같이 신탁법은 금지된 이익상반행위의 범위를 비교적 넓게 설정하고 있다. 그러나 그러한 금지는 수익자의 이익을 지키기 위한 것이므로, 수익자의 이익을 해할 우려가 없는 경우에는 그와 같은 금지를 유지할 필요가 없다. 실제로 이익상반행위금지 규칙을 엄격하게 적용하면 매우 불합리한 사태가 발생하는 경우도 있다.

---

84) 村松ほか·95면 주(10).

수탁자가 고유재산에 속하는 재산으로서 甲사의 주식을 보유하고 있는 한편, 乙사의 주식을 신탁재산에 속하는 재산으로서 보유하고 있다고 하자. 그리고 이 경우 투자처의 적절한 조합의 관점에서 보면, 수탁자의 고유재산에 관하여는 甲사의 주식을 매각하고, 乙사의 주식을 구입하여야 하는 상태이지만, 신탁재산에 관하여는 반대로 甲사의 주식을 구입하여야 하는 상태에 있다고 하자. 돌연 생각하면, 수탁자는 고유재산에 속하는 甲사의 주식과 신탁재산에 속하는 乙사의 주식을 교환하면 문제가 없을 것 같은데, 이는 바로 「신탁재산에 속하는 재산(해당 재산과 관련된 권리를 포함한다.)을 고유재산에 귀속시키거나, 고유재산에 속하는 재산(해당 재산과 관련된 권리를 포함한다.)을 신탁재산에 귀속시키는 것」으로, ①에 해당하기 때문에 허용되지 않는 행위이다. 그러나 그렇다고 해서 고유재산인 甲사의 주식을 시장에서 매각하고, 乙사의 주식을 시장에서 구입하는 한편, 신탁재산인 乙사의 주식을 시장에서 매각하고, 甲사의 주식을 시장에서 구입한다고 하면, 비용도 들고, 불합리한 사태가 된다. 이는 ②의 신탁재산 사이의 거래에 관하여도 마찬가지이다. 그래서 가령 거래시세가 명확한 것에 관하여는 예외를 인정해야 하는 것은 아닌지 문제가 된다.

나아가, 거래시세가 명확한 것도 필수적인 조건은 아니다. 요점은 정당한 거래라면 족하다는 점에 있고, 이는 ④에 관하여 금지되는 유형의 예로 파악되는 「수탁자 개인의 채무 담보를 위하여 신탁재산에 담보권을 설정한다」라는 경우조차 그러하다. 수탁자가 채무를 변제할 수 없게 되어 담보권이 실행될 가능성과 그 경우 신탁재산의 부담액과의 관계에서 담보권을 설정하는 것의 대가로서 수탁자 고유재산으로부터 신탁재산에 지급되는 액수가 충분하다면, 그것은 합리적인 거래가 된다.

그래서 신탁법 제31조 제2항은 이익상반행위의 금지에 관하여 몇 가지 예외를 인정함과 동시에 신탁행위에 별도의 정함이 있는 경우에는 그것이 우선된다는 점도 명확히 하였다. 구체적으로는,

가) 신탁행위에 해당 행위를 하는 것을 허용하는 취지의 정함이 있는 경우(제1호),

나) 수탁자가 해당 행위에 관하여 중요한 사실을 개시하여 수익자의 승인을 얻은 경우(제2호)[다만, 승인이 있더라도 해당 행위를 할 수 없다는 취지의 신탁행위의 정함이 있는 경우에는 그러하지 아니하다(단서)],

다) 상속 그 밖의 포괄승계에 의하여 신탁재산에 속하는 재산과 관련된 권리가 고유재산에 귀속된 경우(제3호),

라) 수탁자가 해당 행위를 하는 것이 신탁목적의 달성을 위하여 합리적으로 필요하다고 인정되는 경우로서, 수익자의 이익을 해하지 않는다는 점이 분명하거나, 해당 행위가 신탁재산에 미치는 영향, 해당 행위의 목적 및 태양, 수탁자의 수익자와의 실질적인 이해관계 상황 그 밖의 사정에 비추어 정당한 이유가 있는 경우(제4호)

이다.

(나) 가)는 신탁행위의 정함으로 허용하는 것을 인정하는 것이지만, 별도의 정함이 있더라도 수탁자가 자기 또는 제3자의 이익을 도모하는 행위까지 허용하는 것이라고는 해석할 수 없다. 따라서 그러한 행위는 해당 정함의 해석으로서 허용되는 행위에 해당하지 않는다. 또한 대개 자기거래를 할 수 있다는 취지의 신탁행위의 정함을 유효하다고 해석하는 것은 이익상반행위에 관하여 명확한 규율을 둔 신탁법의 취지에도 반한다. 사전적인 정함이므로, 개별적·구체적인 열거를 요구할 수는 없지만, 적어도 대상행위의 특정(예를 들어, 「주식의 매매」 등)이 요구된다고 하여야 할 것이다.[85]* 나아

85) 寺本·125면 주(8), 村松ほか·96면 주(2), 新井監修·128면(木村仁), 沖野·전

가, 허용되는 행위라도 수탁자는 선량한 관리자의 주의로써 그 행위를 하여야 한다(신탁 제29조 제2항. → 220면). 또한 일반적 충실의무위반이 되는 경우도 있을 수 있다[86](동 제30조. → 303면).

*** 수탁자에 대한 대부, 수탁자로부터의 대부, 자기거래에 있어 채권의 성립**

(i) 실무상 중요한 자기거래로서 신탁재산의 수탁자에 대한 대부, 반대로, 수탁자의 신탁재산에 대한 대부가 있다.

전자는, 이익상반행위 금지의 예외 요건을 충족하는 한 유효하다. 실무에서 이른바 은행계정대부, 즉, 신탁재산 중 미운용금을 수탁자인 신탁은행의 은행계정으로 운용하는 형태에 관해서는, 신탁재산에 속하는 재산인 금전을 은행계정으로 관리하는데 불과하다는 견해도 유력하지만,[87] 그러면, 신탁재산에 속하는 금전에 관하여 단지 금액으로만 관리하는 것을 인정하게 되어 타당하지 않다(→ 250면). 결국 수탁자에 대한 대부채권이 신탁재산에 속하는 재산이 되어 있다고 해석하여야 할 것이다.

후자, 즉, 어떤 신탁재산에 대하여 수탁자의 고유재산 또는 수탁자가 동일한 다른 신탁재산으로부터 이루어지는 대부도, 이익상반행위 금지의 예외요건을 충족하는 한 유효하다는 점에는 문제가 없다.

(ii) 그렇다면, 그러한 거래에 있어 대부채권을 상정할 수 있을까?

게 주54) 479면. 이에 비해, 井上聡「金融取引実務が信託に期待するもの」信研 30호 73~74면(2005)은,「시장가격, 독립한 평가회사에 의한 감정가격 또는 복수의 중개업자에 의한 견적가격에 기초하는 등 거래조건이 독립한 제3자와의 사이에서 행해지는 거래와 동등하다고 인정되는 이익상반거래」,「약관 등에 기초하여 행해진 정형적인 거래」와 같은 정함으로 충분하다고 하지만, 찬성할 수 없다.

86) 能見善久「新信託法の意義と課題」信託 230호 25~26면(2007).

87) 能見善久「金銭の分別管理·コメント」商事信託法制研究会編『商事信託法制の研究(第三册·完)』10~13면(2002), 神田秀樹ほか「座談会·マイナス金利の金融政策と信託実務」信託フォーラム 6권 49면(井上聡発言)(2016) 참조. 나아가, 西村あさひ法律事務所編『ファイナンス法大全(下)(全訂版)』691면 이하(有吉尚哉)(商事法務, 2017). 本書初版·212면의 견해를 수정한다[道垣内弘人「銀行勘定貸の法的性質理解が関係する問題点」トラスト未来フォーラム編『信託の基礎法理と現代的問題の結びつき』(2022)(近刊) 참조].

만약 상정할 수 있다고 하더라도 그 담보를 위하여 저당권을 설정하는 것은 가능할까? 동일한 사람 사이의 거래이기 때문에 문제가 된다.

신탁법은 동일한 사람 사이에는 채권·채무관계가 성립할 수 없다는 점을 전제로 하면서 적절한 처리를 위하여 필요한 경우에는 수탁자가 가지는 권리를 금전채권으로 간주하도록 하고 있다(신탁 제11조 제3항, 제49조 제4항, 제50조 제1항). 그런데 수탁자가 신탁재산에 대하여 가지는 대부계약상의 권리에 관하여는, 수탁자가 다른 곳으로부터 채권을 취득한 경우를 제외하고(동 제20조 제3항), 금전채권의 존재가 상정되지 않는다. 마찬가지로, 신탁재산에 속하는 재산을 고유재산 또는 다른 신탁재산에 귀속시킨 경우나, 고유재산 또는 다른 신탁재산에 속하는 재산을 별도의 신탁재산에 귀속시킨 경우 등에 있어 금전채권의 존재는 상정되지 않는다.[88)]

그러나 금전채권으로 간주된다는 규정이 없는 경우에도 필요한 경우에는 해석론으로서 마치 계약에 의하여 채권·채무관계가 발생한 경우와 동등하게 취급하는 것을 인정하여야 하고, 해당 채권을 피담보채권으로 하는 담보권의 설정이나, 해당 채권의 제3자에 의한 압류도 긍정된다고 하여야 한다.[89)]

등기실무도 신탁은행인 수탁자가 신탁사무집행으로서 그 은행으로부터 금전을 차입하여 신탁재산에 속하는 부동산에 저당권을 설정하여 등기하는 것을 인정하고 있다.[90)]

(다) 나)는, 수익자의 승인으로, 이익상반행위 제한이 수익자

88) 別册NBL編集部編『信託法改正要綱試案と解説(別册 NBL 104호)』141면(商事法務, 2005)은, 신탁재산에 속하는 재산을 고유재산에 귀속시킬 수 있다는 내용의 형성권이라고 한다. 後藤出「固有財産と信託財産との取引に係る一考察」信託フォーラム 7호 83면 이하(2017)도 같은 취지.

89) 道垣内·問題状況 166~182면, 小野傑「商事信託法の諸問題」田原睦夫古稀·最高裁判事退官『現代民事法の実務と理論(上)』834면(金融財政事情研究会, 2013). 나아가, 田中·59면, 神田秀樹「平成18年信託法と商事信託－理論的観点から」信研 35호 25면(2010). 또한, 신탁재산파산에 입각한 논의로서, 沖野眞已「信託財産破産をめぐる諸問題」ジュリ 1450호 39~42면(2013), セミナー(4)·163~168면도 참조.

90)「質疑応答」登研 743호 147면(2010).

의 이익을 지키기 위한 것이므로, 예외로서 인정되고 있다(복수의 수익자가 존재하는 경우에는 신탁법 제105조가 적용되므로 원칙적으로 전원일치가 필요. →458면). 그러나 수익자는 수탁자가 적정하게 판단하여 신탁사무를 집행할 것을 기대할 수 있고, 수탁자는 판단의 위험을 수익자에게 전가시킬 수 없다. 따라서 승인이 있더라도 수탁자는 선량한 관리자의 주의로써 그 행위를 하여야 하고, 또한 일반적 충실의무 위반이 되는 경우가 발생할 수도 있다. 가)에 관하여 서술한 바와 마찬가지이다. 나아가 수탁자가 수익자에 대하여 승인을 요구함에 있어서도 선량한 관리자의 주의로써 하는 것이 요구된다. 불합리한 내용의 행위에 관하여 승인을 요구하는 것은 처음부터 수탁자의 의무위반이다.[91]*

승인에 있어서는 수탁자가 수익자에 대하여 해당 행위에 관한 중요한 사실을 개시할 필요가 있다. 이는 개괄적으로 금지되어 있던 행위의 금지를 해제하고, 개별적인 위험을 부담할지 여부를 적절하게 판단할 수 있는 자료를 제공한다는 취지이므로, 그 관점에서 중요한 사실인지 여부가 결정되며,[92] 또한 수탁자는 그 행위를 하는 점에 관한 합리성을 설명할 필요가 있다.[93] 중요한 사실의 개시·합리성의 설명이 없는 상태에서 승인이 되어도 신탁법 제31조 제2항 제2호의 요건은 충족되지 않는다.

또한 수익자의 승인이 있더라도 해당 행위를 할 수 없다는 취지의 신탁행위의 정함이 있는 경우에는 위탁자가 수탁자의 자기거래 등이 금지되는 신탁을 설정한 것이고, 수익자는 그러한 신탁의 수익권을 가지고 있는 것이므로, 승인이 있더라도 해당 행위는 허용되지 않는다(신탁 제31조 제2항 단서). 이 정함은 신탁법 제31조 제

91) 岩藤美智子「新しい信託法における受託者の忠実義務」信託研究奨励金論集 28호 19~20면(2007).

92) 村松ほか·96면 주(13).

93) 沖野·전게 주54) 481면.

1항에서 열거하는 행위를 전면적으로 금지하는 것일 필요는 없고, 일정한 행위(예를 들어, 저당권의 설정)는 수익자의 승인이 있더라도 인정되지 않는다는 내용이더라도 무방하다.

* 이와 같이 말하면, 신탁법 제31조 제2항 제1호 및 제2호에 따른 예외가 결국 동항 제4호에 의한 예외로 흡수되는 것은 아닌가라는 의문이 생길지도 모른다. 그러나 「수익자의 이익을 해하지 않는 것이 분명」할 필요는 없고, 수탁자가 선량한 관리자의 주의로써 하는 판단이 있으면 족하다.

(라) 다)로서는, A사가 법인인 수탁자 T와의 사이에서 신탁재산에 속하는 재산에 관한 매매계약을 체결하였는데, A사와 T사가 합병하여 T사가 존속회사가 된 경우 등을 생각할 수 있다. 이 경우 T가 신탁재산에 속하는 재산에 관한 매수인의 지위를 승계하게 되고, 이러한 후발적 사정으로 이익상반행위가 된 경우는 다른 방도가 없다는 취지도 있지만, 오히려 포괄승계에 의하여 조건변경이 발생하지 않기 때문이라고 생각하여야 할 것이다. 수탁자가 자연인인 경우에 상속이 발생하여 상기의 상태가 된 경우도 마찬가지이다.

(마) 다)는, 신탁사무집행의 과정에서 행해질 가능성이 있는 행위 모두를 미리 신탁행위에 제시하여 허용하는 것은 곤란하고, 또한 수익자의 승인을 얻는 것이 시간·비용 등의 관계에서 어려울 수 있으므로 포괄적인 예외요건을 정하는 것이다.*

그러나 일정한 요건이 구비되는 것이 필요하고, 신탁법 제31조 제2항 제4호는 우선 해당 행위가 신탁목적의 달성을 위하여 합리적으로 필요하다는 점(객관적 필요성)[94]을 공통요건으로서 든 다음, 수익자의 이익을 해하지 않을 것이 명백한 경우(무해의 명백성)와, 해당 행위가 신탁재산에 미치는 영향, 해당 행위의 목적 및 태양,

94) 이하, 「무해의 명백성」, 「정당성」이란 용어도 포함하여, 神田=折原 84면에 의한다.

수탁자와 수익자의 실질적인 이해관계 상황 및 기타 사정에 비추어 정당한 이유가 있는 경우(정당성)를 나누어 규정하고 있다.[95]

전자의 전형적인 예로서는 신탁재산에서 투자대상인 포트폴리오의 적정화를 도모할 필요가 있고, 이를 위하여 시장가치가 명백한 재산에 관하여 그 귀속을, 신탁재산에서 고유재산으로, 고유재산에서 신탁재산으로 또는 하나의 신탁재산에서 다른 신탁재산으로 변화시키는 경우(→ 278면)를 생각할 수 있다.

후자는 수익자의 이익을 해할 가능성이 긍정되는 것이고(부정된다면 전자가 된다), 그 가능성과의 비교형량으로 정당성이 판단된다.**

그리고 어느 경우나 요건이 충족되었는지 판단하는 시기는 행위 시이고, 수탁자의 판단에 선량한 관리자의 주의가 결여되지 않은 경우에는 동호에 대한 해당성은 긍정된다고 해석하여야 한다. 그렇지 않으면, 수탁자에게 부당하게 부담을 부과하고, 또한 신탁사무집행의 원활성을 저해하게 된다.

* 자기거래는 수익자에게 손해를 발생시킬 위험성이 높은 유형이기 때문에 거래의 필요가 있는 경우에는 수익자의 승낙을 구하는 방향으로 권유하여야 하고, 공정성이 증명되어도 자기거래는 인정되지 않는 방향의 룰이 필요하다는 견해도 있다.[96]

** **「정당한 이유」가 인정되는 경우** 개별적인 비교형량이 이루어지므로 사안별 판단이기는 하지만 다음과 같은 예를 들 수 있다.[97]

---

95) 이에 비하여, 村松ほか · 97면은, 신탁법 제31조 제2항의 문언해석으로서 「객관적 필요성」을 「무해의 명백성」에만 관련된 것으로 이해하고, 예외로서 「객관적 필요성+무해의 명백성」과 「정당성」의 두 가지 경우가 규정되어 있다고 한다. 그러나 「객관적 필요성」이 없는 경우까지 예외로서 허용되어서는 안 되고, 「객관적 필요성」은 쌍방과 관련된 요건이라고 생각하여야 할 것이다. 덧붙여 두 종류의 해석가능성이 존재한다는 점은 田中 · 214~215면이 지적하고 있다.

96) 姜 · 전게 주83) 406면.

97) 寺本 · 127면, 佐藤哲治編『Q&A 信託法』 161~162면(ぎょうせい, 2007).

① 신탁재산에 속하는 토지가 경매가 되었을 때 수탁자가 그 고유재산에 귀속시키기 위하여 경락을 받은 경우,
② 수탁자가 은행을 겸영할 때 신탁재산에 속하는 금전을 일반 고객과 동일한 이율로 수탁자의 고유재산(은행계정)에 귀속시키는 형태로 예금하는 경우,
③ 신탁재산에 속하는 임대차 건물에 관하여 임차인을 찾을 수 없을 때 수탁자가 다른 임차인과 동일한 조건으로 임차하는 경우,
④ 신탁재산에 속하는 금전으로 시장에서 유가증권을 구입하였는데, 그 유가증권이 수탁자가 자신의 고유재산에 속하는 것을 매각한 것인 경우,
⑤ 신탁재산에 속하는 금전을 제3자에게 송금할 필요가 있을 때, 은행을 겸영하는 수탁자가 일반 고객용의 요율(또는 그 이하)의 비용을 징수하여 송금을 실시하는 경우

이다.

그러나 ① 및 ④는 가격결정이 당사자 사이의 교섭에 의하여 이루어지는 것은 아니므로 오히려 「무해의 명백성」이 있는 경우라고 생각하여야 할 것이다. ②, ③, ⑤는 예로서 적절하다고 생각되지만, ②, ⑤에서는 다른 은행과의 비교가 중요하다. 수탁자인 은행에 예금하거나 송금을 의뢰하는 것이 불리함에도 불구하고 굳이 수탁자인 은행을 이용한 경우에는 수탁자는 수탁자라는 지위를 이용하여 행위의 상대방이 되었다고 평가되어 「정당한 이유」가 없다고 여겨지는 경우도 있을 것이다.

(바) 신탁법 제31조 제2항 각호는 어디까지나 예외를 규정하고 있는 것이므로 어떤 행위가 그 요건을 충족하였는지에 관하여는 수탁자에게 증명책임이 있다.

(4) 수탁자의 통지의무

수탁자는 금지된 이익상반행위를 한 경우는 물론 위와 같은 예외에 해당한다고 판단하였더라도 그러한 행위를 한 취지 및 그에 관한 중요한 사실을 수익자에게 통지하여야 한다(신탁 제31조 제

3항). 수익자에게 확인의 기회를 제공하기 위한 것이고, 「중요한 사실」의 범위는 수익자가 그 정당성을 확인하기 위하여 필요한 범위가 된다(동조 제2항 제2호의 「중요한 사실」과 마찬가지라고 해석하여도 무방하다). 확인의 기회를 제공한다는 관점에서 살펴보면, 행위에 있어 수익자의 승인이 있던 경우라도 마찬가지로 해석된다.[98] 이 통지가 없는 경우에는 수익자의 취소권에 관하여 행위 시로부터 1년이라는 제척기간이 경과하지 않는다고 생각하여야 한다[99](동 제31조 제7항 후단 → 제27조 제4항 후단).

그러나 비용이나 신탁사무집행의 기동성의 관점에서 지나치게 번잡한 경우도 있으므로 신탁행위의 정함에 의해 변경·배제할 수 있는 것으로 되어 있다(동 제31조 제3항 단서).

(5) 허용되지 않는 이익상반행위의 효과

(가) 예외로서 허용되지 않는 이익상반행위가 이루어진 경우 그에 따라 신탁재산에 발생한 손실에 관하여 수익자는 수탁자에게 전보를 청구할 수 있고, 또한 변경이 발생한 것에 관하여 수익자는 수탁자에게 원상회복을 청구할 수 있다(신탁 제40조. → 310면). 이는 수탁자의 의무위반 일반에 관하여 인정되는 구제방법이다. 그러나 허용되지 않는 이익상반행위는 수탁자의 권한 외 행위이므로 권한 외 행위가 이루어진 경우와 마찬가지로 그 행위의 효과를 부정하는 것을 인정해도 무방하다. 그 구체적인 내용은 제3자가 관계하는지 여부에 따라 구분하여 생각할 필요가 있다.

(나) 신탁재산과 고유재산 사이에서, 또는 복수의 신탁재산 사이에서 이루어진 어떤 재산의 귀속을 변경하는 행위(신탁 제31조 제

98) 村松ほか·98면 주(17).

99) 가등기담보계약에 관한 법률 제5조 제1항이 규정하는 청산금 견적액의 통지가 이루어지지 않은 경우에 관하여, 最判昭和 61·4·11 民集 40권 3호 584면은, 청산기간 경과 후 경매청구를 인정한다. 추가로 道垣内弘人『担保物権法(第4版)』292면(有斐閣, 2017) 참조.

1항 제1호·제2호의 행위)에 관하여는 그 행위의 효력을 부정할 뿐, 해당 재산의 귀속상태는 원래대로 돌아가는 것이므로 단순히 무효라고 되어 있다(동조 제4항).

그런데 가령, 수탁자가 신탁재산에 속하는 재산을 고유재산에 귀속시킨 다음 제3자에 대하여 그것을 처분하면, 해당 제3자의 보호의 필요성이 발생한다. 고유재산에 속하는 재산이 신탁재산에 귀속된 경우, 신탁재산에 속하는 재산이 다른 신탁의 신탁재산에 귀속된 경우도 마찬가지이다. 그래서 신탁법 제31조 제6항은 금지된 이익상반행위의 대상이 된 재산이 제3자에 대하여 처분 등이 이루어진 경우에는 그 처분행위는 일응 유효하고, 금지된 이익상반행위가 이루어진 점에 관하여 해당 제3자가 악의 또는 중과실인 경우에만 수익자는 수탁자와 제3자 사이의 처분행위 등을 취소할 수 있다고 하고 있다.*

또한 수탁자의 행위가 무효인 경우에도 수익자는 그 행위를 추인할 수 있다. 추인이 있으면 행위 시에 소급하여 효력을 가진다(동조 제5항)(또한 추인이 가지는 의미에 관하여, → 108면*).

* 그러나, 구체적인 결론을 생각함에 있어서는 경우를 구분할 필요가 있다.

(i) 신탁재산에 속하는 재산이 고유재산에 귀속된 경우

(a) 해당 재산이 수탁자의 고유재산에 속하는 재산으로서 제3자에게 처분된 경우

고유재산에 귀속된 원인이 금지된 이익상반행위에 해당하는 것에 관하여 제3자가 선의이고 무중과실이라면, 해당 제3자는 해당 재산을 수탁자의 고유재산에 속하는 것으로 정당하게 생각할 수 있다. 그리고 수탁자는 고유재산에 속하는 재산에 관하여 무제한의 처분권한을 가지므로 제3자가 수탁자의 처분권한을 의심할 여지는 없다. 이에 비하여 악의 또는 중과실이라면 제3자는 해당 재산을 수탁자의 고유재산에 속하는 것으로 정당하게 생각할 수 없고, 원인행위의 취소에 따

라 해당 재산에 관한 권원을 상실한다.

이상으로부터 신탁법 제31조 제6항만을 문제로 삼으면 충분하다는 점을 알 수 있다.

해당 재산에 신탁재산에 속하는 재산으로서의 대항요건이 결여된 경우에는 처분의 상대방인 제3자는 해당 재산이 수탁자의 고유재산에 속하는 것으로서 행동할 수 있으므로 주관적 양태에 관계없이 유효하게 처분을 받을 수 있는 것이 아닌가라는 의문도 발생한다. 그러나 해당 재산이 고유재산에 귀속된 이상 신탁재산에 속하는 재산으로서의 대항요건이 구비되어 있지 않은 것은 당연하고, 신탁법 제31조 제6항을 적용함에 있어 대항요건을 구비하지 않은 것은 문제가 되지 않는다.

다만, 그렇다면 신탁법 제14조의 신탁의 등기 또는 등록을 할 수 있는 재산에 관하여 그 등기 또는 등록이 되지 않은 경우에 단순히 수탁자가 무권한으로 처분하였을 때에는 그 처분은 취소의 대상이 되지 않고 처분의 상대방은 그 주관적 양태와는 관계없이 보호됨(신탁 제27조 제2항 제1호 참조)(→ 107, 183면)에도 불구하고, 수탁자가 금지된 이익상반행위에 따라 해당 재산을 일단 고유재산에 속하는 재산으로 한 다음 처분하였을 때에는 금지된 이익상반행위가 있었다는 점에 관하여 상대방이 악의 또는 중과실이라면 해당 처분이 취소될 수 있는 것이 된다. 불균형하다는 점을 부정할 수 없다.

(b) 해당 재산이 신탁재산에 속하는 것으로서 제3자에게 처분된 경우

해당 재산의 고유재산으로의 귀속에는 의미가 없고, 해당 제3자가 금지된 이익상반행위가 이루어진 점에 관하여 선의이고 무중과실이더라도 해당 이익상반행위는 무효라고 해도 무방하다. 신탁재산에 속하는 재산의 처분으로서 규율하면 족하고, 제3자에 대한 처분이 수탁자의 권한위반행위에 해당하는 경우에는 신탁법 제27조로 처리된다.

(ii) 고유재산에 속하는 재산이 신탁재산에 귀속된 경우

해당 재산이 고유재산에 속하는 재산으로서 제3자에게 처분된 경우는 물론 신탁재산에 속하는 재산으로서 처분된 경우라도 고유재산으로부터 신탁재산의 이전행위는 무효로 하면 충분하다. 상대방인 제

3자는 수탁자의 고유재산에 속하는 재산의 처분을 받은 것으로서 보호되고 취소의 여지는 없다.

(iii) 甲신탁의 신탁재산에 속하는 재산이 乙신탁의 신탁재산에 귀속된 경우

(a) 해당 재산이 乙신탁의 신탁재산에 속하는 것으로서 제3자에게 처분된 경우

乙신탁의 신탁재산에 귀속된 원인(=금지된 이익상반행위)에 관하여, 해당 제3자가 선의이고 무중과실이라면 해당 제3자는 해당 재산을 乙신탁의 신탁재산에 속하는 것이라고 정당하게 생각할 수 있다. 신탁법 제31조 제6항에 의한 원인행위의 취소는 부정된다. 그러나 乙신탁의 수탁자에게 인정된 권한의 범위는 문제가 된다. 만일 해당 제3자에 대한 처분이 乙신탁의 수탁자로서 권한위반행위가 되는 경우에는 신탁법 제27조를 적용하여야 하고, 해당 제3자가 권한위반에 관하여 악의 또는 중과실이라면 보호할 가치가 없으며, 乙신탁의 수익자는 해당 제3자에 대한 처분행위를 취소할 수 있다. 그리고 취소에 따라 해당 재산은 아직 제3자에게 처분되지 않은 재산이 되어 甲신탁의 수익자는 신탁법 제31조 제4항에 의한 무효를 주장할 수 있다.

(b) 해당 재산이 甲신탁의 신탁재산에 속하는 것으로서 제3자에게 처분된 경우

해당 재산의 乙신탁의 신탁재산으로의 귀속에는 의미가 없고, 해당 제3자가 금지된 이익상반행위가 이루어진 점에 관하여 선의이고 무중과실이더라도 해당 이익상반행위는 무효로 하면 충분하다. 甲신탁재산에 속하는 재산의 처분으로서 규율하면 족하고, 제3자에 대한 처분이 수탁자의 권한위반행위에 해당하는 경우에는, 신탁법 제27조로 처리된다.

(다) 이에 비하여, 제3자와의 사이의 거래(신탁 제31조 제1항 제3호·제4호의 거래)에 관하여는 원칙적으로 무효가 되지 않고, 해당 제3자가 자신과 수탁자 사이의 행위가 이익상반행위금지에 반하는 점에 관하여 악의 또는 중과실인 경우에만 수익자는 수탁자와 제3자 사이의 처분행위 등을 취소할 수 있다(동조 제7항)(또한 취소하지

않는다는 선택이 가지는 의미에 관하여, → 108면*).

금지된 이익상반행위에 관하여 수탁자는 무권한이고, 권한 외 처분의 취소(→ 104면)와 마찬가지로 생각하는 것이 원칙이다. 이익상반행위의 취소에 관하여 신탁법 제27조 제2항 제1호의 요건은 명기되어 있지 않지만, 신탁재산에 속하는 재산에 관하여 등기·등록이라는 대항요건이 결여되어 있는 경우에는 수익자는 해당 재산이 신탁재산에 속하는 재산이라는 점을 해당 제3자에게 대항할 수 없는 것이므로(신탁 제14조), 결국 취소할 수 없는 것이 된다.

또한 수탁자로부터 처분을 받은 제3자가, 추가로 전득자에 대하여 처분을 한 경우 전득자의 보호도 문제되지만, 이는 일반원칙에 맡겨진다(→ 110면).

(라) 어느 경우에도 신탁법 제27조 제3항·제4항이 준용된다(동 제31조 제7항). 즉, 복수 수익자 중 1인이 취소권을 행사하면, 그 취소는 다른 수익자를 위하여도 효력이 발생한다. 수익자(신탁관리인이 현재 존재하는 경우에는 신탁관리인)가 취소의 원인이 있음을 안 때로부터 3개월 간 행사하지 않은 경우에는 취소권은 시효에 의해 소멸하고, 또한 행위 시로부터 1년을 경과하여도 소멸한다(→ 109면).

또한 수익자가 가지는 취소권은 신탁행위의 정함에 의해 제한할 수 없다(동 제92조 제6호. → 409면).*

*** 신탁업법에 있어서의 이익상반행위제한**[100] (i) 신탁업법에서도 이익상반행위의 규제가 이루어진다.

동법 제29조 제2항은, 「자기 또는 그 이해관계인(주식의 소유관계 또는 인적관계에서 밀접한 관계를 가지는 자로서 정령으로 정한 자를 말한다.)과 신탁재산 사이의 거래」(제1호), 「하나의 신탁의 신탁재산과 다른 신탁의 신탁재산 사이의 거래」(제2호), 「제3자와의 사이에서 신탁재산을 위하여 하는 거래로 자기가 해당 제3자의 대리인이 되

---

100) 小出·전게 주11) 150~155면.

어 행하는 것」(제3호)을 원칙적으로 금지하고, 나아가 동조 제1항 제4호가, 「그 밖에 신탁재산에 손해를 주거나 신탁업의 신용을 실추시킬 우려가 있는 행위로서 내각부령으로 정하는 행위」를 금지하는바, 해당 내각부령에 해당하는 신탁업법 시행규칙 제41조 제2항 제4호는 「통상의 거래조건과 비교하여 수익자에게 불이익을 주는 조건으로 신탁재산에 속하는 재산에 관하여 자기의 고유재산에 속하는 채무와 관련된 채권을 피담보채권으로 하는 담보권을 설정하는 것 및 그 밖에 제3자와의 사이에서 신탁재산을 위하여 하는 행위로 수탁자 또는 이해관계인과 수익자의 이익이 상반되는 거래를 하는 것」을 그 행위의 하나로 정하고 있다.

금지되는 자기거래에 관하여 신탁법 제31조 제1항은 수탁자가 당사자가 되는 것만을 정하고 있는 것과 비교하여 신탁업법 제29조 제1항 제1호는 수탁자의 이해관계인과 신탁재산 사이에서의 거래도 포함하고 있어 그 점에서 차이가 있다.[101] 그래서 동호의 이해관계인의 범위로서 신탁업법 시행령 제14조는 신탁회사의 임원 또는 사용인, 관련 법인, 대주주 등 구체적인 기준을 정하고 있다.

(ii) 신탁업법 제29조 제2항은 신탁법과 마찬가지로 금지의 예외를 정한다. 신탁행위의 정함(행하는 거래의 개요를 정할 것을 요구하고 있다) 또는 수익자의 승인(서면 또는 전자적 방법에 의한 것)이 있고, 또한 「수익자의 보호에 지장을 발생시키지 않는 경우로서 내각부령으로 정하는 경우」이다. 신탁법 제31조 제2항 제1호·제2호의 예외에 관하여 같은 항 제4호에 상당하는 요건을 가중하고 있다. 내각부령의 정함으로서 신탁업법 시행규칙 제41조 제3항이 위탁자, 수익자, 그러한 자로부터 지시권한의 위탁을 받은 자의 지시에 의한 거래, 시장가격이 명확한 유가증권 등의 매매, 부동산감정사의 감정평가를 토대로 한 가격에 의한 부동산 매매, 동종 및 동량의 거래를 동일한 상황에서 한 경우에 성립하는 통상의 거래조건과 비교하여 수익자에게 불리하지 않은 조건으로 한 것, 개별 거래마다 해당 거래에 관하여 중요한 사실을 개시하여 신탁재산과 관련된 수익자의 서면 또는 전자

101) 新井監修·136면(木村仁).

적 방법에 의한 동의를 얻어 한 거래, 금융청 장관의 승인을 얻어 한 거래를 정하고 있다.

(iii) 수탁자인 신탁회사가 신탁업법 제29조 제2항 각호의 거래를 한 경우에는 신탁재산의 계산기간마다 그 상황을 기재한 서면을 수익자에게 교부하여야 한다(동조 제3항). 다만 적격투자기관 등인 수익자로부터 서면교부를 필요로 하지 않는다는 취지의 승낙을 미리 얻은 경우 등 일정한 예외도 존재한다(신탁업법 시행규칙 제41조 제5항).

(iv) 신탁업법은 신탁회사에 대한 감독을 주목적으로 하는 법률로 그 위반이 이익상반행위의 사법상 효력에 직접적으로 영향을 주는 것은 아니다. 다만 신탁법 제31조 적용을 위한 가이드라인으로서 중시하여야 한다는 견해도 유력하다.[102)]

3. 경합행위의 금지

(1) 원칙적 금지

수탁자가 신탁사무집행으로서 적당한 부동산을 구입할 의무를 부담하고 있는데, 적합한 부동산을 발견하였음에도 단기간에 가격이 상승할 것이 예상된다는 이유로 자신의 고유재산으로 하기 위한 목적을 가지고 신탁이 아니라 자신을 위하여 구입을 하였다고 하자. 수탁자의 고유재산과 신탁재산이 동일한 행위에 관하여 서로 경쟁하는 관계에 있으므로 이러한 행위를 **경합행위**라고 한다 (→110면).

수탁자가 경합행위를 하면 신탁재산이 증가할 기회를 상실한다. 그리고 수탁자는 수익자를 위하여 충실하게 신탁사무처리를 하여야 하는 충실의무를 부담하고 있으므로(신탁 제30조), 이러한 경우에는 수익자를 위하여 신탁사무처리 쪽을 우선하여야 한다고 생각된다.

---

102) 新井·279면.

그래서 신탁법 제32조 제1항은 수탁자로서 가지는 권한에 기초하여 신탁사무의 처리로서 할 수 있는 행위로 이를 하지 않는 것이 수익자의 이익에 반하는 것에 관해서는 수탁자는 이를 고유재산 또는 수탁자의 이해관계인의 계산으로 하면 안 된다고 하고 있다.

여기에서 말하는 이해관계인의 범위는 신탁법 제31조 제1항 제4호와 마찬가지로 수탁자와 이해관계를 같이하는 자라고 해석하여야 할 것이다(→ 277면).

*** 신탁업법에 있어서의 경합행위 피지의무** 신탁업법에는 경합행위에 관하여 특별한 규정은 두고 있지 않다. 이는, 신탁회사는 겸업업무를 하는 것이 인정되고 있고, 그 범위도 다양한 방면에 결쳐있기 때문에 유형화를 하여 금지할 필요까지는 없다고 생각되기 때문이라고 여겨진다.[103]

(2) 경합행위가 허용되는 경우

다만 그러한 경합행위의 금지도 지나치게 형식적으로 관철하면 실태에 부합하지 않는 상황이 발생한다. 부동산 투자를 하는 신탁에 관하여 부동산 거래를 하는 회사를 수탁자로 한 경우 수탁자가 더 이상 아예 부동산 매매를 할 수 없게 되는 것은 적합하지 않다. 그리고 부동산 거래를 하는 회사가 수탁자가 될 수 없다고 하면 최적의 수탁자를 선택할 수 없게 된다.

그래서 우선 「신탁행위에 해당 행위를 고유재산 또는 수탁자의 이해관계인의 계산으로 하는 것을 허용하는 취지의 정함」이 신탁행위에 있는 경우에는 해당 경합행위를 할 수 있다고 되어 있다(신탁 제32조 제2항 제1호). 신탁행위의 정함에 있어서는 신탁법 제31조 제2항 제1호와 마찬가지로 적어도 대상행위의 특정(예를 들어, 「주식의 매매」 등)이 요구된다고 해야 할 것이다. 또한 이 정함은 경

103) 小出・전게 주11) 151면.

합행위를 하였다는 하나의 사건만 가지고는 수탁자의 의무위반이 되지 않는다고 함에 그치고, 수익자의 이익을 배제하여 자기의 이익을 도모하기 위하여 경합행위를 하는 것은 후술하는 일반적 충실의무위반(동 제30조)이 됨과 동시에 선량한 관리자의 주의로써 하는 신탁사무 집행의무의 해태(동 제29조 제2항)이고, 수탁자는 손실전보책임을 부담하게 된다(동 제40조).

또한 수탁자로부터 중요한 사실이 개시되어 승인을 요구받은 수익자가 경합행위를 승인할 수도 있다(동 제32조 제2항 제2호). 복수의 수익자가 있는 경우 신탁법 제105조가 적용되기 때문에 원칙적으로 전원일치가 필요한 점, 여기에서 말하는 「중요한 사실」이라 함은 승인의 가부를 적절하게 판단할 수 있는 자료를 제공한다는 취지이기 때문에 그 관점에서 중요한 사실인지 여부가 결정되고 중요한 사실의 개시 없이 승인이 이루어져도 신탁법 제32조 제2항 제2호의 요건은 충족되지 않는다는 점, 수탁자가 수익자에 대하여 승인을 요구함에 있어서도 선량한 관리자의 주의가 요구되므로 불합리한 내용의 행위에 관하여 승인을 요구하는 것은 처음부터 수탁자의 의무위반인 점은 이익상반행위의 경우와 마찬가지이다(→ 282면). 또한 수익자의 이익을 배제하여 자기의 이익을 도모하기 위하여 경합행위를 하는 것은 수익자가 수탁자에 대하여 은혜를 베풀 의사를 가지고 승인을 한 것과 같은 경우를 제외하고 일반적 충실의무위반이 됨과 동시에 선량한 관리자의 주의로써 하는 신탁사무 집행의무의 해태이므로, 수탁자는 손실전보책임을 부담한다(동 제40조). 반대로 말하면, 수익자의 이익을 배제하는 것이 인정되기 위해서는 그것이 명확하게 제시되어 있다는 사실을 개시할 필요가 있다.

또한 수익자의 승인이 있더라도 해당 행위를 할 수 없다는 취지의 신탁행위의 정함이 있는 경우에는 위탁자가 수탁자의 경합행위가 금지되는 신탁을 설정한 것이고, 수익자는 그와 같은 신탁의 수익권을 가지는 것이므로, 승인이 있더라도 해당 행위가 허용되는 것은 아니다(동 제32조 제2항 단서). 이 정함은 경합행위를 전면적으로 금지하는 것일 필요는 없고, 일정한 행위(가령, 증권의 구입)는 수익자의 승인이 있더라도 인정되지 않는다는 내용으로도 충분하다. 이상은 이익상반행위의 경우와 마찬가지이다(→282면).

(3) 수탁자의 통지의무

수탁자는 금지되는 경합행위를 한 경우는 물론 위와 같은 예외에 해당한다고 판단하더라도 그러한 행위를 한 취지 및 그에 관한 중요한 사실을 수익자에게 통지하여야 한다(신탁 제32조 제3항). 「중요한 사실」의 범위에 관한 해석 및 신탁행위의 정함에 따라 통지의무를 배제할 수 있는 것은 이익상반행위의 경우와 마찬가지이다(→286면). 신탁사무집행에 해당하는 종류의 거래를 수탁자가 스스로 영업으로서 행하는 경우 등에는 경합행위가 빈번하게 이루어지게 되므로 통지의무를 배제하는 것이 비용의 관점에서도 중요하다.

(4) 경합행위의 범위

(가) 경업금지는 회사법에도 규정되어 있지만, 회사법에서는 회사 사업의 부류에 속하는 거래만이 규제대상이 되고(회사 제356조 제1항 제1호), (부동산 매매를 사업으로 하는 회사 이외의) 회사가 구입하고자 하는 토지를 이사가 자신을 위하여 구입한 경우 등은 경업으로 되어 있지 않다(다만, 충실의무위반의 문제는 발생한다고 여겨진다[104]). 또한 법인은 이사가 될 수 없으므로(회사 제331조 제1항 제1호), 이사가 회사의 사업 부류에 속하는 거래를 행할 가능성은 별로 크지 않다. 이에 비하여 신탁법 제32조 제1항과 같이 「수탁자로서

---

104) 江頭憲治郎『結合企業法の立法と解釈』172면 이하(有斐閣, 1995), 北村雅史『取締役の競業避止義務』129면 이하(有斐閣, 2000) 등.

가지는 권한에 기초하여 신탁사무의 처리로서 할 수 있는 행위」 일반에 경합행위 금지의 대상을 확대하는 것은 수탁자가 법인으로서 자기의 사업도 하는 경우가 많다는 점에 비추어 보면, 지나치게 엄격한 것은 아닌지, 법인에 의한 수탁이 곤란하게 되는 것은 아닌지라는 문제가 발생한다.[105] 물론 미리 신탁행위에 별도의 정함을 두는 것은 가능하지만, 모든 것을 예상한 신탁행위의 작성은 곤란하다.

그래서 금지의 범위를 적절하게 제한할 필요가 발생한다.

(나) 이 점에서, 우선 충실의무 그리고 그 구체화인 경합행위 피지의무는 수익자의 이익을 부당하게 해하고, 자기 또는 제3자의 이익을 도모하여서는 안 된다는 것으로 자기의 이익을 희생하는 것을 요구하는 것은 아니라는 점이 중요하다. 경합행위에 관한 동 제32조 제1항은 「신탁사무의 처리로서 할 수 있는 행위」·「이를 하지 않는 것이 수익자의 이익에 반하는 것」이라는 두 가지의 요건이 충족되는 경우만을 규율하고 있는데, 이러한 요건은 실질적으로 판단되어야 하는 것이다. 실제로 수탁자는 「이를 하지 않는 것이 수익자의 이익에 반하는 것」에 해당하는 모든 것을 행할 의무를 부담하는 것은 아니고, 선량한 관리자의 주의로써 하는 판단에 기초하여 행위를 할지 여부를 결정하면 충분하다. 또한 후자의 요건에 관하여 「신탁재산에 관하여 얻을 수 있었던 이익을 상실한 경우를 넓게 포괄하는 것이 아니」고, 「구체적인 상황 하에서 해당 행위를 신탁사무의 처리로서 하는 것이 신탁의 목적이나 신탁의 조항에 비추어 구체적으로 기대되는 경우」에 한정된다는 견해[106]가 있는데, 이에 찬성한다.

몇 가지 구체적인 예로 살펴본다.

---

105) セミナー(2)·139~143면(특히, 能見善久) 참조.

106) 村松ほか·99면. 姜·전게 주83) 141면은, 신탁법의 규율은 수익자의 손실에 착목하고 있다고 하는데, 같은 취지로 보인다.

*** 충실의무와 선관주의 집행의무** (i) 다만 이와 같이 경합행위에 해당하는 경우를 「구체적인 상황 하에서 해당 행위를 신탁사무의 처리로서 하는 것이 신탁의 목적이나 신탁의 조항에 비추어 구체적으로 기대되는 경우」로 제한하더라도 해당 행위를 할지 여부는 수탁자가 선량한 관리자의 주의로써 판단하면 충분한 것이고, 「구체적으로 기대되는 경우」였다고 하더라도 선관주의 집행의무위반이 아닌데 충실의무위반이 되는 것은 타당하지 않은 것은 아닌지, 애당초 충실의무와 선관주의 집행의무는 어떠한 관계에 있는 것인지 의문이 든다. 우선 아래와 같이 생각하고 싶다.[107)]

(ii) 우선 신탁법 제30조가 규정하는 일반적 충실의무는 수탁자의 주관을 문제로 한다. 따라서 일반적 충실의무위반을 이유로 수탁자의 책임을 추궁하기 위해서는 수탁자가 신탁사무의 집행을 함에 있어서 수익자의 이익을 희생하여 자기 또는 제3자의 이익을 도모할 의사를 가지고 있었다는 점을 입증할 필요가 있다.

(iii) 다음으로 경합행위에 관해서는 어떠한가? 이미 기술한 바와 같이 어떤 일정한 행위를 할지 여부는 수탁자가 선량한 관리자의 주의를 가지고 판단하면 충분하고, 「구체적으로 기대되는 경우」라고 해서 수탁자가 신탁사무집행으로서 그것을 하지 않고 고유재산 또는 이해관계인의 계산으로 하는 것을 모두 경합행위의 금지에 해당한다고 하는 것은 적절하지 않다. 그렇다면 경합행위의 금지에 관하여도 수탁자의 주관적 요건, 즉 수익자의 이익을 희생하여 자기 또는 제3자의 이익을 도모할 의사를 가지고 있었다는 점을 요구하여야 하는 것은 아닌지라는 생각도 든다.[108)] 그러나 결론적으로는 효과마다 나누어 생각해야 하는 것은 아닌가 생각된다.

---

107) 이하에 관하여, 田岡絵理子 「受託者の忠実義務の本質的内容と受託者が負う他の義務との概念的関係についての一試論」 信託研究奨励金論集 35호 96면 이하(2014), 「受託者の忠実義務の本質的内容と信託事務遂行義務·善管注意義務との概念的関係についての一試論」 トラスト未来フォーラム編 『信託の理念と活用』 103면 이하(トラスト未来フォーラム, 2015)에서 크게 단서를 얻었다. 다만 같은 취지인 것은 아니다.

108) 利益相反研究会編 『金融取引における利益相反(各論編)(別冊NBL 129호)』 70~72면(道垣内弘人)(2009).

우선 경합행위의 결과로서 수익자가 개입권(신탁 제32조 제4항)(→ 111면)을 행사하기 위해서는 수탁자의 주관적 요건은 필요하지 않고, 경합행위에 대한 해당성의 판단에서 선관주의 집행의무위반이 있는 것도 필요하지 않다. 수탁자가 정당하게 취득할 수 없던 이익을 이전할 뿐이기 때문이다.

이에 비하여 수탁자에 대하여 손실전보책임을 추궁하는 경우에는 선량한 관리자의 주의에 기반하면 신탁사무집행으로서 했어야 했던 행위를 수탁자가 하지 않음으로 인해 신탁재산에 손실이 발생한 점을 수익자가 주장·입증해야 하는 것이 원칙이다.

그러나 신탁법 제32조 제1항이 경합행위에 관하여 굳이 별도로 금지하고 있는 취지에 비추어 보면 수익자는 수탁자에 의하여 이루어진 행위가 신탁사무집행으로서 해야 할 것이 기대되었다는 점을 입증하면 충분하고, 또한 그 입증이 있으면 신탁법 제40조 제3항의 손실추정도 작용한다고 해야 한다.

다만 수탁자는 그 행위를 신탁사무집행으로서 하지 않았다는 판단에 있어서 선량한 관리자의 주의를 다하였다는 점(즉, 무과실이라는 점)을 입증하면 면책된다고 해석하여야 한다.

(ⅳ) 효과와의 관계에서 생각한다는 것은 이익상반행위제한에 관하여도 부합한다. 이익상반행위제한은 예방적인 의미가 강하고, 특히 객관적인 유형을 정함에 따라 그 이상 수탁자의 주관적 요건이나 해당 사안의 구체적인 불공정성을 입증하지 않더라도,[109] 일정한 구제를 받을 수 있다는 의미가 있다. 즉, 수탁자가 의무위반이 될 수 있는 상황에 자신을 두는 것을 금지하고 있다고 할 수 있다. 그러나 수익자의 이익을 희생하여 자기 또는 제3자의 이익을 도모할 의사가 없더라도 신탁법 제31조 제4항에서 제7항의 적용이 있다고 해석된다. 행위의 효과를 인정하지 않을 뿐이므로 그것으로 충분하다.

그러나 수탁자가 이익상반 상태를 인식하지 않았던 경우 및 신탁법 제31조 제2항의 요건이 충족된 것으로 오신한 경우에 그 판단에

109) 이 점에 관하여, 木南敦「アメリカ法における受託者の忠実義務違反の判定方法に関する一考察」論叢 160권 3=4호 92면 이하(2007)도 참조.

있어서 수탁자가 선량한 관리자의 주의를 다한 경우가 문제가 된다. 이 경우 수탁자가 손실전보책임 등(동 제40조)을 부담하는 것은 타당하지 않고, 선량한 관리자의 주의를 다하였다는 점(즉, 무과실이라는 점)은 수탁자의 면책을 인정하는 항변이 된다고 해석하여야 한다.

(v) 또한 회사의 이사에 관하여 회사법 제355조가 규정하는 충실의무에 관하여 유력한 반대설은 있지만, 판례[110]·통설은 민법 제644조에 기반하여 이사가 부담하는 선량한 관리자의 주의로써 하는 위임사무 집행의무의 일부이고, 그것을 부연하여 한층 명확하게 한 것에 그친다고 해석하고 있다.[111] 회사법에 있어서는 양 의무의 위반의 효과가 다르지 않기 때문에 구별의 의미는 없다. 이에 비하여 신탁법에 있어서는 충실의무위반의 경우에는 해당 행위에 의해 수탁자 또는 그 이해관계인이 얻은 이익의 액수가 신탁재산에 발생한 손실액으로 추정되어(신탁 제40조 제3항), 선량한 관리자의 주의로써 하는 신탁사무 집행의무의 위반과는 다른 효과가 인정되고 있다.

다만 수탁자가 동일한 복수의 신탁 사이에 이익의 충돌이 있는 경우에 수탁자가 양 신탁을 공평하게 취급하지 않은 경우에는 일반적 충실의무위반이 되지만(→303면), 수탁자는 이익을 받지 않았으므로 손실액 추정은 작용하지 않는다(→327면). 그렇다면, 그러한 경우에 두 가지 의무 중 어느 쪽을 위반하였는지는 사법상 큰 문제가 되지 않는다.

(i) 수탁자가 동일한 채무자에 대하여 신탁재산에 속하는 채권과 고유재산에 속하는 채권을 가지는 경우 후자만 변제기가 도래하면 고유재산에 속하는 채권을 회수하여도 무방하다. 신탁재산에 속하는 채권은 변제기 미도래이므로 그 회수는 문언상 신탁법 제32조 제1항의 「신탁사무의 처리로서 할 수 있는 행위」에 해당하지 않는다. 그리고 그 후에 채무자의 재산상황이 악화하여 신탁재

---

110) 最大判昭和 45·6·24 民集 24권 6호 625면.

111) 구 신탁법에서 수탁자의 의무에 관하여도 마찬가지의 다툼이 있었다. 道垣内·問題状況 19~20면 참조.

산에 속하는 채권을 회수할 수 없게 되더라도 수탁자의 의무위반이 문제가 되지는 않는다. 즉, 자신의 채권 회수를 보류할 필요는 없다.

다만 수탁자가 고유재산에 속하는 채권을 회수한 시점에 채무자에 파산원인이 있다는 점을 알았거나 알았어야 하고, 신탁재산에 속하는 채권의 회수를 위하여는 파산절차 개시신청을 하였어야 했던 경우에 수탁자가 그 신청을 하지 않은 채 고유재산에 속하는 채권을 회수하는 것은 일반적 충실의무위반(동 제30조)이 될 수도 있을 것 같다. 그러나 채권의 회수를 위하여 파산절차 개시신청을 할지, 채무자의 자력회복을 기다릴지는 경우에 따라서는 미묘한 판단이 되므로, 분명하게 파산절차 개시신청을 하여야 함에도 수익자의 이익을 희생하여 자신의 이익을 도모한 경우를 제외하고, 선량한 관리자의 주의로써 하는 신탁사무 집행의무에 위반한다고밖에 할 수 없을 것으로 생각된다(동 제29조 제2항).

(ⅱ) 이에 비하여 신탁재산에 속하는 채권에 관하여 변제기가 도래하였음에도 그 회수를 게을리하는 것은 일반적으로는 수탁자가 선량한 관리자의 주의로써 하는 신탁사무 집행의무에 위반한 것이 된다. 나아가 수탁자가 고유재산에 속하는 채권의 변제기 도래를 기다려 해당 채권을 우선적으로 회수하면 경합행위 피지의무위반이 된다. 안분한 비율로 회수하는 것도 마찬가지로 의무위반이다.* 본래 신탁재산에 속하는 채권이 먼저 회수되어야 했던 것이고, 그에 반하는 행위를 경합행위 피지의무위반이라고 평가해도 수탁자에게 자기 이익의 희생을 강요하는 것은 아니기 때문이다.

* 그러나 고유재산에 속하는 채권의 변제기 도래를 굳이 기다리지 않고, 크로스 디폴트 조항에 따라 고유재산의 변제기도 도래한 경우에는 다음의 (ⅲ)에 해당한다고 하여야 할 것이다. 또한 담보권실행·강제집행에 따른 경매 혹은 파산절차에서 배당을 함에 있어 민법 제488

조·제499조의 적용에 의하여 법정충당이 행해진 경우[112]에 그것에 따르는 것은 충실의무위반이 되지 않는다.[113] 수탁자의 의도적인 행위라고는 할 수 없기 때문이다.

(iii) 쌍방의 채권의 변제기가 동시에 도래한 때 채무자에게 충분한 자력이 없는 경우에는, 수탁자는 수령한 금전을 쌍방의 채권에 안분하여 충당하면 족하고, 신탁재산에 속하는 채권에 우선적으로 충당하지 않더라도 경합행위 피지의무위반은 아니다.[114] 수익자의 이익을 부당하게 해하는 것은 아니기 때문이다.[115]

(iv) 동일한 채무자에 대하여 고유재산에 속하는 채권과 신탁재산에 속하는 채권이 있는 한편, 채무자가 수탁자에 대하여 채권을 가지고 있는 경우, 수탁자가 하는 상계에 관해서는, 해당 채무자가 가지는 반대채권과 관련된 채무가 고유재산만이 책임을 부담하는 채무인 경우와 신탁재산 책임부담 채무인 경우를 나누어 생각하여야 한다.[116]

고유재산만이 책임을 부담하는 채무인 경우 수탁자는 자신의 고유재산에 관한 거래로서 채권을 취득하여 채무를 부담하는 것이므로, 수탁자가 고유재산에 속하는 채권과 그것을 상계하더라도 경합행위 피지의무위반이 되지 않는다. 또한 해당 채무와 고유재산에 속하는 채권이 상계적상에 도달하기 이전에 해당 채무와 신탁재산에 속하는 채권이 상계적상에 도달하였다고 해서 수탁자가 자신의 상계의 기대를 포기하고 해당 채무와 신탁재산에 속하는 채권을

112) 最判昭和 62·12·18 民集 41권 8호 1592면, 最判平成 9·1·20 民集 51권 1호 1면.

113) 田中·220면.

114) 田中·188, 217~218면.

115) 다만, 담보의 유무 등 여러 가지 차이가 있기 때문에 안분비율이라고 하여 해결할 수 있다고 할 수는 없다는 점에 관하여, 藤田友敬「信託債権の相殺: コメント」能見善久編『信託の実務と理論』204~205면(有斐閣, 2009).

116) 양자의 구별의 필요성을 지적하는 것으로서, 神田·전게 주89) 24면.

상계할 의무를 부담하지 않는다.

이에 비하여 신탁재산 책임부담 채무인 경우, 신탁사무집행으로서 채무를 부담하는 것이고, 고유재산에 속하는 채권과의 상계에 관하여 합리적인 기대를 가진다고는 평가할 수 없으므로 수탁자는 고유재산에 속하는 채권의 변제기가 도래하는 한편, 신탁재산에 속하는 채권의 변제기가 도래하더라도 고유재산에 속하는 채권과 상계할 수 없게 된다(여전히 해당 채무의 채무자는 수탁자이므로 전혀 상계를 생각할 수 없는 것은 아니다). 다만 이는 경합행위 피지의무위반의 문제가 아니다. 해당 채무와 신탁재산에 속하는 채권이 상계적상에 도달하지 않는 한 상계는 「신탁사무의 처리로서 할 수 있는행위」가 아니기 때문이다. 이익상반행위의 문제(신탁 제31조)로서 파악해야 하고, 그 규율에 따른다(→ 196, 270면).

(v) 예를 들어 수탁자가 신탁사무집행으로서 부동산을 구입해야 하는 경우에 고유재산에 귀속시킬 목적으로 부동산을 구입하는 것은 허용될까?

분명히 이는 경합행위의 전형적인 예이다. 그러나 수탁자가 부동산의 경매를 업(의 일부)으로 하는 법인인 경우 고유재산으로 부동산 구입이 전혀 허용되지 않는 것도 타당하지 않다. 가령 신탁행위에 명시적 허락이 없는 경우에도 수탁자를 그와 같은 법인으로 하는 한 묵시적인 정함이 있다고 해석하여야 하는 경우도 있을 것이다. 다만 그 경우라도 수익자의 이익을 부당하게 해하고, 자기 또는 제3자의 이익을 도모하여서는 안 된다고 하는 일반적인 충실의무위반의 문제(신탁 제30조)는 발생한다. 그러나 해당 수탁회사가 수탁 부문과 부동산 투자 부문에서 정보차단을 하는 등의 경우(벽의 설정[117])에는 일반적 충실의무위반도 되지 않는다고 하는 효과

---

117) 友松義信「信託銀行のチャイニーズ・ウオール」NBL 820호 62면 이하(2005), 同「信託銀行の利益相反法理に関する考察(3完)」金法 1966호 63면 이하

를 인정하여도 무방하다[→297면*(ii)].

(5) 금지되는 경합행위의 효과

(가) 금지되는 경합행위가 이루어지는 경우 그로 인하여 신탁재산에 발생한 손실에 관하여 수익자는 수탁자에게 전보를 청구할 수 있고, 또한 신탁재산에 변경이 발생한 것에 관하여 수익자는 수탁자에게 원상회복을 청구할 수 있다(신탁 제40조. 다만, →313면*). 그러나 금지되는 경합행위에 관하여 수탁자의 고유재산이나 이해관계인에게 그대로 효과를 귀속시켜서는 안 되므로 개입권이라는 특별한 구제방법이 수익자에게 인정되고 있다(동 제32조 제4항). 이에 관해서는 이미 설명하였다(→111면).

(나) 또한 변제수령이나 상계가 금지되는 경합행위에 해당하는 경우에 개입권이 행사되더라도 상대방인 채무자와의 사이에서는 변제충당의 규율(민 제488조~제491조)에 따라 어느 채무가 소멸되는지 결정된다. 개입권의 행사는 상대방의 지위를 변동시킬 수 없기 때문이다(→111면).

4. 일반적 충실의무

(1) 총 설

(가) 이미 기술한 바와 같이(→269면), 이익상반행위와 경합행위에 관하여 개별 조문을 두고 있는 것은 그 중요성 때문이 아니다. 어디까지나 수탁자가 부담하는 충실의무의 구체적 예로서 규정되어 있음에 그친다.

따라서 이익상반행위제한이나 경합행위제한에 저촉되지 않는 행위라도 충실의무위반이 될 수 있다. 그래서 신탁법 제30조는 「수

(2013). 나아가 은행법의 규정에 관하여, 田中·237~239면 참조.

탁자는 수익자를 위하여 충실하게 신탁사무의 처리 그 밖의 행위를 하여야 한다.」라고 규정하여 수탁자에게는 일반적 충실의무가 부과되어 있다는 점을 분명하게 하고 있다.

수탁자는 수탁자로서의 지위를 이용하여 수익자 이익의 희생 하에 자기 또는 제3자의 이익을 도모하여서는 안 된다. 그러나 수탁자가 수탁자라는 점으로 인하여 어떠한 이익도 전혀 취할 수 없다는 것은 아니다. 어디까지나, 자기의 이익을 위하여 수익자의 이익을 희생하여서는 안 된다는 것이다. 예를 들어 신탁재산의 계산으로 행해진 거래와 수탁자의 고유재산의 계산으로 행해진 거래가 동시에 이루어짐에 따라 거래량이 일정 수준 이상이 되었기 때문에 상대방으로부터 양쪽 거래에 관하여 할인을 받았다고 해서 일반적 충실의무위반이 되지 않는다.[118] 확실히 신탁재산의 계산으로 행해진 거래에 의하여 고유재산도 이익을 받았지만 그로 인하여 신탁재산은 불이익을 받지 않았기 때문이다. 자기의 이익을 희생하도록 요구하는 것이 아니라는 점에 관해서도 경합행위금지와 관련하여 서술한 부분이 타당하다(→296면).

또한 일반적 충실의무는 신탁의 이익에 반하는 행위를 유형적으로 파악하여 신탁재산의 불이익을 방지하고자 하는 것이 아니다. 수탁자가 수익자 이익의 희생 하에 자기 또는 제3자의 이익을 도모하는 것을 문제로 삼는 것이다. 따라서 일반적 충실의무위반이라고 평가되기 위해서는 수탁자가 상기와 같은 의사를 가지고 행위를 하는 것이 필요하다[→297면*(ⅱ)].

*** 신탁업법에 의한 일반적 충실의무** 신탁업법 제28조 제1항도 「신탁회사는 신탁의 본지에 따라 수익자를 위하여 충실하게 신탁사무 그 밖의 업무를 행하여야 한다」라고 하여 일반적 충실의무를 규정하고 있다(일반적 충실의무에 관하여는→290면,* 경합행위에 관하여는→

118) 井上·62~64면, セミナー(2)·260~266면 참조.

293면*).

(나) 일반적 충실의무의 규율은 개괄적이고, 그 구체적 내용은 해당 신탁의 취지에 비추어 결정될 필요가 있다. 결국 어떻게 신탁사무를 처리하여야 하는가라는 문제이고, 어떻게 처리하여야 하는가는 해당 신탁의 취지에 비추어 결정되어야 하기 때문이다.[119)]

그래서 행위를 실질적으로 관찰하여 그 행위의 합리성을 판단하는 것이 필요하다. 예를 들어 신탁사무의 처리로서 제3자와 계약을 체결함에 있어 리베이트를 취득하여 고유재산에 귀속시키는 것은 일반적으로는 충실의무위반이 되지만 교섭 시에 제공되는 식사를 하거나, 사회통념상 허용되는 범위에서 백중이나 연말의 선물을 받는 것은 합리성을 결여한 것이라고까지는 말할 수 없을 것이다. 또한 대가 없이 제3자가 부담하는 채무의 담보를 위하여 신탁재산에 속하는 부동산에 저당권을 설정하고 물상보증을 하였다고 하더라도 가령 사업신탁에서 해당 제3자와의 관계를 유지하는 것이 중요한 경우에 장래를 생각한 행위라면 충실의무위반이 되지는 않는다.[120)] 이익상반행위에 관한 신탁법 제31조 제2항 제4호의 취지에 따른 종합적인 판단이 요구된다.[121)]

또한 이익상반행위·경합행위에 관하여는 수탁자가 해당 행위를 한 경우에 수익자에게 통지하여야 한다고 되어 있지만(동 제31조 제3항, 제32조 제3항), 일반적 충실의무위반에 관하여는, 어떤 행위의 신탁법 제30조에 대한 해당성을 형식적으로 판단할 수 없으

119) 구체적인 신탁마다 목적이 다르고, 상황이 다르므로 일반적 충실의무의 규율이 개괄적이 되는 것은 필연적이기는 하다. 그러나 법원이 사후적으로 적절하게 판단할 수 있다고 어떻게 합리적으로 기대할 수 있는 것일까라는 문제는 있다. 藤田友敬「契約·組織の経済学と法律学」北法 52권 5호 445면 (2002).

120) 부모와 자식 사이의 이익상반행위에 관하여, 最判平成 4·12·10 民集 46권 9호 2727면 참조.

121) 村松ほか·93면 주(4).

므로, 통지의무는 부과되지 않는다.[122)]

(다) 신탁법 제31조 제2항 제2호가 규정하는바, 즉 수익자의 승인도 일반적 충실의무의 해제사유가 된다. 그러나 한계가 존재한다는 점은 이익상반행위에 관하여 서술한 부분과 마찬가지이다(→ 230면). 이에 비하여 동항 제1호, 즉 신탁행위의 정함에 의한 허용은 그 정함의 존재를 근거로 신탁목적이 판단된다고 생각하면, 이론적으로는 일반적 충실의무의 해제사유가 아니라 허용되는 행위를 하는 것인 이상 처음부터 의무위반이 되지 않는다. 그러나 신탁행위의 정함에도 한계는 존재하는 것으로 가령, 일반적 충실의무를 완전히 배제하는 것은 신탁설정의사가 결여되었다고 평가되어 신탁의 성립이 부정된다[123)](→ 69면).

(2) 일반적 충실의무위반의 구체적인 예

4가지 유형으로 구분할 수 있을 것이다.

(가) 고유재산과 신탁재산의 이익충돌 (a) 이익상반행위제한에 관한 신탁법 제31조 제1항 제1호는 재산이전행위만을 문제로 삼고 있다. 그러나 예를 들어 사업신탁의 수탁자가 자기 또는 이해관계인의 사업의 편의를 위하여 신탁사무의 처리로서 하고 있는 사업의 일부를 폐지하거나, 자기 또는 이해관계인의 사업에 이용하기 위한 제품 개발을 하는 경우에 관하여는 일반적 충실의무위반의 문제가 된다. 다만 사업의 일부폐지나 제품개발이 당연하게 충실의무위반이 되는 것은 아니고, 신탁사무집행으로서 필요하지 않은데 수익자의 희생 하에 자기 또는 제3자의 이익을 도모할 의사를 수탁자가 가지고 있는 경우로 한정된다.

(b) 예를 들어 신탁재산에 속하는 부동산을 제3자에게 매각함

---

122) 条解·200면(沖野眞已)은 입법론으로서 의문을 나타내지만 찬성할 수 없다.
123) 寺本·118~119면 주(3).

에 있어 수탁자가 부동산 중개업무를 한 경우 그 중개수수료를 취득하고, 고유재산에 귀속시킬 수 있을지 여부가 문제된다.

우선 신탁재산에서 신탁보수 이외에 중개수수료를 별도로 요구할 수 있을까? 이는 해당 신탁의 취지에 비추어 수탁자가 어디까지 의무를 부담하고 있었는지에 따라 결정된다. 일반적으로 부동산 중개의 노하우를 가진 자가 수탁자인 경우에는 상대방을 탐색하고, 계약체결 사무를 하는 것은 수탁자가 신탁사무집행으로서 행하는 것이 예정되어 있다고 해석하여야 하고, 별도로 신탁행위의 정함이 있는 경우를 제외하고 중개수수료를 받을 수 없다.124)

다음으로 상대방인 제3자로부터 중개수수료를 취득할 수 있을까? 이론상으로는 중개수수료의 액수만큼 부동산 매매가격이 감소할 가능성이 있어 신탁재산에 대한 귀속액을 감소시키고, 그만큼을 수탁자가 고유재산에 귀속시킨다고 평가할 수도 있으므로, 문제가 된다. 신탁은행인 수탁자가 매수인으로부터 의뢰를 받아 구입대상인 부동산을 물색하였는데, 자신이 수탁자인 신탁의 신탁재산에 속하는 부동산이 때마침 적절하다고 판단된 경우에 중개는 수탁자로서의 신탁사무집행에 해당하지 않고, 중개수수료의 발생원인인 계약이 수탁자의 신탁사무집행과는 관계없이 발생하였으므로, 상대방으로부터의 취득은 허용될 것이다.125)

(나) 제3자와 신탁재산의 이익충돌 제3자의 이익과의 충돌은, 가령 신탁재산에 속하는 재산을 해당 제3자에게 매각할 때 대가를 결정함에 있어 발생한다. 이는 계약체결에 있어서의 판단이므로 제3자의 이익과의 충돌은 원칙적으로는 수탁자의 선관주의 집행의무의 문제밖에 되지 않는다.126)

---

124) セミナー(2)·151~155면.

125) 利益相反研究会編·전게 주108) 80~81면, セミナー(2)·155~157면 참조.

126) 寺本·124~125면 주(5), 村松ほか·90면 주(2).

그러나 수익자 이익의 희생 하에 해당 제3자의 이익을 도모할 의사를 가지고 수탁자가 굳이 염가로 매각 등을 한 경우에는 일반적 충실의무위반이 된다고 해야 한다.

그 밖의 구체적인 예는 (가)에 준한다.

(다) 신탁재산 간의 이익충돌 이익상반행위에 관한 신탁법 제31조 제1항 제2호는 제1호와 마찬가지로 재산이전행위만을 문제로 삼는다. 또한 경합행위에 관한 동법 제32조 제1항은 「고유재산 또는 수탁자의 이해관계인의 계산」으로 행하는 것이 전제가 된다. 그러나 동일한 자가 복수의 신탁에 관하여 수탁자인 경우 신탁 간의 공평이 재산이전행위 이외에도 문제가 되는 경우가 있다. 그리고 복수의 신탁에 관하여 공평하게 취급하여야 하는 것은 재산이전행위에 한정되지 않고, 수탁자의 충실의무의 한 내용이 된다고 해석된다.[127] 충실의무는 자기 또는 제3자의 이익을 우선하여서는 안 된다는 것이고, 다른 신탁의 수익자를 유리하게 취급하는 것은 제3자의 이익을 우선시키는 것과 다름없기 때문이다[128](→ 248면).

구체적인 예는 (가)에 준한다.

(라) 수탁자와 수익자의 이익충돌 신탁재산에 불이익이 발생하여 그 결과로서 수익자에게 불이익이 발생하는 것이 아니라, 수탁자의 행위가 수익자의 이해와 직접적으로 관련되는 경우도 있다.

우선 수탁자가 고유재산의 계산에 있어서 수익자로부터 수익권을 구입하는 것의 가부가 논의된다. 그러나 수탁자가 신탁사무로서 행하는 거래가 아니므로,[129] 충실의무위반의 문제는 발생하지 않는다(→ 110면).

---

127) 東京地判平成 13·2·1 判タ 1074호 249면, 東京地判平成 16·8·27 判時 1890호 64면.

128) 神田秀樹「忠実義務の周辺」竹内昭夫追悼『商事法の展望』308면(商事法務研究会, 1998).

129) 姜·전게 주83) 412~413면.

다음으로 수탁자가 고유재산에 속하는 채권을 수익자에 대하여 가지는 경우 그것과 수익채권의 상계가 가능한지 문제된다. 수탁자는 신탁사무집행으로서 수익자에게 수익채권과 관련된 채무를 변제할 의무를 부담하고 있는데, 상계에 의하여 자신의 채권을 회수하는 것은 충실의무에 반하는 것은 아닌지에 관한 것이다.[130)]

그러나 수익자의 자금상태가 악화된 경우 상기의 상계를 금지하는 것은 일반적으로 수익자에 대한 다른 채권자에게 유리할 뿐이고, 또한 수익채권과의 상계를 인정해도 신탁재산은 손실을 입지 않으므로 충실의무위반의 문제는 발생하지 않는다고 하여야 한다. 다만 해당 신탁의 목적으로서 수익자에게 현실의 수익을 얻도록 할 필요가 있는 경우, 즉 가령 충분한 자활능력이 없는 수익자에게 일정한 생활비를 급부할 목적 등의 신탁의 경우 수탁자에게는 현실급부의무가 부과되어 상계를 하는 것은 선량한 관리자의 주의로써 하는 신탁사무 집행의무에 반한다고 하여야 한다. 그리고 그 효과로서 신탁법 제40조 제1항 제2호에 따른 원상회복이 이루어져야 하고, 그것은 단순히 상계의 효력을 부정하는 것으로 실현될 수 있으므로 결론적으로 상계의 효력이 인정되지 않는다고 해석하여야 한다.[131)]

(3) 일반적 충실의무위반의 효과

일반적 충실의무위반의 효과는 후술하는 수탁자의 손실전보책임 등의 발생이고, 이익상반행위·경합행위와 달리 특별한 효과는 정하여져 있지 않다.

다만 신탁재산에 속하는 재산을 수탁자가 제3자의 이익을 도모할 의사를 가지고 해당 제3자에게 부당한 염가로 매각한 경우

130) 能見·58~59면은, 충실의무위반이 된다고 한다.
131) 道垣内·問題状況 243~252면 참조.

(→308면) 등, 수탁자가 그 권한을 남용하여 권한 외 행위라고 평가되는 경우에는 수탁자의 권한위반행위의 취소(신탁 제27조)의 규율이 적용된다(→104면).

제 6 절 의무위반에 대한 수탁자의 책임

1. 총 설

수탁자의 의무위반에 대한 수익자의 구제방법으로서는 이미 살펴본 것으로 수탁자의 권한위반행위의 취소(신탁 제27조. →104면), 금지된 이익상반행위의 무효·취소(동 제31조 제4항·제6항·제7항. →234면), 경합행위에 관한 개입권(동 제32조 제4항. →111면)이 있었다. 이것들은 해당 의무위반의 특성에 기반하여 인정되는 것이고, 그 이외에 일반적인 구제방법으로서 신탁법에는 수탁자의 손실전보책임 등(동 제40조) 및 수탁자의 행위 금지청구권(동 제44조)이 인정되고 있다.

2. 수탁자의 손실전보책임 등

(1) 신탁법 제40조의 적용범위

신탁법 제40조 제1항은 수탁자의 임무해태가 있는 경우로 신탁재산에 손실이나 변경이 발생한 경우에 관하여 일반적인 규정을 두고 있다. 다만 그 효과는 신탁재산에 대한 손실전보, 신탁재산의 원상회복이다. 따라서 신탁재산에 관하여 손실을 전보하거나 원상을 회복하면 보상이 가능한 위반에 관한 책임을 정하는 것이고, 그 이외의 경우에는 적용되지 않는다.

구체적으로는, 수탁자의 선관주의 집행의무위반(동 제29조)만이 아니라 제3자 위탁에 관한 의무위반(동 제35조), 충실의무위반, 분별관리의무위반의 경우에도 적용된다는 점은 동법 제40조 제2항 이하에서도 분명하다. 공평의무위반(동 제33조)에 관하여는, 가령 특정 수익자에게 과대한 급부를 함에 따라 신탁재산에 손실을 발생시킨 경우에는 동법 제40조 제1항 제1호에 의한 손실전보청구가 이루어지게 된다. 일부의 수익자에게 부당하게 유리한 투자가 이루어진 경우에는 동항 제2호에 근거하여 신탁재산의 구성에 관한 원상회복이 이루어지게 된다(→ 340면*).[132]

이에 비하여 신탁사무처리의 보고의무(동 제36조), 장부를 작성하여 열람·등사를 제공할 의무(동 제37조, 제38조)의 위반에 관하여도 본조는 적용되지 않는다. 신탁재산에 손실이나 변경이 발생한 것이 아니기 때문이다.

(2) 책임의 성질

구 신탁법에 관해서는 동일한 책임에 관하여 그 성질이 논의되었고, 단순한 채무불이행이 아니라 불법행위의 성격도 동시에 가진다는 견해,[133] 채무불이행·불법행위책임과는 체계를 달리하는 신탁 특유의 책임이라고 하는 견해[134] 등이 존재하였다.

현행 신탁법도 그 성질을 분명히 밝히고 있는 것은 아니다. 그러나 신탁법 제40조의 책임의 소멸시효기간에 관하여는 동법 제43조에 의하여 채무불이행에 따른 손해배상청구권에 준하는 취급으로 되어 있으므로, 수탁자의 수익자에 대한 의무위반에 근거한 채

132) 条解·274~275면(沖野眞已), 本書初版·235~236면에서는 공평의무위반은 수익자 전원과의 관계에서 발생하는 것이 아니므로 본조는 적용되지 않는다고 하였는데, 정정한다.

133) 四宮·280면.

134) 田中実=雨宮孝子「信託違反の性質について」法研 45권 12호 17면 이하 (1972).

무불이행으로 이해된다.135)

다만 채무불이행책임이 되더라도 손실전보책임의 범위가 민법 제416조에 따라 획정되는 것은 당연하지 않다. 또한 청구권의 기간제한에 관하여 불법행위의 성격도 가미되어 있다. 이에 관해서는 후술한다(→321, 334면).

(3) 청구권자

수탁자의 책임을 추궁할 수 있는 것은 수익자이다. 수익자가 복수인 경우에도 단독으로 행사할 수 있다(신탁 제105조 제1항 괄호 부분, 제92조 제9호). 수익자대리인이 선임된 경우도 각 수익자가 권리를 행사할 수 있다(동 제139조 제4항).*

수익자가 가지는 권리의 행사는 신탁행위의 정함으로 제한할 수 없다(동 제92조 제9호). 그렇지만, 가령 「손실전보에 한한다」라는 특약을 신탁행위로 정하는 것이 가능한지가 문제가 된다. 만일 해당 신탁의 목적과의 관계에서 원상회복이 중요한 경우에는 금전에 의한 손실전보가 이루어진 후라도 수탁자의 의무내용으로서 손실전보금을 가지고 원상을 회복하는 것이 신탁사무처리로서 수탁자에게 요구되는 것이므로 필요한 원상회복은 이루어지게 된다. 따라서 그러한 신탁행위의 정함의 효력을 부정할 필요는 없을 것이다.136) 다만 실질적으로 보아 수익자의 권리제한이 되지 않는 것이 필요하다.** 책임액에 상한을 규정하는 것은 분명하게 권리행사의 제한이므로, 인정되지 않는다고 해석하여야 한다.

또한 신탁행위의 정함에 의하여 위탁자도 청구권자로 할 수 있다(동 제145조 제2항 제7호)(→501면).

나아가 수탁자가 복수인 경우 다른 수탁자도 책임을 부담하는

135) 寺本·162면.

136) 村松ほか·136면, 田中·284~285면.

수탁자에 대하여 손실전보책임 등을 추궁할 수 있다(동 제85조 제2항). 신탁재산을 건전하게 유지하는 것은 수탁자가 부담하는 의무이기 때문이다(→ 223면**).

*** 수익자가 복수인 경우** 수익자가 복수인 경우에는 복잡한 문제가 발생한다.

(i) 우선 손실전보와 원상회복 중 어느 것을 청구할 것인가 등에 관하여 복수의 수익자의 의견이 나뉘는 경우의 어려움이 지적된다.137) 이 경우에는 다음과 같이 생각하여야 할 것이다.

전제로서 의무에 위반하여 신탁재산의 원상을 변경하는 동시에 손실을 발생시킨 수탁자가 자발적으로 손실을 전보하였더라도 수익자는 원상회복을 청구할 수 있을 것이다. 원상회복청구에 있어서는 신탁재산에 손실이 발생하는 것은 요건이 되지 않기 때문에(→ 318면), 수익자는 수탁자의 의무위반과 해당 의무위반에 기인하는 원상의 변경을 주장하고, 원상회복을 청구할 수 있다. 그렇다면 수탁자에 의한 손실전보가 어떤 수익자의 청구에 기초하여 행해진 경우에도 다른 수익자는 여전히 원상회복청구를 할 수 있다고 해석된다(다만 손실전보를 청구한 수익자는 거기에 추가하여 원상회복청구를 할 수 없다고 해석하여야 한다). 이 후발적인 원상회복청구에 응함으로 인해 손실이 회복되는 경우 이전에 이루어진 손실전보 중 원상회복에 의해 회복된 손실분은 필요하지 않게 되므로 수탁자는 신탁재산으로부터 그 반환을 요구할수 있다.

이에 비하여 수탁자가 원상회복의무를 이행하고 그로 인하여 신탁재산의 손실이 회복된 경우에는 신탁법 제40조 제1항 제1호의 손실전보청구권은 소멸한다. 다만 원상회복에 따라 회복되지 않은 손실이 있는 경우에는, 수탁자는 별도로 손실전보의무를 부담한다(→ 320면).

(ii) 수익자 중 1인이 수탁자의 책임을 추궁하는 소송을 제기한 경우 회사법상 주주대표소송에서의 주주와 마찬가지로(회사 제847조 제3항·제5항), 해당 수익자는 법정소송담당자가 된다. 따라서 다른

137) 寺本振透編『解説新信託法』92면(弘文堂, 2007).

수익자는 해당 소송에 보조참가할 수 있지만(민소 제42조), 보조참가를 하였는지 여부에 관계없이 기판력이 미치게 되므로(동 제115조 제1항 제2호), 판결확정에 따라 제소권을 상실한다. 소송상 화해가 이루어진 경우도 마찬가지이다(동 제267조). 그러나, 그렇다면 수익자 중 1인의 소송추행이 적절하지 않거나, 수탁자와 공모하여 책임을 경감할 우려가 있다. 회사법상 주주대표소송에 관해서는 보조참가를 명문으로 인정함과 동시에(회사 제849조 제1항), 적어도 해당 주식회사에는 소송고지가 되고(동조 제4항), 공모가 있는 경우에 관하여 재심의 소를 인정하지만(동 제853조), 신탁법의 대비는 불충분하다. 부당한 소송추행 혹은 화해를 한 수익자에 대하여 다른 수익자는 불법행위(민 제709조)에 기초하여 손해배상을 청구할 수 있다고 해석된다.

** **「손실전보에 한한다」라고 하는 신탁행위의 정함** 우선 원상회복비용이 손실액을 상회하는 경우에는 책임제한에 해당하는 것은 아닌지 의문이 발생한다. 그러나, 「있어야 할 상태」와의 차액이 손실로서 인정되기 때문에(→317면), 책임제한이 된다고 할 정도는 아니다.

다음으로 수익자가 「있어야 할 상태」를 제시한 다음 그 재산가치와 현상과의 차액의 입증을 요구하게 되면 손실액의 입증이 불필요한 원상회복청구와 비교하여 권리제한이 되는 것은 아닌가 하는 점이다. 이 점에 관해서는 손실액의 입증이 곤란한 경우에는 특약의 효력을 부정하는데, 반대로 말하면 특약의 효력을 유지하고자 하는 수탁자 측에게 손실액의 증명책임이 있다고 하는 처리가 요구된다.

(4) 요 건

(가) 수탁자의 손실전보책임 또는 원상회복책임의 (적극적) 발생요건은, ① 수탁자에 의한 임무해태가 있었던 점, ② 신탁재산에 손실 또는 변경이 발생한 점, ③ ②가 ①에 의하여 발생한 것(신탁 제40조 제1항 본문)이다. 다만 원상회복책임에 관하여는 「원상회복이 현저하게 곤란한 경우, 원상회복을 하는데 과다한 비용을 요하는 경우, 그 밖에 수탁자에게 원상회복을 시키는 것을 부적당하게 하

는 특별한 사정이 존재하는 경우」가 아닌 것이 필요하다(동항 단서).

이하, 각각에 관하여 검토한다.

(나)「수탁자가 그 임무를 해태할 것」 (a) 형식적인 논리로는 수탁자가 부담하는 의무위반 전부가 포함되지만, 실제로는 ②의 요건과의 관계에서 신탁재산에 손실 또는 변경이 발생한 유형의 위반만이 문제가 된다(→311면).

신탁법 제40조 제1항과 유사한 회사법 제423조 제1항에 관하여「임무를 해태하였다」라는 것은 객관적인 의무위반을 의미하고, 고의 또는 과실과 다른 차원의 개념이라고 해석하는 견해가 있다.[138] 이것과 마찬가지로 생각하면, 신탁법 제40조 제1항에 따른 책임추궁의 국면에서 객관적 의무위반인 임무해태 이외에 수탁자의 고의 또는 과실이 필요하다고 생각하는 견해가 있을 수 있다[139] (다만, 수탁자가 자기에게 고의 또는 과실이 없다는 입증책임을 부담한다). 이는 수탁자의 책임에 관하여 구법에 있어서의 통설이기도 하였다.[140] 그러나 한편으로 충실의무위반이나 분별관리의무위반은 무과실책임이라는 점이 지적되는 경우도 있다.[141] 그래서 어떻게 생각하여야 할지가 문제가 된다.

분류하여 생각해본다.

---

138) 相澤哲編『立案担当者による新·会社法の解説(別冊商事法務 295호)』117면(商事法務, 2006).

139) 寺本·157면.

140) 四宮·282면, 能見·138면.

141) 충실의무위반에 관하여, 金融取引における信託の今日的意義に関する法律問題研究会「金融取引における受認者の義務と投資家の権利」金融研究 17권 1호 87면(1998)(단지 가능성으로서), 분별관리의무위반에 관하여, 四宮·223면. 다만 손해를 발생시킨 직접적인 사유에 관하여 과실이 없더라도 분별관리의무위반과 손해발생 사이에 인과관계가 있으면 책임을 부담한다고 할 뿐이므로, 분별관리의무위반 자체에는 과실을 요하는 것으로 이해된다[能見·140~141면, 藤田友敬「信託法における受託者の責任」落合誠一古稀『商事法の新しい礎石』936면(有斐閣, 2014)].

(b) 우선 선관주의 집행의무위반의 경우에는, 여하간 선량한 관리자의 주의에 기초한 신탁사무집행을 하지 않았다는 것이 임무해태이자 과실도 되기 때문에 구별의 필요는 없다.

또한 제3자 위탁에 관한 선임·감독의무 및 공평의무는 선관주의 집행의무의 구체화이므로 마찬가지이다(→241, 247면).

(c) 다음으로 분별관리의무위반에 관하여 실제로 문제가 되는 것은 신탁재산에 속하는 부동산에 관하여 신탁의 등기가 등기소의 과오로 인해 소실된 경우 등에 있어서 신탁재산에 손실 또는 변경이 발생한 경우를 어떻게 생각하여야 하는지에 관한 것이다. 이러한 사례에 있어 수탁자의 책임이 발생한다고 하는 것은 타당하지 않다고 생각되고, 귀책사유가 필요하다고 해석하여야 한다.[142)]

수익자는 객관적인 의무위반 상태만을 입증하면 충분하고, 귀책사유의 부존재는 수탁자 측에서 입증하여야 한다.[143)]

(d) 충실의무위반에 관하여 우선 일반적 충실의무위반(신탁 제30조)은 수탁자가 수익자 이익의 희생 하에 자기 또는 제3자의 이익을 도모할 의사를 가지고 행위하는 점을 의무위반 자체의 요건이라고 생각하여야 하고[→297면*(ⅱ)], 귀책사유가 필요한지 여부의 문제는 발생하지 않는다.

(e) 이익상반행위제한에 관하여는 이익상반 상태를 인식하지 않았던 경우 및 신탁법 제31조 제2항의 요건이 충족되어 있다고 오신한 경우가 문제되지만, 선량한 관리자의 주의에 기초하여 판단이 이루어진 결과에 따른 오신이라면 수탁자는 책임을 부담하지 않는다고 해석하여야 한다. 즉 귀책사유가 필요하다[→298면*(ⅳ)].

---

142) 能見·139~141면.

143) 이 경우 귀책사유가 없는 한 애당초 최종적으로는 의무위반이라고 평가되지 않는 것인지[セミナー(2)·222~223면(能見善久, 道垣内弘人)], 기재되지 않은 항변사유(귀책사유의 부존재)가 있다고 하여야 하는 것인지[藤田·전게 주141) 933면]에 관한 문제가 있다.

또한 수익자는 객관적인 의무위반 상태만을 입증하면 충분하고, 귀책사유의 부존재(선량한 관리자의 주의에 기초하여 판단한 점)는 수탁자 측에서 입증하여야 한다.

그러나 금지된 이익상반행위라는 점에 의한 효과(신탁법 제31조 제4항에 의한 무효 및 제6항·제7항에 의한 취소권)는 수탁자의 귀책사유 존부와 관계없이 발생한다.

경합행위에 관하여도 마찬가지이고, 수탁자는 해당 행위를 신탁사무집행으로서 하지 않은 것이 선량한 관리자의 주의를 기울인 판단에 근거한다는 점을 입증하면 손실전보책임을 면하지만, 개입권 행사에 관하여는 수탁자에게 귀책사유가 있다는 점을 요하지는 않는다[→ 297면*(iii)].

(f) 수탁자가 권한위반행위를 하지 않도록 할 의무는 선관주의 집행의무이지만, 권한위반행위의 취소(신탁 제27조)에 있어서는 수탁자에게 귀책사유는 필요하지 않고, 객관적으로 권한위반행위이면 충분하다. 그러나 해당 행위가 선량한 관리자의 주의를 다하여도 권한위반이라는 점을 수탁자가 알 수 없었던 경우에는 취소에 의하여 회복될 수 없는 손실에 관해서는 물론 해당 행위에 의해 일탈된 재산의 회복에 필요한 비용에 관하여 수탁자는 손실전보책임을 부담하지 않는다고 해석하여야 한다. (e)도 마찬가지이다.

(다) 신탁재산에 손실 또는 변경이 발생한 점 「손실」·「변경」에 관해서는 그 비교기준 시가 문제된다. 즉 의무위반이 없었더라면 있었을 상태와 비교하는 것인지, 의무위반 이전의 상태와 비교하는 것인지에 관한 것이다(또한 합동운용의 경우에 관하여, → 118면**).

우선 「손실」이라 함은, 의무위반이 없었다면 있었을 상태와 비교하여 신탁재산의 가치가 낮아진 것이다. 예를 들어, 어떤 투자를 했어야 했는데 하지 않았던 경우 그로 인하여 얻을 수 있었던 이익은 여기에서 말하는 「손실」에 해당한다. 신탁법 제40조 제3항이 수탁자가 충실의무위반행위로 인하여 얻은 이익의 액을 「손실」의 액으로 추정하고 있다는 점에서도 얻을 수 있던 이익의 상실 역시 「손실」이라는 점이 뒷받침된다.

이에 비하여, 「변경」에 관해서는 그 효과가 「원상의 회복」인바, 「원상」이란 「원래의 상태」이므로(→322면), 여기에서는 의무위반 이전의 상태와 비교하는 것이 된다.

그리고 손해배상청구에 있어서는 「있어야 할 상태」를 기준으로 하고, 원상회복청구에 있어서는 「원래의 상태」를 기준으로 하면, 두 가지의 구제방법의 성격이 달라지는데, 이는 민법에 비추어 말하면, 채무자의 채무불이행이 있는 경우 해제를 하지 않고 손해배상을 청구하는 것과 해제를 하는 것에 대응한다. 해제의 경우에도 여전히 손해배상청구는 방해받지 않지만(민법 제545조 제3항), 원상회복에 관하여는 손해액 입증의 노력이 필요하지 않다는 이점이 있다. 신탁법 제40조 제1항에 관하여도 마찬가지이다.[144]

따라서 「변경」이 있었다고 평가하기 위하여 손실이 발생하는 것은 필요하지 않다.[145] 다만 손실이 발생하지 않은 것이 신탁법 제40조 제1항 단서의 요건이 충족되었는지 여부의 판단에 있어서 의의를 가진다는 점은 별도의 문제이다(→321면).

(5) 인과관계

(가) 인과관계의 존재를 입증할 책임은 원칙적으로 수탁자의 책임을 추궁하는 측에 있지만 예외도 존재한다.

신탁사무처리의 제3자 위탁이 수탁자의 의무위반이 되는 경우에 관하여는 인과관계의 입증책임이 전환된다(신탁 제40조 제2항). 즉 의무위반인 제3자 위탁이 이루어진 때 신탁재산에 손실·변경이

144) セミナー(2)·253면 참조.

145) 구법에서의 학설은 나뉘어 있었다. 손실발생이 필요하다고 하는 것으로서, 四宮·281면, 필요하지 않다고 하는 것으로서, 田中=雨宮·전게 주134) 19면.

발생한 경우에는「제3자에게 위탁을 하지 않았다고 하더라도 손실 또는 변경이 발생하였다는 점」을 수탁자가 증명하지 않으면 수탁자는 손실·변경에 관하여 책임을 면할 수 없다. 현행 신탁법으로 인하여 제3자 위탁의 요건이 대폭 완화되었다는 점에서(→231면), 완화된 요건에 따라 적정성을 엄격하게 확보할 필요성이 있다고 생각되어 그와 같은 특칙이 규정된 것이다.[146)]

인과관계가 부정되는 것은, 가령 제3자 위탁에 따라 신탁재산에 속하는 재산이 해당 제3자에게 교부되었는데 대지진이 발생하여 해당 재산이 수탁자 하에 존재하는지 제3자 하에 존재하는지 여부와 관계없이 결국 훼손되었다고 하는 경우이다. 이에 비하여 적법하게 위탁을 받은 제3자가 선관주의 집행의무를 위반함에 따라 신탁재산에 관하여 손실 또는 변경을 발생시킨 경우에는 인과관계가 부정되지 않는다.

문제는 제3자 위탁의 요건은 충족되지 않지만, 해당 제3자가 선량한 관리자의 주의를 다하여 사무를 처리한 경위다. 예를 들어 신탁재산의 투자에 관하여 요건이 충족되지 않는데 제3자에게 위탁한 경우, 해당 제3자가 선량한 관리자의 주의를 다하여 투자를 하였지만 결과적으로 신탁재산에 손실이 발생한 경우이다. 수탁자가 투자를 하여도 마찬가지의 손실이 발생하였을 것이라는 점을 증명할 수 없는 한 수탁자는 본조의 책임을 부담한다고 해석하는 것이 특칙을 마련한 취지에 합치할 것이다.

또한 신탁법 제40조 제2항에서 말하는「수탁자가 제28조의 규정에 위반하여 신탁사무처리를 제3자에게 위탁한 경우」라 함은 귀책사유도 포함한 형태로 임무해태가 있었던 경우라고 해석하여야 하고, 제3자 위탁에 대한 의무위반에 관하여 귀책사유가 없다는 점은 수탁자의 항변사유가 된다.[147)]

---

146) 新井監修·184면(川口恭弘).

(나) 나아가 신탁법 제40조 제4항은 분별관리의무위반인 경우에 관하여도 상기와 마찬가지로 인과관계의 입증책임을 전환하고 있다. 분별관리의무위반에 관한 귀책사유가 없다는 점이 수탁자의 항변사유가 되는 점도 마찬가지이다.

(6) 「손실전보」와 「원상회복」

(가) 수탁자 책임의 구체적 내용은 「신탁재산에 손실이 발생한 경우」에는 「해당 손실전보」, 「신탁재산에 변경이 발생한 경우」에는 「원상회복」이다(신탁 제40조 제1항). 이미 기술한 바와 같이(→318면), 「원상회복」에는 그것을 청구한 때에 손실의 입증이 필요하지 않다는 의의가 있다.

그리고 「변경」이라 함은 의무위반 전 신탁재산의 상황을 기준으로 판단되어야 하고(→318면), 그렇다면, 수탁자의 부작위가 의무위반이라는 이유로 책임을 추궁하는 경우 등을 제외하고, 대부분의 경우는 「신탁재산에 변경이 발생한 경우」에 해당하게 된다. 그러나 그렇다고 하여 수익자 등이 원상회복을 요구하지 않으면 안 되는 것은 아니고, 변경으로 인하여 발생한 손실의 전보를 청구하는 것을 선택할 수도 있다(본조 제1항 단서도, 그러한 점을 전제로 하고 있다고 생각하여야 한다). 즉, 수익자 등은 구제방법에 관하여 선택권을 가진다. 다만 손실전보가 청구되었지만, 수탁자가 자발적으로 원상회복을 함으로 인해 손실이 부존재하게 되면 손실전보청구권도 소실된다.[148]

또한 원상회복청구를 선택한 때라도 그것으로 회복될 수 없는 손실이 있는 경우에는 아울러 손실전보를 청구할 수 있다. 반대로 변경에 의하여 손실이 발생한 경우 수탁자가 손실전보청구를 선택

147) 문제점도 포함하여, セミナー(2)·47~55면 참조.

148) 村松ほか·135면 주(2), 五十嵐健一「受託者の損失てん補責任と原状回復責任(信託法40条1項)の実務的問題について」信研 34호 89~90면(2009).

하여 그것이 이행된 때에는 더 이상 원상회복청구를 할 수 없다고 해석된다. 수탁에게 이중부담이 되기 때문이다(다만 수익자가 복수인 경우에 관하여, → 313면*).

(나) 전보되는 손실의 범위 수탁자의 의무위반을 채무불이행이라고 생각하는 한 전보되는 손실의 범위는 민법 제416조에 따라 정해질 것 같다. 그런데, 가령 신탁재산에 속하던 A사의 주식이 잘못 매각된 경우 수익자는 수탁자에 대하여 원상회복, 즉 A사의 주식을 신탁재산에 회복할 것을 청구할 수 있고, 그 경우 A사의 주식가격이 앙등하였으면, 수탁자는 앙등한 주식을 자신의 재산으로 구입하여 신탁재산에 속하도록 하여야 한다. 그러나 동일한 사례에서 손실전보청구가 이루어지면 A사 주식 가격의 앙등이 예견불가능한 것인 때에는 가격앙등분은 손해배상의 대상이 되지 않을 가능성이 있다. 이것은 균형에 맞지 않고, 「손실전보」의 경우에도, 앙등분이 포함된 액수의 지급이 이루어져야 한다고 생각된다. 또한 선관주의 집행의무위반과 충실의무위반에서 손실전보의 범위에 차이를 두어야 한다는 지적도 있다.149)

수탁자의 의무위반의 효과는 임치나 위임에 있어 수치인·수임인이 채무불이행책임을 부담하는 경우(그 손해배상의 범위는 당연히 민법 제416조에 따라 정해진다)와의 균형도 생각하여야 하므로, 결론적으로는 민법 제416조로 손실전보의 범위를 정하는 것을 원칙으로 하면서 원상회복의 경우와의 균형은 신탁법 제40조 제1항 단서의 해석에 의하여야 하고, 또한 충실의무위반의 경우에 손실전보의 범위를 확대하여야 한다는 주장에 대해서는 동조 제3항의 추정을 중시함으로써 조정을 도모하여야 할 것이다.150)

또한 제3항에 충실의무위반에 있어 손해액에 관하여 추정규정

149) 木村仁「受託者の損失てん補責任·原状回復責任」金判 1261호 71면(2007).
150) 문제의 소재는 道垣内·問題状況 501~508면 참조. 나아가 セミナー(2) 255~259면도 참조.

이 있는데, 이는 별도로 논하기로 한다.

(다) 원상회복의 내용 「원상」이라 함은 의무위반이 없었다면 현시점에서 신탁재산이 존재하였을 상태라고 하는 견해도 있지만,[151] 문언의 의미에 반하고, 또한 수익자 등이 신탁재산이 현시점에 존재하였을 상태라는 점을 입증해야 한다고 하면, 손해액을 입증하지 않아도 무방하다는 점에서 장점이 존재하는 원상회복청구권의 의미가 퇴색하게 된다. 의무위반 전의 상태로 돌리는 것이라고 해석하여야 한다.

원상회복에는 일탈한 재산의 회복, 점유의 회복, 훼손의 복원 등이 있다.

또한 원상회복이라 하더라도 완전히 동일하게 회복할 수는 없다는 점은 충분히 고려될 수 있다. 회복인지 여부에 관하여도 신탁목적에 비춘 판단이 요청된다. 예를 들어 신탁재산에 속하는 건물의 조명기구를 수탁자가 과실로 인하여 훼손한 경우를 생각하면, 반드시 동일한 조명기구를 설치하여야 하는 것은 아니고, 유사한 조명기구로 충분하다. 다만 신탁목적과의 관계에서 건물 전체적으로 조명기구를 통일시키는 점에 중요성이 있는 경우에는 동일한 조명기구를 설치하여야 한다고 해석된다.[152]

수탁자의 행위가 무효이거나(신탁 제31조 제4항), 취소되거나(동 제27조) 한 후에 상대방에 대하여 반환청구를 하는 것도 여기에서 말하는 원상회복에 포함되는 것을 전제로 한다는 견해도 있지만,[153] 무효·취소의 결과로서 발생한 물권적 내지는 부당이득반환청구권의 행사를 해태하는 것이 선관주의 집행의무위반이 되고, 그 결과로서 손실전보책임 등이 발생한다고 생각하여야 한다.

151) 구법의 「복구」의 해석으로서, 四宮·284면 주(1), 신법 하에서, 木村·전게 주149) 70면.

152) 五十嵐·전게 주148) 87면.

153) 木村·전게 주149) 71면.

(라) 수탁자가 복수인 경우 수탁자가 2인 이상인 신탁에서 2인 이상의 수탁자가 신탁법 제40조의 책임을 부담하는 경우에는 연대채무자가 된다(동 제85조 제1항).

(7) 원상회복청구권의 제한

(가) 「원상회복이 현저하게 곤란한 경우, 원상회복을 하는데 과다한 비용을 요하는 경우, 그 밖에 수탁자에게 원상회복을 시키는 것을 부적당하게 하는 사정이 있는 경우」에는 손실전보청구권만을 행사할 수 있다(신탁 제40조 제1항 단서).

(나) 「원상회복이 현저하게 곤란한 경우」라 함은 이행불능에 한정되지 않고, 「원상회복을 하는데 과다한 비용을 요하는 경우」의 판단에서 「비용」에 포함되지 않는 요소, 가령 수탁자가 들이는 노력이 원상회복에 따라 달성되는 이익과 비교할 때 합리적이지 않은 경우를 포함한다(예를 들어, 모든 에너지를 원상회복에 투입하여 수탁자가 도산으로 이어질 정도의 노력을 하는 것은 요구되지 않는다).[154)]

(다) 「과다한 비용」을 요하는지 여부는 원상회복에 필요한 비용과 원상회복에 의하여 발생하는 이익을 비교하여 판단된다.[155)] 다만 원상회복에 의하여 발생하는 이익이란 반드시 신탁재산에 발생하는 객관적인 가치증가를 의미하는 것은 아니다.[156)] 가령, 신탁목적에 비추어 신탁재산에 속하는 재산인 건물의 외형을 유지하는 것이 중요하다면, 외형 여하에 따라 객관적인 가치가 변하지 않더라도 「원상회복에 의하여 발생한는 이익」은 큰 것이 된다.[157)] 반대

154) 이행불능을 의미한다는 견해로서, 新井監修·185면(川口恭弘).

155) 寺本·158면 주(2).

156) 객관적 가치라는 견해로서, 新井監修·185, 186면 주(26)(川口恭弘).

157) 木村·전게 주149) 71면은, 「원상회복이 신탁의 본지, 즉 신탁목적의 달성을 위하여 중요한 경우에는 설사 비용이 과다한 경우라고 하더라도 원상회복 책임을 부과해야 하지 않을까」라고 하지만, 그러한 경우에는 「과다」에 해당하지 않는다고 하여야 한다.

로 신탁재산의 변경이 신탁목적과 관계가 없는 경우에는 객관적인 가치증가와 원상회복비용이 비교되기도 한다.

(라) 「원상회복을 시키는 것을 부적당하게 하는 특별한 사정」이라 함은 비록 의무위반 전의 신탁재산의 상태로 되돌려도 즉시 다른 상태로 변경할 의무가 수탁자에게 존재하는 경우이다.158) 어떤 시점에서는 매각하지 않았어야 했던 주식을 선관주의 집행의무에 위반하여 매각하였지만, 현시점에서는 이미 그 주식을 매각하여야 하는 상황에 있다고 하자. 이 경우 아무리 수익자 등이 원상회복을 청구하고 있더라도 일단 그 주식이 신탁재산에 귀속하는 상태로 되돌리는 것은 의미가 없다. 이러한 경우에는 현재 있어야 하는 상태로 두는 것이 수탁자에게 인정되어야 하고, 이를 위한 자금을 신탁재산에 귀속시킬 수 있도록 손실전보만을 청구할 수 있다.

예외적으로 원상회복의무가 부정되기 때문에 수탁자가 신탁법 제40조 제1항 단서의 적용을 주장함에 있어서는 현재 있어야 할 상태로 두는 것을 주장하고, 그에 필요한 액수를 주장·입증하여야 한다고 해석된다(→314면**).

(8) 과실상계

수탁자의 의무위반 또는 손해발생에 수익자가 가공하는 경우에는 과실상계가 문제된다(민 제418조). 다만 본래 수탁자가 자신의 리스크로 판단하여야 하는 사항에 관하여 단순하게 수익자의 조언에 따랐다고 하여 과실상계는 이루어지지 않는다.159) 또한 복수의 수익자가 존재하는 경우에 과실상계가 되는 것은 수탁자의 의무위반 또는 손해발생에 모든 수익자가 가공하고 있는 경우만이

158) 경제적인 손실이 없는 경우를 포함하는 견해[セミナー(2)·251~252면(藤田友敬)]도 있지만, 신탁목적에 따라서는 타당하지 않는 경우가 있을 것이다.
159) 道垣内弘人「債務不履行における過失相殺－務不履行法改正との関係において」曹時 65권 1호 1면 이하(2013) 참조.

다. 일부 수익자의 가공이 있는 경우에는 경우에 따라 수탁자가 해당 수익자에 대하여 불법행위를 이유로 하는 손해배상청구권을 가질 뿐이다.

이와 같이 손실전보청구가 이루어진 경우에도 과실상계가 이루어지는 경우는 적지만, 원상회복청구가 있는 경우에는 과실상계를 문제로 삼는 것 자체가 곤란하다. 과실상계가 이루어짐에 따라 정해진 수탁자의 책임비율을 초과하는 부분에 관한 비용을 신탁사무처리로서 신탁재산에서 지급할 수 있다고 생각하여야 할 것이다.

(9) 수탁자 행위의 이행강제

수탁자가 손실전보 또는 원상회복을 이행하지 않는 경우에는 어떻게 될까? 손실전보청구라 함은 수탁자의 금전을 신탁재산에 편입할 것을 청구하는 것으로 이는 간접강제밖에 할 수 없음이 분명하다. 또한, 원상회복청구에 관하여도 수탁자 소유재산에 대한 조치를 청구하는 것이므로 대체집행도 곤란하고 역시 간접강제밖에 할 수 없다(→409면).[160]

수탁자를 해임하고(신탁 제58조), 신 수탁자를 선임한 다음에 신 수탁자가 전 수탁자에 대하여 이행을 청구하게 된다(동 제75조 제5항).

3. 충실의무위반에 있어 손실액의 추정

(1) 총 설

신탁법 제40조 제3항은 충실의무위반행위(일반적 충실의무, 이익상반행위제한, 경합행위 피지의무위반 전부를 포함한다)가 있었던 경우에는 해당 행위에 의하여 수탁자 또는 그 이해관계인이 얻은 이

---

160) 道垣内·問題状況 501~508면 참조.

익의 액수와 같은 액수의 손실을 신탁재산에 발생시킨 것으로 추정한다고 하고 있다.*

이러한 추정규정을 두는 적극적 이유에 관하여는 수탁자에 의한 이익취득행위는 수탁자의 고유재산의 계산으로 이루어지므로 신탁재산에 발생한 손실을 수익자가 입증하는 것이 곤란한데, 수탁자가 신탁사무처리를 함에 있어 고유재산으로 이익을 얻은 경우에는 신탁재산에 이에 대응한 손실이 발생할 개연성이 있고, 또한 수탁자는 충실의무위반행위로 인하여 이익을 얻는 것이므로, 공평의 관점에서 증명책임을 전환해도 문제가 없기 때문이라고 설명되고 있다.[161)][162)] 결론적으로는 타당할 것이지만, 이는 어떠한 상황에서 제3항의 추정이 작동할 것인가라는 이해와 관계되어 있다.

* 이와 같은 추정규정은 회사법 제423조 제2항, 특허법 제102조 제2항, 부정경쟁방지법 제5조 제2항에서 발견된다. 다만 특허법·부정경쟁방지법은 그러한 이익이 타인의 권리에서 생성된 것이라는 성질을 가지고 있는 이상 해당 타인에게 귀속된다는 준사무관리 내지 물상대위의 사고방식에 기반하고 있는 반면, 회사법은 타인을 위하여 행위하여야 하는 자가 한 행위에 부여된 성격을 변경한다는 사고방식(Equity looks on as done what ought to be done)에 기반하기 때문에 상당히 성격이 다르다. 그리고 신탁법에서 손실액의 추정이 어떠한 사고방식에 기초하고 있는 것인지가 문제가 된다.

또한 현행 신탁법 제정 전부터 신탁재산이나 수탁자인 지위를 이용하여 이익을 올린 수탁자에게 「이익의 토출책임」을 인정하고자 하는 견해가 유력하게 주장되었다.[163)] 이와 같은 사고방식은 신탁재산

161) 寺本·132면, 村松ほか·104면.

162) 입법과정에서의 논의 경위의 분석에 관하여, 吉永一行「忠実義務論に残された課題に関する一考察」 米倉明編『信託法の新展開』 137~151면(商事法務, 2008) 참조.

163) 신탁재산이나 수탁자인 지위를 통하여 이익을 얻어서는 안 된다는 부작위 의무 위반이고, 그 결과의 제거를 청구한다는 구성[沖野眞已「救済－受託者の『利益の吐き出し』責任について」 NBL 791호 44면 이하(2004)], 수탁

의 손실액과 관계없이 「해당 행위에 의하여 수탁자 또는 그 이해관계인이 얻은 이익액」에 관하여 수탁자에게 신탁재산으로의 이전의무를 인정하고자 하는 것이다. 신탁법에서 손실액 추정과의 관계가 문제되지만, 손실액 추정과는 별개로 「이익의 토출책임」은 인정될 수 있다고 해석하여야 한다.

(2) 적용범위

이미 기술한 바와 같이 신탁법 제40조 제3항은 일반적 충실의무, 이익상반행위제한, 경합행위 피지의무위반 모두를 포함하는 방식으로 손실액 추정 규정이 작용하도록 하고 있다. 그러나 추정의 근원이 되는 것은 「수탁자 또는 그 이해관계인이 얻은 이익」이기 때문에 「수탁자 또는 그 이해관계인」이 이익을 얻는 의무위반이라는 점이 필요하다.

여기에서 이해관계인이라 함은 해당 사람이 얻은 이익을 수탁자가 얻은 이익으로 볼 수 있는 사람을 의미한다. 수탁자에게 전보시키는 손실액으로 추정하기 때문이다.

또한 수익자 등이 입증하지 않아도 무방한 것은 신탁재산에 손실이 발생하였다는 점 및 그 액수이고, 수탁자 또는 그 이해관계인이 이익을 얻은 점 및 그 액수는 입증이 요구된다. 추정이 작용하는 전제이다.

또한 추정이기 때문에 수탁자는 물론 반증을 할 수 있다. 신탁재산에서의 거래와 고유재산에서의 거래가 합산됨으로써 수수료를 할인받을 수 있었던 것과 같은 경우에는 고유재산에 의한 거래에 관하여 이익을 얻을 수 있어도 신탁재산에 손실을 미치는 것은 아니라는 예가 주장되고 있지만, 그때는 처음부터 충실의무위반이 없

자가 신탁을 위하여 한 행위라는 점을 규범적으로 고려하여 이익을 얻은 경우 그 행위가 자기 또는 제3자를 위하여 한 것이었다는 주장을 허용하지 아니한다는 구성[道垣内弘人『信託法理と私法体系』212면(有斐閣, 1996)이 제시되었다.

다고 파악되는 경우가 많을 것이다[→297면*(ⅱ)].

4. 법인인 수탁자의 이사 등 연대책임

(1) 신탁법 제41조는 수탁자인 법인이 제40조의 책임을 부담하는 경우 해당 법인에 충분한 자력이 있다고는 할 수 없으므로, 수탁자인 법인의 이사 등 가운에 해당 법인의 임무위반행위에 관하여 「악의 또는 중대한 과실이 있는」 자에게 수탁자 법인과 연대하여 책임을 부담하도록 하고 있다.[164]

연대책임을 부담하는 「(주식회사가 아닌 법인 등의) 이사, (주식회사의) 이사 혹은 집행역 또는 이들에 준하는 자」에 관하여는 사단법인에 있어서 「이사 또는 대표이사의 직무를 대행하는 자」(일반법인 제80조), 주식회사에 있어서 「임시임원의 직무를 행하여야 하는 자」(회사 제346조 제2항)를 들 수 있는데,[165] 사실상 경영권을 가지고 있는 자도 이에 해당한다고 해석하여야 한다. 이 취지에서 보면, 감사역은 이에 포함되지 않고,[166] 사용인의 지위에 있는 집행임원도 포함되지 않게 된다.

또한 수익자가 이사 등에 대하여 제41조의 책임을 추궁할 권리에 관하여는 신탁행위로 인하여 제한될 수 없고(신탁 제92조 제10호), 수익자가 복수인 경우에도 단독으로 행사할 수 있다(제105조 제1항 괄호 부분). 다만 수익자인 법인의 책임을 주된 것으로 하고, 이사 등의 책임은 그것과 연대하는 것이므로 수탁자의 책임에 관하여 일정한 범위에서 면제된다는 신탁행위의 정함이 있는 경우에

---

164) 입법취지의 재검토를 포함하여 전체적으로, 高橋陽一「受託者が法人である場合における役員の連帯責任に関する一考察」トラスト未来フォーラム編『資産の管理·運用·承継と信託に関する研究』25면 이하(トラスト未来フォーラム, 2019) 참조.

165) 寺本·160면 주(3), 村松ほか·138면.

166) 寺本·160면 주(2), 村松ほか·138면.

는 이사 등의 책임도 그 범위에서는 발생하지 않는다.

(2) 이사 등은 직접적으로 신탁사무처리의 채무를 부담하는 것은 아니므로 책임의 성질은 불법행위에 가까운 것이 되고, 불법행위라면 이사 등에게 신탁재산의 손실·변경에 대한 고의 또는 과실이 있을 것이 요건이 될 것 같다. 그런데 신탁법 제41조는 고의·과실을 언급하지 않고, 수익자를 보호하기 위하여 「해당 법인이 행한 법령 또는 신탁행위의 정함에 위반한 행위」*에 관하여, 그것을 알면서도 그만두게 하지 않거나(혹은 행하거나), 또는 중과실로 인해 알 수 없었기 때문에 그만두게 할 수 없었던(혹은 행하지 않도록 할 수 없었던 경우) 경우에는 이사 등에게 책임을 부담하도록 하고 있다. 이 점과 관련하여 회사법에 관한 판례[167]는, 제3자는 임무해태에 관한 이사의 고의·중과실을 입증하면, 해당 제3자에 대한 가해에 관한 고의·과실을 입증하지 않더라도 이사의 책임을 추궁할 수 있다고 하고 있다. 신탁법에 관하여도 마찬가지의 설명이 타당하다. 또한 수탁자가 책임을 부담하기 위한 요건이 충족된 경우에는 이사 등의 「고의 또는 중과실」과 신탁재산의 손실·변경 사이의 인과관계를 수익자 등이 증명할 필요는 없다.

위반행위가 개별 이사 등의 구체적 직무내용과 관계없는 경우라도 해당 이사 등은 책임을 부담한다는 견해도 있지만,[168] 회사법 제429조는, 「임원 등이 그 직무를 행함에 있어서 악의 또는 중대한 과실이 있는 경우」라고 규정하여 직무와 관련성을 요구하고 있고, 또한 「관여한 이사 또는 그에 준하는 자」라는 구 신탁법 제34조의 규정에 비하여 책임을 부담하는 자를 한정하고자 한 경위에 비추어 볼 때, 어느 정도의 직무관련성을 요구하는 것이 타당할 것이다.[169]**

나아가 신탁법 제41조의 「수익자에 대하여」라는 문언은 청구

---

167) 最大判昭和 44·11·26 民集 23권 11호 2150면.

168) 村松ほか·139면.

169) 이러한 점에 관하여, セミナー(2)·279~283면 참조.

권자를 나타내고 있다. 수익자가 자기에 대한 급부를 청구할 수 있는 것은 아니다. 또한 다른 수탁자가 있는 경우 그 문언은 「수익자 또는 다른 수탁자에 대하여」로 대체된다(동 제85조 제2항).

* 신탁법 제40조 제1항이 「수익자가 그 임무를 해태한」이라고 하고 있는 점에 비하여, 동 제41조는 「해당 법인이 행한 법령 또는 신탁행위의 정함에 위반하는」이라고 하고 있다. 그러나 선관주의 집행의무 등도 「법령 또는 신탁행위의 정함」에 의하여 부과되는 것이고, 그 해태는 「법령 또는 신탁행위의 정함에 위반하는」 행위이다. 따라서 위와 같은 차이에서 의미를 발견하는 것은 곤란하다.

** 다만, 어찌하여 「악의 또는 과실」이 아니라 「악의 또는 중과실」인 것인지는 명백하지 않다. 확실히 이사 등의 책임을 수익자 보호를 위한 예외적인 것이고, 제2차적인 것에 불과하다고 생각하면, 책임을 부담하는 상황은 한정되어야 할 것 같다[170](「악의 또는 중과실」이라는 문언은 법인 임원 등의 책임을 규정하는 일반법인법 제117조 제1항, 회사법 제429조 제1항에서도 발견된다). 그러나, 한편 수탁자인 법인에게 충분한 자력이 있다고는 할 수 없기 때문이라는 점도 신탁법 제41조의 취지로서 설명된다. 그에 관한 궁극의 경우는 자력이 없는 법인을 굳이 수탁자로 삼아 책임을 면하고자 하는 예이다.

그리고 회사법에서는 마찬가지의 문제가 발생할 수 있는 경우, 즉 지분회사의 업무집행사원을 법인으로 한 경우에 관해서는 업무집행사원의 직무를 행할 자(직무집행자)를 자연인으로 정하여야 한다고 하고 있고, 해당 직무집행자는 「그 임무를 해태한 경우는 지분회사에 대하여 연대하여 그로 인하여 발생한 손해를 배상할 책임을 부담한다」라고 되어 있다(회사 제598조 제1항·제2항, 제596조). 즉 자력이 없는 법인을 굳이 업무집행사원으로 하는 사태에 대처하는 회사법의 규율은 직무집행자의 책임을 「악의 또는 중과실」의 경우로 한정하지 않는 방법에 따른 것이다.[171]

170) 村松ほか · 139면.
171) 이러한 점에 관하여, セミナー(2) · 269~273면(藤田友敬) 참조.

법인을 업무집행사원으로 하는 것을 가능하게 하는 제도를 도입할 때에 그 폐해를 제거하고자 한 회사법의 규정과 수탁자의 대부분은 법인이라는 현상에서 출발한 신탁법 규정의 차이라고 설명할 수밖에 없을 것 같지만, 위반행위와 해당 이사 등의 직무의 관련성을 어느 정도 요구하는 경우에는 「악의 또는 중과실」에 한정할 필요가 없었던 것으로 생각된다. 해석론으로서는 위반행위와 해당 이사 등의 직무의 관련성의 강약의 상관관계에서 「악의 또는 중과실」의 인정을 유연하게 처리할 수밖에 없을 것이다.

(3) 이사 등은 「해당 법인과 연대하여」 책임을 부담한다. 그러나 신탁법 제41조에 기초한 이사 등의 책임을, 특히 수탁법인이 충분한 자력을 가지지 않은 때를 위한 것이라고 생각하는 경우에는 이사 등은 연대보증인에 가까운 지위에 있다고 할 수 있다. 따라서 수탁법인의 책임이 시효 등에 의하여 소멸한 경우에는 이사 등도 책임을 면한다고 생각하여야 한다.

악의 또는 중과실인 이사 등이 복수로 존재하는 경우에는 그러한 이사 등은 연대채무를 부담한다.[172] 책임을 이행한 이사 등은 다른 악의 또는 중과실인 이사 등에게 구상이 가능하다(민 제442조). 부담비율은 해당 위반행위에 관여한 비율로 정해지는 것도 생각해볼 수 있지만, 책임을 부담하는 이사는 모두 악의 또는 중과실이므로 평등하다고 해석될 것이다.

책임을 이행한 이사 등은 수탁자인 법인에 대하여 구상할 수 있다. 다만 후술하는 바와 같이 악의 또는 중과실인 이사 등은 법인에 대하여 배상책임을 부담하는 경우도 많다고 생각되고, 그렇게 되면 구상권은 상계에 의하여 소멸하게 될 것이다.

(4) 예를 들어 수탁자인 법인이 주식회사인 경우 법인 임원 등은 임무해태에 관하여 주식회사에 대하여 손해배상책임을 부담한

172) 村松ほか · 139면.

다(회사 제423조). 해당 주식회사에 발생한 손해가 신탁법 제40조의 책임을 부담하는 것인 경우에는 법인 임원 등으로부터 지급된 배상은 신탁재산에 귀속되고, 신탁법 제41조에 의한 책임과 경합한다.

다만 회사법 제423조에 의하는 경우는 임무해태와 회사에 대한 손해와의 인과관계를 증명하여야 하고, 신탁법에 의한 책임과 그 범위가 완전히 중복되는 것은 아니다. 신탁법 제41조에 의한 책임 쪽이 인정되기 쉽다.

반대로 신탁법 제41조에서는 책임주체가 아닌 회계참여, 감사역, 회계감사인도 임무를 해태하는 한 회사법상으로는 책임을 부담한다. 다소 부정합하다는 느낌을 부정할 수 없다.

5. 손실전보책임 등의 면제·소멸시효

(1) 손실전보책임 등의 면제

신탁법 제42조는 동법 제40조에 의한 수탁자의 책임 및 동법 제41조에 의한 수탁자 법인의 임원의 책임을 수익자가 면제할 수 있도록 규정하고 있다. 수익자가 1인인 경우에는 당연하다. 이에 비하여 수익자가 복수인 경우에는 수탁자 책임의 전부 면제·수탁자에게 임무해태에 관한 악의 또는 중과실이 있는 경우의 책임의 일부 면제·수탁자 법인의 임원 책임의 일부 면제에 관하여는 수익자 전원일치에 의해서만 가능하고(동 제105조 제4항. 동조 제1항 단서의규정이 적용되지 않음에 따라 동조 본문만이 적용된다), 그 이외에 관하여도(즉, 수탁자에게 임무해태에 관한 경과실밖에 없는 경우 책임의 일부 면제), 수익자집회에 의한 특별결의(수익자 결의권의 과반수를 가지는 수익자가 출석하고, 출석한 해당 수익자 결의권의 3분의 2에 해당하는 다수결에 의한 결의)에 의해서만 가능하다고 되어 있다(동 제113조 제2항 제1호).

실제로는 손실액이 근소하고, 또한 수익자 측도 그 결산기가 도과한 경우에는 수익자에게도 사무상 부담이 되는 측면이 커서 면제에 관하여 수익자도 이익을 가지는 경우가 있다.[173)]

또한 면제는 단독행위이기 때문에 방식에 있어 수탁자의 관여는 없다. 그러나 수탁자가 수익자에 대하여 면제를 유도한 경우에는 충실의무위반이 되고, 나아가 신탁법 제40조의 책임이 발생하는 경우도 있을 수 있다. 또한 면제에 있어서는 수탁자 등의 책임의 성립을 인식한 다음에 그 책임을 양해한다는 의사가 필요할 것이다.

(2) 사전 면제

신탁법 제40조·제41조의 책임을 추궁하는 수익자의 권리는 신탁행위로 제한할 수 없다(동 제92조 제9호·제10호). 이러한 점에 비추어 보면 사전 면제는 허용되지 않는다고 해석하여야 한다.[174)]

(3) 면제의 효과

(가) 수탁자가 복수로 존재하는 경우에는 책임을 부담하는 수탁자에 대하여 다른 수탁자가 책임을 추궁할 수 있고(신탁 제85조 제2항), 또한 신탁행위의 정함에 따라 위탁자도 청구권자로 할 수 있다(동 제145조 제2항 제7호·제8호).

수익자가 책임을 면제한 경우에는 다른 수탁자는 더 이상 청구할 수 없는 것이 원칙이다(동 제85조 제3항). 수익자 이익의 문제이기 때문이다. 다만 신탁행위에 별도의 정함을 두는 것은 허용된다. 수익자가 충분한 판단능력을 가지지 않은 경우 등에 다른 수탁자가 합리적인 판단을 하는 것이 기대되는 경우가 있기 때문이다.

이에 비하여 위탁자에 관하여는 자기 고유의 입장에서 수탁자의 책임을 추궁할 수 있는 것이고, 수익자가 면제를 하더라도 영향

---

173) セミナー(2)·297면(田中和明).

174) セミナー(2)·290~296면 참조.

을 받지 않는다고 설명되고 있다.[175] 타당하다고 할 것이다.

다른 수탁자는 면제할 수 없다. 책임추궁은 신탁재산을 건전하게 보전한다는 신탁사무집행으로 의무이기 때문이다. 한편, 위탁자가 면제하는 것은 자유이지만, 그 효과는 해당 위탁자가 책임을 추궁할 수 없게 된다는 점에 그치고 다른 청구권자의 권리에 영향을 주지 않는다.

(나) 또한 신탁법 제41조에 의한 이사 등의 책임에 관하여는 이사 등이 연대보증인에 가까운 지위에 있는 점에 비추어 동법 제40조의 책임이 면제된 경우에는 소멸한다고 해석하여야 한다(→ 331면).

(4) 손실전보책임 등과 관련된 채권의 기간제한

(가) 신탁법 제40조에 근거한 수탁자의 책임은 채무불이행책임의 성격을 가지고 채무불이행에 의한 통상의 손해배상채권과 동일한 소멸시효에 걸린다(동 제43조 제1항). 구체적으로는 「채권자가 권리를 행사하는 것이 가능하다는 점을 알았을 때부터 5년」, 「채권을 행사할 수 있는 때부터 10년」의 소멸시효 기간이 적용된다(민 제166조 제1항).

(나) 다만 그 기간의 기산점이 문제이다. 10년의 소멸시효기간은 「권리를 행사할 수 있는 때부터」 진행하지만(민 제166조 제1항 제2호), 신탁의 경우 권리자인 수익자는 자신이 수익자라는 점을 알지 못하는 경우도 있고, 그 사이에 시효기간이 만료하는 것은 수익자에게 가혹하다. 그래서 수익자가 수익자로서 지정을 받은 점을 알 때까지의 기간(수익자가 현실로 존재하지 아니하는 경우에 있어서는 신탁관리인이 선임될 때까지의 기간)은 소멸시효가 진행하지 않는 것으로 되어 있다(신탁 제43조 제3항).

---

175) 村松ほか · 142면 주(6).

또한 수탁자의 임무위반에 의하여 손실을 입거나 변경이 되는 것은 수탁자의 수중에 있는 신탁재산이므로 수익자 등이 그 위반행위를 인식하는 것은 용이하지 않다. 2017(헤이세이 29)년 개정 민법 제166조 제1항의 적용에 있어서는 권리의 성질상 그 권리행사를 현실적으로 기대할 수 없는 경우에는 시효가 진행하지 않는다는 견해가 유력하게 주장되고 있고,[176] 판례도 사안의 성질에 따라 기산점을 유연하게 정하는 방향성을 보이고 있다. 이러한 점에 입각하면, 신탁법 제43조 제1항의 소멸시효에 관해서도, 민법 제166조 제1항 제2호의 적용에 있어 「권리를 행사할 수 있는 때」라 함은 「수익자가 위반행위를 인식하거나 인식하였어야 하는 때」라고 해석하여야 한다.[177]

(다) 수탁자가 수익채권의 소멸시효를 원용함에 있어서는 수익자에 대한 권리의 통지 등의 절차를 거칠 필요가 있는데(신탁 제102조 제3항), 신탁법 제40조의 책임에 관한 소멸시효의 원용에 관하여는 그러한 절차적 제약은 없다. 수익채권과 관련된 급부는 신탁의 본래적 급부임에 비해, 손실전보책임은 그렇지 않기 때문이라고 설명되고 있다.[178] 그러나 오히려 신탁재산으로부터의 출연과 관련된 경우와 수탁자의 고유재산으로부터의 출연을 요구받는 경우의 차이라고 생각하여야 할 것이다. 후자에 관하여 수탁자는 수익자의 이익을 보호하여야 하는 입장이 아니다.

(라) 그러나 특히 민법 제166조 제1항 제2호에 의한 10년의 소멸시효의 기산점을 위반행위에 관하여 수익자가 인식한 때라고 생각하면 수탁자의 책임이 상당히 장기간에 걸쳐 존속하게 되어 수탁자에게 가혹한 경우도 있다. 그래서 임무위반행위에 의하여 신탁

176) 예를 들어, 星野英一「時効に関する覚書」同『民法論集第4巻』310면(有斐閣, 1978).

177) 木村·전게 주149) 70면.

178) 村松ほか·144면 주(2).

재산에 손해·변경을 발생시킨 시점부터 20년이 경과하면 손실전보책임·원상회복책임이 소멸하는 것으로 하고 있다(신탁 제43조 제4항). 임무위반행위 시가 아니라 손해·변경발생 시인 것은 그 시점에 신탁법 제40조의 권리가 발생하기 때문이다. 이는 제척기간이라고 해석된다.[179]*

20년의 제척기간을 두는 것은 손실전보책임 등의 추궁은 임무위반행위 시 이후에 수익자가 된 자도 가능한데, 수익자의 인식가능성을 기준으로 하는 소멸시효 제도만으로는 시효기간이 극단적으로 장기간이 되어 수탁자의 부담이 과도하게 됨과 동시에 신탁사무의 원활한 처리에도 지장이 되기 때문이라고 생각할 수 있다(민 제166조 제2항 참조).[180]

* 예를 들어 신탁재산에 속하는 재산이 수탁자의 과실로 인하여 훼손되어 신탁목적에 반하는 상태가 되었다고 하자. 이 경우 해당 과실을 원인으로 하는 원상회복청구권이 시효에 의하여 소멸하더라도 해당 신탁이 종료하지 않으면 수탁자는 여전히 신탁사무처리의무의 내용으로서 원상회복의무를 부담한다. 다만, 그때는 소요된 비용에 관하여 신탁재산으로부터 상환을 받을 수 있다(신탁 제48조).

(마) 이와 비교하여 신탁법 제41조에 의한 이사 등의 책임에 관하여는 이사 등이 신탁사무처리에 관한 의무를 수익자 등에 대하여 부담하지 않기 때문에 채무불이행책임으로 성질결정을 하는 것이 곤란하다. 그래서 제43조 제1항과 달리 「채무불이행으로 인하여 발생한 책임과 관련된 채권의 소멸시효의 예에 따른다」라고 하는 것이 아니라, 「수익자가 해당 채권을 행사할 수 있음을 안 시점부터 5년간 행사하지 않은 때」·「해당 채권을 행사할 수 있는 시점부터 10년간 행사하지 않은 때」에는, 「시효에 의하여 소멸한다」라

179) 寺本·164면.

180) 佐久間·165면. 민법 개정 전의 논의도 같은 면 참조.

고 규정되어 있다(동 제43조 제2항). 회사법 제429조에 의한 (주식회사) 이사의 제3자에 대한 책임에 관하여 판례[181]는 「이사의 책임은 법이 그 책임을 가중하기 위하여 특별히 인정한 것으로 불법행위 책임의 성질을 가지는 것은 아니다」라는 이해에 따라 채권 일반의 소멸시효 규정을 적용한다고 하고 있는데, 이러한 점을 반영한 것이다.[182] 소멸시효 기산점에 관하여는 신탁법 제40조와 마찬가지이다(신탁 제43조 제3항).

나아가 동법 제40조에 기초한 수탁자의 책임이 소멸한 경우에는 이사 등의 책임도 소멸한다. 이사 등의 지위는 연대보증인의 지위와 가깝기 때문에 수탁자 책임에 부종한다.

6. 수탁자 행위의 금지

(1) 총 설

손실전보·원상회복청구는 사후적인 구제방법이지만, 신탁법은 사전적 조치로서 수익자가 수탁자의 행위를 금지하는 것을 인정하고 있다(회사법 제360조 제1항 참조). 신탁법 제44조이다. 동조는 제1항에서 일반적인 금지청구를 규정함과 아울러 제2항에서 공평의무위반의 경우를 특별히 규정하고 있다. 그 이유는 후술하는 것으로 하고, 우선 제1항이 규정하는 일반적인 금지청구권부터 살펴본다.

(2) 신탁법 제44조 제1항에 의한 금지청구

(가) 청구권자 금지의 청구권자는 수익자이다. 그 권리는 신탁행위의 정함에 의해 제한할 수 없고, 각 수익자가 단독으로 행사할 수 있는 권리이다(신탁 제92조 제11호, 제10조 제1항). 수탁자가 2

181) 最判昭和 49·12·17 民集 28권 10호 2059면.

182) 寺本·163면, 村松ほか·145면.

인 이상 있는 신탁의 경우, 다른 수탁자도 청구권자가 된다(동 제85조 제4항)(→223면**).

(나) 요 건

(a) 「수탁자가 법령 또는 신탁행위의 정함에 위반하는 행위를 하거나, 이러한 행위를 할 우려가 있다」는 점

손실전보책임 등을 규정하는 신탁법 제40조가 수탁자의 임무해태를 요건으로 하고 있는바, 표현에 차이가 있다. 다만 이는 작위를 전제로 하는 표현을 하기 위한 것이라고 생각되고, 전체적으로 수탁자가 의무위반행위를 하거나, 그 우려가 있는 경우라고 해석하면 충분할 것이다(→330면*).

(b) 「신탁재산에 현저한 손해가 발생할 우려가 있다」는 점

금지는 현실적으로는 의무위반행위가 없음에도 그 「우려」만으로 구제를 인정하는 것이므로 요건이 엄격해진다.

「현저한 손해」에 해당하는지 여부의 판단에 있어서는 손해의 절대액뿐만 아니라 신탁재산 전체의 가액과 손해액의 관계, 신탁목적과의 관계도 고려된다.[183] 절대액이 소액이더라도 신탁재산의 대부분을 훼손할 우려가 있는 경우에는 「현저한 손해」라고 하여야 하고, 어떤 재산의 상황의 유지가 신탁목적과의 관계에서 중요하다면, 이를 변경하는 것에 관한 우려는 가액의 감소를 초래하지 않더라도 「현저한 손해」가 된다. 나아가 수탁자의 손실전보능력이나 원상회복의 용이성도 고려될 것이다(신탁 제37조의4 제2항 참조).

(c) 금지대상의 특정

수익자는 어떠한 행위에 관하여 금지를 청구하는지를 특정하여야 한다. 다만 어느 정도까지 특정이 필요한지는 금지의 일반론이 된다.

(다) 효 력 수익자에 의해 금지가 청구되었음에도 불구하고,

183) 条解·332면(佐久間毅).

수탁자가 해당 행위를 한 경우 해당 행위가 처음부터 수탁자의 권한 외 행위라면, 권한 외 행위로서 처리된다(신탁 제27조, 제31조. →104, 286면). 이에 비하여 권한 내 행위의 경우에 수탁자가 정당한 금지청구를 무시하고 해당 행위를 한 경우에는 어떻게 될까?

회사법에서 이사의 행위에 대한 금지에 관해서는 적어도 가처분단계에 그치는 경우에는 이사에게 부작위 의무를 부가할 뿐이므로 당연히 권한없는 행위가 되지 않는다는 견해가 유력하다.[184)]

확실히 금지는 법원에 청구하여야만 하는 것이 아니고, 청구의 정당성을 수탁자가 명확하게 판단할 수 있는 것도 아니다. 나아가 실체적으로는 수탁자가 행하고자 하는 것이 선량한 관리자의 주의를 가지고 하는 신탁사무 집행의무에 반하는 염가매각이고, 그러한 사정을 상대방(매수인)이 알고 있었다고 하더라도, 상대방은 구입을 자제함으로써 수익자를 보호해야 하는 의무를 부담하지 않는다(기꺼이 저렴하게 사면 족하다). 따라서 수익자의 청구가 정당하다고 하더라도 그로써 수탁자가 권한이 없다고 해석하는 것은 곤란하고 또한 타당하지 않다(다만 수탁자의 의도에 따라서는 권한남용으로서 권한 외 행위라고 평가되는 경우는 있다. →102, 309면). 그러나 수탁자에게 부작위의무를 부과할 뿐이라는 것도 금지청구의 실효성을 지나치게 약화시킨다.

그래서 이론적으로는 어려운 점도 있지만(금지를 인정하는 재판에 형성적인 효력이 있는 것은 아니다), 금지의 가처분 명령이 발령된 후에 한하여 신탁법 제27조를 유추하는 것이 타당할 것이다.[185)]

---

184) 반대설을 포함하여, 江頭·전게 주64) 527~528면 참조. 나아가 最判平成 5·12·16 民集 47권 10호 5423면은, 모집주식 발행 등의 금지에 관한 가처분명령에 반하는 주식발행은 신주발행 무효의 소 등의 원인이 된다고 하지만, 주식발행의 특수성으로 설명하는 견해가 많아, 일반화할 수는 없다고 생각한다.

185) 村松ほか·148면도 권한위반행위 규율의 유추를 주장하지만, 정당한 금지청구라면 그 효력이 발생한다고 하는 것은 타당하지 않다.

(3) 신탁법 제44조 제2항의 금지청구

(가) 신탁법 제44조 제2항은 공평의무위반의 행위에 관한 금지명령에 대하여 다른 경우의 금지명령과 구별하여 규정하고 있다. 그 이유는 공평의무위반은 신탁재산 자체에는 손해가 발생하지 않는 경우가 있는 점 및 청구권자를 수익자 일반이 아니라 손해를 입는 수익자로 하여야 한다는 점에 있다. 다만 공평의무위반(→ 246면)이라면 반드시 이와 같은 이유가 적합하다고는 할 수 없고, 신탁재산에 손실이 발생하여 수익을 얻은 수익자를 제외한 수익자가 널리 손해를 입은 경우에는 신탁법 제44조 제1항에서의 금지가 인정된다고 하여야 한다.*

수탁자가 2인 이상 있는 신탁의 경우 다른 수탁자도 청구권자가 된다(동 제85조 제4항)(→ 223면**).

* 구체적으로 특별한 취급이 필요한 경우로서는 신탁기간 중에 발생한 이익의 급부를 받는 수익자(수익 수익자)와 신탁종료 시에 잔여재산의 급부를 받는 수익자(잔여재산 수익자) 사이의 공평의무위반을 들 수 있다.[186] 즉 투기성이 높은 투자상품의 구입은 수익 수익자에게는 유리하다고 할 수 있지만, 잔여재산 수익자에게는 잔여재산이 감소할 가능성이 높기 때문에 불리하다. 그러나 신탁재산 전체의 가치를 높인다는 관점에서 평가할 때, 해당 투자가 적절한 것인 경우에는 처음부터 공평의무위반이 아니라고 하여야 하고(→ 246면), 한편 부적절한 경우에는 공평의무위반의 유무에 관계없이 신탁법 제44조 제1항의 금지청구가 문제되므로, 동항의 요건에 비추어 판단되어야 한다.

또한 100이라는 수익의 분배에 있어서 수익자 A와 수익자 B에게 50씩 급부해야 하는데, 수탁자가 A에게 70, B에게 30이라는 급부를 하려고 하는 경우도 들 수 있다.[187] 그러나 이 경우 B에게는 50의 급

---

186) 村松ほか · 149면 주(4).
187) セミナー(2) · 310면 이하.

부를 받을 권리가 있다고 생각하면, B에게는 직접적인 손해가 발생하지 않고, A에게 20만큼 여분의 급부를 한 것으로 인한 손해가 신탁재산에 관하여 발생하게 된다. 따라서 B는 신탁법 제44조 제1항의 금지청구를 행사할 수 있게 된다. 문제가 되는 것은 분배대상이 100에 한정되어 그 100의 신탁재산에서 일탈하면 B에게는 더 이상 50의 급부를 받을 권리가 사라지는 경우이지만 그와 같은 경우를 신탁종료의 상황 이외에서 생각할 수 있는지는 의문이다.

공평의무의 내용의 해석에 따르지만, 결론적으로 신탁법 제44조 제2항이 적용되는 경우는 극히 적다고 해야 할 것이다.

(나) 요건으로서는 신탁재산에 관한 손해가 아니라「일부 수익자에게 현저한 손해가 발생한다」라는 점이다. 이는 원칙적으로 절대액으로 판단하게 될 것이다. 다만 수탁자의 전보가능성, 공평의무위반으로 이득을 한 수익자에 대한 부당이득반환청구권*의 성부(급부이득)와 그 실현가능성이 고려된다.

효과에 관하여는 신탁법 제44조 제1항의 금지청구에 준한다 (→ 338면).

* 공평의무에 반한 급부를 받은 수익자가 부당이득반환의무를 부담하는 것은 당연한 것처럼 생각되지만, 신탁법 제226조 제1항 제2호의 규정을 통해 수익자가 책임을 부담하는 경우를 한정적으로 밝히고 있다는 점을 생각하면, 일반적인 부당이득반환의무는 부정될 수도 있다. 그러나 동호의 책임은 수탁자의 책임과 연대관계를 나타내기 위하여 확인적으로 규정되어 있는 것이고, 부당이득반환의무는 동항의 요건이 충족되지 않더라도 발생한다고 생각하여야 할 것이다.

7. 비용 또는 보수의 지급 등

신탁법 제45조는 수탁자의 손실전보청구 등 법인인 수탁자 임원의 연대책임, 수탁자 행위의 금지에 관하여 소를 제기한 수익자에게 일정한 요건 하에 그 비용 등을 신탁재산에서 지급하고, 나아가 수익자로 하여금 손해배상의무를 면하게 하는 것을 인정하고 있다. 그 취지·내용은 신탁법 제24조와 동일하고, 그곳에서의 설명으로 갈음한다(→ 149면).

또한 수탁자의 응소비용은 해당 응소가 신탁사무집행이 아니기 때문에 신탁재산에서 지급할 수는 없다.[188)]

제 7 절 수탁자의 비용상환청구 등

1. 신탁재산으로부터의 비용상환

(1) 총 설

이미 서술한 바와 같이 신탁사무처리에 있어서 제3자에 대하여 채무를 부담하면 수탁자는 그 채무의 채무자가 된다(→ 97면). 이는 한정책임신탁에서도 마찬가지이고, 직무분장에 따라 다른 수탁자가 한 신탁사무처리에 의하여 채무가 발생한 경우도 동일하다. 차이는 신탁재산에서 지급할 수 없는 경우 고유재산까지 충당의 대상이 되는가라는 점에 있고, 여하간 수탁자는 채무자가 되어 변제의무를 부담한다(신탁 제216조·제217조, 제83조 제2항 본문. → 201면).

이와 같은 채무는 물론 신탁재산에서 지급되어야 하는 것이다. 그리고 신탁재산에 속하는 재산을 이용하여 그것을 변제할 수 있는 것은 당연하고, 이것이 원칙이다.

그러나 고유재산에서 대신 지출하는 경우도 있고, 채권자의 상계에 따라 고유재산에 속하는 재산을 이용하여 변제하는 상황이 발생하는 것도 생각할 수 있다(→ 193면). 이 경우 신탁재산으로부터 그 상환을 받는 것을 수탁자에게 인정하여야 한다. 신탁법 제48

---

188) 条解·334면(道垣内弘人).

조 제1항이 이를 규정한다. 또한 신탁재산 집행의 편의를 위하여 합리적인 액수를 미리 신탁재산에서 고유재산으로 이전할 수도 있다(동조 제2항).

(2) 비용지출 후의 상환청구

(가) 요 건 수탁자가 신탁재산에서 상환을 받을 수 있기 위한 요건은 신탁사무를 처리함에 필요하다고 인정되는 비용을 고유재산에서 지출하였다는 점이다. 수탁자가 그 권한 내에서 선량한 관리자의 주의를 가지고 하는 신탁사무집행에서 지출한 비용인 것이 원칙이고, 권한 외 목적으로 비용을 지출한 경우에는 상환청구는 할 수 없다. 또한 부당하게 다액을 지출한 경우에는 합리적으로 필요한 범위에서만 상환을 받을 수 있다. 다만 결과적으로 신탁재산의 유지·증가를 초래할 필요는 없다.* 신탁보수에 포함된 것으로 판단되는 비용의 지출도 여기에 포함되지 않는다.**

수탁자의 불법행위나 채무불이행으로 인하여 발생한 채무를 변제한 경우에도 상환청구가 인정될 수 있다. 그것이 수탁자의 임무해태이고, 제3자에게 변제함으로 인해 신탁재산에 관하여 발생한 손실을 수탁자가 전보하여야 하는 경우(신탁 제40조 제1항)에만, 상환청구권이 부정된다.[189] 예를 들어 이행지체에 의하여 발생한 손해배상이라도 채무의 존재를 소송상 다툰 결과로서 발생한 것이고, 또한 소송으로 다투는 것이 선량한 관리자의 주의로써 하는 신탁사무집행에 해당하는 경우에는 수탁자에게 손실전보의무는 발생하지 않고, 해당 배상의무를 고유재산으로부터 변제하면, 신탁재산으로부터 상환을 받을 수 있다. 또한 무과실에 의한 불법행위책임은 물론 과실에 의한 불법행위에 있어서 불법행위책임의 성립요건으로서의 과실이 존재하는 경우에도 수탁자의 선관주의 집행의무

189) 加毛明「信託と破産(1)」NBL 1053호 11면(2015).

위반이 인정되지 않는 경우에는 마찬가지이다. 가령 침해된 상대방의 권리에 관하여 그 귀속에 관한 다툼이 있는 경우 등이 그 예가 될 수 있다.

*** 부당한 비용지출과 신탁재산의 증가**[190] 신탁사무처리에 필요한 비용이 아니더라도 결과적으로 신탁재산을 증가시키는 경우가 있다. 신탁재산에 속하는 재산인 부동산에 관하여 수탁자에게 개량의 권한이 없음에도 개량을 행하고 그 때문에 해당 재산의 가치가 증가한 것과 같은 경우이다. 수탁자는 해당 재산의 본권자이기 때문에 민법상 점유자의 유익비상환청구권(민 제196조 제2항)은 당연하게는 적용되지 않지만, 그 취지(부당이득의 방지)에 비추어 보면, 신탁법 제48조·제49조의 유추를 인정하여야 할 것이다. 다만 민법 제196조 제2항에 준하여 가격의 증가가 현존하는 경우에 한하고, 또한 지출액·현존증가액 가운데 적은 쪽의 액수에 한정된다고 하여야 한다. 또한 권한 외 보존행위가 이루어진 경우에 관해서는 민법상으로는 전액의 상환이 인정되지만 그 보존행위에 의하여 감소가 방지된 이익이 현존하고 있는 경우에 한정된다고 해석하여야 한다.

또한 신탁사무처리에 필요한 비용의 지출이 아니므로 경매 등의 절차에서 수탁자를 상기의 상환청구권에 관하여 신탁재산 책임부담채무와 관련된 다른 채권자보다 우선시킬 필요는 없다고 할 수도 있을 것 같지만(즉, 신탁법 제49조 제6항·제7항은 준용되지 않는다), 수탁자의 비용지출에 의하여 그러한 채권자도 이익을 받는 것이므로 우선권을 부정할 필요는 없다고 생각된다.

** 신탁은행 등이 수탁자로 된 경우 수탁자의 고유재산으로부터의 지출행위에 관하여 고유재산에서 신탁재산으로 대출이 이루어진 후에 신탁재산으로부터 제3자에 대한 지출이 되는 것인지, 고유재산으로부터 직접적으로 제3자에 대한 지출이 이루어지는지를 일의적으로는 결정할 수 없는 경우가 있다. 수탁자가 고유재산에서 신탁재산에 대출을 하는 것은 신탁법 제31조 제1항 제2호의 이익상반행위에 해당

190) セミナー(2)·317~323면 참조(다소 사견을 수정한 부분이 있다).

하므로 상기의 행위가 수탁자로부터의 정당한 대부로 성질결정이 이루어지기 위해서는 동조 제2항의 요건이 충족될 필요가 있으므로[191] (→278면), 문제가 된다.

대출인지 비용지출인지는 신탁재산에서 고유재산으로의 변제에 기한의 이익이 부여되어 있는지 여부로 결정되어야 한다고 하지만(이자의 약정은 신탁법 제48조 제1항의 신탁행위의 별도의 정함이라고도 해석할 수 있다), 현실적으로 구별이 곤란한 경우도 있을 것이다.

(나) 효 과 수탁자는 신탁재산으로부터 비용액 및 지출일 이후의 이자를 상환받을 수 있다. 이자는 법정이율(민 제404조)에 의한다. 기한을 허용하거나, 이율을 변경하는 등 신탁행위에 의한 별도의 정함이 허용되지만(신탁 제48조 제1항 단서), 신탁재산에 유동자금이 있어 상환을 받을 수 있음에도 이자가 발생하도록 방치하는 것은 선관주의 집행의무에 위반하는 것이 된다.

(3) 비용의 선지급 청구

(가) 수탁자는 신탁사무를 처리하는데 비용을 필요로 하는 경우 신탁재산에서 선지급을 받는 것이 가능하다(신탁 제48조 제2항 본문). 위임에 관한 민법상의 규정(민 제649조)에 따르는 것으로 보인다. 그러나 위임에 있어서는 위임인이 수임인과 별도의 인격을 가지기 때문에 위임인이 수임인의 금전을 직접적으로 이용할 수 없어 선지급을 받을 필요가 있는데 비해, 수탁자는 신탁재산에서 지출을 할 수 있으므로 선지급을 받을 필요가 있다고 판단하는 취지를 이해하기 어렵다. 예로서 신탁재산 책임부담 채무의 변제기 도래를 기다리는 과정에서 신탁재산의 가치하락으로 인하여 해당 채무를 변제할 수 없게 되는 경우를 들 수 있는데,[192] 만약 주식을 중심으로 하는 신탁재산이 주식시장의 변동으로 인해 가치가 전체적

191) セミナー(2)·323~330면 참조.

192) 村松ほか·155면 주(5).

으로 하락할 우려가 있는 경우에는 수탁자는 신탁재산에 속하는 주식을 매각하여 하락에 대비할 의무를 부담하는 것이므로 적절한 예는 아니다. 신탁재산에 속하는 재산에 관하여 처분금지 가처분이 이루어지는 등 신탁재산이 유동성을 상실하여 신탁재산 책임부담 채무의 변제가 곤란해질 것 같은 경우나, 신탁재산파산(→529면)의 경우(파 제244조의8 참조)를 예로 하여야 할 것이다. 다만 후술하는 바와 같이(→537면), 신탁재산이 신탁사무집행에 부족한 경우에는 위탁자·수익자에 대하여 수탁자가 선지급을 청구하고, 그것이 이행되지 않는 경우에 신탁을 종료할 수 있도록 되어 있어 선지급청구권은 수탁자가 신탁종료의 조치를 취하는 전제로서 기능하는 면은 있다. 또한 신탁청산의 단계에서는 그 프로세스 내에서 미리 신탁재산 책임부담 채무의 변제자금을 확보할 필요가 존재하는 경우도 있을 것이다(예를 들어, →544면***).

나아가, 신탁행위에 의한 별도의 정함도 허용된다(신탁 제48조 제2항 단서). 가령, 선지급을 받을 수 있는 사유를 열거하는 경우 등을 생각할 수 있다.

(나) 또한 수탁자는 선지급을 받음에 있어 수익자에 대하여 그 액수와 근거를 통지하여야 한다(신탁 제48조 제3항 본문). 「자의적인 판단」으로 인하여 과대한 비용의 선지급이 이루어지는 것을 방지하기 위하여라고 설명되지만,[193] 현실의 비용이 선지급 액수를 하회하는 경우 수탁자는 그 반환의무를 부담하는 것이므로,* 설득력 있는 설명은 아니다. 오히려 수탁자에 의한 횡령과 구별을 분명하게 하기 위한(즉, 수탁자의 자기방위) 것이라고 보아야 할 것이다.

수익자에 대한 통지는 특히 수익자가 다수인 경우 등에 수탁자에게 부담이 된다. 그래서 신탁행위에 별도의 정함이 있으면 그에 따른다(동항 단서). 예를 들어 전국적인 일간지에 게재하거나, 홈

193) 寺本·174면.

페이지에 게재하는 등의 방법을 생각할 수 있다.

* 선지급을 받은 수탁자는 선지급액의 산정근거가 된 행위 이후 현실의 비용과 정산하게 된다. 부족하면 상환청구를 할 수 있고, 남으면 반환하여야 한다. 또한 선지급액이 선량한 관리자의 주의로써 정해진 이상 그것이 남았다고 하여 수탁자는 선지급 시부터의 지연손해금을 지급하여야 하는 것은 아니다.[194]

(4) 상환 및 선지급의 방법

(가) 상환·선지급은 수탁자가 신탁법 제40조에 의해 손실전보책임 등을 부담하는 경우에는 그것을 이행한 후가 아니면 받을 수 없다(동 제48조 제4항 본문). 자신의 채무를 지체하면서 권리만을 행사하는 것은 공평에 반하기 때문이다. 한편 수탁자는 상환·선지급을 받을 때까지는 수익자나 귀속권리자(→545면)에 대한 신탁재산과 관련된 급부채무의 이행을 거절할 수 있다(동 제51조). 수익자·귀속권리자에 대한 급부에 의하여 신탁재산이 감소하고, 수탁자의 권리가 실현되지 않게 되는 것은 수익자·귀속권리자가 급부의 기초자금으로서 기대할 수 있는 재산이 비용을 지출한 이후의 신탁재산에 한정되는 것(동 제100조, 제182조 제1항)에 비추어 타당하지 않기 때문이다. 다만 수탁자는 신속하게 상환·선지급을 받아 수익자·귀속권리자에 대한 급부가 지체되지 않도록 하여야 한다(그런 의미에서 특별히 동시이행관계를 규정할 필요도 없다).

(나) (a) 상환·선지급을 받기 위하여 수탁자는 신탁재산에 속하는 금전을 고유재산에 귀속시킬 수 있다*(신탁 제49조 제1항). 또한 그것을 위하여 필요한 경우에는 신탁재산에 속하는 재산을 처분할 수 있다(동조 제2항).** 이는 신탁사무집행이므로 선량한 관리자의 주의로써 하는 것이 필요하다. 나아가 처분에 의하여 얻은 금

194) セミナー(2)·346면(道垣内弘人).

전을 고유재산에 귀속시키게 된다.

다만 처분하면 신탁의 목적을 달성할 수 없게 되어 버리는 재산은 처분할 수 없다(동할 괄호 부분). 그와 같은 재산 이외에 처분에 적합한 재산이 없는 때에는 후술하는 상환·선지급에 신탁재산이 부족한 경우(동 제52조)에 해당한다. 신탁의 종료 부분에서 설명한다(→ 538면).

또한 신탁재산에 속하는 재산의 처분에 관하여는 신탁행위에 별도의 정함을 둘 수 있다(동 제49조 제2항 단서). 예를 들어 처분방법의 정함이 있으면, 그에 따르게 된다. 특정한 재산에 관하여 처분을 금지하는 정함도 둘 수 있다.

*** 신탁재산에 속하는 금전을 고유재산으로 이전하는 것** 이는 수탁자가 단독으로 가능한 행위이지만 의사표시의 외형은 필요하므로 적어도 장부상의 이전은 필요할 것이다.[195] 신탁재산에 속하는 재산으로서 금전 이외의 것의 고유재산으로의 이전에 관하여도 마찬가지이다.

**** 수탁자의 대기의무** 신탁재산에 속하는 재산을 처분하면, 신탁목적의 달성이 불가능 내지 현저하게 곤란해지는 경우에는 수탁자는 상환청구를 유예하여야 한다는 견해도 있다.[196]

확실히 신탁목적의 달성을 위하여 필수적인 재산에 관하여는 수탁자의 처분권한이 제약되어 있지만(신탁 제49조 제2항), 처분을 위하여 적절한 재산이 없는 때에는 신탁재산이 비용상환 등에 부족한 경우로서 신탁법 제52조가 적용되어 위탁자 및 수익자는 스스로 상환에 필요한 기초자금을 출연하여 신탁을 존속시킬 것인지, 신탁을 종료시킬 것인지의 선택지를 가지는 것이 신탁법의 구조이므로, 수탁자에 의한 대기는 예정되어 있지 않다고 생각한다. 실질적으로도 수탁자에게 그와 같은 의무를 부과시키는 것은 타당하지 않다. 가까운 시일 내에 재산상황이 개선될 가능성이 높은 경우에는 별도로 생각한

---

195) セミナー(2)·333~334면.

196) 四宮·291면.

다는 견해도 있을 수 있지만, 수탁자에게 판단리스크를 부과하는 것으로 타당하지 않다.

(b) 나아가 수탁자는 금전에 의한 상환·선지급에 갈음하여 신탁재산에 속하는 재산으로서 금전 이외의 것을 고유재산에 귀속시킬 수 있다(신탁 제49조 제3항). 다만 이는 이익상반행위에 해당하므로 신탁법 제31조 제2항 각호가 규정하는 요건을 충족시켜야 한다. 동조 제3항의 통지의무도 부과된다고 해석하여야 한다. 덧붙여 이것은 가능하다고 할 뿐이므로, 신탁재산에 속하는 재산이 쉽게 환가될 수 없다고 하여 수탁자에게 이른바 매입의무가 있는 것은 아니다.

또한 신탁법 제49조 제3항에는, 「제1항의 규정에 따라 가지는 권리의 행사에 갈음하여」라고 되어 있지만, 부족액이 있는 경우에는 그 금액에 관하여 추가로 동조 제1항의 권리를 행사할 수 있다. 나아가 평가의 결과 지급받아야 하는 상환·선지급의 액수보다 재산의 가격이 더 큰 경우, 차액을 정산하는 방법을 취하는 것도 가능할 것이다.

(c) 신탁재산에 속하는 재산에 관하여 강제집행 등의 절차가 개시된 경우 수탁자가 가지는 상환·선지급의 권리는 그러한 절차와의 관계에서는 금전채권으로 간주되고(신탁 제49조 제4항),* 수탁자는 배당요구를 할 수 있다(동조 제5항). 그리고 수탁자가 지출한 비용과 관련된 채권(선지급의 권리를 포함하지 않는다)이 별개의 인격 사이의 것으로, 공익비용의 선취특권이 발생한 것과 같은 경우에는,[197] 공익비용의 선취특권(민 제306조 제1호, 제307조)의 피담보채권과 동순위의 우선권이 부여된다(신탁 제49조 제6항).

마찬가지로 별개의 인격 사이라면 동산보존의 선취특권(민 제311조 제4호, 제320조)·부동산보존의 선취특권(동 제325조 제1호, 제

197) 道垣内·전게 주99) 46면 참조.

326조)이 발생하는 경우도 해당 선취특권의 피담보채권과 마찬가지의 우선권이 부여된다(신탁 제49조 제7항 제1호).

유익비 상환청구권 일반에 관하여 민법상으로는 선취특권이 부여되어 있지 않지만, 많은 경우 유치권(민 제295조 제1항, 상 제521조)이 발생하므로, 일정한 보호가 제공되고 있다고 할 수 있다. 그런데 신탁재산에 속하는 재산은 수탁자에게 귀속되어 있고, 「타인의 물건」(민 제295조 제1항)도, 「채무자가 소유하는 물건」(상 제521조)도 아니므로, 유치권은 발생하지 않는다. 그래서 수탁자가 지출한 비용이 유익비에 해당하는 경우에는 지출액 또는 현존하는 가치증가액 중 낮은 금액에 관하여 수탁자에게 우선권이 부여된다(신탁 제49조 제7항 제2호).

위와 같은 우선권의 취지로서 수탁자의 보호를 들 수 있는데, 신탁재산 책임부담 채무의 채권자는 수탁자의 고유재산에도 집행할 수 있고, 수탁자의 상환청구권을 우선함으로써 수탁자의 고유재산에 귀속된 재산에 관하여 재차 강제집행 등의 절차를 행할 수 있다. 그렇다면, 한정책임신탁의 경우를 제외하고, 수탁자의 보호로는 연결되지 않는다(수탁자의 고유재산을 증가시켜, 수탁자에 대한 채권자로서 신탁재산 책임부담 채권과 관련된 채권 이외의 것을 가진 자를 신탁재산 책임부담 채무의 채권자와 동순위에 두는 방식으로 보호하게 된다).[198] 다만 수익채권의 채권자와의 관계에서는 수익채권과 관련된 채무가 신탁재산에 속하는 재산으로만 책임을 부담하는 것으로 되어 있기 때문에(신탁 제100조), 수탁자 보호의 의미를 가진다. 또한 신탁법 제50조는 동법 제49조 제4항과 함께 수탁자의 상환청구권이 신탁채권(동 제21조 제2항 제2호)과 동등하다는 것을 원칙으로 하고 있다는 점을 나타내고 있다고도 할 수 있다.

또한 신탁재산파산의 국면에 관하여는 규정이 없지만, 공익비

198) 道垣内·問題状況 135~136면.

용의 선취특권의 피담보채권과 동일한 우선권을 부여받는 채권은 우선적 파산채권(파 제98조 제1항)이 되고, 개별 재산에 대한 필요비·유익비의 상환청구에 관하여는 특별한 선취특권이 부여되므로, 수탁자를 별제권자(파 제65조 제1항)로 취급하여야 한다.[199)]

이상의 우선권은 신탁재산 책임부담 채무와 관련된 채권을 가지는 채권자와의 관계에서 발생한다. 부동산보존의 선취특권에는 보존행위 시점에 이미 등기가 이루어진 저당권에도 우선하는 효력이 부여되지만(민 제339조), 그 효력을 보존하기 위하여는 보존행위의 완료 후 즉시 등기를 하여야 한다(민 제337조). 그러나 수탁자의 상환청구권에 관한 우선권은 수탁자가 해당 부동산의 소유자이므로 등기가 불가능하다. 따라서 수탁자의 우선권은 피담보채권이 신탁재산 책임부담 채무인 기등기 저당권에도 등기 없이 우선한다고 해석하지 않을 수 없다. 이에 대하여 그 이외의 자가 신탁재산에 속하는 부동산에 관한 저당권을 가지고 있는 경우, 해당 저당권자와의 관계에서는 수탁자는 우선권을 가지지 않는다(신탁 제49조 제6항 괄호 부분). 그와 같은 채권자와의 관계에서는 수탁자는 소유자에 지나지 않고, 소유자가 그 소유 부동산에 관하여 보존비용을 지출하였다고 해서 저당권자가 소유자에 비하여 열후한 지위에 있는 것은 아니기 때문이다.[200)]

*** 비용상환청구권의 대위행사·압류**[201)] 신탁법은 신탁재산에 대한 강제

---

199) 伊藤眞ほか『条解破産法(第3版)』1633면(弘文堂, 2020).

200) 寺本·179~180면은, 수탁자가 필요·유익비를 지출함으로 인해 가지는 상환청구권은 피담보채권의 구별없이 저당권에 우선한다고 하지만, 찬성할 수 없다. 실은, 신탁재산 책임부담 채무와 관련된 채권을 가지는 채권자가 신탁재산에 속하는 재산에 관하여 개별담보를 가지는 경우 그자의 권리와의 관계에서 수탁자에게 일정한 우선권을 인정하는 것도 타당하지 않은 경우가 있다. 道垣内·問題状況 136~139면.

201) セミナー(2)·339~342면 참조. 나아가 구법하에서의 논의이지만, 遠藤雅範「受託者の補償請求権に関する法律上の性質」信研 26호 73면 이하(2001).

집행 등의 국면에서만 수탁자의 비용상환청구를 금전채권으로 간주한다고 하고 있다. 그러면 수탁자의 고유재산에 대해서만 채권을 가진 채권자는 수탁자가 행사하지 않은 비용상환청구권에 관하여 채권자대위(민 제423조)를 행사하거나, 압류할 수 없는 것일까? 이것을 할 수 없다고 하면, 수탁자의 고유재산이 자금부족에 빠지는 경우 부당한 결론이 된다.

문언상으로는 어렵지만, 적어도 압류는 할 수 있고, 수탁자의 고유재산에 대해서만 채권을 가진 채권자가 그로 인해 취득한 권리는 신탁재산 책임부담 채무와 관련된 채권이 된다고 해석하여야 한다(→151면).

(5) 대 위

수탁자는 신탁재산 책임부담 채무를 고유재산으로 변제하여 신탁재산에 대한 상환청구권을 취득한 경우에는 변제된 신탁재산 책임부담 채무의 채권자를 대위한다고 되어 있다(신탁 제50조). 실질적으로는 제3자 변제에 해당한다는 이유가 주장되지만,[202] 설득력이 없다. 해당 채무에 관하여 제3자가 보증인이 된 경우를 생각하면, 수탁자에 의한 변제는 해당 보증인의 입장에서 보면 채무자에 의한 변제와 다름이 없고, 그 경우 수탁자가 채권자를 대위하여 보증인에게 보증채무의 이행을 청구할 수 있다는 것은 근본적으로 타당하지 않다. 또한 제3자 소유재산에 관하여 신탁재산 책임부담 채무와 관련된 채권을 피담보채권으로 하는 저당권이 설정된 경우도 마찬가지이다. 처음부터 수탁자는 보증인이나 물상보증인으로부터 구상되어야 하는 입장에 있어 대위를 인정하는 것은 모순이다.

그렇다면 해당 신탁재산 책임부담 채무의 채권자가 신탁재산에 속하는 재산에 관하여 가지고 있던 권리에 한하여 대위의 대상이 된다고 해석하여야 한다.[203]

---

202) 寺本·183면, 村松ほか·159면 주(14).
203) セミナー(2)·333~335면 참조.

2. 수익자로부터의 비용상환[204)]

(1) 구 신탁법 제36조 제2항에서 수탁자는 수익자로부터도 비용의 상환을 받을 권리를 가진다고 되어 있다. 그러나 수익자가 상환의무를 부담하는 것을 원칙으로 하면, 신탁을 이용한 상품설계가 곤란해지고, 또한 수익자에게 상환의무를 부과시키는 것은 개별 합의로 가능하기 때문에 현행 신탁법에서는 수익자의 상환의무를 원칙적으로 부정함과 동시에 수탁자와 수익자의 합의에 기초하여 수익자에게 비용의 상환·선지급의 의무를 부과시키는 것이 가능하다는 점을 신탁법 제48조 제5항에 규정하는 것으로 하였다. 또한 합의로 가능한 것은 당연하기 때문에 동항은 확인규정이다.

(2) 수익자의 의무는 수탁자와의 계약에 의해 발생하는 것이므로 그 내용은 계약에 의해 정해진다. 또한 수익권이 양도된 경우 그 의무가 새로운 수익자에게 당연히 승계되는 것은 아니다(실무적으로는 수익권에 양도제한특약을 부가해 새롭게 상환의무를 부담하는 계약을 체결하는 자가 아니면, 그자에 대한 양도를 승인하지 않는다는 방법이 생각될 수 있다). 반대로, 수익권을 상실하였다고 해서 상환의무를 면하는 것은 아니다.

그러나 신탁기간 중의 이익이 수익자에게 귀속되고, 나아가 신탁종료 시에는 신탁재산이 수익자에게 귀속되는 신탁에 있어 상환의무는 수익자로서의 지위에 결부되어 있다고 생각되며, 수익권의 양도에 의하여 그 계약상의 지위가 이전하고, 반대로 수익권을 상실한 경우에는 그때까지 발생한 상환의무를 제외하고, 장래의 상환의무를 면한다고 해석하는 것이 타당하다.

(3) 계약에 의하여 상환의무를 부담하는 것은 수익자 이외에도

---

204) セミナー(2)·355~364면, 関貴志「信託事務処理費用等の償還請求」井上聡監修『信託の80の難問に挑戦します!』85면 이하(日本加除出版, 2021), 神田＝折原·104~106면.

가능하다.*

*** 지시권자 등의 비용상환의무**[205] 수탁자에 대한 비용상환의무를 수익자 일반에게 인정하는 것이 적절하지 않다고 하더라도, 신탁재산의 운용에 관한 지시권자가 있고, 수탁자가 그 지시에 따를 의무가 있는 경우에는 비용발생 리스크를 통제하고 있는 것은 지시권자이므로, 지시권자에게 비용상환의무를 부과하여야 하는 것이 아닌지, 나아가 개별적인 지시권이 없더라도 신탁목적, 수탁자의 권한범위 등에 비추어 수탁자나 수익자가 비용상환의무를 부담한다는 묵시의 합의가 존재한다고 해석하여야 하는 경우도 있는 것은 아닌지에 관한 지적이 있다.

위탁자(수익자를 겸하는 경우를 포함한다)에 관하여는 신탁계약의 해석으로서 인정되는 경우가 있겠지만,[206] 신탁계약의 당사자는 아닌(즉, 위탁자가 아닌) 수익자·지시권자에 대해서는 곤란할 것이다. 다만 부적절한 지시에 의해 수탁자에게 손해를 발생시킨 경우에는 불법행위를 이유로 하는 손해배청구를 할 수 있는 경우도 있을 것이고, 신탁계약의 서면에서 수익자나 지시권자가 계약 당사자가 된 경우에는 그러한 자는 이론적인 의미에서의 신탁계약의 당사자는 아니지만, 별도의 합의가 동일한 서면으로 이루어졌다고 평가되므로 수탁자와 사이에 묵시적 위임계약의 존재를 인정하여 민법 제650조 제1항에 의한 비용상환청구권을 인정하여야 하는 경우도 있다고 생각된다.[207]

---

205) 木村仁「受託者の費用償還請求権をめぐる一考察」法時 82권 11호 134면 이하(2010) 참조. 나아가, 伊室亜希子「受託者の費用償還請求権の新信託法による変容」明治学院大学法科大学院ローレビュー 13호 1면 이하(2010)도 참조.

206) 新井·329면은, 자익신탁의 경우 위탁자에게 비용상환의무를 인정하여야 한다는 점을 주장한다. 이에 비해 木村·전게 주 205) 135면은, 자익신탁인 점은 계약해석에서 고려요소의 하나로서 자리잡고 있다고 한다. 후자의 견해를 지지하고 싶다.

207) 東京地判平成 21·6·29 判時 2061호 96면은, 민법 제650조의 적용을 부정한다. 高木いづみ「委託者指図型投資信託の委託者に対する受託者の費用償還請求権等の有無」みずほ信託銀行＝堀総合法律事務所編『詳解信託判例』243면(金融財政事情研究会, 2014)은, 민법 제650조의 적용은 개별 합의와 관련시키고자 하는 취지에 반한다고 하지만, 묵시의 합의는 인정한다(同·248면). 또한, 星野豊「『信託関係』における『受益者』の責任 (1)~(3完)」NBL 673호 10면 이하, 674호 47면 이하, 675호 52면 이하(1999)는, 수익자 겸 위

3. 신탁보수

(1) 수탁자는 신탁행위에 수탁자가 신탁재산으로부터 신탁보수를 받는다는 취지의 정함이 있는 경우에 한하여 신탁재산으로부터 신탁보수를 받을 수 있지만, 상법 제512조가 적용되는 경우에는 신탁재산으로부터 당연히 상당의 보수를 받을 수 있다(신탁 제54조 제1항).

액수에 관하여는 신탁행위에 직접적인 정함 또는 산정방법의 정함이 있는 경우에는 그에 따라 결정된다. 그러한 정함이 없는 경우에는 수탁자는 상당한 액수를 신탁재산으로부터 취득할 수 있지만, 수익자에 대하여 그 액수와 산정근거를 통지하여야 한다(동조 제2항 · 제3항).[208]

(2) 신탁보수에 관하여는, 비용 등에 관한 규율이 많이 준용된다. 구체적으로는 신탁법 제48조 제4항 · 제5항, 제49조(제6항 · 제7항을 제외한다), 제51조, 제52조이다(동 제54조 제4항)(→342면). 또한 민법 제648조 제2항 · 제3항, 제648조의2도 준용되므로(신탁 제54조 제4항), 신탁행위에 별도의 정함이 없는 한 신탁 종료까지 수탁자는 신탁보수를 받을 수 없는 것이 원칙이다. 신탁법 제51조의 적용에 있어서는 수탁자의 보수청구권의 이행기가 도래하는 것이 요건이 된다.

(3) 또한 신탁법 제48조 제5항이 준용되므로 수익자가 수탁자와의 합의에 의해 신탁보수를 지급할 것을 약정할 수도 있다(또한 신탁업법 제29조의3 참조). 다만 개별 계약에서 지급을 합의할 수 있는 것은 위탁자 기타 제3자도 마찬가지이다.

탁자가 지시권을 가지는 경우 대리관계의 병존을 인정하여 수익자의 비용상환의무를 긍정한다.

208) 상당하지 않은 보수합의나 그 후의 변경에 의한 통제의 가능성에 관하여, 小出篤「信託報酬について」信研 39호 58면 이하(2014).

4. 신탁재산으로부터의 손해배상

(1) 수탁자는 신탁사무를 처리하기 위하여 손해를 입은 경우에는 신탁재산으로부터 배상을 받을 수 있다(신탁 제53조 제1항). 수탁자의 의무이행 과정에서 손해를 입은 경우에는 그 이익이 귀속하는 재산으로부터 그 배상을 받을 수 있는 것이 공평하다는 사고방식에 기초한다. 민법 제650조 제3항에 대응하는 규정이다.

다만 과실상계는 있을 수 있다. 그 점을 분명하게 하기 위하여 신탁법 제53조 제1항은 「자기에게 과실없이 손해를 입은 경우」(1호)와, 「제3자의 고의 또는 과실에 의하여 손해를 입은」 때 수탁자에게 과실이 있는 경우(제2호)의 두 가지로 나누고, 전자에서는 손해 전액의 배상을 받을 수 있지만, 후자에서는 가해자에게 배상청구를 할 수 있는 범위에서 신탁재산으로부터 배상을 받을 수 있는 것으로 하고 있다.

(2) 수탁자가 신탁재산으로부터 상환을 받은 경우에는 가해자인 제3자에 대한 배상청구권은 신탁재산에 귀속하게 된다. 해당 제3자의 행위에 따라 신탁재산이 수탁자의 고유재산에 대하여 배상한다는 형태로 배상을 받은 것이 되기 때문이다.

(3) 민법 제650조 제3항에 관하여는, 「위임사무를 처리하기 위하여」라는 문언의 해석에 관하여 위임사무의 인수와 인과관계가 있는 모든 손해를 포함한다는 견해와 직접적인 위임사무 처리행위로부터 발생한 손해에 한정된다는 견해가 있다. 또한 유상위임에도 적용되는지, 무상위임의 경우에 한정되는지에 관하여도 다툼이 있다.[209)]

신탁에 입각하여 후자의 입장에서 생각하면, 확실히 신탁보수가 지급되는 경우에는 일정한 위험의 인수는 그 보수에 포함되어 있다고 해석되는 경우가 있을 것이나, 합리적인 범위를 초과하는

209) 平野裕之『民法総合5 契約法(第3版)』635~636면(信山社, 2007) 참조.

손해를 입은 경우에는 여전히 신탁재산에 구상할 수 있다고 하여야 하고, 무상의 수탁에 한정할 필요는 없다. 그러나 배상범위에 관하여는 수탁이 유상인 경우와 무상인 경우로 구분하여, 유상의 경우에는 「신탁사무를 처리하기 위하여」 입은 손해라 함은 직접적인 신탁사무 처리행위에서 발생한 손해에 한정된다고 해석하여야 할 것이다. 예를 들어 신탁사무처리를 위한 출장 중에 발생한 손해는 포함되지 않는다.

(4) 손해배상에 관하여도 신탁법 제48조 제4항·제5항, 제49조(제6항·제7항을 제외한다), 제51조, 제52조가 준용된다(동 제53조 제2항).

제 8 절 수탁자의 변경

1. 수탁자의 임무종료

(1) 신탁이 계속되면, 그 사이에 여러 가지 변화가 발생한다. 수탁자의 변경도 그중 하나이다.

수탁자의 변경이 발생하는 것은 신탁은 종료하지 않는데, 현재 수탁자의 임무가 종료하기 때문이다. 그 종료사유는 크게 4가지로 구분된다. 수탁자의 능력상실, 수탁자의 사임, 수탁자의 해임, 신탁행위에서 정해진 사유의 발생 등이다. 차례로 검토한다.

(2) 수탁자의 능력상실

(가) 수탁자인 개인이 사망한 경우(신탁 제56조 제1항 제1호)는 당연하지만, 수탁자인 개인이 후견개시 또는 보좌개시의 심판을 받은 경우에도 그 임무가 종료하는 것으로 되어 있다(동항 제2호). 과거에는 성년피후견인 및 피보좌인의 수탁자 자격은 부정되었고(개정 전 신탁법 제7조), 그 경우에는 후견개시·보좌개시의 심판을 받

음에 따라 수탁자의 임무가 종료하는 것은 당연하였다. 2019(레이와 원년)년의 개정에 따라 성년피후견인 및 피보좌인의 수탁자 자격이 긍정되었지만, 당초부터 제한행위능력자를 수탁자로 한 경우와 달리 수탁자가 나중에 제한능력자가 된 경우에는 신탁사무집행에도 지장을 초래할 우려가 발생하므로, 수탁자의 임무를 종료시킨다는 당사자 의사(신탁계약의 경우는 위탁자와 수탁자, 유언신탁·자기신탁의 경우는 위탁자의 의사)의 존재가 추측된다는 사고에 기초하여 임무종료사유로서는 존속시키는 것으로 하였다. 당사자 의사의 추측이므로 신탁행위에서 별도의 정함이 허용된다(신탁 제56조 제1항 단서)(특히 유언신탁에서 수탁자로서 지정된 자가 신탁의 효력 발생 전에 후견개시 또는 보좌개시의 심판을 받은 경우에 관하여, → 71면**).

(나) 수탁자에 관하여 파산절차가 개시된 경우도 마찬가지이다.* 파산절차 개시결정은 자연인 등의 인격소멸 원인이 되지 않고, 또한 반드시 재산관리능력의 불충분을 나타내는 것은 아니지만, 파산자에게 수탁자의 임무를 계속하도록 하는 것은 통상적인 위탁자 의사에 반한다. 따라서 수탁자로서의 임무도 종료한다고 되어 있다(신탁 제56조 제1항 제3호). 이와 같이 의사추정을 근거로 하는 사유에 지나지 않기 때문에 신탁행위에서 별도의 정함이 허용된다(동항 단서. 나아가 동조 제4항).

수탁자인 법인이 해산한 경우 역시 존재가 없어지므로 수탁자로서의 임무도 종료한다(동항 제4호). 다만 합병의 경우는 합병 후 존속하는 법인 또는 합병 후 설립하는 법인이 수탁자의 임무를 승계한다(동조 제2항 전단). 주식회사에 입각해 살펴보면, 흡수합병(회사 제749조)에 있어서 수탁자인 법인이 흡수합병 존속회사인 경우에는 그대로 수탁자로서 임무를 계속 부담하지만, 흡수합병 소멸회사인 경우에는 흡수합병 존속회사에 수탁자로서의 임무를 승계시키게 된다. 또한 신설합병(동 제753조)에 있어서는 신설합병 설립회사가 수탁자의 임무를 승계한다. 수탁자인 법인이 분할된 경우에도 분할에 의해 수탁자로서의 권리의무를 승계하는 법인이 수탁자로서의 임무를 승계한다(신탁 제56조 제2항 후단). 주식회사에 입각해 살펴보면, 흡수분할(회사 제758조)에 있어서는 흡수분할 승계회사가, 신설분할(동 제762조)에 있어서는 신설분할 설립회사가 승계하게 된다. 위와 같은 승계에 관한 규율에 대해서는 신탁행위에 별도의 정함을 둘 수 있다(신탁 제56조 제3항).

*** 수탁자의 파산**[210] 수탁자 파산의 경우, 신탁재산에 속하는 재산은 파산재단에 속하지 않지만(신탁 제25조 제1항), 현유재단에는 편입되어 버린다. 그래서 위탁자, 그 상속인, 수익자, 신 수탁자(신탁이 종료된다면, 잔여재산에 관하여 권리를 가지는 자)가 환취권(파 제62조)을 가진다는 것이 종래의 통설이었다.[211] 그러나 이 경우 파산관재인은 신탁재산에 속하는 재산을 보관하고, 신 수탁자(또는 신탁재산관리인)에 의한 신탁사무 처리가 가능해지면, 그자에게 신탁사무를 승계하여야 하는 것이며(신탁 제60조 제4항), 환취권의 행사라고 하여도 신 수탁자(또는 신탁재산관리인)는 별론으로 하더라도 수익자 등은 자기에게 신탁재산에 속하는 재산의 인도를 요구할 수 있는 것은 아니다. 해당 재산이 파산재단에 속하지 않는다는 점을 주장하고, 자신의 신탁상 권리를 계속하여 행사할 수 있다고 할 뿐이다.[212]

그리고 이와 같이 파산관재인이 신탁재산의 보관의무를 부담하고, 신 수탁자(또는 신탁재산관리인)에 대한 인도의무를 부담한다면, 수탁자 사망 시에 동일한 의무가 신탁법상 부과되는 상속인(동 제60조 제2항)과 마찬가지로, 파산관재인의 제3자성은 부정되고, 만일 신탁재산에 속하는 재산 중 제3자에 대하여 그것이 신탁재산인 점을 대항

---

210) 条解·127~135면(加毛明) 참조.

211) 예를 들어, 四宮·75면.

212) 沖野眞已「公共工事請負前払金と信託」平井宜雄古稀『民法学における法と政策』374~375면(有斐閣, 2007). 또한 위와 같은 내용에 도달한 학설상의 흐름에 관하여, 加毛明「受託者破産時における信託財産の処遇(2)」法協 124권 11호 2388~2395면(2007) 참조.

하기 위해서는 등기·등록 등의 대항요건이 필요한 것이 있어도, 수탁자에게 대항하기 위해서는 대항요건이 필요하지 않게 된다.[213] 즉, 이 국면에서 파산관재인은 파산채권자의 이익대표자로서가 아니라 파산자가 부담하던 수탁자의 역할을 승계하여 새로운 수탁자에 대한 승계를 위한 잠정적 수탁자로서의 지위에 있다고 해석된다.

(다) 수탁자에 관하여 재생절차 개시결정(민재 제33조)·갱생절차 개시결정(회갱 제41조, 금융갱생특 제31조·제196조)이 있는 경우 수탁자의 임무는 종료하지 않는다(신탁 제56조 제5항 본문·제7항). 재건형 절차에 있어서는 채무자가 사업 등을 계속하는 것이 전제이기 때문이다. 이 경우 관재인 또는 보전관리인이 있는 경우에는 그자가 수탁자로서 임무수행을 한다(동조 제6항·제7항). 다만 위탁자는 신탁행위의 정함으로 당해 결정을 수탁자의 임무종료 사유로 할 수 있다(동조 제5항 단서·제7항).

신탁재산은 수탁자의 재생채무자 재산·갱생회사 재산에는 편입되지 않고, 도산채무자의 재산 중에 독립성을 유지한 채로 존재한다(동 제25조 제4항·제7항).

(라) 또한 수탁자가 주식회사인 경우 등은 파산절차 개시결정에 의해 해산되므로(회사 제471조 제5호), 수탁자의 임무도 종료한다. 이 경우 파산절차 개시결정을 종료사유로 하는 신탁법 제56조 제1항 제3호가 아니라 동항 제4호를 적용한다고 되어 있다(동항 제3호 괄호 부분).*

*** 제3호와 제4호의 차이** 파산절차 개시결정을 종료사유로 할 것인지, 해산을 종료사유로 할 것인지에 따라 전자에서는 신 수탁자에 의한 신탁사무처리가 가능해질 때까지 파산관재인이 신탁재산에 속하는 재산의 보관 등의 의무를 부담하는데 비해, 후자에서는 부담하지 않는다는 차이가 발생한다(신탁 제60조 제4항). 수탁자인 주식회사에

---

213) 鈴木秀昭「信託の倒産隔離機能」信研 28호 100~106면(2003). 수탁자의 파산에 따라 신탁이 종료하는 경우에 입각하여, 道垣内·問題状況 326~327면.

관하여 파산절차가 개시된 경우에도 파산관재인에게 보관 등의 의무를 부과시켜야 한다는 판단도 있을 수 있지만,[214] 명문의 규정에 반하고, 파산재단의 증식을 임무로 하는 파산관재인에게 신탁재산에 속하는 재산이 파산재단에 편입되지 않도록 하는 임무를 부과시키는 것에는 무리가 있다. 신탁재산에 속하는 재산은 일응 청산 중 회사에 속한다고 하고, 필요에 따라 후술하는 신탁재산관리인에 의한 관리(→368면)에 의하여야 할 것이다.[215]

(3) 수탁자의 사임

수탁자는 일정한 요건이 충족되면 사임할 수 있다. 신탁행위에 사임에 관한 정함이 있는 경우에는 그에 따라 사임할 수 있고, 정함이 없는 경우에도 위탁자 및 수익자의 동의를 얻으면 사임이 가능하다(신탁 제57조 제1항). 위탁자가 현재 존재하지 않는 경우에는 동의에 의한 사임은 할 수 없다(동조 제6항). 위탁자의 의사에 반할 우려가 있기 때문이다.[216] 다만 유언신탁의 경우를 제외하고, 위탁자의 지위는 상속인에게 승계되므로(동 제147조의 반대해석), 「위탁자가 현재 존재하지 않는다」가 되는 것은 유언신탁 시, 위탁자가 사망하여 상속인이 없는 경우 및 위탁자가 법인인 경우에 해당 법인이 해산한 경우가 된다.[217]

나아가, 위와 같은 요건이 충족되지 않더라도, 부득이한 사유가 존재하는 경우에는 법원의 허가를 얻어 사임할 수 있다(동 제57

214) 村松ほか・192면 주(16).

215) セミナー(2)・405~409면.

216) 관계자의 의향을 우선하고자 하는 신 신탁법의 취지에 합치하지 않는다고 하여, 입법론적으로 의문을 나타내는 평가도 있다[福田ほか・292면, 新井監修・239면(越知保見)]. 그러나 신탁의 변경에 있어서도 위탁자가 현재 존재하지 않는 경우에는 자유로운 합의를 인정하지 않는다(신탁 제149조 제5항). 신탁법은 위탁자의 의사를 관계자의 의사로 하여 중시하고 있으므로, 해당 평가는 정당하지 않다[セミナー(3)・411면(道垣内弘人)].

217) 条解・373면(山下純司). 本書初版・275면이 아무런 한정도 하지 않고, 위탁자가 사망한 경우를 예로 든 점은 정정한다.

조 제2항. 추가로 제3항~제5항). 수탁자가 자연인인 경우에는 질병 등이 이에 해당한다(→ 239면).

사임에 의하여 수탁자의 임무가 종료하는 것은 당연하다(동 제56조 제1항 제5호).

(4) 수탁자의 해임

(가) 수탁자는 일정한 요건이 충족되면 해임될 수 있다. 신탁행위에 수탁자의 해임에 관한 정함이 있는 경우에는 이에 따라 해임할 수 있고(신탁 제58조 제3항), 정함이 없는 경우라도 위탁자와 수익자가 합의를 하면 언제든지 수탁자를 해임할 수 있다(동 제1항. 나아가 동 제56조 제1항 제6호). 이미 사망·해산 등으로 인해 위탁자가 현재 존재하지 않는 경우에는 합의에 의한 해임은 할 수 없다(동 제58조 제8항). 수익자만의 판단에 따라 수탁자를 해임할 수 있다고 하면, 위탁자의 의사에 반할 우려가 있기 때문이다.[218]

수탁자의 의사적 관여를 필요로 하지 않는 것은, 수탁자는 신탁의 이익을 향수할 수 없고(동 제8조), 불이익만 보상된다면 수탁자로 하여금 그 지위에 머물러 있도록 할 이익은 없다는 사고에 기반하고 있다. 따라서 수탁자에게 불리한 시기에 해임한 경우에는 수탁자가 입은 손해를 배상하여야 한다(동 제58조 제2항 본문).* 다만 해임에 관하여 「부득이한 사유가 있는 경우」에는 배상은 필요하지 않다(동항 단서). 다만 배상액의 범위를 결정함에 있어서는 해임의 사유를 고려하여야 한다. 그렇다면, 일률적으로 배상을 부정하는 「부득이한 사유」에 관하여는 수탁자가 임무에 적합하지 않다는 것이 분명하다는 점 등, 제한적인 해석이 요구될 것이다. 배상액에 의한 조정이 우선되어야 하기 때문이다.

손해배상에 관하여도 신탁행위에 별도의 정함을 두는 것은 허

---

218) 전게 주216)과 같은 입법론적 비판이 있지만, 그것과 마찬가지로 정당하지 않다.

용된다(동 제58조 제3항). 수탁자가 그러한 정함이 적용되는 지위로서 인수하였다고 해석되기 때문이다.

(나) 다만, 위탁자가 현존하지 않거나, 현존하는 경우에 위탁자와 수익자 사이의 합의가 이루어지지 않더라도 수탁자가 임무위반에 따라 신탁재산에 현저한 손해를 가하는 등, 「중요한 사유」가 있는 때에는, 위탁자 또는 수익자는 법원에 수탁자의 해임을 요구하는 신청을 할 수 있다(동조 제4항. 나아가, 제5항~제7항). 또한 수익자의 신청권은 신탁행위로 제한할 수 없고, 복수의 수익자가 있는 때에도 각인이 단독으로 행사할 수 있다(동 제92조 제1호). 이 경우 수탁자에 대한 손해배상이 불필요한 것은 당연하다.

*** 배상의 범위** 신탁법 제58조 제2항은 민법상 위임의 규율과 동일한 규정이고(민 제651조 제2항), 그곳에서는 위임보수를 얻는다고 하는 이익의 침해는 배상의 대상이 되지 않는다고 되어 있다(동항 제2호 괄호 부분). 이에 비하여 주식회사의 이사가 정당한 이유 없이 해임된 경우의 손해배상(회사 제339조 제2항)에 관하여는 임기 중에 얻었을 보수 상당액을 포함한다는 것이 통설이다.[219)]

확실히 신탁은 사업신탁과 같이 회사와 동일한 방식으로 활용되는 경우가 있어 보수를 일절 취할 수 없다고 해석하는 것은 회사법과 차이가 지나치게 커진다. 그러나 손해배상이 필요하지 않은 경우에 관하여 회사법이 「정당한 이유가 있는 경우」라고 하고 있는 것에 비해, 신탁법은 「부득이한 사유가 있었을 때」라고 하고 있다. 이는 민법과 동일하고, 회사법보다 좁다고 생각된다. 나아가 주식회사의 이사에 관하여 상기의 해석이 취해진 배경에는 회사법 제정까지 이사의 임기가 2년으로 제한되어 왔던 점이 있고[2005(헤이세이 17)년 개정 전 상 제256조], 현행법하에서 전체 주식의 양도제한 회사에 있어서 임기가 10년으로 정해진 경우(회사 제332조 제2항 참조), 임기 당초에 해임된 경우까지 동일한 범위로 배상이 인정될지는 의문이다.

수탁자의 기대와 해임의 이유를 고려하여 합리적인 보수의 범위에

---

219) 江頭·전게 주64) 413~414면 주(7).

대해서는 인정할 수밖에 없을 것이다.

(5) 신탁행위에서 정한 사유의 발생

신탁행위에서 수탁자의 임무에 기한을 정하여 일정한 기간의 경과에 따라 임무가 종료하거나, 수탁자의 재산관리능력이 의심되는 사태가 발생한 경우, 가령 고유재산에 관하여 압류 등을 받은 경우에는 임무가 종료한다는 규정을 둘 수 있다. 이 경우에는 그 정함에 따라 수탁자의 임무는 종료한다(신탁 제56조 제1항 제7호).

또한 구 신탁법 제44조는 「신탁행위에 의하여 특정한 자격에 기초하여 수탁자가 된 자가 그 자격을 상실한 경우에는 그 임무는 그로 인하여 종료한다」라고 하고 있었다. 이는, 가령 어느 모임의 회장의 자격으로 인해 수탁자가 된 자가 회장이 아니게 되었을 경우에는 수탁자로서의 임무가 종료하는 것이라고 해석되어 왔지만,[220] 특정한 자격의 상실로 「신탁행위에서 정한 사유」가 발생하였다고 해석할 수 있는 것이 통상적이므로 삭제되었다.[221]

2. 임무종료 시의 절차

(1) 수익자 등에 대한 통지

수탁자의 임무종료는 수익자에게 있어 중요한 이해관계가 있는 사항이므로, 전 수탁자(임무가 종료한 수탁자)는 수익자에게 그 취지의 통지를 하여야 한다(신탁 제59조 제1항 본문). 다만 신탁행위에 별도의 정함이 있으면 그에 따른다(동항 단서). 단 수익자의 감독권능을 무력화하는 것과 같은 불합리한 정함은 허용되지 않는다. 예를 들어, 수탁자의 임기와 차기의 수탁자가 정하여진 때에는 통지를 하지 않더라도 수탁자의 교체를 수익자가 알 수 있으므로 비

220) 四宮·264면.
221) 寺本·197면 주(6).

용의 절약을 위하여 통지를 생략하는 경우 등이 합리적인 정함의 예로서 생각될 수 있다.[222)]

수탁자에 대하여 파산절차 개시결정이 있었음을 이유로 수탁자의 임무가 종료한 경우에는 파산관재인에게도 신탁재산의 상황 외에 알고 있는 수익자·귀속권리자(동 제182조 제1항 제2호)의 성명 등, 신탁행위의 내용을 통지하여야 한다(동 제59조 제2항, 신탁칙 제5조). 다른 수탁자가 없는 경우에는 파산관재인이 신탁재산에 속하는 재산의 보관 등을 하는 것이고(신탁 제60조 제4항), 다른 수탁자가 있는 경우에도 파산관재인은 무엇이 신탁재산에 속하는 재산이고, 파산자가 어떤 채무를 부담하고 있는지를 알 필요가 있기 때문이다. 공동수탁자가 있는 경우에는, 당해 다른 수탁자가 신탁에 관한 권리의무를 승계하여 전 수탁자의 임무도 행하게 되므로(동 제86조 제4항), 당해 다른 수탁자에게도 통지가 필요하다(동조 제1항).

수탁자의 사망을 이유로 하는 임무종료의 경우에는 전 수탁자에게 통지의무를 부담하게 할 수 없고, 후견·보좌가 개시된 것을 이유로 하는 경우에도 통지의무를 부담시키는 것은 가혹하다. 그래서 사망의 경우는 전 수탁자의 상속인, 후견·보좌의 경우에는 성년후견인·보좌인이 임무종료의 사실을 안 때에는 알고 있는 수익자에게(또한, 다른 수탁자가 있는 경우에는 알려진 다른 수탁자에게도) 통지할 의무를 부담하는 것으로 하고 있다(동 제60조 제1항, 제86조 제2항).

(2) 보관과 승계

(가) 통지가 행하여지더라도, 신 수탁자가 취임할 때까지 신탁재산이 방치되어서는 곤란하다. 공동수탁자가 있는 경우에는 신탁행위에 별도의 정함이 없는 한 당해 다른 수탁자가 신탁에 관한 전 수탁자의 권리의무를 승계하고, 그 임무를 행한다(신탁 제86조 제4

222) 寺本·206면.

항). 그러나 그 이외의 경우에는 전 수탁자는 신 수탁자가 취임하고, 신탁사무의 처리를 할 수 있게 될 때까지 계속하여 신탁재산에 속하는 재산의 보관을 함과 아울러 신 수탁자에게 신탁사무를 승계하기 위하여 필요한 행위를 하여야 한다(동 제59조 제3항 본문, 제86조 제1항)(청산 중의 회사에도 그 의무가 인정된다고 해석하여야 한다).

임무종료 사유가 수탁자의 사망의 경우, 후견개시·보좌개시 심판의 경우, 파산절차개시의 경우에는, 전 수탁자에게 보관 등의 의무를 부담시키는 것은 불가능 또는 부적당하므로, 각각 상속인, 성년후견인·보좌인, 파산관재인이 그 의무를 부담한다(동 제60조 제2항·제4항).

위와 같이 사임 이외의 사유로 수탁자의 임무가 종료하는 경우에는 더 이상 해당 수탁자에게는 적극적인 행위를 하도록 하여서는 안 된다고 판단되는 경우이므로 보관·승계에 의무의 범위가 한정된다. 이에 비하여, 수탁자가 스스로의 판단으로 위탁자·수익자의 동의를 얻어 사임한 경우에는 신 수탁자 등이 신탁사무의 처리를 할 수 있게 될 때까지 계속 수탁자로서의 권리를 가짐과 동시에 의무를 부담한다(동 제59조 제4항 본문). 스스로의 판단으로 임하는 것이고, 부적격이라고 판단되는 것은 아니므로 신탁사무의 집행에 지장을 초래하지 않도록 수탁자의 임무를 계속하여야 하는 것이다. 다만 신탁행위에 별도의 정함을 둘 수는 있다(동항 단서). 이에 비하여, 마찬가지로 사임이더라도 부득이한 사유로 인하여 법원의 허가에 기초하여 사임한 경우에는 해당 수탁자에게 임무를 계속하도록 하는 것은 가혹하기 때문에 원칙에 따라 전 수탁자는 보관·승계의 의무만을 부담한다[동항이, 「제56조 제1항 제5호에 열거하는 사유(제57조 제1항의 규정에 의한 것에 한한다.)」라고 하고 있는 점에 주의].

(나) 후술하는 바와 같이(→375면), 신 수탁자가 취임한 경우에

신 수탁자는 전 수탁자의 임무종료 시에 신탁에 관한 권리의무를 전 수탁자로부터 승계한 것으로 간주된다(신탁 제75조 제1항). 그러나 이것은 법적인 의제이고, 공동수탁자가 없는 경우로 수탁자 사망 이외의 사유로 인해 임무가 종료된 경우, 신탁재산에 속하는 재산은 일응 전 수탁자에게 귀속된 상태 그대로라고 생각할 수 있다. 그런데 수탁자 사망 시에는 전 수탁자에게 사실상 귀속시킬 수 없고, 신탁재산은 상속재산이 되지 않아 상속인에게는 승계되지 않는다. 그러나 그렇다고 하여 사망 후 신탁재산에 속하는 재산의 귀속주체가 존재하지 않을 수는 없다. 그래서 신탁재산은 법인(**신탁재산법인**)이 된다고 되어 있다(동 제74조 제1항. 또한 동 제86조 제3항).

나아가, 수탁자가 위탁자·수익자의 동의를 얻어 사임한 경우에는 신 수탁자는 그 취임 시에 전 수탁자로부터 신탁재산을 승계한 것으로 간주되고(동 제75조 제2항), 취임 전에는 전 수탁자에게 신탁재산이 귀속되어 있는 채로 존재한다. 신 수탁자 취임까지 전 수탁자가 수탁자로서의 임무를 계속하기 때문이다.

(다) 전 수탁자(사임에 의하여 임무가 종료한 경우를 제외한다), 상속인, 성년후견인·보좌인, 파산관재인은 적극적으로 신탁재산을 처분할 권한은 가지지 않는다. 그럼에도 불구하고, 신탁재산의 처분을 하고자 하는 경우에는, 수익자는 그러한 자에게 처분을 중단할 것을 청구할 수 있다(신탁 제59조 제5항, 제60조 제3항·제5항, 그 비용부담(동 제61조)에 관하여는, → 342면).

또한 상속인 등이 아니라 전 수탁자가 보관 등의 의무를 부담한 경우에는 그 권한·의무를 신탁재산의 보관·승계를 넘어 확대할 수 있다(동 제59조 제3항 단서). 처분 등의 계속 필요성이 있는 경우에 대응하기 위해서이다.[223)]

또한 전 수탁자 이외의 자가 통지·보관 등의 업무를 부담하는

223) 寺本·211면 주(16).

경우 그 이행을 위하여 지출한 비용 및 지출일 이후의 이자를 신수탁자 또는 신탁재산법인 관리인에 대하여 청구할 수 있다(동 제60조 제6항). 본래 자신이 부담하지 않던 의무를 수익자를 위하여 이행한 것이 되기 때문이다. 그때 수탁자의 비용상환청구권 등과 동일한 우선권을 부여받는다(동조 제7항). 이 우선권에 관하여는 수탁자의 우선권의 경우와 달리(→349면), 단적으로 선취특권이라고 생각하여도 무방하다.

(3) 신탁재산관리인·신탁재산법인 관리인

(가) 이상과 같이 신 수탁자가 신탁사무를 처리하기 시작할 때까지는 전 수탁자 등에게 보관의무가 부과되거나 전 수탁자의 임무가 계속된다.

그러나 그것으로 충분하지 않다고 판단되는 경우 법원은 이해관계인의 신청에 의해 **신탁재산관리인**을 선임하고 그자에 의한 관리를 명하는 처분(**신탁재산 관리명령**)을 할 수 있다(신탁 제63조 제1항. 나아가 동조 제2항·제4항, 제64조 제1항·제2항)(또한 민사보전법 제56조에 근거하는 가처분에 따른 직무대행자에 대하여, 신탁법 제73조 참조). 전 수탁자 사망의 경우에는 신탁재산법인이 설립되므로(→367면), **신탁재산법인 관리인**을 선임하여 그자에 의한 관리를 명하는 처분(신탁재산법인 관리명령)이 이루어진다(동 제74조 제2항. 나아가 동조 제3항·제6항).*

신탁재산관리인·신탁재산법인 관리인의 선임은 신 수탁자가 선임되어 있지 않고, 필요성이 인정되는 경우에 행하여진다(동 제63조 제1항, 제74조 제2항. 또한 후자에는 신 수탁자의 미선임이라는 요건은 명시되어 있지 않지만, 신 수탁자가 선임된 경우에는 그 시점에 신탁재산관리법인이 소급적으로 성립하지 않았던 것이 되므로(동조 제4항), 신탁재산법인 관리인을 선임할 여지가 없다). 예를 들어 전 수탁자 등 신탁재산에 속하는 재산의 보관의무를 부담하는 자가 적임이 아닌 경우가 이에 해당하지만, 후임 수탁자가 신탁행위로 정하여져 있어 취임의 최고가 이루어진 경우 등에는 필요성이 부정된다. 복수의 수탁자가 존재하는 경우에 그 일부가 누락되어 미선임인 경우에는 다른 수탁자가 전 수탁자의 권리의무를 승계하여 그 임무를 행하므로(동 제86조 제4항), 여기에서 말하는 필요성은 인정되지 않는다.[224] 직무분장이 이루어져 있는 경우 등에는 다른 수탁자에게 부담이지만 신탁재산관리인·신탁재산법인 관리인은 잠정적인 기관으로 자리매김하고 있으므로, 다른 수탁자에게 잠정적인 임무를 부과하는 것으로 충분하다고 하여야 한다.

신청권자는 「이해관계인」이지만, 수탁자의 변경에 따른 신탁재산·사무의 승계가 적절하게 이루어지는 것에 관하여 이해관계를 가지는 자이면 족하므로, 위탁자, 수익자, 전 수탁자 등, 보관의무를 부담하는 자 외에 신탁재산 책임부담 채무와 관련된 채권의 채권자, 나아가 전 수탁자의 고유재산에 대한 채권자도 포함된다.

법원은 신탁재산관리인·신탁재산법인 관리인이 부적임이라는 점을 알았을 때나, 선임의 필요성이 소실된 때에는 직권에 의하여 명령을 변경하거나 취소할 수 있다(동 제63조 제3항, 제74조 제3항).

*** 전 수탁자 등의 권한위반행위·임무해태** (i) 전 수탁자가 위탁자·수익자의 동의에 근거하여 사임함으로 인해 그 임무가 종료된 경우에는 신 수탁자 또는 신탁재산관리인·신탁재산법인 관리인이 신탁사무를 처리할 수 있을 때까지, 전 수탁자는 수탁자로서의 권리의무를 가지므로(신탁 제59조 제4항), 수탁자의 권한위반행위 일반의 규율에 따른다(동 제75조 제4항, 제27조. → 104면). 전 수탁자가 보관·승계의무(만)를 부담하는 경우에는(동 제59조 제3항), 상속인, 후견인 등 해당 재산의 귀속주체가 아닌 자에 의한 행위와 마찬가지로 생각할 수 있을 것 같지만, 전 수탁자에게는 아직 신탁재산에 속하는 재산이

224) 寺本·221~222면 주(2).

귀속되어 있다는 차이가 있다. 그래서 그 경우의 전 수탁자의 행위도 수탁자의 권한위반행위 일반의 규율에 따른다고 되어 있다(동 제75조 제4항).

신탁재산관리인이 선임되어도 전 수탁자는 신탁재산에 속하는 재산의 귀속주체인 지위를 상실하지 않는다. 그러나 신탁재산관리인은 전 수탁자에게 신탁재산의 보관을 시키는 것이 부적당한 경우 등에 선임되기 때문에 상기와 마찬가지로 규율해서는 안 된다. 그래서 신탁법 제65조 제1항은 전 수탁자가 신탁재산관리인의 선임 이후에 신탁재산에 속하는 재산에 관하여 한 법률행위는 신탁재산과의 관계에서는 그 효력을 주장할 수 없다고 함으로써(나아가 동조 제2항 참조), 전 수탁자는 신탁재산에 속하는 재산의 귀속주체이더라도 신탁재산에 관한 법률행위에 관하여 무권한이라는 점을 명기하고 있다. 다만 신탁재산에 속하는 재산에 관하여 처분상대방의 즉시취득·선의취득은 있을 수 있다. 등기·등록되어 있는 재산으로 신탁재산 관리명령의 등기·등록이 이루어지지 않는 것(동 제64조 제5항)의 처분 등의 상대방의 보호도 문제되지만, 명령의 등기·등록은 대항요건이 아니고, 전 수탁자 명의로 그대로 두고 있는 것에 수익자 등에게 귀책성은 없으므로 부정되어야 할 것이다.

신 수탁자가 선임되면, 전 수탁자는 신탁재산에 속하는 재산에 관하여 완전히 무권리자가 되기 때문에(동 제75조 제1항 참조), 보관·승계의무를 부담하는 상속인 등과 동일한 규율이 된다.

(ii) 상속인, 후견인·보좌인, 파산관재인은 신탁재산에 속하는 재산의 귀속주체가 아니라 단지 보관 등의 권한·의무를 부담할 뿐이다. 따라서 그러한 자가 그 권한을 넘어, 가령 해당 재산을 처분하면 완전한 무권리자에 의한 처분이 된다. 이론적으로는 표현대리의 성립을 생각할 수 없는 것은 아니지만, 상대방에게 정당한 이유가 있다고 인정되는 경우는 거의 없다고 하여도 무방하다.

신탁재산관리인·신탁재산법인 관리인의 선임 후에 관하여도 마찬가지이고, 보존행위라도 무권리자의 행위가 된다.

(iii) 전 수탁자가 계속 수탁자로서의 권리의무를 부담하는 경우에

그 임무의 해태로 인하여 신탁재산에 손실을 발생시킨 때에는 손실전보책임 등을 부담한다(동 제40조). 이에 비하여 보관·승계의 의무만을 부담하는 경우에, 임무해태로 인하여 신탁재산에 손실을 발생시킨 때에는 전 수탁자는 불법행위책임을 부담하고, 그 손해배상채권이 신탁재산에 속한다고 해석하여야 할 것이다. 상속인, 후견인·보좌인, 파산관재인의 의무위반도 마찬가지이다.

또한 신탁재산에 손실이 발생하지 않은 경우에도, 가령 통지의무(동 제59조 제1항, 제60조 제1항)의 불이행으로 인해 수익자가 직접적인 손해를 입은 경우에는 불법행위책임을 부담한다.[225]

(나) 신탁재산관리인·신탁재산법인 관리인이 선임되면, 법원은 선임한 취지와 그의 성명·명칭을 공고한다(신탁 제64조 제3항·제4항, 제74조 제6항). 또한 신탁재산에 속하는 권리로 등기·등록이 이루어진 것이 있다는 점을 안 경우 법원 서기관은 직권으로 명령의 등기·등록을 행한다(동 제64조 제5항·제6항, 제74조 제6항).

선임이 있고, 그 사람이 신탁사무처리를 할 수 있게 되면, 전 수탁자, 상속인·후견인·보좌인, 파산관재인의 보관의무 등은 종료한다(동 제59조 제3항, 제60조 제2항·제4항). 이 경우 그들은 지체 없이 신탁사무에 관한 계산을 하고, 모든 수익자(신탁관리인)에게 그 계산의 승인을 구함과 아울러 신탁재산관리인·신탁재산법인 관리인에게 필요한 신탁사무를 승계하여야 한다(동 제78조).* 그리고 신탁재산관리인·신탁재산법인 관리인은 즉시 신탁재산에 속하는 재산의 관리에 착수한다(동 제67조, 제74조 제6항).

신탁재산관리인·신탁재산법인 관리인은 이른바 임시 수탁자이다. 따라서 처분도 포함하여 신탁사무처리 전반에 관하여 권한을 전속적으로 가지지만(동 제66조 제1항)[2인 이상 있는 경우에 관하여, 동조 제2항(나아가 동조 제6항~제8항)·제3항, 제74조 제6항], 보존행위 또는 성질을 변경하지 않는 이용·개량행위의 범위를 넘는 행위를

225) 条解·382~383, 389면(山下純司) 참조.

하는 경우에는, 법원의 허가가 필요하다(동 제66조 제4항. 나아가, 제6항~제8항). 법원의 허가 없이 권한을 유월한 경우, 수탁자의 권한 위반행위(동 제27조)와 마찬가지로 취급하는 것도 생각할 수 없는 것은 아니지만, 무효로 되어 있다(동 제66조 제5항 본문, 제74조 제6항). 권한의 제약을 법이 정하고 있고, 또한 그 지위와의 관계에서 본질적이기 때문이다. 다만, 그 무효는 선의의 제3자에게는 대항할 수 없다(동 제66조 제5항 단서, 제74조 제6항). 여기에서 선의라 함은 법원의 허가를 얻었다고 믿는 것을 의미한다.[226]

또한 신탁재산관리인·신탁재산법인 관리인은 신탁재산에 속하는 소에 관하여 원고·피고가 된다는 점이 명기되어(동 제68조, 제74조 제6항), 전 수탁자가 신탁재산에 관하여 당사자이던 소송을 수계한다고 되어 있다(민소 제124조 제1항 4호 가목). 수탁자와 달리 신탁재산에 속하는 재산의 귀속주체가 아니기 때문에 명문의 규정을 두는 것이다.

그리고 그 직무를 함에 있어 수탁자와 동일한 의무·책임을 부담한다(신탁 제69조, 제74조 제6항). 사망 등의 경우에는 법원에 의한 명령변경에 따르지만(동 제63조 제3항), 사임·해임에 관하여는, 수탁자에 관한 규정이 준용된다(동 제70조 전단, 제74조 제6항). 다만, 해임은 법원이 직권으로 명령을 취소하는 것에 의하여도 가능하다. 또한 수탁자가 법원의 허가를 얻어 하는 사임에 관하여는 「부득이한 사유」의 존재가 요구되지만(동 제57조 제2항), 신탁재산관리인·신탁재산법인 관리인은, 그 취임이 법원에 의한 선임이라는 외재적인 사정에 의하는 것이므로, 「정당한 사유」가 있으면 족하다고 되어 있다[227](동 제70조 후단, 제74조 제6항). 비용·보수에 관하여도 수

226) 道垣内弘人「判批」星野英一＝平井宜雄編『民法判例百選 I (第4版)』71면(1996) 참조.

227) 村松ほか·195면. 다만, 유언신탁에 있어서는 수탁자가 법원에 의하여 선임되는 경우도 있다(신탁 제6조 제1항). 나아가, 신 수탁자도 그러하다(동 제

탁자의 규율에 준하지만, 비용에 관하여는 자기의 판단으로 선지급을 하고 신탁재산에서 취득하는 것이 아니라, 법원의 결정에 따라 신탁재산에서 선지급을 받는 구조로 되어 있다. 또한 보수에 관하여도 신탁행위의 정함은 생각할 수 없고, 법원의 결정에 따른다(동 제71조, 제74조 제6항).

* 상당히 해석하기 어렵지만, 신탁법 제77조 제1항의 「신 수탁자 등」이라 함은, 신 수탁자와 신탁재산관리인을 포함하므로(동 제59조 제3항 괄호 부분), 신탁재산관리인이 선임된 경우에도 계산승인청구나 승계를 하여야 한다. 그리고 이 규율이 동 제78조에서 상속인, 성년후견인, 보좌인, 파산관재인에 준용된다(동조의 「전 수탁자의 상속인 등」은, 성년후견인, 보좌인을 포함한다. 동 제60조 제1항 괄호 부분 참조). 또한 상속인이 있는 경우에 신탁재산법인 관리인이 선임된 경우에 관하여는 규정이 없지만, 동조의 취지에서 계산승인청구나 승계의 의무가 발생한다고 해석하여야 한다.

(4) 신 수탁자의 선임

(가) 신 수탁자의 선임은 신탁행위에 정함이 있으면 그에 따른다. 이 경우 이해관계인에게는 유언신탁에서 신탁인수의 최고에 준한 취임 최고권이 부여된다(신탁 제62조 제2항·제3항). 신탁행위에 정함이 없거나 지정된 자가 인수하지 않은 경우에는 위탁자와 수익자의 합의에 의한다[동 제62조 제1항. 위탁자가 현재 존재하지 않는 경우에는 수익자만의 판단에 의한다(동조 제8항)]. 그리고 협의 곤란·합의 불성립 등 자율적인 선임을 할 수 없는 경우에는 이해관계인의 신청에 따라 법원이 신 수탁자를 선임한다(동조 제4항. 나아가, 제5항~제7항).

취임 최고권·법원에 대한 신청권이 인정되는 이해관계인의 범

62조 제4항). 신탁재산관리인·신탁재산법인 관리인의 특징은 그것이 반드시 법원에 의하여 선임된다는 점에 있다.

위는 신탁재산 관리명령 등의 신청의 경우와 마찬가지로(→369면), 넓게 해석된다. 또한 법원은 필요성이 없는 경우에는 신 수탁자를 선임하지 않는다. 구체적으로는 공동수탁자가 있고, 수탁자의 보충 필요성이 없는 경우가 여기에 해당한다.

(나) 그리고 전 수탁자나 그 상속인 등 보존 등의 의무를 부담하고 있던 자는 지체 없이 신탁사무에 관한 계산을 하여 모든 수익자(신탁관리인이 있는 경우에는 신탁관리인)에게 그 계산의 승인을 구함과 아울러 신 수탁자에게 필요한 신탁사무를 승계하여야 한다(신탁 제77조 제1항, 제78조). 계산의 승인(계산의 승인청구가 있던 때부터 1개월 이내에 이의를 진술하지 않은 경우를 포함한다)이 있으면, 그들은 승계에 관한 책임을 면하지만(동 제77조 제2항·제3항), 부정한 행위가 있던 경우에는 책임을 면할 수 없다(동조 제2항 단서).

여기에서 말하는 「승계에 관한 책임」이라 함은, 계산서류로부터 알 수 있는 사항에 한정된다.[228] 따라서 가령 전 수탁자에게 임무해태가 있던 경우, 그 손실전보책임 등이 면책되는 것은 아니다.[229] 또한 부정행위에는 보존 등 의무의 집행에 있어서의 부정행위만이 아니라, 계산서류의 위장 등 승인을 요구함에 있어서의 부정행위도 포함된다.[230] 후자의 경우, 처음부터 유효한 승인이 있게 되는 것은 아니다. 어느 쪽이든 고의행위라는 점이 필요하고, 단순히 직무집행에 있어서 선량한 관리자의 주의를 결여함으로 인한 것은 포함되지 않는다.[231]

---

228) 大判大正 5·10·12 民録 22집 1735면[회사이사·감사역의 책임해제(현행법에는 존재하지 않는다)에 관한 것].

229) 村松ほか·204면 주(18), 条解·426면(山下純司).

230) 大判大正 11·3·13 民集 1권 93면[회사이사·감사역의 책임해제(현행법에는 존재하지 않는다)에 관한 것].

231) 四宮·285면은, 부정행위의 의의에 관하여, 「형사책임 또는 과태료 제제 등을 받는 행위」라고 하는데, 가령 신탁법 제270조에서 열거된 행위는 계산서류의 위장 등과는 성격을 달리하여 기준으로서 기능하지 않는다고 생각한다.

또한 신탁재산관리인·신탁재산법인 관리인이 선임되어 있는 경우에는 그 선임 시에 전 수탁자나 그 상속인 등 보존 등의 의무를 부담하고 있던 자가 수익자에 대한 계산승인청구, 신탁재산관리인·신탁재산법인 관리인에 대한 승계를 행하였으므로, 신 수탁자가 선임되었다고 하여 재차 동일한 절차를 취하여야 하는 것은 아니다. 신탁재산관리인·신탁재산법인 관리인이 신 수탁자의 취임 시에 동일한 절차를 신 수탁자와의 관계에서 취하여야 한다(동 제72조). 이 경우 수익자가 아니라 신 수탁자에 대하여 승인을 요구하는 것으로 되어 있는 것은, 신탁재산관리인·신탁재산법인 관리인은 수탁자와 동일한 의무·책임을 부담하므로(동 제69조), 수탁자의 교대에 수반하는 통상의 절차가 되기 때문이다.

(다) 또한 신 수탁자가 선임되어도 실제로 신탁사무처리를 하려면 여전히 시간을 요하는 경우도 있다. 그래서 전 수탁자 등의 보관의무는 신 수탁자 등이, 「신탁사무처리를 할 수 있는 시점에 이르기까지」라고 되어 있다(신탁 제59조 제3항·제4항, 제60조 제2항·제4항). 또한 동일한 시점까지 신탁재산법인 관리인의 대리권은 존속하는 것이므로(동 제75조 제5항. 대리권행사는 동조 제4항 단서의 권한 내 행위가 된다), 신탁재산법인 관리인의 직무는 그 시점까지 계속된다.

신탁재산관리인은 신 수탁자가 선임되는 시점까지 그 사이에 관한 처분(신탁재산 관리명령)에 기초하여 선임된 자이므로(→ 368면), 신 수탁자의 선임에 의하여 그 임무는 종료한다. 그러나 수탁자와 동일한 의무를 부담하기 때문에(동 제69조), 신 수탁자가 신탁사무의 처리를 할 수 있는 시점까지 신탁법 제59조 제3항에 기초하여 신탁재산관리인이 신탁재산의 보관 등의 의무를 부담하게 된다.

(5) 신 수탁자에 의한 권리의무의 승계

(가) 신 수탁자가 선임되면, 신 수탁자는 전 수탁자의 임무가

종료한 때에, 그 시점에 존재하는 신탁에 관한 권리의무를 전 수탁자로부터 승계한 것으로 간주된다(신탁 제75조 제1항). 그러나 예외가 존재한다.

전 수탁자가 위탁자·수익자의 동의에 근거해 사임함에 따라 임무를 종료한 경우에는 신 수탁자는 취임 시에 전 수탁자로부터 권리의무를 승계한 것이 된다(동조 제2항). 이미 서술한 바와 같이, 위탁자·수익자의 동의에 기초한 사임의 경우에는 전 수탁자는 신 수탁자 등에게 승계할 수 있는 시점까지 수탁자로서의 권리의무를 계속 부담한다(동 제59조 제4항. → 366면). 따라서 그동안에는 전 수탁자에게 권리의무가 귀속되어 있다고 생각하는 것이 솔직하다. 또한 복수의 수탁자가 존재하는 경우에는 남겨진 수탁자가 임무를 계속하므로, 권리의무는 그러한 수탁자에게 귀속된다(동 제86조 제4항).

그 이외의 사유에 의한 경우에는 권리의무의 귀속주체가 존재하지 않는 상태를 피하여야 하고, 수탁자가 아닌 자에게 귀속시키는 것도 타당하지 않다. 그래서 원칙적으로는 소급하여 신 수탁자에게 귀속하고 있는 것으로 간주하고 있다. 다만 전 수탁자, 성년후견인·보좌인, 파산관재인도 신탁재산을 보관하고, 신탁재산관리인·신탁재산법인 관리인은, 그것을 초과하는 행위를 할 가능성도 있으므로(동 제66조 제4항), 그 권한 내에서 한 행위는 아무리 소급적으로 귀속이 부정된다고 하여도 그 효력이 부정되지 않는다(동 제75조 제3항).

(나) 주의하여야 하는 것은 전 수탁자하에서 발생한 채무이다.

이미 반복하여 서술하고 있는 바와 같이 책임제한신탁의 경우나 개별적으로 책임재산 한정특약을 채무자와 체결한 경우를 제외하고, 수탁자는 고유재산을 포함하여 채무를 지급할 책임을 부담한다. 그러나 그 효력이 발생하는 것은 수탁자 자신이 채무자가 되어 상대방에 대하여 채무를 부담하기 때문이다. 그러나 전 수탁자가 스스로 채무자가 되어 부담한 채무에 관하여는 신 수탁자는 스스로 채무자가 되어 채무를 부담한 것은 아니므로, 고유재산을 포함하여 지급할 책임을 부담할 이유는 존재하지 않는다. 확실히, 신 수탁자는 채무자로서의 지위도 승계한다고 생각되지만, 고유재산에 관해서까지 충당의 대상이 된다는 점에 관하여는 동의가 없다고 할 수밖에 없다.

한편, 그렇다고 해서 채권자가 이제 신탁재산을 제외하고는 압류할 수 없게 된다는 것도 타당하지 않다. 채권자는 신탁재산만이 아니라 수탁자의 고유재산도 자신의 채권에 충당할 수 있었으므로, 그 이익이 박탈되는 것은 부당하다. 물론 전 수탁자에 대해서만 청구할 수 있다고 하는 것도 타당하지 않다. 채권자는 신탁재산에서 변제를 받을 권리를 가지고 있는 것이다.

그래서 다음과 같은 결론에 이른다.

채권자는 신탁재산을 충당의 대상으로 삼을 수 있는 이익을 유지하여야 하므로, 신 수탁자는 신탁재산에서 그것을 이행할 의무를 부담한다. 그러나 신 수탁자는 신탁재산에 속하는 재산으로만 해당 채무를 이행하는 것이고, 고유재산으로 이행할 책임을 부담하지 않는다(채권자는 신 수탁자의 고유재산에 관하여 압류 등을 할 수 없다)(신탁 제76조 제2항). 그와 동시에 채권자는 전 수탁자의 고유재산을 충당의 대상으로 삼을 수 있는 이익을 박탈당하지 않으므로, 전 수탁자에게도 이행의 청구를 할 수 있다. 그리고 전 수탁자나 그 상속인의 이행은 신탁재산 책임부담 채무의 이행이 되므로, 신 수탁자나 신탁재산법인 관리인으로부터 상환을 받을 수 있다(동 제75조 제6항은, 이를 예정하고 있다고 하여야 한다). 다만, 수익채권 등 신탁재산에 속하는 재산으로만 이행할 책임을 부담하는 채무에 관하여는, 전 수탁자는 더 이상 이행책임을 부담하지 않는다. 신탁재산의 귀속주체가 아니기 때문이다. 이론적으로 말하면, 신 수탁자는 책임재산을 신탁재산에 속하는 재산으로 한정하면서도, 중첩적인 채무인수를 하여 채무자가 된 것이다.*

또한 신 수탁자 취임 전에 신탁재산에 속하는 재산에 관하여 강제집행 등의 절차가 이루어진 경우에는 신 수탁자에 대하여 속행할 수 있다(동 제75조 제8항). 전 수탁자는 수탁자인 지위를 상실하였기 때문에 신탁재산에 속하는 재산이 전 수탁자로부터 신 수탁자로 이전하는 것은 단순한 압류 후의 처분이 아니라 강제집행 개시 후 채무자의 사망에 가까운 면을 지니고 있다. 그래서 민사집행법 제41조 제1항과 동일한 규정을 두어 승계집행문의 부여를 받는 것이 아니라 그대로 신 수탁자에 대하여 속행할 수 있다는 점을 분명하게 한 것이다.[232)]

* 다만 계속적 계약의 승계 등에서는 문제가 발생한다. 예를 들어 전 수탁자가 제3자와 신탁재산을 위하여 계속적인 파생상품계약을 체결하였다고 하자. 이 계약으로부터 발생하는 권리의무를 「신탁에 관한 권리의무」라고 생각하면, 신 수탁자의 취임에 따라 신 수탁자에게 승계된다. 그러나 해당 제3자에게 있어서는 계약의 상대방이 자신의 동의 없이 변경되므로 불측의 손해를 입는다. 확실히 전 수탁자는 고유재산이라도 신탁채권과 관련된 채무에 관하여 계속 책임을 부담하지만, 이는 일반적으로는 기발생한 채무에 관하여 적용되는 규율이다. 그래서 계약상의 지위는 계약당사자인 전 수탁자에게 머무른다고 해석해야 할 것 같지만, 그러면 특히 위탁자와 수익자의 합의에 의한 해임 등 전 수탁자에게 귀책이 인정되지 않는 경우에는 전 수탁자에게 가혹한 결과가 된다. 향후의 과제가 되고 있다.[233)]

(다) 또한 전 수탁자 및 전 수탁자인 법인의 이사 등의 책임(신

---

232) セミナー(4)·92면(道垣内弘人).
233) セミナー(2)·418~420면 참조. 또한 실무상의 대응에 관하여, 佐久間亨「受託者の変更」井上聡監修『信託の80の難問に挑戦します!』99~100면(日本加除出版, 2021).

탁 제40조, 제41조. →310면)에 관하여는 신 수탁자·신탁재산관리인·신탁재산법인 관리인이 전 수탁자(또는 그 상속인)·이사 등에게 그 이행을 청구할 수 있다(동 제75조 제5항). 당연한 것처럼 생각되지만, 반대로 보관·승계의무를 부담하는데 불과한 상속인, 성년후견인·보좌인, 파산관재인은 청구할 수 없다는 점을 나타내고 있다. 상속인에 대해서는 자신이 상속한 채무의 지급을 스스로에게 요구하는 것이 되고, 성년후견인·보좌인은 피후견인·피보좌인의 이익을 도모해야 하는 입장에 있으므로 그러한 자에 대한 권리를 행사하여야 하는 입장에 있지 않다. 파산관재인에 대해서는 전 수탁자의 책임을 추궁하는 것은 파산재단에 속하지 않는 재산을 파산재단에 속하는 재산에 이전하는 것과 다르지 않으므로 타당하지 않다. 또한 전 수탁자 등의 책임은 본래 수익자가 청구할 수 있는 것이고, 신 수탁자 등이 선임되었다고 하여 수익자의 권리가 상실되는 것은 아니다.[234]

전 수탁자가 가지는 비용 등의 상환·구상·신탁보수를 받을 권리(동 제49조, 제53조, 제54조. →342면)에 관하여는 전 수탁자(또는 그 상속인)가 신 수탁자·신탁재산관리인·신탁재산법인 관리인에게 청구할 수 있다(동 제75조 제6항. 또한 제7항).

그리고 상기의 채권에 관하여 변제를 받을 때까지, 전 수탁자는 신탁재산에 속하는 재산을 유치할 수 있다고 되어 있다(동조 제9항). 그러나 그로 인하여 전 수탁자가 가지는 채권이 사실상 최우선 권리가 되는 것은 타당하지 않고, 단지 신 수탁자의 인도청구에 대한 항변사유가 될 뿐이라고 해석하여야 한다.[235]

---

234) セミナー(4)·194면 참조.
235) 道垣内·問題状況 136~139면 참조.

제 5 장 수익자와 수익권

제1절 총 설

1. 정 의

(1) 수익자라 함은 「수익권을 가지는 자」를 말하고(신탁 제2조 제6호), 수익권이라 함은 「신탁행위에 근거하여 수탁자가 수익자에 대하여 부담하는 채무로서 신탁재산에 속하는 재산의 인도, 그 밖에 신탁재산에 관하여 급부를 하여야 하는 것과 관련된 채권(이하 「수익채권」이라 한다.) 및 이를 담보하기 위하여 이 법률의 규정에 근거하여 수탁자와 그 밖의 자에 대하여 일정한 행위를 청구할 수 있는 권리」를 말한다(동조 제7항).*

> *** 수익채권이라는 용어** 수익권에는 단순히 수탁자로부터 급부를 받을 권리만이 아니라 수탁자에 대한 감독권능 등이 포함되는데, 종래 수탁자로부터 급부를 받을 권리만을 의미하는 경우에도 이를 「수익권」이라고 호칭하는 경우가 많아 논의에 혼란을 발생시켰다. 그래서 현행 신탁법은 수익자가 수탁자에 대하여 급부를 청구하는 채권에 관하여 「수익채권」이라는 용어를 사용하여 수익권과 구별하고 있다.[1]

(2) 이와 같이 정의된 수익자는, 앞에서 제시한 신탁의 개념도(→24면)로 살펴보면, 신탁에 있어서 매우 중요한 지위를 차지한다.

그런데 수익자는 특정되지 않거나, 존재하지 않더라도 무방하다. 예를 들어 어떤 단체에 가입하고 있는 자를 수익자라고 하는 신탁에 있어서는 단체의 구성원이 바뀌면, 수익자가 변동하게 되므로 수익자가 특정되지 않는다. 또한 아직 손자가 태어나지 않았어

1) 道垣内·問題状況 268면 참조.

도 손자를 수익자로 지정하는 것도 가능하고, 이 경우에는 존재하지 않는 수익자가 된다. 일정한 기간, 어떤 사람을 수익자로 하고, 그 후 다른 사람을 수익자로 하는 것도 가능하다. 나아가 수익자가 위탁자와 별도의 사람일 필요는 없고(→25면), 수탁자도 수익자 중 1인이 될 수 있다(신탁 제8조). 수익자가 존재하지 않는 신탁(목적신탁)도 있을 수 있다(→411면). 그렇다면, 수익자의 존재는 신탁에 있어서 어떠한 의의를 가지는 것인지 알 수 없게 된다.

이 점을 생각하기 위해서는 우선 수익자가 현존하는 경우 그 자는 신탁에 있어서 어떠한 지위를 부여받는 것인지, 어떠한 기능을 가지는 것인지를 분명하게 밝히고, 수익자가 불특정·미존재인 경우, 수탁자가 수익자 중 1인이 되는 경우, 위탁자를 겸하는 경우, 원래부터 수익자가 존재하지 않는 경우 현존하는 수익자의 지위·기능이 어떻게 대체되는가를 검토하는 것이 필요하다.

2. 수익자의 자리매김

(1) 이익향수주체로서의 수익자

우선 수익자는 신탁재산으로부터의 이익을 향수하는 주체로서 신탁에 있어 의미를 가진다.

수탁자는 신탁재산의 귀속권자이지만, 신탁재산으로부터 이익을 받을 수 없다(→23면). 분명 수탁자도 수익자의 1인이 될 수 있지만, 이 경우 수탁자로서는 자신을 포함한 수익자 전체의 이익을 위하여 신탁사무를 집행할 필요가 있고, 자신의 이익만을 도모할 수는 없다. 신탁법 제163조 제2호는 1년 간은 수탁자가 유일한 수익자라도 무방하다는 점을 인정하고 있지만, 이는 역으로 수탁자가 유일한 수익자라는 것이 예외상황이라는 점을 전제로 하는 것이다. 또한 수탁자가 유일한 수익자인 상황이 1년 이내라고 하더라도 실질적으로 보아 그 신탁이 신탁법 제2조 제1항에서 말하는「오로지 그자」, 즉 수탁자의「이익을 도모할 목적」인 것으로 평가되는 신탁은 인정되지 않는다(→59면). 이상은 수익자가 불특정·미존재인 경우나 위탁자가 수익자를 겸하는 경우에도 마찬가지이다.

그럼 원래 수익자가 존재하지 않는 경우, 즉 목적신탁의 경우에는 어떠할까? 이 경우 수탁자는 신탁행위에 의하여 정하여진 목적을 실현하기 위하여 신탁사무를 집행할 의무를 부담하는 것이고, 그로 인해 수탁자가 신탁재산으로부터 이익을 받을 수 없다는 점이 확보되어 있다(→417면). 즉, 이익의 귀속자로서의 수익자를 대신하여,「목적」에 이익이 귀속하는 것이 된다.

이와 같이 목적신탁을 제외하고 수익자의 존재는 그자가 이익의 귀속자가 되고, 수탁자에게 이익을 귀속시키지 않는다는 기능을 가지고 있다.

(2) 수탁자의 행위기준으로서 수익자의 이익

다음으로 특정한 수익자가 현존하는 경우나, 불특정·미존재인 경우나 수익자의 이익을 도모하는 것이 수탁자의 의무가 되고, 수익자는 수탁자의 신탁사무집행의 기준이 된다고 하는 기능을 가지고 있다.「수익자의 이익」이 규율의 기준이 된다고 하는 조문은 많다(신탁 제19조 제1항 제3호·제3항 제3호, 제31조 제1항 제4호·제2항 제4호, 제32조 제1항, 제149조 제2항 제2호, 제150조 제1항, 제151조 제2항 제2호, 제155조 제2항 제2호, 제159조 제2항 제2호, 제165조 제1항).

목적신탁에 관해서는, 이들에 관하여, 신탁목적을 기준으로 대체하여 적용이 이루어진다(동 제261조).*

* **신탁목적과 수익자의 이익과의 관계** 다만 신탁목적은 모든 신탁에 있어서 정해져야 하므로, 수익자와 목적은 택일적인 것이 아니다. 실제「수익자의 이익」을 규율의 기준으로 하는 조문도,「신탁목적의 달성을 위하여 합리적으로 필요하다고 인정되는 경우로서 수익자의 이익

을 해하지 않는 것이 분명함」(신탁 제19조 제1항 제3호·제3항 제3호, 제31조 제2항 제4호), 「신탁목적에 반하지 않는 점 및 수익자의 이익에 적합한 점이 분명한 때」(동 제149조 제2항 제2호, 제151조 제2항 제2호, 제155조 제2항 제2호, 제159조 제2항 제2호), 「신탁목적 및 신탁재산의 상황 그 밖의 사정에 비추어 수익자의 이익에 적합」(동 제150조 제1항, 제165조 제1항)과 같은 형식으로, 신탁목적과 수익자의 이익을 기준 안에 병존시키고 있다. 신탁법 제31조 제1항 제4호 및 제32조 제1항은 단순히 수익자의 이익을 문제로 하고 있는 것처럼 생각되지만, 전자의 이익상반행위제한에 관하여는 그 예외를 규정하는 동법 제31조 제2항 제4호에서 신탁목적이 고려되고 있고, 후자의 경합행위에 관한 동법 제32조 제1항에 관하여는, 구체적인 상황하에서 해당 행위를 신탁사무의 처리로서 하는 것이 신탁의 목적이나 신탁의 조항에 비추어 구체적으로 기대되는 경우에 경합행위가 금지되는 것으로 해석되고 있다(→296면). 따라서 수익자의 이익이 신탁목적과 독립하여 도모되는 구조로 되어 있지는 않다.

그렇다면, 수탁자의 이익향수금지나 수탁자의 행위기준이나 중요한 것은 신탁목적이고, 수익자의 이익이 아니라는 사고방식도 성립할 수 있다.[2)]

확실히, 신탁목적에는 수익자의 이익으로 해소할 수 없는 부분이 있다. 그리고 수익자가 향수할 수 있는 이익의 내용은 신탁목적에 의하여 정하여진다. 그렇다면, 모든 것에 관하여 신탁목적을 기준으로 생각하는 것도 충분히 가능하다. 그러나 그와 같이 정하여진 수익자의 이익향수내용은 수익자의 이익으로 해소할 수 없는 부분을 포함한 신탁목적과는 일응 독립의 요소로서 수탁자의 이익향수금지를 확보하고, 수탁자의 행위기준을 정한다고 생각하는 방식이 사고의 편의

---

2) 星野豊 『信託法』(信山社, 2011)은, 신탁목적을 가장 중요한 것으로 평가하고(36면), 수익자도 그 목적달성을 위하여 행위의무를 부담한다고 한다. 예를 들어, 손실전보 등의 청구권을 수익자가 행사하는 것은 수익자의 이익을 위해서가 아니라 목적달성을 위한 것이라고 하고(140면), 수익자의 수탁자에 대한 감독권한 행사는 수익자의 의무라고 한다(151면). 나아가, 신탁행위로 정하여진 수익이 종료된 수익자도 감독권한 등을 가질 가능성이 있다고 한다(90~92면).

에 기여한다고 생각한다.

(3) 수탁자의 감독자로서의 수익자

수익자는 수탁자 등의 사무집행이 적절한지 여부를 감시하는 권리를 가진다(→ 407면). 스스로의 이익을 지키기 위한 권리인 동시에 그 결과로서 수익자는 신탁목적의 달성을 위하여 중요한 역할을 담당하게 된다.

그러나 불특정·미존재인 수익자에게는 이 감독권능의 행사는 곤란하고, 현존하는 수익자라도 감독권능의 행사를 위한 충분한 능력을 가지지 않은 경우도 있다. 이를 위하여 신탁법은 신탁관리인·신탁감독인·수익자대리인의 제도를 정하여(→ 477면), 감독권능을 대체시키고 있다. 이들은 수익자의 이익을 위하여 권능을 행사하므로, 여전히 수익자의 존재(특정한 수익자가 현존하는 경우만이 아니다)가 중요하게 된다. 이에 비해, 목적신탁의 경우에는 위탁자에게 감독권한을 부여하고 있다(→ 414면).

위와 같은 내용에 비추어 보면, 신탁에 있어서는 수탁자를 적절하게 감독하는 것이 필요한바, 수익자는 수탁자의 감독권한을 가짐으로써 신탁목적의 달성을 위하여 신탁에 있어서 중요한 역할을 담당하게 된다. 그러나 수익자는 스스로의 이익을 위하여 감독권한을 행사할 수 있다는 것뿐이고, 그 행사가 의무인 것은 아니다.[3)]

제 2 절 수익자의 결정

1. 수익권의 취득

(1) 수익자는 신탁행위에 의하여 지정된다.* 신탁행위에 있어

3) 이에 반대하는 것이 전주의 견해이다.

서 특정한 자가 수익자가 될 자로서 지정되는 경우도 있다면, 일정한 조건을 갖추어야 할 자가 수익자로 될 자의 후보로서 지정되고, 그 조건이 충족된 자 중에서 후술하는 수익자지정권·변경권의 행사(→388면)가 이루어짐에 따라 수익자가 될 자가 구체적으로 결정된다는 취지가 신탁행위에 정하여지는 경우도 있다.

현존하는 자가 신탁행위에 의해 수익자가 될 자로서 지정되면, 그자는 수익의 의사표시를 하지 않고, 또한 지정을 알지 못하여도 당연히 수익권을 취득한다.** 수익자지정권·변경권의 행사에 따라 수익자가 될 자로서 지정된 자에 대하여도 마찬가지이다(신탁 제88조 제1항 본문). 또한 가령 미출생의 자녀가 수익자가 될 자로서 지정된 경우에 출생에 의하여 법인격을 취득한 경우에는 법인격 취득 시부터 수익권을 취득한다(민 제3조 제1항 참조).

일정한 사유의 발생, 또는 일정한 시기의 도래에 의하여 어떤 자가 수익권을 취득한다는 취지가 신탁행위에 정하여진 경우에는 그 사유의 발생·시기의 도래에 의하여 그자가 당연히 수익권을 취득한다(신탁 제88조 제1항 단서). 신탁법 제90조 제1항 제1호는 수익자가 될 자로서 지정된 자가 위탁자의 사망 시에 수익권을 취득한다는 취지의 정함이 있는 신탁(유언대용신탁. →395면)을 규정하고 있는데, 이는 그 하나의 예이다.

나아가 수익권을 5년간은 A에게 부여하고, 그 후 5년간은 B에게 부여한다는 정함을 하는 것도 가능하다. 수익자의 사망에 따라 다른 자가 새롭게 수익권을 취득한다는 취지의 정함이 있는 신탁(후계 유증형 수익자 연속신탁. →400면)이 신탁법 제91조에 규정되어 있는데, 그 하나의 예이다.

* **수익자의 결정** 수익자는 일반적으로는 신탁행위에서 명시적으로 정하여진다. 그러나 신탁계약에서 당사자 의사의 해석이 문제가 되는 경우도 있다. 특히, 당사자가 명확하게 「신탁계약」이라는 문언을 사

용하지 않은 경우에, 신탁설정의사가 있다고 하여 신탁의 성립을 인정하는 경우에는 수익자가 누구인지의 해석이 필요하게 된다. 판례[4] 중에는 공공 공사에 있어서 발주자로부터 선지급된 금전에 관하여 도급업자는 공사비용 이외의 명목을 위하여 인출할 수 없다는 구속이 걸린 특별한 예금을 한 예에서 주문자를 위탁자 겸 수익자, 도급업자를 수탁자로 하는 신탁의 성립을 인정한 것이 있다. 이 경우 명시적으로 수익자의 정함이 있었던 것은 아니고, 학설 중에는 도급업자에 대한 하청업자나 납품업자를 수익자로 보아야 한다는 견해[5]도 있었다. 주문자를 수익자로 인정하는 것도 충분히 가능[6]하지만, 여하간 해석이 필요하게 된다.

**** 수익자가 될 자** 신탁법 제4조 제3항 제2호, 제88조 제1항·제2항, 제89조 제6항, 제90조 제1항 제1호에서는 「수익자가 될 자」라는 용어가 사용된다. 이는 수익자라 함은 수익권을 가지는 자를 의미하기 때문에(동 제2조 제6항), 수익권을 취득하기 이전의 단계에서는 그자를 「수익자」라고 호칭할 수 없기 때문이다.

(2) 민법상 제3자를 위하여 하는 계약에 관하여 제3자의 수익의 의사표시에 따라 해당 제3자의 권리가 발생한다(민 제537조 제3항). 이에 비하여 수익권에 대해서는 수익자가 되어야 할 자로서 지정된 자가 당연하게 취득한다고 되어 있다. 이 이유에 관하여 종래에는 수익자가 될 자를 특별히 보호하기 위하여라고 설명되어 왔다.[7] 그러나 수익자변경권이 부과된 경우에는 수익자의 지위는 보호되지 않기 때문에 설명으로서 불충분하다. 수익권을 가지는 자

---

4) 最判平成 14·1·17 民集 56권 1호 20면.

5) 道垣内·問題状況 322~324면.

6) 沖野眞已 「公共工事請負前払金と信託」 平井宜雄古稀 『民法学における法と政策』 406면(有斐閣, 2007)은, 신탁재산에 속하는 재산으로 손자의 학자금을 지급하는 신탁이더라도 수익자는 손자가 다니는 학교가 아니라 손자라고 하여 주문자를 수익자로 보는 것을 긍정한다. 이는 타당하고, 긍정하는 것을 「조금 곤란하다」(道垣内·問題状況 323면)라고 평가하는 것은 타당하지 않다.

7) 四宮·317면.

(=수익자)를 조기에 출현시킴으로 인해 위탁자와 수탁자의 합의만으로는 신탁을 변경할 수 없게 하는 등(→508면)의 효과가 발생하므로, 제도의 안전성을 제고하는데 이바지 할 수 있다는 이유를 들어야 할 것이다.[8] 나아가 수익의 의사표시가 필요하지 않기 때문에 의사능력이 결여되고, 법정대리인도 선임되지 않은 자가 이익을 향수할 수 있다는 장점도 지적된다.[9]

다만 수익자가 되어도 수익권의 포기는 가능하고, 이 점은 후술한다(→430면).

(3) 수익자가 될 자로서 지정된 자가 수익권을 당연하게 취득한다는 규율에 의하면, 수익권을 취득하여 수익자가 된 자가 그 점을 인식하지 못하는 경우도 발생한다. 그래서 수익자의 권리행사의 기회를 보장하기 위하여 수탁자는 수익권을 취득했음에도 그러한 점을 알지 못하는 자에 대하여 지체 없이 통지를 하여야 한다(신탁 제88조 제2항 본문).

이 통지의무의 해태로 인하여 수익자가 손해를 입으면 수익자는 수탁자에 대하여 손해배상청구를 할 수 있다(그 성질은 불법행위에 의한 손해배상청구권). 다만 통지의 해태와 인과관계 있는 손해가 수익자에게 발생하는 일은 적다고 생각한다.

다만, 통상의 경우 수익권을 취득한 점에 관하여 알지 못하는 경우는 적기 때문에 수탁자 사무의 간소화를 위하여 신탁행위에서 일반적으로 통지의무를 배제하거나 경감하는 것이 가능하다고 되어 있다(동항 단서). 수익자에 대한 실제 지급이 행해질 때까지 시간이 있고(가령, 10년 후부터 지급한다), 또한 적어도 그때까지는 위탁자가 스스로 수탁자에 대한 감독권한을 행사하고자 하는 경우(→501면)에도 통지의무를 배제하는 것이 타당한 예로서 생각할 수

---

8) セミナー(3)·2~11면 참조.
9) 新井·223면, 福田ほか·315면, 佐久間·140면.

있다.[10] 나아가, 수익자에 대하여 그자가 수익권을 취득하였다는 점을 일정한 시기까지는 은닉하고 싶다는 위탁자의 요구가 존재하는 경우도 있다고 한다.

2. 수익자지정권 · 변경권

(1) 총 설

신탁행위에 있어서는 신탁설정 후에 수익자를 지정하거나, 변경할 권리를 정할 수 있다(신탁 제89조 제1항). 각각 **수익자지정권**, **수익자변경권**이라고 불린다. 수익자변경권은 사업승계를 목적으로 하는 신탁에서 승계자를 변경할 가능성이 있는 경우 등에 이용된다고 설명된다.[11] 수익자의 일부에 대해서 신탁행위로 지정하고, 나머지에 대해서 나중에 지정하는 것으로 해도 무방하고, 지정된 수익자의 일부에 대해서만 수익자변경권을 정하는 것도 가능하다.

수익자지정권 등(이하, 수익자지정권과 수익자변경권을 합하여, 「수익자지정권 등」이라 한다. 동항 괄호 부분 참조)을 가지는 것은 위탁자, 수탁자 이외에 제3자라도 무방하다(수탁자가 허용되는 것은, 동조 제6항).

수익자지정권 등은 신탁행위에 별도의 정함이 없는 한 상속에 의하여 승계되지 않는다(동조 제5항). 신탁행위에 의하여 수탁자나 제3자를 수익자지정권 등을 가지는 자로서 정한 경우에는 그자의 판단능력을 위탁자가 신뢰한 결과이므로, 그 상속인에게 권리를 승계시키는 것은 위탁자의 의사에 반하는 것이 통상적이기 때문이고,

10) 반대로 수익자에 대한 통지의무가 제한되어 있음에도 불구하고, 위탁자의 감독권한을 강화하는 취지의 정함이 신탁행위에 없는 경우가 문제된다. 이 문제도 포함하여 木村仁「受益権取得の秘匿を定める信託の法的諸問題」トラスト未来フォーラム編 『信託及び財産管理運用制度における受託者及び管理者の責務及び権限』 75면 이하(トラスト未来フォーラム, 2016) 참조.

11) セミナー(3) · 20면(井上聡).

또한 위탁자가 스스로를 수익자지정권 등을 가지는 자로 한 경우에는 위탁자가 신탁행위의 일부를 사후적으로 결정 내지 변경할 권한을 유보한 것이므로, 자신의 상속인에게 그와 같은 권한을 부여한다는 취지까지 포함한다고는 통상적으로 이해할 수 없기 때문이다. 하지만 신탁행위에 별도의 정함을 둘 수는 있다(동항 단서). 별도의 정함으로서는 상속성을 긍정하는 것도 생각할 수 있지만, 오히려 수익자지정권 등을 가진 자의 사망 시에 대비하여 차순위를 정하는 경우가 통상적일 것이다.

(2) 수익자지정권 등의 취득

그럼 어떠한 메커니즘으로 어떤 자가 수익자지정권 등을 가지게 되는 것일까?12)*

우선 수탁자가 수익자지정권 등을 가지는 경우에는 원칙적으로 신탁사무의 내용으로서 수익자지정권 등을 행사할 의무를 인수하고 있다고 생각하여야 한다. 따라서 수탁자가 해당 권리를 행사하는 것은 신탁사무집행이 된다.

다음으로 제3자의 경우에는 일견 신탁설정에 있어 위탁자에 의해 스스로에게 수익자지정권 등이 유보되고, 그 유보된 수익자지정권 등이 위탁자와의 위임계약에 따라 해당 제3자에게 부여된다고 해석할 수도 있다고 생각된다. 그러나, 그와 같이 본다면 해당 제3자가 권리의 행사 전에 사망한 경우 위탁자에게 그 권리가 복귀하게 되는데(신탁 제89조 제5항 참조), 그것은 제3자에게 수익자지정권 등을 부여한 취지에 반한다고 생각한다. 해당 제3자의 사망 시에 대비하여 지정권 등을 가지는 차순위자를 신탁행위에서 정하지 않은 경우(동항 단서 참조), 수익자지정권 등의 행사가 이루어지지 않아 수익자를 정할 수 없는 경우 해당 신탁은 목적달성 불능이 되

12) セミナー(3)·23~30면 참조.

어 종료한다고 해석하여야 한다(동 제163조 제1호. → 525면). 그렇다면, 제3자가 지정권 등을 가지는 경우에는 위탁자가 가지는 지정권 등이 이전한 것이 아니고, 위탁자가 해당 제3자가 가지는 수익자지정권 등을 신탁행위에 의하여 창설하였다고 생각하여야 할 것이다(신탁설정 시에 있어 창설적 이전과 유사한 것). 그리고 해당 제3자가 창설된 권리를 취득할지 여부는 본래적으로는 해당 제3자의 자유인바, 그 인수 및 적절한 권한행사를 위임하는 행위로서 위탁자와 해당 제3자 사이에 위임계약이 존재한다고 보아야 한다.[13]

마찬가지로 위탁자가 수익자지정권 등을 가지는 경우에도 위탁자가 수익자지정권 등을 신탁행위에 의하여 창설하고, 그것을 스스로가 인수하였다고 생각하여야 한다.

*** 재량신탁·수익자지정권 등의 한계** (i) **재량신탁**이라 함은 수익자나 그 수익내용이 정해지지 않고, 수탁자가 재량에 기초하여 그것을 정하는 신탁이다. 수탁자에게 수익자지정권 등이 있는 경우가 그 하나의 예이다. 이와 같은 재량신탁은 유효하지만, 수탁자가 완전히 자유롭게 수익자를 정할 수 있다면 신탁목적이 정해지지 않은 것이 되어 신탁의 설정자체가 무효가 된다[14](→ 56, 414면). 재량권 행사의 기준에 관하여 신탁행위에 정함이 있거나, 해당 신탁의 목적에 비추어 재량권에 일정한 한계가 존재한다고 해석할 수 있다는 점이 필요하다.[15] 또한 이 경우 수탁자의 재량권 행사는 신탁사무집행이고, 수탁

---

13) 村松ほか·210면 주(1). 이에 비하여, 佐久間·142~143면은, 신탁행위의 정함에 따라 수익자지정권 등이 창설되고 그 부여를 위한 위임을 수탁자가 행한다고 생각한다.

14) 四宮·127면은, 결론적으로는 같은 취지이지만, 신탁목적의 불확정을 이유로 하지는 않는다고 생각된다. 또한 樋口範雄『アメリカ信託法ノートⅠ』107~110면(弘文堂, 2000).

15) 最判平成 5·1·19 民集 47권 1호 1면은, 유언집행자에 대하여「전부를 공공에 기부한다」라고 한 것을 수증자의 특정성이 결여된 것은 아니라고 하고 있다. 여기에서도 논리적으로는 범위의 특정이 있는 것이 유효성 긍정의 전제가 되고 있다.

자는 그 행사에 있어 선관주의 집행의무 등을 부담한다.16)

(ⅱ) 제3자가 수익자지정권 등을 가지는 경우도 마찬가지이므로, 재량권에 일정한 한계가 존재할 필요가 있다. 또한 해당 제3자는 위탁자와의 사이의 위임계약에 기초하는 채무를 위탁자에 대하여 부담하게 된다.

(ⅲ) 이에 비하여, 위탁자가 수익자지정권 등을 가지는 경우에는 결국 수익자를 나중에 결정하거나 변경하는 경우가 있다는 신탁을 설정한 것이므로, 재량권에 한계가 없더라도 유효하고, 또한 수익자지정권 등의 행사에 있어서 변경 전의 수익자에 대하여도 어떠한 의무를 부담하는 것은 아니다.17)

(3) 수익자지정권 등의 행사

(가) 위탁자·제3자가 수익자지정권 등을 행사하는 경우에는 수탁자에 대한 의사표시에 의하여 하는 것이 원칙이다*(신탁 제89조 제1항). 통지를 받은 수탁자는 새롭게 수익자가 된 자에게 그 취지를 통지하여야 한다(동 제88조 제2항. 다만 신탁행위에 의한 별도의 정함은 허용된다. → 387면). 또한 수탁자는 수익자변경권이 행사됨에 따라 수익권을 상실한 자에 대하여도 동일한 통지의무를 부담한다(동 제89조 제4항. 다만 신탁행위에 의한 별도의 정함은 허용된다).

수탁자가 수익자지정권 등을 가지는 경우에는 수익자가 될 자에 대한 의사표시에 의하여 행한다(동조 제6항). 이 경우 신탁법 제88조 제2항의 통지는 필요하지 않지만, 수탁자는 변경에 의하여 수익권을 상실한 자에 대해서 통지의무를 부담한다(동 제89조 제4항).

*** 수익자지정권 등의 압류 등**18) (ⅰ) 수익자지정권 등을 가지는 자가 수익자로서 자신을 지정하거나, 혹은 수익자를 자신으로 변경할 권리

16) 藤池智則「新信託法と裁量信託·受益者指定権付き信託」金法 1810호 115면 (2007).

17) 위탁자가 지시권자인 경우의 논의를 참조[→ 228면*(ⅱ)].

18) セミナー(3)·50~59면 참조.

를 가지는 경우, 수익자지정권 등을 가지는 자에 대한 채권자가 수익자지정권 등을 압류하거나 대위행사하는 것은 인정될까? 수익자지정권 등을 가지는 자가 자신을 수익자로 하는 지정·변경을 행한 것이 해당 수익자지정권 등이 정해진 취지에 합치하는 경우에는 굳이 자신 이외의 자를 수익자로 하기 위해 권리행사를 하는 것은 인정할 필요가 없고, 압류·대위행사를 인정해도 지장은 없다고도 생각할 수 있다. 그러나 일반적으로는 다양한 사정을 고려하여 지정 등을 하는 것이 수익자지정권 등을 가진 자에게 맡겨져 있는 것이고, 그것을 박탈하는 형태로 압류채권자나 대위채권자가 대신해서 판단을 하는 것이 인정되어서는 안 된다. 수익자지정권 등은 재산적 권리가 아니고, 압류도 대위행사도 할 수 없다고 하여야 한다.[19]

또한 현시점에서 수익자이자 수익자변경권을 가지는 자가 무자력임에도 불구하고 수익자를 다른 사람으로 변경한 경우 그 행위를 사해행위로서 취소할 수 있는지도 문제가 된다. 이는 자신에게 귀속되어 있는 수익권을 양도하는 행위와 유사하기 때문에 사해행위취소의 대상이 되는 것을 인정해도 무방하다. 다만 그 시점에 수익자변경권을 행사하지 않는 것이 수익자변경권이 정하여진 취지에 반하지 않는다는 점이 필요하고, 해당 취지에 비추어 볼 때 수익자변경권을 행사하여야 하는 시점에 그 권리를 행사한 경우에는 사해의사가 부정되어야 한다.

이상은 부인에 관하여도 마찬가지이다.

(ii) 위탁자 겸 수익자가 수익자변경권을 가지는 경우 수익권이 압류되거나, 그자에 대한 파산절차가 개시된 이후에 수익자변경권을 행사할 수 있는지도 문제가 된다. 압류·파산절차개시 후의 수익권의 「그 밖의 처분」(민집 제145조 제1항)·「파산재단에 속하는 재산에 관하여 한 법률행위」(파 제47조 제1항)에 해당하기 때문에 행사할 수

19) 条解·459면(山下純司). 또한 유언대용신탁에 있어 수익자지정권 등의 행사는 유언으로 수유자를 지정하는 것과 마찬가지이고, 일신전속성이 있다고 하는 것으로서, 能見善久「財産承継的信託処分と遺留分減殺請求」トラスト未来フォーラム編『信託の理論的深化を求めて』144면(トラスト未来フォーラム, 2017).

없다는 견해[20]도 있지만, 압류 등이 이루어진 해당 수익권은 권리자인 수익자가 변경될 가능성이 있다는 성질을 가지고 있는 것이므로, 그 후에도 행사는 가능하다고 하여야 한다. 다만 채권자를 사해할 의도가 있는 경우 등에는 권리의 남용으로 판단되는 경우도 있을 것이다.

(나) 예외로서, 수익자지정권 등을 유언에 의하여 행사할 수도 있다(신탁 제89조 제2항). 신탁재산이 스스로 출연한 재산인 경우, 그 이익귀속권자인 수익자를 정하는 것은 상속에 가깝기 때문이다. 그렇다면, 유언에 의하여 행사할 수 있는 것은 수익자지정권 등을 가지는 자가 위탁자인 경우에 한정된다고 하여야 한다.[21]

이 경우는 수탁자에 대한 통지가 이루어지지 않기 때문에 수탁자는 수익자가 존재하는 점 혹은 수익자가 변경된 점을 알지 못한 채, 신탁사무를 집행할 가능성이 있다. 그래서 유언에 의한 지정권 등의 행사를 수탁자 알지 못하는 경우에는 수익자가 된 자는 그러한 사정을 이유로 수탁자에게 대항할 수 없다고 되어 있다(동조 제3항).* 구체적으로는, 수탁자로부터 수익자에 대한 통지·보고가 요구되고 있는 국면에서 수익자가 지정되지 않아 그 통지를 하지 않거나(동 제31조 제3항, 제32조 제3항, 제35조 제3항, 제37조 제3항, 제54조 제3항 등), 신탁장부 등에 관한 열람청구 등 수익자의 수탁자에 대한 청구권이 인정되는 국면에서 수익자가 된 자의 청구에 응하지 않더라도(동 제36조, 제38조 제1항. 다른 예로서 동 제103조 제1항), 수탁자는 그 책임을 추궁당하지 않는다. 또한 이익상반행위에 관한 수익자의 승인, 손실전보책임 등의 면제 등에 관하여 수익자가 변경되지 않은 경우 이미 수익권을 상실한 자의 의사표시를 수익자의 의사표시로 취급할 수 있다(동 제31조 제2항 제2호, 제42조. 다른 예로서 동 제19조 제1항 제2호, 제35조 제3항 제2호, 제149조 제1항,

20) 信託協会「信託受益権を巡る民事執行法·破産法上の諸問題」信託 260호 16~20면(2014).

21) 寺本·254면은, 누구라도 무방하다고 한다.

제151조 제1항 등). 수익채권에 기초한 급부도 이미 수익권을 상실한 자에 대하여 하면, 수익자는 그 책임을 면한다.

수탁자는 유언에 의한 수익자지정권 등의 행사를 안 경우에도 신탁행위에 별도의 정함이 없는 한 수익자가 된 자(동 제89조 제4항), 수익권을 상실한 자(동 제89조 제4항)에 대하여 그 취지를 통지하여야 한다.

* 수익자지정권 등의 유효한 행사가 이루어졌는지 여부의 판단도 수탁자의 신탁사무집행이다. 따라서 위조의 유언서가 제출된 경우 수익자지정권 등의 유효한 행사가 이루어졌다고 선량한 관리자의 주의를 다하여 판단한 것이라면, 수탁자는 책임을 추궁당하지 않는다. 반대로 선량한 관리자의 주의를 다하면 수익자지정권 등의 행사가 있던 점을 알 수 있었음에도 몰랐던 경우에는 수탁자는 신탁법 제89조 제3항의 보호를 받을 수 없다고 해석하여야 한다. 다만 수탁자에게 유언서의 조사권한이 있는 것은 아니므로, 그러한 상황에 있어서 선량한 관리자의 주의 수준은 그다지 높은 것은 아니다.

(다) 예를 들어, 「위탁자의 자녀 중 수익자를 지정하라」라고 되어 있는데, 그 이외의 자를 지정한 경우와 같이 수익자지정권 등의 행사가 신탁행위에 의하여 정하여진 범위 밖인 경우에는 수익자지정권 등의 유효한 행사가 되지 않는다. 수탁자가 권리자인 경우 수익자지정권 등의 행사는 신탁사무집행이라는 점에서 수탁자의 권한 외 행위에 관한 신탁법 제27조가 적용된다고 생각할 수도 있지만, 본래적으로 수익자가 될 수 없는 상대방의 보호를 문제로 삼을 필요는 없으므로 단순히 무효라고 해석해도 충분하다. 이에 비하여 권한의 범위 내라면, 신탁행위에 따라 정하여진 지정 등의 기준에 반하더라도 유효한 지정권 등의 행사가 되어 수익자지정·변경의 효과가 발생한다. 예를 들어 「위탁자의 자녀 중 가장 곤궁한 자를 수익자로 지정하라」라고 되어 있는 경우 평가를 잘못하여 곤궁도가 낮은 자를 지정한 것과 같은 경우이다.

그리고 해당 기준에 비추어 보면, 본래 수익자가 될 자가 수익자가 되지 않은 경우에도 그자는 수익자지정권을 가지는 자에 대하여 손해배상을 청구할 수는 없다. 수탁자가 지정권자인 경우 수탁자는 신탁과의 관계에서 의무를 부담하고 있는 것에 불과하고, 아직 수익자가 아닌 자는 수탁자의 선관주의 집행의무위반에 관한 책임은 추궁할 수 없다고 생각하여야 하기 때문이다. 또한 제3자가 수익자지정권을 가지고 있는 경우 해당 제3자는 위탁자와 위임계약에 근거하여 의무를 부담하고 있을 뿐이고, 또한 위탁자가 수익자지정권을 가지는 경우 위탁자는 권한의 범위에서는 자유롭게 지정권을 행사할 수 있다고 생각하여야 한다.

이에 비하여, 수익자변경권의 행사에 관하여 해당 기준에 비추어 보면, 본래 수익권을 상실하지 않았을 자가 수익권을 상실한 경우에는 자신이 가지는 권리가 부당하게 침해된 것이므로, 수익자변경권을 가지는 자에 대하여 불법행위에 근거한 손해배상을 청구할 수 있다.

3. 유언대용신탁(위탁자의 사망 시에 수익권을 취득하는 취지의 정함이 있는 신탁 등)

(1) 총 설

(가) 수익자가 될 자가 수익권을 취득함에 있어서는 1에서 서술한 바와 같이(→384면), 일정한 사유의 발생·기간의 경과라는 조건을 정할 수 있다. 그렇다면, 그곳에서 사유를 「위탁자의 사망」이라고 하면, 수익자가 될 자에게 수익권을 유증하는 것과 동일한 효과를 가져올 수 있다. 동일한 효과는, 수익권은 당초부터 일정한 자에게 귀속되어 있지만, 그자가 수익자로서 신탁재산에 관한 급부를 받는 것을 위탁자 사망 후로 함으로써도 달성할 수 있다.

이와 같은 신탁은 그 효과에 착목하여 **유언대용신탁**이라고 칭해진다(또한 유류분과의 관계에 관하여, → 81면).

(나) 유언에 관하여는 유언자의 최종의사를 존중하기 위하여 언제라도 철회를 할 수 있는 것으로 되어 있다(민 제1022조). 또한 사인증여에 관하여도 유증에 관한 규정을 준용한다는 민법 제554조의 규정을 받아들여 판례상 언제라도 취소가 가능하다고 해석되고 있다.[22] 그래서 신탁법 제90조 제1항은 유언대용신탁으로서 「위탁자의 사망 시에 수익자가 될 자로서 지정된 자가 수익권을 취득한다는 취지의 정함이 있는 신탁」(제1호)과 「위탁자의 사망 시 이후에 수익자가 신탁재산과 관련된 급부를 받는다는 취지의 정함이 있는 신탁」(제2호)을 규정하고, 어느 쪽이든 위탁자는 수익자를 변경할 권리를 가지는 것으로 하고 있다.*, ** 나아가, 그와 같은 신탁에 있어서 위탁자의 생전부터 신탁재산에서 급부를 받을 수익자가 병존하는 경우에는 위탁자의 사망 시에 수익권을 취득하는 자·위탁자의 사망 시 이후에 급부를 받을 수익자에 대해서만, 본조 제1항에 따른 수익자변경권이 인정된다.[23]

다만 신탁행위의 별도의 정함에 의해 변경권을 배제·제한할 수도 있다. 특히 배제가 인정됨에 따라 유언이나 사인증여와 달리 권리를 안정시킬 수 있다는 점이 중요하다는 지적도 있다.[24]

이 변경권은 전술한 수익권변경권과 다르지 않고, 신탁법 제89조 제1항에서 말하는 정함이 없더라도 변경권이 인정된다는 것이다. 따라서 유언에 의한 변경도 가능하다(동조 제2항).

* **원인행위와의 관계** 본문에서는 유언과 사인증여 모두를 들었지만, 유언대용신탁은 위탁자의 의사표시가 유언의 방식을 취하여 행해지

22) 最判昭和 47·5·25 民集 26권 4호 805면.

23) 条解·468~469면(山下純司) 참조.

24) 小出篤「『遺産動機』実現スキームとしての信託」前田庸喜寿『企業法の変遷』181면(有斐閣, 2009), セミナー(3)·64면(田中和明).

는 것은 아니기 때문에 사인증여에 보다 가깝다고 하여야 할 것이다. 그렇다면, 사인증여의 취소에 관한 판례법리가, 부담부 사인증여에 있어서 수증자가 이미 부담의 전부 또는 그와 유사한 정도의 이행을 한 경우[25]나, 재판상의 화해로서 사인증여가 이루어진 경우[26]에는 해당 사인증여의 취소를 할 수 없다고 하는 것과의 관계가 문제된다. 즉, 신탁법 제90조 제1항의 규정에도 불구하고, 일정한 경우에는 수익자의 변경이 인정되지 않는다고 해석하여야 하는 것은 아닌가 하는 점이다.

그러나 사인증여와 달리 유언대용신탁에 있어 수익자가 될 자로서 지정된 자(동항 제1호)나 수익자(동항 제2호)는 신탁계약의 당사자가 아니므로, 위탁자에 의한 수익자 변경에 어떠한 관여도 하지 않는다 [사인증여의 취소에서 취소는 증여자에 대한 의사표시로 행하여진다. 동항 제2호에 해당하는 신탁의 경우에는 수탁자로부터 통지는 받지만(동 제89조 제4항), 여하간 취소의 상대방은 아니다]. 그렇다면, 사인증여의 취소에 관한 판례법리와 같이 사안에 따른 해결은 적합하지 않고, 수익자변경권의 행사가 제약되는 것은 아니라고 해석하여야 한다. 수익자가 될 자로서 지정된 자나 수익자는 이행이 이루어진 부담에 관하여 부당이득으로서 반환청구를 하거나 화해에 기초한 위탁자의 채무불이행에 관하여 손해배상을 청구하는 것과 같은 구제를 받는데 그친다.

**** 성년후견인에 의한 수익자변경권·신탁종료권의 행사** 위탁자에 대하여 성년후견개시의 심판이 있고, 선임된 성년후견인이 수익자변경권이나 신탁행위의 정함에 의한 신탁종료권을 행사하면, 실질적으로는 성년후견인이 성년피후견인의 유언내용을 변경할 수 있게 되므로 타당하지 않다. 일신전속성을 가지는 권리행사이므로, 성년후견인의 권한은 미치지 않는다고 해석하는 견해[27]가 유력하다. 그러나 성년후견인은 성년피후견인의 의사를 존중함과 아울러 그 복지를 도모하지 않

25) 最判昭和 57·4·30 民集 36권 4호 763면.
26) 最判昭和 58·1·24 民集 37권 1호 21면.
27) 能見·전게 주19) 145면, 中田直茂「遺言代用信託の法務」金法 2074호 14면 (2017).

으면 안 되므로, 종료권한에 관하여는 위탁자의 생활을 유지하기 위하여 필요한 경우에 행사하는 것은 인정된다고 하여야 할 것이다.[28)]

(2) 제1호와 제2호의 차이

「위탁자의 사망 시에 수익자가 될 자로서 지정된 자가 수익권을 취득하는 취지의 정함이 있는 신탁」(신탁 제90조 제1항 제1호)*에서 지정된 자는 위탁자의 사망까지 수익자가 아니다. 따라서 수익자로서의 권리를 가지지 않는 것은 당연하다.

이에 비하여 「위탁자의 사망 시 이후에 수익자가 신탁재산과 관련된 급부를 받는다는 취지의 정함이 있는 신탁」(제2호)에서는 위탁자의 사망 전부터 수익자가 존재하고 있고, 단지 급부를 받지 않는다는 것뿐이므로, 그자가 수익자로서의 권리, 예를 들어 수탁자에 대한 감독권이나 신탁의 변경에 관한 동의권을 가진다고 볼 수도 있다. 그러나 위탁자가 수익자를 변경할 권한을 가지는 이상 그자의 권리는 확정적이지 않으므로, 수익자에게 다양한 권리를 부여하는 것은 위탁자의 통상적인 의사에 반한다. 그래서 신탁행위에 별도의 정함이 없는 한, 그 수익자는 위탁자의 사망까지는 수익자로서의 권리를 가지지 않는 것으로 되어 있다(동조 제2항).

그러나 그렇다면, 제1호의 신탁은 물론, 제2호의 신탁에 있어서도 수탁자에 의한 신탁사무집행에 관하여 감독권능을 가지는 자가 없게 된다. 그래서 유언대용신탁에 있어서는 위탁자의 사망까지는 통상적이라면 수익자만이 가지는 권리 중 신탁법 제145조 제2항이 열거하는 권리, 즉 수탁자의 신탁사무집행의 감독에 관한 권리를 위탁자에게 부여하고, 수탁자가 수익자에 대하여 통지·보고

---

28) 佐久間亨「遺言代用の信託·後継ぎ遺贈型受益者連続信託」田中和明編『新類型の信託ハンドブック』239면(日本加除出版, 2017). 또한, 문제점의 검토로서, 木村仁「信託の委託者の権利と後見人による代理行使について」関学 70권 1호 61면 이하(2019).

를 하고, 승인을 구할 의무를 부담하는 경우에 관하여 위탁자에 대하여 의무를 부담하는 것으로 하고 있다(신탁 제148조).[29] 위탁자에게는 수익자변경권이 있는 것과 더불어 자신의 유언이 적확하게 실현될 수 있도록 수탁자를 감독할 인센티브를 가지는 것이다.

* 위탁자의 사망 후 1년을 경과한 시점에 수익권을 취득한다는 취지의 정함이 있는 신탁이나, 위탁자의 사망 시점에 수익권지정권을 가지는 자가 수익자를 지정하는 취지의 정함이 있는 경우, 문언상으로는 「위탁자의 사망 시에 수익자가 될 자로서 지정된 자가 수익권을 취득한다는 취지의 정함이 있는 신탁」에 해당하지 않는다. 그러나 그와 같은 신탁에 관하여도 이익상황은 동일하고, 신탁법 제90조 제1항 제1호의 신탁은 「위탁자의 사망을 기화로 위탁자의 사망 후」에 수익권이 취득되는 경우를 포함한다고 해석하여야 한다. 그렇지 않으면 동항 제2호가 「위탁자의 사망 시 이후」(사망 후 1년을 경과한 시점에 급부를 받는 유형의 신탁이 문언상으로도 포함된다)로 규정하고 있는 것과 비교하여 균형이 맞지 않는다는 점도 지적할 수 있다.[30]

4. 수익자 연속신탁(수익자의 사망에 의하여 다른 자가 새롭게 수익권을 취득한다는 취지의 정함이 있는 신탁)

(1) 총 설

이미 기술한 바와 같이(→385면), 수익권에 관하여, 가령 5년간은 A에게 부여하고, 그 후 5년간은 B에게 부여한다는 신탁행위의 정함을 두는 것도 가능하다. 이러한 신탁을 **수익자 연속신탁**이라고 한다.

다만, 이러한 연속 수익자와 불특정 수익자를 조합하면, 신탁이 매우 장기간 계속되는 것도 생각할 수 있다. 예를 들어 「신탁법

29) 小出·전게 주24) 177~179면.
30) セミナー(3)·62~63면 참조.

학회 회원 중 최연장자를 수익자로 한다」라고 해두면, 신탁법학회가 소멸하지 않는 한 계속하게 된다. 그리고 이 신탁에 있어서 신탁재산에 속하는 부동산에 관하여 처분이 금지되어 있다면, 해당 부동산은 거래의 대상이 되지 않는 상태가 장기간 계속하게 된다. 그래서 이러한 신탁은 지나치게 장기간 재산을 구속하고, 물자의 유통을 저해하는 것으로 공서양속에 반하는 것은 아닌지가 문제된다(민 제90조).

이 문제가 보다 첨예한 형태로 나타나는 것이 후계유증의 목적을 달성하고자 하는 신탁의 경우이다. 후계유증이라 함은 어떤 자가 자신의 재산을 승계할 자를 정한 다음 그자의 사망 이후의 해당 재산의 귀추를 미리 결정하는 유형의 유증이다.

후계유증의 유효성에 관하여는 논의가 있지만,[31] 신탁에 있어서는 기한부 수익권이 인정되고, 또한 존재하지 않는 자를 수익자가 될 자로 하는 것도 가능하므로, 그 유효성은 부정할 수 없다는 의견이 강해짐에 따라 현행 신탁법은 명문으로 이를 인정하는 것으로 하였다. 이러한 신탁을 **후계유증형 신탁** 또는 **후계유증형 수익자 연속신탁**이라고 한다.

구체적으로는, 위탁자가 자기소유의 토지·가옥을 신탁재산으로서 신탁을 설정하고, B_1의 생존 중에는 그 토지·가옥에 대한 거주권의 부여를 수익내용으로 하는 수익권을 B_1에게 부여하고, B_1이 사망하면, B_2가 동일한 수익권을 취득한다고 정한 예를 생각할 수 있다. 다만 이 예에서 B_2가 사망한 경우에는 B_2의 장자인 B_3, 나아가 B_3이 사망한 경우에는 그 장자인 B_4와 같은 방식으로 위탁자가 끝없이 수익자를 지정하는 것을 인정하면, 사망한 자가 자기의 사망 후 재산의 귀추에 지나치게 큰 권한을 가지게 되므로, 특정한

31) 石綿はる美「遺言における受遺者の処分権の制限(1)」法協 131권 2호 281~292면(2014) 참조.

재산을 부당하게 장기간 구속하고, 물자의 유통을 저해할 우려도 있다. 이는 타당하지 않으므로 적절한 규율이 필요하다.

(2) 존속기간의 한계

(가) 그래서 신탁법 제91조는 「수익자의 사망에 따라 해당 수익자가 가진 수익권이 소멸하고, 다른 자가 새로운 수익권을 취득하는 취지의 정함(수익자의 사망에 따라 순차적으로 다른 자가 수익권을 취득하는 취지의 정함을 포함한다.)이 있는 신탁은 해당 신탁이 이루어진 시점부터 30년을 경과한 시점 이후에 현존하는 수익자가 해당 정함에 따라 수익권을 취득한 경우에는 해당 수익자가 사망할 때까지 또는 해당 수익권이 소멸할 때까지 그 효력을 가진다.」라고 규정하였다.

이해하기 어려운 조문이고, 해석론이 나뉘어 있지만, 신탁설정 시부터 30년을 경과한 이후에 어떤 생존자가 수익권을 취득하면, 그자의 사망 또는 그 수익권의 소멸에 의하여 신탁은 종료하는 것이고, 그 이상은 연속 수익자의 정함이 있더라도 효력을 가지지 않는다고 해석하여야 할 것이다.[32)]* 즉, 상기의 예로 설명하면, B_1이 신탁설정부터 30년 이상 장수를 하고, 그 시점에 B_2가 살아있으며, 나아가 그의 장자 B_3이 태어났다고 하더라도, B_2가 수익권을 취득하는 것이 「해당 신탁이 이루어진 때부터 30년을 경과한 시점 이후에 현존하는 수익자가 해당 정함에 따라 수익권을 취득한 경우」에 해당하므로, 그 신탁은 B_2가 「사망할 때까지 또는 해당 수익권이 소멸할 때까지」만 효력을 가지고, B_3은 수익자가 될 수는 없다. 그러나 신탁설정 시부터 30년이 경과하기 전에 B_1이 사망하고, 그 시점에 B_2가 살아있음에 따라 수익자가 되면, 그 후 B_2의 사망 시에 살아있는 장자 B_3이 수익권을 취득하는 것이 「해당 신탁이 이루어

32) 寺本・261면 주(7), 村松ほか・218~219면, 新井・512면, 道垣内・175면.

진 시점부터 30년을 경과한 시점 이후에 현존하는 수익자가 해당 정함에 따라 수익권을 취득한 경우」가 되므로, B_3이 수익자가 된다는 것이다.

* 반대설[33]은 신탁설정 시점부터 30년을 경과한 시점에 생존하고 있는 자는 그 후 순차로 수익권을 취득할 수 있다고 한다. 즉, B_1이 신탁설정부터 30년 이상을 장수하고, 그 시점에 B_2가 살아있으며, 나아가 그의 장자 B_3이 살아있다면, B_3도 B_2의 사망 후에 수익권을 취득할 수 있다는 것이다. 본문에서 서술한 견해는「30년을 경과한 시점 이후에」가「취득한」과 관련된다고 해석하는 것에 비해, 반대설은「30년을 경과한 시점 이후에」는「현존하는」과 관련된다고 생각하고 있다. 그러나 그렇게 볼 경우 30년 경과 이후라면, 100년 후라도「현존하는」에 해당하면 무방하다는 것이 되므로 한계를 획정할 수 없게 될 것 같다. 또한「현존하는 수익자」라는 것은,「수익자가 현존하지 않는다」(신탁 제43조 제3항, 제52조 제3항·제4항, 제102조 제2항, 제123조 제1항·제4항)와 대비되는 개념인「수익자가 현존한다」라는 표현을, 체언인「수익자」와 수식절을 조합하는 형태로 표현한 것이므로, 한 덩어리의 용어로서 이해하여야 할 것이다.

(나) 다만, 상기의 예에서 B_1이 30년의 경과 이전에 사망하고, 그 시점에 B_2가 살아있어 수익자가 되었는데, B_2의 사망 시에는 장자가 태아인 경우에는「현존한다」라는 문언에도 불구하고, 그 후 출생한 B_3은 수익권을 취득할 수 있다고 하여야 한다. 민법 제886조 제1항은「태아는 상속에 관하여는 이미 출생한 것으로 본다.」라고 하고 있고, 그 취지는 상속개시 전에 출생이 필요하다고 하면, 부적절한 진통촉진제의 투여·제왕절개 등이 행하여져, 태아나 모체에 위험을 끼칠 우려가 있기 때문이라고 이해하여야 한다.[34] 그리고 그 우려는 태아의 수익권취득을 인정하지 않는 경우에도 발

33) 沖野眞巳「受益者連続型信託について」信研 33호 67~70면(2008).
34) 道垣内弘人『リーガルベイシス民法入門(第3版)』52~53면(日本経済新聞出版社, 2019).

생하는 것이므로, 민법 제886조 제1항과 동일한 취지에서, 신탁법 제91조와의 관계에서는 태아를 「현존하는 수익자」에 해당한다고 해석할 필요가 있다.

(다) 또한 유류분과의 관계는 이미 기술한 것으로 갈음한다 (→81면).

(3) 수익자의 사망 이외의 사유에 의한 수익자연속

신탁법 제91조는 수익자의 사망을 이유로 새로운 수익자가 등장하는 경우를 들어 기간제한을 하고 있지만, 일정한 신탁재산의 처분금지와 결부됨에 따라 물자의 유통을 저해하고, 또한 위탁자가 자신의 사망 후에도 장기간에 걸쳐 일정한 재산의 귀추를 정함에 따른 문제점은 동조가 규정하는 유형의 수익자 연속신탁에 한정되지 않고 존재할 수 있다.

일정한 재산에 관하여 부당하게 장기간에 걸친 구속이 초래되는 신탁은, 공서양속(민 제90조)에 반하여 무효가 될 수 있다고 해석하여야 하는데, 그때 신탁법 제91조가 제시하는 가치판단이 참고가 된다. 동조는 위탁자가 손자의 세대까지는 배려하는 것을 인정하는 것이고, 이에 따라 전체 유효기간은 100년 정도에 그친다는 것으로 이해되고 있다.[35] 신탁행위의 내용에 따라 재산구속의 정도가 다르므로 일의적으로는 정할 수 없지만, 하나의 기준으로서 참고가 되어야 한다.[36]

5. 수익자의 권리 · 의무

(1) 총 설

(가) 수익자는 후술하는 바와 같이 신탁재산과 관련된 급부를

35) 寺本 · 262면 주(8).

36) 沖野 · 전게 주33) 67면은, 단적으로 적용 내지 유추적용을 주장한다.

신탁행위에 따라 받을 수 있다. 이 수익자의 권리를 **수익채권**이라 한다(신탁 제2조 제7항). 그러나 신탁법상 그 이외에도 다양한 수익자의 권리가 인정되고 있다. 또한 소수이지만 의무에 관한 규정도 있다.

(나) 이러한 권리는 크게 이해관계인의 권리로서 인정되고 있는데, 수익자가 그 이해관계인에 해당하는 것을 이유로 하여 인정되는 것과 수익자인 것 그 자체를 이유로 하여 인정되는 것이 있다. 전자의 예는 적은데, 유언신탁에 있어서 수탁자가 될 자로서 지정된 자에 대한 인수의 승낙 여부의 최고권(신탁 제5조 제1항) 등이다(반대로, 동 제6조 제1항, 제38조 제6항, 제62조 제2항·제4항, 제63조 제1항, 제74조 제2항, 제123조 제2항·제4항, 제131조 제2항·제4항, 제138조 제2항, 제172조 제1항~제3항).

그리고 이 두 종류의 권리 모두 신탁행위의 정함으로 제한할 수 없는 권리[동 제92조. 다만 수익증권발행신탁에 관하여는 약간의 예외가 있다(동 제213조)]와 제한가능한 권리가 있다. 어떠한 권리가 제한할 수 없다고 되어 있는지는 각각의 권리의 기능과 밀접하게 관계되어 있고, 아래에서 개별적으로 설명한다.[37] 신탁행위의 정함으로 제한할 수 없는 권리는, 복수의 수익자가 존재하는 경우라도 다수결 등에 의하여 의사를 통일할 필요 없이 개개의 수익자가 단독으로 행사할 수 있다(동 제105조 제1항 괄호 부분). 그래서 **단독수익자권**이라고 칭해진다.

(2) 수익자의 권리의 기능[38]

(가) 수익자의 권리는 크게 4가지로 분류할 수 있다. 권리행사

37) 신탁법 제92조에 열거되어 있는 권리는 수탁자에 대한 감독과 관련된 권리라고 설명되는 경우가 있지만(寺本·264면), 그렇게 단순하지 않다. 순수한 자익권(예를 들어, 수익권취득청구권)도 포함된다.

38) 정리방식은 다르지만, 中村康江「受益者の権利とその保護」金判 1261호 80면 이하(2007)도 참조.

의 전제로서 자신의 지위에 관계되는 정보를 취득할 권리, 신탁목적의 달성을 위하여 신탁사무처리를 진행시키기 위한 권리, 수탁자 등의 사무집행이 적절한지 여부를 감시하고, 자신의 이익을 지키기 위한 권리, 자기고유의 이익을 지키기 위한 권리이다. 차례로 설명한다.

(나) 첫 번째로 권리행사의 전제로서 자신의 지위에 관계되는 정보를 취득할 권리이다.

구체적으로 수익자에게는 자신의 권리행사의 전제로서 수탁자로부터 수익자인 점 등을 전달받고(신탁 제88조 제2항, 제109조 제1항), 자신의 지위를 확보하며(동 제187조 제1항, 제198조 제1항), 나아가 다른 수익자와 공동으로 권리행사를 하기 위하여 다른 수익자에 대하여 전달받을 권리가 인정된다(동 제39조 제1항, 제190조 제2항). 그리고 자신의 권리내용에 관한 변경이 있으면, 수탁자로부터 그 통지를 받을 권리가 있다(동 제89조 제4항, 제149조 제2항 본문 후단, 제151조 제2항 본문 후단, 제155조 제2항 본문 후단, 제159조 제2항 본문 후단).

수익증권발행신탁(→ 432면)에 관한 신탁법 제187조 제1항, 제190조 제2항, 제198조 제1항이 규정하는 권리도 동종의 것이지만, 이것들은 단독수익자권으로 되어 있다(동 제92조 제21호~제23호). 이는 각각 수익증권 미발행의 경우 권리증명수단으로서의 중요성, 수익자가 다수가 되는 성질을 가지는 수익증권발행신탁에 있어서 수익자 권리행사를 위한 중요성, 수익권취득의 대항요건 구비의 중요성을 감안하는 것이다(각각 회사법 제122조 제1항, 제125조 제2항, 제133조 제2항이 규정하는 주주의 권리에 대응하고 있다).

(다) 두 번째로 신탁목적의 달성을 위하여 신탁사무처리를 진행시키기 위한 권리가 인정된다.

(a) 우선 수탁자 등 신탁사무의 수행에 중요한 역할을 담당하

는 자에게 취임의 승낙 여부를 최고할 권리가 있다[신탁 제5조 제1항, 제62조 제2항(제135조 제1항, 제142조 제1항에 의하여 준용), 제131조 제2항, 제138조 제2항]. 그리고 수익자대리인을 제외하고(다만, 달리 해석할 여지도 있다. →491면*), 취임의 거절이 있는 경우에는 법원에 대신할 자의 선임을 청구할 수 있다(동 제6조 제1항, 제62조 제4항, 제131조 제4항). 이것들은 단독수익자권으로 되어 있다(동 제92조 제2호·제16호·제19호·제20호). 신탁의 수행을 위하여 중요한 권리이기 때문이다.

또한 공동의 의사결정을 하기 위하여 수익자집회의 소집을 수탁자에게 청구할 수 있다(동 제107조 제1항).

(b) 다음으로 수익자가 단독으로 신탁재산을 지킬 권리가 인정되는 경우가 있다. 신탁재산에 속하는 재산에 대한 강제집행 등·국세체납처분에 대한 이의신청권이고(신탁 제23조 제5항·제6항), 이 경우 이의소송에 소요된 비용을 신탁재산에서 지급하도록 청구할 권리가 인정된다(동 제24조 제1항). 모두 단독수익자권이다(동 제92조 제3호·제4호). 신탁재산을 지키기 위하여 기본이 되는 권리이기 때문이다.

(c) 위탁자·수탁자 등 각각의 규정에서 정해진 자와 수익자가 합의를 함으로써 신탁사무처리의 방침을 결정할 권리도 있다 신탁재산에 속하는 재산이 공유상태가 된 경우의 분할(신탁 제19조 제1항 제2호·제3항 제2호), 수탁자 등의 해임[동 제58조 제1항(동 제134조 제2항, 제141조 제2항, 제251조에 의하여 준용)]·신 수탁자 등의 선임[동 제62조 제1항(제135조 제1항, 제142조 제1항에서 준용), 제250조 제1항]이다. 또한 합의가 이루어지지 않은 경우에는 법원에 결정을 요구하는 신청이 인정된다[동 제19조 제2항·제4항, 제58조 제4항(동 제134조 제2항, 제141조 제2항에 의하여 준용). 나아가 동 제63조 제1항, 제74조 제2항](다만, 동 제250조 제2항은 수익자만 선임을 인정한다).

법원에 대한 신청권은 단독수익자권으로 되어 있다(동 제92조 제1호). 교착상태에 빠진 경우의 권리이고, 수탁자 등의 감독이나 신탁사무의 진행을 촉진하기 위하여 필수적인 권리이기 때문이다.

신탁의 변경·종료에 관하여도 수익자가 합의의 당사자가 되는 경우가 있다(동 제149조 제1항·제2항 제1호, 제164조 제1항). 합의가 이루어지지 않은 때로 일정한 경우에는 법원에 결정을 요구할 신청이 인정된다(동 제150조 제1항, 제165조 제1항, 제166조 제1항. 나아가 동 제169조 제1항, 제172조 제1항·제2항, 제173조).

법원에 대한 신청권은, 단독수익자권으로 되어 있다(동 제92조 제1호). 법원의 재판에 의하여 신탁의 변경·종료가 이루어지는 경우로서는, 신탁행위 당시에 예견할 수 없었던 사정에 대처하는 경우(동 제150조, 제165조) 외에, 공익상 필요한 경우(동 제166조)가 있지만, 후자가 신탁행위의 정함에 의하여 제한되어야 하는 것이 아님은 분명하다. 또한 전자는 법원의 후견적 개입을 그 요건·효과를 한정한 다음에 인정한 것이고(→ 514, 534면), 수익자의 최종수단을 보장하는 취지일 것이다.

이에 비하여, 신탁의 합병·분할에서도 수익자가 합의의 당사자가 되는 경우가 있지만(동 제151조 제1항·제2항 제1호, 제155조 제1항·제2항 제1호, 제159조 제1항·제2항 제1호), 이 경우는 합의가 이루어지지 않은 때 법원에 대한 신청은 인정되지 않는다. 오직 신탁으로부터 발생하는 이익의 증진방법에 관한 판단에 불과하기 때문이다.

(d) 나아가, 수익자에 동의권이 부여되는 경우도 있다. 수탁자 등의 사임[신탁 제57조 제1항(동 제134조 제2항, 제141조 제2항, 제251조에 의하여 준용)], 위탁자 지위의 이전(동 제146조 제1항), 신탁의 청산에 있어 조건부 채권과 관련된 채무 등의 변제(동 제180조 제6항)이다.

(라) 세 번째로 수탁자 등의 사무집행이 적절한지 여부를 감시

하고, 자신의 이익을 지키기 위한 권리가 있다.

(a) 그 전제로서 수탁자 등으로부터 일정한 사항에 관하여 보고·통지를 받을 권리가 있다. 수익자의 권리행사를 위해서도 중요한 것이다. 구체적으로는 수탁자의 이익상반행위 등의 통지를 받는 것(신탁 제31조 제3항, 제32조 제3항), 수탁자 등으로부터 신탁장부나 사무처리의 내용의 보고를 받는 것[동 제37조 제3항, 제47조 제4항·제5항, 제77조 제1항(제72조·제78조에 의하여 준용), 제129조 제3항, 제130조 제2항, 제135조 제2항, 제136조 제2항, 제142조 제2항, 제143조 제2항, 제178조 제3항, 제222조 제5항. 나아가, 동 제35조 제3항], 비용상환·신탁보수에 관한 통지(동 제48조 제3항, 제54조 제3항), 수탁자의 임무종료의 통지(동 제59조 제1항, 제60조 제1항), 소멸시효 원용의 통지(동 제102조 제3항 제1호), 신탁의 중요한 변경에 관한 통지(동 제103조 제4항)가 있다. 또한 수탁자의 비용상환 등을 위하여 신탁재산이 부족하다는 점의 통지도 받지만(동 제52조 제1항), 이것은 수익자가 재산부족에 의한 신탁종료를 막기 위한 권리의 전제로서 자리잡고 있다(→537면).

수익자가 자신의 주도로 보고를 청구할 수 있는 경우도 있다. 신탁사무처리상황의 보고를 청구하고(동 제36조), 신탁장부·재산상황개시자료 등의 열람 등을 청구할 수 있다(동 제38조 제1항). 나아가 일정한 경우 법원에 검사역의 선임을 청구할 수 있다(동 제46조 제1항). 이러한 권리는 단독수익자권이다(동 제92조 제1호·제7호·제8호). 수탁자의 통지의무 등에 관하여는, 신탁사무의 간소화를 위하여 신탁행위의 정함에 의하여 면제 등을 할 수 있는데, 수익자의 청구권은 수익자의 최소한의 감시권능을 위하여 중요한 의미를 가지므로, 신탁행위의 정함에 의하여 제한할 수 없는 것이다.

(b) 이상과 같은 통지·보고를 받아 수익자는 이익상반행위 등을 승인·추인할 수 있다(신탁 제31조 제2항 제2호·제5항, 제32조 제2

항 제2호). 또한 청산수탁자 등의 계산의 결과를 승인할 수 있다[동 제77조 제1항(제72조, 제78조에 의하여 준용), 제184조 제1항].

부적절한 행위가 있는 경우에는 수탁자 등에게 손실전보책임 등을 추궁할 수 있고(동 제40조 제1항, 제41조, 제226조 제1항 제1호, 제228조 제1항 제1호, 제254조 제1항. 나아가 과잉급부를 받은 수익자에 대한 청구도 인정된다[동 제77조 제1항(제72조, 제78조에 의하여 준용), 제184조 제1항]), 또한 행위의 금지를 청구할 수 있다(동 제44조, 제59조 제5항, 제60조 제3항·제5항)[손실전보책임 등의 추궁, 금지 등에 소요된 비용에 관하여 신탁재산으로부터의 지급을 청구할 수 있다(동 제45조 제1항, 제61조 제1항)]. 수탁자의 행위를 취소할 권리가 인정되는 경우도 있다(동 제27조, 제31조 제6항·제7항).

이러한 책임추궁의 권리는 신탁사무의 적정한 집행을 위하여 중요한 것이므로, 단독수익자권이고, 신탁행위의 정함에 의하여 제한할 수는 없다(동 제92조 제9호·제10호·제24호·제25호·제26호, 동조 제11호·제13호·제14호, 동조 제12호·제15호, 동조 제5호·제6호).

나아가, 수익자는 이러한 책임의 전부 또는 일부의 면제를 할 수 있다(동 제42조, 제226조 제4항, 제228조 제4항). 승인·추궁이나 면제가 단독수익자권이 아닌 것은 일부의 수익자에 의한 승인에는 의미가 없기 때문이다. 수탁자의 경합행위에 관하여는 수익자에게 개입권의 행사가 인정되지만(동 제32조 제4항), 이것이 단독수익자권이 아닌 이유는 이미 서술하였다(→114면).

(c) 그러면 수탁자가 적절한 사무집행을 진행하지 않는 경우, 수익자에게 그 이행을 강제할 권한이 있을까? 적절한 재량권을 행사하고, 그것에 기초하여 사무집행을 하여야 하는 것을 수탁자에게 강제하는 것은 불가능하다(수탁자의 해임절차를 강구할 수밖에 없다). A사의 주식을 구입한 경우와 같이 행위의 특정성이 있는 경우에는 강제할 수 있을 것 같지만, 대체집행을 행하여도 대체집행실시자가

취득한 해당 주식을 강제적으로 신탁재산에 속하는 재산으로 할 방법은 없다. 기껏해야 강제집행을 할 수 있을 뿐이다.

수탁자가 손실전보 또는 원상회복을 이행하지 않는 경우에는 어떠할까? 손실전보는 수탁자의 금전을 신탁재산에 편입하라는 청구이므로 이는 간접강제밖에 할 수 없다. 또한 원상회복도 수탁자 소유재산에 대한 조치이므로 대체집행도 곤란하고, 역시 간접강제밖에 할 수 없다(→325면).[39)]

(마) 네 번째로 수익자가 자기고유의 이익을 지키기 위하여 인정되는 권리가 있다. 수익권을 포기할 권리(신탁 제99조 제1항), 수익권취득청구권(동 제103조 제1항·제2항), 수익증권불소지 신고(동 제208조 제1항), 기명식 수익증권과 무기명식 수익증권 사이의 전환(동 제210조)이다.

이 중 앞의 2개는 단독수익자권이다(동 제92조 제17호·제18호). 포기권은 수익자로서 지정된 자가 수익의 의사표시 없이 당연히 수익권을 취득한다고 한 이상(동 제88조 제1항 본문. →385면), 그자의 의사표시를 존중하기 위하여 필수적인 권리이고, 수익자 전원의 동의가 없더라도 수익권의 내용 등에 변화를 가져오는 신탁의 변경·병합·분할을 인정한 이상(→468면), 수익권취득청구권도 의사에 반하여 권리변경을 당한 수익자를 위하여 중요한 권리이다.

수익채권과 관련된 채무를 수탁자가 이행하지 않은 경우에는 수익채권자가 신탁재산에 속하는 재산을 압류할 수 있는데, 이는 수익채권자로서의 권리이고(수익채권만을 양도받은 수익자 이외의 자도 행사할 수 있는 권리이다), 수익자의 독자적인 권리가 아니다.

(3) 수익자의 의무

수익자에게 의무가 부과된 경우로서 신탁법상 규정되어 있는

39) 道垣内·問題状況 501~508면 참조. 条解·171면(沖野眞已)은, 행위가 특정되어 있는 경우에는 강제집행이 가능하다고 하지만, 찬성할 수 없다.

것은, 수탁자 등에게 불리한 시기에 해임한 경우의 손해배상의무[신탁 제58조 제2항(제251조에 의하여 준용)] 및 한정책임신탁에 있어서 과잉으로 급부를 받은 경우의 반환의무(동 제226조 제1항 제2호, 제228조 제1항 제2호)이다. 또한 신탁법 제48조 제5항은 수익자가 수탁자와 사이에 비용 등의 상환·선지급을 하는 취지의 합의를 한 경우에 관하여 규정하지만(동 제48조 제5항), 이는 신탁 외에서의 합의이다(→353면).

6. 수익자의 정함이 없는 신탁(목적신탁)

(1) 목적신탁의 이론적 근거와 필요성

(가) 여기까지는 설령 현존하지 않더라도 수익자로서 신탁이익의 급부를 받는 자가 존재하는 것을 전제로 하였다. 그러나 실은 구 신탁법에 있어서도 특정된 수익자가 존재하지 않는 신탁이 인정되었다. **공익신탁***이다. 예를 들어 고베시 출신으로 도쿄의 대학에서 학업을 하는 자에게 일정한 액수를 급부하는 공익신탁을 생각하면, 많은 경우 운영위원회가 만들어져 그곳에서 구체적인 수익자를 결정하게 된다. 그곳에서 결정되어야 비로소 구체적인 수급자가 등장하는 것이고, 특정된 수급자가 미리 존재하는 것은 아니다. 또한 그러한 자에게는 수익자로서의 수탁자 감독권한 등은 인정되지 않는다.

그리고 구 신탁법에 관하여는 수익자가 존재하지 않는 신탁은 공익신탁에 한하여 인정된다고 해석되어 왔다. 그러나 이론적으로 다음과 같이 생각할 수 있다.

신탁의 중요한 포인트는 수탁자가 자신에게 귀속된 재산 가운에 어떤 일정한 재산에 관하여 그것을 신탁재산에 속하는 재산으로서 별도로 취급한다는 것이다. 그렇기 때문에, 수탁자가 위탁자와 다른 자라는 필연성은 없고, 신탁선언에 의한 신탁설정이 이론적으로도 인정된다(→88면). 이와 마찬가지로 일정한 재산을 별도로 취급하는 것을 포인트로 한다면, 그곳에서 이익을 받는 자가 존재할 필요는 없다. 수익자의 존재는 불가결이 아닌 것이다(→382면). 물론, 수익자가 없다고 하여 수탁자가 그 재산으로부터 이익을 자유롭게 받을 수 있다고 하는 것은 당초 신탁재산에 속하는 재산을 별도로 취급하는 것을 정당화할 수 없다(→23면). 그러나 수탁자가 그 재산에서 이익을 받지 않는 것이 확보되어 있으면, 수익자가 존재하지 않더라도 그 재산을 별도로 취급하는 점에 정당화 근거가 있어 신탁의 설정을 인정하는 것이 가능하게 될 것이다.

그래서 신탁법은 제258조 이하에서 「수익자의 정함이 없는 신탁의 특례」라는 장을 두고, 수익자의 정함이 없는 신탁을 일반적으로 허용하는 것으로 하였다. 이러한 신탁을 **목적신탁**이라고 칭하기도 한다. 즉, 수익자의 이익을 위해서가 아니라 일정한 목적에 이바지하기 위한 신탁이라는 것이다.

* **공익신탁** 공익신탁에 관하여는 신 신탁법의 입법 시에 공익법인 제도의 개혁이 병행하여 진행하고 있었고, 이와 균형을 이루는 입법이 요청되었다. 그래서 당분간 구 신탁법의 규정을 그대로 두어 「공익신탁에 관한 법률」로 함으로써 종래의 규율을 유지하는 것으로 하였다. 그러나 2008년 12월에 공익법인 제도 개혁 3법이 시행되고, 또한 기존의 재단법인·사단법인을 새로운 공익법인 제도로 이행하기 위한 기간이 2013년 11월 말에 만료됨에 따라 2016년 6월에 법제심의회 신탁법 부회를 재개하고, 동 부회에서의 심의를 거쳐 2019년 2월에 법제심의회에서 「공익신탁법의 재검토에 관한 요강」이 결정되었다. 그러나 아직 법제정은 이루어지지 않았다.

(나) 목적신탁의 이용 예로서는 가령, 어떤 일정한 재산을 운용하여 특정한 반상회의 축제를 위하여 필요한 지출(공익목적은 아니다)을 각자의 신청에 기초하여 급부한다든지, 자신의 사후에 반

려동물을 위하여 식료·의료를 급부한다든지,[40] 여러 가지가 있을 수 있지만, 일본판 자선신탁이라는 이용방법이 자주 논의된다.

캐이맨 제도 등을 이용하는 자산유동화의 구조(자기신탁과 관련하여 이미 서술하였다. →90면)에 있어서는 자선신탁(charitable trust)이라는 것이 이용된다. 자산유동화를 위하여 유동화된 자산을 보유하는 주체로서 특별목적회사를 설립하는데, 이 회사의 주식을 누군가에게 보유시키면 해당 특별목적회사의 운영방법의 결정 등에 관하여 해당 주주가 일정한 발언권을 가지게 된다. 그러나 유동화의 안정을 위해서는 해당 특별목적회사는 최초의 설정대로 운영될 필요가 있고, 주주의 발언권을 봉쇄하는 것이 요청된다. 그래서 주식을 신탁재산으로 하는 신탁을 설정하지만, 그래도 수익자가 존재하면 그 수익자가 신탁재산에 속하는 재산인 주식의 운용 등에 관하여 일정한 권한을 가지게 된다. 그러므로 자선신탁이라는 방법이 이용되고, 신탁종료 시에 잔존하는 재산은 교회 등에 기부되지만, 그때까지는 수익자가 존재하지 않도록 구성되는 것이다. 그리고 일본에서도 이 자선신탁에 대응하는 제도가 필요하다는 지적이 있었고, 이 목적에 기여하는 것으로서 목적신탁 제도가 요청되었다.[41]

(2) 목적신탁의 설정

(가) 목적신탁의 특수성은 수익자가 없다는 점에 있다. 그 이외의 점은 기본적으로는 수익자가 존재하는 신탁과 동일하다(신탁법 제2조 제1항의 「신탁」의 정의, 제3조 제1호·제2호의 설정방법에 있어서 수익자를 언급하지 않는 것은 분명히 목적신탁의 설정도 포함하여 적용대상으로 삼고 있기 때문이다).

---

40) 今泉邦子「アメリカにおける飼主の死後ペット動物を飼育するための信託」法研 82권 12호 654면 이하(2009), 長谷川貞之「目的信託としてのペット信託の現状と課題」日法 81권 4호 43면 이하(2016) 참조.

41) 상세한 내용은, 井上·172~176면. 또한, 田中和明「新信託法下における日本版チャリタブル·トラスト」法時 81권 8호 119~121면(2009)도 참조.

「목적」이 정해져야 하는 것은 수익자가 존재하는 신탁과 동일하다(→56면). 다만 가령 「생활이 곤궁한 사람을 수인 선정하여 구빈에 필요한 급부를 한다」라는 목적설정에서는 수탁자의 행동을 통제하는 것이 불가능하기 때문에 목적신탁의 유효한 성립은 인정되지 않는다고 지적되고 있다(→390면*).[42] 신탁의 유효한 성립을 인정하기 위해서는 수탁자가 신탁재산을 자유롭게 지배할 수 없는 상황이 확보되는 것이 필요하고(그것이 확보되지 않는 경우에는 신탁설정의사가 인정되지 않는다. →66면), 수익자가 존재하지 않는 신탁에서는 신탁의 목적에 의해 수탁자의 자유로운 지배를 제한하는 것이 필요하다. 그러나 상기와 같은 목적설정으로는 그것이 불충분하기 때문이다.

(나) 그러나 목적신탁은 신탁선언의 방법(신탁 제3조 제3호)에 의해 자기신탁으로서 설정할 수는 없다(동 제258조 제1항). 이하에서 살펴보는 것과 같이 목적신탁에서는 수탁자의 감독을 위탁자에게 맡기게 된다. 그러나 수익자가 존재하지 않는 신탁에 있어서 수탁자와 위탁자가 일치하면, 수탁자의 신탁사무를 감독하는 자가 없게 된다. 그래서 자기신탁으로서 설정하는 것은 인정되지 않는 것이다.

(다) 수익자의 정함이 있는 신탁에서도 위탁자는 재산상황 개시자료의 열람 등 청구권(신탁 제38조 제6항) 등, 수탁자의 신탁사무집행을 감독하기 위하여 일정한 권한을 가진다(→498면). 그러나 신탁장부의 열람 등 청구권, 손실전보청구권 등 수탁자를 감시하고, 신탁의 운용을 원활하게 하기 위한 대부분의 권리는 원칙적으로 수익자에게만 귀속되어 있고, 신탁행위의 정함에 따라 위탁자에게도 부여할 수 있는 구조로 되어 있다(동 제145조 제2항·제4항. →501면). 그러나 목적신탁에 있어서는 수익자가 존재하지 않기 때문에 수탁자의 신탁사무집행에 대한 감독은 위탁자에게 기대하게 된다.

---

42) 佐久間·29면.

그래서 신탁계약에 의해 목적신탁이 설정된 경우에는 위탁자에게 상기의 권리가 부여될 수 있다는 취지의 신탁행위의 정함이 이루어진 것으로 간주하고 있다(동 제260조 제1항 전단. 동 제145조 제2항 제6호는 수익자가 존재하는 경우의 규정이므로 제외된다). 또한 위탁자가 2인 이상인 경우에는 모든 위탁자에게 상기의 권리가 부여될 수 있다(동 제260조 제1항 전단 괄호 부분. 동 제145조 제5항 참조). 이는 수탁자의 감독에 관하여 중요한 규율이므로 신탁의 변경에 의하여 변경할 수 없다(동 제260조 제1항 후단).

위탁자가 사망하면, 그 지위는 상속된다(동 제147조의 반대해석. →76, 505면). 그로 인해 감독권한을 가지는 자가 확보된다.

(라) 그런데 유언에 의해 목적신탁이 설정된 경우에는 위탁자는 이미 사망하여 상속인에게 그 지위는 승계되지 않는다(신탁 제147조). 그래서 유언에 의한 설정의 경우에는 신탁관리인(→476면)에게 감독을 기대하게 되고, 신탁관리인을 지정하는 정함을 두어야만 하는 것으로 되어 있다(동 제258조 제4항 전단). 신탁관리인은 수익자의 권리에 관한 일체의 재판상·재판외의 행위를 할 권한을 가지므로(동 제125조 제1항), 수익자를 대신하여 수탁자에 대한 감독 등의 권한을 행사할 수 있다. 이 권한은 신탁행위에 의하더라도 위탁자가 가지는 범위에서는 제한할 수 없고(동 제258조 제4항 후단), 신탁의 변경에 의해 제한할 수도 없다(동 제260조 제2항).

신탁관리인 지정의 정함이 없는 경우, 유언집행자의 정함이 있으면, 유언집행자가 신탁관리인을 선임한다(동 제258조 제5항). 또한 유언집행자도 없으면 법원이 이해관계인의 신청에 따라 신탁관리인을 선임한다(동조 제6항. 나아가 제7항). 여기에서 「이해관계인」이라 함은 목적신탁의 목적달성에 이해관계를 가진 사람이고, 위탁자의 상속인, 수탁자가 여기에 해당한다. 유언신탁에 있어서 위탁자의 지위는 상속되지 않는 것이 원칙이지만(동 제147조), 상속인은 유언의 실현에 이해관계를 가진다고 하여도 좋을 것이다. 또한, 예를 들어 특정한 대학에서 법학 연구를 위하여 적절하게 해당 대학의 법학 연구자에게 자금을 공여한다(공인신탁은 아니다)는 목적신탁에 있어서, 해당 대학의 법학 연구자가 「이해관계인」에 해당하는지 문제가 되는데, 확정적인 수급자는 아니므로 해당하지 않는다고 해석하여야 한다. 이에 비하여 이미 신탁사무집행이 개시되고, 신탁재산 책임부담 채무와 관련된 채권의 채권자가 있는 경우, 해당 채권자는 「이해관계인」이다.

신탁관리인의 정함이 없는 경우·지정된 자가 취임을 승낙하지 않은 경우나 신탁관리인의 임무가 종료한 때에 다음 신탁관리인의 정함이 없는 경우에 있어서 이해관계인의 신청이 없고, 신탁관리인이 취임하지 않은 상태가 1년간 계속된 경우에는 해당 신탁은 종료한다(동 제258조 제8항). 감독자가 없는 신탁을 계속하는 것은 타당하지 않다는 판단이다. 반대로 신탁관리인이 존재하지 않은 경우라도 신탁은 유효하게 성립하고 1년간은 계속하게 된다.

(마) 한편, 위탁자가 현실로 존재하는 경우라도 신탁관리인을 두는 것은 가능하다.* 위탁자의 판단능력 저하에도 대응할 수 있게 된다. 또한 신탁관리인을 두는 경우에도 위탁자의 권한은 제한할 수 없다(동 제260조 참조).

* 신탁관리인은 수익자의 이익을 도모하는 기관이므로 수익자가 장래적으로도 존재하지 않는 목적신탁에 있어서는 신탁법 제258조 제4항 이하가 규정하는 경우(즉 유언신탁의 경우) 이외에 일반적으로는 선임할 수 없는 것이 아닌가라고 생각될 수도 있다. 그러나 신탁법 제261조는 가령 동법 제57조 제1항을 대체함에 있어서, 「위탁자(신탁관리인이 현재 존재하는 경우에 있어서는 위탁자 및 신탁관리인)」로 하고 있는바, 목적신탁에 있어서 위탁자와 신탁관리인이 병존할 수 있다는 점을 전제로 하고 있다. 이 신탁관리인은 유언신탁인 목적신탁에 있어서 신탁관리인(즉, 위탁자가 사망한 경우의 신탁관리인)이

아니므로, 동법 제258조 제4항 후단에 의한 제한에는 걸리지 않고, 신탁행위의 별단의 정함에 의하여 권한을 제약할 수 있다(동 제125조 제1항 단서. → 482면).

(3) 목적신탁의 사무집행

기본적으로는 수익자의 정함이 있는 신탁과 마찬가지이지만, 신탁법 제261조에 필요에 따른 대체규정을 두고 있다.

① 수익자의 이익을 기준으로 하고 있는 규율을, 목적달성을 기준으로 하도록 대체하는 것(신탁 제19조 제1항 제3호·제3항 제3호, 제30조, 제31조 제1항 제4호, 제2항 제4호, 제32조 제1항, 제38조 제2항 제3호, 제125조 제1항, 제126조 제2항, 제149조 제2항 제2호, 제150조 제1항, 제151조 제2항 제2호, 제155조 제2항 제2호, 제159조 제2항 제2호. 또한 동 제261조 제1항은 동 제165조 제1항의 「수익자의 이익에 적합하다」라는 문언을 「상당하다」라고 대체한다).

② 수익자가 관여하고 있는데, 그 관여를 불필요하게 하는 것(신탁 제37조 제4항 단서·제5항 단서, 제57조 제1항, 제58조 제1항·제2항, 제62조 제1항·제3항·제4항, 제146조 제1항·제2항, 제149조 제1항·제2항 본문 후단, 제149조 제3항 제1호, 제151조 제1항·제2항 본문 후단, 제155조 제1항·제2항 본문 후단, 제159조 제1항·제2항 본문 후단, 제164조 제1항, 제222조 제6항 단서·제8항 단서, 제243조 제1항 제2호 가목).

다만 동법 제146조 제1항·제2항을 제외하고, 신탁관리인이 있는 경우에는 신탁관리인이 수익자를 대신하여 관여한다. 또한 동법 제37조 제4항 단서·제6항 단서, 제222조 제6항 단서·제8항 단서에 관해서는 수익자를 대신하여 위탁자가 권리를 가지는데, 신탁관리인이 있는 경우에는 신탁관리인만이 권리를 가진다.

③ 신탁관리인이 수익자를 대신하는 것(신탁 제19조 제3항 제2호, 제62조 제8항, 제149조 제5항, 제151조 제4항, 제155조 제4항, 제159조 제4항).

따라서 신탁관리인이 존재하지 않는 경우에는 이하의 조문이 규율하는 제도는 작동하지 않는다. 또한 신탁관리인은 통상적으로 수익자에게 부여된 권리 일체를 「신탁목적의 달성을 위하여」 행사할 수 있으므로(동 제261조 제1항에 의한 제125조 제1항의 대체. → 481면), 상기의 조문은 특히 대체할 필요가 있는 것에 한정된다.

④ 위탁자와 수익자가 의무를 부담하는데, 위탁자만이 의무를 부담하는 것으로 하는 것(신탁 제58조 제2항, 제164조 제2항).

이상은, 동법 제261조 제1항의 표에 규정되어 있다. 나아가,

⑤ 수익자가 없기 때문에 인정되지 않는 것(신탁 제48조 제5항, 제149조 제2항 제1호·제3항 제2호, 제151조 제2항 제1호, 제155조 제2항 제1호·제159조 제2항 제1호).

각각, 동법 제261조 제2항부터 제5항에 규정되어 있다.

(4) 목적신탁의 제한

(가) 목적신탁에 관하여는 폐해도 지적되고 있다. 특히 위탁자가 자익신탁을 설정한 경우 위탁자에 대한 채권자는 신탁재산에 속하는 재산을 압류할 수 없지만, 그 수익권은 압류할 수 있다. 그런데 목적신탁이 설정되면 압류하여야 할 수익권마저 존재하지 않는다. 그렇다면, 사정이 좋을 때만 자신의 재산을 안전지대에 두려고 하는 악용도 생각할 수 있는 것이다.

그 이외에도 폐해가 존재할 수 있기 때문에 신탁법은 목적신탁에 관하여 일정한 제한을 가하고 있다.

(나) 수익자의 정함이 없는 신탁에 관하여 신탁의 변경에 의해 수익자의 정함을 둘 수 없고(신탁 제258조 제2항), 그 반대도 인정되지 않는다(동조 제3항). 상당히 성격이 다른 신탁이기 때문에 변경으로 대응하는 것은 법률관계를 복잡하게 하여 타당하지 않다고 생각되었기 때문이다. 게다가 가령 어떤 계좌의 예금잔고를 기준으로 하여 그것이 일정한 액수를 하회하면 목적신탁이 되고, 상회하면 수익자의 권리가 부활할 수 있다고 하면, 항상 일정액을 남겨두는 것이 가능해지므로, 채권자는 피해를 입을 수 있다. 그와 같은 이용형태를 방지하고자 하는 목적도 있을 것이다.*

* 수익자의 정함이 있는 신탁에 있어서 일정한 사유가 발생할 때까지는 수익자에 대하여 급부를 하지 않고, 일정한 목적을 위하여 신탁재산에서 지출을 하는 것, 혹은 그 반대, 나아가 그 조합도 가능하다.[43] 그러나 그 경우에는 수익권이 존재하므로 수익권의 압류(→423면)도 가능하다.

(다) 그리고 목적신탁을 인정하면, 어떤 재산이 장기간 유통으로부터 격리되는 상태가 되는 것도 문제가 된다. 어떤 재산을 영구적으로 관리하는 것을 목적으로 하는 수익자의 정함이 없는 신탁을 인정하면, 처분불가능한 재산이 생겨 버려서, 타당하지 않다는 것이다. 통상의 신탁에서도 지나치게 장기인 것은 공서양속위반으로서 무효(일부무효)가 될 가능성은 있지만(→403면), 목적신탁의 경우에는 처분대상이 되는 수익권도 존재하지 않으므로, 폐해가 크다. 확실히 목적신탁에 관하여는 위탁자가 언제라도 신탁을 종료할 수 있고(신탁 제261조 제1항에 의한 제164조 제1항의 대체), 위탁자에 대한 채권자가 이 권리를 채권자대위권(민 제423조)에 근거하여 행사하는 것이 가능하기 때문에, 신탁종료 시의 잔여재산 귀속권리자가 위탁자인 경우에는 신탁재산을 위탁자의 고유재산으로 돌릴 수

---

43) 村松ほか·380면 주(3).

있다. 그러나 위탁자가 현실로 존재하지 않는 경우에는 그것도 불가능하다(신탁 제164조 제4항).

그래서 신탁법 제259조는 목적신탁의 존속기간에 관하여 20년을 초과할 수 없다고 하고 있다.[44]

(라) 나아가 신탁법 부칙 제3항은, 목적신탁은 별도로 법률에서 정하는 날까지 해당 신탁에 관한 신탁사무를 적정하게 처리하기에 충분한 재산적 및 인적 구성을 보유한 자로서 정령에서 정하는 법인 이외의 자로서 정령에서 정하는 법인 이외의 자를 수탁자로 할 수 없다고 하고 있고, 구체적으로는 신탁법 시행령 제3조가 순자산액이 5,000만 엔 이상일 것, 이사 등 중에서 금고 이상의 형이 집행된 이후 5년을 경과하지 않은 자가 없을 것 등의 요건을 규정하고 있다. 수탁자를 제약함으로써 채권자 사해적인 목적신탁이 설정되기 어렵게 하고 있다고 할 수 있다.

제3절 수익권 등

1. 수익권의 이전

(1) 총 설

(가) 수익권은 양도가능한 것이 원칙이다(신탁 제93조 제1항 본문). 예외가 되는 것은, ① 수익권의 성질이 양도를 허용하지 않는 경우(동항 단서) 및 ② 신탁행위에 양도제한의 정함이 있는 경우(동조 제2항)이다.

---

44) 다만, 특히 후계유증형 유언신탁과의 비교(→401면)에 있어서, 20년이라는 기간에는 합리성이 있다고 하기는 어렵다고 지적되고 있다[後藤元「目的信託の存続期間の制限とその根拠の再検討」信託研究奨励金論集 34호 1면 이하(2013)].

①은, 예를 들어 위탁자가 장애인인 자신의 자녀를 수익자로 하여 특별장애인 부양신탁[45]이 설정된 경우이다. 해당 신탁에서 수익자에 대한 급부내용이 특정의 수익자와 결부되어 있으므로, 해당 수익권은 양도할 수 없다.[46]

②의 양도제한에 관하여는 그러한 신탁행위의 정함을 알고 있거나, 중대한 과실로 인하여 알지 못했던 「양수인 기타 제3자」*에게만 대항할 수 있다(동항).** 양수인 등이 악의 또는 중과실이라는 점의 입증책임이 양도의 효력을 부정하는 측에 부과된다.

*** 양수인 이외의 「제3자」** 양도제한특약의 효력에 관하여 악의 또는 중과실의 「양수인 기타 제3자」에 대해서만 일정한 효력을 인정하는 것은 민법 제466조 제3항도 마찬가지이다. 그러나 동항에 관해서는 양수인 이외의 「제3자」로서 질권자를 들 수 있는 것이 일반적인데, 신탁법에 있어서는 입질제한의 정함에 관하여 별개의 조문(신탁 제96조 제2항)이 있기 때문에(민법은 양도제한의 규정으로 입질제한의 규정을 겸한다고 생각하고 있다. 민법 제343조 참조), 질권자는 신탁법 제93조 제2항의 대상이 되지 않는 것은 아닌가라고도 생각된다. 입질제한의 정함이 있는 경우에는 신탁법 제96조 제2항이 적용되는 것은 당연하지만, 양도제한의 정함이 있고, 그것이 민법 제343조를 통하여 입질제한의 정함이라는 의미를 가지는 경우에는 질권자가 신탁법 제93조 제2항의 「제3자」에 해당하여 동항의 대상이 된다고 해석하여야 할 것이다.

**** 주식양도와의 관계** 수익권과 유사한 내용을 포함한 주식에 관하여는 정관에 의하여 전부 또는 일부의 주식에 관하여 양도제한(양도에 관한 회사의 승인을 요하는 취지의 정함. 회사 제2조 제17호, 제107조 제1항 제1호, 제108조 제1항 제4호)을 정할 수 있고, 그 정함이 있는 경우에는 양수인이 선의자이더라도 주식의 양도가 유효하기 위해서

---

45) 三菱UFJ信託銀行編『信託の法務と実務(6訂版)』711면 이하(金融財政事情研究会, 2015) 참조.

46) 新井監修·300면(及川富美子).

는 회사의 승인을 요한다. 그렇다면, 특히 사업목적 신탁의 수익권에 관하여 신탁법의 규율은 주식과 비교할 때 불균형한 것은 아닌가라고도 생각된다.

그러나 회사법상으로는 양도제한특약의 제3자효를 전제로 하여 양도승인청구(회사 제138조) 및 회사·지정매수인에 의한 매수(동 제140조)의 제도를 정하고 있는데, 신탁법에는 이러한 제도가 없으므로, 선의(무중과실)의 양수인과의 관계에서도 양도제한이 당연히 유효하다고 하기는 어려운 것이므로 불균형하다고는 평가할 수 없다.

후술하는 압류에 관하여도 마찬가지이다.

(나) 수익권의 일부를 분할하여 양도할 수는 없다. 수익권의 분할은 신탁의 변경이고(신탁 제97조 제3호 참조. → 507면), 양도의 전제로서 그 절차가 필요하다.[47] 또한 수익권의 단위는 신탁행위에 의하여 정할 수 있고,[48] 어떤 수익자가 복수의 수익권을 가지고 있는 경우 그 일부를 양도할 수 있는 것은 당연하다.

(다) 수익권의 양도와 구별되는 수익채권의 양도에 관하여는 후술한다(→ 452면).

(2) 성질상 양도불가에 관한 해석

(가) 수익권은 수익채권과는 달리 신탁의 이행추진, 수탁자 등에 대한 감독과 같은 다양한 권리를 포함하는 지위이다(→ 404면). 그리고 계약상 지위의 이전에 관하여는 당초 계약의 타방 당사자의 동의가 없으면 양도할 수 없는 것이 원칙이다(민 제539조의2). 나아가 양도 자체를 인정한다고 하더라도 그 결과 신탁목적에 반하는 사태가 발생하여 신탁의 종료가 될 수밖에 없는 경우도 있다(신탁 제163조 제1호 참조. → 525면). 앞서 언급한 특별장애인 부양신탁

47) 村松ほか · 226면 주(8).
48) 수익권의 단위가 어떠한가는 신탁행위의 해석문제이다[村松ほか · 255면 주(17)].

에 있어서 수익권의 양도도 수익자의 수익내용이 정기적인 일정액의 급부인 경우 채권양도에 관한 해석에 따르면 성질상 양도불가라고 하기는 어렵고, 오히려 해당 장애인 이외의 자가 수익자가 되는 것이 신탁목적에 반하고 그로 인해 신탁목적을 달성할 수 없게 된다고 생각할 수 있다. 그러나 그렇다고 하여 양도를 인정한 뒤 해당 신탁을 종료시키는 것은 타당하지 않다.

수익권 양도에 관하여는 이와 같은 특수성이 있어 단순히 금전채권의 양도와 동일시하여 논할 수는 없다. 오히려 수익권 양도에 관하여는 수익권이 다양한 권리의 집합체라는 점에 비추어 수익권의 「성질이 이를 허용하지 않는 경우」(동 제93조 제1항 단서)에는 양도에 의하여 신탁목적에 반하는 사태가 생기므로, 해당 신탁의 종료사유(동 제163조 제1호)가 발생하게 되는 경우를 포함하여, 그와 같은 이유로 인해 양도할 수 없는 경우에는 그 점에 관하여 선의이고 무중과실인 양수인에게도 대항할 수 있다고 하여야 한다.[49][50]

나아가 수익채권의 양도가 성질상 허용되지 않는 경우에는 수익권의 양도도 성질상 허용되지 않는다.[51]

(나) 또한 수익권의 압류와의 관계는 다음과 같이 해석된다. 민법상 채권양도제한 특약이 있더라도 해당 채권에 대한 압류는 가능하고, 또한 이 경우 압류채권자의 해당 특약에 관한 선의·악의는 묻지 않는다(민 제466조의4 제1항). 당사자 간에 압류금지재산을

49) 村松ほか·226면 주(7), 田中·363면은, 목적과의 관계에서 묵시적인 양도금지 합의가 있다고 한다. 그러나 그러면 해당 합의에 관하여 선의·무중과실의 양수인에게 대항할 수 없다.

50) 이 해석론을 적용하기 위해서는 어떠한 경우에 수익권 양도가 신탁목적에 반하는 사태를 초래하는가라는 판단이 중요해진다. 이 점에 관하여는, 加毛明「受益権の譲渡性·差押可能性の制限」樋口範雄＝神作裕之『現代の信託法』92면 이하(弘文堂, 2018) 참조.

51) 村松ほか·225면.

만드는 것은 인정될 수 없다는 이유이다. 수익권에 관해서도 마찬가지이지만, 이미 기술한 바와 같이 성질상 양도불가의 경우는 금전채권보다 넓게 해석되어야 하고, 또한 그 경우에는 압류도 할 수 없다고 해석하여야 한다.[52)]

(다) 성질상 양도불가의 경우를 넓게 해석하는 것에 관해서는 신탁행위의 정함에 의한 양도제한의 존재에 관하여 선의 또는 무중과실의 양수인을 보호하고자 하는 규율(신탁 제93조 제2항)이나, 약정(신탁행위의 정함을 포함한다)에 의한 압류금지재산의 창출을 인정하지 않는다는 규율(민 제466조의4 제1항)에서 의도하는 가치판단에 반하는 것은 아닌가라는 생각이 들지도 모른다.

그러나 성질상 양도불가의 경우를 금전채권에 관하여 보다 넓게 해석하는 것은 수익자의 이익이나 신탁목적의 달성에 이바지하기 위함이 아니다. 양도를 인정하거나 압류를 인정하여도 그로 인하여 신탁이 종료하면, 그것들을 인정하는 의미가 없기 때문이다. 수익권의 이전이 신탁의 종료사유의 발생을 초래하는지 여부의 해석은 엄격하게 이루어질 필요가 있으므로, 수익채권의 압류는 방해받지 않는다(→452면).

또한 수익자가 신탁을 종료시킬 권한을 가지고, 나아가 신탁종료 시의 잔여재산수익자 또는 귀속권리자인 경우에는 처음부터 성질상 양도불가에는 해당하지 않으며, 가령 해당한다고 하더라도 수익자에게 신탁재산 이익의 전부가 귀속되어 있기 때문에 수익자에 대한 채권자는 잔여재산의 급부를 받는 것을 내용으로 하는 채권을 압류하고, 그 추심권 행사의 내용으로서 신탁을 종료시킬 수 있다고 해석된다.[53)]

---

52) 佐藤勤「信託の利用方法の再考」南山 40권 2호 104면(2017), 信託協会·전게주20) 6~14면 참조.

53) 最判平成 11·9·9 民集 53권 7호 1173면 참조.

(3) 양도의 대항요건

(가) 수익권 양도의 대항요건은 양도인의 수탁자에 대한 통지 또는 수탁자의 승낙이고, 이 통지·승낙은 확정일자가 있는 증서에 의하여 이루어지지 않으면 수탁자 이외의 제3자에게는 대항할 수 없다(신탁 제94조). 또한 산업경쟁력강화법 제11조의2 제11항·제4항은 수익권 양도의 통지·승낙이 동법의 인정 신사업 활동 실시자가 제공하는 정보시스템을 이용하여 이루어진 경우에는 확정일자가 있는 증서에 의한 통지·승낙으로 간주한다고 하고 있다. 또한 수익권은 금전채권이 아니기 때문에 동산 및 채권양도의 대항요건에 관한 민법의 특례 등에 관한 법률은 적용되지 않는다.

(나) 수탁자는 상기의 통지·승낙까지 양도인에 대하여 발생한 사유로써 양수인에게 대항할 수 있다(신탁 제95조). 채권양도에 관한 민법 제468조 제1항과 동일한 규정이지만, 그곳에서는 채무자가 가지는 항변사유를 염두에 두고 있다(민 제468조 표제 참조). 그러나, 수익권의 양도에 있어서는 통지·승낙이 있을 때까지는 수탁자는 양도인을 수익자로 취급하여도 무방하고, 양도인에 대하여 수익채권과 관련한 채무를 이행한 것은 물론, 수익자의 동의가 필요한 경우 양도인이 수익자로서 합의 등을 하면 유효하며, 가령 양도인이 양도 후 통지·승낙 전에 신탁의 변경에 관하여 위탁자·수탁자와 합의한 경우에는(신탁 제149조 제1항), 양수인은 변경된 내용의 수익권을 취득한다는 것을 의미한다.[54)]

(다) 또한 수탁자가 「통지·승낙까지 양도인에 대하여 발생한 사유」를 양수인에 대하여 개별적으로 포기하였다고 하더라도 수탁자에게는 단독으로 해당 수익권의 내용을 변경할 권리는 없으므로, 효력은 발생하지 않는다.

---

54) セミナー(3)·104~116면 참조.

(4) 수익권의 상속

(가) 수익권은 원칙적으로 양도성이 인정되므로, 상속성도 가진다. 다만 해당 수익권이 피상속인의 일신전속권이라면, 상속의 대상이 되지 않는다(민 제896조 단서).

여기에서 말하는「일신전속권」과 양도에 관하여 기술한「성질상 양도불가」의 관계는 미묘하다. 예를 들어 특별장애인 부양신탁을 고려하면, 확실히 수익자의 생존 중에 그 수익권의 양도를 인정하는 것은 해당 신탁의 취지에 반하고, 해당 수익권의 성질상 타당하지 않다. 그러나 수익자가 해당 신탁의 종료 시 잔여재산수익자 또는 귀속권리자인 경우에는 그 권리에 관해서는 상속성을 긍정해도 무방하다. 수익자가 1인이고, 수익권이 성질상 양도불가인 경우에는 수익자의 사망에 의하여 필연적으로 신탁은 종료하지만, 수익자의 상속인은 피상속인이 잔여재산수익자 또는 귀속권리자로서 가지고 있던 권리를 상속하게 된다(→546면).

또한 수익자가 복수인 신탁으로 수익자의 탈퇴에 의해 지급청구권이 발생하는 유형의 신탁에 있어서 수익권 자체가 성질상 양도불가라고 하더라도 사망에 의한 탈퇴에 의하여 발생하는 지급청구권에 관해서는 상속성을 긍정하여야 한다.

(나) 하나의 수익권의 분할은 신탁의 변경에 의해서만 가능하므로(→422면), 공동상속의 경우에도 당연히 분할이 되지는 않는다.[55] 수익권의 개수가 공동상속인의 수로 나누어지는 경우에는 당연분할에 지장이 없다고도 말할 수 있지만, 권리의 성질과는 무관하게 경우마다 당연 분할이 될지 공유가 될지가 결정되는 것은

55) 最判平成 26·2·25 民集 68권 2호 173면. 또한 中田裕康「投資信託の共同相続」現代民事判例研究会編『民事判例Ⅶ』6면 이하(日本評論社, 2013), 同「投資信託の共同相続—補論とともに」 金融法務研究会『近時の預金等に係る取引を巡る諸問題(金融法務研究会報告書(25)』 22면 이하(2015), 角谷昌毅「判批」曹時 68권 4호 1048면 이하(2016) 참조.

타당하지 않으므로, 여전히 당연하게는 분할이 되지 않는다고 생각하여야 한다. 다만 일정한 개수의 수익권을 특정한 상속인에게 귀속시키는 형태로, 유산분할을 하는 것은 가능하다.

(다) 수익권의 상속과 관련된 대항요건에 관하여는 민법 제899조의2 제1항이 적용되지만, 수익권은 채권이 아니므로, 동조 제2항은 적용되지 않는다. 그래서 같은 취지의 조문을 신탁법 제95조의2로서 두고 있다.

2. 수익권의 입질

(1) 총 설

수익권에 관하여는 수익자가 질권을 설정할 수 있다(신탁 제96조 제1항 본문). 예외가 되는 것은, ① 수익권의 성질이 질권설정을 허용하지 않는 경우(동항 단서) 및 ② 신탁행위에 입질제한의 정함이 있는 경우(해당 정함은, 그 정함이 이루어진 점에 관하여 악의 또는 선의·중과실의 질권자 기타 제3자에게 대항할 수 있다)(동조 제2항)이다. 수익권 양도에 관한 것과 동일한 제한이므로, 그곳에서의 해석에 준한다(→ 420면).

또한 입질제한의 정함이 명시적으로 존재하지 않더라도 양도제한의 정함이 있는 경우에는 민법 제343조에 따라 질권설정도 제한되어 있다고 해석하여야 한다(→ 421면*).

(2) 대항요건

신탁법에는 수익질권의 대항요건에 관하여 규정이 없고(수익증권화가 이루어진 수익권의 경우에 관하여는, → 436면), 권리질에 관한 민법의 조문이 적용된다. 그리고 신탁법은 수익권의 양도에 관하여 민법의 채권양도 규정과 동일한 규정을 두고 있으므로, 그것과의 균형상 채권을 목적으로 하는 질권의 대항요건 조문인 민법 제364

조가 적용된다고 하여야 한다.[56] 따라서 수익권 양도와 마찬가지가 된다.

(3) 실행 전의 효력

질권설정자는 질권자를 위하여 수익권을 건전하게 유지할 의무를 부담한다. 그로 인해 수익권의 포기는 할 수 없다. 그러나 신탁의 변경에 대한 동의, 수탁자의 책임 면제 등에 관해서는 선량한 관리자의 주의로써 하는 한 질권자에 대한 의무위반은 되지 않는다.

질권설정자가 지시권을 가지는 경우, 그것에 대해서도 질권의 효력이 미치고, 지시권 행사에 있어서 질권자의 동의가 필요하다고 하는 견해[57]도 있지만, 질권설정자는 질권의 목적인 수익권을 훼손하지 않도록 선량한 관리자의 주의에 기초하여 지시권을 행사할 의무를 부담하는데 그친다고 해석하여야 한다.

(4) 실 행[58]

질권자는 채무자인 수익자의 채무불이행 시에 질권을 실행하고, 수익권을 경매에 부칠 수 있다(민집 제193조). 간이한 변제충당도 인정될 것이다(민 제362조 제2항, 제354조). 또한 상행위에 의하여 발생한 채권을 피담보채권으로 하는 질권에 관하여는 유질특약도 가능하다(상 제515조). 나아가, 신탁재산에 속하는 채권의 담보를 위하여 해당 신탁의 수익권에 관하여 설정된 질권이 실행되어 수익권이 신탁재산에 속하게 된 경우에는 일시적으로 자기수익권으로 하는 것이 인정될 것이다(→ 476면*).

---

56) 이에 비하여, 早坂文高「受益権の譲渡」新井誠編『キーワードで読む信託法』150면(有斐閣, 2007)은, 수익권 양도 규정이 유추적용된다고 한다.

57) 金融法委員会「信託受益権に対して設定された質権の効力」金法 1722호 73면(2014), 長谷川貞之「受益権化された財産権の担保と受益権質権の効力」日法 80권 2호 398면(2014).

58) 中村克利ほか「信託受益権質権の実行」事業再生と債権管理 130호 26면 이하(2010)도 참조.

수익권에 질권이 설정된 경우, 신탁법 제97조는 수익권 그 자체뿐만 아니라 수익채권에 근거하는 금전 등(금전 그 밖의 재산)(제1호), 수익권취득 청구권의 대가인 금전 등(제2호), 수익권의 병합·분할로 수익자가 받을 금전 등(제3호), 신탁의 병합·분할로 수익자가 받을 금전 등(제4호), 그 밖에 수익자가 질권의 목적인 수익권을 대신하는 것으로서 받을 금전 등(제5호)에도 질권의 효력이 미치는 것으로 한다. 조문상 「금전 등(금전 그 밖의 재산 …)」이라고 되어 있는데, 민법 제304조 제1항에 있어서 「금전 그 밖의 물건」과 마찬가지로 그 청구권을 의미한다[신탁법 제97조 제1호가 「받은 금전 등」으로 되어 있고, 제2호 이하가 「받을 금전 등」으로 되어 있는 것은 제1호가 규정하는 권리(청구권)는 신탁설정 시에 이미 발생하였기 때문이다].

질권자는, 자기채권의 범위에서 해당 금전채권 등의 청구권을 직접 추심하여 자기채권의 변제에 충당할 수 있다(신탁 제98조 제1항). 피담보채권의 변제기가 도래하지 않은 가운데 질권의 효력이 미치는 청구권의 변제기가 도래하면, 질권자는 수탁자에게 공탁을 청구할 수 있고, 그 경우에는 공탁금(환급청구권) 위에 질권이 존속한다(동 제98조 제2항). 신탁법 제97조는 물상대위 규정이라고 일반적으로 이해되지만, 금전 채권질의 본래적 목적물에 관하여 인정되는 직접 추심권(민 제366조)이, 대상물인 금전 등에 관하여 인정되는 것이다.* 민법 제366조의 해석으로서는, 제3채무자는 질권설정자는 물론 압류채권자에게 변제하더라도 질권자에게 대항할 수 없다고 해석되고 있으므로,[59] 신탁법 제97조 소정의 채권에 관하여도 마찬가지로 해석될 것이다.

* 신탁법 제97조·제98조만을 보면, 이들 조문은 물상대위의 규정으로 보는 것보다 단적으로 수익질권의 효력이 미치는 범위의 규정이라고 생각하는 편이 타당한 것처럼 생각되기도 한다. 그러나 결론적

59) 道垣内弘人『担保物権法(第4版)』119면(有斐閣, 2017) 참조.

으로는 물상대위 규정이라고 하여야 한다.

주식에 관하여는, 약식질과 등록질이 있는데, 어느 쪽이나 회사법 제151조에 규정되어 있는 금전 등에 관해서 질권은 「존재한다」. 그리고 등록질의 경우에는 질권자가 주주명부에 기재되어 있으므로, 회사가 그 존재를 알 수 있다. 그래서 등록질권자에게는 동조 규정의 금전 등에 관하여 직접 추심권이 인정된다(회사 제154조). 이에 비하여 약식질의 경우에는 회사가 질권자의 존재를 알 수 없으므로, 질권설정자에 대하여 그와 같은 금전 등의 인도·지급이 이루어질 가능성이 있다. 그래서 약식질권자는 질권설정자에 대한 인도·지급 전에 그 청구권을 압류할 필요가 있다(민 제304조 제1항). 즉 약식질권자의 권리는 물상대위권으로 보지 않을 수 없고, 따라서 등록질권자가 가지는 동일한 권리도 물상대위권(그러나 그 행사에는 압류가 불요)으로 보아야 한다.

그러나 수익권에 대한 질권설정의 방식이 민법 제364조에 의하여 대항요건을 구비하는 유형뿐이라면, 주식질에 관한 회사법 제151조와 달리 신탁법 제97조는 물상대위 규정이 아니라고 하는 것도 가능하다. 그런데 수익권질에 관해서도 수익권에 관하여 수익증권이 발행된 경우에는 질권으로서의 대항요건을 구비한 약식질이 존재할 수 있다(신탁 제201조 제2항). 그리고 그 경우에도 신탁법 제97조는 적용되고, 그 때 권리행사에 있어 약식질권자는 질권설정자에 대한 인도·지급 전에 그 청구권을 압류할 필요가 있다고 해석된다. 그 결과 신탁법 제97조에 관하여도 회사법 제151조와 마찬가지로 물상대위 규정이라고 성질이 결정되어야 한다.

3. 수익권의 포기

(1) 수익권의 소급적 포기

수익자로서 지정된 자는 수익의 의사표시 없이 당연히 수익권을 취득하지만(신탁 제88조 제1항. →384면), 수익자가 되는 것을 거절한다는 선택지가 부여되지 않는 것은 적절하지 않다.* 그래서 신탁법 제99조는 수익권의 포기를 인정하고 있다(동 제99조 제1항). 이 경우 수익자는 당초부터 수익권을 가지지 않았던 것으로 간주된다(동조 제2항). 즉, 소급효를 가지는 것이다. 수탁자에 대한 의사표시로 행한다.

그러나 동조의 취지를 의사에 반하여 수익권을 취득시키지 않도록 하는 것이라고 파악하면, 수익자가 신탁행위의 당사자인 경우에는 스스로의 의사로 수익자가 된 것이므로, 소급적 포기를 인정할 필요가 없게 된다. 신탁법 제99조 제1항 단서가 이를 규정한다. 그리고 이 취지에서 살펴보면, 수익자라는 점을 인식한 다음 신탁재산과 관련된 급부를 수령하거나, 수익권에 질권을 설정한 경우에는 더 이상 소급적 포기는 할 수 없다고 하여야 한다. 수익권의 양수인도 마찬가지이다.[60] 또한 신탁행위의 당사자 그 자체는 아니더라도, 신탁의 구조 조성에 관련된 경우 등에는, 소급적 포기를 할 수 없다.

또한 신탁법 제99조 제2항 단서는 제3자의 권리를 해하는 때에는 소급적 포기를 할 수 없다고 하는데, 이는 이미 제3자를 위한 권리를 설정한 경우나 수익자에 대한 채권자가 이미 수익권을 압류한 경우(이 경우, 수익자의 의사에 기한 승인은 없지만, 압류까지 이루어진 이상 소급적 포기를 제한하여도 무방할 것이다) 등을 전형적인 예로 한다고 생각한다.[61]**

*** 수익권 포기와 사해행위취소** 수익자가 수익권을 소급적으로 포기한 경우 해당 수익자에 대한 채권자는 그 포기를 사해행위로서 취소할 수 있을까? 결론적으로는 할 수 없다고 하여야 한다. 수익권의 소급적 포기는 이미 수익자가 가지고 있던 재산권의 포기가 아니라 책임재산이 증식하는 행위를 거절한 것에 불과하기 때문이다. 판례상 상속포

60) 新井 · 231~232면.

61) セミナー(3) · 135~140면 참조. 佐久間 · 146면은, 압류가 있었던 것만으로는 소급적 포기의 권한은 상실되지 않는다고 한다.

기는 사해행위취소의 대상이 아니고,[62] 학설상으로는 상속포기가 외부로부터의 재산귀속의 거절에 지나지 않고, 책임재산의 감소행위는 아니라는 점이 지적되고 있다.[63] 이와 마찬가지로 생각하여야 한다.

** 신탁법 제99조 제2항 단서에서 말하는 「제3자」에 다른 수익자나 수탁자도 포함된다는 견해[64]가 있지만, 다른 수익자나 수탁자의 이해가 관련되는 한 수익자가 되는 것을 거절할 수 없게 되므로, 명백하게 타당하지 않다. 또한 수익권의 포기에 의하여 해당 신탁의 구조가 손상되어 그것을 편입한 금융상품의 구조도 손상되는 경우 역시 제3자의 권리를 해한다는 견해[65]가 있는데, 이는 수익자가 될 자가 구조조성에 관여하고 있는 경우에는 수익권의 포기를 할 수 없다고 하는데 그친다. 자신에게 책임이 있다는 것을 모르는 상태에서 수익자로 지정된 자가 다른 사람의 이익을 지킬 의무를 부담하지는 않는다.

(2) 수익권의 비소급적 포기

일반적으로 재산권의 포기가 인정되는 이상 수익권을 장래를 향하여 포기하는 것도 인정된다.[66] 수탁자에 대한 의사표시로 행한다. 이 경우에는 포기의 시점부터 수익권을 상실하고 수익자가 아니게 된다.

4. 수익증권발행신탁

(1) 총 설

(가) 수익권은 양도가능하지만, 수익권이 투자대상이 되는 것

---

62) 最判昭和 49·9·20 民集 28권 6호 1202면.
63) 吉田邦彦「判批」久貴忠彦＝米倉明編『家族法判例百選(第4版)』205면(1988), 道垣内弘人「判批」法教 233호 147면(2000).
64) 村松ほか·208면.
65) 村松ほか·209면 주(4).
66) セミナー(3)·133~134, 140~144면. 또한, 福田ほか·343면은, 장래의 수익채권을 모두 포기하는 것에 의하여 수익권을 소멸시킬 수 있다고 한다(→457면 참조).

과 같은 경우에는 수익권의 양도가 빈번해지고, 처리의 신속성이 요구된다. 채권양도의 방법에 의하는 것은 번거로우므로, 보다 간이한 양도방법이 요구되는 것이다. 또한 가령 신탁재산에 속하는 재산인 공장을 수탁자가 가동시키는 사업신탁을 생각하면, 수익권은 주식회사의 주식에 가까워지므로, 주식과 동일한 양도방법이 가능하도록 하기를 원한다는 요구도 나온다.

이와 같은 요구에 대응하기 위해서는 수익권을 유가증권에 화체시키는 것을 생각할 수 있다.* 실제로 지금까지도 투자신탁이나 대부신탁 등의 수익권은 유가증권으로 취급되었다. 그러나, 그러한 것들에 관하여는 개별적인 법률에 따라 수익권을 유가증권화하는 것이 명문으로 인정되어 왔다(투신 제6조·제50조, 대부신탁법 제8조 등). 그리고 수익권을 유가증권화하기 위해서는 법률상의 규정이 존재하여야 한다는 견해도 유력하였기 때문에 신탁 일반에 관하여 수익권을 유가증권화하는 것은 인정되지 않는 것은 아닌가라는 의구심도 존재하였다.

그래서 신탁법은 제185조 제1항에서 「신탁행위에 있어서는 이 장이 규정하는 바에 따라 하나 또는 둘 이상의 수익권을 표시하는 증권(이하 「수익증권」이라 한다.)을 발행하는 취지의 정함을 둘 수 있다.」라고 규정하였다. 이와 같이 수익권이 유가증권화된 경우의 증권을 **수익증권**이라 칭하고, 그와 같은 신탁을 **수익증권발행신탁**이라고 칭한다.[67)]

* 또한 금융상품거래법 제2조 제2항 제1호·제2호는 폭넓게 신탁수익권을 유가증권이라고 간주하고 있다. 그러나 이는 그 거래에 관하여 금융상품거래법이 규정하는 공시규제·행위규제가 부가된다는 것일 뿐이고, 수익권이 사법상 유가증권으로 화체된 권리가 되는 것은 아

---

67) 활용사례에 관하여, 田中和明「受益証券発行信託」同編『新類型の信託ハンドブック』108~114면(日本加除出版, 2017) 참조.

니다(그래서 「간주유가증권」이다). 다만, 신탁에는 다양한 종류의 것이 있으므로 수익권을 일률적으로 「간주유가증권」으로 하는 것에는 비판도 있다.[68]

(나) 개념적으로 주의를 요하는 것은, 신탁법 제185조 이하, 즉 제8장의 규정이 적용되는 것은 신탁법을 근거로 하여 수익증권을 발행하는 취지를 정한 신탁뿐이라는 점이다. 예를 들어, 투자신탁에 관하여는 이미 기술한 바와 같이 특별법에 의하여 수익증권이 발행되는 것이고, 그것은 여기에서 말하는 수익증권발행신탁이 아니다[따라서 그러한 특별법에 있어서는 신탁법 제8장의 규정에 관하여 적정하게 준용된다는 점이 명기되어 있다(신탁 제6조 제7항·제50조 제4항, 대부신탁법 제8조 제5항)].

또한 수익증권발행신탁은 수익증권을 발행하는 취지의 정함이 있는 신탁이고, 현실적으로 수익증권이 발행되는지 여부를 묻지 않는다. 실제로, 실무에서 수익증권발행신탁에 있어서는, 대체 제도를 이용하고 있으므로, 수익증권은 발행되지 않는다(사채주식이체 제127조의3 제1항). 이하에서는, 대체 제도의 규율에 관하여도 적절하게 언급하기로 한다.

(2) 설정: 수익증권 발행에 관한 신탁행위의 정함

(가) 수익증권발행신탁으로 하기 위해서는 그러한 취지의 신탁행위의 정함이 필요하다(신탁 제185조 제1항, 제207조, 제209조). 그러나 수익증권을 발행한다는 정함이 있더라도 모든 수익권에 관하여 발행하여야 하는 것은 아니다. 특정한 내용의 수익권에 관하여는 발행하지 않는다는 취지를 정할 수 있다(동 제185조 제2항). 다만

68) 小野傑「商事信託法の諸問題」田原睦夫古稀·退官『現代民事法の実務と理論(上)』829면(金融財政事情研究会, 2013). 문제를 알기 쉽게 정리한 것으로서, 藤田友敬「有価証券の範囲」日本証券経済研究所金融商品取引法研究会研究記録 25호 9~13면(2008).

동종의 수익권에 관하여는 수익권마다 권리내용이 다른 것은 타당하지 않으므로, 수익권을 발행할지 미발행할지는 통일적으로 처리되어야 한다.

또한 발행되는 수익증권은 기명식인 경우와 무기명식인 경우가 있다.

나아가 모든 종류의 수익권에 관하여 수익증권을 발행하지 않는다는 취지를 정할 수도 있다. 수익증권발행신탁의 포인트는 수익자원부에 의한 수익자 관리 등에 있는 것이고, 그 목적달성을 위하여 수익증권 미발행의 수익권과 병행하여 거의 아무런 내용이 없는 수익권을 별종의 것으로 하나만 설정하고, 그것에 관하여 수익증권을 발행하는(그리고 위탁자 등에게 보관하도록 하여 유통되지 않도록 한다) 것은 무의미하기 때문이다.

수익증권발행신탁의 수익권으로 대체기관이 취급하는 것(사채주식대체 제3조)은 대체수익권이 되어 수익증권을 발행할 수 없다(동 제127조의3 제1항). 페이퍼리스화된 수익증권이 되는 것으로(동 제127조의30), 이른바 「수익증권이 발행되지 않는 수익증권발행신탁」이 된다. 대체수익권으로 하기 위해서는 신탁행위의 정함에 따라 대체기관에 대해서 취급의 동의를 하여야 한다(동 제13조, 제127조의2 제2항).

즉, 수익증권발행신탁의 수익자에게는

• 수익증권이 기명식으로 발행되는 수익권,
• 수익증권이 무기명식으로 발행되는 수익권[무기명수익권이라 한다(신탁 제110조 제3항)],
• 수익증권이 발행되지 않은 수익권으로 대체수익권이 아닌 것,
• 대체수익권

의 4종류가 있고, 각각 아래의 규율이 변화하게 된다.

(나) 신탁의 변경에 의하여 수익증권발행신탁에 관하여 모든

종류 또는 특정한 종류의 수익권에 관하여 수익증권을 발행하지 않는 것, 반대로, 신탁행위에 수익증권을 발행하는 취지의 정함이 없는 경우에 모든 종류 또는 특정한 종류의 수익권에 관하여 수익증권을 발행할 수는 없다(신탁 제185조 제3항·제4항). 도중에 권리내용이 크게 변화하는 것은 상당하지 않고, 법률관계가 복잡해지는 것을 방지하기 위함이다. 주식회사에서는 주권발행회사가 주권을 발행하는 취지의 정함을 폐지하는 경우가 있는데, 주주의 권리내용의 변화가 적다는 점에서 규율이 상이한 이유를 찾을 수 있다.

이에 비하여 기명식과 무기명식의 어느 한쪽에서 다른 한쪽으로의 변경은 수익자의 청구에 의하여 언제라도 가능하다(동 제210조 본문). 다만 신탁행위에 별도의 정함을 둘 수는 있다(동조 단서). 수탁자의 수고가 요구되므로 신탁행위로 금지되는 경우도 많다고 생각된다.[69]

(3) 수익권의 양도와 수익권을 행사할 수 있는 자

(가) 수익증권이 발행되는 경우[70]

수익증권이 발행되는 경우, 그 양도는 수익증권의 교부가 효력발생 요건이 된다(신탁 제194조). 그리고 수익증권의 점유자는 해당 수익증권과 관련된 수익권을 적법하게 가지는 것으로 추정되고,[71] 교부를 받은 자는 악의·중과실이 없는 한 수익권을 취득한다(동 제196조).*

그러나 수익증권을 누가 점유하는지는 수탁자가 알 수 없다.

따라서 우선 무기명수익증권의 경우에는 권리행사에 있어 수익증권을 제시하여야 한다(동 제192조. 나아가 제189조 제2항, 제195조

69) 증권발행 신주예약권에 관한 동일한 조문에 대한 실무에 관해서, 長島·大野·常松法律事務所編『アドバンス会社法』313면(商事法務, 2016).

70) 발행이 지체된 경우의 권리행사에 관하여, 条解·850~851면(弥永真生).

71) 이것의 의미에 관하여, 道垣内弘人「会社法131条1項による権利の推定について」星野英一追悼『日本民法学の新たな時代』511면 이하(有斐閣, 2015) 참조.

제3항, 제197조 제4항, 제198조 제3항, 제201조 제2항). 무기명수익권 수익자의 성명·명칭, 주소는 후술하는 수익권원부에는 기재·기록되지 않는다(동 제186조 제3항 괄호 부분).

다음으로 기명수익증권의 경우에는 수익권원부에 기재된 자가 수익자로서 취급된다. 수익권의 양도가 있는 경우는 수익권원부에 기재·기록되지 않으면 해당 양도를 수탁자에게 대항할 수 없다(동 제195조 제1항). 또한 집회에 있어 의결권의 행사권자 등에 대해서는 일정한 기일(기준일)을 정하여 그 시점에 수익권원부에 기재·기록된 자를 수익자의 권리를 행사할 수 있는 자로 할 수 있다(동 제189조).[72] 수탁자로부터의 통지나 최고도 수익권원부에 기재·기록된 수익자의 주소로 하면 충분하다(동 제191조 제1항·제2항).

그 전제로서 수탁자는 수익자의 명칭이나 권리내용 등을 기재·기록한 수익권원부를 작성하여야 하고(동 제186조), 수탁자 자신이 수익자가 된 경우나 수탁자가 가지는 수익권이 처분된 경우에는 수탁자의 책임으로 수익권원부의 기재·기록을 하여야 한다[동 제197조 제1항. 나아가 수익권의 병합·분할이 있는 경우도 마찬가지(동조 제2항·제3항)]. 수익권을 수탁자 이외로부터 취득한 자는 기록·기재를 수탁자에게 청구할 수 있다(동 제198조 제1항·제2항).

* **수익증권불소지의 신고·수익권원부 관리인** 이와 같이 수익증권이 발행된 경우에는 수익자의 권리는 증권의 점유와 결부된다. 이는 양도 등에 편리하지만, 수익권을 양도하지 않고, 장기로 보유하고자 하는 자에 있어서는 위험한 면도 존재한다. 수익증권을 상실한 자를 위하여 공시최고절차가 준비되어 있지만(신탁 제211조), 그것도 번거롭다. 그래서 수익증권의 불소지를 수탁자에게 신청하는 것도 가능하고, 수탁자에게 수익증권이 제출되어 그 취지가 수익권원부에 기재·기록되면 수익증권은 무효가 된다(동 제208조 제1항~제5항). 다만 수익자는 양도 등을 위하여 다시 수익증권의 발행을 청구할 수도 있다

72) 기준일을 정할 수 있는 사항의 범위에 관하여, 条解·825면(弥永真生) 참조.

(동조 제6항).

한편, 수익권원부의 관리는 수탁자에게도 부담이다. 그래서 수탁자는 수탁자를 대신하여 수익권원부의 작성·관리를 할 자(수익권원부 관리인)를 정하고, 사무의 위탁을 할 수 있다(동 제188조). 이 비용은 신탁사무처리비용이므로 수익권원부 관리인에 대한 보수는 신탁재산에서 지급할 수 있다.

(나) 수익증권이 발행되지 않는 경우(대체수익권 이외)

수익증권이 발행되지 않는 경우에는 합의에 의하여 수익권 양도가 가능하다. 그러나 수탁자 기타 제3자에 대한 대항요건은 통상의 수익권처럼 수익권 양도와 같은 구조(→425면)가 적용되는 것이 아니라, 수익권원부에의 기재·기록이 수탁자 기타 제3자에 대한 대항요건이 되고 있다(신탁 제195조 제1항·제2항). 수탁자에게 있어 사무의 간소화가 도모되고 있다고 할 수 있다.

수탁자가 수익권원부의 기재를 기준으로 수익권을 행사할 수 있는 자를 정할 수 있는 것은 기명식 수익증권이 발행된 경우와 마찬가지이다. 수익자는 권리행사를 위하여 수탁자에 대하여 수익권원부의 기재내용을 적은 서면의 교부 또는 전자적기록의 제공을 수탁자에게 청구할 수 있다(동 제187조).

(다) 대체수익권의 경우

대체수익권의 권리관계는 대체기관이 관리하는 대체구좌부의 기재·기록에 따라 정해진다(사채주식대체 제127조의2 제1항). 수익자는 대체기관의 대체구좌부에 직접 가입자로서 구좌를 가지는 경우도 있고, 상위 대체기관에 대하여 구좌를 가지는 하위 구좌관리기관에 대하여 가입자로서 구좌를 가지고, 상위 대체기관의 대체구좌부에는 하위 구좌관리기관의 명칭만 기록된 경우도 있다.[73)]

이와 같이 수익자가 구좌를 가지는 것은 대체기관인 경우도

73) 高橋康文編·尾崎輝宏『逐条解説·新社債, 株式等振替法』145면(参考9)(金融財政事情研究会, 2006) 참조.

있고, 그 하위에 있는 구좌관리기관인 경우도 있지만, 대체수익권의 양도는 양수인이 자신의 구좌에 증가의 기재·기록을 하지 않으면 그 효력이 발생하지 않는다(동 제127조의16). 그리고 기록을 하면 대체수익권에 관한 권리를 적법하게 가지는 것으로 추정되고(동 제127조의19), 또한 증가의 기재·기록을 한 자는 악의·중과실이 없는 한 대체수익권에 관한 권리를 취득한다(동 제127조의20).

하위에 있는 구좌관리기관의 구좌에 어떠한 기재·기록이 이루어지는지는 수탁자가 알지 못한다. 최상의 구좌기관의 구좌의 내용도 당연히 알지 못한다. 그래서 우선 수익채권 이외의 권리에 관해서는, 수익자가 자신의 구좌가 있는 대체기관 또는 구좌관리기관에 대하여 수익자라는 점과 그 내용을 증명한 서면의 교부를 청구할 수 있고, 그 서면을 수탁자에게 제시하지 않으면 권리행사(수익채권의 행사를 제외한다)를 할 수 없다고 되어 있다(동 제127조의27 제1항~제3항). 그러나 서면교부 후 수익자가 변동되면 수탁자의 부담은 커진다. 그리하여 서면교부 이후에는 서면이 반환될 때까지 대체를 할 수 없도록 하고 있다(동조 제4항). 기명수익증권이 발행된 수익권이나 수익증권이 발행되지 않은 수익권에 관한 기준일 제도와 동일한 기능이지만, 대체수익권에 관하여는 기준일이 인정되지 않는다(동 제127조의31에 의해 신탁법 제189조는 적용되지 않는 것으로 되어 있다).

수익채권에 관하여는 증명서 제도는 없고, 각 수익자가 행사할 수 있다. 그렇다면, 수탁자가 어떻게 수익자를 파악하는지가 문제된다. 주식에 관해서는 법률상 총주주통지 제도(사채주식대체 제151조, 제152조)가 존재하여 기준일 제도와 결부되어 회사가 권리자를 확정할 수 있지만, 대체수익권에 관하여는 증권보관대체기구의 주식 등의 대체에 관한 업무규정 제285조의56 이하가 동기구의 통지의무·수탁자의 통지청구권을 규정함으로써 대처하고 있다.

대체기관·구좌관리기관이 대체구좌부를 작성하는 것, 이전이 있는 경우 구좌부에 대한 기재·기록, 수익권의 병합·분할이 있는 경우의 규율 등에 관하여는 수익권원부의 규율과 거의 동일하다(사채주식대체 제127조의4 이하).*

* **수익증권발행신탁에 있어 수익권의 공유** 수익권이 공유인 경우, 통상적으로 민법 제249조 이하의 적용에 의해 권리관계가 정해진다. 이에 비하여, 수익증권발행신탁에서는 다수의 수익자가 존재하는 경우도 많다고 생각되기 때문에 수탁자의 편의를 위하여 공유자는 통지·최고의 수령자 1인을 정하고 그러한 점을 수탁자에게 통지하여야 하고(신탁 제191조 제3항), 정함에 관한 통지가 없는 경우에는 수탁자는 공유자의 1인에게 통지·최고를 하면 족하다고 되어 있다(동조 제4항). 나아가 수익자로서의 권리행사를 위해서도 공유자는 권리행사자 1인을 정하여 그러한 점을 수탁자에게 통지하여야 한다(동 제193조 본문). 다만 권리행사에 관하여는 통지가 없더라도 「해당 수탁자가 해당 권리를 행사하는 것에 동의한 경우는 그러하지 아니하다」라고 되어 있다(동조 단서). 그러나 그 취지는 공유자 간에 공유규정에 따라 적법하게 권리행사자가 정하여졌는데, 그러한 점을 수탁자에게 통지하지 않은 경우 수탁자가 적법하게 정하여진 권리행사자의 권리행사를 인정해도 무방하다는 것에 불과하고, 적법하게 정하여진 자가 아닌 자의 권리행사를 인정해도 무방하다는 것은 아니다(주식공유에 관한 회사법 제106조 단서에 관하여, 판례[74]).

(4) 양도의 용이성과 수익자의 다수성

(가) 수익증권발행신탁에서는 수탁자의 선관주의 집행의무에 관하여 주의수준의 경감(→224면)을 할 수 없고, 또한 신탁사무를 위탁한 제3자가 적임자가 아니라는 점 등이 판명된 경우의 행위의

74) 最判平成 27·2·19 民集 69권 1호 25면.

무(→243면)도 신탁행위에 의하여 변경할 수 없다고 되어 있다(신탁 제212조 제1항·제2항). 다양한 종류(능력)의 투자가에게 수익권이 양도되는 것이 예상되므로, 수탁자에 대한 신뢰성을 확보할 필요가 있기 때문이다.

(나) 한편, 수익자가 다수인 신탁에서는 수익자의 일부가 전체의 이익에 반하여 굳이 그 권한을 행사하고자 하는 것을 제약할 필요가 있다. 다만 권한을 지나치게 제약하면 수익자의 이익이 침해된다.

그래서 수익증권발행신탁에서는 회사법상 주주의 권리에 준하여 수탁자의 권한위반행위의 취소권, 장부 등의 열람·등사청구권, 검사역의 선임신청권에 관해서는, 결의권 또는 수익권총수의 100분의 3 이상을 가지는 수익자에 한하여 행사할 수 있다는 정함을 신탁행위에 두는 것을 가능하도록 하고 있다(신탁 제213조 제1항). 또한 신탁의 변경·종료를 명하는 재판의 신청권에 관하여는 결의권 또는 수익권총수의 10분의 1 이상을 가지는 수익자에 한하여 행사할 수 있다고 하는 것도 가능하다(동조 제2항).

또한 수익자가 2인 이상 있는 수익증권발행신탁에서는 신탁행위에 별도의 정함이 없는 한, 수익자집회에 의한 다수결에 따라 수익자의 의사를 결정하는 정함이 있는 것으로 간주된다(동 제214조). 통상의 경우와 비교하여 원칙과 예외가 역전되어 있다(동 제105조 제1항·제2항. →458면).

그렇다면 각 수익자는 권리의 행사를 위하여 다른 수익자에 관한 정보를 획득할 필요가 발생한다. 이 자체는 통상의 신탁에서 수익자의 전원이나 다수결에 따른 결정을 청구하는 경우에도 필요하고, 이를 위하여 각 수익자는 다른 수익자의 성명 등에 관하여 수탁자에게 개시를 청구할 수 있다(동 제39조 제1항·제2항)(→264면). 수익증권발행신탁에서도 이 개시청구권은 인정되지만, 동 청구권은 신탁행위에 있어서 별도의 정함에 의하여 제한될 수 있는 바(동조 제3항), 제한이 있는 경우에는 의결권 또는 수익권총수의 일정 비율 이상을 가지는 수익자에 한하여 취소권 등을 가진다고 하는 제한을 신탁행위에 정할 수는 없다고 되어 있다(동 제213조 제3항). 개시청구권이 제한된 경우에는 다른 수익자에게 압력을 가할 수 없어 일정 비율 이상을 가지는 수익자가 공동으로 권리행사를 하는 것이 곤란해질 수 있기 때문이다.[75] 그러나 수익권원부를 통해서는 무기명수익권이나 대체수익권에 관하여 그 수익자가 누구인지는 수탁자가 알 수 없어 한계가 있다.* 대체수익권의 수익자에 대해서는 앞에서 기술한 바와 같이(→439면), 수탁자는 증권보관대체기구에 대하여 수익자가 누구인지에 관한 통지를 청구할 수 있지만, 수익자의 개시청구가 있다고 하여 수탁자가 동 기구에 대하여 통지청구를 하여 수익자를 확인하여야만 하는 것은 아니다.

*** 수익권원부의 열람 등 청구권** 수익자 기타 이해관계인은 수익권원부의 열람 등을 청구할 수 있다(신탁 제190조 제1항~제3항). 물론 수익자는 이 청구권을 통하여 다른 수익자에 대한 정보를 취득할 수도 있고, 수익자의 다른 수익자의 성명 등의 개시청구에 대하여 수탁자는 수익권원부를 열람하게 함으로써 대응할 수도 있을 것이다. 그러나 수익권원부의 열람 등 청구권은 수익자의 권리행사만을 위한 것이 아니다(그렇다면 동 제39조의 권리로 족하다). 그렇기 때문에 신탁법 제39조의 개시청구의 주체가 수익자로 한정되는 것에 비하여, 수익권원부 열람 등의 청구주체는 「위탁자, 수익자 기타 이해관계인」으로 되어 있는 것이다(동 제190조 제2항). 따라서 여기에서 말하는 「이해관계인」의 범위에는 가령 수익권 양도를 받으려는 자(상대방이 진정으로 수익자인지 여부를 확인하기 위하여 열람을 청구한다)도 포함된다고 해석된다.

---

75) 또한 100분의 3 이상, 10분의 1 이상이라고 하는 요건이 부과된 경우 그 요건은 단독의 수익자로 충족해도 무방하고, 수인의 수익자로 충족해도 무방하다. 上柳克郎ほか編『新版注釈会社法(13)』 24면(谷川久)(有斐閣, 1990) 참조.

다만 자신이 수익자라는 점을 다른 수익자 등에게 알리고 싶지 않은 자도 있다. 그리고 수익증권이 발행된 수익권에 관하여는, 예를 들어 양수인은 증서의 점유자로부터 교부를 받으면 권리를 취득하는 것이므로(동 제194조, 제196조), 수익권원부의 기재를 확인할 수 없더라도 일응 지장은 없다. 그래서 수익증권이 발행된 수익권에 관하여는 그 수익자의 성명 등을 개시하지 않는다는 신탁행위의 정함이 가능하다고 되어 있다(동 제190조 제4항).

(다) 나아가, 수익증권발행신탁에 있어서는 자신의 목적을 달성하기 위하여 신탁을 설정하고, 신탁설정 후에도 해당 목적이 달성되는 점에 관하여 위탁자가 이해관계를 계속 가지는 것이 아니라, 설정 후 위탁자는 해당 신탁에 관하여 이해관계를 상실하고 오직 경제적 권리로서 수익증권을 가지는 수익자만이 수탁자의 의무이행에 관심을 가지는 경우가 많게 된다. 수익자가 자신의 권리와 관련된 사항에 관하여 위탁자가 개입하지 않도록 바라는 경우도 많다. 그래서,

- 수탁자에 대한 신탁사무처리 보고청구권(신탁 제36조), 보전처분에 관한 자료의 열람 등 청구권(동 제172조 제1항~제3항), 수익권원부의 열람 등 청구권(동 제190조 제2항),
- 법원에 대한 수탁자·신탁감독인·수익자대리인의 해임신청권(동 제58조 제4항, 제134조 제2항, 제141조 제2항), 특별한 사정에 의한 신탁의 변경·종료 신청권(동 제150조 제1항, 제165조 제1항), 공익확보를 위한 신탁의 종료 신청권(동 제166조 제1항. 나아가 제169조 제1항),
- 법원에 대한 신 수탁자·신 수탁감독인·신 수익자대리인의 선임신청권(동 제62조 제4항, 제135조 제1항, 제142조 제1항), 법원에 대한 청산수탁자의 선임신청권(제173조 제1항), 신탁재산관리명령·신탁재산법인 관리명령 신청권(동 제63조 제1항, 제74조 제2항), 신탁감독인의 선임신청권(동 제131조 제4항),

• 신 수탁자·신탁감독인·수익자대리인에 대한 취임최고권(동 제62조 제2항, 제131조 제2항, 제138조 제2항)

에 관하여는, 위탁자의 권리를 수익자가 행사한다고 되어 있다(동 제215조).

(5) 수익권의 담보화

(가) 수익권에 질권이 설정된 경우도,

① 수익증권이 기명식으로 발행된 수익권,

② 수익증권이 무기명식으로 발행된 수익권,

③ 수익증권이 발행되지 않은 수익권으로 대체수익권이 아닌 것,

④ 대체수익권

에 따라 규율이 구분된다.

(나) ①, ②에 관하여는 수익증권의 질권자에 대한 교부가 질권의 효력발생사유가 된다(신탁 제199조). 질권자에 의한 수익증권의 점유가 있으면, 질권을 수탁자 기타 제3자에게 대항할 수 있다(동 제200조 제1항). 다만 질권의 목적이 기명수익증권이라면, 설정자는 수탁자에 대하여 질권자에 관한 수익권원부에의 기재·기록을 청구할 수 있고(동 제201조 제1항. 나아가 제204조, 제205호), 또한 질권자는 기재·기록사항을 기재한 서면의 교부를 수탁자에게 청구할 수 있다(동 제202조). 등록질이 되지만, 그 효과는 수탁자가 질권자를 수익자로서 취급하여야 한다는 것이다. 즉, 수탁자는 신탁법 제97조에 의하여 질권의 효력이 미치는 수익채권에 관하여 그것에 관한 통지를 질권자에 대하여 하지 않으면 안 되고(동 제203조 참조), 질권자는 수익채권 등을 직접적으로 추심할 권리가 인정되어(동 제98조 제1항), 피담보채권의 변제기가 도래하지 않는 동안에는 그 공탁청구에 응하여야 한다(동조 제2항). 또한 수익자에 대하여 상기의 채권과 관련된 채무를 변제하더라도 질권자에게 대항할 수

없다.

이에 비하여, 기명수익증권을 점유하고 있는 질권자가 수익권 명부에 등록되지 않은 경우(약식질) 및 무기명수익증권이 질권의 목적인 경우(이 경우, 수익권원부에는 질권의 기재·기록을 할 수 없다. 동 제201조 제2항)에는, 질권자는 권리행사에 있어 수익증권을 제시하여야 한다(동 제192조 참조). 신탁법 제97조는 적용되지만, 그때 질권설정자에 대한 인도·지급 전에 약식질권자는 그 청구권을 압류할 필요가 있다(→ 429면*).

(다) ③에 관하여, 수익증권이 발행되지 않은 경우에는 합의에 의하여 질권설정이 가능하다. 그리고 수탁자 기타 제3자에 대한 대항요건은 통상의 수익권에 관한 질권설정과 마찬가지로 민법 제364조가 적용된다(→ 427면)(신탁법 제97조의 적용에 관하여, → 429면* 참조).

(라) ④에 관하여, 대체수익권이 질권의 목적이 된 경우에는, 구좌의 질권란에 증가기록이 이루어지지 않으면, 효력이 발생하지 않는다(사채주식대체 제127조의17). 제3자에 대한 대항요건도 그에 따라 구비된다.

수탁자와의 관계는 증권보관대체기구의 주식 등의 대체에 관한 업무규정에 기초하여 동 기구의 통지의무·수탁자의 통지청구권에 따라 처리된다.

5. 수익증권발행 한정책임신탁

(1) 총 설

한정책임신탁에 관하여는 이미 기술하였지만(→ 200면), 한정책임신탁의 신탁행위에서 수익증권을 발행하는 취지가 정해지면, 수익증권발행 한정책임신탁이 된다.

한정책임신탁에 관하여는 채권자에 대한 책임재산이 신탁재산에 속하는 재산에 한정되기 때문에 채권자에게 부당한 손해를 미치지 않도록 하기 위하여 몇 가지 조치가 이루어졌다. 그리고 수익증권발행신탁에서는 수익권이 일반 공중에게 유통될 가능성이 있으므로, 권리이전의 신뢰성을 높이는 규율이 마련되어 있었다(→436면). 수익증권발행 한정책임신탁에서는 이 양자의 요청이 중첩되어 발생한다.

그래서 양자의 규율이 적용되는 것은 당연하고, 추가로 수익증권발행 한정책임신탁에 있어서는 대차대조표상의 부채액이 200억 엔 이상인 경우에는 회계감사인을 두어야 하고, 그것에 달하지 않는 경우에도 회계감사인을 둘 수 있다고 되어 있다(신탁 제248조 제1항, 제2항). 회계감사인을 지정하는 정함은 신탁행위에 정하여져야 하므로(동조 제3항), 결국 대차대조표상의 부채액이 200억 엔 이상이 될 가능성이 있는 신탁에 있어서는 신탁행위에 회계감사인을 지정하는 정함을 두어야 한다.

또한 회계감사인의 성명·명칭은 등기사항이 된다(동 제232조 제7호).

(2) 회계감사인

회계감사인은 공인회계사 또는 감사법인이어야 하고, 후자의 경우 회계감사인의 직무를 행할 자를 선임하여 수탁자에게 통지하여야 한다(신탁 제2249조 제1항·제2항). 이해관계 등을 가지는 자는 회계감사인이 될 수 없고, 사원의 반수가 결격인 경우 해당 감사법인은 회계감사인이 될 수 없다(동조 제3항). 회계감사인은 그 직무를 행함에 있어 이해관계자를 사용하는 것도 금지되어 있다(동 제252조 제3항). 회계감사인이 결여된 경우나 사임·해임에 관하여는 수탁자와 마찬가지이다(동 제250조, 제251조).

회계감사인은 회계감사서류를 작성하여야 하고(동 제252조 제1항. 나아가 신탁계산규칙 제30조 이하), 그것을 위하여 수탁자에게 관계 서류의 열람 등이나 보고를 청구할 수 있다(신탁 제252조 제2항). 수익자집회(→ 462면)에 출석하여 의견을 진술할 권리가 있고, 소집권자로부터 출석을 요청받는 경우도 있다(동 제257조). 또한 회계감사인이 선임된 경우에는 한정책임신탁의 수탁자가 부담하는 계산의무에 관하여도 회계감사를 받아야 하고, 수익자에 대한 보고에 있어 회계감사보고도 포함하여야 하며, 회계감사보고에 관하여도 보존의무가 부과되는 등 강화된다(동 제252조 제4항).

회계감사인은 상기의 직무를 선량한 관리자의 주의로써 하여야 하고(동 제253조), 임무해태의 경우에는 손실전보책임 등을 부담하며, 제3자에게도 책임을 부담하는 경우가 있다(동 제254조, 제255조). 비용 등의 구상, 손해배상청구, 보수청구에 관하여는 신탁관리인에 준한다(→ 483면)(동 제256조).

제 4 절 수익채권

1. 총 설

수익채권이라 함은 「신탁행위에 기초하여 수탁자가 수익자에 대하여 부담하는 의무로서 신탁재산에 속하는 재산의 인도 그 밖에 신탁재산과 관련된 급부를 하여야 하는 것과 관련된 채권」(신탁 제2조 제7항)이고, 수익자가 가지는 자익권의 하나이다(→ 380면*).

수익채권의 내용은 신탁행위에 의하여 정하여진다. 「매월 10만 엔을 급부한다」라고 확정적으로 정해진 경우도 있고, 「기간 중 1년마다 신탁재산 증가액을 금전으로 급부한다」와 같이 불확정적이지만, 계산에 의하여 확정액이 정해지는 경우도 있다. 또한 「수익자의 판단으로 수익자가 교육을 받는데 필요한 액을 급부한다」와 같이 수익채권의 구체적 내용을 수탁자의 재량과 연관시킬 수도 있다(→390면*).[76] 나아가 기간 중에는 일체의 급부를 하지 않고, 「종료 시에 신탁재산에 속하는 재산을 현물 그 자체로 급부한다」라고 하는 경우도 있을 수 있다.

복수의 수익자에 관하여 그 수익채권의 내용을 변경할 수도 있다. 예를 들어 기간 중 수익을, 먼저 우선수익자의 정함에 따라 교부하고, 남는 것이 있으면 후순위 수익자에게 급부한다고 하는 것이다. 또한 어떤 수익자에게는 신탁재산에 속하는 재산인 특정의 부동산에 거주할 수 있다는 이익을 급부하고, 다른 수익자에게는 다른 재산으로부터의 수익을 현금으로 급부한다는 정함도 가능하다.

나아가, 가령 위탁자의 손자를 수익자로 하고, 그 학비를 위하여 적절한 지출을 할 의무를 수탁자가 부담하는 경우, 수익자는 수탁자에 대하여 자신에 대한 급부를 청구할 수 있는 것은 아니다. 수탁자는 해당 수익자가 재학하는 학교 등 적절한 자에게 지급하게 된다. 이와 같은 경우 수익자가 가지는 권리가 신탁법 제2조 제7항의 정의에 합치하는지가 문제되는데, 수익자는 수익채권으로서 「신탁재산에 속하는 재산의 인도 그 밖에 신탁재산에 관한 급부를 하여야 하는 것과 관련된 채권」을 가지고, 그 급부가 해당 학교 등에 대한 지급이라는 방법에 의하여 이루어진다고 해석하여야 할 것이다[→386면 주6)]. 수익자는 그 점을 수탁자에게 청구할 수 있다.

76) 유언집행자 겸 수탁자로 된 자에게 수증자 상호 간 배분율의 결정이 맡겨져 있더라도, 신탁목적의 확정이 결여된 부분은 없다고 한 것으로서, 大阪高判 昭和 48·7·12 民集 28권 10호 2164면이 있다. 이 판결에 관하여, 藤池智則＝富松宏之 「遺言信託における受託者の裁量権」 みずほ信託銀行＝堀総合法律事務所編 『詳解信託判例』 41면 이하(金融財政事情研究会, 2014) 참조.

2. 수탁자의 책임의 범위 등

(1) 수익채권은 수탁자의 관점에서 보면, 신탁사무집행의 내용으로서 부담하는 채무이고, 수익채권과 관련된 채무는 신탁재산 책임부담 채무가 된다(신탁 제21조 제1항 제1호).

신탁재산 책임부담 채무에 관하여는 한정책임신탁의 경우를 제외하고, 수탁자는 신탁재산만이 아니라 그 고유재산에 의해서도 책임을 부담하는 것이 원칙이다(→98면). 그러나 이 원칙이 생긴 이유 중 하나는 신탁재산에는 법인격이 없기 때문에 신탁사무집행으로서의 거래는 수탁자가 당사자가 되어 행해지고, 또한 상대방은 수탁자가 그 거래를 신탁사무로서 행하는 것인지 자기의 계산으로 행하는 것인지 알 수 없는 경우(따라서 수탁자의 고유재산을 자신의 채권에 충당되는 것으로서 기대한다)가 존재한다는 점에 있다. 그러나 수익채권에 관하여는 그와 같은 사태는 발생하지 않는다. 바로 「신탁재산에 속하는 재산의 인도 그 밖에 신탁재산에 관한 급부를 하여야 하는 것과 관련된 채권」(동 제2조 제7항)이기 때문이다. 그래서 신탁법 제100조(동 제21조 제2항 제1호도 같은 취지)는, 수탁자는 수익채권과 관련된 채무에 관하여는 신탁재산에 속하는 재산으로만 이행의 책임을 부담한다고 하고 있다(물적 유한책임).

(2) 신탁법 제100조는 수익채권의 내용의 계산방법에 관하여 언급하고 있는 것이 아니다. 분명 「기간 중 1년마다 신탁재산 증가액을 금전으로 급부한다」와 같은 수익채권 내용의 정함이 있는 경우에는, 수익채권을 신탁재산에 속하는 재산만으로는 이행할 수 없다는 것은 생각하기 어렵다(다만 기준시 등의 문제는 있다). 그러나 수익채권은 신탁행위의 정함에 따라 확정액의 채권이 될 수도 있고, 수익채권과 관련된 채무가 신탁재산에 속하는 재산만으로는 이행할 수 없는 경우도 존재한다.* 이 경우 수익채권은 확정액의 채

권으로서 발생하지만, 수탁자는 부족액에 관하여는 이행의 책임을 부담하지 않고, 또한 수익채권과 관련된 채무가 이행되지 않아 수익자가 수탁자를 상대로 지급청구소송을 제기한 경우[77]에도, 그 판결은 「신탁재산의 한도에서 지급하라」라는 것이 된다.[78] 이 확정판결을 집행권원으로 하여 수탁자의 고유재산에 집행할 수는 없다.

* 수익자에게 최저한도로서 보장된 수익채권액을 지급하기 위하여 신탁재산이 부족한 경우에 대비하여 신탁행위 또는 그 이외의 사정에 의해 수탁자·위탁자 등이 원본보전의무를 부담하는 것이 정해지는 경우가 있다. 이 경우도 수익채권의 액이 신탁재산에 속하는 재산의 총액을 초과하는 사태를 상정하는 것이다. 이 경우에는 의무자가 신탁재산에 대하여 보전을 하고, 수익자에게는 보전된 신탁재산에서 급부되는 것이 통상적이다(다만, 수익자에게 직접적으로 지급하는 계약도 유효하다). 또한 수익채권과 관련된 채무에 관하여 보증이 이루어지는 경우도 있는데, 이 경우도 마찬가지이다.

(3) 수익채권은 이와 같이 신탁사무집행의 결과로서 존재하는 신탁재산의 상황에 의존하고 있다. 그렇다면 신탁사무집행의 과정에서 발생하는 채권자의 채권 등은 수익채권에 우선한다고 하지 않으면 불합리하다. 극닥적인 경우 신탁사무처리로서 금전의 차입을 하여 대주의 부담으로 수익자에 대한 변제액을 증가시킬 수 있게 되는 것은 타당하지 않다. 그래서 신탁법 제101조는 수익채권은 신탁채권의 후순위라고 하고 있다(신탁채권에 관하여는 신탁법 제21조 제2항 제2호에 정의가 있고, 「신탁재산 책임부담 채무와 관련된 채권으로 수익채권이 아닌 것」을 말한다).

다만 주의하여야 할 점도 있다.

첫 번째로, 한정책임신탁의 경우나 신탁채권이 책임재산 한정

77) 또한 수익채권과 관련된 채무의 이행지체로 인한 손해배상채무도 수익채권과 관련된 채무이다[村松ほか·230면 주(3)].

78) 상속에 있어 한정승인의 경우에 관하여, 大判昭和 7·6·2 民集 11권 1099면.

특약(수탁자의 고유재산을 책임재산에서 제외하는 내용의 것)이 부가된 채권인 경우에는, 수익채권과 마찬가지로 신탁채권자는 수탁자의 고유재산에서 변제를 받을 수 없다. 따라서 신탁법 제101조가 정하는 우열관계가 그대로 각각의 채권자의 최종적인 회수액에 영향을 미친다. 그러나 그렇지 않은 경우에는, 신탁채권자는 수탁자의 고유재산에서 변제를 받을 수 있는 지위에 있는 것이므로, 신탁재산에 속하는 재산이 압류되어 경매가 이루어지는 경우에 굳이 신탁채권자를 우선하지 않아도 무방하다고 생각되기도 한다. 그러나 그러면 결국 수탁자는 자신의 고유재산의 부담으로 수익채권의 회수비율을 증가시키는 것이 되어 신탁법 제100조의 취지에 반하게 된다. 여전히 동법 제101조의 규율이 필요하다.

두 번째로, 실무상 오히려 수익채권과 신탁채권이 동등한 것이 타당한 경우도 있다. 어느 기업이 유휴지를 신탁재산으로 하는 신탁을 설정하고, 수탁자가 신탁사무처리의 내용으로서 그곳에 빌딩을 세워 임대를 통해 운용함으로써 이익을 얻는다는 유동화 구조를 생각해보자. 이 경우 빌딩 건설에 이르기까지 모든 구조가 최초로 정비되고, 당초의 수익자인 위탁자로부터 수익권을 구입하는 자 및 빌딩건설자금의 융자를 하는 자가 미리 계약에 의해 정해진다. 여하간 양자는 이 구조에서 발생하는 이익에 착목하여 일정한 투자를 하는 것이고, 그것이 수익권의 구입이라는 형태로 지출하는 방법과 금전의 대출이라는 형식으로 지출하는 방법으로 구분되는 것에 불과하다.그렇다면 양자는 동등하게 취급하는 것이 타당하다. 그래서 이와 같은 경우에는 금전의 차입에 있어 대주와 사이에 「수익채권과 동등하게 취급한다」라는 특약을 체결하게 된다.[79] 신탁

79) 예를 들어, 伊藤勝「金銭債権流動化における『信託勘定借入(責任財産限定特約付) スキーム』の検討」能見善久編『信託の実務と理論』67면 이하(有斐閣, 2009) 참조. 신탁재산파산에 있어서 해당 특약의 효력에 관하여, 小野=深山編·137면(大串淳子)은 부정될 가능성을 제시하지만, 효력을 긍정해도

법 제101조는 이러한 특약을 배제하는 것은 아니다.

세 번째로, 수익채권이 신탁채권의 후순위라고 하더라도 한정책임신탁의 경우와 달리 수익자에 대한 과잉급부에 관한 규율(동 제225조 이하. → 212면)이 있음에도 신탁의 청산 시와 같이 수익채권과 관련된 채무의 이행은 신탁채권과 관련된 채무의 변제 이후에 행해진다고 해석할 근거 역시 없다(→ 542면,* 544면). 그렇다면, 신탁채권의 우선성이 실현되는 경우는 한정된다. 실제로는 압류의 상황 등에 한정될 것이다.

(4) 또한 수익채권의 내용이 특정물을 급부한다는 것인 경우, 그 소유권이 어느 시점에서 수탁자로부터 수익자로 이전하는가라는 문제가 있다. 물권행위의 독자성을 부정하는 한 급부의무의 효과에 따라 권리이전은 발생하는 것이고, 급부목적물이 특정된 단계에서 수익자에게 귀속하게 된다고 하여야 하는 것이다(신탁의 종료에 입각하여 보다 상세하게 서술한다. → 548면).

3. 수익채권의 양도 등

수익채권은 수익권과 달리 단순한 채권에 지나지 않는다. 따라서 민법상 채권양도의 방법에 따라 양도하는 것이 가능하고, 수익자에 대한 채권자가 이를 압류할 수도 있다.

그러나 신탁기간의 만료 시까지 모든 수익채권이, 장래채권도 포함하여 양도되거나 혹은 압류되면 수익권의 질적인 분리가 발생하기 때문에 인정될 수 없다는 견해도 있다.[80] 그러나 신탁행위에 의하여 본래는 수익자가 가지는 각종 권한을 수익자대리인에게 부여하는 것도 가능하므로(신탁 제139조 참조)(→ 492면), 수익권의 질적 분리가 일괄적으로 허용되지 않는 것은 아니다. 수익권 양도의

무방하다고 생각한다[伊藤眞ほか『条解破産法(第3版)』1632면(弘文堂, 2020)].

80) 村松ほか · 225면 주(3), 新井監修 · 301면(及川富美子), 田中 · 364면.

경우와 마찬가지로(→ 422면), 해당 신탁 목적과의 관계에서 한계를 정할 수밖에 없을 것이다.[81)]

또한 수익채권의 성질에 따라서는 민사집행법 제152조 제1항의 취지에 따라 압류의 범위가 제한될 수도 있다고 하여야 할 것이다.[82)]

4. 소멸시효

(1) 총 설

수익채권은 통상의 채권이기 때문에 채권의 소멸시효 규율에 따라 시효에 의해 소멸한다(신탁 제102조 제1항). 따라서 시효기간은 「권리를 행사할 수 있음을 안 때부터 5년간」 또는 「권리를 행사할 수 있는 때부터 10년간」(민 제166조 제1항)이 되는데, 수익자로서 지정된 자는 수익의 의사표시 없이 당연히 수익권을 취득하므로(신탁 제88조 제1항. → 384면), 수익자가 자신이 수익자가 된 점을 알지 못한 채 수익채권의 소멸시효가 진행될 우려가 있다. 그래서 수익자가 수익자로서 지정을 받았다는 점을 알기에 이를 때까지는 시효기간이 진행하지 않는다고 하고 있다(동 제102조 제2항).*

또한 이와 같이 시효기간의 진행을 수익자의 지·부지에 결부시키면 경우에 따라서는 언제까지나 수익채권이 소멸하지 않는 경우가 있을 수 있다. 그래서 지·부지에 관계 없이 행사할 수 있는 때부터 20년을 경과하면 소멸한다고 되어 있다(동조 제4항). 이는 제척기간이라고 해석하여야 한다.

---

81) 같은 방향에 있다고 생각되는 것으로서, 渡辺宏之「研究·信託法(6)」信託 282호 37면(2020).

82) 福井修「信託に関わる強制執行」信託フォーラム 13호 59면(2020), 佐藤勤「受益権への質権設定をめぐる法的問題」 信託フォーラム 13호 67면(2020). 또한 新井·504면은 신중한 분석을 하고 있는데, 수익권의 문제가 아니라 수익채권의 문제가 아닐까?

* 신탁법 제102조 제2항 괄호 부분은 수익자 자신이 부지라도 신탁관리인이 선임되면 시효기간이 진행한다고 하고 있다. 신탁관리인은 수익자가 존재하지 않는 경우에 선임되는 자이이므로(→477면), 위 괄호 부분은 존재하지 않는 수익자를 위하여 신탁채권이 발생하고, 그 채권과 관련된 채무의 이행기가 도래하는 사태를 상정하고 있는 것이 된다. 그러나 존재하지 않는 수익자를 대신하여 신탁관리인이 수익채권과 관련된 채무의 이행을 받는 것을 인정하면, 급부된 재산은 도산격리 등의 보호를 받을 수 없는 재산이 된다. 존재하지 않는 수익자에 대한 수익채권과 관련된 채무의 급부에 필요한 재산은 신탁재산에 속하는 재산으로서 취급되어 수탁자의 통제 아래 있다고 해석하는 것이 타당하므로, 위 괄호 부분은 적용되는 경우가 없다고 생각하여야 한다.[83)]

(2) 시효의 원용

(가) 그러나 수탁자는 수익자를 위하여 충실의무를 부담하고 있으므로(신탁 제30조), 시효기간이 경과하였다고 해서 당연히 소멸시효를 원용할 수 있다고 해석하는 것도 타당하지 않다.* 한편, 미지급된 수익채권에 관하여 장기간 수탁자에게 관리를 요구하는 것도 부당하다. 그래서 신탁법 제102조 제3항 본문·제1호는 소멸시효 기간의 경과 후 지체 없이,** 수익자에 대하여 상당한 기간을 정하여 이행청구를 최고할 것을 수탁자에게 요구하고, 그 기간 내에 수익자로부터 이행청구를 받지 않은 경우에 한하여 소멸시효를 원용할 수 있는 것으로 하여 그 균형을 도모하고 있다.

다만 수익자에 대하여 이행청구의 최고를 하지 않은 점에 관하여 정당한 이유가 있는 경우에는 최고를 하지 않은 채로 소멸시효를 원용할 수 있다. 정당한 이유가 있는지 여부는 수익자의 소재

---

83) 佐久間毅「信託管理人, 信託監督人, 受益者代理人に関する諸問題」信託 234호 23면(2008).

불명 외에 신탁행위의 정함, 수익자의 상황, 관계자료의 멸실(자료가 없어 정당한 수익자를 확정할 수 없는 경우를 포함한다), 그 밖의 사정에 비추어 판단된다(동 제102조 제3항 제2호).

수탁자가 수익채권과 관련된 채무를 모두 이행한 경우(이행하였다고 생각하는 경우)에는 소멸시효 원용의 의사는 발생하지 않는다. 따라서 이행청구의 최고도 이루어지지 않게 되는데, 이와 같은 경우에도 정당한 이유가 있다고 생각하여야 한다.[84] 소멸시효의 원용은 수익채권자의 이행청구에 대한 방어방법이 되는데, 그때 수탁자가 이행을 완료하였다는 점을 나타내는 자료를 제시할 수 있다면 그것으로 족하기 때문에 실제 원용이 문제되는 것은 그 자료가 존재하지 않는 경우이다. 이는 신탁법 제102조 제3항 제2호가 고려요소로서 언급하고 있는 「관계자료의 멸실」에 해당한다.

*** 수탁자 의무와의 관계**[85] 수탁자는 다른 수익자에 대하여도 충실의무(신탁 제30조)를 부담하는데, 어느 수익자가 가지는 수익채권에 관하여 소멸시효를 원용하는 것은 신탁재산을 증가시켜 다른 수익자의 이익이 되기 때문에 원용의 의무가 있는지가 문제 된다. 그러나 수익채권의 이행을 받지 않은 수익자에게 손해를 입히면서까지 다른 수익자의 이익을 도모하여야 하는 의무가 충실의무의 내용으로서 부과된 것은 아니라고 하여야 한다. 또한 시효기간이 만료된 상대방인 수익자가 복수로 존재하는 경우 공평의무(동 제33조)와의 관계에서, 1인에 대하여 소멸시효를 원용하면, 다른 수익자에 대하여도 원용하여야 하는지도 문제된다. 그러나 수익채권과 관련된 채무가 모두 이행되었을 개연성 등이 다르므로, 기이행의 개연성이 높은 수익자에 대하여 시효를 원용하였다고 해서 미이행의 개연성이 높은 수익자에 대하여 채무를 이행하는 것은 아무런 문제가 없다. 다만 수탁자가 일부 수익자의 이익을 도모하기 위하여 선택적으로 시효를 원용하는

---

84) 寺本·281면 주(10), 村松ほか·236면 주(8).

85) セミナー(3)·169면.

것은 공평의무에 반한다고 하여야 한다.

** 수탁자가 소멸시효기간 경과 후「지체 없이」최고하는 것을 게을리한 경우에는 어떻게 될까? 지체하더라도 상당한 기간을 정하여 청구하면 족하지만, 그 경우에는 보다 장기간의 기간을「상당한 기간」으로 부여할 필요가 있다고 하는 견해가 있다.[86] 그러나 최고가 지체되었다고 해서 수익채권자가 이행청구 준비에 필요한 기간이 변화한다고 생각되지 않아 뒷 부분에는 찬성할 수 없다.[87] 결국「지체 없이」최고하지 않더라도 소멸시효 원용 전에 상당한 기간을 정하여 최고하면 그것으로 족하다.[88]

애당초 소멸시효 기산점이 언제가 될지는 수익채권의 주관적 양태가 영향을 미치기 때문에(동 제102조 제2항, 민 제166조 제1항 제1호), 수탁자는 소멸시효 완성시기를 명확하게 판단할 수 없다.

나아가 이행청구의 최고는 수익자에 대하여 수익채권의 존재를 알리는 방식이 되는데, 이것이 채무의 승인 등은 되지 않는다.[89]

(나) 신탁행위에 있어 수익채권의 소멸시효를 원용하지 않는다고 정하는 것을 인정하는 견해도 있지만,[90] 민법 제146조에 저촉하여 타당하지 않다.[91]

(다) 수익채권에 관하여 보증인이 존재하는 경우 등은 보증인에게도 수익채권의 소멸시효에 관하여 원용권이 있다.[92] 수탁자 이외의 시효원용권자는 수익자에 대하여 충실의무를 부담하지 않으므로 원용을 함에 있어 신탁법 제102조 제3항의 요건을 충족할 필요는 없다.[93]

---

86) 村松ほか · 236면 주(6).
87) 田中 · 376면.
88) 条解 · 509면(佐久間毅), 佐久間 · 167면.
89) 条解 · 510면(佐久間毅).
90) 田中 · 377면.
91) 条解 · 512면(佐久間毅).
92) 大判昭和 8 · 10 · 1 3民集 12권 2520면.
93) セミナー(3) · 168~69면 참조.

(3) 효 과

(가) 예를 들어 기간마다 발생하는 수익채권에 관하여 어느 기간에 발생한 수익채권이 시효에 의하여 소멸한다고 하더라도 수익권 자체는 소멸하지 않는다.

이에 비하여, 1회로 한정된 수익채권과 관련된 채무가 시효에 의하여 소멸하거나, 민법 제168조에 의하여 수익채권 전부가 소멸한 경우에는 수익권 자체가 소멸한다고 해석된다. 수익채권은 수익권의 가장 기본적인 구성요소이기 때문이다.[94]

그리고 모든 수익권이 소멸하면, 신탁은 종료하여 청산에 들어간다고 해석하여야 한다(→526면).

(나) 소멸시효의 효과는 기산일에 소급한다(민 제144조). 그렇다면 가령 동질의 수익권을 가지는 10인의 수익자에 대하여 급부하여야 할 액수의 총액이 90이고, 9명의 수익자에게는 9씩을 급부하였지만, 어느 1인의 수익자가 가지는 수익채권은 시효에 의하여 소멸한 경우, 90의 재산을 9인의 수익자에게 평등하게 분배하였어야 하는 것이 되어 추가적으로 9인에 대하여 1의 재산을 급부하여야 하는지 문제된다.[95]

그러나 급부액의 산정 시점까지 소급하여 소멸하는 것은 아니므로, 9를 신탁재산에 편입시키면 족하다고 해석하여야 한다.

---

94) 中田裕康「信託受益権の消滅時効」道垣内弘人ほか編『信託取引と民法法理』289면 이하(有斐閣, 2003). 또한 寺本·278면, 村松ほか·233면(골프 회원권에 포함되는 골프장 시설이용권이 「시효에 의해 소멸하면, 골프 회원권은 그 기본적인 부분을 구성하는 권리가 상실됨으로 인해 더 이상 포괄적 권리로서는 존속할 수 없다」라고 하는 最判平成 7·9·5 民集 49권 8호 2733면을 언급하고 있다).

95) セミナー(3)·170~171면. 실무상 고려할 수 있는 약정의 예로서, 田中·376면.

제5절 복수 수익자의 의사결정

1. 총 설

(1) 전원일치의 원칙

이미 서술한 바와 같이 수익자에게는 여러 가지 권리가 인정되지만, 수익자가 복수인 경우,* 그 권리의 행사에 있어 수익자의 의사결정은 전원일치에 의하는 것이 원칙이다(신탁 제105조 제1항 본문). 그 예외가 신탁법 제92조 각호에 열거하는 권리이고, 그 때문에 단독수익권이라 불리는 것이다[각각이 단독수익권으로 된 이유에 관하여는 이미 기술하였다→404면)].

그러나 전원일치에 의하지 않으면, 단독수익권 이외의 권리행사는 할 수 없다고 하면, 실제로는 행사가 방해받는 경우도 많아진다. 이는 수익자의 이익 확보를 위해서도, 신탁사무집행을 진행시키기 위해서도 지장이 된다.

그래서 신탁법은 복수의 수익자가 전원일치 이외의 방식으로 수익자로서의 의사를 결정하는 방법을 인정하고 있다.

*** 수익자 복수와 수익권의 공유** 수익자가 복수로 존재하더라도 그러한 자들이 1개의 수익권을 공유하고 있는 경우에는 여기에서 말하는 복수의 수익자가 존재하는 경우에 해당하지 않는다.[96] 수익권을 공유하고 있는 자가 해당 수익권에 근거하여 권리를 행사할 때에는 민법 제249조 이하 공유의 규정에 의한다(→440면*). 여기에서 말하는 수익자가 복수인 경우라 함은 복수의 수익권이 있고, 아울러 그러한 수익권이 별도의 주체에 귀속되는 것을 말한다. 또한 2개의 수익권이 있고, 1개가 A와 B의 공유이고, 다른 1개가 C의 단독소유인 경우 이하에서 서술하는 복수 수익자의 규정은 [A와 B]와 C라는 2인의 수익자가 존재하는 것으로 적용된다.

---

96) 村松ほか·245면 주(3), 新井監修·322면 주(3)(西脇英司＝吉田泉).

(2) 3가지 방법

인정되는 방법은 3가지로 분류된다.

첫 번째는, 수익자가 복수 존재하는 경우로 한정되지 않지만, 신탁감독인·수익자대리인을 정하여 그러한 자에게 의사결정을 맡기는 방법이다. 이에 관하여는 나중에 설명한다(→486면).

두 번째는, 의사결정방법을 신탁행위에 의하여 정하는 방법이다. 이 내용은 신탁행위에 의하여 정해지지만, 완전히 자유로운 것은 아니다. 한계도 존재한다. 2에서 설명한다.

세 번째는, 다수결에 의한다는 점을 신탁행위에서 정함과 아울러 그것을 수익자집회에서 다수결로 하는 방법이다. 이 경우에는 신탁법이 규정하는 수익자집회에 관한 구조가 적용된다. 3에서 설명한다. 첫 번째와 세 번째는 신탁행위의 정함을 보완하기 위하여 합리적인 규율을 신탁법이 준비하고 있다고 이해할 수 있다.

(3) 일정한 방법의 강제

신탁법 제40조에 의한 수탁자 손실전보 등 책임의 전부를 면제하는 것은 수익자 전원일치가 필요하고(신탁 제105조 제4항 제1호), 일부 면제라도 수탁자에게 악의 또는 중과실이 있는 경우에는 전원일치가 요구된다(동항 제2호). 또한 신탁법 제41조에 의한 법인수탁자의 이사 등 연대책임의 전부 또는 일부를 면제하는 것에 관하여도 마찬가지이다(동 제105조 제4항 제1호·제3호)(또한 이사 등은 악의 또는 중과실에 관해서만 책임을 부담한다.→328면). 수탁자의 경과실에 의한 책임의 일부 면제에 관하여는 전원일치에 의하는 것 이외에는, 수익자집회에 의한 특별다수결의 정함만이 유효하다(동조 제3항, 제113조 제2항 제1호)(→466면).

전부면제에 엄격한 요건이 부과되는 것은 각 수익자에게 미치는 영향이 크기 때문이고, 악의·중과실의 수탁자 및 수탁자 법인의 임원의 책임 면제에 관하여는 그러한 자의 악성에 비추어 일부라도 간이한 방법에 의한 면제를 인정할 필요가 없기 때문이다. 이에 비하여 경과실의 수탁자 책임의 일부 면제에 관하여는 그와 같은 필요는 없지만, 신탁재산에 손실을 발생시키지 않는 중요성에 비추어 신중한 절차를 취하게 하고 있다고 평가할 수 있다.

2. 수익자집회에서 다수결 이외의 정함

(1) 총 설

신탁행위에 있어서는 신탁법 제92조 각호에 열거하는 권리, 즉 단독수익자권 행사 이외의 상황에서 수익자의 의사결정을 위하여 별도의 정함을 둘 수 있다(신탁 제105조 제1항 단서). 이 정함이 있으면, 수익자 의사결정은 그에 따라 이루어지게 된다.

(2) 정함의 한계

신탁행위에 있어서의 정함으로서는 다양한 것을 생각할 수 있다.

실무상 전형적인 것은 수탁자의 제안에 대하여 일정한 수의 수익자로부터 반대의 의사표시가 없으면, 제안대로 의사결정이 이루어진 것으로 한다는 「간주찬성」* 제도이다. 다만 합리성은 필요하므로 「9할 이상의 수익자로부터의 반대가 없는 한 찬성으로 간주한다」라는 정함은 인정할 수 없다.97) 마찬가지로 수익자대표를 정하여 그자의 판단에 따른다고 하는 정함도 합리성을 결여한 것으로서 유효하다고는 해석할 수 없다98)(적어도 사항의 특정성은 필요

97) 村松ほか·247면은, 「수익자의 10분의 1이 동의하면, 해당 의사결정이 이루어진 것으로 취급한다고 하는 것도 가능하다」라고 하는데, 이것이, 10분의 9에 가까운 반대가 있더라도 무방하다고 하는 것이라면, 타당하지 않다. 나아가 신탁업법 제29조의2 규율은 후술한다(→513면*).

98) 反対, 田中·347면.

할 것이다). 다만 각 수익자의 권리는 최종적으로는 수익권취득청구권(→468면)에 따라 보호되는 구조로 되어 있고, 또한 가장 중요하다고 생각되는 권리에 관하여는 단독수익자권으로 되어 있으므로 신탁행위 정함의 유효성은 비교적 넓게 긍정하더라도 좋다고 생각한다.[99]

또한 다수결로의 결정을 정함과 동시에 그 방법에 관하여 수익자집회가 아니라 서면결의, 웹 회의의 방법을 정하는 것은 유효하다.[100]

*** 특별법에서 간주찬성제도** 금융기관의 신탁업무의 겸영 등에 관한 법률 제5조는, 「신탁업무를 영위하는 금융기관은 다수인을 위탁자 또는 수익자로 하는 정형적 신탁계약(대부신탁 또는 투자신탁과 관련된 신탁계약을 제외한다.)에 관하여 약관의 변경을 하고자 하는 경우에는」, 「내각총리대신의 인가를 받아 해당 변경에 이의가 있는 위탁자 또는 수익자는 일정한 기간 내에 그 이의를 진술하여야 한다는 취지를 공고하는 방법으로 할 수 있고」(일정한 기간은 1개월을 하회할 수 없다), 「위탁자 또는 수익자가 제1항의 기간 내에 이의를 진술하지 않은 경우에는 해당 위탁자 또는 수익자는 해당 계약의 변경을 승낙한 것으로 간주하는」 것을 인정하고 있다. 또한 투자신탁 및 투자 법인에 관한 법률 제17조 제7항은 「알려진 수익자가 결의권을 행사하지 않은 경우에는 해당 알려진 수익자는 서면에 의한 결의에 관하여 찬성하는 것으로 간주한다는 취지의 정함을 둘 수 있다」라고 하고 있다.

---

99) 이에 비하여, セミナー(3)·205면(能見善久)은, 출발점은 전원일치이고, 신탁법이 정하는 전형규정은 다수결이므로 이와 지나치게 괴리되는 것은 인정되지 않는다고 한다.

100) 村松ほか·247면, 新井監修·323면(西脇英司＝吉田泉). 신탁업법 제29조의2 제4항 제2호도, 다수자로부터의 승인을 얻는 방법으로서 수익자집회에서 다수결 이외의 방법의 존재를 전제로 하고 있다.

3. 다수결 규정: 수익자집회

(1) 총 설

복수 수익자의 의사결정 방법으로서, 신탁행위에 수익자집회의 다수결에 의한다는 취지가 정해진 경우에는 신탁법 제106조 이하가 적용된다.

신탁법이 합리적인 구조의 예를 제시하는 의미가 크므로, 신탁행위에서는 「수익자의 의사결정은 수익자집회에서 다수결에 의한다」라고만 정하면 충분하다.[101] 다만 수익자집회에 관한 규정은 어디까지나 양식을 제시하는 것이므로, 신탁행위에서 별도의 정함을 둘 수도 있다(신탁 제105조 제2항 단서). 그러나 법이 규정하는 합리적인 규정을 변경하려면 그 나름의 합리성이 요구된다고 하여야 한다. 가령, 소집에 관하여 2주로 되어 있는 통지기간을 1주로 하는 것, 정족수를 일정 정도 완화하는 것 등은 인정되지만, 출석수익자 과반수를 하회하는 찬성수로 족하다고 하는 것은 허용되지 않는다.[102]*

*** 투자법인에서의 규율과의 관계** 투자신탁에 관하여는 서면결의가 전제되어 있으므로, 그러한 제도는 없지만, 동일한 투자구조를 투자법인에 의하여 행한 경우에는 「투자자가 투자자총회에 출석하지 않고, 아울러 결의권을 행사하지 않은 때에는 해당 투자자는 그 투자자총회에 제출된 의안(…)에 관하여 찬성하는 것으로 간주한다는 취지」를 규약으로 정할 수 있다고 하고 있고(투신 제93조 제1항), 그 합리성에 관하여, 「투자법인은 구조화 금융상품이고, 그 성질상 의결권 행사에 관심이 없는 투자자도 다수라고 생각되기 때문」이라고 설명되고 있다.[103] 그렇다면 신탁에 있어서도 마찬가지의 정함이 가능한 것은 아

---

101) 村松ほか · 248면.

102) 寺本 · 304면 주(2), 条解 · 525면(弥永真生). 애당초 수익자집회에 관한 규정이 적용되는 것은, 「수익자집회에서 다수결에 의한다는 취지의 정함」이 있는 경우이다.

103) 森 · 濱田松本法律事務所編『投資信託 · 投資法人の法務』353면(商事法務, 2016).

닌지라는 문제가 발생한다. 그러나 신탁 일반에 관하여 투자법인과 동일한 성격이라고 하는 것에는 무리가 있고, 문제가 되는 신탁마다 상기 정함의 유효성을 판단하는 것도 안전성이 부족하다. 신탁법에는 명문의 규정이 없으므로, 인정되지 않는다고 하여야 한다.

(2) 소집자

(가) 수익자집회를 소집할 수 있는 것은 수탁자이고, 신탁감독인이 있는 경우에는 신탁감독인도 소집권한을 가진다(신탁 제106조 제2항). 이들은 필요가 있다고 판단한 경우에는 언제라도 소집할 수 있다(동조 제1항). 다만 객관적인 필요성이 없음에도 비용(신탁재산이 부담한다. 동 제122조)을 들여 소집을 하는 것이 수탁자의 의무위반이 되어 손실전보 등의 책임이 발생하는 경우가 있다.

(나) 그러나 원칙적으로 수탁자만을 소집자로 하고, 신탁감독인이 있는 때에만 그자에게도 소집권을 부여하는 것은 특히 수탁자의 책임을 추궁하고자 하는 경우 등에는 충분하지 않다. 그래서 각 수익자는 상기의 소집자에 대하여 수익자집회의 목적인 사항 및 소집의 이유를 제시하고 수익자집회의 소집을 청구할 수 있다(신탁 제107조 제1항). 다만 소집자는 이 청구가 있는 경우 당연히 수익자집회를 소집하여야 하는 것은 아니다(소집이 필요함에도 소집을 하지 않은 경우에 소집자의 선관주의 집행의무위반에 따른 책임이 발생하는 것은 별개의 문제이다. 동 제29조 제2항, 제133조 제1항). 그래서 수익자는 신탁재산에 현저한 손해가 발생할 우려가 있으면,[104] 청구가 있은 후 소집자가 지체 없이 소집을 하지 않거나, 청구로부터 8주 이내의 날을 수익자집회의 날로 하는 소집통지를 하지 않은 경우에는 스스로 수익자집회의 소집을 할 수 있다(동 제107조 제2항).

---

104) 이 요건에 관한 입법론적인 비판으로서, セミナー(3)·219면(藤田友敬) 참조.

(3) 소집절차

(2)(가)의 경우에 있어 수익자를 포함하여 소집자는 개최의 일시·장소, 목적사항(신탁 제113조 제5항 참조), 전자적 방법에 의한 의결권행사를 할 수 있는 경우에는 그 취지(서면에 의하여 행사할 수 있는 것은 신탁법 제115조가 규정하고 있으므로 불요), 그 밖에 신탁법 시행규칙 제6조·제7조에 규정된 사항을 정하여 그 내용을 기재한 통지를 수익자집회의 2주 전까지 알려진 수익자*(무기명수익증권이 발행된 경우에는 수익자집회일의 3주 전까지 마찬가지의 공고를 하는 것이 요구된다. 신탁 제109조 제4항), 수탁자, 나아가 신탁감독인이 있는 경우에는 신탁감독인에게 통지하여야 한다(동 제108조, 제109조).

또한 알려진 수익자에게는 의결권 행사에 관하여 참고가 되는 사항을 기재한 서류(수익자집회 참고서류) 및 서면 혹은 (그것이 인정되는 경우에는) 전자적 방법에 의한 의결권 행사를 보장하기 위하여 그것을 위한 서면(의결권 행사 서면)을 교부하여야 한다(동 제110조, 제111조). 나아가 서면 혹은 (그것이 인정되는 경우에는) 전자적 방법에 의한 의결권 행사를 보장하기 위하여 그것을 위한 서면 등을 교부할 것을 청구할 수 있다(동 제110조, 제111조).

신탁법 시행규칙 제6조·제7조에 규정된 사항은, 일반적 사항(제6조)과 의안의 종류별 사항(제7조)으로 구분된다. 전자는 서면에 의한 의결의 기한(통지의 발신으로부터 2주 이후로 한정된다) 등이고, 후자는 신 수탁자의 선임이 의안인 경우에는 신 수탁자의 성명·약력 등이며, 신탁의 변경이 의안인 경우에는 변경 후 신탁행위의 내용 등 의안의 상세이다. 이것들은 수익자가 사전에 검토하기 위해서나 출결을 결정하는데 있어 중요한 정보이기 때문이다.

또한 수익자집회에서 연기 또는 속행이 결의된 경우에는 재차 통지는 필요하지 않다(신탁 제119조).

* 「알려진 수익자」라고 되어 있지만, 무기명 수익권의 수익자와 같이 조사를 하더라도 알 수 없는 경우가 존재할 수 있는 경우를 제외하고, 수탁자가 소집자인 경우에는 수익자를 알 수 있을 것이다. 또한 수익자가 소집자인 경우에는 다른 수익자의 성명 등 개시청구권(신탁 제39조)을 이용하여 성명 등을 파악하기 위하여 노력하여야 한다.[105] 이를 하지 않고 일부의 수익자에게 통지가 결여된 경우 소집한 수익자는 불법행위책임을 부담할 수 있다. 다만 소집통지에 하자가 있어 무효가 된다고까지는 평가할 수 없다고 생각한다.

(4) 의결권의 행사

(가) 수익자가 가지는 의결권은 각 수익권의 내용이 균질한 경우에는 수익권의 개수(→422면)에 따라, 그 이외의 경우에는 소집결정 시에 있어 각 수익권의 가격에 따라 정해진다(신탁 제112조 제1항). 또한 신탁재산에 속하는 수익권에는 의결권이 부여되지 않는다(동조 제2항).* 수탁자의 감독 등에 관하여 공정을 결여하게 되기 때문이다.

* **신탁행위에 있어서 별도의 정함의 가부** 수익자가 가지는 의결권에 관하여 신탁행위에 있어 별도의 정함을 두는 것은 가능할까? 신탁법 제105조 제2항 단서는 수익자집회에서 다수결에 의한 정함이 있는 경우의 규율 일반에 관하여 신탁행위에 별도의 정함을 두는 것을 허용하고 있으므로, 형식적으로는 가능하다. 실제로 수익권의 가격결정에 관하여는 간이한 결정방법을 정해두지 않으면 곤란할 것이다. 그럼 의결권의 개수를 수익자 인원수에 의한다는 취지의 정함이나, 의결권을 가지지 않은 수익권의 정함은 인정되는 것일까? 인정된다고 보는 견해[106]도 존재하지만, 그렇게 되면, 더 이상 「수익자집회에서 다수결에 의하는 취지의 정함이 있는 경우」가 아니게 되어 결정방법 일반의 한계의 문제가 된다. 그리고 그 점에 있어서도 마찬가지로 별도의

---

105) 村松ほか · 252면 주(11).
106) 寺本 · 304면 주(4).

정함에 관하여 일정한 합리성이 요구되어야 한다(→459면).

(나) 정족수는 의결권의 과반수이고, 출석한 수익자의 의결권의 과반수로써 결의가 이루어진다(신탁 제113조 제1항). 대리인에 의한 의결권의 행사(동 제114조)나 서면에 의한 의결권의 행사도 인정되고, 그 경우에는 정족수에도 산입된다(동 제115조). 전자적 방법에 의한 행사가 인정되는 경우도 마찬가지이다(동 제116조). 대리인에 의한 행사의 경우 대리권의 수여가 수익자집회마다 이루어져야 한다고 되어 있는 것은(동 제114조 제2항), 회사법 제310조 제2항에 따른 것으로, 수탁자의 관계자가 상시 대리권을 가지도록 함으로써 수익자집회를 형해화하는 것을 방지하기 위한 취지이다. 신탁에 있어서는 수익자대리인 제도가 있어 수익자집회에서 의결권 행사에 관하여만 제한을 두는 것은 의의가 크지 않다고 생각되지만, 수익자대리인은 위탁자와 수익자의 합의에 의하여 해임하거나(신탁 제141조 제2항→제58조 제1항), 그 권한을 종료시킬 수 있으므로(동 제143조 제1항 제1호)(→494면), 수탁자에게 지배될 우려가 상대적으로 적다고 생각된다. 그래서 특히 수익자집회에서 의결권행사에 관하여만 대리인에 관한 규정을 두고 있다.

다만 일정한 사항에 관하여는 출석 수익자의 의결권의 3분의 2 이상의 다수로 의결하여야 한다. 구체적으로는 경과실 수탁자의 책임의 일부 면제(동 제113조 제2항 제1호), 신탁감독인·수익자대리인의 임무종료 합의(동항 제2호·제3호), 신탁의 변경·병합·분할에 있어서의 합의(동항 제4호~제7호), 신탁종료의 합의(동항 제8호)이다. 또한 의결권을 행사할 수 있는 수익자의 반수 이상 및 의결권의 3분의 2 이상의 다수로 행하여야 하는 것으로서 신탁의 변경 중 수익권의 양도제한, 수탁자 의무의 전부 또는 일부의 면제, 수익채권의 내용 변경으로 수익자 사이의 균형에 변경을 미치지 않는 것 등이 있다(동조 제3항). 나아가 신탁목적의 변경, 수익채권의 내용 변경으로 수익자 사이의 균형에 변경을 미치는 것에 관하여는 총 수익자의 반수 이상으로 총 수익자 의결권의 4분의 3에 해당하는 다수로써 행하여야 한다(동조 제4항).

모두 각 수익자의 권리내용에 큰 변동을 발생시키기 때문에 신중한 결의요건을 두고 있다.

다만 신탁행위에서 다른 방법을 정하는 것은 가능하다. 반대하는 수익자에게는 원칙적으로 다음에 서술하는 수익권취득청구권이 인정되기 때문에 그자의 보호가 도모되고 있다고 할 수 있기 때문이다.

(다) 복수의 수익권을 가지고 있는 자는 수익자집회일의 3일 전까지 소집자에 대하여 이유를 붙여 통지하면, 의결권의 불통일 행사를 할 수 있다(신탁 제117조 제1항). 불통일 행사가 필요한 전형적인 예는, 수익권을 신탁재산에 속하는 재산으로 하는 복수 신탁을 수탁하고 있는 수탁자이다. 각 신탁에서 수익자를 위하여 어떻게 의결권을 행사하여야 하는지가 다를 가능성이 있다. 그 이외의 경우에도 불통일 행사는 가능하지만, 사무가 번잡해지는 불이익과 비교할 때 불통일 행사의 필요성이 부족하므로, 소집자는 수익자가 「타인을 위하여 수익권을 가지는 자가 아닌 경우에는」[107] 불통일 행사를 거부할 수 있다(동조 제2항).

(라) 의결사항은 신탁의 운영에 깊이 관련되는 것이므로 소집자는 수탁자에게 출석을 요구할 수 있다. 이 경우에는 수익자집회에서 그것을 인정하는 결의를 하여야 한다(신탁 제118조 제2항). 예를 들어 신탁사무집행의 상황을 설명하기 위하여 수탁자가 스스로의 의사로 수익자집회에 출석하거나, 서면에 의하여 의견을 진술할

107) 이 의의에 관하여는 회사법 제313조의 논의가 참조되어야 한다. 예를 들어, 岩原紳作編『会社法コンメンタール7』237~239면(松尾健一)(商事法務, 2013) 참조.

수도 있다(동조 제1항).

(5) 결 의

수익자집회의 결의는 모든 수익자에게 효력을 가지고, 수익자의 의사로서 결정된 것이 된다(신탁 제121조). 그리고 소집자에게는 의사록의 작성의무가 부과되어 있다(동 제120조. 신탁칙 11조).

4. 수익권취득청구권

(1) 총 설

(가) 위에서 서술한 바와 같이 복수의 수익자가 존재하는 경우, 다수결 등으로 인하여 개개 수익자에게 있어서는 자기의 의사에 반하여 수익자의 의사가 결정되는 경우가 존재한다. 이와 같이 의사에 반하여 자신의 권리가 변경된 수익자에 대한 구제방법으로서, 신탁법 제103조 이하는 **수익권취득청구권**, 즉 자기가 가지는 수익권을 공정한 가격으로 취득할 것을 수탁자에 대하여 청구할 수 있는 권리를 단독수익자권으로서 인정하고 있다(동 제92조 제18호).*,**

* 단독수익자권이기 때문에 신탁행위의 정함으로는 제한할 수 없는데, 수익자가 수탁자와 개별적인 합의를 하여 수익권취득청구권을 포기하는 것은 가능하다고 하는 견해가 있다.[108] 그러나 수익권취득청구권이 의사에 반하여 권리가 변경된 수익자에게 있어 최종수단이라는 점에 비추어 보면, 청구권 발생 전의 합의가 유효하다고 하는 것은 타당하지 않다. 수탁자가 그와 같은 계약을 체결하는 것 자체가 선관주의 집행의무위반(신탁 제29조 제2항)·공평의무위반(동 제33조), 경우에 따라서는 충실의무위반(동 제30조)이 된다고 생각한다. 이에

---

108) 寺本·286면 주(1), 村松ほか·240면 주(7). 田中·356면은, 「자산유동화 등으로 신용보완을 하기 위하여 자산보유자가 후순위 수익권을 보유하고 있는 것과 같은 경우에 관해서」는 신용보완의 구조를 붕괴시키지 않기 위하여 수익권취득청구권의 배제가 필요하다고 한다.

비하여 개별 수익자가 다른 수익자와 사이에 수익권취득청구권을 행사하기 전에 해당 다른 수익자에게 선매권을 부여하는 취지의 계약은 유효하겠지만, 가격결정의 구조에 합리성이 필요하다.

** 또한 금융기관의 신탁업무 겸영 등에 관한 법률 제5조 제4항, 대부신탁법 제6조 제4항, 투자신탁 및 투자법인에 관한 법률 제18조도 신탁약관의 변경에 있어 그것을 승낙하지 않았던 수익자에게 수익권취득청구권을 인정하고 있다.

(나) 수익자가 1인뿐인 경우에도 신탁행위의 정함에 따라 수익자가 관여하지 않는 방식으로, (2)(가)에서 서술한 ①부터 ③의 신탁변경이 이루어지는 경우가 있을 수 있다. 이 경우 일반적으로 수익자에게는 신탁을 종료한다고 하는 수단은 없다(신탁 제163조, 제164조 참조). 그렇다면 수익권취득청구권이 인정되어도 무방할 것 같기도 하다. 그러나 수익자가 수익권취득청구권을 행사하여 그 수익권이 신탁재산에 속하게 되었을 때에는 그 수익권은 소멸하는 것이 원칙이기 때문에(동 제104조 제13항 본문), 수익자가 단독인 경우에는 그 결과 신탁이 종료하게 된다(후발적으로 목적신탁이라고는 할 수 없다. 동 제258조 제3항). 신탁행위에서 또는 ①부터 ③의 의사결정이 이루어짐에 있어서 별도의 정함을 두는 것은 가능할 것 같지만(동 제104조 제13항 단서), 수익권이 신탁재산에 속한다는 사태는 예외적이고, 그 밖에 수익자가 존재하지 않는 경우에는 수익권 불소멸의 정함은 인정되어서는 안 된다(→476면*). 따라서 수익자가 1인인 경우에는 수익권취득청구권이 인정되지 않는다고 하여야 한다.

다만 수익자가 제3자에 대한 취득청구권을 가진다는 취지를 신탁행위에 의하여 별도로 정하는 것은 가능하고, 이 경우에는 상기의 문제가 발생하지 않는다. 그러나 그것은 신탁법상 수익자취득청구권이 아니다.*

* 수익권취득청구의 대가지급 의무를 신탁행위의 정함에 따라서, 또는 ①부터 ③의 의사결정에 있어서 특정한 제3자에게 부담시키는 것은 가능하다. 그러나 그것은 제3자의 병존적 채무인수에 의하여 가능하게 되는 것이고, 수익자는 어디까지나 수탁자에 대하여 청구권을 가진다. 해당 제3자가 인수채무를 이행한 경우 수익권이 수탁자로부터 해당 제3자에게 이전한다는 정함은 가능하지만, 어디까지나 수탁자와 해당 제3자의 관계이고, 청구권을 행사한 수익자와는 관계가 없다.

(2) 요 건

(가) 수익권취득청구권이 인정되는 것은, ① 신탁목적의 변경·수익권의 양도제한과 관련된 신탁의 변경이 이루어진 경우, ② 수탁자 의무의 전부 또는 일부의 면제·수익채권 내용의 변경·신탁행위에서 정한 사항과 관련된 신탁의 변경이 이루어진 경우, ③ 다음으로, 신탁의 병합 또는 분할이 이루어진 경우이다(신탁 제103조 제1항). 나아가 ①, ②를 합하여 「중요한 신탁의 변경」이라 한다(동항 본문 괄호 부분).

① 중에서, 신탁목적의 변경은, 해당 신탁의 취지 자체와 관련된 변경이고, 따라서 수익자는 자신이 손해를 입을 우려가 없더라도 수익권취득청구권이 인정된다(동항 본문 단서, 동항 제1호·제2호).* 또한 수익권 양도의 제한과 관련된 신탁의 변경은 통상적으로 수익자에게 (적어도 추상적인) 손해가 발생하므로, 굳이 손해를 입을 염려를 입증하지 않아도 무방한 것으로 되어 있다.[109)]

②도 수익자의 권리내용에 변경을 미치지만, 이 경우에는 일반적으로 경제적인 문제이므로, 해당 수익자가 손해를 받을 염려가 있는 경우에만 수익권취득청구권이 인정된다(동조 제1항 본문, 동항

109) 寺本·284면, 村松·241면.

제3호·제4호).** 「수탁자 의무의 전부 또는 일부의 감면」(동항 제3호)이라 함은 신탁의 변경에 의하여 행해지는 것으로, 이미 발생한 수탁자의 손실전보 등 책임의 면제는 아니다. 신탁사무집행으로서 행하여야 하는 내용의 변경이다.

다만, ②에 관하여는, 변경된 범위 및 그 의사결정 방법에 관해서 신탁행위에 정함이 있는 경우는 제외된다(동항 제3호 괄호 부분·제4호 괄호 부분). 수익자는 그러한 변경이 있을 수 있는 수익권을 가지고 있는 것에 지나지 않는다고 생각되기 때문이다. 그러나 변경의 정도·절차에 관하여 수익자가 이해하고 있을 필요가 있기 때문에 변경되는 범위·의사결정의 방법(수익자집회에 있어서 다수결에 의한다는 취지의 정함을 포함한다[110])이 정해져 있을 것을 요구한다. ③도 이를테면 신탁의 운용방법이고, 오로지 경제적인 문제이므로, 해당 수익자가 손해를 입을 우려가 있는 경우에만, 수익권취득청구권이 인정된다(동조 제2항 본문). 다만 신탁의 병합 또는 분할에 따라 신탁목적의 변경·수익권 양도의 제한이 이루어진 경우에는 ①에 해당하게 되므로, 손해를 입을 우려는 필요하지 않다(동조 제2항 단서).

* 다만 수익자에게는 수익권의 포기가 인정되므로(→ 430면), 그것으로 충분하지 않을까라고 생각될지도 모른다. 그러나 수익권은 유상으로 취득하는 경우도 있고, 그렇지 않더라도 수익자는 이미 수익권이란 일정한 가치가 있는 재산을 가지고 있으므로, 의사에 반하는 권리 변경에 의하여 무상으로 그것을 포기하지 않을 수 없는 사태가 되는 것은 타당하지 않다.

** **신탁행위에서 정한 사항** 신탁목적도 「신탁행위에서 정한 사항」이지만, 신탁목적의 변경은 ①에 해당한다. 또한 일견 수탁자의 투자방법만을 변경하는 것처럼 보여도, 가령 「신탁재산은 일본 국채에 대한 투자에 의하여 운용한다」라는 조항이 「신탁재산은 외국 국채에 대한 투

110) セミナー(3)·180~183면 참조.

자에 의하여 운용한다」라고 변경된 경우 신탁목적 자체가 변용되었다고 보아야 하는 경우도 있다(또한 신탁목적의 기능에 관하여, → 57면).

(나) 의사에 반하여 변경이 된 수익자의 보호가 목적인 제도이기 때문에, ①부터 ③의 변경에 관하여 그 의사결정에 관여하고, 그 때 찬성의 의사를 표시한 자에게는 권리가 인정되지 않는다(신탁 제103조 제3항). ①부터 ③의 변경에 관하여 수익자가 의사표시를 할 기회를 부여받지 못하는 경우도 있고, 간주찬성제도(→ 460면)에 의하는 경우에는 숙려를 하지 않은 채 기한이 도과되는 경우도 있기 때문에 관여에 기초한 찬성의 의사표시가 있는 경우에만 권리가 부정되는 것이다.

(3) 권리행사의 절차

(가) 우선 수탁자는 수익자에게 권리행사를 보장하기 위하여 ①부터 ③의 사유가 발생한 경우에는 20일 이내에 수익자에 대하여 ①부터 ③의 변경이 있다는 취지, 그 효력이 발생하는 날, 변경의 중지에 관한 조건을 정한 때에는 그 조건을 통지하여야 한다(동조 제4항). 수탁자가 수익자의 연락처를 알 수 없는 경우나 다수여서 비용이 증가하는 경우 등을 위하여,[111] 관보에 의한 공고도 인정되고 있다(동조 제5항). 다만 그러한 사정이 없는 경우 관보에 의한 공고의 방법을 이용하는 것은 인정되지 않는다고 하여야 한다.

(나) 수익권취득청구권을 행사하고자 하는 수익자는 상기의 통지·공고일로부터 20일 이내에 취득을 청구하는 대상인 수익권의 내용을 분명히 하여 수탁자에게 취득을 청구한다(동조 제6항). 상기의 통지·공고가 이루어지지 않은 경우에는 이 기간이 경과하지 않는다. 반대로 이 기간이 경과하면, 수익자는 수익권취득청구권을

111) 村松ほか·242면 주(10)은, 무기명식 수익증권이 발행되어 있고, 수익자의 연락처를 알 수 없는 경우를 예로서 들지만, 그때는 수익권원부의 명칭·주소로 통지하면 충분하다고 생각한다(신탁 제195조 제1항 참조).

상실한다.

이 청구는 수탁자의 동의가 없으면 철회할 수 없다(동조 제7항). 일단 취득청구권을 행사한 다음 수익권 가격의 동향에 따라 시장에서의 매각을 선택하는 것과 같은 투기적 행위를 방지하기 위해서이다[회사법의 제정에 의하여 도입된 규율(회사 제117조 제3항 등)에 부합시키는 것].

또한 ①부터 ③의 신탁변경 등이 중지된 경우에는 수익권취득청구권은 효력을 상실한다(신탁 제103조 제8항). ①부터 ③에 관한 의사결정에 대해서는 조건을 부가할 수 있고(동조 제4항 제3호 참조), 가령 일정 수 이상의 수익권취득청구권 행사가 있으면 신탁에 미치는 영향이 크기 때문에 중지한다와 같은 조건도 부가가능하다.

(다) 권리행사가 이루어지면, 수익권의 가격이 결정된다.

우선 수탁자와 취득청구를 한 수익자의 협의에 의한다(신탁 제104조 제1항). 이 협의가 30일 이내에 이루어지지 않은 경우 수탁자 또는 수익자는 그 기간의 만료 후 30일 이내에 법원에 대하여 가격결정의 신청을 할 수 있다(동조 제2항. 나아가 제3항~제6항). 수익자는 스스로 신청할 수도 있지만, 수탁자가 기간 내에 신청하지 않는 경우에는 수익권취득청구를 철회할 수 있다(동조 제7항).

법원의 가격결정[112]의 기준 시는 취득청구권행사 시다. 후술하는 바와 같이 법원에 의한 가격결정 전에 수탁자에게는 「공정한 가격으로 인정하는 금액」을 가지급하는 것이 인정되고, 그 액수가 나중에 법원에서 결정된 액수에 미치지 못하는 경우, 그 차액에 관하여는 수탁자에게 이자 지급의무가 발생하는 이상 법원에 의한 가격결정의 기준 시를 결정 시로 하는 것은 부당하다(수탁자의 가지급 시에는 수탁자가 지급한 액수가 공정한 가격과 동일하였는데, 그 후 변

---

112) 결정을 함에 있어서는 전문원(비송 제33조)의 활용이 예정되어 있다[金子修編 『一問一答·非訟事件手続法』 29, 71면(商事法務, 2012)].

동이 있는 경우 수탁자에게 추가지급을 시키는 것은 부당하다). 또한 수탁자에 의한 지급이 항상 이루어지는 것은 아니기 때문에 지급 시로 할 수도 없다(그렇다면 수탁자가 시장동향을 보면서 가격을 선택할 수 있게 되어 타당하지 않다). 따라서 취득청구권행사 시로 할 수밖에 없는 것이다.

「공정한 가격」의 의미에 관하여 회사법상 주식매수청구권에 관한 판례[113]는 「흡수합병 등에 의하여 시너지 기타 기업가치의 증가가 발생하지 않는 경우에는, 증가한 기업가치의 적절한 배분을 고려할 여지는 없으므로, 흡수합병 계약 등을 승인하는 취지의 주주총회 결의가 이루어지는 일이 없었다면 그 주식이 형성하였을 가격(…)을 산정하고, 이로써 『공정한 가격을 정하여야 한다』 이지만, 「시너지 기타 기업가치의 증가가 발생하는 경우」에는 「이를 적절하게 분배할 수 있는 것으로 함으로써」, 퇴출을 선택한 주주의 「이익을 일정한 범위에서 보장한다」라고 하고 있다. 수익권취득청구권에 관해서도, 이와 마찬가지로 원칙적으로 ①부터 ③의 의사결정이 이루어지지 않으면, 해당 수익권이 형성하였을 가격이 되지만, 신탁병합의 경우에는 병합으로부터 발생하는 상승효과(시너지)가 플러스인 경우, 시너지를 포함한 가격결정이 요청될 것이다.[114]

(라) 수탁자와 수익자에 의한 협의가 성립한 경우, 수탁자는 수익권취득청구일로부터 60일 이내(그날까지, ①부터 ③의 변경의 효력이 발생하지 않은 경우에는 효력발생일까지[115])에 그 금액을 수익자

---

113) 最決平成 23·4·19 民集 65권 3호 1311면. 最決平成 23·4·26 判時 2120호 126면, 最決平成 24·2·29 民集 66권 3호 1784면도 동지.

114) 田中·357면. 회사법상 논의에 관하여, 江頭憲治郎『株式会社法(第8版)』 910~912면(有斐閣, 2021), 田中亘『会社法(第3版)』673~679면(東京大学出版会, 2021) 참조.

115) 그때까지는 내용에 변경이 없으므로, 해당 수익자에게도 손해는 발생하지 않는다고 하는 이해에 따른다[村松ほか·243면 주(11)].

에게 지급하여야 한다(신탁 제104조 제1항).

상기의 기일까지 수탁자의 가격지급 채무의 변제는 유예되지만, 그 기일을 도과하면, 수탁자는 지연손해금의 지급의무를 부담한다. 이는 그 후에 법원에 의한 가격결정이 이루어지는 경우에도 마찬가지이다. 기일 이후 법원에 의한 가격결정이 이루어질 때까지의 기간 동안에는 장래 법원에 의하여 결정되는 금액의 지급의무가 이미 변제기가 도래한 형태로 발생하고 있는 것이 된다. 따라서 법원의 가격결정에 따라 가격을 지급하는 경우에는 수탁자는 상기의 기일 이후의 이자(채무불이행이 아니므로, 지연손해금이 아님)를 지급하여야 한다(동조 제8항)(이자는 법정이율에 의한다). 그렇지 않으면, 수탁자가 무리하게 협의가 성립되지 않도록 한 경우 해당 수익자에게 부당한 손해가 발생하기 때문이다. 그러나, 그렇다면 반대로 법원의 가격결정까지의 사이에 고액인 이자지급의무가 발생하는 경우도 있을 수 있고, 수익자가 수탁자와 협의를 무리하게 이루어지지 않도록 하여 그 이자를 취득하려고 할 수 있다는 우려가 발생한다. 그래서 수탁자는 그 전에 해당 수탁자가 공정한 가격이라고 인정하는 금액을 가지급할 수 있는 것으로 되어 있다*(동조 제9항).

* 회사법상 주식매수청구권에 관하여도 동일한 문제가 있어 그 폐해를 방지하기 위하여 2014(헤이세이 26)년 회사법 개정에서 가지급 제도가 도입되었다.[116] 그때 동시에 신탁법 제104조 제9항이 개정을 통하여 부가되어 회사법 개정과 균형을 맞추기로 하였다(그 결과 종전 제9항부터 제12항까지가 제10항부터 제13항으로 된 점에 주의).

(마) 수탁자의 가격지급 시에 수익권은 수탁자에게 이전하고(신탁 제104조 제10항), 신탁재산에 속하는 재산이 된다(동 제16조 제1호). 따라서 수익권취득청구권 행사의 의사표시 후라도 이전까지

---

116) 예를 들어, 小出篤「組織再編等における株式買取請求」商事 2065호 10~11면(2015) 참조.

발생한 수익채권 등은 청구권을 행사한 수익자에게 귀속한다. 수익증권이 발행된 경우에는 그 인도와 가격지급은 동시이행관계가 된다(동 제104조 제11항).

그리고 가격지급의 시점에 원칙적으로 해당 수익권은 소멸한다*(동 제104조 제13항 본문). 이와 같이 수익권취득청구권의 행사는 탈퇴조합원에 대한 지분의 환급과 유사한 것이고, 따라서 수탁자는 신탁재산에 속하는 재산만으로 대가의 지급의무를 부담하는 것이 원칙이지만, 신탁행위 또는 해당 중요한 신탁변경 등의 의사결정에 있어서 별도의 정함을 둘 수 있다(동조 제12항).

* 신탁행위 또는 ①부터 ③에 관한 의사결정에 있어서 「별도의 정함」이 인정되고 있고(신탁 제104조 제13항 단서), 또한 수익권이 그 신탁의 신탁재산에 속하는 사태가 존재한다는 점을 전제로 하는 규율도 있다(동 제112조 제2항). 그러나 별도의 정함에 의하여 수익권이 소멸하지 않는다고 하는 것이 인정되는 것은, 그 밖에 수익자가 존재함과 아울러 수탁자가 구입한 수익권의 전매처가 미리 정해져 있어 신속한 전매가 이루어지는 것과 같이 자기수익권을 취득한 상황이 극히 단기간인 것이 보장된 경우에 한정된다고 하여야 할 것이다.[117]

제 6 절 신탁관리인 등

1. 총 설

(1) 이미 살펴본 바와 같이 수익자는 신탁으로부터의 이익을 향수하는 지위에 있고, 그 이익을 지키기 위하여 다양한 권리를 가진다.

그러나 예를 들어 미출생의 자녀가 수익자로 되어 있거나, 장

117) 佐藤勤『信託法概論』174~175면(経済法令研究会, 2009)은, 보다 넓게 인정하는 것 같다.

래 노벨상을 수상한 일본인 여성이 나타난 경우 그자에게 급부를 한다고 하는 신탁이 설정된 경우에는 수익자 자신이 권리를 행사하여 이익을 지킬 수 없어 어떻게 하여야 하는지 문제가 된다. 또한 수익자가 현존하더라도 고령자이거나 미성년자여서 수탁자를 감독하는데 충분한 능력을 갖지 않은 경우도 있다. 나아가 신탁수익권을 투자상품으로서 구성하는 경우 수탁자의 행동에 항상 주목하는 것은 투자가에게도 부담이 되므로 대신하여 감독을 할 사람이 있으면 편리하다.

(2) 그래서 신탁법에서는 **신탁관리인, 신탁감독인, 수익자대리인**이라고 하는 3개의 제도를 두고 있다.

신탁관리인 제도는 수익자가 실제로 존재하지 않는 신탁에서 수익자가 되는 자를 보호하기 위한 것이고, 신탁감독인 제도는 수익자가 수탁자를 적절하게 감독할 수 없는 경우에 수익자를 보호하기 위한 것이며, 수익자대리인 제도는 수익자가 다수이거나 수탁자를 감독할 능력이 없는 경우에 수익자를 보호하고 신탁의 운영을 원활하게 하기 위한 제도이다.

2. 신탁관리인

(1) 선임과 취임

(가) 신탁관리인은 수익자가 실제로 존재하지 않는 경우에 신탁행위에 의하여 지정되는 자이다(신탁 제123조 제1항). 수익자의 이익을 보호하는 역할도 담당하지만(→ 481면), 수익자의 정함이 없는 신탁(목적신탁)에서도 선임될 수 있다(→ 416면*).[118)]

신탁행위에 신탁관리인이 될 자를 지정하는 정함이 있더라도

118) 그 이용이 고려될 수 있는 경우에 관하여, 商事信託法研究会「受益者の定めのない信託における委託者の権限と信託管理人の選任」信託 286호 45면 이하(2021).

그자가 신탁관리인이 되기 위해서는 그자의 승낙이 필요하다. 그래서 이해관계인은 그자에게 상당한 기간을 정하여 인수의 승낙 여부를 확답하여야 한다는 취지를 최고할 수 있고(동조 제2항 본문), 그자가 기간 내에 위탁자(위탁자가 실제로 존재하지 않는 경우에는 수탁자)에게 확답하지 않은 경우에는 취임을 승낙하지 않은 것으로 간주된다(동조 제3항).

또한 신탁관리인이 될 자를 지정하는 신탁행위의 정함에는 정지조건 또는 기간을 부가할 수 있다. 수탁자가 될 자의 정함에 관하여는 그와 같은 정지조건 또는 시기를 부여하는 것이 인정되지 않지만, 이는 수탁자가 필수기관이기 때문이다. 이에 비하여 신탁관리인에 대해서는 신탁재산의 상황이나 수익자가 현존하게 되는 시기를 고려하여 신탁관리인의 필요성을 결정하고, 「위탁자가 사망한 시점에」라든지, 「신탁설정 후 5년을 경과한 시점에」와 같은 정지조건·시기의 부여가 인정된다. 이 경우 상기의 최고를 할 수 있는 것은 정지조건의 성취·시기의 도래 이후뿐이라는 점은 당연하다(동조 제2항 단서). 또한 신탁행위에 있어서 신탁관리인을 정하는 방식에 관한 정함을 두는 것도 인정될 것이다.[119)]

지정이 없는 경우(신탁관리인을 둔다는 정함은 있지만 지정이 없는 경우와 그러한 정함이 없는 경우 쌍방을 포함한다)나, 지정된 자가 취임하지 않은 경우 법원은 이해관계인의 신청에 따라 선임할 수 있다(동조 제4항. 나아가 제5항~제8항).

신탁관리인은 미성년자여서는 안 되고, 또한 수탁자는 신탁관리인이 될 수 없다(동 제124조). 전자는 수탁자의 자격과 마찬가지의 규율이고, 그 취지 등은 전술한 것으로 갈음한다(→69면). 후자는 수탁자를 감독하기에 부적절하기 때문이다.

(나) 「수익자가 실제로 존재하지 않는 경우」라고 하는 것은 수

---

119) 条解·567~568면(佐久間毅).

익자가 그 후에 지정되도록 되어 있는 경우뿐만 아니라, 아직 출생하지 않은 자를 수익자로 하는 것과 같은 경우를 포함한다. 또한「수익자가 실제로 존재하지 않는 경우」란 현존하는 수익자가 1인도 존재하지 않는 것을 의미하고, 1인이라도 수익자가 현존하면 신탁관리인은 선임되지 않는다.*[120)]

취임의 최고·선임의 신청을 할 수 있는「이해관계인」이라 함은 실제로 존재하지 않는 수익자의 이익에 관하여 이해관계를 가지는 자 및 신탁관리인의 취임승낙이 자기의 직무에 영향을 주는 자이고, 신탁법 제123조 제7항에서 즉시항고권이 인정되는 위탁자(해당 수익자로 하여금 이익을 향수하게 하기를 원했다), 수탁자, 이미 존재하는 신탁관리인 외에 위탁자의 상속인, 출생 후에 수익자가 될 태아를 임신하고 있는 어머니 등이 여기에 해당한다.[121)]

* 이 점은 적어도 입법론으로서는 비판이 크다.[122)] 몇몇의 수익자는 현존하지만, 일부는 아직 불특정(미지정) 또는 미존재(이하,「미존재」라고만 서술한다)인 경우에 후자의 이익을 지키기 위한 기관이 존재할 수 없게 되기 때문이다. 예를 들어, 기업연금신탁을 생각해보면, 현재의 수익자인 퇴직자들은 현재의 신탁재산을 소진시키더라도 많은 급부를 얻고 싶지만, 장래에 수익자가 될 자, 즉 현재(및 장래)의 종업원들은 가능한 한 신탁재산을 잔존시켜 두기를 희망한다. 이와 같이 이익이 대립하는 경우 장래 수익자의 이익을 특별히 지키기 위한 기관도 필요하다고 생각한다.

몇 가지 방책을 생각할 수 있다.

첫째로, 해석론으로서 일부 수익자가 미존재인 경우 그자를 위하여 신탁관리인을 선임할 수 있다고 하는 것은 가능할까?[123)] 우선 그 신

120) 寺本·313면 주(1).

121) 条解·568~569면(佐久間毅).

122) 이 문제를 통해 신탁관리인 제도의 의의를 비판적으로 분석하는 것으로서, 佐久間·전게 주83) 21면, 条解·565~566면(佐久間毅).

123) 긍정설로서, セミナー(3)·223~224면(能見善久), 小野傑「信託法における受

탁관리인이 실제로 존재하고 있는 수익자를 위해서도 행위할 수 있다고 해석하면, 신탁관리인의 권한이 수익자의 권리에 관한 일체의 행위에 미치게 되는데, 실제로 존재하는 수익자의 자주성이 지나치게 훼손되므로 타당하지 않다. 그래서 미존재 수익자만을 위하여 행위하는 신탁관리인을 상정하여야 하는데, 신탁법상 그와 같은 신탁관리인의 행위에 관하여 필요한 규율이 흠결되어 있다. 예를 들어, 수익자집회에 있어 다수결의 정함이 있는 경우 해당 신탁관리인은 어떠한 수의 의결권을 가지는지는 정해지지 않았다. 그와 같은 신탁관리인은 수익자로서의 의사결정에는 관여할 수 없고, 단지 단독수익권만을 가진다고 해석하는 것도 하나의 방법이지만, 그 점은 분명하지 않다. 나아가, 미존재 수익자만의 이익을 도모하는 신탁관리인에 관한 비용이나 보수를 신탁재산이 부담한다는 것(신탁 제127조)도 정당화가 곤란하다.[124)]

둘째로, 후술하는 수익자대리인(→489면)을 미존재 수익자를 위하여 선임할 수 없을까? 이 점은, 대리행위의 효과귀속주체가 존재하지 않는 대리를 인정할 수 없다고 해야 하므로, 부정하여야 한다.[125)]

셋째로, 후술하는 신탁감독인에게 미존재 수익자의 이익 보호도 기대하는 것은 어떠한가? 신탁감독인이 그 권한을 행사함에 있어서는 미존재 수익자의 이익도 배려하여야 한다는 것은 정당하다. 그러나 신탁감독인의 권한은 단독수익권에 속하는 권리의 일부를 행사하는 것에 한정되고(동 제132조 제1항), 신탁행위의 정함에 의하더라도 그 것 이외에는 확대할 수 없다고 생각하여야 한다(→488면). 또한 신탁감독인이 선임되어 있더라도 수익자는 자신의 권리를 행사할 수 있기 때문에 실제로 존재하는 수익자가 미존재 수익자의 이익을 배려하지 않은 채 신탁변경 등에 관하여 합의하는 경우도 있을 수 있는데, 그때 신탁감독인을 포함한 형태의 의사결정 구조는 준비되어 있

益者代理人制度の意義と課題」信託フォーラム 16호 60면(2021), 또한 星野·전게 주2) 215면도 같은 취지인 것 같은데, 同·98~100면은 입법론으로서 서술하고 있다.

124) 佐久間·전게 주83) 21면.

125) 佐久間·전게 주83) 19면. 반대설도 존재하지만[(岡田健二「受益者代理制度について」信研 32호 15면(2007), 田中·392면, 小野·전게 주123) 64면], 타당하지 않다.

지 않다.

또한 실제로 존재하지 않는 수익자를 위한 직무에 특화된 신탁감독인을 선임하는 것은 신탁감독인을 수익자집회의 소집권자로 하고 있는 것(동 제106조 제2항, 제250조 제3항) 및 신탁감독인에 관한 비용이나 보수를 신탁재산이 부담하는 것(동 제137조 → 제127조)에 부합하지 않고, 신탁법이 예정하는 바가 아니다.126)

결국 해석론으로서는 수탁자의 공평의무(동 제33조)의 적절한 이행에 기대하는 수밖에 없다. 또한 연금신탁의 경우 등은 위탁자로서는 신탁설정에 있어 현재의 종업원들의 이익도 지킬 수 있는 구조를 강구해 두는 것이 타당하다. 예를 들어 퇴직자인 수익자에 대한 급부액이 부당하게 높아지지 않도록 노동조합 등도 구성원에 추가한 「급부액 결정기관」을 설치하여 수탁자가 그 결정에 따르지 않으면 안 된다고 해 두는 것을 생각할 수 있다.

(2) 권한과 의무

(가) 신탁관리인은 수익자를 위하여 자기의 이름으로 수익자의 권리에 관한 일체의 재판상 또는 재판 외의 행위를 할 권한을 가지고(신탁 제125조 제1항), 수탁자로부터 수익자에 대한 통지가 이루어지는 상황에서는 수익자를 대신하여 통지를 받는다(동조 제3항). 2인 이상의 신탁관리인이 존재하는 경우에는 2인 이상을 선임한 것의 취지가 신중한 행동을 요구하는 것이라는 추정으로부터 합수적 행동의무를 부담한다. 그러나 신탁행위에서 별도의 정함을 두는 것은 허용된다(동조 제2항). 그리고 그 권한행사에 있어서는 선량한 관리자의 주의로써 할 의무를 부담하고, 또한 수익자를 위하여 성실·공평하게 할 의무를 부담한다(동 제126조).

(나) 신탁관리인은 자신의 명의로 권한을 행사하기 때문에 수익자의 대리인이 아니다. 수익자의 이익을 보호할 자로서 수익자와 동등한 권한을 부여받고 있는 것이다.

---

126) 佐久間·전게 주83) 22면.

다만 신탁행위의 정함에 따라 수익자가 현존하지 않는 동안 추상적으로는 수익채권이 발생하는 구조로 되어 있어도 신탁관리인은 수익채권의 이행을 청구할 권리·수령을 할 권리를 가지지 않는다(→493면**). 신탁관리인이 수령함으로 인해 특히 수익채권의 내용이 금전인 경우에는 도산격리성을 상실하여 신탁재산 중에 잔존하는 경우와 비교할 때 수익자의 이익이 훼손되기 때문이다. 또한 수익권취득청구권의 행사도 미존재 수익자의 수익권에 관해서 행해지면, 그것은 해당 수익권을 취득하였어야 했던 자를 수익자로 하지 않는다는 판단이므로, 신탁관리인에게 인정되는 권리가 아니다.

이상의 권리에 관하여는 신탁행위의 별도의 정함에 의하더라도 부가할 수 없고, 별도의 정함에 의하여 할 수 있는 것은 일부 권한을 제외하는 것뿐이다(신탁 제125조 제1항 단서).[127] 수익자 이상의 권리를 가지는 것은 이론적으로 있을 수 없다.

또한 법원에 의하여 선임된 신탁관리인은 신탁행위의 정함에 의해 신탁관리인으로 지정된 자가 취임을 승낙하지 않았을 때 선임된 자라 하더라도 권한범위에 관한 신탁행위의 정함은 적용되지 않는다.[128] 특정한 자를 전제로 범위를 한정하는 등의 경우를 생각하면, 이미 전제가 다를 수 있기 때문이다.

(다) 선관주의 집행의무에 관하여는 수탁자의 경우와 달리(→224면), 신탁행위에 의한 별도의 정함은 허용되지 않는다(신탁 제29조 제2항과 제126조 제1항을 비교하라). 경감이 가능하다는 견해[129]도 있지만, 주의수준이 경감된 의무밖에 부담하지 않는 신탁관리인이 존재하여 권한을 행사하는 것은 수익자에게 오히려 폐가 되므로 문언대로 경감은 인정되지 않는다고 해석하여야 한다.

---

127) 이상, 佐久間·전게 주83) 23~24면.
128) 佐久間·전게 주83) 26면.
129) 新井監修·356면(大和弘幸).

성실의무는, 신탁관리인은 수익자의 이익을 희생하여 자기 또는 제3자의 이익을 도모하여서는 안 된다는 것으로, 수탁자가 부담하는 충실의무(동 제30조)(→268면)와 기본적으로 상이한 것은 아니다. 다만 수탁자와 달리 자기거래나 경합행위가 이루어지는 것은 생각하기 어렵고, 그 때문에 다른 표현이 사용되고 있다고 생각하여야 할 것이다.

공평의무는, 당해 신탁의 수익자 사이의 공평의무이지만, 가령 동일 회사 복수 종류의 종업원을 위하여 복수의 연금신탁이 설정되어 동일한 신탁관리인이 존재하는 경우 복수 신탁의 수익자 사이의 공평이 문제되는 경우가 있다. 복수의 신탁 가운데 1개의 신탁 수익자를 다른 신탁의 수익자와 비교하여 불이익하게 취급하는 것은 전자의 신탁 수익자에 대한 성실의무 위반이 되므로, 결국 복수 신탁 수익자 사이의 공평도 요구된다(→308면).[130]

(3) 비용 등과 보수

(가) 신탁관리인은 신탁처리에 필요한 비용을 수탁자에게 청구할 수 있고, 스스로 지출한 경우에는 지출일 이후의 이자를 수탁자에게 청구할 수 있다(신탁 제127조 제1항). 미존재 수익자에게 청구하는 것은 가능하지 않은데, 미존재 수익자의 이익을 지키는 것도 신탁사무집행의 하나라고 생각되기 때문이다.

얼핏 보면, 수탁자와 달리(동 제48조 제2항. →345면), 선급청구권이 인정되지 않는 것처럼 보이지만, 그렇지 않다.[131] 수탁자에 대해서는 비용상환청구권이 「지출된 경우」에만 인정되기 때문에 별도로 선급청구권을 규정할 필요가 있지만, 신탁관리인의 청구권은 「그 사무를 처리하는데 필요하다고 인정되는 비용」에 관하여

---

130) 神田秀樹「忠実義務の周辺」竹内昭夫追悼『商事法の展望』307~308면(商事法務研究会, 1998).

131) 반대, 新井監修·358면(大和弘幸).

인정되는 것이므로, 필요한 선급청구는 당연히 인정된다. 신탁재산에 속하는 재산에 관하여 직접적인 지출권한이 있는 수탁자와 비교하는 경우 선급청구권이 진정으로 필요한 것은 신탁관리인이다.

(나) 신탁관리인은 그 사무를 처리하기 위하여 입은 손해에 관하여 손해배상을 받을 권리를 가진다(신탁 제127조 제2항). 수탁자가 가지는 동등한 권리와 마찬가지로 해석된다(→356면). 수탁자에 대하여 청구할 수 있는 것으로, 그 정당화는 미존재 수익자의 이익을 지키는 것도 신탁사무집행의 하나라는 점에서 구해진다.

(다) 상법 제512조의 적용이 있는 경우에는 신탁관리인은 수탁자에게 상당한 보수를 청구할 수 있지만, 그렇지 않은 경우에는 신탁행위에 보수의 정함이 있는 경우에만 인정된다(신탁 제127조 제3항). 보수의 액수 또는 그 산정방법에 관하여 정함이 없는 경우에는 상당한 액수가 된다(동조 제5항). 또한 법원이 신탁관리인을 선임한 경우에는, 법원이 신탁관리인의 보수를 정할 수 있다(동조 제6항. 나아가 제8항·제9항).

(라) 신탁관리인이 가지는 상기의 청구권과 관련된 채무에 관하여 수탁자는 신탁재산에 속하는 재산만으로 이를 이행할 책임을 부담한다(신탁 제127조 제4항). 신탁관리인이 법원에 의하여 선임되어 그자에게 보수청구권이 인정되는 경우도 마찬가지이다(동조 제7항 참조). 신탁재산 책임부담 채무에 관하여 수탁자가 고유재산이더라도 채무를 부담하는 것은 수탁자가 제3자와의 계약의 당사자·신탁재산의 소유자이기 때문인바, 신탁관리인과는 계약이 없으므로 수탁자가 그 고유재산으로 비용·보수 등을 부담할 이유는 없다.

(4) 임무의 종료와 신 수탁관리인의 선임

(가) 신탁관리인 임무의 종료는 해당 특정 신탁관리인에 대한 임무의 종료와 신탁관리인 설치 자체의 종료로 구분된다.

(나) 전자는, 수탁자와 동일한 종료 사유의 발생으로 종료되고, 사임·해임에 관해서도 수탁자의 규율과 동일하다(신탁 제128조, 제56조~제58조. → 357면).

이 경우 다음의 신탁관리인에 대한 정함이 신탁행위에 존재하면, 그에 따라 신 신탁관리인이 정해진다(동 제129조 제1항 → 제62조 제1항·제2항). 그때 이해관계인에게 최고의 권리가 존재하는 점과 그자가 취임을 승낙하지 않은 경우의 규율에 관하여는 당초 신탁관리인의 경우와 마찬가지이다(동 제129조 제1항, 제62조 제2항·제3항. → 477면). 신 수탁자 선임의 경우와 차이가 있는 것은 수익자가 실제로 존재하지 않으므로, 수익자와 위탁자의 합의에 의한 신 신탁관리인의 선임이 인정되지 않는 점이다(동 제62조 제1항 참조. → 373면). 따라서 신탁행위에 다음의 신탁관리인에 관한 정함이 없는 한, 법원이 이해관계인의 신청에 따라 신 신탁관리인을 결정하게 된다(동 제129조 제1항 → 제62조 제4항 이하).

신 신탁관리인이 취임한 경우 전 신탁관리인은 지체 없이 사무의 인계를 하여야 한다(동 제129조 제2항)(소송수계에 관하여, 민소 제124조 제1항 제4호 나목). 그리고 그 사무의 인계를 한 이후라도 수익자가 존재하게 된 이후에 수익자가 된 자를 알게 된 때에는 지체 없이 해당 수익자에게 자신이 신탁관리인이었던 기간에 있어서의 사무의 경과·결과를 보고하여야 한다(신탁 제129조 제3항). 수익자는 종전에 신탁관리인이 취임하였던 시기에는 존재하지 않았으므로, 수익자의 권리행사(종전의 신탁관리인에 대한 책임추궁)를 위해서는 수익자가 존재한 이후에 보고를 받는 것이 타당하기 때문이다.

(다) 신탁관리인은, 수익자가 실제로 존재하지 않은 경우에 권한을 행사한 자이므로 수익자가 실제로 존재하게 된 경우에는 사무처리가 종료된다(동 제130조 제1항 제1호).

또한 「위탁자가 신탁관리인에 대한 사무처리를 종료한다는 취지의 의사표시를 한 것」(다만, 신탁행위에 위탁자에게 종료권한이 없다고 정하고 있는 경우는 별도) 및 「신탁행위에서 정한 사유」의 발생에 의해서도 종료한다고 되어 있지만(동항 본문 단서, 제2호·제3호), 이는 신탁행위에 의하여 신탁관리인이 될 자가 지정된 경우에 한정된다. 이해관계인의 신청에 의하여 법원이 신탁관리인을 선임했는데, 위탁자가 그 사무처리를 종료시킬 수 있다고는 이해할 수 없기 때문이다.

나아가 신 신탁관리인의 선임이 법원에 제기된 경우, 법원이 그 선임을 필요하지 않다고 판단한 경우도 종료하게 된다. 사무가 종료된 경우 신탁관리인이었던 자는 지체 없이 수익자에게 사무의 경과·결과를 보고하여야 한다. 다만 사무의 종료는 수익자가 실제로 존재하게 된 경우에만 발생하는 것이 아니고, 실제로 존재하지 않는 시점에 종료된 경우에는 수익자가 존재하게 된 이후에 종래 신탁관리인이 그 수익자를 알게 된 때에 지체 없이 해당 수익자에 대하여 보고를 하여야 한다(동조 제2항).

3. 신탁감독인

(1) 선임과 취임, 비용·보수

신탁감독인은, 「수익자가 실제로 존재하는 경우」에 신탁행위에 의해 지정된다(신탁행위에서 신탁감독인을 정하는 방식에 관하여 정함을 두는 것도 유효하다고 해석된다[132]). 정지조건·시기의 부여, 이해관계인의 최고권, 자격요건, 이해관계인의 취임최고권, 지정이 없는 경우나 지정된 자가 취임하지 않는 경우 이해관계인의 신청에 의한 법원의 선임권, 비용상환청구·보수의 규정 등 신탁관리인과 폭넓게 동일한 규율로 되어 있다(신탁 제131조, 제137조).

다만 법원에 의한 선임은, 「수익자가 수탁자의 감독을 적절히

132) 条解·593면(佐久間毅).

행할 수 없는 특별한 사정이 있는 경우」로 한정된다*(동 제131조 제4항).

수익자 가운데 일부만이 감독능력이 없는 자인 경우, 그 요건의 충족성을 부정하는 견해[133]도 있지만, 긍정하여야 한다.[134] 감독능력이 있는 수익자는, 자신의 이익을 위해서만 그 권한을 행사하면 족하므로, 감독능력이 없는 수익자의 보호는 기대할 수 없고, 또한 선임된 신탁감독인은 모든 수익자의 이익을 위하여 행동할 의무를 부담하므로, 수익자집회의 소집권을 인정하거나, 비용·보수를 신탁재산에서 지급하더라도 모순이라고는 할 수 없기 때문이다.

* 여기에서 「특별한 사정」이라고 되어 있으므로, 법원에 의한 신탁감독인의 선임이 인정되는 것은 신탁행위로 선임할 수 있는데 그것을 하지 않았던 위탁자의 의사에 반하지 않는 경우여야 하고, 신탁행위 당시에는 위탁자가 예견할 수 없었던 「특별한 사정」이 발생하였기 때문에 수익자가 수탁자의 감독을 적절하게 하는 것이 곤란하게 된 경우로 한정된다고 해석하는 견해도 유력하다.[135] 그러나 신탁감독인을 선임하지 않고, 수익자의 감독에 맡긴다는 의사가 분명하지 않은 경우에는 법원에 의한 선임을 인정해도 좋다고 생각한다.[136]

(2) 권한과 의무

(가) 신탁감독인은 수익자를 위하여 자기의 명의로 신탁법 제92조 각호의 권리, 즉 단독수익자권을 행사할 수 있다(신탁 제132조 제1항). 다만 수익권의 포기(동 제92조 제17호), 수익권취득청구권(동조 제18호), 수익증권발행신탁에 있어 자신이 수익자라는 점에 관한 수익권원부에 대한 기재청구권·동 원부의 기재사항을 기록한 서면의 청구권(동조 제21호·제23호)은 제외된다. 개별 수익자가 자기의

133) 寺本·317면 주(1).
134) 佐久間·전게 주83) 30~31면 주(14), 条解·592면(佐久間毅).
135) 寺本·317면 주(1), 神田＝折原·164면.
136) 条解·594~595면(佐久間毅).

권리를 보호하기 위한 권리이기 때문이다. 권한범위에 관하여 신탁행위에서 별도의 정함은 허용되지만(동 제132조 제1항 단서), 각 수익자의 자익적인 권리에 관해서까지 신탁감독인의 권한이라고 할 수는 없고, 결국 보다 제약을 하는 정함만이 허용된다고 하여야 한다.137) 법원에 의한 선임의 경우에는 권한범위에 관한 신탁행위의 정함은 적용되지 않는다(신탁관리인과 동일. → 482면).

또한 수익자집회에 관하여 신탁감독인은 그 소집권한을 가진다(동 제106조 제2항, 제250조 제3항).

(나) 이러한 점에서 알 수 있는 바와 같이 신탁감독인은 일부의 수익자를 위하여 선임되는 것이 아니므로, 모든 수익자를 위하여 수탁자에 대한 감독적 권능 등을 행사한다. 그리고 그 권한행사에 있어서는 선관주의 집행의무를 부담하고, 나아가 수익자를 위하여 성실공평의무를 부담한다(신탁 제133조. → 483면). 복수의 신탁감독인이 존재하는 경우에는 신탁관리인과 마찬가지로 합수적 행동의무가 있다(동 제132조 제2항. → 481면).

(다) 또한 신탁감독인은 수익자의 권한행사를 보완하는 것이므로, 신탁감독인이 선임되어 있더라도 수익자는 자신의 권리를 행사할 수 있다.*

*** 수익자에 대한 통지** 신탁관리인이 선임되어 있는 경우 현존하는 수익자는 존재하지 않는 것이므로, 수익자에 대하여 할 통지가 신탁관리인에 대하여 이루어지는 점은 이미 서술하였다(신탁 제125조 제3항. → 481면). 이에 비하여 신탁감독인에 대하여는 그러한 규정은 없고, 단독수익자권의 일부를 행사하는 권한만이 인정되고 있으므로, 수익자에 대한 통지는 수익자에 대해서만 이루어지게 된다. 그러나 감독권한의 행사를 위해서, 가령 이익상반행위가 행해진 취지의 통지(동 제31조 제3항)는 신탁감독인에 대해서도 이루어져야 하지 않을까 생각되고, 수탁자의 선관주의 집행의무의 내용으로서 신탁감독인에

---

137) 佐久間·전게 주83) 24~26면, 条解·597~598면(佐久間毅).

대한 통지의무가 부과되는 경우도 있다고 주장되고 있다.[138] 신탁감독인 제도가 수익자에게 충분한 감독능력이 없는 경우를 상정하는 것이므로, 이 견해에 찬성하여야 할 것이다.

(3) 비용 등과 보수

신탁관리인의 경우와 동일하다(신탁 제137조 → 제127조).

(4) 임무의 종료와 신 신탁감독인의 선임

해당 특정 신탁감독인에 대한 임무의 종료, 사임·해임에 관하여는 신탁관리인과 마찬가지이고, 해석론도 그대로 타당하다(신탁 제134조, 제135조. → 484면).

신탁감독인에 의한 사무 그 자체의 종료에 관하여도 신탁관리인과 거의 동일하다. 그러나 수익자가 실제로 존재하는 경우이기 때문에 수익자가 존재하는 것이 종료사유가 되지 않는 것은 당연하고, 수탁자의 일방적 의사표시에 의한 종료는 인정되지 않으며, 위탁자와 수익자의 합의로 한다[동 제136조 제1항 제1호. 위탁자가 실제로 존재하지 않는 경우에는 이 규정의 적용은 없다(동조 제3항)]. 수익자가 실제로 존재하지 않게 된 경우에는 요건이 결여되어 임무가 종료한다고 해석하지 않을 수 없다.[139]

4. 수익자대리인

(1) 선임과 취임

(가) 신탁관리인·신탁감독인 제도가 (수익자가 실제로 존재하지 않는 경우도 포함하여) 모든 수익자를 위한 제도임에 비해, 수익자대리인은 자신이 대리하는 수익자를 위하여 행위를 하는 자이다. 대

138) 佐久間·전게 주83) 29면.
139) 岡田·전게 주125) 16면.

리이기 때문에 본인이 현존하여야 한다(→479면*).

물론 개별 수익자는 스스로 대리인을 선임하여 위임계약을 체결하고 대리권을 수여할 수 있다. 그러나 여기에서 말하는 수익자대리인이라 함은 신탁행위의 정함에 근거하는 것으로, 위탁자의 의사에 기초하는 것이다.

그 목적은 크게 수익자보호의 경우와 신탁의 운영을 원활하게 하기 위한 경우*로 구분된다. 전자로서는, 가령 어린 아이를 수익자로서 신탁을 설정하고자 하는 경우를 생각할 수 있다. 후자로서는, 수익자가 변동하거나 다수이기 때문에 수익자에 의한 권리행사나 수탁자의 신탁사무처리가 원활하게 이루어지지 않을 우려가 있다고 판단되는 경우를 생각할 수 있다. 실제 많은 수익자가 존재하는 신탁에서는 수익자가 개별적으로 권리를 행사하면 수탁자는 응대가 곤란해지고, 이 점은 수탁자로 하여금 신탁사무를 원활하게 진행시키고자 하는 수익자의 중요한 이익에도 반하는 결과가 된다. 또한 예를 들어 투자를 위해서만 수익권을 가지고 있는 수익자는 자신이 감시하지 않더라도 시스템상 수탁자가 제대로 감시되기를 원한다. 그래서 수익자대리인에게 수익자의 권리행사를 집중시킬 필요가 생기는 것이다. 다수의 수익자가 존재하는 경우라도 가령 수익권의 종료가 다른 경우 등에는 종류별로 복수의 수익자대리인을 지정할 수 있다.

* 이 점에 관련하여 신탁업법에서는 오로지 중요한 신탁의 변경(→513면*), 신탁의 병합·분할을 하는 것을 목적으로 하여 수익자대리인을 지정하는 것을 금지하고 있다(신탁업 제29조 제1항 제4호, 신탁업법시행규칙 제41조 제2항 제5호).

(다) 수익자대리인은 이미 기술한 바와 같이 신탁행위에 의하여 지정된다(신탁 제138조 제1항)(신탁행위에서 수익자대리인을 정하는 방식에 관한 정함을 두는 것도 유효하다고 해석된다[140]). 정지조건·시

기의 부여, 이해관계인의 최고권, 자격요건 등은 신탁관리인·신탁감독인과 동일한 규율이지만(동 제138조 제2항·제3항, 제144조, 제124조. → 478면), 신탁행위에서 수익자대리인으로서 지정된 자가 취임을 승낙하지 않거나, 애당초 신탁행위에 정함이 없는 경우에 관하여 법원이 선임하는 것은 인정되지 않는다. 후술하는 바와 같이 수익자대리인이 있는 경우에는 그 대리권의 범위 내의 권리에 관해서는 단독수익자권을 제외하고, 각 수익자는 권리행사를 할 수 없게 된다. 그와 같은 강한 권한을 가지는 자를 위탁자의 의사에 기초하지 않고 법원이 선임하는 것은 타당하지 않다는 판단에 의한다.[141] 그러나 수익자대리인의 임무종료 시에는 위탁자 또는 수익자대리인이 대리하는 수익자의 신청에 따라 법원이 신 수익자대리인을 선임하는 권한이 인정되고 있는데(동 제142조 제1항, 제62조 제4항), 부정합하다는 느낌을 지울 수 없다.*

* 이 모순은 신탁행위에서 수익자대리인으로서 지정된 자의 취임거절의 경우와 신탁행위에 정함이 없는 경우를 동일하게 취급하고, 전자에 있어서도 법원에 의한 선임을 인정하지 않는 점으로부터 발생한다. 수익자대리인의 임무종료 시에 있어서 법원에 의한 신 수익자대리인의 선임에 관하여는 위탁자가 신탁행위에서 수익자대리인을 둘 의사를 가지고 있었다는 점을 나타냈고, 그 의사를 존중하기 위하여라는 정당화가 가능하지만, 그렇다면 취임거절의 경우에도 선임이 인정될 것이다. 신탁법 제142조가, 동법 제62조를 준용함에 있어서 「수익자대리인의 임무가 종료된 경우에 있어서 새로운 수익자대리인(…)의 선임」이라고 하고 있으므로, 해석론으로서는 다소 곤란하지만, 취임거절을 사임에 준하는 것으로 취급하여 법원에 의한 선임을 인정하는 것이 타당할 것이다.[142]

---

140) 条解·609면(佐久間毅).

141) 寺本·323면 주(1).

142) 岡田·전게 주125) 26면(다만, 입법론으로서).

(2) 권한과 의무

(가) 수익자대리인은 자신이 대리하는 수익자를 위하여 해당 수익자의 권리에 관한 일체의 재판상 또는 재판 외의 행위를 할 권한을 가진다(신탁 제139조 제1항 본문).* 이는 대리권한의 행사이기 때문에 현명이 원칙이지만, 다수의, 또한 변동할 수 있는 수익자 모두를 나타내는 것은 번거롭기 때문에 대리하는 수익자의 범위를 나타내면 충분하다고 되어 있다(동조 제2항). 동일한 수익자에 대하여 2인 이상의 수익자대리인이 있는 경우에는 합수적 행동의무를 부담한다(동조 제3항 본문). 그러나 권한범위 및 합수적 행동의무에 관하여는 신탁행위에서 별도의 정함을 두는 것이 허용된다(동조 제1항 단서·제3항 단서).

이에 비하여, 수탁자 및 법인수탁자의 임원이 부담하는 손실전보 등의 책임의 면제에 관하여는, 수익자 본인의 의사를 존중하기 위하여, 대리권의 범위 외라고 되어 있다. 수익자의 손실전보 등의 청구권은 수익자대리인이 있는 경우에도 스스로 행사할 수 있는 권리로 되어 있으므로(동 제139조 제4항, 제92조 제9호·제10호), 그 권리를 상실시키는 면제를 수익자대리인이 하는 것을 인정하여서는 안 되기 때문이다.[143]**

수익자대리인은 그 권한행사에 있어서 선관주의 집행의무를 부담하고, 또한 대리하는 수익자를 위하여 성실공평의무를 부담한다(동 제140조). 의무위반으로 인하여 수익자에게 손실이 발생한 경우에는 수익자에 대하여 배상책임을 부담하지만, 그 성질은 불법행위책임이 될 것이다.

*** 수익자에 대한 통지** 수익자대리인은 수익자가 가지는 권리에 관하여 일부를 제외하고, 행사권한을 가지기 때문에 신탁법상 수탁자로부

143) 佐久間·전게 주83) 24면.

터 수익자에 대하여 이루어지는 통지에 관해서도 수령권한이 있다. 통지의 수령이 「수익자의 권리(…)에 관한 … 행위」(신탁 제139조 제1항)라고 할 수 있는지는 약간의 문제도 있지만, 수익자대리인이 다수의 변동하는 수익자가 존재하는 경우 신탁사무집행을 간편하게 할 목적을 가지는 이상 수령권한을 인정하는 것이 타당하다. 그리고 통지의 수령을 「수익자의 권리(…)에 관한 … 행위」라고 해석하는 이상, 수익자의 통지수령권한은 없어지게 된다(동조 제4항). 그러나 수익자는 단독수익자권의 행사는 할 수 있으므로, 그 기회를 보장하기 위하여 통지를 받은 수익자대리인은 그 선관주의 집행의무의 내용으로서 수익자에게 통지의 내용을 전달할 의무를 부담한다고 하여야 한다.

** 이 외에도 수익채권과 관련된 채무의 변제수령, 수익권의 포기(동 제99조 제1항), 수익권취득청구권(동 제103조 제1항·제2항) 등에 관하여, 수익자대리인이 대리권한을 가지는지 문제가 된다. 신탁관리인에 대해서는 그자가 수익채권에 관련된 채무의 변제로서 금전을 수령하면, 해당 금전은 도산격리성을 상실하고, 수익자의 이익을 해하게 되므로 변제수령권한을 부정하여야 한다고 하였다(→482면). 이와 마찬가지로 생각하여 변제수령권한을 부정하는 견해[144)]도 있지만, 위탁자가 신탁행위에 있어서 수익자대리인을 정하여 변제수령권한을 특히 부정하지 않은 경우에는 신탁의 운영을 원활하게 한다는 이익을 위하여 그러한 조정을 하였다고 파악해서 변제수령권한을 긍정하여야 할 것이다. 또한 수익권의 포기·수익권취득청구권의 행사 등 수익자가 수익권을 상실하게 되는 행위에 관하여도 권한을 부정하는 견해가 있다.[145)] 그러나 수익자대리인에게 수익자의 이익실현을 적절하게 판단시킨다고 하는 구조도 고려하면, 위탁자가 수익자대리인을 정하여 그 권한을 부정하지 않은 이상 이러한 권한을 긍정해도 무방하다고 생각한다.

(나) 수익자대리인에 의해 대리되는 수익자는 단독수익자권 및 신탁행위에서 정한 권리를 제외하고, 권리를 행사할 수 없다(신

---

144) 条解·611면(佐久間毅).
145) 条解·611면(佐久間毅).

탁 제139조 제4항). 특히 신탁운영의 편의를 위하여 수익자대리인에게 권한이 집중되고 있는 경우에는 수익자의 권리행사를 제한하는 것이 중요해진다. 또한 수익자대리인이 대리권한을 가지지 않는 권리의 행사는 당연히 수익자에 의해 이루어진다.

(3) 비용 등과 보수

비용 및 보수가 신탁재산에 지출될 수 있다는 점에 관하여도 신탁관리인·신탁감독인과 마찬가지이지만(신탁 제44조, 제127조 제1항~제5항), 일부 수익자에 대한 수익자대리인의 존재가 신탁 전체의 이익을 초래한다고는 할 수 없다. 위탁자의 의사에서 정당화 근거를 구하여야 할 것이다.

(4) 임무의 종료와 신 수익자대리인의 선임

수익자대리인의 임무는 수탁자·신탁관리인·신탁감독인과 동일한 종료사유의 발생으로 종료하고, 사임·해임에 관하여도 수탁자 등의 규율과 동일하다(신탁 제141조, 제56조~제58조. → 357면).

이 경우 신 수익자대리인의 선임에 관해서는 신 수탁자의 경우와 마찬가지이지만(동 제142조 제1항, 제62조), 신 수익자대리인에 대한 취임의 최고권·법원에 대한 선임신청권은 이해관계인 일반이 아니라 위탁자와 대리되고 있는 수익자에게 부여되고 있다.*

또한 신 수익자대리인의 직무는 신탁청산의 종결, 위탁자와 대리되는 수익자의 합의(위탁자가 실제로 존재하지 않는 경우에는 합의를 할 수 없으므로, 이 사유는 적용되지 않는다. 동 제143조 제3항), 신탁행위의 정함에 따라 종료된다(동조 제1항). 이 경우에는 신 수익자대리인은 선임되지 않는다.

신탁청산의 종결은 신탁관리인·신탁감독인에 대해서는 종료사유로 언급되지 않았는데, 신탁의 종료 후에도 수익자의 권리행사가 있을 수 있으므로, 청산이 종결할 때까지는 수익자대리인의 권한이 존속한다는 점을 분명히 한 것이다. 또한 위탁자와 대리되는 수익자의 합의에 관하여는 신탁행위에서 별도의 정함이 허용되지만, 이는 위탁자의 의사에만 따르는 것 등을 허용하는 취지이다.

사무의 경과·결과의 보고의무는, 신탁관리인·신탁감독인과 마찬가지이다(동 제142조 제2항, 제143조 제2항. → 485면).

* 확실히 신 수익자대리인을 선임할지 여부는 위탁자·수익자의 의사에 맡겨져야 하는 사항이지만, 신 수익자대리인으로서 지명된 자가 취임을 승낙할지 여부는 수탁자 그 밖의 이해관계인에게 있어서도 중요한 사항이다(그러므로 신탁법 제138조 제2항은 당초 수익자대리인에 대해서는 이해관계인 일반에게 취임최고권을 부여하고 있다). 취임최고권을 위탁자와 대리되는 수익자에 대해서만 인정하는 것은 입법으로서 모순이 있다고 생각한다.

5. 겸임과 경합

(1) 신탁관리인은 현존하는 수익자가 1인도 없는 경우에 선임되는데 비하여, 신탁감독인·수익자대리인은 현존하는 수익자의 존재를 전제로 하기 때문에 이들 사이에 경합은 발생하지 않는다. 그러나 동일인이 신탁감독인과 수익자대리인을 겸하는 경우, 서로 다른 사람인 신탁감독인과 수익자대리인이 경합하는 경우는 발생할 수 있을 것도 같다.

(2) 우선 동일인이 신탁감독인과 수익자대리인을 겸하는 것은 가능할까? 수익자대리인은 특정한 수익자만의 대리인이 되는 것이 가능하고, 그 경우에는 해당 특정 수익자만의 이익을 도모하기 위하여 행위하면 족하다. 이에 비하여 신탁감독인은 수익자 전원의 이익을 도모하기 위하여 행위할 의무를 부담하기 때문에 이 양자의 지위는 모순된다. 따라서 동일인이 양자를 겸임하기 위해서는 수익자대리인이 수익자 전원의 대리인일 것을 요구하여야 하는데,

그렇다면 신탁감독인의 권한은 모두 수익자대리인의 권한에 흡수되어 동일인의 겸무를 인정하는 것에는 의미가 없게 된다. 이러한 점에 비추어 볼 때 동일인의 겸임은 인정되어서는 안 된다.

(3) 서로 다른 사람인 신탁감독인과 수익자대리인이 존재하는 경우에는 양자가 동일한 사항에 관하여 권한을 가지는 경우가 있다. 그러나 신탁감독인이 존재하는 경우 수익자가 스스로 권리행사를 하는 것은 지장이 없고, 그렇다면 신탁감독인과 수익자의 권한은 통상 경합하고 있다. 수익자대리인의 권한과의 경합은, 이 수익자의 권한이 수익자대리인에게 귀속되어 있다는 것뿐이므로, 먼저 이루어진 권리행사의 효력이 인정된다. 신탁감독인·수익자대리인과 수익자 본인과의 권리행사가 경합한 경우에도 마찬가지이다.[146)]

6. 신탁관리인 등의 책임

신탁관리인·신탁감독인·수익자대리인 제도는, (수익자가 실제로 존재하지 않는 경우를 포함하여) 수익자를 위하여 (목적신탁의 신탁관리인은 목적달성을 위하여) 마련된 것이고, 그들과 수익자 사이에는 계약관계가 없다. 따라서 신탁관리인 등의 의무위반에 의해 수익자가 손해를 입은 경우 수익자는 신탁관리인 등의 불법행위책임을 추궁할 수 있는데 그친다. 목적신탁에 있어서 신탁관리인의 책임을 추궁하는 것은 곤란하다.

146) 佐久間·전게 주83) 27~28면은, 수탁자는 경합하는 권한을 가진 일방의 권한행사가 있는 경우 타방에 통지할 의무를 부담하고, 조정을 요구하여야 하며, 권한행사의 철회도 받아들여야 한다고 한다.

제 6 장 위탁자

1. 신탁설정 후의 위탁자

위탁자는 신탁의 설정주체이므로, 설정의 상황에서는 큰 역할을 수행한다. 그럼 신탁설정 이후에는 어떨까?

구 신탁법에서는, 예를 들어 신탁재산 관리방법의 변경청구권이나 신탁사무에 관한 설명청구권, 수탁자의 해임청구권 등 몇 가지 권한이 위탁자에 대하여 명시적으로 부여되었다. 이것은 이것대로 일정한 합리성이 있는 규율인바, 위탁자가 자신이 가지는 재산을 수탁자에게 이전하여 처분·관리를 하도록 하므로, 위탁자가 그 이후에도 여러 가지 지시를 할 수 있을 것이라는 사고방식에 기반한다.

그러나 가령 자산유동화를 위한 신탁을 생각해 보면, 위탁자는 수익권을 제3자에게 취득하게 함으로써 자금을 조달한다. 이 경우 신탁의 성립 이후에도 위탁자가 수탁자에게 여러 가지 지시를 할 수 있다면, 그로 인해 수익자의 권리가 불안정한 것이 될 수 있다는 우려가 생기므로 타당하지 않다. 그렇다면 이와 같은 신탁에 있어서는 위탁자의 권리를 제한하여야 한다. 또한 이론적으로 생각하더라도 신탁이 성립하면 위탁자는 더 이상 불가결한 존재가 아니다. 수탁자가 신탁사무를 집행하고, 수익자가 이익을 취득하면 족한 것이다.

그래서 현행 신탁법에서는, 예를 들어 수탁자에 대한 손실전보 등의 청구권에 관하여 그 권리자를 수익자만으로 하는 등(신탁 제40조 제1항. 구 신탁법 제27조에서는 위탁자 본인뿐만 아니라 그 상속인도 권리자였다), 위탁자에게 원칙적으로 인정되는 권리를 축소하는 한편, 몇 가지 권리에 관해서는 위탁자가 그 권리를 가지는 것을 신탁행위에 정할 수 있다고 하였으며(신탁 제145조 제2항. 손실전보·원상회복청구권이 그 예), 다른 한편으로 위탁자에 대하여 원칙적으로 부여되는 권리에 관해서도 그 권리의 전부 또는 일부를 가지지 않는다는 취지를 신탁행위에 정하는 것이 가능하도록 하였다(동조 제1항).

원칙적으로 축소하지만, 신탁의 성격에 따라 더욱 축소하는 것도, 반대로 확대하는 것도 가능하도록 한 것이다.

2. 위탁자가 원칙적으로 가지는 권리

(1) 위탁자가 원칙적으로 가지는 권리는, 그 기능으로부터, ① 신탁사무처리 상황의 보고청구권 등, ② 수탁자·신탁감독인의 선임과 해임, 사임의 승인 등의 권리, ③ 신탁의 변경·종료 등과 관련된 권리, ④ 기타로 구분할 수 있다. 또한 가) 이해관계인 일반에게 인정되는 권리로서 위탁자가 해당 이해관계인에 해당한다고 생각되는 것과, 나) 신탁의 설정자이기 때문에 인정된다고 생각되는 권리로 구분할 수 있다.

(2) 구체적으로는, ①로서,

가)에 속하는 것으로는,

- 재산목록의 열람 등 청구권(신탁 제38조 제6항),
- 신탁재산의 보전처분에 관한 자료의 열람 등 청구권(동 제172조 제1항),

나)에 속하는 것으로는,

- 위임사무의 처리 상황 등에 관한 보고청구권(동 제36조),
- 수익증권발행신탁에 있어서 수익권원부의 열람 등 청구권(동 제190조 제2항),

②로서,

가)에 속하는 것으로는,

- 신 수탁자·신탁관리인·신 신탁관리인·신탁감독인·신 신탁감독인에 대한 취임의 승낙 여부의 최고권(각각, 동 제62조 제2항, 제123조 제2항, 제129조 제1항, 제131조 제2항, 제135조 제1항),
- 법원에 대한 신 수탁자·신탁관리인·신 신탁관리인·신탁감독인·신 신탁감독인의 선임신청권(각각, 동 제62조 제4항, 제123조 제4항, 제129조 제1항, 제131조 제4항, 제135조 제1항),
- 수익자대리인에 대한 취임의 승낙 여부의 최고권(동 제138조 제2항),
- 법원에 대한 신탁재산관리명령·신탁재산법인 관리명령의 신청권(각각, 동 제63조 제1항, 제74조 제2항),

나)에 속하는 것으로는,

- 신 수익자대리인에 대한 취임의 승낙 여부의 최고권(동 제142조 제1항),
- 수탁자·신탁관리인·신탁감독인·수익자대리인의 사임에 대한 동의권(각각, 동 제57조 제1항, 제128조 제2항, 제134조 제2항, 제141조 제2항),
- 수익자와의 합의에 의한 수탁자·신탁관리인·신탁감독인·수익자대리인의 해임권(각각, 동 제58조 제1항, 제128조 제2항, 제134조 제2항, 제141조 제2항),
- 수익자와의 합의에 의한 신 수탁자·신 신탁관리인·신 신탁감독인·신 수익자대리인·신 회계감사인의 선임권(각각, 동 제62조 제1항, 제129조 제1항, 제135조 제2항, 제142조 제1항, 제250조 제1항),
- 법원에 대한 수탁자·신탁재산관리인·신탁재산법인 관리인·신탁관리인·신탁감독인·수익자대리인의 해임신청권(각각, 동

제58조 제4항, 제70조, 제74조 제6항, 제128조 제2항, 제134조 제2항, 제141조 제2항),

- 법원에 대한 신 수익자대리인의 선임신청권(동 제142조 제1항),

③은 모두 나)에 속하고,

- 신탁변경의 합의 또는 수탁자에 대한 의사표시(동 제149조 제1항·제3항 제1호),
- 신탁의 병합, 흡수신탁분할, 신규 신탁분할의 합의(각각, 동 제151조 제1항, 제155조 제1항, 제159조 제1항),
- 법원에 대한 신탁의 변경·종료의 신청권(각각, 동 제150조 제1항, 제165조 제1항),
- 법원에 대한 공익 확보를 위한 신탁종료 신청권, 보전처분, 신 수탁자 선임의 신청권(각각, 동 제166조 제1항, 제169조 제1항, 제173조 제1항),
- 수익자와의 합의에 의한 신탁종료권(동 제164조 제1항),
- 자신이 관여하지 않고 결정된 신탁의 변경·신탁의 병합·흡수신탁분할·신규 신탁분할에 관한 통지 수령(각각, 동 제149조 제2항 본문 후단·제3항 본문 후단, 제151조 제2항 본문 후단, 제155조 제2항 본문 후단, 제159조 2항 본문 후단),

④도, 나)에 속하고,

- 신탁종료 시의 법정귀속권리자(동 제182조 제2항)

가 여기에 속하게 된다.

(3) 각각의 취지는, 각 부분에서의 설명으로 갈음하지만, 위탁자는 재산을 출연하고 신탁을 설정한 자이므로, 해당 신탁의 수행에 관하여 감시·감독할 권리를 가지고, 또한 신탁의 기초적인 변경에 관여할 수 있음과 동시에 감시·감독권한의 행사 결과로서 기초적인 변경을 청구할 수 있다고 말할 수 있다.

(4) 이러한 권리는 신탁행위에서 위탁자가 그 권리의 전부 또

는 일부를 가지지 않는다는 것을 정할 수 있다(신탁 제145조 제1항). 신탁행위의 작성 주체는 위탁자이고, 위탁자 자신의 의사에 근거하여 권리를 제한하는 것을 인정하더라도 지장이 없기 때문이다.

3. 신탁행위의 정함에 의하여 인정되는 권리

(1) 상기의 권리 이외에도 위탁자가 일정한 권리를 가진다는 것을 신탁행위에 정할 수 있다(신탁 제145조 제2항). 구체적으로는 신탁장부의 열람 등 청구권, 손실전보청구권 등 수탁자를 감독하고, 신탁의 운영을 원활하게 하기 위한 권리이다.

또한 신탁행위에서는 수탁자가 수익자에 대하여 통지 또는 보고하여야 할 사항을 위탁자에게도 통지 또는 보고할 의무, 수탁자의 교대 시·신탁종료 시 계산의 승인을 위탁자에게도 청구할 의무를 정할 수 있다(동 제145조 제4항). 이것도 위탁자에게 감독권한을 부여하기 위한 것이다.

(2) 신탁법 제145조 제2항은 수익자에게 부여된 권리 가운데 위탁자에게도 더불어 부여하는 것이 가능한 권리를 열거한 것이고(동 제145조 제3항 참조), 열거된 이외의 권리를 가질 수 없는 것은 아니다. 예를 들어 수익자 지정권·변경권이 부여되어 있는 자에 대하여는 신탁법 제89조가 그 자격을 제한하고 있지 않으므로, 위탁자가 그러한 권리를 가지는 것도 가능하다. 또한 신탁행위에서 별도의 정함이 허용되는 규율에 있어서 위탁자의 승인이 필요하다는 취지를 정하는 것은 가능하다. 나아가 신탁법에 명시적인 규율은 없지만, 수탁자는 신탁재산의 투자를 위탁자의 지시에 근거하여 행하여야 한다는 신탁행위의 정함도 가능하다(위탁자가 지시권자가 된다. → 228면*).

반대로 위탁자에게 의무를 부담시킬 수도 있다. 예를 들어 수탁자에 대한 신탁보수를 위탁자가 지급하기로 하거나, 신탁재산에 관하여 토양오염이 존재하지 않는다는 등의 보증을 위탁자가 하고, 토양오염이 존재하는 경우에는, 위탁자가 정함에 따라 수탁자에게 손해배상을 지급하기로 하는 것도 가능하다.

(3) 위탁자에게 부여된 권리·부과된 의무에 관해서는, 위탁자인 지위와 불가분인 것과 위탁자의 개인적인 권리·의무에 불과한 것이 있다. 전자는 위탁자의 지위 이전이 있는 경우에 당연히 수반하지만, 후자는 당연히 수반하지 않고, 신 위탁자와의 합의가 없으면 신 위탁자의 권리·의무로는 되지 않는다. 그리고 수반성이 부정되는 경우 구 위탁자에게 그 권리·의무가 잔존하는지 단순히 소멸하는지에 관한 문제가 발생한다.

우선 신탁법 제145조 제1항·제2항에 의한 권리의 축소·확대에 관하여는 그대로 신 위탁자에게 승계된다고 해석하여야 한다. 신탁행위에 의하여 그러한 축소·확대가 있는 신탁으로 설정되어 있어 위탁자의 변경이 있더라도 신탁 자체의 성질은 변용되지 않기 때문이다.

다음으로 성질상 신탁행위의 범위 내에 포함되지 않고, 별도의 계약에 의하지 않을 수 없는 것에 관하여는(그와 같은 정함은, 신탁행위와 동일한 서면에 기재되더라도 신탁행위의 내용으로는 되지 않는다), 위탁자가 계약당사자인 것에 지나지 않고, 위탁자의 지위 이전에 수반하는 것은 아니다. 앞서 언급한 수탁자의 신탁보수 지급 약정은 여기에 해당한다. 이는 위탁자가 계약상 수탁자 개인에 대하여 지급의무를 부담하는 것에 불과하고, 그 지급청구는 수탁자의 신탁사무집행으로는 되지 않는다. 물론 위탁자의 지위 이전에 수반하여 구 위탁자·신 위탁자의 합의하에 계약상 지위의 이전을 하는 것은 가능하고, 위탁자가 일정한 의무를 부담하는 경우에는 신탁행위에서 그 인수를 하는 자에 대해서만 위탁자 지위의 양도만을 인정한다는 취지를 정하여 둘 수도 있다(동 제146조 제1항 참조).

당초 신탁재산에 관한 성질보증약정은 해당 재산이 일정한 성질을 결여하기 때문에 신탁목적의 달성이 불가능하고, 그로 인해 수탁자가 신탁보수를 얻을 수 없는 등 고유재산에 관해 입는 손해를 배상하는 것이라면, 신탁보수 지급약정과 동일한 성질이다. 이에 비하여 신탁재산을 확보하고 수익자의 이익을 지키기 위한 것이라면 해당 약정에 근거하여 지급된 금전은 신탁재산에 귀속되고, 수탁자의 그 이행청구는 신탁사무집행이 되지만, 위탁자의 의무는 원칙적으로는 위탁자의 지위에 수반하지 않는다고 해석하여야 할 것이다.

수익자지명·변경권의 정함이나 위탁자가 어떠한 지시권을 가지고 있는 경우에는 미묘해진다. 모두 제3자가 그 권리를 가지는 것이 가능하기 때문에 위탁자가 그 지위를 상실하여도, 해당 권리를 가지는 제3자로서의 지위에는 잔존한다고 생각할 수도 있기 때문이다. 그러나 원칙적으로는 수반한다고 해석하여야 할 것이다. 다만 실무적으로는 신 위탁자에게 그 권리를 이전하는 것을 명기하여야 한다.

4. 위탁자 지위의 이전

(1) 위탁자의 지위는 수탁자 및 수익자의 동의를 얻어(위탁자가 복수 존재하는 경우*는, 다른 위탁자도 포함한다), 또는 신탁행위에 정한 방법에 따라 제3자에게 이전할 수 있다(신탁 제146조).

투자목적의 신탁 등에 있어서는, 수익자가 자기의 권리와 관련하여, 위탁자가 일정한 권리를 가지고 변동을 발생시킬 가능성을 보유하는 것을 꺼리기 때문에, 자익신탁 이외의 국면에서(후발적으로 수익자가 위탁자 겸 수익자로부터 제3자에게 양도되는 경우도 포함)

위탁자의 지위를 수익자에게 이전하는 것이 이루어진다고 한다.[1] 또한 대부신탁법 제10조, 투자신탁 및 투자법인에 관한 법률 제51조, 자산의 유동화에 관한 법률 제237조가, 수익증권을 취득하는 자는 위탁자의 권리·의무 또는 지위를 승계한다고 하는 것도, 같은 취지이다.[2] 위탁자의 지위가 이전하는 것은, 많은 경우 신탁설정자로서의 위탁자의 의사가 가지는 중요성이 부정되고, 제도로서의 신탁의 측면이 표면에 나오는 것을 의미한다(→ 28면).

명시적인 이전행위·신탁행위의 정함이 없고, 또한 특별법이 적용되지 않는 경우에도 일반적으로 자익신탁의 수익권이 위탁자로부터 제3자에게 양도된 경우에는 위탁자의 지위도 함께 양도되었다고 해석하여야 한다는 견해도 있다.[3] 위탁자와 제3자 사이에서는 당사자 의사의 해석의 문제이고, 수탁자에 대해서도 묵시적인 동의가 있다고 하는 것이 타당한 경우도 있다. 다만 자익신탁 일반에 관하여 이러한 해석준칙이 성립하는 것은 아니고, 투자목적의 신탁인 점, 위탁자가 수익권의 매각에 의해 자금의 조달을 실시한 점 등의 인정이 필요할 것이다.

*** 위탁자가 복수 존재하는 경우** 하나의 신탁을 공동으로 설정한 경우, 위탁자의 지위에 관하여 공동상속이 발생한 경우 등을 생각할 수 있지만, 그 권리행사의 방법에 관하여, 수익자·수탁자가 복수인 경우에는 상세한 규정이 있음에도 불구하고, 신탁법상 단서가 되는 규정은 없다. 위탁자의 지위가 신탁설정계약에서 발생한다고 생각하면, 계약이 한 개인 이상 전원에 의하여 행사하고, 타인의 의사표시는 전원에 대해서만 할 수 있게 될 것이다. 계약해제에 관한 민법 제544조 제1항이 원칙규정이 된다.[4]

---

1) セミナー(3)·265면(井上聡).
2) 長崎幸太郎＝額田雄一郎 『逐条解説資産流動化法(改訂版)』 585면(金融財政事情研究会, 2009).
3) 能見·214면.
4) 平野裕之『民法総合 5契約法(第3版)』 190~191면 주(43)(信山社, 2007)은, 민

(2) 수탁자 및 수익자의 동의가 원칙적으로 필요한 것은 위탁자로서 권리를 행사하는 사람이 누구인지는 수탁자·수익자에게도 일정한 이해관계가 있기 때문이지만, 입법론으로서 충분한 근거가 되는지는 의문이다.[5]

5. 위탁자 지위의 상속

(1) 위탁자의 지위는 원칙적으로 상속된다(신탁 제147조 본문의 반대해석). 예를 들어, 재산출연자로서 수탁자 감독 등의 권한을 가질 수 있는 것은, 출연자의 상속인에게도 인정되어야 타당하기 때문이다.

(2) 이에 비하여 유언신탁(신탁 제3조 제2호)의 경우에는, 법정상속과는 다른 재산승계를 신탁으로써 하고자 하는 것이므로, 위탁자의 상속인과 수익자의 이해는 전형적으로 대립한다. 따라서 유언에 의해 신탁이 설정된 경우에 관하여는 위탁자의 지위는 상속되지 않는 것으로 하고 있다(동 제147조 본문).

신탁법 제147조 단서는 신탁행위에서 별도의 정함을 허용하고 있다. 위탁자가 상속인에게 감독권능 등을 행사하도록 한 경우 그것을 부정할 이유는 없기 때문이다.

(3) 또한 유언신탁의 위탁자의 상속인도 수탁자에게 인수를 최고할 권리 및 수탁자가 지정되지 않은 경우 또는 지정된 자가 인수를 하지 않은 경우에 법원에 대하여 수탁자의 선임을 신청할 권리는 인정된다(신탁 제5조, 제6조). 유언신탁의 신탁재산의 귀추를 확정시키는 것은 상속인에게도 이해관계가 있으므로, 이해관계인으로서 그러한 권리를 가지게 된다.[6]

법 제544조 제1항은 계약이 한 개라는 점에서 도출되는 파생적인 원칙에 지나지 않고, 다른 상황에도 유추된다고 한다.

5) セミナー(3)·273면(道垣内弘人) 참조.

6) 이러한 권리는 상속에 의하여 상속인에게 승계되는 것이 아니라, 상속인이

나아가, 상속인은 신탁종료 시의 법정귀속권리자(동 제182조 제2항)로서의 지위는 가진다. 위탁자가 법정귀속권리자가 되는 것은, 신탁종료 후 원래의 권리자에게 재산을 되돌리기 위함이고, 그 지위는 상속인에게 승계되기 때문이다.

이해관계인으로서 가지는 것이다. 따라서 寺本·330면이, 이러한 권리를 위탁자가 가지는 권리로서 언급하는 것은 타당하지 않다.

제 7 장 신탁의 변경 · 병합 · 분할

제 1 절 신탁의 변경

(1) 총 설

(가) 구 신탁법은 예견불능한 특별한 사정에 의해 신탁재산의 관리방법이 수익자의 이익에 적합하지 않게 된 경우 법원이 관리방법의 변경을 인정한다는 제도를 두고 있었다. 그러나 변화가 빈번한 현대 사회에서는 단지 관리방법을 변경할 뿐만 아니라, 수익자에 대한 급부내용의 변경이나 투자지침의 변경, 수탁자 권한의 변경 등 다양한 대응이 필요하게 된다. 그래서 현행 신탁법에서는, 관리방법의 변경에 한정하지 않고 「신탁의 변경」이라는 일반적인 규율을 두어 신탁행위의 사후적 변경을 유연하게 할 수 있도록 하고 있다. 신탁의 변경이 이루어지면, 신탁행위가 변경된 것이 된다.*

*** 겸영법 등에 있어서 신탁약관의 변경** 신탁은행 등, 금융기관의 신탁업무 겸영 등에 관한 법률에 의하여 신탁업무를 행하고 있는 자가 수탁자인 경우, 다수인이 위탁자 또는 수익자가 되는 정형적 신탁계약(대부신탁 또는 투자신탁과 관련된 신탁계약을 제외한다)에 관하여는, 동법 제5조가 약관의 변경절차를 정하고 있고, 많은 경우 이 절차에 따라 신탁의 변경이 이루어진다. 간주찬성제도가 명문으로 인정되고 있어 실무상으로는 이 제도를 이용하여 신탁의 변경이 이루어지는 것이 통상적이다.

대부신탁법 제5조·제6조, 투자신탁 및 투자법인에 관한 법률 제17조도 동일한 절차를 정하고 있다.

또한 민법 제548조의4가 정하는 방법에 의한 정형약관의 변경도 가능하다.1)

〈도표〉

	a	b	c	d	e
위탁자	○	–	–	○	–
수익자	○	○	–	○	○
수탁자	○	○	○	–	–
	제1항	제2항 제1호	제2항 제2호	제3항 제1호	제3항 제2호

(나) 다만, 완전히 자유라고는 할 수 없다.

위탁자는 어떤 일정한 목적을 정하여 신탁을 설정하였다. 이 목적의 달성을 위하여 필요한 경우는 별론으로 하고, 목적이 변경되어 버리면, 신탁설정의 의도를 달성할 수 없게 된다. 수익자도 자신이 받는 급부 등이 바뀌는 것과 같은 변경이 함부로 이루어져서는 곤란하다. 또한 수탁자도 신탁사무에 대한 수고를 고려하여 보수액이 정하여졌는데, 보수는 그대로 두고 부담만 증가하는 것은 곤란하다.

그래서 신탁법은 하고자 하는 변경에 3자의 이익이 어떻게 관계되어 있는지에 따라 신탁의 변경방법을 달리하고 있다(위 도표 참조).

또한 법원에 변경을 명하는 재판을 청구할 수 있는 경우도 존재한다.

(다) 다만 한정책임신탁의 정함을 폐지하는 취지의 신탁의 변경은 등기가 효력 요건이 된다(신탁 제221조. → 229면). 또한 수익증권발행신탁에 있어서는 수익증권을 발행하는 취지 및 특정한 내용의 수익권에 관하여 수익증권을 발행하지 않는다는 취지의 신탁행위의 정함에 관한 변경은 인정되지 않는 것으로 되어 있다(동 제185조 제3항·제4항. → 435면).

---

1) 商事信託法研究会「民法(債権関係)改正が信託契約約款に与える影響」信託 280호 4면 이하(2019) 참조.

(2) 관계 당사자의 의사에 의한 변경

(가) 3자의 합의

우선 도표의 a부분이다. 3자가 합의를 하면, 신탁의 변경을 할 수 있는 것은 당연하다. 위탁자와 수익자가 동일한 경우(자익신탁)나, 위탁자와 수탁자가 동일한 경우(자기신탁)에는 나머지 1인의 합의로 충분하지만, 위탁자가 실제로 존재하지 않는 경우에는 3자의 합의에 의한 변경을 할 수 없고(동조 제5항), 위탁자의 동의가 필요하지 않게 되는 것은 아니다. 신탁의 내용을 자유롭게 변경하는 것은 위탁자의 의사에 반할 가능성이 있기 때문이다. 다만 투자에 의하여 자산을 운용하는 등 오직 경제적 이익의 취득을 목적으로 하는 자익신탁에 있어서는, 위탁자가 수익권을 제3자에게 매각한 때 위탁자 지위가 동시에 수익자에게 이전한다고 해석되는 경우가 있다는 점은 이미 서술하였다(→504면).

또한 수익자가 단독으로 신탁을 종료할 수 있는 권한을 가지는 경우 등 위탁자가 더 이상 신탁의 귀추에 관여하지 않는다는 점을 분명하게 한 때에는, 신탁의 변경에 있어서도 위탁자의 관여가 필요하지 않다고 하는 견해[2]가 있는데, 이를 신탁법 제149조 제1항에 해당한다고 해석하는 것은 무리가 있다(동조 제5항 참조). 오히려 수익자가 그러한 권한을 가지는 점을 근거로 신탁목적을 해석하여 아래의 (나)에 해당한다고 해야 할 것이다.

(나) 신탁의 목적에 반하지 않는다는 점이 분명한 경우

도표의 b부분으로, 이 경우에는 위탁자의 이익을 배려할 필요가 없으므로, 수탁자*와 수익자의 합의로 변경할 수 있다(신탁 제149조 제2항 제1호). 변경을 한 경우 수탁자는 지체 없이 위탁자에게 통지하여야 한다고 되어 있지만(동조 제2항 본문 후단), 위탁자에 대

---

2) 片岡雅「信託の変更に関する実務上の問題点の検討」信研 33호 134면(2008).

한 통지가 결여되어도 변경의 효과는 발생한다. 그리고 그 변경은 신탁목적에 반하지 않기 때문에 위탁자에게는 손해가 발생하지 않고, 결국 통지해태에 의한 법적 효과는 원칙적으로 존재하지 않게 된다.[3] 신탁변경의 필요성이 있다고 생각했던 위탁자가 변호사에게 상담을 한 경우 등에 그 비용 상당액의 손해에 관하여 수탁자가 위탁자에 대하여 불법행위에 의한 손해배상책임을 부담하는 경우를 생각할 수 있는 정도일 것이다.

위탁자가 실제로 존재하지 않는 경우에는 통지의 필요는 없다(동조 제5항).

여기에서 말하는 「신탁의 목적」**이라 함은, 수탁자의 행위(운용방침 등)를 결정하는 기준이 아니라, 「실현하고, 도달하고자 목표로 하는 사항」이다(→57면). 그러한 목적달성을 위하여 가령 신탁재산에 속하는 재산의 운용방침을 변경하는 것은 여기에서 말하는 「신탁의 목적에 반하지 않는」 변경에 해당한다.

* **수탁자의 제안 의무** 신탁의 변경을 하지 않으면 신탁재산에 손실등이 발생하여 신탁목적의 달성이 곤란해지는 경우, 적극적으로 신탁의 변경을 제안할 의무가 수탁자에게 있을까? (나)와도 관계가 있고, 아래의 (다)에 있어서는 수탁자가 변경의 의사표시를 할 의무를 부담하는지에 관한 문제가 된다. 수탁자의 의무내용에 관한 신탁행위의 해석 문제이지만, 의무를 인정해야 하는 경우도 있다고 생각한다.[4]

** **해석에 의한 신탁행위의 구체화와의 관계** 다만 신탁목적에 반하지 않는 신탁의 변경에 의한 효과는 구체적인 사정에 따른 신탁행위 내용의 구체화·확정에 의해서도 달성할 수 있는 경우가 많다는 지적도 존재한다.[5]

---

3) セミナー(4)·8~10면.
4) 의무를 긍정하는 견해로서, 木村仁「委託者の意思と信託の変更について」信研 33호 112면(2008). 나아가, セミナー(4)·10~13면 참조.
5) 吉政知広「信託の変更と継続的契約関係の調整」ジュリ 1450호 61면(2013).

(다) 신탁의 목적에 반하지 않는 점 및 수익자의 이익에 적합하다는 점이 분명한 경우

도표의 c부분이고, 이 경우에는 위탁자·수익자의 이익을 배려할 필요가 없다. 그래서 수탁자가 단독으로 변경할 수 있다고 되어 있다. 그러나 수탁자만으로 변경을 하면, 변경된 점이 명확하게 나타나지 않으므로, 수탁자는 변경의 의사표시를 서면 또는 전자적 기록에 따라 함과 동시에(신탁 제149조 제2항 제2호), 위탁자 및 수익자에게 변경내용을 지체 없이 통지하여야 한다(동항 본문 후단). 위탁자가 실제로 존재하지 않는 경우에는 위탁자에 대한 통지는 필요하지 않다(동조 제5항). 변경의 의사표시는 상대방이 없는 의사표시이고, 선언에 가까운 점, 통지의 해태에 의해 수탁자가 책임을 부담하는 경우가 한정되어 있는 점은 (나)와 동일하다.

구 신탁법하에서는 신탁의 변경에 관하여 법원의 명령 이외의 방법이 규정되어 있지 않았기 때문에 긴급한 경우에는 법원의 허가 없이 수탁자가 신탁행위를 일탈하여도 무방하다는 견해[6]도 있었다. 그러나 현행 신탁법에서는 (다)에 해당하므로, 해석에 의하여 그와 같은 긴급 권한을 인정할 필요는 없다.

(라) 수탁자의 이익을 해하지 않는다는 점이 분명한 경우

그림의 d부분이고, 이 경우에는 수탁자의 이익을 배려할 필요가 없으므로, 위탁자와 수익자의 합의를 수탁자에게 전달하면 변경이 이루어지게 된다(신탁 제149조 제3항 본문 전단·제1호). 위탁자가 실제로 존재하지 않는 경우에는 이 방법에 따른 변경을 할 수 없지만(동조 제5항), 위탁자의 지위가 수익자에게 이전하면, 위탁자 겸 수익자가 단독으로 변경을 할 수 있다.

---

6) 四宮·212~213면 주(1).

(마) 신탁의 목적에 반하지 않는 점 및 수탁자의 이익을 해하지 않는 점이 분명한 경우

도표의 e부분이다. 이 경우에는 위탁자·수탁자의 이익을 배려하지 않아도 무방하므로, 수익자가 수탁자에게 의사를 표시하면 변경이 발생한다(신탁 제149조 제3항 본문 전단·제2호). 수탁자는 그 변경내용을 위탁자에게 통지하는 것으로 되어 있지만(동항 본문 후단), 통지의 해태에 의하여 수탁자가 책임을 부담하는 경우가 한정되는 점은 (나)와 동일하다. 위탁자가 실제로 존재하지 않는 경우에는 위탁자에 대한 통지는 필요하지 않다.

(바) 신탁행위의 정함

당사자의 의사에 의한 변경에 관하여는, 신탁행위에 별도의 정함을 둘 수 있다(신탁 제149조 제4항).*, ** 다만, 일정한 합리성이 존재하는 정함일 필요가 있다.

우선, 신탁목적·수익자의 이익의 일방 또는 쌍방에 반하는 변경을 수탁자가 단독으로 자유롭게 할 수 있다는 정함은 인정되지 않는다. 이에 비하여 신탁법 제149조 제2항 제2호는 「신탁의 목적에 반하지 않는 점 및 수익자의 이익에 적합하다는 점이 분명한 경우」라고 하고 있는데, 그 판단을 수탁자가 선량한 관리자의 주의로써 판단하거나, 중립적인 제3자의 판단에 맡기는 취지의 정함은 인정될 것이다.

다음으로, 위탁자가 단독으로 자유롭게 변경할 수 있다는 정함은 어떠할까? 위탁자는 신탁의 본연의 방식을 자유롭게 결정하여 설정할 수 있고, 그러한 변경권한이 위탁자에게 있는 경우에는, 수익자도 변경될 수 있는 신탁의 수익권을 가지고 있을 뿐이라고 생각되므로, 수탁자의 이익을 해하지 않거나, 수탁자가 일정한 범위에서 변경이 있을 수 있다는 점에 합의를 하고 수탁자의 지위에 취임한 경우에는 유효하다고 해석해도 좋을 것이다.

위와 같은 양자의 권한에 관해서는 지시권·재량권의 유효성의 범위도 참조되어야 한다(→ 228면,* 390면*).

또한, 수익자가 단독으로 자유롭게 변경할 수 있다는 정함은 위탁자의 의사에 의하여 그와 같이 정해진 것이므로, 수탁자의 이익을 해하지 않거나, 수탁자가 일정한 범위에서 변경이 있을 수 있다는 점에 합의를 하고 수탁자의 지위에 취임한 경우에는 유효하다고 해석해도 좋을 것이다.

다만, 어느 경우나 변경에 의하여 신탁 자체의 유효성(→ 59면)이 결여되어서는 안 된다는 점은 당연하다.

*** 신탁업법에 의한 규율** 신탁회사·신탁은행이 수탁자인 경우, 수익권취득청구권(→ 468면)이 발생하는 것과 같은 신탁의 변경(「중요한 신탁의 변경」), 나아가 신탁의 병합·분할(→ 516면)에 관하여는, 신탁업법이 강행규정으로서 일정한 제약을 규정하고 있다.

즉, 우선 예정된 변경(병합·분할. 이하 같다)의 내용·이유·예정일 등, 나아가 이의가 있는 수익자는 일정한 기간(1개월 이상) 내에 이의를 진술하여야 한다는 취지를, 신문광고·전자공고 등의 방법에 의하여 공고하거나, 각 수익자에게 최고하여야 한다. 그리고 이의를 진술한 수익자가 수익권 총 개수의 2분의 1을 초과하는 경우(수익권의 내용이 균등하지 않은 경우에는, 수익권 가격 총액의 2분의 1을 초과하는 경우 또는 수익권의 신탁재산에 대한 지분의 2분의 1을 초과하는 경우)에는, 신탁의 변경을 할 수 없다(신탁업 제29조의2 제1항~제3항, 신탁업법시행규칙 제41조의3~동조의6). 수익자의 다수의사를 고려하지 않고 신탁의 변경을 할 수 있다는 신탁행위의 정함이 있는 경우, 신탁법상으로는 해당 신탁행위의 정함에 근거하여 신탁의 변경을 행하는 것이 가능하고, 찬성의 의사를 표시하지 않은 수익자가 수익권취득청구권으로 보호될 뿐이지만, 그것으로는 보호에 충분하지 않다고 생각되었기 때문이다.[7]

따라서 수익자집회에 있어서 다수결에 의한 정함이 있는 경우에는,

---

7) 小出卓哉『逐条解説·信託業法』158~159면(清文社, 2008).

수익자의 의사가 반영되므로, 신탁업법에 따른 공고·최고 등은 필요하지 않다. 또한 수익권 총 개수의 2분의 1을 초과하는(수익권의 내용이 균등하지 않은 경우에는 수익권가격 총액의 2분의 1을 초과하거나, 수익권의 신탁재산에 대한 지분의 2분의 1을 초과하는) 수익자의 승인을 얻은 경우에도 마찬가지이다(신탁업 제29조의2 제4항, 신탁업법시행규칙 제41조의7).

또한 위탁자지시형 투자신탁(투신 제2조 제1항), 특정목적신탁(자산유동화 제2조 제13항) 등, 각각의 법령에 있어 수익자보호절차가 마련된 것에 관해서는, 각각의 법령에 따른다(신탁업 제29조의2 제1항, 신탁업법시행규칙 제41조의2).

**** 합동운용의 경우의 신탁의 변경** 신탁재산에 관하여 합동운용(→118면**)이 이루어지는 경우, 신탁마다 신탁변경의 가부가 상이하면, 합동운용이 이루어지는 재산의 일부에 관하여만 상이한 취급을 하여야 하는 사태가 발생할 수 있어 적절하지 않다. 따라서 신탁업법 제29조의2 제5항은「1개의 신탁약관에 근거하여 신탁회사가 다수의 위탁자와의 사이에 체결하는 신탁계약에 있어서는 해당 신탁계약의 규정에 따라 해당 신탁약관과 관련되는 신탁을 하나의 신탁으로 간주하여」, 신탁의 변경절차를 행한다고 하고 있다. 즉, 신탁의 변경이 이루어질지 여부는 신탁재산에 관하여 합동운용이 이루어지는 복수의 신탁에 관해서, 그러한 신탁의 수익자 전체의 다수결 등으로 결정하고, 이의를 진술한 수익자에게는 수익권취득청구권을 부여함으로써 합동운용재산의 일체성을 지키고자 하는 것이다. 동 조문이 적용되지 않는 경우에도 적용되어야 할 법리라고 생각되지만, 역시 신탁행위에서 별도의 정함이 필요하다고 하지 않을 수 없다.

(사) 수익권취득청구권

신탁의 변경이 있는 경우, 수익자에게 수익권취득청구권이 인정되는 경우가 존재한다(→468면).

(3) 법원에 의한 변경을 명하는 재판

신탁사무의 처리방법과 관련된 신탁행위의 정함이 신탁의 목적·신탁재산의 상황 기타 사정에 비추어 수익자의 이익에 적합하지 않게 되었음에도, (2)에서 서술한 방법으로 변경을 할 수 없는 경우에는, 위탁자·수탁자·수익자는 법원에 대하여 신탁의 변경을 요구하는 신청을 할 수 있다. 다만, 신탁행위의 내용을, 위탁자·수탁자·수익자 중 일부의 의사에 반하여 변경하는 것이므로, 신탁행위 당시 예견할 수 없었던 특별한 사정이 존재하는 것이 필요하다(신탁 제150조 제1항).* 예를 들어, 수탁자의 신탁사무처리를 제3자에게 위탁하여서는 안 된다는 취지의 정함이 있는 경우에, 신탁행위 당시에는 예견할 수 없었던 기술 변화로 인해 수탁자 자신에 의한 처리가 부적절하게 되어 수익자의 이익에 적합하지 않게 된 경우 등을 예로서 생각할 수 있다.[8)]

법원에 의한 변경을 통하여 수익자의 이익이 보호되어야 하는지 여부는, 신탁목적과의 관계에서 판단되는 것이므로, 신탁목적 자체의 변경은 할 수 없다.[9)] 또한 신탁사무처리의 방법과 관련된 신탁행위의 정함의 부적합을 문제로 삼고 있으므로, 수익권의 내용 변경, 수익자의 변경 등도 대상이 되지 않는다.[10)]

다만 모든 사정을 감안하여, 적절한 변경방법을 법원에서 고안하는 것을 인정하기에는 무리가 있으므로, 신청은 변경 후 신탁행위의 정함을 명확히 하여야 한다(동조 제2항. 나아가 제3항~제6항).

*** 사정변경의 원칙과의 관계** 법원에 의한 변경을 명하는 재판은 민법상 사정변경의 원칙과 유사하다. 그러나 수익자의 이익을 중심으로 하는 점에서 관계 당사자의 이익을 조정하고자 하는 민법상 사정변경의 원칙과는 적용 영역에 차이가 있고, 일반법리로서의 사정변경의 원칙은 별도로 적용되는 상황이 존재한다고 지적되고 있다.[11)]

---

8) 寺本·344면 주(1).

9) 新井監修·407면(千葉恵介), 佐久間·35면.

10) 村松ほか·284면 주(14). 또한, 木村·전게 주4) 109~111면은 구별의 합리성을 비판한다.

11) 吉政·전게 주5) 63~64면. 사정변경의 원칙과 법원이 명하는 신탁의 변경의

제 2 절 신탁의 병합·분할

(1) 총 설

하나의 신탁 중에서 수탁자를 변경하거나, 내용을 변경하는 외에 복수의 신탁을 하나의 새로운 신탁으로 하거나, 반대로 복수의 신탁으로 분할하는 것도 생각할 수 있다.

신탁의 병합이란, 「수탁자가 동일한 둘 이상의 신탁의 신탁재산의 전부를 하나의 새로운 신탁의 신탁재산으로 하는 것」으로(신탁 제2조 제10항), 가령 회사의 합병에 따라 개별적으로 존재하던 연금신탁을 하나로 병합하는 경우 등을 구체적으로 요구되는 사례로서 들 수 있다. 또한 수탁자인 법인의 합병에 따라 이루어지는 경우도 있다.[12] 「새로운 신탁」이라고 되어 있는 것으로부터 알 수 있듯이, 병합에 따라 종래의 신탁은 종료하고(동 제163조 제5호. →529면), 새로운 신탁이 설립된다.

또한 신탁의 분할에는, 「어떤 신탁의 신탁재산의 일부를 수탁자가 동일한 다른 신탁의 신탁재산으로서 이전한다」라고 하는 흡수신탁분할과, 「어떤 신탁의 신탁재산의 일부를 수탁자가 동일한 새로운 신탁의 신탁재산으로서 이전한다」라고 하는 신규신탁분할이 있다(동 제2조 제11항).

전자의 예로서는, 영업양도에 따라 연금신탁을 분할한 다음 그 일방을 다른 연금신탁과 합체시킬 필요가 발생한 경우, 후자의 예로서는, 회사분할에 따라 연금신탁을 분할할 필요가 발생한 경우 등을 들 수 있다.

효력발생기준 시의 문제에 관하여, セミナー(4)·16~19면 참조. 나아가, 조직의 재편성의 문제로서 파악하는 시점에 관하여, 神作裕之「組織_信託の基礎的変更を素材として」NBL 791호 26면 이하(2004).

12) 田中和明「信託兼営銀行の営業譲渡及び合併に関する一考察」信研 24호 55~59면(1999), セミナー(4)·24면(田中和明).

(2) 신탁의 병합*

(가) 신탁의 병합도, 변경과 동일한 절차로 이루어진다. 종전 각 신탁의 위탁자·수탁자(다만, 수탁자가 동일한 경우로 한정된다)·수익자의 합의로 이루어지는 외에(신탁 제151조 제1항)[위탁자와 수익자가 동일한 경우(자익신탁)나, 위탁자와 수탁자가 동일한 경우(자기신탁)에는 나머지 1인과의 합의로 족하다], 「신탁의 목적에 반하지 않는 점이 분명한 경우」에는 수탁자와 수익자의 합의로 충분하다(동조 제2항 제1호), 「신탁의 목적에 반하지 않는 점 및 수익자의 이익에 적합하다는 점이 분명한 경우」에는 수탁자가 단독으로 병합할 수 있다(동항 제2호).** 신탁행위에서 별도의 정함도 허용되지만(동조 제3항), 신탁의 변경과 마찬가지로 일정한 한계가 존재한다(→512면).

다만, 신탁재산은 수탁자에게 귀속되어 있는 것이므로, 수탁자의 관여 없이 신탁의 병합을 할 수는 없다. 또한, 위탁자·수탁자·수익자의 합의에 의하는 경우, 특히 수익자가 자신의 권리내용에 미치는 영향에 관하여 이해하기 쉽도록 병합의 이유, 병합 후 신탁행위의 내용, 수익권의 내용 변경이 있는 경우에는 그 내용 및 이유, 각 신탁의 가장 최근의 재산상황 개시자료 등(→257면), 그 후의 중대한 변동에 관하여 분명하게 한 다음에 합의를 하여야 한다(동조 제1항 제1호~제5호, 신탁칙 제12조). 이 점에 관하여도, 신탁행위에서 별도의 정함이 허용되지만(신탁 제151조 제3항), 특히 수익자의 의사의 진정성을 확보하기 위해서는 생략할 수 있는 자료는 제한된다고 생각한다.

신탁의 병합을 함에 있어 각각의 신탁에서 수익자가 가지는 권리가 상이한 경우, 그 내용을 금전 등의 급부에 의하여 조정하는 것도 가능하고, 또한 일방의 신탁의 수익자에게 금전 등을 급부하여 수익자를 없애는 것도 가능하다(동조 제1항 제3호가 그것을 예정한다).***

*** 추가신탁** 실무상 기존의 신탁에 대하여 위탁자로부터 재산을 추가적으로 지출하는 경우가 있지만, 그 법적 구성은 반드시 명확하지 않다. 우선 생각할 수 있는 것은, 신탁은 합의로 성립하는바, 위탁자의 출자의무가 시기적·양적으로 분할된 것이라는 분석이다. 이는, 당초의 신탁계약에서 재산의 추가가 확정적으로 정해진 경우에는 부합한다고 볼 수도 있지만, 추가할지 여부가 위탁자의 판단에 맡겨진 경우에는 타당하지 않다. 또한 추가시기, 추가액 등이 불확정적인 경우, 기존 신탁의 신탁재산을 자유롭게 증가시킬 수 있다고 하면, 사해신탁으로서의 규율(→159면)도 복잡해진다. 적어도 신탁법 제11조는 추가적인 지출에 관하여 적절한 규율을 준비하고 있다고는 할 수 없다. 또한 위탁자=수탁자인 경우에는 자기신탁에 있어서의 규율(언제, 어떠한 재산이 신탁재산이 되었는지를 공정증서 등으로 명확히 한다. →92면)이 잠탈된다. 당사자의 의식으로서는 기존 신탁의 신탁재산 증가행위라도 법적으로는 새로운 신탁설정과 신탁의 병합을 동시에 행하는 것으로 생각하여야 한다.[13] 또한 제3자에 의한 추가로 해당 제3자가 위탁자로서의 지위를 취득하지 않는 경우에는 신탁재산에 대한 증여로 해석된다.

**** 법원의 명령에 의한 신탁의 병합·분할** 신탁의 변경에 관하여는, 신탁법 제150조에 특별한 사정이 있는 경우, 법원이 신탁의 변경을 명하는 제도가 마련되어 있다(→514면). 신탁의 병합·분할에 관하여는 제도가 명시적으로 마련되어 있는 것은 아니지만, 신탁의 병합·분할도 신탁 변경의 일종이므로, 동조의 적용을 인정하여야 한다는 견해가 있고,[14] 이에 찬성하고 싶다.

*** 2005(헤이세이 17)년 개정 전 상법 제409조 제4호는, 「합병에 의하여 소멸하는 회사의 주주에게 지급을 위하여 금액을 정하는 때에

13) 같은 취지, 伊庭潔編『信託法からみた民事信託の手引き』68면(日本加除出版, 2021). 또한, 遠藤英嗣『家族信託契約』122~125면(日本加除出版, 2017)도 참조.

14) 田中·429면. 반대, 寺本·347면 주(3), 354면 주(2).

는 그 규정」이라고 하여 합병 시 소멸회사의 주주에게 금전만을 지급하고, 합병 후 회사의 주식은 부여하지 않는다는 선택을 할 수 없는 것으로 해석되었다. 이에 비하여 회사법 제749조 제1항 제2호 등은, 「주식 또는 지분을 대신하는 금전 등을 교부할 때에는」이라고 하여, 주식을 배당하지 않고, 금전 교부만을 하는 것도 가능하다는 점을 분명히 하였다. 그러나 신탁의 병합에 관하여 신탁법 제151조 제1항 제3호는, 「신탁의 병합 시 수익자에 대하여 금전 기타 재산을 교부하는 때에는, 해당 재산의 내용 및 그 가액」이라는 문언으로 되어 있어, 오히려 회사법 제정 전 상법 문언에 가깝다. 그렇다면, 신탁의 병합에 있어서는 일방 신탁의 수익자에게 금전 등을 급부하여 수익자가 아니게 할 수 없다고 해석하는 편이 조문의 문언에 부합한다고도 생각된다.[15] 그러나 반드시 회사법과 다른 규율로 할 필요는 없고, 결론적으로 수익자에서 배제하는 것도 인정된다고 해석해도 무방하다고 생각한다.

(나) 신탁의 병합은, 채권자에게도 큰 영향을 미친다. 예를 들어, 甲신탁에는 G_1을 채권자로 하는 신탁재산 책임부담 채무(채무액 100) 및 신탁재산 120이 존재하고 있는 한편, 乙신탁에는 G_2를 채권자로 하는 신탁재산 책임부담 채무(채무액 100)이 존재하고, 신탁재산은 30밖에 없다고 하자. 그리고 수탁자에게는 자산이 없다고 하자.

병합 전 상태에서 G_1은 전액의 변제를 받을 수 있었는데, 신탁이 병합되면 甲과 乙이 병합된 丙신탁은 신탁재산이 150이 되고, 각 신탁의 신탁재산 책임부담 채무는 병합 후 신탁의 신탁재산 책임부담 채무가 되므로(신탁 제153조. 나아가, 제154조), 채권자는 G_1(100), G_2(100) 2명이 된다. 그로 인해 만일의 경우 G_1은 신탁재산으로부터 75의 변제밖에 받을 수 없게 된다. 이와 같이 병합에 의해 채권자가 손해를 입는 경우가 존재한다.

15) 이상, セミナー(4)·27~28면(특히, 藤田友敬).

그래서 신탁의 병합에 있어서는 해당 채권자를 해할 우려가 없다는 점이 분명하지 않은 한 해당 채권자에게 이의를 진술할 권리가 인정되고 있다(동 제152조 제1항).* 이의를 진술한 채권자가 있는 경우에, 해당 신탁의 병합을 하더라도 해당 채권자를 해할 우려[16]가 없다고 할 수 없는 경우에는 수탁자는 해당 채권자에 대하여 변제 또는 상당한 담보를 제공하거나, 해당 채권자가 변제를 받게 하는 것을 목적으로 신탁회사 등에 상당한 재산을 신탁하여야 한다**(동조 제5항). 채권자 보호를 위한 신탁의 설정에 있어서는 해당 채권자에 대한 변제를 위하여 필요한 자금이 마련되는 것이 중요하므로, 수탁자가 되는 신탁회사 등은 병합하는 신탁의 수탁자라도 무방하다. 또한 수탁자의 상기 의무는 신탁사무집행이므로, 변제, 담보제공, 신탁설정에 필요한 재산은 신탁재산에서 지출된다.

또한 여기에서 말하는 채권자에는 수익채권을 가지는 수익자는 포함되지 않는다. 원칙적으로 신탁병합의 의사결정에 참여할 수 있고, 손해를 입을 우려가 있는 수익자에게는 수익채권취득청구권이 인정되기 때문이다.[17]

채권자의 이의권을 보장하기 위하여, 수탁자는 채권자의 전부 또는 일부가 이의를 제기할 수 있는 경우에는, 병합의 상황(각 신탁의 특정, 채권자에 대한 이행의 전망)을 분명히 하여, 이의를 진술할 수 있는 기간(1개월 이상)(이 기간을 도과하면, 해당 채권자는 신탁의 병합을 승인한 것으로 간주된다. 동조 제4항)을 관보에 공고함과 더불어 알려진 채권자에게는 개별적으로 최고를 하여야 한다(동 제152조 제2항, 신탁칙 제13조). 또한 수탁자가 법인인 경우에는 개별적인 최고를 대신하여 일간신문지나 전자적 방법에 의한 공고도 인정되고 있다(신탁 제152조 제3항). 개인이 수탁자의 경우에는 채권자도 많지

16) 그 판단에 관하여, 森本滋編「会社法コンメンタール18」176면(伊藤壽英)(商事法務, 2010) 참조.

17) 寺本·249면 주(2).

않고, 개별적인 최고도 그다지 부담이 되지 않는다고 생각되지만, 수탁자가 법인인 경우에는 채권자가 다수에 이를 수도 있다는 점을 배려한 것이다.[18] 적합한 최고가 이루어지지 않은 경우에는 채권자의 이의신청기간은 경과하지 않는다.

*** 신탁의 병합·분할무효의 소** 회사법상으로는 회사병합·분할에 관하여 무효의 소가 인정되고 있다(회사 제828조 제1항 제7호~제10호). 이에 비하여 신탁의 병합·분할은 수탁자가 동일한 신탁 사이에서 이루어져 채권자에게 있어 채무자가 변경되는 것은 아니기 때문에 영향은 제한적이라고 보아 무효의 소 규정은 마련되어 있지 않다. 그러나 수탁자가 고유재산을 거의 보유하지 않은 경우 등에는 채무자가 변경되지 않더라도 채권자의 피해는 클 수 있어 입법론적으로는 비판이 존재한다.[19] 다만 적합한 최고가 이루어지지 않은 경우에는 채권자의 이의신청기간은 경과하지 않는다.

**** 「신탁한다」라는 표현에 관하여** 신탁법 제152조 제5항·제156조 제5항·제160조 제4항은, 「신탁하여야 한다」라고 함으로써 「신탁」이라는 명사에 「한다」를 붙여 동사로 하고 있다. 동일한 용법은, 회사법 제799조 제5항·제810조 제5항 등 몇 가지 법령에서 발견되는데, 동사에 「한다」를 붙여 동사로 할 수 있는 것은, 동작성 명사에 한정되는데 「신탁」이 그것에 해당한다고 생각되지 않고, 그러한 동사를 만든다면, 신탁법 중 「신탁한다」라는 표현이 활용되어야 하는 부분이 많이 존재할 것이다. 「해당 채권자에게 변제를 받도록 하는 것을 목적으로 하여, 상당한 재산을 신탁재산으로 하는 신탁을, 신탁회사 등(…)을 수탁자로 하여 설정하여야 한다」라고 하였어야 한다고 생각한다.

(3) 신탁의 분할

(가) 신규신탁분할·흡수신탁분할의 절차나 채권자의 이의권도

---

18) 다만, 반대로 개인인 수탁자의 수고야말로 경감되어야 하는 것은 아닌가라는 생각도 있을 수 있다[セミナー(4)·32~33면 참조].

19) 新井監修·414면 주(6)(千葉恵介).

신탁의 병합의 경우와 거의 동일하다(신탁 제155조 이하, 신탁칙 제14조 이하. 나아가 신탁 제174조).

(나) 약간 주의하여야 할 점은, 채권자의 취급이다.*

흡수신탁분할의 경우, 각 채권자가 분할된 신탁(**분할신탁**)의 신탁재산 책임부담 채무의 채권자에 머물 것인지, 분할신탁으로부터 그 신탁재산의 일부를 이전받는 신탁(**승계신탁**)의 신탁재산 책임부담 채무의 채권자가 될 것인지를 정하고(신탁 제155조 제1항 제6호), 그것을 분명하게 한 다음 채권자에 대한 최고를 하여야 한다(동 제156조, 신탁칙 제15조 제4호·제5호).

그리고 최고를 받아야 하는 채권자이면서 최고를 받지 않은 자에게는 보호가 부여된다. 즉, 분할신탁의 신탁재산 책임부담 채무와 관련된 채권을 가지고 있던 자는, 분할신탁으로부터 승계신탁에 재산이 이전됨에 따른 불이익을 입지 않도록 승계신탁이 분할신탁으로부터 이전을 받은 재산의 가액을 한도로 하여 승계신탁의 신탁재산에 속한 재산으로부터도 채무의 이행을 받기 위하여 수탁자에게 청구할 수 있다(신탁 제158조 제1호). 또한 승계신탁의 신탁재산 책임부담 채무와 관련된 채권을 가지고 있던 자는 분할신탁으로부터 많은 부채가 승계신탁에 이전됨으로 인해 불이익을 입지 않도록 분할의 효력이 발생한 날의 분할신탁의 신탁재산의 가액을 한도로 하여 분할신탁의 신탁재산으로부터도 채무의 이행을 받기 위해 수탁자에게 청구할 수 있다(동조 제2호). 전자에서는 흡수분할이 없었던 것과 같은 구제를 부여받는데 비해, 후자에서는 분할신탁의 모든 재산이 승계신탁에 이전된 것과 같은 구제를 부여하는 것이다.

신규신탁분할의 경우에도 종전 신탁의 신탁재산 책임부담 채무의 채권자에 머물 것인지, 새로운 신탁의 신탁재산 책임부담 채무의 채권자가 될 것인지를 정하고(동 제159조 제1항 제6호), 그것을 분명하게 한 다음에 채권자에 대한 최고를 하여야 한다(동 제160조,

신탁칙 제17조 제4호). 최고를 받아야 할 채권자이면서 최고를 받지 않은 자는 종전 신탁의 신탁재산 책임부담 채무의 채권자에 머무르는 경우에는, 신규신탁분할이 효력을 발생한 날의 새로운 신탁의 신탁재산 가액을 한도로 하여 새로운 신탁의 신탁재산에 속하는 재산으로부터도 채무의 이행을 받기 위하여 수탁자에게 청구할 수 있다(신탁 제162조 제1호). 새로운 신탁의 신탁재산 책임부담 채무의 채권자가 된 경우에는 신규신탁분할이 효력을 발생한 날의 종전 신탁의 신탁재산의 가액을 한도로 하여 종전 신규신탁의 신탁재산에 속하는 재산으로부터도 채무의 이행을 받기 위하여 수탁자에게 청구할 수 있다(동조 제2호). 분할의 결과로서 어느 신탁의 신탁재산 책임부담 채무와 관련된 채권자가 되어도 분할이 없었던 것과 같은 구제를 받게 된다.

*** 불법행위 채권자의 취급** 신탁분할의 경우에도 관보에 공고함과 동시에 알려진 채권자에게는 개별적으로 최고를 하여야 한다(신탁 제156조 제2항, 제160조 제2항). 그러나 이미 발생하였지만, 수탁자에게는 알려지지 않은 불법행위에 근거하여 손해배상청구권을 가지는 채권자는 개별적인 최고로부터는 제외된다. 그리고 최고가 없었던 경우의 채권자 보호는, 수탁자가 최고를 해야 했던 채권자에 한정되기 때문에(동 제158조 본문 괄호 부분, 제162조 본문 괄호 부분), 불법행위 채권자는 그 보호를 받을 수 없고, 흡수신탁분할의 경우에는 분할신탁의 신탁재산에 속하는 재산, 신규신탁분할의 경우에는 종전 신탁의 신탁재산에 속하는 재산으로부터만 변제를 받을 수 있을 것이다. 회사법에 있어서는 동법 제798조 제3항 괄호 부분·제810조 제3항 괄호 부분이 불법행위에 근거한 채권자에 대하여 언급하고 있어, 그것을 근거로 하여 불법행위 채권자에게도 본래라면 개별적인 최고가 필요하다(따라서 채권자 보호의 대상이 된다)는 해석론을 전개하는 것도 가능하지만,[20] 신탁법상으로는 불법행위 채권자에 대한 일정한 특별

20) 森本滋編『会社法コンメンタール17』341~342면(神作裕之)(商事法務, 2010) 참조.

취급을 제시하는 조문이 존재하지 않기 때문에 결론적으로 보호는 곤란하다. 불법행위에 근거한 손해배상채무에 관해서는 한정책임신탁에 있어서도 수탁자가 고유재산으로 책임을 부담함에 따라(신탁 제217조 제1항, 제21조 제1항 제8호. → 155면*), 최후의 구제가 도모되고 있으므로 회사법과의 차이를 정당화할 수밖에 없다.

제 8 장　종료 · 청산 · 도산

제 1 절　신탁의 종료

1. 총 설

신탁의 종료라 함은 신탁이 청산절차에 들어가는 것이다. 종료하여도 청산이 종결될 때까지 신탁은 존속하는 것이고(신탁 제176조. 동조는, 「존속하는 것으로 간주한다」고 하지만, 단순히 「존속하고 있다」라고 하면 충분하다), 종료에 의하여 신탁관계가 소멸하는 것은 아니다.1) 다만, 신탁의 병합을 이유로 하는 종료에서는 새로운 신탁으로서 존속하게 되므로 청산은 이루어지지 않는다(동 제175조 괄호 부분).

그러한 의미에서의 「종료」 원인은, 신탁법 제163조부터 제166조에 규정되어 있지만, 이 중 공익확보를 위한 신탁종료명령을 이유로 하는 종료는 상당히 성격이 다르다. 또한 동법 제52조도 수탁자의 의사표시에 의하여 신탁이 종료하는 경우가 있다는 점을 규정하고 있다. 우선 동법 제163조부터 제166조가 규정하는 종료원인을, 공익확보를 위한 신탁종료명령과 그 이외의 경우로 나누어 설명하고, 다음으로 동법 제52조에 관하여 설명한다.

2. 공익확보를 위한 신탁종료명령 이외의 사유에 의한 종료

(1) 신탁의 목적을 달성한 때 또는 달성할 수 없게 된 때(신탁 제163조 제1호)

(가) 여기에서 말하는 「목적」이란 신탁의 존속가능성을 판단

---

1) 그러한 의미에서, 「신탁의 종료」란 개념을 상정하는 것 자체의 유용성에도 의문을 제기할 여지가 있다. セミナー(4)·44~48면 참조.

할 때 기준이 되는 개념으로, 「실현하고, 도달하고자 목표로 하는 사항」이다(→58면). 예를 들어, 특정한 수익자를 위하여 대학에서의 교육자금을 원조하기 위해서 신탁을 설정하였는데, 대학을 졸업한 경우가 이에 해당한다. 목적달성불능이라 함은 상기의 예에 있어서 해당 수익자가 사망한 경우가 전형이다.

후술하는 「신탁행위에서 정한 사유가 발생한 경우」(신탁 제163조 제9호)와 중첩되는 경우도 많아 신탁행위에 명시적인 정함이 없는 경우에도 묵시적인 정함으로서 목적달성·달성불능은 종료원인이 된다고 생각한다.

(나) 신탁재산이 수탁자의 비용 등의 상환에 부족한 것만으로는 목적달성불능에는 해당하지 않는다. 신탁법 제52조에 근거하여 수탁자가 위탁자·수익자에게 비용상환 등의 청구를 한 후에 그것이 실현되지 않은 경우에 비로소 목적달성불능이 된다(→537면). 수탁자가 신탁재산으로부터 배상을 받을 수 있는 경우 및 신탁재산으로부터 신탁보수를 받을 수 있는 정함이 있는 경우에도 마찬가지이다(동 제53조 제2항·제54조 제4항).

이에 비하여 위탁자와의 계약에 의해 위탁자의 재산으로부터 신탁보수의 지급을 받는다는 취지로 합의된 경우에는 어떠할까? 후술하는 바와 같이 위탁자에 대하여 도산절차가 개시된 경우에 신탁보수의 지급이 신탁계약의 미이행채무가 되는 것인지 여부(동 제163조 제8호 참조)와도 관계되지만, 보수의 지급합의는 신탁계약과는 별개의 계약으로 그 불이행은 신탁계약의 해제원인은 되지 않는다. 그러나 신탁보수의 지급이 없는 채로 수탁자에게 신탁사무집행을 계속하게 하는 것도 가혹하기 때문에, 수탁자에게 이행거절권이 발생하고 그에 따라 신탁목적의 달성이 불능이 되어 신탁법 제163조 제1호가 정하는 종료원인이 발생하였다고 생각하여야 한다.

(다) 나아가, 수익권의 전부가 소멸한 경우에도 신탁은 종료한

다(→ 457면). 신탁목적의 달성 또는 달성불능에 해당한다고 생각하여야 할 것이다.

(라) 다른 종료원인과는 달리 신탁목적의 달성 또는 달성불능은 그 사유가 발생한 시기를 일의적으로 판단하는 것이 곤란한 경우가 있다.[2] 해당 사유가 발생하였다고 수탁자가 판단하여 청산절차에 들어갔는데 나중에 재판상 해당 사유가 부존재한다고 인정되면, 수탁자에게 가혹한 경우가 있다. 존부의 판단은 수탁자의 신탁사무집행이고, 선량한 관리자의 주의에 근거하여 판단하는 한 수탁자는 책임을 추궁당하지 않는다고 생각할 필요가 있다(→ 240면).

(2) 수탁자가 수익권의 전부를 고유재산으로 가지는 상태가 1년간 계속된 때*(신탁 제163조 제2호)

수탁자가 수익권의 전부를 고유재산으로 가지고 있는 상태가 되면, 결국 자신의 재산 일부를 자기자신의 일정한 목적을 위하여 구분하고 있을 뿐이므로 신탁재산의 독립성을 정당화할 수 없게 된다(→ 23면). 그러나 자산유동화를 목적으로 하는 신탁 등에 있어서 일시적으로 수탁자가 수익권을 전부 보유하고 그 뒤에 별도로 매각하는 구조가 필요하다는 점이 지적되어 1년간의 계속은 인정되게 되었다. 다만, 그 상태의 해소가 예정되어 있지 않은 경우에는, 최초의 단계라면 신탁은 유효하게 성립하지 않고(→ 60면), 후발적으로 그러한 상태가 된 경우에는 그 시점에 목적달성불능으로 평가되어 신탁은 종료한다고 해석된다(→ 525면). 신탁목적은 오직 수탁자 자신의 이익을 도모할 목적이어서는 안 되기 때문에 유효한 목적달성은 불능이 되는 것이다(동 제2조 제1항 괄호 부분 참조).

---

2) 星野豊「信託法」231면(信山社, 2011). 2003(헤이세이 15)년 개정 전 민법 제398조의20 제1항 제1호가 「거래의 종료」를 피담보채권의 확정사유라고 함으로써 발생한 문제와 동일하다. 道垣内弘人「根抵当権者の信用不安と根抵当権の確定」金法 1483호 6면 이하(1997) 참조.

오히려 1년간이라는 제한은 1년을 도과하면 주관적 의도가 어떠하든 오직 수탁자 자신의 이익을 도모할 목적이라고 간주되어 유효한 목적달성은 불능이 된다는 것을 의미하고, 신탁법 제163조 제2호의 종료사유는 동조 제1호에서 규정하는 사유의 구체화라고 할 수 있다.

* 어떤 상태가 「수탁자가 수익권의 전부를 고유재산으로 가지는 상태」에 해당하는 것인지에 관하여 몇 가지 논의가 있다.

우선 공동수탁자 가운데 1인이 단독수익자인 경우에도 이에 해당한다고 여겨진다. 문언상으로는 해당성을 부정할 수 없고, 이와 같은 상태를 1년을 도과하여 인정하면 충실의무를 부담하지 않는 수탁자가 존재하는 점을 인정하게 되므로 타당하지 않기 때문이다.[3)]

다음으로 신탁법 제90조 제1항 각호에서 규정하는 유언대용신탁이 자기신탁의 방식으로 설정되어 위탁자(=수탁자)가 제1수익권을 가지는 경우로 위탁자의 사망 시까지 1년 이상 경과한 경우에는 어떠할까? 위탁자의 사망 후에 현실화가 이루어진 제2수익자가 존재하고, 그것은 수탁자(=위탁자)가 가지고 있으므로, 신탁법 제163조 제2호의 상태에는 해당하지 않는다는 견해가 있다.[4)] 그러나 그와 같이 해석하면, 위탁자는 사망 시까지 일정한 재산을 자신이 수익하면서 자신의 책임재산으로부터 이탈시킬 수 있게 된다[나아가 수익자의 변경도 자유롭게 할 수 있다(동 제90조 제1항 본문)]. 타당하지 않고 찬성할 수 없다.

(3) 수탁자가 결여된 경우로 신 수탁자가 취임하지 않은 상태가 1년간 계속된 때(신탁 제163조 제3호)

신탁사무집행이 이루어지지 않는 상태가 되면 그것을 계속하는 것은 관계당사자의 이익에 도움이 되지 않을 뿐만 아니라, 목적

3) 寺本·362~363면 주(2).

4) 田中和明「自己信託による遺言代用信託の設定」井上聡監修『信託の80の難問に挑戦します!』205면(日本加除出版, 2021).

달성불능이 되므로 이 사유도 동조 제1호에서 규정하는 사유의 구체화이다. 또한 수탁자가 없는 채로 방치되면, 신탁재산에 속하는 재산이 그저 압류금지재산이 되어 그 효과를 인정할 정당성을 상실하기 때문이기도 하다.

수탁자가 복수인 경우에는 일부가 결여되어도 다른 수탁자가 권리의무를 승계하여 직무를 행하므로(동 제86조 제4항), 모든 수탁자가 결여될 때까지 신탁은 종료하지 않는다(동 제87조 제1항). 다만 결여된 수탁자의 직무를 다른 수탁자가 하지 않고, 나아가 신 수탁자가 취임하지 않는 상태가 1년간 계속된 경우에는 신탁이 종료한다(동조 제2항).

(4) 신탁재산이 비용 등의 상환 등에 부족한 경우로 위탁자·수익자가 수탁자의 청구에 따라 지급을 하지 않기 때문에 수탁자가 신탁을 종료시킨 때(제163조 제4호)

별도로 서술한다(→537면).

(5) 신탁이 병합된 때(신탁 제163조 제5호)

신탁의 병합이 있는 경우에는 새로운 신탁이 성립하므로 이전의 신탁이 종료하는 것은 당연하다(→516면). 이 경우 후술하는 청산절차는 이루어지지 않는다(동 제175조 괄호 부분).

(6) 신탁재산에 관하여 파산절차의 개시결정이 있는 때(신탁 제163조 제7호)

이른바 신탁재산파산*으로, 이 경우에는 당분간 파산절차에서 청산이 이루어지게 되므로 신탁은 종료한다.

*** 신탁재산파산**[5] (ⅰ) 전통적으로 신탁재산 그 자체는 법인격을 가

---

5) 竹下守夫編代『大コンメンタール破産法』1012~1040면(青林書院, 2007), 山本克己ほか編『新基本法コンメンタール破産法』551~585면(沖野眞已)(日本

지고 있지 않으므로, 도산하는 일은 있을 수 없다고 생각되어 왔다. 신탁재산 책임부담 채무에 관하여도 수탁자가 고유재산으로 변제할 의무가 있는 것이 원칙이므로, 채권자에 대하여 완전한 변제를 할 수 없게 된다고 하는 경우라 함은 수탁자의 도산이 발생하는 상황에 지나지 않고, 신탁재산만의 도산은 생각하지 않아도 무방하다는 것이다. 그러나 한정책임신탁에서는, 채권자는 신탁재산으로만 자신의 채권에 충당할 수 있고, 보다 일반적으로는 수탁자의 고유재산이 미미한 경우도 생각할 수 있다. 이 경우에는 신탁재산에 속하는 재산이 채권자에게 공평하게 배분되는 것을 확보하는 것이 중요하고, 아무리 선관주의 집행의무를 부담하고 있다고 하더라도 수탁자는 채무자 자신이므로, 수탁자에게 맡겨 두는 것은 타당하지 않다고 생각되는 측면이 있었다. 그래서 현행 신탁법의 제정에 맞추어 파산법이 개정되어 동법 제244조의2 이하에서 「신탁재산의 파산에 관한 특칙」이 마련되기에 이르렀다. 다만, 재생절차·갱생절차와 같은 재건형 도산처리절차는, 신탁재산에 관해서는 인정되지 않는다.

이하, 파산절차 규율의 개요와 약간의 문제점을 서술한다.

(ii) 파산절차의 개시원인은 지급불능 또는 채무초과이다(파 제244조의3). 그 판단에 있어서는 신탁채권자의 채권뿐만 아니라 수익채권도 포함된다(다만 일정 기간마다의 수익에 따라 발생하는 수익채권으로, 그 기간이 미도래한 수익채권은 포함되지 않는다[6]). 신청권자는 신탁재산 책임부담 채무의 채권자(수익채권의 채권자를 포함한다) 외에 신탁재산의 적절한 관리에 관하여 책임을 부담하는 자, 즉 수탁자·신탁재산관리인·관리명령에 근거한 관리인(신탁 제170조 제1항)이다(파 제244조의4 제1항~제3항). 수탁자 등의 관리자, 나아가 회계감사인은 파산관재인 등으로부터 청구가 있는 경우에는 필요한 설명을 할 의무를 부담한다(동 제244조의6).

(iii) 신탁종료 후라도 잔여재산의 급부가 종료될 때까지는 파산절

評論社, 2014), 伊藤眞ほか『条解破産法(第3版)』1605~1642면(弘文堂, 2020), 条解·688~692면(沖野眞已) 참조.

6) 학설에 관하여, 山本ほか編·전게 주5) 560~561면(沖野眞已) 참조.

차 개시신청을 할 수 있다(동 제244조의4 제4항). 파산원인이 있으면, 공평한 분배가 확보되는 절차를 개시하여야 한다는 점은 청산이 개시되어 있어도 마찬가지이기 때문이다.[7] 오히려 청산수탁자는 채무를 완제할 수 없다는 점이 청산 중에 분명해진 경우에는 즉시 신탁재산에 관한 파산절차 개시신청을 하여야 한다(신탁 제179조 제1항). 그리고 파산절차가 개시되면, 파산관재인은 청산수탁자가 이미 한 채권자에 대한 변제를 회수할 수 있다(동조 제2항).

신탁재산에 관한 파산절차 개시결정에 따라 신탁이 종료한 경우에는 해당 파산절차가 종료할 때까지 신탁법에 의한 신탁의 청산은 이루어지지 않는다(동 제175조 괄호 부분). 파산절차가 종료한 때에 적극재산이 잔존하면 신탁의 청산이 이루어진다. 신탁법 제175조의 문언상으로는 파산절차 종료에 따라 적극재산의 잔존부분이 없는 경우에도 여전히 관념적으로는 청산절차가 개시되고, 청산수탁자는 수익자나 귀속권리자에게 최종계산의 승인을 요구할 의무가 있다고 읽히지만, 그러할 필요는 없다.[8]

(ⅳ) 신탁채권자는 한정책임신탁의 경우나 책임재산 한정특약이 있는 경우를 제외하고, 수탁자에 대하여도 채무의 변제를 청구할 수 있다. 그래서 수탁자에 대한 파산절차가 병행하는 경우에는, 그 파산절차에도 참가할 수 있고, 양쪽의 파산절차에서 절차개시 시의 채권 전액에 관하여 절차참가를 할 수 있다. 수탁자의 보증인적 지위에 비추어 주된 채무자와 보증인에 대하여 파산절차가 병행하는 경우의 규율(파 제104조 제1항·제2항)에 준한다는 설명도 있지만, 신탁채권자가 가지는 것은 수탁자를 채무자로 하는 1개의 채권이고, 채무자가 다른 2개의 채권을 행사하는 경우와는 메커니즘이 다르다.[9]

수탁자는 비용 등의 상환을 신탁재산으로부터 받을 수 있는 권리를 가지지만, 신탁재산의 파산절차에 있어서는 그러한 권리는 금전채권으로 간주된다(동 제244조의8). 수탁자가 허용되는 자기거래(→ 277면)

---

7) 竹下編代·전게 주5) 1024면(村松秀樹).
8) セミナー(4)·141~142면 참조.
9) セミナー(4)·182−183면(道垣内弘人).

를 한 때 그 대가를 신탁재산으로부터 취득할 수 있는 권리를 가지고 있는 경우에도 마찬가지로 해석하여야 할 것이다.[10)]

(7) 위탁자가 파산절차·재생절차·갱생절차의 개시결정을 받은 경우에 쌍방 미이행 쌍무계약의 규정에 따라 신탁계약이 해제된 때(신탁 제163조 제8호)

신탁재산에 속하는 재산은 위탁자의 재산으로부터 이탈하여 있으므로, 위탁자에 대하여 도산절차가 개시되더라도 신탁은 아무런 영향을 받지 않는 것이 원칙이다. 또한 위탁자가 수탁자와 신탁계약을 체결하여 재산을 수탁자에게 이전하면, 그것으로 신탁의 설정은 완료되고, 신탁계약 자체는 이행이 종료하게 된다. 따라서 신탁계약이 쌍방 미이행 쌍무계약에 해당하는 것은 신탁계약이 체결되어 신탁이 설정된 후(동 제4조 제1항), 신탁재산에 속하는 재산에 관하여 위탁자로부터 수탁자에 대한 이전에 관한 대항요건이 구비되지 않거나, 인도가 이루어지지 않은 동안에 위탁자에 대하여 도산절차가 개시된 경우에 한정된다.* 신탁보수의 미이행은 여기에서 말하는 쌍무계약의 미이행에 해당하지 않는다(→ 159면).

문제는 신탁계약에 있어서 위탁자로부터 수탁자로의 이전이 확약된 재산(이에 관한 의미는, → 75면)의 일부에 관하여 이전·인도가 미이행인 경우에는 어떠할까라는 점이고, 이미 이행된 부분으로 신탁목적의 달성이 가능한 경우에는 신탁 자체는 종료되지 않고, 위탁자의 미이행 부분과 그것에 대응하는 수탁자의 신탁사무처리 의무 사이에만 쌍방 미이행 쌍무계약성을 인정하여 일부해제의 대상이 된다는 견해가 있다.[11)] 수탁자에게 가혹하지 않도록 인정이 신중하게 이루어질 필요가 있지만, 찬성하여야 할 것이다.

---

10) セミナー(4)·168~174면 참조.

11) 沖野眞已「信託と破産」山本克己ほか編『新破産法の理論と実務』46~47면(判例タイムズ社, 2008).

또한 쌍방 미이행 쌍무계약으로서 해제가 선택된 경우에도 신탁이 종료하고, 이어서 신탁의 청산이 이루어지게 되며, 해제에 소급효는 없다.[12)]

* 다만 이 경우에도 수탁자는 수익자를 위하여 신탁사무를 집행할 의무를 부담하고, 위탁자의 의무와 수탁자의 의무 사이에는 대가관계가 존재하지 않는다는 견해도 있을 수 있다. 그러나 신탁계약은 위탁자와 수탁자 사이의 계약이고, 아울러 실질적으로는 아직 신탁이 개시되지 않은 이상 수익자의 이익을 배려할 필요는 없으므로, 결론적으로는 쌍방 미이행 쌍무계약의 규율에 따라야 한다.[13)]

(8) 신탁행위에서 정한 사유가 발생한 때(신탁 제163조 제9호)

이것은 당연하고, 전형적으로는 기간의 정함이 있는 경우를 생각할 수 있다. 그 이외에도 자유롭게 종료사유를 정할 수 있지만, 위탁자가 자기를 잔여재산수익자 또는 귀속권리자로 정한 때에 위탁자가 언제라도 자유롭게 종료할 수 있다고 정한 경우 등에는 위탁자로부터의 재산분리가 불완전하다고 평가되는 경우도 있을 수 있다(→ 22면).

(9) 위탁자·수익자의 합의에 의한 종료(신탁 제164조 제1항)

신탁에 있어서 위탁자는 스스로 설정한 신탁목적의 달성에 관하여 이익을 가지고, 수익자는 당연히 신탁으로부터 이익을 받는다. 이에 비하여, 수탁자는 신탁으로부터 이익을 받을 수 없다. 그래서 위탁자와 수익자의 합의가 있으면, 언제라도 신탁을 종료할 수 있는 것으로 되어 있다. 위탁자와 수익자가 동일한 경우에는 그

---

12) 村松ほか·311면 주(12).

13) 中森亘＝堀野桂子「信託関係者の倒産および黙示の信託に関する検討」銀法 760호 25~26면(2013). 정치한 고찰로서, 小野傑「委託者破産の場合の破産管財人による信託契約に対する破産法53条1項に基づく解除権行使の可否」西村利郎追悼『グローバリゼーションの中の日本法』133면 이하(商事法務, 2008).

자가 단독으로 신탁을 종료시킬 수 있다. 수익자가 실제로 존재하지 않는 경우, 신탁관리인이 취임하면(동 제123조), 신탁관리인이 수익자를 대신하여 위탁자와 합의할 수 있다(동 제125조 제1항).[14] 이에 비하여 위탁자가 실제로 존재하지 않는 경우에는 위탁자의 의사에 반할 우려가 있으므로, 합의에 의한 종료는 할 수 없다(동 제164조 제4항).

수탁자에게 불리한 시기에 신탁을 종료한 경우에는 부득이한 사유가 있는 경우를 제외하고, 위탁자·수익자는 수탁자의 손해를 배상하여야 한다(동조 제2항). 손해의 산정 및 「부득이한 사유」의 해석에 관하여는 수탁자의 해임에 관하여 서술한 바와 같다(→362면).

이것은 당사자 자치에 의한 종료이므로, 신탁행위에 별도의 정함을 둘 수 있다(동조 제3항). 다만, (8)에서 서술한 내용이 여기에서도 적용된다.

(10) 특별한 사정에 의한 신탁종료를 명하는 재판이 있었을 때(신탁 제165조 제1항, 제163조 제6호)

신탁을 종료하는 것이 신탁의 목적 및 신탁재산의 상황 기타 사정에 비추어 수익자의 이익에 적합하다는 점이 분명한 경우에는, 위탁자, 수탁자, 수익자[15]의 신청에 의해 법원은 신탁의 종료를 명

---

14) 일부의 수익자는 현존하지만, 일부의 수익자는 불특정(미지정)·미존재인 경우에는, 신탁관리인을 선임할 수 없다(→478면). 따라서 합의에 의한 종료는 할 수 없게 된다. 이러한 문제에 관하여, 条解·704~708면(沖野眞已) 참조.

15) 또한, 寺本·369면 주(4)는, 신청권의 불행사에 관한 특약을 인정하지만, 합의의 당사자가 문제이다. 수익자의 경우, 수탁자와 특약을 체결한다면, 수익채권을 가지는 수익자의 권리를 신탁행위의 정함없이 제한하는 행위이므로, 수탁자의 충실의무위반이 될 가능성이 있다. 그렇게 되면, 결국 신탁행위로 정하지 않을 수 없는데, 신탁행위 당시에는 예견할 수 없었던 특별한 사정이 존재하는 경우에는, 신탁행위에 있어 해당 정함의 효력이 미치지 않는 사태가 된다고 생각한다. 채권자가 SPC의 도산신청권을 포기하는 것은 채권의 효력을 스스로 제한하는 것으로서 인정되지만[山本和彦「債権流動化スキームにおけるSPCの倒産手続防止措置」 金融研究 17권 2호 120~124면(1998).

할 수 있다(추가로 동 제165조 제2항~제5항). 이러한 경우, 위탁자와 수익자의 종료합의가 성립하는 것이 통상적이겠지만, 위탁자가 실제로 존재하지 않는 경우 등에는 합의에 의한 종료를 할 수 없기 때문에, 법원이 개입하는 것이다. 일부 관계자의 의사에 반하는 종료일 우려도 있으므로, 법원이 종료를 명할 수 있는 것은 신탁행위 당시 예견할 수 없었던 특별한 사정이 원인이 되어 상기의 상황이 발생한 경우로 한정된다.[16)]

가령 수익자에게 안정된 생활을 보장하기 위하여 서서히 수익하도록 하고 있었는데, 수익자가 큰 질병에 걸려 다액의 치료비가 필요하게 된 경우에 수익자가 후술하는 잔여재산수익자 또는 귀속권리자인 경우에는 신탁을 종료시켜 일시에 재산을 취득할 수 있도록 하는 것이 수익자의 생활보장이라는 목적에도 합치한다고 생각한다.

또한 이것은 부득이한 사유에 의한 종료이고, 위탁자·수익자의 의사에 의한 종료가 아니기 때문에 수탁자에 대한 손해배상의무는 발생하지 않는다.

3. 공익확보를 위하여 신탁종료를 명하는 재판에 의한 종료

(1) 불법한 목적에 근거하여 신탁이 이루어진 경우 및 수탁자가 법령 또는 신탁행위에서 정하는 권한을 일탈·남용하는 행위나

나아가, 同「証券化のスキームにおけるSPVの倒産手続防止措置」同『倒産法制の現代的課題』331~335면(有斐閣, 2014)], 신탁법 제165조 제1항의 신청권을 포기하거나, 불행사의 합의를 하는 것은 그 유효성을 인정하기 어렵다고 생각한다.

16) 또한 자산유동화를 목적으로 하는 신탁에서 자산보유자가 파산한 경우에 법원에 의한 신탁의 종료가 명해질 가능성을 우려하는 견해도 있지만, 그러한 종료는 신탁목적에 반하므로 요건을 충족하지 않는다[井上聡「金融取引実務が信託に期待するもの」信研 30호 66~67면(2005), 寺本·368면 주(2)].

형벌법령에 저촉되는 행위를 한 경우에 법무대신으로부터 서면에 의한 경고를 받았음에도 불구하고, 여전히 계속적으로 또는 반복하여 해당 행위를 한 경우에는, 법무대신, 위탁자, 수익자, 신탁채권자 기타 이해관계인의 신청에 따라 법원은 공익유지의 관점에서 신탁의 종료를 명할 수 있다(신탁 제166조 제1항. 나아가 제2항~제8항, 제168조). 이 명령에 따라 신탁은 종료한다(동 제163조 제6호). 일반사단법인 및 일반재단법인에 관한 법률 제261조 제1항, 회사법 제824조 제1항 등에 동일한 규정이 있다.

(2) 공익유지가 목적이므로, 이해관계인의 범위는 넓게 해석해도 무방하고, 신탁재산 책임부담 채무의 채권자뿐만 아니라, 재산의 은닉을 목적으로 한 신탁설정의 경우에는 위탁자에 대한 채권자도 이해관계인이 된다.

불법적인 목적으로 신탁이 설정된 경우는, 공서양속위반(민 제90조)으로서 무효이더라도 공서양속위반에 의한 무효는, 가령 위탁자에 대한 채권자가 개개의 소송에 있어서 그 전제로서 주장하여야 하는 점과 비교할 때, 법원에 의한 확정적인 종료를 가져올 수 있다는 점에 의의가 있다. 또한 여기에서 말하는 수탁자의 권한위반은 그로 인해 공익을 해하는 경우가 상정되고, 개별적인 행위의 취소(신탁 제27조. → 104면)나 수탁자 등에 대한 손실전보 등의 청구(동 제40조, 제41조. → 310면) 및 해임(동 제58조 제1항·제4항. → 362면)으로는 적절한 대처를 할 수 없는 경우로 한정된다.

또한 법원 기타 관청, 검찰관 또는 공무원은 그 직무상 공익확보를 위한 신탁종료의 신청이나 수탁자에 대한 경고를 하여야 할 사유가 있음을 안 경우에는 법무대신에게 그 취지를 통지하여야 한다(동 제167조).

(3) 재판의 신청이 있는 경우, 법원은 신탁재산의 관리명령(관리인에 의한 관리를 명하는 처분), 기타 필요한 보전처분을 명할 수

있다(신탁 제169조 제1항. 나아가 제170조~제172조).

신탁이 종료하면 청산이 되지만, 공익확보를 위한 재판에 의한 신탁종료의 경우는, 원래의 수탁자로 하여금 청산을 하도록 하는 것은 부적절하므로, 청산을 위한 신 수탁자가 선임된다(동 제173조).

4. 신탁재산이 비용의 상환 등에 부족한 경우에 있어 수탁자의 신탁종료 권한

(1) 이미 기술한 바와 같이, 수탁자는 신탁재산으로부터 비용과 이자의 상환을 받을 수 있고, 필요한 비용의 선지급을 받을 권리를 가진다(신탁 제48조 제1항·제2항. → 345면). 또한 신탁사무를 처리함에 있어 입은 손해에 관하여 일정한 요건하에 신탁재산으로부터 배상을 받을 수 있다(동 제53조 제1항. → 356면). 또한 신탁재산으로부터 신탁보수를 받을 수 있는 경우가 있다(동 제54조 제1항~제3항. → 355면). 이러한 권리가 실현되지 않은 상태로 신탁사무집행을 계속하여야 한다면 수탁자에게 가혹하지만, 신탁재산이 수탁자의 비용상환 등에 부족할 뿐이므로, 즉시 신탁이 종료한다는 것도 위탁자·수익자의 이익에 반한다. 그래서 신탁법 제52조(및 동법 제53조 제2항, 제54조 제4항에 의한 준용)는 다음과 같은 규율을 두고, 위탁자·수익자에게 이른바 신탁을 종료시키지 않을 수 있도록 할 선택권을 부여하고 있다. 비용상환 등의 경우와 비용의 선지급, 손해배상, 신탁보수의 각 경우에 공통되는 규율(비용상환 등·비용의 선지급에 입각하여 동법 제52조가 규정되고, 동법 제53조 제2항, 제54조 제4항을 통해 손해배상·신탁보수에 준용되고 있다)이기 때문에, 이하 비용상환에 기초하여 설명한다.

(2) 신탁재산으로부터 비용의 상환을 받을 권리가 있음에도 불구하고, 신탁재산이 부족하기 때문에 상환을 받을 수 없는 경우, 수

탁자는 위탁자 및 수익자(위탁자가 실제 존재하지 않는 경우에는 수익자만. 신탁 제52조 제2항)에게 신탁재산이 상환에 부족하다는 취지를 알리고, 상당한 기간을 정하여 위탁자 또는 수익자로부터 상환을 받을 수 없는 때에는 신탁을 종료시킨다는 취지를 통지한다. 그리고 실제로 상환을 받을 수 없는 때에는 신탁을 종료시킬 수 있다(동조 제1항, 제163조 제4호).

신탁재산에 속하는 재산 중에는 해당 재산을 처분하면 신탁목적을 달성할 수 없게 되는 것도 존재한다(어떤 건물의 보전이 목적으로 되어 있는 경우 등). 그러한 경우에는, 해당 재산을 처분하여 상환을 받는 것은 신탁을 종료시키는 것과 다르지 않기 때문에, 상기의 신탁재산 부족에 관한 판단을 함에 있어 제외된다(동 제52조 제1항 괄호 부분)(→ 348면).

상환을 받을 수 있으면 신탁은 계속되지만, 받을 수 없는 경우 수탁자는 신탁종료의 의사표시를 하게 된다. 상대방은 위탁자 및 수익자가 된다.

(3) 위탁자 및 수익자가 실제로 존재하지 않는 경우에는 신탁재산의 부족이라는 사실만으로 수탁자는 신탁을 종료시킬 수 있다. 이 경우에는 신탁의 변경에 관한 신탁법 제149조 제2항 제2호를 유추하여 서면 또는 전자적 기록에 의한 의사표시를 요구하여야 할 것이다.

(4) 최고 기간이 경과하기 전에 신탁재산의 부족이 해소되면, 위탁자 또는 수익자로부터의 상환이 없더라도, 종료사유가 없어진다고 하여야 한다. 따라서 신탁재산에 속하는 재산 중에 신탁목적 달성에 필수적인 재산이기 때문에 처분할 수 없는 것이 있고, 그것을 원인으로 수탁자가 상환을 받을 수 없게 된 경우 위탁자·수익자에게는 신탁의 변경(→ 507면)을 행하여, 수탁자에 의한 처분을 가능하게 한다는 선택지도 존재한다.

다만 처분을 위하여 적절한 재산이 없는 경우, 수탁자가 신탁재산의 상황 개선을 기다릴 의무의 존재는 부정하여야 한다(→348면**). 위탁자 및 수익자는 스스로 상환자금을 지출하여 신탁을 계속할지, 신탁을 종료할지에 관한 선택지를 가진다는 것이 신탁법의 구조이고, 수탁자에 의한 대기는 예정되어 있지 않다.

제 2 절 신탁의 청산

1. 신탁의 존속

(1) 신탁이 종료하면 청산절차에 들어간다(신탁 제175조). 다만 신탁의 병합을 이유로 하는 종료의 경우(→529면) 및 신탁재산에 관한 파산절차 개시결정에 의한 종료로 해당 파산절차가 종료하지 않은 경우(→529면)를 제외한다.

종료하더라도 청산이 종결될 때까지 신탁은 존속하지만(동 제176조), 수탁자는 **청산수탁자**라 칭해지고, 신탁청산의 직무를 수행하게 된다. 공익확보를 위하여 신탁종료를 명하는 재판이 있어 종료한 경우를 제외하고(동 제173조), 종래의 수탁자와는 다른 자가 청산수탁자에 선임되는 것은 아니다. 특히 채권자에게 있어서는 한정책임신탁의 경우를 제외하고, 수탁자의 고유재산도 충당의 대상이 될 수 있는바, 채무자가 교체되는 것은 그 기대를 해하므로 일반적으로는 인정되지 않는 것이다. 청산수탁자를 다른 자로 하기 위해서는 수탁자 변경의 요건(→357면)을 충족할 필요가 있다.

(2) 다만 해당 신탁은 청산을 위하여 존속하는 것이므로, 그 성격이 일체 변화하지 않는 것은 아니다. 그러나 신탁의 청산에 있어서는, 가령 해당 신탁이, A사가 안정주주가 되도록 신탁재산에 속

하는 재산을 A사의 주식에 투자하고, 수익자에게 주식배당 상당액을 급부한다는 것이라면, 청산에 있어 A사의 주식을 대립하는 B사에 매각할 수는 없다. 해당 신탁으로 달성하고자 했던 목적에 반하기 때문이다. 따라서 신탁법 제178조 제1항은, 청산수탁자의 권한을 「신탁의 청산을 위하여 필요한 일체의 행위를 할 권한」이라고 하면서, 신탁행위에 있어서의 별도의 정함을 허용하고 있는 것이다. 이 별도의 정함은, 특히 청산단계의 권한에 특화된 것이라는 점을 요하지 않는다. 종료 전 단계에서의 권한의 정함이 그대로 적용된다. 다만, 종료사유나 권한에 관한 정함의 의미에 따라 달라질 수 있다(→548면).

2. 청산수탁자의 직무와 권한

(1) 직 무

(가) 청산수탁자의 직무는, ① 현재 사무의 종결(신탁 제177조 제1호), ② 신탁재산에 속하는 채권의 추심 및 신탁채권과 관련된 채무의 변제(동조 제2호), ③ 수익채권(잔여재산의 급부를 내용으로 하는 것을 제외한다)과 관련된 채무의 변제(동조 제3호), ④ 잔여재산의 급부(동조 제4호)이다.[17)]

(나) ①의 「현재 사무의 종결」이라 함은 신탁의 종료 당시 미완료 상태에 있는 사무의 마무리를 하는 것이다.[18)] 현재 사무의 종결에 필요하다면, 신규 거래를 할 수도 있다. 사업목적의 신탁인 경우, 재고자산의 매각이나, 계약이행에 필요한 물품의 구입도 가능

17) 이하에 관해서는, 회사법 제481조의 해석이 참고가 된다. 가령, 落合誠一編『会社法コンメンタール12』186~189면(畠田公明)(商事法務, 2009) 참조.

18) 또한 계속 중인 소송에 관하여, 栗田隆「信託と訴訟手続の中断·受継」関法 58권 3호 1면 이하(2008), 同「管理信託の終了と受託者が追行中の訴訟」関法 62권 3호 72면 이하(2012).

하다. 또한 신탁재산의 환가를 위하여 사업양도를 할 예정인 경우에는 사업의 감가를 방지하기 위하여 사업의 계속도 가능하다.[19]

다만 주식회사의 청산 등과 달리 제3자와의 사이에서 계약의 주체인 수탁자는 법인격을 상실하지 않기 때문에 특수한 문제가 발생한다. 즉, 계속적인 계약은 당연히 종료되지 않는다.[20]

예를 들어, 부동산 임대차계약을 생각하면, 수탁자가 대주인 경우에는 임대목적물을 양도하고, 대주인 지위를 신 소유자에게 승계시키는 것이 가능하지만, 차주인 경우에는 수탁자였던 자가 그대로 차주의 지위에 머무르게 된다. 이 점에서는 우선 임차권의 양도를 시도해야 하는데, 그것을 할 수 없는 경우에는 손해배상의무를 부담하지만, 중도해약권이 인정되는 때에는 현재 사무의 종결로서 중도해약을 하고, 손해배상을 지급할 권리가 수탁자에게 인정된다고 하여야 한다(그리고 그 금액은 신탁재산으로부터 지출할 수 있고, 또는 고유재산으로부터 지출함에 따라 발생한 비용은 신탁재산으로부터 상환받을 수 있다). 다만 신탁의 종료사유의 발생이 임박하였는데(가령, 정해진 기간의 경과), 굳이 장기간의 계약을 한 경우에는 그 계약체결이 수탁자의 선관주의 집행의무위반이 되는 경우가 있다. 다음으로 중도해약을 할 수 없는 경우에 있어 수탁자였던 자가 차주의 지위에 머무름으로 인해 손해를 입은 경우에는 수탁자는 비용상환청구권의 행사로서 신탁재산으로부터 손해배상액의 상환을 받을 수 있다. 이른바 마이너스 재산의 환가인 것이다.

수탁자가 동산임대차에 있어서 대주인 경우에 신 소유자가 대주인 지위를 승계하지 않는 경우나, 금융리스에 관하여도 마찬가지이다.

(다) ②의 「신탁재산에 속하는 채권의 추심 및 신탁채권과 관

19) 주식회사의 청산에 관하여, 大阪地判昭和 35·1·14 下民集 11권 1호 15면.
20) 이하에 관해서는, セミナー(4)·68~70면 참조.

련된 채무의 변제」에 있어서의 「채권의 추심」에 관해서는, 화해나 채권양도에 의한 회수도 포함된다.* 수탁자가 선량한 관리자의 주의에 근거하여 적절한 추심을 하면 족하다. 변제기가 도래하지 않은 채권에 관해서는 이행기의 도래를 기다리거나 채권양도를 할 수밖에 없다.

*** 청산수탁자에 의한 직무집행의 순서** 「채권의 추심」, 나아가 「신탁채권과 관련된 채무의 변제」도 「현재 사무의 종결」의 하나인데, 신탁법 제177조에서 별도의 항목으로 되어 있는 것은 기묘한 느낌도 든다. 그러나 수익채권은 신탁채권보다 열후한 지위에 있기 때문에(동 제101조), 수익채권의 변제 전에 지급을 원칙적으로 정지하고, 적극재산을 확정한 다음에 신탁채권과 관련된 채무를 변제하여야 한다. 그리고 잔여재산의 급부는 수익채권까지 지급한 이후에 잔여재산이 확정되지 않으면 불가능하다. 그렇다면, 미완료 상태인 사무의 마무리를 하고(현재 사무의 종결), 채권을 회수한 다음에 신탁채권과 관련된 채무의 변제를 하며, 잔여재산의 급부를 행하여야 하는 것이 되므로, 신탁법 제177조 제1호부터 제4호까지는, 청산수탁자에 의한 직무집행의 순서를 의미하는 것이 된다. 그리고 현재 사무의 종결로부터 신탁채권·수익채권과 관계된 채무의 변제를 도출한 것은 의미가 있다.

(라) (a) 신탁채권[즉, 신탁재산 책임부담 채무와 관련된 채권으로 수익채권 이외의 것(신탁 제21조 제2항 제2호)]과 관련된 채무변제에 관하여는 우선 변제기 도래 전의 채무라 하더라도 채무자는 기한의 이익을 포기할 수 있는 것이 원칙이고(민 제136조), 기한이 채권자를 위한 이익도 되는 경우에도 채무자는 약정반환기한까지의 이자를 지급하는 등 채권자의 불이익을 전보하면, 기한의 이익을 포기할 수 있으므로,[21] 그러한 방법으로 변제를 하게 된다.*

(b) 조건부 채권, 존속기간이 불확정인 채권 기타 그 금액이 불확정인 채권과 관련된 채무에 관해서는, 청산수탁자는 청산수탁

21) 大判昭和 9·9·15 民集 13권 1839면.

자·수익자·귀속권리자·채권자**에게 합의가 성립하면 그 방법에 따라(신탁 제180조 제6항), 그렇지 않은 경우에는 법원에 감정인의 선임을 신청하여 그 감정인의 평가에 따라 변제한다(동조 제1항·제2항. 나아가 제3항부터 제5항).***

(c) 한정책임신탁의 경우에 관하여는 후술한다(→551면).

*** 공익확보를 위하여 신탁의 종료를 명하는 재판에 의한 경우** 채권자와의 사이의 계약, 나아가 수익자에 의한 수익채권의 취득도 공익에 반하는 경우가 있을 수 있다. 그러나 해당 재판에서 신탁이 종료되었다고 하는 것만으로 신탁재산 책임부담 채무의 변제에 부당성이 발생하는 것은 아니다. 필요에 따라 개별적으로 공서양속위반을 문제로 삼을 수밖에 없다.

**** 합의의 당사자** 우선, 잔여재산귀속자·귀속권리자는 조건부 채권 등의 신탁채권자를 포함한 채권자에게 변제한 잔여에 관하여 권리를 가지는 것이므로, 어떠한 액수로 변제가 이루어지는지에 관하여 확정적인 이해관계를 가진다. 따라서 합의의 당사자가 된다. 또한 잔여재산수익자로서의 수익채권 이외의 수익채권을 가지는 수익자도 일정기간의 수익에 연동한 급부를 받는 경우에는 물론 이해관계를 가지고, 확정액으로 급부를 받는 경우에도 신탁이 채무초과인 경우에는 신탁채권보다 열후한 지위에 있게 되므로(신탁 제101조), 부당하게 고액의 지불이 이루어져 그로 인해 채무초과의 위험이 발생하는 것을 확인할 이익이 있다.

나아가, 여기에서 말하는 「채권자」에는, 해당 조건부 채권 등을 가지는 채권자뿐만 아니라, 다른 채권자도 포함된다. 신탁이 채무초과인 경우에는, 파산절차 개시신청이 이루어지게 되고(동 제179조 제1항), 이미 변제를 받은 채권자도 그 반환청구를 받지만(동조 제2항), 무자력일 위험성이 있는바, 그 경우 다른 채권자도 손해를 입을 수 있다. 이미 변제를 받은 채권자도 신탁재산에 관하여 파산절차가 개시된 경우, 자신은 상환능력이 있지만, 상환능력이 없는 채권자가 존재하는 경우에는 손해를 입을 수 있으므로, 역시 합의의 당사자가 된

다고 하여야 한다.[22]

***** 제도의 정당성** 조건부 채권, 존속기간이 불확정인 채권 기타 그 금액이 불확정인 채권과 관련된 채무를 감정인의 평가에 따라 변제할 수 있는 권리가 청산수탁자에게 부여되는 것은 어떠한 이유에서일까? 수탁자는, 신탁재산 책임부담 채무를 부담함에 있어서도 그 부담행위가 신탁사무집행이라는 점을 상대방에게 제시할 필요가 있는 것은 아니므로, 채권자는 자신의 채권이 신탁재산 책임부담 채무와 관련된 채권이라는 점을 알 수 있는 구조가 아니다. 채권자는 어디까지나 수탁자를 채무자로 하는 채권을 가지고 있을 뿐이다(→ 97면). 그럼에도 불구하고 신탁재산 책임부담 채무와 관련된 채무라는 점이 사후적으로 알려지고, 이를 이유로 감정인의 평가에 따라 변제된다고 하는 것은 부당한 불이익을 입을 수 있다[채무자의 법인격이 소멸하는 경우는 물론 한정승인에 관하여도 마찬가지의 규정이 있지만(민 제930조 제2항), 자신에 대한 채무자가 사망한 경우에 발생하는 것으로 신탁의 종료와는 다르다].

결론적으로 한정책임신탁에서는 책임재산 전체가 청산되므로, 채무자의 법인격이 소멸한 경우와 동일하게 취급하는 것은 어쩔 수 없지만, 한정책임신탁 이외에서는 원래의 약정에 따라 수탁자의 고유재산에 대하여 부족분의 권리행사를 할 수 있음과 동시에 수탁자는 그에 대비하여 비용의 선지급 청구(→ 345면)를 할 수 있다고 해석하여야 할 것이다(신탁 제48조 제2항 본문).[23]

(마) ③의 「수익채권(잔여재산의 급부를 내용으로 하는 것을 제외한다)」과 관련된 채무의 변제」에 관하여는 신탁채권과 관련된 채무의 변제를 행한 후에 하여야 한다(→ 542면*). 다만 문제가 되는 것은 신탁이 채무초과이고, 수익자는 받은 급부를 반환할 자력이 없으며, 수탁자는 고유재산으로부터 변제할 자력이 없는 경우로 한정된다.

---

22) セミナー(4)·86~88면 참조(다만, 사견에 일부 수정이 있다).

23) 本書初版·418면의 설명을 변경하였다.

(바) ④의 「잔여재산의 급부」에 관하여는 몇 가지 문제가 있다.

(a) 우선 권리자는, **잔여재산수익자**(신탁행위에서 잔여재산의 급부를 내용으로 하는 수익채권과 관련된 수익자)가 될 자로서 신탁행위에서 지정된 자, 또는 **귀속권리자**(신탁행위에서 잔여재산이 귀속될 자)로서 신탁행위에서 지정된 자인 것이 원칙이다(신탁 제182조 제1항). 양자의 차이는, 전자는 어디까지나 수익자이기 때문에 신탁종료 전에도 수익자로서의 권리를 가지지만, 후자에게는 권리가 없다는 점에 있다. 또한 각각 복수의 사람을 지정하는 것도 가능하다.

전자의 잔여재산수익자는, 당연히 수익권을 취득하고, 모르는 경우에는 수탁자로부터 통지를 받을 수 있는 점(종료 후에 통지를 받는 것이 아니고, 신탁의 설정과 함께 통지를 받는다. 그 이후 잔여재산수익자에게는 수익자로서의 권리가 있다)(동 제88조. → 387면), 포기할 수 있는 점(동 제99조. → 430면) 등에 있어 신탁종료 전의 수익자와 동일하다. 후자의 귀속권리자에 대해서는 수익자에 관한 조문의 적용이 없기 때문에 개별적으로 규정·준용규정이 마련되어 있고, 권리취득·통지에 관하여는 잔여재산수익자와 마찬가지의 규율로 되어 있다(동 제183조 제1항·제2항). 귀속권리자의 권리포기에 관해서는 후술한다.

신탁의 종료 전에는 귀속권리자에게는 권리가 없고, 신탁의 청산에 이르러 수익자로 간주되지만(동조 제6항. 따라서 청산 중에는 청산수탁자의 사무집행 감독 등에 관하여 수익자와 동일한 권리를 가진다), 사전 포기를 인정하기 위하여 신탁의 설정과 함게 통지를 받는다고 해석하여야 할 것이다. 또한 귀속권리자는 신탁의 종료 전에는 권리를 가지지 않고, 신탁의 변경(→ 507면)에 의하여 귀속권리자를 변경할 수 있는데, 그 점에 관하여 귀속권리자에게는 이의를 진술할 권리가 없다.

(b) 신탁행위에 잔여재산수익자 혹은 귀속권리자의 지정에 관

한 정함이 없는 경우 또는 신탁행위의 정함에 의해 지정을 받는 자 모두가 그 권리를 포기한 경우에는, 신탁행위에 위탁자 또는 그 상속인 기타 일반승계인을 귀속권리자로서 지정하는 취지의 정함이 있었던 것으로 간주된다(신탁 제182조 제2항). 그것이 위탁자의 의사에 합치한다고 생각되기 때문이다.

위탁자 또는 그 상속인 기타 일반승계인이 없는 경우에는 청산수탁자에게 귀속된다(동조 제3항).*

또한 위탁자가 잔여재산수익자 또는 귀속권리자로 되어 있는 경우에는 신탁법 제182조 제2항에서 말하는 「정함이 없는 경우」에는 해당하지 않지만, 위탁자의 사망이 신탁종료원인으로 되어 있거나, 위탁자의 사망 후에 신탁이 종료한 경우에는, 위탁자의 상속인이 잔여재산수익자 또는 귀속권리자라는 지위를 상속하는 것으로 해석된다(→426면).

* **청산수탁자를 잔여재산수익자 또는 귀속권리자로 하는 정함**[24] 청산수탁자를 복수의 잔여재산수익자나 귀속권리자의 1인으로 하는 정함도 유효하다. 이에 비하여, 동인을 단독의 잔여재산수익자나 귀속권리자로 하는 점에 관하여는 청산수탁자가 오직 자기의 이익을 위하여 청산을 하게 되는 것이 아닌가라는 문제가 발생한다. 그러나 결론적으로는 그러한 정함도 유효하다고 해석하여야 한다. 신탁법 제182조 제3항은 잔여재산의 귀속이 정해지지 않은 경우에 청산수탁자에 귀속시키는 것으로 하고 있어 청산수탁자에게 잔여재산이 귀속되는 사태를 피하려고 하지 않고, 또한 동법 제183조 제3항이 귀속권리자의 권리포기를 규율함에 있어서 「위탁자」가 아니라, 굳이 「신탁행위의 당사자」라는 표현을 사용하고 있는 점에 비추어 보면, 수탁자가 귀속권리자가 되는 것을 상정하고 있다고도 볼 수 있기 때문이다.

(c) 귀속권리자의 권리포기에 관하여는 다소 상세한 규정이 있다. 우선 포기가 인정되는 것은 신탁행위의 정함에 의하여 귀속권

24) セミナー(4)·110, 113~114면 참조.

리자가 된 자이고, 또한 신탁행위의 당사자가 아닌 자이다.

신탁법 제182조 제2항에 의하여 위탁자 또는 그 상속인이 귀속권리자가 된 경우에도, 신탁행위에 「정함이 없던 것으로 간주」되고 있으므로, 신탁행위의 정함에 의하여 귀속권리자가 된 자에 해당한다. 그러나 위탁자는 신탁행위의 당사자이므로, 포기할 수 없다. 이에 비하여 위탁자의 상속인은 신탁행위의 당사자가 아니므로, 포기는 가능하다.

또한 동조 제3항에 의하여 잔여재산이 청산수탁자에게 귀속된 경우에는, 신탁행위의 정함에 의한 자가 아니므로, 그 권리의 포기는 할 수 없다. 최종적으로 누구에게도 귀속되지 않는 사태는 피해야 하기 때문이다.

나아가, 포기에 관한 해석론은 수익권의 포기와 동일하게 생각할 수 있다(예를 들어, 동 제183조 제4항에서 말하는 「제3자」의 의의. → 430면).

(d) 잔여재산수익자·귀속권리자는 채무가 변제된 잔여재산에 관하여 급부를 받을 권리를 가지는 것이고, 그러한 자에게 급부를 하였기 때문에 채권자에 대한 완전한 급부를 할 수 없는 사태가 되어서는 곤란하다. 그래서 수탁자는, 신탁채권과 관련된 채무의 변제·수익채권(잔여재산의 급부를 내용으로 하는 것을 제외한다)과 관련된 채무의 변제 후에만 잔여재산수익자·귀속권리자에 대한 급부를 할 수 있다고 되어 있다(동 제181조 본문). 다만 채무의 변제에 필요한 재산을 유보한 경우에는 제외이다(동조 단서).

또한 잔여재산수익자·귀속권리자의 권리에 관하여는 그 성질상 수탁자는 신탁재산에 속하는 재산으로만 그것을 이행할 책임을 부담한다(동 제183조 제5항 → 제100조)(→ 449면). 또한 소멸시효에 관해서도 수익채권의 규정이 준용된다(동 제183조 제5항 → 제102조)(→ 453면).[25)]

---

25) 또한 신탁기간 중의 수익자가 잔여재산수익자 또는 귀속권리자인 경우, 신

잔여재산수익자·귀속권리자에 대한 급부 이후에 미지급 채무의 존재가 밝혀진 경우에 관하여는 후술한다(→550면).

(e) 신탁채권과 관련된 채무의 변제·수익채권(잔여재산의 급부를 내용으로 하는 것을 제외한다)과 관련된 채무의 변제 후 잔여재산이 있고, 그중 특정물을 특정한 잔여재산수익자 또는 귀속권리자에게 급부해야 하는 경우에 해당 잔여재산수익자 등은 어느 시점에서 해당 특정물에 관한 권리를 취득할까?

구법하에서의 통설은 수탁자에 의한 일정한 의사표시가 있어야 비로소 이전의 효과가 발생한다고 하였지만, 물권행위의 독자성을 부정하는 한 급부의무의 효과에 따라 권리이전이 발생하는 것이고, 급부목적물은 특정한 단계에서 잔여재산수익자 등에게 귀속된다고 해야 한다.[26)]

다만 특정이 필요한 점은 말할 것도 없고, 신탁채권 등의 채무의 변제도 이루어졌다는 점이 필요하다(동 제181조 본문)(→542면*).

(2) 권 한

(가) 청산수탁자는 상기의 직무를 행하기 위하여 필요한 일체의 행위를 할 권한을 가진다(신탁 제178조 제1항 본문). 다만 청산을 위하여 필요한 행위로 한정됨과 더불어 어디까지나 종래의 신탁이 존속하고 있으므로, 신탁의 목적에 의해 권한범위가 확정된다(→101면). 그러나 구체적으로 어떠한 권한이 인정되는지는 신탁의 종료사유

탁기간 중의 수익권이 시효에 의하여 소멸하여도 잔여재산수익자 또는 귀속권리자로서의 권리는 행사할 수 있다고 해석하여야 한다[堂園昇平「受益権の時効」新井誠編「キーワードで読む信託法」156면(有斐閣, 2007)].

26) 같은 취지, 安藤朝規「請負者の破産と預金債権の帰属」新井誠編『信託法実務判例研究』11~12면(有斐閣, 2015), 岸本雄次郎「信託の終了事由発生後の残余財産等の移転時期」新井編·同書 405면. 또한, 이 문제에 관하여는, 道垣内·問題状況 279~283면, 能見善久「信託の終了·清算をめぐる諸問題」トラスト未来フォーラム編『信託の理論的深化を求めて』100~111면(トラスト未来フォーラム, 2017) 참조.

와도 관계되므로 구체적으로 생각할 필요가 있다.[27)]

예를 들어, 문화적인 가치가 있는 건물을 관리하고, 입장료·사용료를 받아 운용하는 것이 요구되는 신탁에 있어서, 청산단계에 들어간 경우, 아무리 토지를 고가에 매각할 수 있다고 하더라도 해당 건물을 훼손할 수 있는 권한은 청산수탁자에게 인정되어서는 안 된다. 그러나 당초의 목적이 해당 건물의 효과적인 보전이었다고 하더라도 유지비가 고액이 되어 해당 건물의 보전이 어려워졌기 때문에 목적달성불능이 되어 신탁이 종료한 경우에는 해당 건물의 철거가 인정될 수 있을 것이다. 수탁자의 비용 등의 상환에 신탁재산에 속하는 재산이 부족하고, 위탁자·수익자의 지급도 없어 종료한 경우에는, 적어도 비용 등의 상환에 충분할 정도의 가격으로의 환가가 요구되고, 청산수탁자의 권한은 그만큼 확대된다.

또한 공익의 확보를 위하여 신탁을 종료시키는 재판에 의하여 종료한 경우에는, 종전의 목적을 유지해서는 안 되는 경우도 있고, 그때는 신탁행위의 별도의 정함도 효력이 없다고 하여야 한다.

권한위반행위나 선관주의 집행의무위반의 효과는 청산수탁자의 행위이더라도 수탁자의 행위와 동일하다(→104, 310면). 또한 비용 등의 상환권·선지급 수령권, 신탁보수, 신탁재산으로부터의 손해배상에 관해서도 마찬가지이다(→342, 355, 356면).

(나) 청산수탁자가 특정물을 수익자·잔여재산수익자·귀속권리자에게 인도할 의무를 부담하고 있는 경우, 그러한 자가 급부를 수령하기를 거부하거나 수령할 수 없는 경우에 청산수탁자가 그대로 해당 특정물을 계속 보관하여야 한다고 하는 것은 부당하다. 그래서 청산수탁자는 상당한 기간을 정하여 그러한 자에게 수령을 최고하고, 그 기간 내에 수령이 없는 경우에는 해당 재산을 경매할

---

27) セミナー(4)·56~63면 참조.

수 있다(신탁 제178조 제2항 제1호).[28] 수익자 등의 소재가 불명(선관주의 집행의무에 따른 조사로는 알 수 없다)인 경우, 수익자 등의 소재를 알 수 있어도 최고를 하면 손상 기타 사유에 의한 가치하락의 우려가 있는 경우에는, 최고가 요구되지 않는다(동항 제2호, 동조 제4항).

수익자 등의 소재가 불분명한 경우를 제외하고, 상기의 경매가 이루어지면 그 취지를 수익자 등에게 지체 없이 통지하여야 한다(동조 제3항).

3. 청산의 종료

(1) 최종계산의무

청산수탁자는 그 직무를 종료한 경우 지체 없이 신탁사무에 관한 최종의 계산을 하고, 신탁이 종료한 시점에 있어서의 수익자(잔여재산 등 수익자도 포함한다. 또한 신탁관리인이 실제로 존재하는 경우에 있어서는 신탁관리인) 및 귀속권리자 모두에 대하여 그 승인을 요구하여야 한다(신탁 제184조 제1항).

이의가 있는 수익자 등은 1개월 내에 이의를 진술하여야 하고, 그렇지 않으면 승인한 것으로 간주된다(동조 제3항). 적극적으로 승인한 경우에는 말할 것도 없다. 그리고 청산수탁자의 책임은 면제된 것으로 간주된다(동조 제2항). 그러나 청산수탁자의 직무집행에 부정행위가 있던 경우에는 그러하지 아니하다(동항 단서). 책임면제의 범위, 부정행위의 의미에 관하여는 전 수탁자에 대하여 서술한 바와 동일하다(→374면).

(2) 신탁재산 책임부담 채무의 발견

최종계산이 이루어져 승인을 얻어도 그 후에 신탁재산 책임부

28) 청산수탁자의 권한과의 관계에 관하여, セミナー(4)·79~80면.

담 채무가 잔존하고 있다는 점이 발견되면, 청산은 종료하지 않은 것이 된다. 신탁재산에 속하는 재산은 이미 존재하지 않기 때문에 청산수탁자는 고유재산에서 변제할 책임을 부담한다. 신탁의 종료에 있어서 위탁자 등이 채무를 인수하여도 채권자의 동의가 없는 한 병존적 채무인수밖에 되지 않으므로, 청산수탁자의 책임은 소멸하지 않는다.

이 경우 잔여재산수익자 또는 귀속권리자, 나아가 잔여재산이 없는 경우 수익채권의 채권자는 급부를 받게 되면 청산수탁자의 고유재산에 대하여 부당이득반환의무를 부담하게 될 것이다.[29]

4. 한정책임신탁의 경우

한정책임신탁의 경우 청산수탁자는 신탁채권자의 채무의 변제에 관하여 고유재산으로는 책임을 부담하지 않는다(→ 200면). 그렇다면, 최종계산의 승인 후에 발견된 채권자에 대하여도 청산수탁자가 고유재산으로 변제할 책임을 부담하지 않게 된다. 그래서 청산절차에 관하여 몇 가지 특칙이 마련되어 있다.

우선 한정책임신탁의 청산수탁자는 그 취임 후 지체 없이 신탁채권자에 대하여 해당 신탁채권자가 기간 내에 신청을 하지 않는 경우에는 청산에서 배제된다는 취지의 부기를 한 다음 일정 기간 내(2개월 이상)에 그 채권을 신고하여야 한다는 취지를 관보에 공고하고, 아울러 알고 있는 신탁채권자에게는 개별적으로 이를 최고하여야 한다(신탁 제229조). 이 기간 내에는 청산수탁자가 채무의 변제를 할 수 없는데, 이것은 신탁을 위하여 총채권액을 확정하기 위한 기간으로 신탁채권자가 그로 인하여 손해를 입을 이유는 없다. 따라서 그 채무의 불이행에 따른 책임은 발생한다(동 제230조 제1항).

---

29) セミナー(4)·93~104면. 나아가, 能見·전게 주26) 116면.

소액의 채권, 신탁재산에 속하는 재산상 담보권의 피담보채권 등, 이것을 변제하더라도 다른 채권자를 해할 우려가 없는 채권과 관련된 채무에 관하여 법원의 허가를 얻어 변제할 수 있다(동조 제2항 전단. 나아가 제3항~제5항).

다만 신중을 기하기 위하여 청산수탁자가 2인 이상 있는 경우에는 그 전원의 동의에 의하여 법원에 신청을 하여야 한다고 되어 있다(동조 제2항 후단).

그리고 최고 기간 내에 그 채권의 신청을 하지 않은 것은 청산수탁자에게 알려져 있는 채권자를 제외하고 청산에서 제외된다(동 제231조 제1항). 다만 아직 재산이 있음에도 제외되는 것은 가혹하기 때문에 잔여재산으로부터의 변제는 청구할 수 있다(동조 제2항). 하지만 다른 신탁채권자에 대한 변제가 종료되고, 잔여재산을 수익자에게 급부하는 절차에 진입한 경우로 아직 일부 수익자에게만 급부하고 있는 때에는 수익자 간에 공평의 문제도 있다. 즉, 제외된 채권자는 잔여재산에 관해서만 권리를 행사할 수 있으므로, 급부를 수령한 수익자에 비하여 열후한 지위에 있게 되는데, 해당 급부를 수령한 수익자와 권리는 있지만 미급부의 수익자와는 동등하게 취급되어야 한다. 그래서 해당 수익자가 수령한 급부와 동일한 비율의 급부를 해당 수익자 이외의 수익자에 대하여 하기 위해서 우선 필요한 재산을 잔여재산으로부터 공제한 다음, 그 나머지에 관하여 제외된 채권자가 권리를 행사할 수 있는 것으로 하고 있다(동조 제3항).

제9장 벌 칙

1. 총 설

신탁법 제267조부터 제271조는 벌칙에 관하여 규정하고 있다.[1]

2. 수익증권발행 한정책임신탁의 수탁자 등

수익증권발행 한정책임신탁(→ 445면)에서는 수탁자가 고유재산으로 책임을 부담하지 않고, 수익증권의 발행이 정해진 신탁에서는 수익자가 다수에 이르는 대규모인 신탁인 경우가 많다고 생각되므로, 특별히 뇌물수수죄 규정을 두고 있다(신탁 제267조). 수뢰에 관하여 형벌을 받는 자로서 규정된 것은 수탁자뿐만 아니라 신탁재산관리인, 신탁관리인 등 넓은 의미에서 수익증권발행 한정책임신탁의 관리자이다.

이외의 신탁에서는 뇌물수수죄 규정은 없고, 또한 회사법과 같은 특별배임죄 규정도 없다(회사 제960조~제962조). 다만 일반배임죄·횡령죄의 적용은 고려할 수 있을 것이다.[2]

3. 과태료

신탁법 제270조·제271조는 과태료에 처해지는 행위유형에 관하여 규정하고 있다. 규정된 것은 선관주의 집행의무위반·공평의무위반·충실의무위반 등 행위기준에 여지가 있기 때문에 위반이

1) 전체적으로, 条解·1014~1021면(佐伯仁志).
2) 濱田俊郎「信託に関する犯罪」西田典之編『金融業務と刑事法』151~162면(有斐閣, 1997) 참조.

있었는지 여부에 관한 판단을 일의적으로 할 수 없는 것이 아니다. 「이 법률의 규정에 의한 공고 혹은 통지를 하는 것을 게을리 한 때, 또는 부정한 공고 혹은 통지를 한 때」(신탁 제270조 제1항 제1호), 「이 법률의 규정에 의한 개시를 하는 것을 게을리한 때」(동항 제2호) 등 형식적으로 판단할 수 있는 것이 중심이다. 다만 「이 법률의 규정에 위반하여 정당한 이유가 없음에도 서류 또는 전자적 기록에 기록된 사항을 법무성령으로 규정하는 방법에 따라 표시한 것의 열람 또는 등사를 거부한 때」(동항 제3호), 「청산의 종결을 지연시킬 목적으로 제229조 제1항의 기간을 부당하게 정한 때」(동조 제3항 제3호) 등, 평가가 필요한 것도 몇 가지 존재한다.

사항색인

[ㄱ]

가급적 근사의 원칙 26
각료신탁 63
간주찬성 460
감시의무 117, 223
개입권 303
검사역 254
경과실면책 225
경합행위 269, 292
경합행위의 금지 110
계약신탁 33
고유재산 24
공동수탁 116
공동수탁자 116
공시 178
공유재산의 분할 137
공익신탁 25, 33, 411
공평의무 246
과실상계 324
구상관계 156
귀속권리자 545
금외신탁 34
금전신탁 34
금전신탁 이외의 금전신탁 34
금전의 신탁 34
금지청구 337

[ㄴ]

낙성계약성 72

[ㄷ]

단독수익권 458
단독수익자권 404
담보권 신탁(시큐리티·트러스트) 46, 48
담보를 위한 신탁 48
담보부사채신탁법 12
당초 신탁재산 24
당초 신탁재산에 속하는 재산 24, 37
대리 124
대부신탁 18
대체수익권 435, 438
동의권자 230

[ㅁ]

목적신탁 25, 382, 411
무기명수익권 435
묵시의 자기신탁 95
민사신탁 28, 31

[ㅂ]

법인 7
보고의무 254
복수수탁 116
부당한 비용지출 344
부합·가공 134
분별관리의무 69, 248
분할신탁 522

비영업신탁 34
비용상환청구 342
비용의 선지급 청구 345

[ㅅ]
사익신탁 33
사해신탁 159, 161
사해신탁의 부인 178
사회적 책임 투자 222
상계 188
상사신탁 27, 31
선관주의의무 220
선관주의 집행의무 221, 297
선량한 관리자의 주의 68, 220
소극재산 40
소멸시효 332, 453
소송신탁 63
손실액의 추정 325
손실전보 320
손실전보책임 310
손실전보책임 등의 면제 332
수동신탁 66
수익권 380
수익권원부 437
수익권원부 관리인 438
수익권의 공유 440, 458
수익권의 상속 426
수익권의 압류 423
수익권의 이전 420
수익권의 입질 427
수익권의 포기 430
수익권취득청구권 158, 468
수익자 1, 380
수익자 연속신탁 399
수익자가 될 자 386
수익자대리인 489
수익자변경권 388
수익자의 결정 385
수익자의 의무 410
수익자지정권 388
수익자집회 460, 462
수익증권 433
수익증권발행 한정책임신탁 144, 445, 553
수익증권발행신탁 432
수익증권불소지의 신고 437
수익채권 380, 447
수익채권의 양도 452
수탁자 1
수탁자 권한의 축소 225
수탁자 지위의 양면성 97
수탁자 행위의 금지 337
수탁자 행위의무의 구체화 225
수탁자의 권한위반 행위의 취소 104
수탁자의 능력상실 357
수탁자의 대기의무 348
수탁자의 변경 357
수탁자의 사임 361
수탁자의 상계 196
수탁자의 파산 359
수탁자의 해임 362
승계신탁 522
시효의 원용 454

식별불능 134
신 수탁자의 선임 373
신규신탁분할 516
신탁감독인 486
신탁계약 71
신탁관리인 476, 477
신탁등기 180
신탁목적 56, 382
신탁보수 355
신탁사무처리의무 219
신탁사채 55
신탁선언 88
신탁설정의사 65
신탁업법 2
신탁을 위하여 한다는 의사 99
신탁의 변경 507
신탁의 병합 516, 517
신탁의 병합·분할무효의 소 521
신탁의 본지 220
신탁의 분할 516, 521
신탁의 종료 525
신탁의 청산 539
신탁장부 255
신탁재산 24, 36
신탁재산 관리명령 368
신탁재산 책임부담 채무 41, 42, 128, 151, 550
신탁재산관리인 368
신탁재산법인 관리명령 368
신탁재산법인 관리인 368
신탁재산에 속하는 재산 24
신탁재산에 속하는 채권 24
신탁재산의 독립성 40, 59, 145, 188
신탁재산파산 529
신탁행위 36
신탁형 권리계획 55
실질적 법주체성 26
쌍방 미이행 쌍무계약 532

[ㅇ]

영업신탁 34
원상회복 320
위임 8
위탁자 1, 497
유언대용신탁 395
유언신탁 33, 76, 160, 505
의결권 신탁 44
2단계 설정방식 47
이사 등 연대책임 328
ESG 투자 222
이익상반행위 68, 196, 269, 270
이중신탁 89
일반적 충실의무 303

[ㅈ]

자기신탁 1, 25, 33, 43, 88, 172
자기집행의무 231
자선신탁 413
자익신탁 22, 25, 29, 33
잔여재산수익자 545
장래채권 44
장부 등 작성의무 254
재량신탁 247, 390

재산상황 개시자료 257
재산신탁 34
점유의 하자 37
제3자에 대한 위탁 231
제3자의 상계 189
종잣돈(種錢)신탁 55
주의수준의 경감 225
지시권자 117, 226, 228
직접 설정방식 47

[ㅊ]
책임재산 한정특약 201
첨부 133
청산수탁자 539
청산의 종료 550
최종계산의무 550
추가신탁 518
추인 108
출연의무 75
충실의무 268, 297
취소권 107

[ㅌ]
타익신탁 25, 29, 34
탈법신탁 61
특별장애인 부양신탁 421, 422, 426
특정신탁계약 72

[ㅎ]
한정책임신탁 144, 155, 200, 551
합동운용 118
합수적 행동의무 121
혼동 133, 142
혼화 134
회계감사인 446
후계유증형 수익자 연속신탁 385, 400
후계유증형 신탁 400
흡수신탁분할 516

[저자 약력]

道垣内弘人(Dogauchi Hiroto)

1959년 오카야마현(岡山県) 출생
1982년 도쿄(東京)대학 법학과 졸업
고베(神戸)대학 법학부 조교수
도쿄(東京)대학 교양학부 조교수, 교수
도쿄(東京)대학 대학원 법학정치학 연구교수 등
2020년 센슈(専修)대학 대학원 법무연구과 교수, 도쿄(東京)대학 명예교수

[역자 약력]

장 명

서강대학교 법학전문대학원 조교수

제2판
신탁법

제2판발행 2024년 7월 30일

지은이 道垣内弘人
옮긴이 장 명
펴낸이 김중용

편 집 심성보·김인숙

펴낸곳 도서출판 **정독**
경기도 고양시 일산서구 하이파크로 113, 102-204
등록 제406-2014-000093호
전 화 031)924-7203 팩 스 031)935-0345
홈페이지 www.jeongdok.co.kr 이메일 admin@jeongdok.co.kr
ISBN 979-11-6858-276-7 93360

정 가 30,000원

[illegible]
ISBN 979-11-6858-276-7 [illegible]